언약설교
- 상 -

정 태 홍

RPTMINISTRIES
http://www.esesang91.com

목 차

언약
1/ 2/ 3/ 4/ 5/ 6
아담 언약
1/ 2/ 3/ 4/ 5/ 6/ 7/ 8/ 9
노아 언약
1/ 2/ 3/ 4/ 5/ 6/ 7/ 8/ 9
아브라함 언약
1/ 2/ 3/ 4/ 5/ 6/ 7/ 8/ 9/ 10/ 11

언약 1

19 또 떡을 가져 사례하시고 떼어 저희에게 주시며 가라사대 이것은 너희를 위하여 주는 내 몸이라 너희가 이를 행하여 나를 기념하라 하시고 20 저녁 먹은 후에 잔도 이와 같이 하여 가라사대 이 잔은 내 피로 세우는 새 언약이니 곧 너희를 위하여 붓는 것이라(눅 22:19-20)

예수님의 산상수훈을 살펴보기 전에 언약에 대하여 살피려고 합니다. 여호와 하나님의 언약 안에서 산상수훈을 생각하지 않으면 윤리·도덕적인 교훈으로 생각하는 오류에 빠지기 쉽습니다. 언약은 일곱 개의 언약, 7대 언약으로 살펴나갈 것입니다. 7대 언약은 1) 영원한 언약, 2) 아담언약, 3) 노아언약, 4) 아브라함언약, 5) 시내산 언약, 6) 다윗언약, 7) 새언약을 말합니다.

언약을 말한다는 것은 인간에 대한 존재적 관점을 인간의 지혜로 확보하려는 것이 아니라 성경적 관점으로 믿고 확인하는 것입니다. 우리가 노력해서 그렇게 확인할 수 있다는 것이 아닙니다. 오직 예수 그리스도의 십자가 피로 죄사함 받고 구원 받은 자이기 때문에 성경을 통해 배워가고 확인하는 것입니다.

우리는 우리의 실체를 바르게 알기 위해서 근본적인 원칙을 지켜야 합니다. '인간이 누구인가?'라는 존재적 관점을 알기 위해서는 '성경이 무엇이라고 말하고 교리를 어떻게 고백하고 있는가?'를 살펴보는 것이 성도의 기본적이고 올바른 자세입니다. 하나님의 언약은 의미와 통일성과 직접적인 관련이 있습니다. 우리 입장에서 볼 때, '참되고 영원한 의미와 통일성이 어디로부터 오느냐?'라는 가장 근본적이고 궁극적인 질문에 대한 답이 바로 이 언약에 있습니다. 이 언약을 배워가면서 우리는 하나님께 더욱 감사하고 하나님의 언약 안에서 더욱 풍성한 의미와 통일성을 누리게 될 것입니다.

많은 사람이 목사는 세상의 박사보다 못하다고 생각합니다. 세상적인 기준으로야 그럴 수 있습니다. 그러나, 목사가 선포하고 가르치는 그 내용은 세상의 박사들이 결코 따라올 수 없는 위대한 하나님의 진리입니다. 이 언약을 배워가면서 그것을 알아가게 될 것입니다. 알아 가면 갈수록 성경의 진리가 참되고 유일한 진리이며 절대적이고 궁극적인 진리며, 그 성경의 진리 속에서 참되고 영원한 의미와 통일성을 부여받고 사는 것이 가장 복되다는 것을 알게 됩니다.

의미와 통일성이라고 말해도 사람들은 먹고 살기가 바쁘다 보니 주머니에 돈만 있으면 된다고 생각하는 안일하고 단편적인 생각만 하고 살아갑니다. 지금 세상이 얼마나 급박하게 변해 가는지 모릅니다. 그 변한다는 것이 인간에게 좋게 변하는 것이 아니기 때문에 매우 우려스럽습니다. 무엇이 우려스러울까요? 인간의 존재 가치, 인간이라는 존재의 의미가 상실되어가고 있습니다.

바로 얼마 전에 이런 기사를 보셨을 것입니다. 기사 제목이, 「아디다스 中공장 철수 … 저가의류 공세 못 견뎌」입니다. 제목만 봐서는 실감나지 않습니다. 독일 스포츠용품업체 아디다스가 중국 공장을 철수한다는 기사입니다. 다른 카드뉴스를 보면, 「아디다스가 중국 공장 폐쇄하고 독일로 돌아간 이유」라고 기사 제목을 바꾸어 말했습니다. 새로 가동하는 독일 공장에는 근로자가 단 10명입니다. 아디다스는 고임금 때문에 독일공장을 전부 폐쇄하고 중국과 동남아로 공장을 옮겼습니다. 그리고 23년 만에 독일로 다시 돌아왔습니다. 그 공장의 이름이 '스피드 팩토리'(speed factory)입니다. 이 공장은 기존의 신발공장과는 개념이 틀립니다. 사람 대신에 로봇이 원단을 자르고 3D프린터로 부속을 만들고 붙입니다. 신발도 똑같은 제품을 만드는 것이 아니라 홈페이지로 고객이 주문하면 로봇이 만드는 맞춤형(customized) 생산입니다. 신발 한 켤레를 제작하는 데 5시간 밖에 안 걸립니다. 기존에는 3주가 걸렸습니다. 스피드 팩토리에 로봇이 6대 있고 사람은 열 명만 있습니다. 년 간 50만 켤레를 만듭니다. 기존 공장에서는 50만 켤레를 만들려면 600여명의 근로자가 필요합니다. 590명의 근로자가 필요 없게 되었습니다. 디자인에서 매장 진열까지 통상 1년 6개월 걸렸지만 이제는 10일 이내로 가능하게 되었습니다. 아디다스는 2017년에는 애틀란타에, 2018년에는 일본에 스피드 팩토라를 세우려고 계획하고 있습니다.[1]

이것은 다만 독일 아디다스만의 이야기가 아닙니다. 점점 더 다른 산업으로 확대되고 있습니다. 그 많은 노동자들은 다 어디로 가야할까요? 지금까지 인간이 해 왔던 일들을 기계가 대체하고 기계에게 일자리를 빼앗기는 과정에서 사람들은 삶의 의미를 상실해 가고 절망에 빠지게 됩니다. 하나씩 하나씩 우리 삶에 로봇이 만든 제품들이 사용된다는 것은 사람마저도 기계화 되어버리고 삶의 의미를 찾을 수 없게 만듭니다. 그래서 사람들이 고민하는 주제는 '삶의 의미를 어떻게 찾을 수 있는가?' 입니다. 우리는 언약을 배우되 삶의 의미와 통일성의 관점에서 살펴볼 것입니다. 그렇다고 실존적인 접근이라는 것이 아니라 언약이 실제로 우리 삶에 삶의 의미와 통일성을 공급해 주기 때문입니다.

예수 그리스도를 구주로 믿는 성도는 인간의 존재, 그 정체성, 의미와 통일성을

---

[1] http://www.hani.co.kr/arti/international/international_general/745374.html

알고 공급받고 확인하기 위해서는 성경과 교리를 살피는 것이 가장 중요하고 효과적인 방법입니다. 관계적 관점 '나는 어떤 관계 속에 사는가?', 존재적 관점 '나는 누구인가?', 사명적 관점 '나는 무엇을 하고 살아야 하는가?'를 성경을 통해서 알아야 하고 누려가야 합니다.

성경은 인간이 하나님의 형상대로 창조된 인간이라고 말합니다. 이 말을 한다고 해서 인간이 주인이 되고 인간이 주체가 되는 것이 아닙니다. 인간의 존재를 말하면서 창조와 언약을 말한다는 것은 하나님과 우리와의 관계적 관점을 먼저 전제하고 말하는 것입니다. 관계적 관점이 먼저입니다. 성경은 언제나 하나님이 계시고 인간이 있다고 말합니다. 그래서 '관계가 존재를 앞선다'고 말합니다. 세상은 거꾸로 입니다. 세상은 실존적으로 접근하기 때문에 '존재가 관계보다 앞선다'고 말합니다. 그러나 예수 그리스도를 구주로 믿는 성도에게는 하나님 그분이 중요합니다. 하나님께서 주가 되시고 하나님께서 주인이시고 주체가 되십니다. 우리는 이 언약을 살펴가면서 삼위일체 하나님의 위대함을 알게 될 것입니다. 그래서 하나님을 아는 것이 가장 중요합니다.

하나님을 아는 것보다 중요한 것은 없습니다.

> 여호와를 경외하는 것이 지식의 근본이거늘 미련한 자는 지혜와 훈계를 멸시하느니라(잠 1:7)
> 여호와를 경외하는 것이 지혜의 근본이요 거룩하신 자를 아는 것이 명철이니라(잠 9:10)
> 23 여호와께서 이같이 말씀하시되 지혜로운 자는 그 지혜를 자랑치 말라 용사는 그 용맹을 자랑치 말라 부자는 그 부함을 자랑치 말라 24 자랑하는 자는 이것으로 자랑할지니 곧 명철하여 나를 아는 것과 나 여호와는 인애와 공평과 정직2)을 땅에 행하는 자인 줄 깨닫는 것이라 나는 이 일을 기뻐하노라 여호와의 말이니라(렘 9:23-24)
> 영생은 곧 유일하신 참 하나님과 그가 보내신 자 예수 그리스도를 아는 것이니이다(요 17:3)

여호와를 안다는 것이 왜 지식의 근본인지 우리는 더 알아가게 될 것입니다. 언약 공부를 해 가면 할수록 더 감사가 넘치고 경외하게 됩니다. 놀랍게도 많은 사람이 하나님을 안다고 말하지만 하나님을 경외하는 사람들은 드물며 매일의 일상적인 삶에서 하나님께서 존재하시는 것을 믿고 행동하는 사람들 역시 찾아보기 힘듭니다. 시편 기자는 이렇게 말했습니다.

---

2) "인애와 공평과 정직"은 구원받은 언약 백성들이 언약 공동체를 지켜가는 근본적인 원리이다. 이 세 가지가 무너지면 언약공동체는 무너진다.

> 1 [다윗의 시, 영장으로 한 노래] 어리석은 자는 그 마음에 이르기를 하나님이 없다 하도다 저희는 부패하고 소행이 가증하여 선을 행하는 자가 없도다 2 여호와께서 하늘에서 인생을 굽어 살피사 지각이 있어 하나님을 찾는 자가 있는가 보려 하신즉 3 다 치우쳤으며 함께 더러운 자가 되고 선을 행하는 자가 없으니 하나도 없도다(시 14:1-3)

이 말씀은 저 이방인에게만 해당하는 것이 아닙니다. 하나님의 구원과 언약 안에 있는 백성들인데도 마치 저 이방인이 하나님이 없다고 말하는 것과 동일하게 말하고 살아가고 있기 때문입니다. 오늘날 세상 사람들은 미신에 속한 것을 의지하고 살아가면서도 기독교를 그 미신보다 더 못한 것으로 멸시하고 있습니다. 사람들은 점을 치고 관상을 보고 내적치유와 영성으로 가고 채널링(channeling)을 하면서 외계의 어떤 신들과 접촉을 시도하면서 살아가고 있습니다. 그것이 전에는 일부의 어떤 특별한 사람이 그렇게 살아왔지만 이제는 점점 더 그것이 일반화되어져 가고 있습니다. 그렇게 미신적이고 종교적이고 영성적으로 자기들의 삶을 추구하고 살아가면서도 기독교에 대해서는 매우 적대적입니다. 그렇게 기독교에 대해서만 문제시하는 것은 기독교가 배타적인 입장을 취하기 때문이라고 말합니다.

이런 상황 속에서 우리는 우리가 믿는 신앙이 얼마나 탁월한가를 분명하게 알아야 합니다. 세상이 의미와 통일성을 구하지만 그 위험한 종교적 도약을 하는 것을 알아야 하며, 우리가 믿고 고백하는 하나님을 분명하게 알아야 합니다. 왜냐하면, 하나님을 바르게 아는 것이 우리 삶과 직결되기 때문입니다.

존 칼빈은 『기독교 강요』에서 그것을 말했습니다. 『기독교 강요』는 4권입니다. 1권은 '창조주 하나님에 관한 지식'을, 2권은 '그리스도 안에 계신 구속자로서의 하나님에 관한 지식'을, 3권은 '그리스도의 은혜를 받는 길'을, 4권은 '하나님이 우리를 그리스도의 공동체로 초청하시고 머물게 하시는 외적인 수단과 방편'에 대하여 말합니다. 이 4권 중에서 1권만 신론에 관한 주제들을 다룹니다. 그 주된 강조는 "참된 하나님과 거짓된 하나님을 분별하는 것"입니다. 칼빈(기독교강요)은 로마 가톨릭 신학자인 토마스 아퀴나스(신학대전)에 비하면 분량 자체가 적습니다. 그 첫 번째 이유로, 칼빈은 철학에 실질적으로 거의 의존하지 않기 때문입니다. 두 번째로는, 일상적 삶에 대한 교리들의 적용을 보여주기 위한 것이었기 때문입니다.3) 결국 칼빈의 기독교강요는 예수 그리스도 안에서 하나님을 바르게 알고 그 은혜 속에서 의미와 통일성을 공급받아 우리의 삶이 실제적으로

---

3) 존 M. 프레임, 신론, 김재성 역 (서울: R&R, 2014), 35-36.

거룩하고 경건하게 살아가는 것을 말하고 있습니다.

문제는 다윗의 시대에도 그랬듯이, 믿는 성도들도 하나님을 믿는다고 말하지만 실제로는 엉뚱한 방식으로 하나님을 찾습니다. 어느 때보다도 하나님께 헌신적이고 누구보다도 하나님께 열정적이지만 그 헌신과 열정은 성경에 기준한 것이 아니라 세속적인 현대 문화와 영성을 기준으로 하거나 자기 욕망에 근거한 잘못된 열심의 방식들에 불과합니다. 그러니, 아무리 하나님에 대해 말하고 예배를 드릴지라도 하나님께서는 그들의 삶에 실제적인 영향을 나타내지 않으십니다.

이것은 마치 심판 때에 양과 염소를 분별할 때 그 왼편에 처해진 염소들이 하는 말과 같습니다.

> 44 저희도 대답하여 가로되 주여 우리가 어느 때에 주의 주리신 것이나 목마르신 것이나 나그네 되신 것이나 벗으신 것이나 병드신 것이나 옥에 갇히신 것을 보고 공양치 아니하더이까 45 이에 임금이 대답하여 가라사대 내가 진실로 너희에게 이르노니 이 지극히 작은 자 하나에게 하지 아니한 것이 곧 내게 하지 아니한 것이니라 하시리니 46 저희는 영벌에 의인들은 영생에 들어가리라 하시니라(마 25:44-46)

왼편 염소들이 "주여 우리가 어느 때에 주의 주리신 것이나 목마르신 것이나 나그네 되신 것이나 벗으신 것이나 병드신 것이나 옥에 갇히신 것을 보고 공양치 아니하더이까"라고 말한 것을 가만히 보면 그 염소들이 의도적으로 그런 것이 아니라 그것이 그들의 삶이었다는 것을 대변해 주는 말이라는 것을 알 수 있습니다. 그 삶이라는 것은 반드시 그 임금, 곧 '하나님께서 어떤 분이신가?'에 대한 결과로 나오는 것입니다. '신론이 무엇이냐?'에 따라 '윤리학이 무엇인가?'가 필연적으로 나타나게 됩니다. 그 두 가지는 별개의 것이 아니라 매우 긴밀하게 연결되어져 있습니다. 그것은 유기체와 같아서, '하나님 그분의 존재가 어떤 분이신가?'에 따라 윤리적 행동이 그대로 현실의 삶에서 드러나게 됩니다.

그것이 유기체와 같다는 것이 중요합니다. 인간은 기계가 아닙니다. 기계적인 조작으로 행동하는 존재가 아닙니다. 외부의 강제와 억압으로 행동하는 것을 싫어합니다. 억지로 공부하라고 하면 싫습니다. 그렇다고 자발적으로 공부할 사람은 드뭅니다. 그것이 인간의 죄악 된 본성입니다. '알아서 공부합니다'라고 말해 놓고서 딴 짓하는 것이 인간이고, '알아서 잘 살아갑니다'라고 말해 놓고서 죄 짓는 것이 인간입니다.

인간이 유기체라는 말은 범신론적으로 생각하라는 것이 아니라 인간이 인격적인 존재라는 말입니다. 인격적인 존재라고 말하면 '인간은 의미와 통일성을 원하는 존재'라는 말이 이제는 자동적으로 연결돼야만 합니다. 인간이 인격적인 존재라는 것은 인간에게 부어지는 하나님의 은혜가 인격적인 호의라는 말과 관련됩니다. 강제와 억압으로 살기 싫어하는 존재라고 했듯이, 하나님께서 인간에게 부어주시는 그 인격적인 호의라는 것이 무엇입니까? 그것은 하나님의 진노를 받기에 합당한 사람에게 주시는 하나님의 은혜입니다. 그 은혜는 믿음으로 받습니다. 여기서 믿음이란 인격적인 신뢰를 말합니다. 로마 가톨릭은 하나님의 은혜를 "교회의 성만찬을 통해서 하나님으로부터 성도들에게 흘러나온 물질적인 것"으로 보려고 했습니다.4) 무슨 에너지나 능력이 아니라 하나님을 알고 믿고 항복하는 것이 믿음입니다. 예수님을 믿고 그 은덕을 누리는 것이 우리는 아무 생각 없고 다만 세례를 받거나 성만찬에서 떡과 포도주를 먹어서 그것이 나를 변화시키는 작용을 하는 것이 아닙니다.

지금까지 말한 것을 요약하면 이렇습니다.
성경은 인간의 존재적 관점에 대해서 무엇이라고 말합니까? 성경은, '하나님께서 하나님의 형상을 따라 인간을 창조하셨다'고 말합니다. 하나님께서 인간을 인격적인 존재로 만드셨으며, 그 인간과 언약을 맺으셨습니다. 언약을 맺으심으로 인격적인 소통과 교제를 하십니다. 하나님을 아는 것이 지식의 근본이며 하나님을 바르게 알 때 우리 삶에 실제적으로 효력이 나타나며 하나님의 은혜로 변화되게 됩니다.
그러면, 이제 교리는 무엇이라고 고백합니까? 웨스트민스터 신앙고백서는 다음과 같이 고백합니다.

> 제4장 창조
> 2. 하나님께서는 다른 모든 피조물들을 지으신 후에, 사람을 남자와 여자로 창조하셨으며(창 1:27), 이성적이고 불멸적인 영혼을 주셨고(창 2:7; 전 12:7; 눅 23:43; 마 10:28), 자기 자신의 형상을 따라(창1:26; 골 3:10; 엡 4:24) 지식과 의와 참된 거룩함을 부여해 주셨으며, 그들 마음에 하나님의 율법을 기록해 주셨고(롬2:14-15), 그 율법을 성취할 수 있는 능력도 주셨다(전 7:29). 그렇지만 그들이 범죄할 수 있는 가능성 아래(창 3:6; 전 7:29), 그들 자신의 의지의 자유를 허락해 주셨는 바, 그 의지란 변하기 마련이었다. 그들은 마음에 새겨진 율법 외에도, 선악을 알게 하는 나무의 열매를 따먹지 말라는 명령을 받았다(창 2:1; 3:8-11, 23). 그들은 그 명령을 지키는 동안, 하나님과 교통하는 가운데 행복하였으며 또한 피조물들을 다스렸다(창 1:26, 28).

---

4) 존 M. 프레임, 신론, 김재성 역 (서울: R&R, 2014), 34.

제6장 인간의 타락, 죄, 형벌
1. 우리의 시조들은 사탄의 간계와 시험에 유혹을 받아 금지된 실과를 먹음으로 범죄하였다(창 3:13; 고후 11:3). 하나님께서는 그들이 범한 이 죄를 그의 지혜롭고 거룩한 계획을 따라 기쁘게 허용하셨는데, 이는 그것을 명령하시어 그 자신의 영광을 드러내시기로 이미 계획하셨기 때문이다(롬 11:32).
2. 이 죄로 말미암아 그들은 본래의 의(義)를 잃게 되었고, 하나님과의 교통도 끊어지게 되었다(창 3:6-8; 전 7:29; 롬 3:23). 그래서 죄로 죽게 되었고(창 2:17; 엡 2:1), 영과 육의 모든 기능들과 기관들이 전적으로 더럽혀지고 말았다(딛 1:15; 창 6:5; 렘 17:9; 롬 3:10-18).
3. 그들이 온 인류의 시조이기 때문에, 그들이 범한 이같은 죄의 죄책은 모든 후손들에게 전가되었고(창 1:27-28; 2:16-17; 행 17:26; 롬 5:12,15-19; 고전 15:21, 22, 45, 49) 그로 인하여 바로 그 사망과 부패한 성품이 통상적인 출생법에 의하여 그 시조들에게서부터 후손들에게 유전되었다(시 51:5; 창 5:3; 욥 14:4; 15:14).

웨스트민스터 신앙고백서 4장과 6장은 인간의 창조와 언약이 무엇인지 말해주고 있습니다. 성경은 인간의 존재에 대하여 하나님께서 창조하신 피조물이라고 말합니다. 놀라운 것은 하나님께서 창조하신 피조물 중에서 유일하게 언약을 맺으신 하나님의 형상이라고 말한다는 사실입니다.[5] 사람은 하나님의 형상을 따라 창조되었기 때문에 존귀한 존재입니다.[6]

세상은 인간의 존재에 대하여 여러 가지로 말합니다. 원자들의 우연한 배열로 인해 발생한 결과물이라고 말합니다. 또한 진화의 최고의 단계라고 말하면서 인간을 만물의 영장이라고 말합니다. 그러나 그런 설명은 하나의 가설에 불과하기 때문에 인간의 본질에 대하여 구체적이고 실제적인 설명이 되지 못합니다. 가설

---

[5] 로버트 L. 레이몬드, 최신조직신학, 나용화·손주철·안명준·조영천 역 (서울: 기독교문서선교회, 2004), 531-532.
[6] R. C. 스프로울, 웨스트민스터신앙고백해설1, 이상웅·김찬영 역 (서울: 부흥과개혁사, 2011), 191-120. 〈여기서 우리는 "하나님의 형상"(imago Dei)이라는 개념을 만난다. 이것은 성경 첫 장에 있는 놀라운 주장이다. 하나님이 만든 모든 피조물들 가운데 오직 하나에게만 하나님 자신의 형상을 주셨다(혹은 찍으셨다). 이 본문은 두 가지 질문을 낳는다. 우리가 하나님의 형상으로 지음 받았다는 것은 무엇을 의미하는가? 그리고 우리는 타락 이후에도 하나님의 형상을 여전히 가지고 있는가? 이러한 질문들은 구속의 전체 사역을 우리가 이해하는 데 매우 중요하다. 우리가 하나님의 형상으로 지음 받았다는 것이 무엇을 의미하는지에 대해 분석하고자 할 때에 즉각적으로 다음의 문제에 부닥치게 된다. "하나님이 이르시되 우리의 형상을 따라 우리의 모양대로 우리가 사람을 만들고"라는 성경 본문은 형상과 모양이라는 단어들을 쓰고 있다. 하나님의 형상과 하나님의 모양은 두 개의 구별된 것인가? 로마 가톨릭 교회는 수 세기 동안 '예'라고 대답했다. 우리는 하나님의 형상뿐만 아니라 그의 모양을 따라서도 창조되었다. 가톨릭 교회는 그 단어들이 인간성의 구별된 측면들을 지칭한다는 입장을 취한다. 형상은 합리적 피조물의 이성적 기능을 가리키고 모양은 특별한 미덕으로 타고난 거룩함을 나타내는 덧붙여진 은사를 지칭한다. 하나님은 아담과 하와에게 이러한 덧붙여진 의의 은사, 덧붙여진 은사를 심어 주셨다. 따라서 그것은 그들이 획득한 어떤 것이 아니다. 창세기 1장 26절에 대한 전통적인 개신교 해석에 따르면 형상과 모양이라는 단어는 양자 모두 동일한 것을 지칭하는 동의어다. 두 동의어들은 서로서로를 강화하고 상황에 따라서는 다른 측면들을 강조한다. 이러한 문학적 방법의 유사한 예는 로마서 1장 18절에서 발견된다. 거기서 바울은 하나님이 자신의 진노를 "모든 경건하지 않음과 불의에 대하여" 나타내셨다고 말씀한다. 불경건과 불의는 죄악 된 행위의 두 가지 분리된 범주를 지칭하는 것이 아니라 동일한 것을 지칭한다. 이는 약간의 다른 두 가지 방법으로 인간의 사악함을 묘사하는 것이다. 전통적인 개신교는 형상과 모양이 동일한 것을 가리키는 것이라고 주장했다. …〉

이란 과거에는 맞았지만, 오늘에는 틀리고, 오늘 새롭게 제시된 것이라도 언제든지 다시 없었던 일이 된다는 것을 누구나 다 아는 사실입니다.

그에 반해, 성경과 교리는 하나님께서 인간을 창조하시고 언약을 맺으셨다고 말합니다. 언약을 맺으셨다는 것은 하나님과 우리 사이에 교제와 소통의 방식이 있다는 것을 말합니다. 하나님께서 하나님의 형상대로 창조된 사람과 교제하시고 소통하는 틀(frame)이 언약입니다. 그런 까닭에, 하나님의 언약을 벗어나서는 하나님에 대하여 말할 수 없게 됩니다. 이 언약이 없으면 모든 것이 상실됩니다. 기독교인들의 문제는 이 언약을 거의 모르며 언약을 알기보다는 신비한 체험으로 나타나기를 원한다는 것입니다. 그런 체험이 없으면 언약도 소용없다고 생각합니다.

팔머 로벗슨은 언약을 잘 이해하기 위해 예화 하나를 말합니다.
원주민들이 손에 칼과 창을 들고 선교사 다섯 명을 죽이려고 위협하고 있습니다. 선교사들은 원주민들에게 둘러싸여 죽을 뻔 하였습니다. 왜냐하면, 원주민 소년 하나가 선교사들이 운영하는 학교에서 사라졌는데, 원주민들이 그 잘못이 선교사들에게 있다고 뒤집어씌웠기 때문입니다. 그 원주민들은 식인종들이었습니다. 자기들이 그래왔던 것처럼 아마 저 선교사들도 그 가난한 아이를 잡아먹었을 것으로 생각하면서 그 다섯 명의 선교사들을 의심했습니다. 그 날 밤, 추장 토(Tho)와 그의 원로들이 다시 선교사들을 찾아왔습니다. 그리고는 자기들이 화가 나서 행한 일에 대해 사과를 했습니다. 행방불명이 되었던 아이는 안전하고 건강한 채로 가족의 품으로 돌아왔기 때문입니다. 그런데 원주민들은 그것으로 이 사건을 끝내지 않았습니다. 원주민들은 그 다섯 명의 선교사에게 사과하고 난 뒤, 흰 새의 목을 잘랐습니다. 그리고는 새의 피를 먼저는 선교사들에게 뿌리고 그다음에는 자신들에게 뿌렸습니다. 그 원주민의 추장은 선교사들과 원주민들 사이에 피의 언약이 체결되었다고 선포하였습니다.[7]

이 사건은 서아프리카 오지에서 일어난 실제 사건입니다. 성경의 계시가 종결된 이후 2,000년이 지났는데도 저 원시 부족에게 일어난 사건과 언약은 성경에 기록된 고대 언약 체결 전통과 거의 일치합니다. 그렇다고 이 사건을 문화인류학적으로 접근해서 생각하고 판단하자는 것이 결코 아닙니다.
하나님께서는 인간을 창조하시고 언약을 맺으셨습니다. 언약을 맺었다는 것은

---

[7] 팔머 로벗슨, 계약신학과 그리스도, 김의원 역 (서울: CLC, 2008), 11-12.

관계를 말하며 그 관계에 규범이 주어졌다는 뜻입니다. 하나님께서 자기 백성과 관계하시는 방식이 언약이라는 틀입니다. 하나님께서 처음부터 언약을 맺으시고 관계를 맺으셨기 때문에 언약을 떠난 하나님은 하나님이 아닙니다.8)

팔머 로벗슨은 언약이란 "주권적으로 시행되는 피로 맺은 언약"이라고 말했습니다. 피로 맺은 언약이요 피로 맺은 관계이기에 그 언약을 어기면 그 형벌로 죽게 됩니다.9) 죽고 사는 것은, '이 언약을 지키느냐? 안 지키느냐?'에 달려 있습니다. 그렇다고 하나님께서 우리를 죽이려고 일부러 언약을 맺으신 것이라고 오해하지 말기 바랍니다. 하나님께서는 언제나 우리가 하나님 안에서 복된 삶을 살아가기를 원하십니다.

이것은 '인간은 언약적인 피조물이다'라는 사실을 말해 줍니다. 우리는 하나님께서 창조하신 피조물입니다. 그 피조물은 '언약적 피조물'입니다. 언약적 피조물이란 하나님께서 창조하셨으나 하나님의 신성으로부터 유출된 존재가 아니라는 뜻입니다. 우리는 신성한 존재가 아닙니다. 하나님만이 신성을 지니신 분이고 우리는 신성한 것이 없습니다. 하나님과 우리 사이에는 간격이 있어서 존재론적인 구분이 있습니다.

하나님과 우리 사이에는 어떤 유사성이 있습니다. 그것을 '존재의 유비'(analogia entis)라고 말합니다. 하나님과 우리와 유사성이 있다는 말은 우리가 하나님이라는 말이 아니라 하나님의 형상을 따라 지음을 받았기 때문에 거기에 유사성이 있다는 뜻입니다.

어떤 신학자들은 하나님을 '전적인 타자'(wholly other)라고 말합니다. 그것은 인

---

8) 손성은, 〈언약의 하나님 우리의 하나님(5) 언약의 하나님이 아니면 전혀 하나님이 아닙니다(I): 우선, 이런 모든 존재하는 것의 운동하는 경향성이 바로 언약을 가능케 하는 토대라는 것이다. 언약은 하나님의 운동(활동)의 아주 중요한 한 표현이다. 다른 말로 하자면, 하나님은 하나님 되심의 그 속성으로 인해서 언약의 하나님이실 수밖에 없다는 것이다. 하나님은 하나님이시면서 언약의 하나님이지 않을 수가 없다. 이 말은, 언약의 하나님이 아니면 그 하나님은 아예 하나님이 아니라는 것이다. 하나님은 삼위 안에서 스스로 언약을 체결하신 분이다. 하나님의 내적 경향성(혹은 내적 필연성, inward compulsion, necessitate finis) 때문이다. 결코 필연에 의하여 강제되시는 분이 아니시지만, 그럼에도 불구하고 하나님의 하나님 되심으로 인하여 스스로를 어떤 제약 속에 묶어두시는 것, 바로 그것이 "언약"이라는 것이다. 쉬운 말로 하자면, 하나님께서는 거짓말 하실 수 없는 것으로 스스로를 묶으셨다는 것이다. 의로우실 수밖에 없고, 또한 사랑이실 수밖에 없는 분이 바로 하나님이시다. 하나님은 생명이실 수밖에 없다. 하나님은 존재하지 않으실 수 없다. 존재하지 않는다면, 존재하지 않는 그 무엇은 결코 하나님이실 수가 없다. 그래서 존재하실 수밖에 없는 필연에 매여 계신다. 하나님 되심의 내적 필연성에 의해서 자신을 묶으신 것이다. 그렇게 자신을 스스로 묶으신 것이 바로 하나님의 언약이다. 오해하지 말라. 언약 맺으심이 내적 필연성에 의한 것이라는 말을, 외적 필연성(outward compulsion, necessitate coactionis)에 의하여 된 것이라고 오해해서는 안 된다. 하나님은 절대 자유하신 분이시다. 어떤 외적 강제에 의해서도 제한되실 수 없는 분이시다. 만일 그렇다면, 하나님이실 수 없다. 하지만, 하나님은 하나님이실 수밖에 없다. 바로 그것이 내적 필연성이라는 것이고, 그것으로 언약을 맺으신 것이라는 것이다. 이것을 제대로 이해하지 못하면, 하나님의 예정론을 오해하게 된다. 하나님의 작정하심을 오해하게 된다. 하나님의 언약의 역사를 오해하게 된다. 모든 오해가 바로 여기에서 시작된다.〉

9) 팔머 로벗슨, 계약신학과 그리스도, 김의원 역 (서울: CLC, 2008), 15.

간의 이성으로는 하나님을 이해할 수 없다는 뜻입니다. 칼바르트와 신정통주의자들이 하나님의 초월성을 너무 강조하다보니 일어난 일입니다. 그것은 하나님께서 우리와 전혀 다르다는 의미입니다. 그렇게 하나님께서 모든 면에서 우리와 절대적으로 그리고 무조건적으로 다르다면 우리는 하나님에 대해서 아무것도 알 수 없게 됩니다. 어떤 공통의 기반이 있어야만 하나님을 인식할 수 있기 때문입니다. 하나님께서 우리와 전적으로 다르다면 하나님께서는 그의 계시를 우리에게 줄 수 없습니다. 그렇게 되면 하나님과 우리 사이에 의사소통이 일어나지 않습니다.

그러면 무엇이 하나님과 닮았을까요? 우리는 이성적인 영혼을 가지고 있어서 이성적으로 생각하고 추론하는 능력이 있습니다.[10] 하나님께서는 자기 백성에게 "내가 거룩하니 너희도 거룩하라"(레 11:44)라고 말씀하신 것처럼 하나님의 의와 참된 거룩함을 반영하고 반사하는 능력과 책임을 주셨습니다. 그리하여 하나님의 청지기로서 그 사명을 감당하게 하셨습니다. 그것은 언제나 하나님과 맺은 그 언약에 배타적 충성으로 살아가는 것입니다. 그것이 하나님의 백성 된 주의 성도들의 사명적 관점입니다.

이것이 바로 성경이 우리에게 말하는 의미와 통일성의 세 관점입니다. 그것은 언제나 창조와 구원과 언약 안에서 주어집니다. 우리는 예수 그리스도의 십자가 피로 이룬 새언약의 백성입니다.[11] 우리는 그리스도와 언약적으로 하나가 되었고 그 언약에 충성하며 살아가는 자들이고 그리하여 언약적 샬롬을 누려가는 자들입니다. 이 세상 어느 것도 우리를 그리스도로부터 멀어지게 하거나 떨어지게 하지 못합니다.[12] 믿음의 시련을 만나고 고난을 당할지라도 그리스도의 사랑에서 끊어지게 할 수 없습니다. 그리스도의 십자가 피로 맺은 언약이요 사랑이기에 겁낼 것이 없습니다. 시련을 당할수록 구원과 언약을 붙들고 기도하는 성도가 복된 성도입니다. 고난을 당할수록 그리스도의 사랑으로 나아가는 성도가 복된 성도입니다. 세상 끝날까지 이 귀한 언약에 충성하면서 풍성한 삶을 누려가

---

[10] R. C. 스프로울, 웨스트민스터신앙고백해설, 이상웅·김찬영 역 (서울: 부흥과개혁사, 2011), 193. "어떤 의미에서 우리는 하나님과 닮았는가? 우선 우리는 이성적 영혼을 가지고 있다. 즉, 우리는 이성적으로 생각하고 추론하는 능력을 가지고 있다. 우리는 외적인 자극에 반응하는 것으로 제한되지 않고 연역적으로 추론하고 지적이고 논리적인 방법으로 생각한다. 하나님은 지성을 가지고 계신다. 우리도 지성을 가지고 있다. 하나님은 의지적 존재로서 의지를 갖고 결정을 내리신다. 우리도 의지적 존재이고 결정을 내린다. 게다가 우리는 감정을 느낄 수 있고 그것은 어느 정도 우리의 지성에 의해 영향을 받는다. 그리하여 인간으로서의 우리의 구성요소는 하나님의 본성과 어느 정도 닮은 인간성의 이러한 측면들을 지적한다."
[11] 눅 22:19-20; 고전 11:25; 히 8:6-12; 10:15-18.
[12] 롬 8:38-39.

는 믿음의 성도들이 다 되기 바랍니다.13)

---

13) 안상혁, 언약신학 쟁점으로 읽는다 (경기: 영음사, 2016), 56-61. 〈16세기 재세례파의 등장은 개혁파 신학이 교리적으로 체계화되는 과정에 크게 기여했다. 일례로, 1534년 언약 신학 분야의 최초 연구서라 불리는 불링거의 논문 "하나님의 유일하고 영원한 유언 혹은 언약"(De testamento seu foedere Dei unico et aeterno, 1534)이 출판 되었는데, 저자는 이를 통해 재세례파의 견해를 반박하고자 시도했다. 이 책이 출판되기 7년 전 스위스와 남부 독일 지역에서 차츰 세력을 확장한 재세례파의 한 집단은 미카엘 자틀러(Michael Sattler)가 기초한 슐라이트하임 7개 조항을 그들의 신앙고백(The Schleitheim Confession of 1527)으로 채택했다. 그 첫 번째 조항은 유아 세례를 다음과 같은 이유에서 반대한다. "세례는 다음과 같은 자들에게 수여되어야 한다. 곧 회개와 삶의 갱신을 배우고 그들의 죄가 그리스도에 의해 씻기었음을 진실로 믿는 자, 또한 예수 그리스도의 부활 안에 걸으며 그의 죽으심과 더불어 죽고 그의 부활과 더불어 살고자 원하는 모든 자, 그리고 이러한 의미를 알고 우리에게 그 자신들을 위해 세례를 베풀어 줄 것을 자발적으로 요구하는 모든 자들이다. (따라서) 이것은 모든 유아세례를 배제한다. 유아세례는 교황이 범한 최악의 그리고 가장 가증스러운 잘못이다. 당신은 이에 대한 사도적 기초와 증언을 가지고 있다 (마 28; 막 16; 행 2, 8, 16, 19). 이것을 우리는 순수하게 그러나 확신을 가지고 단호하게 주장하는 바이다." 재세례파의 이러한 입장을 잘 알고 있었던 츠빙글리는 슐라이트하임 신앙고백이 발표된 해에 반박문인 "재세례파의 술책에 대한 반박"을 저술했다. 유아세례와 관련하여 츠빙글리는 재세례파의 신앙고백이 구약과 신약의 연속성을 파괴한다고 비판한다. 특히 아브라함에게 주신 하나님의 약속이 그리스도를 통해 성취되었다고 지적하면서 츠빙글리는 구약의 할례와 신약 시대의 유아 세례의 연속성을 강조했다. 이러한 츠빙글리의 입장은 그의 후계자 불링거의 재세례파 논박에도 그대로 반영되었다. … 불링거는 아브라함 언약의 인증(seal)으로 주어진 할례의 영적인 의미에 주목한다. "따라서 할례는 다음의 사실을 의미한다. 곧 사람은 마음의 표피를 잘라내고 믿음의 순종으로 하나님을 섬겨야만 한다(신 10:[16]; 렘 4:[4])." 한 걸음 더 나아가, 할례는 그리스도의 죽음, 곧 "유언자"로서의 죽음 (히 9:17)에 관한 "신비"를 포함한다고 불링거는 주장한다. 요컨대 슐라이트하임 신앙고백이 말하는 세례의 영적인 요소들 - 회개, 믿음, 그리스도의 죽음과 죄사함 - 은 이미 할례의 영적인 의미와 본질 안에서 동일하게 발견되는 것이다. 칼뱅 역시 불링거와 동일한 입장을 취한다. 1536년에 출판된 『기독교 강요』 (초판)에서 칼뱅은 할례와 유아 세례의 연속성에 근거해서 후자의 시행을 정당화 한다. "주님의 명령(창 17:10-14)이 우리에게 계명이 되어야 함은 우리의 세례가 할례의 자리에 대신 들어 서기 때문이다." 이처럼 구약의 할례와 신약의 유아 세례를 연결 지을 수 있는 가장 중요한 근거에 대해 칼뱅은 두 성례가 동일한 것을 가리키기 때문이라고 설명한다. "할례 가운데 유대인들에게 약속하신 것 자체를 오늘날 그리스도인들에게 세례 가운데 약속하시기 때문이다." 1544년 칼뱅은 그의 『재세례파 논박』에서 앞서 소개한 슐라이트하임 신앙고백서의 7개 조항을 조목조목 반박한다. 첫 번째 조항[유아세례]을 논박하기 위해 칼뱅은 (불링거와 마찬가지로) 할례의 영적인 성격을 크게 부각시킨다. … 사도 바울에 따르면 아브라함에 있어 할례는 그가 믿음으로 값없이 받은 의를 확증해 주는 역할을 한다(롬 4:11). 이런 측면에서 구약의 할례는 그것이 가리키는 영적인 본질에 있어 신약의 세례와 일맥상통한다. … 요컨대 할례의 성례로부터 구약 시대의 유아들이 배제된 것이 아니라면 신약 교회의 유아들 역시 세례의 성례에 참여하는 것이 자연스럽다는 것이다. 이를 강조하기 위해 칼뱅은 하나님의 구속 역사 가운데 계시된 은혜 언약은 지속적으로 증대되어 왔다고 지적한다. 예를 들어 구약 시대에 하나님이 유대인들에게 은혜를 베푸시고 성례의 표를 주셨다면, 신약 시대에 들어와서는 예수 그리스도를 통해 유대인들에게 이미 약속한 것을 확증하시고 "온 세상에 하나님의 긍휼을 아낌없이 주셨다(롬 15:8-9)." 은혜의 지속적인 증가를 중요한 특징으로 하는 구속사의 전반적인 흐름에서 보았을 때, 과거 유대인들이 누렸던 성례의 은총이 오늘날 우리와 우리 자녀들에게 베풀어지는 것을 거부하는 것은 곧 "예수 그리스도에게 커다란 모욕과 모독을 가하는 것"이라고 칼뱅은 결론을 내린다. 1530년대 종교개혁자들에 의해 저술된 은혜언약에 관한 최초의 신학 저술들이 주로 재세례파와의 논쟁을 계기로 등장했다는 것은 다음의 중요한 사실을 말해준다. 곧 교의로서의 은혜 언약은 처음부터 성경신학에 뿌리를 내리고 성장했다. 특히 구약과 신약의 관계를 어떻게 규정할 것인가의 문제를 두고 언약 신학자들은 은혜언약의 통일성을 강하게 주장했다. 구약 시대에 계시된 하나님의 은혜 언약은 그 본질에 있어서 신약 시대의 그것과 동일하다. 따라서 구약과 신약의 급격한 단절성을 주장하는 재세례파는 은혜 언약의 본질과 그것에 기초한 통일성을 제대로 읽어내지 못하는 약점을 노출한 것이었다.

언약 2

> 여호와께서 자기를 경외하는 자에게 양식을 주시며 그 언약을 영원히 기억하시리로다(시 111:5)

'여호와 하나님의 언약' 두 번째 시간입니다. 산상수훈으로 들어가기 전에 언약에 대해서 배우고 있습니다. 언약이라고 하면 무슨 특별한 것으로 생각하는 심각한 오해가 있습니다. 성경은 언약과 그 성취를 말합니다. 언약은 하나님의 나라를 지향하고 있습니다. 우리가 가지고 있는 이 성경은 구약과 신약입니다. 구약은 한의학, 동양의학이고 신약은 양의학, 서양의학을 말하는 것이 아닙니다. 구약은 옛언약이고 신약은 새언약입니다. 왜 옛언약입니까? 예수님께서 오셔서 새언약을 맺으셨기 때문에 그 이전의 언약은 다 옛언약이 됩니다. 여호와께서는 새언약을 세울 것이라고 말씀하셨으며, 예수님께서는 마지막 만찬에서 주의 피로 새언약을 세우신다고 말씀하셨습니다.

> 나 여호와가 말하노라 보라 날이 이르리니 내가 이스라엘 집과 유다 집에 새 언약을 세우리라(렘 31:31)
> 저녁 먹은 후에 잔도 이와 같이 하여 가라사대 이 잔은 내 피로 세우는 새 언약이니 곧 너희를 위하여 붓는 것이라(눅 22:20)

다시 말해서, 성경은 언약책입니다. 성경이 언약책이라는 말은 우리의 신앙이 지극히 언약적 신앙이라야 한다는 뜻입니다. 그 말은 우리가 늘 들어왔던 말로 하자면 '오직 성경'이라야 한다는 뜻입니다. 오직 성경이란 전적으로 언약에 충실하다는 뜻입니다.

올해가 종교개혁 500주년이 되는 해입니다. 저마다 개혁주의라고 부르짖지만 실제로 그들이 개혁주의 신앙을 가지고 있는지 매우 우려스럽습니다. 종교개혁이 부르짖은 핵심은 '다섯 가지 오직(솔라)'입니다. 그 다섯 가지는 로마 가톨릭의 가르침에 반대하는 개혁주의 신앙의 기본적인 믿음 체계를 상징적으로 나타낸 것입니다. 첫째는, 오직 성경(Sola Scriptura), 둘째는, 오직 그리스도(Solus Christus), 셋째는, 오직 은혜(Sola Gratia), 넷째는, 오직 믿음(Sola Fide), 다섯째는, 오직 하나님께 영광(Soli Deo Gloria)입니다.[14]

---

14) 위키피디아 사전에서. ① Sola Scriptura(오직 성경): 성경은 유일신 하나님의 영감으로 쓰여진 권위 있는 말씀이며 기독교 교리의 유일한 원천으로, 누구에게나 공개되어 있고, 문체가 명료하며 자기 해석이 가능하다는 것

이 다섯 가지 오직에서 가장 첫 번째로 말하는 것이 '오직 성경'입니다. 왜냐하면, 신앙의 오류가 발생하게 된 것은 성경해석을 잘못하고 성경이 최고의 권위가 되지 않았기 때문입니다. 오늘날 '오직 성경'으로 목회를 해야 한다고 생각하는 사람은 별로 없습니다. 설령 그런 말을 한다고 할지라도 실제로 교회 안에는 심리학적 프로그램들과 신비주의 영성 프로그램과 은사주의 프로그램들로 장악되어져 있는 경우가 허다합니다. 그러면서 개혁주의 교회, 개혁주의 목사라고 말하는 분들은 많습니다.

예를 하나 들어 보겠습니다. 대한민국에서 개혁주의 목사님으로 이름난 유명한 목사 중의 한 분께서 2011년에 「부부를 위한 특강」을 하셨습니다. 그 강의에서, '부부의 서로 다른 점을 이해해야 한다'고 말했습니다. 어떤 사람의 책에 정리해 놓았다면서(강의 83분부터), '사해형 인간이 있고 시냇물형 인간이 있다'고 말하면서 그 다른 점을 수용해야 한다고 말했습니다. 그것만이 아니라 아침형 인간과 야행성 인간, 깔끔한 사람과 지저분한 사람, 적극적인 사람과 소극적인 사람, 계획성 있는 사람과 되는대로 사는 사람, 교수와 예술가, 책벌레와 텔레비전 중독자, 고급 선호형과 절약형 인간, 주일 아침 교인과 수요일 저녁 교인이 있다고 말하면서 서로 다른 점들을 수용해야 한다고 말했습니다.15) 「부부를 위한 특강」을 한 그 목사님은 두 번째 강의도 같은 책으로 계속해서 강의를 했습니다. 이 목사님이 인용한 책은 게리 채프먼(Gary Chapman)의 『연인보다 아름다운 부부로 살기 위한 부부학교』(황금부엉이, 2004)라는 책입니다. 게리 채프먼은 누구일까요? 기독교상담가 혹은 기독교 심리학자로 소개합니다. 그 말은

이다. 성경만이 거룩한 전승은 아니고 성경에 기록되지 않은 전승도 인정하며, 교회가 권위적으로 성경을 해석할 수 있다는 기성 교회의 전통(Prima Scriptura)과는 반대된다. 그렇다고 Sola Scriptura가 기독교의 오랜 전통을 완전히 무시하려는 의도는 아니다. 다만 기독교의 모든 전통은 오직 성경의 권위 아래에 있어야 하며, 성경에서 근거를 찾을 수 없는 전통은 인정하지 않는다는 뜻이다. 이와는 달리 기독교의 전통은 아무 의미가 없다고 보는 사상을 "Sola Verbum Dei"라고도 한다. ② Solus Christus(오직 그리스도): 자연인의 상태에 대한 입장은, 모든 인간은 죄로 인해 참된 생명력을 잃은("죽은") 절대적인 절망의 상태로서 죄의 종노릇을 하고 있으며 현세에서도 하나님의 진노를 받지만 사후의 심판에서 죄에 대한 대가로 영벌을 받는다는 것이다. 이러한 상태에서 인간은 스스로 벗어날 능력이 없고, 구원의 유일한 길은 십자가에서 억조창생의 죄 값을 다 받고 하나님의 의를 완전히 이룬 예수 그리스도의 공효를 덧입는 것뿐이라는 것이 Solus Christus의 내용이다. ③ Sola Gratia(오직 은혜): 예수 그리스도의 공효를 덧입혀 주는 것은 전적인 하나님의 선물로서 하나님이 인간 쪽에 아무런 조건을 찾지 않는다는 내용이다. "믿음" 역시 하나님의 선물이며, "믿음"은 구원의 은혜를 받는 '통로' 역할을 할 뿐이며 그것의 '대가'로 구원을 받지는 않는다고 하였다. ④ Sola Fide(오직 믿음): 하나님이 내리시는 구속의 은혜는 오직 믿음을 통하여 받을 뿐이지 다른 어떤 것이 요구되지 않는다는 것이다. ⑤ Soli Deo Gloria(오직 하나님께 영광): 성직자의 권위가 하나님의 권위와 혼동되던 기존의 교회에 반하여 모든 영광은 사람이 아닌 하나님에게로만 돌려야 한다는 것이다. 또한 구원은 하나님이 시작하고 완성하시는 일이며 거기에 인간이 참여하는 부분은 없기 때문에 모든 영광을 하나님이 받는다는 내용이다.

15) http://www.gloryofgod.or.kr/bbs/board.php?bo_table=semi&wr_id=5/ 2011년 부부를 위한 특강 01(작성일: 11-06-20), 83분 00부터

기독교와 심리학을 통합하여 가르치는 사람이라는 것입니다. 게리 채프먼은 매우 비성경적이고 신비주의 영성적인 책인 유진 피터슨의 『메시지』를 추천한 사람 중의 한 사람입니다.16) 그리고 관상기도를 옹호하는 사람입니다.17)

「부부를 위한 특강」을 한 그 목사님은 개혁주의에 관련한 여러 책들을 출판하였습니다. 이번에 출판한 책이 『타협할 수 없는 기독교의 기초, 오직 성경』입니다. 그 책에서 이렇게 말했습니다.

> 성경은 하나님의 계시로 오류 없이 영감 된 책입니다. 그것은 우리 신앙과 삶에서 유일한 신적 권위를 갖습니다. 또 성경은 그 자체로 충분해 더 이상 덧붙일 것이 없는 최종성을 지닙니다. 전통이나 또 다른 계시를 더할 필요가 없는 최종적인 말씀이라는 것입니다. 이것이 '오직 성경'입니다. 오늘날 개신교회는 성경에 무언가를 더함으로 '오직 성경을 스스로 무너뜨리는 혼란 속에 있지만, 우리는 그 흐름에 휩쓸리지 말아야 합니다. 성경 외의 것에 미혹되거나 다른 것을 찾아 기웃거리지 말고, 예수님과 사도들과 종교개혁자들이 취한 기록된 말씀 안에서 신앙과 삶을 세워가야 합니다. 그리고 그것을 예수님이 다시 오실 때까지 계속해 나가야 합니다. 성경이 구원과 신자로서의 삶을 위한 충분한 계시의 기록임을 기억하고, 이 말씀에 의존해 신앙생활 해야 합니다.18)

설교와 책으로는 '오직 성경'이라고 외칩니다. 그러나, '그러면 어떻게 살아가야 합니까?'라는 문제에 대해서는 심리학과 기독교를 통합한 사람의 책을 교재로 하여 가르칩니다. 제가 무슨 말을 하고 있는지 이해 가십니까? 이것은 단순히 그 목사님을 비판하자는 것이 아닙니다. 저를 비롯해서 거의 대부분의 목회자들

---

16) http://www.seekgod.ca/themsgendorsements.htm/ The Message: Who Endorses & Promotes Eugene Peterson's Opinion of the Bible.
Amy Grant, Benny Hinn, Bill Hybels, Bill and Gloria Gaither, Billy Graham, Brock and Bodie Thoene, Carol Kent, Chuck Swindoll, Cynthia Heald, Dan Quayle, Dave Dravecky, Toby-DC Talk, Don Moen, Duffy Robbins, Frederick Buechner, Gary Chapman, Gary Smalley, Gordon Fee, Gordon MacDonald, Harold Fickett, J.I. Packer, Jack Hayford, Jay Kesler, Jerry Jenkins, Jerry Savelle, Jim Burns, Jimmy and Rosalyn Carter, John Maxwell, Joni Eareckson Tada, Joyce Meyer, Kathy Peel, Keith Miller, Kenneth Copeland, Leighton Ford, Leith Anderson, Luci Shaw, Madeleine L'Engle, Max Lucado, Michael Card, Michael W. Smith, Mike Yaconelli, Newsboys, Patsy Clairmount, Pat Williams, Phil Driscoll, Rebecca St. James, Richard Foster, Rick Warren, Rod Parsley Ron Kenoly, Stuart and Jill Briscoe, Tim Kimmel, Tony Campolo, Tremper Longman, Bono of U2, Vernon Grounds, Walter Kaiser Jr., Walter Wangerin, Warren Wiersbe, Wayne Rice, Wellington Boone."

17) http://moodyaudio.com/products/prayers-today-0/ Prayers for Today, Building Relationships, Speakers: Gary ChapmanKurt Bjorklund, (01/14/2012). There's one aspect to the Christian life that seems the most difficult. On this edition of Building Relationships with Dr. Gary Chapman, pastor and author Kurt Bjorklund will talk about contemplative prayer. From saints through the ages, poems, hymns, and scripture, you can discover a greater intimacy with God. You'll receive help for your prayer life on this edition of Building Relationships with Dr. Gary Chapman.

18) http://www.kyobobook.co.kr/product/detailViewKor.laf?ejkGb=KOR&mallGb= KOR&barcode=9788997713745&orderClick=LEA&Kc=/ 박순용, 타협 할 수 없는 기독교의 기초, 오직 성경(서울, 아가페북스, 2016).

이 신학교 들어가면서 그렇게 배웠기 때문에 그런 결과가 나옵니다. 한편으로는 '오직 성경'이라고 외치면서, 다른 한편으로는 실천신학이라는 이름으로 심리학과 통합된 것을 교회 안으로 아무런 거부감 없이 가지고 들어옵니다. 이것은 비단 그 교회, 그 목사님만의 이야기가 아닙니다.

기독교 신앙이란 '오직 성경'이라야 맞습니다. 오직 성경은 자극히 언약적 신앙이라는 뜻입니다. 기독교 신앙이 오직 성경에 기초해야 하고 성경의 권위 아래 있어야 한다는 것은 성경적 신앙이며 언약적 신앙을 말하며, 그 성경적 신앙, 언약적 신앙이란 '계시 의존적 신앙'을 말합니다. 이 '계시 의존적 신앙'과 반대되는 것이 '전통적 신앙'입니다. 전통적이란 인간의 현세적 유익과 행복에 초점 맞추어서 성경을 자의적으로 해석하고 편의적으로 적용하는 것입니다. 그래서 그런 신앙을 '자의적 숭배 신앙'이라고 말합니다. 그런 까닭에 칼빈은 '개혁된 교회는 항상 개혁되어야 한다'(ecclecia semper reformanda)고 말했습니다. 칼빈의 구호는 인간이 타락해 있기 때문에 교회는 언제든지 변질될 수 있다는 것을 말합니다. 그렇기 때문에 교회는 언제나 성경이 기준 되어서 신앙을 올곧게 세워가야 합니다.

그러나, 오늘날 교회 안에도 인문학 열풍이 불어서 많은 목회자들과 성도들도 인문학과 성경을 섞어서 말합니다. 그렇게 말하면서 칼빈도 인문학을 했다면서 심리학의 정당성을 말합니다. 과연 그럴까요? 칼빈은 『기독교강요』 1권 5장 11절에서 이렇게 말했습니다.

> 철학자들의 집단 전체가 이런 점에서 자기들의 어리석음과 지각없음을 얼마나 잘 드러내는지 모른다! 철저하게 바보처럼 행동하는 다른 철학자들에 대해서는 굳이 이야기하지 않더라도, 철학자들 가운데 가장 종교적이고 사려 깊은 플라톤까지도 자신이 고안해낸 둥근 공(球) 속에 완전히 빠져서 헤매었던 것이다. 사람들에게 바른 길을 제시해야 할 지도자들부터 이처럼 방황하고 넘어지고 있으니, 그들에게서 지도를 받는 나머지 사람들은 과연 어떻겠는가!

1권 15장 8절에서 인간의 '자유의지'에 대해 이렇게 말했습니다.

> 그들은 사람이 선악에 대한 자유 선택권을 소유하지 않았다면 이성적인 동물이 아닐 것이라는 원칙을 고수하고 있었고, 또한 사람이 자기 스스로 계획하여 삶을 이끌어나가지 않는다면 덕과 악행 사이의 구별이 사라지고 말 것이라고도 생각한 것이다. 사람에게서 변화가 일어나지만 않았더라면, 이 얼마나 좋은 생각이겠는가! 그런데 그런 인간의 근본적인 변화에 대해서 그렇게 무지하니, 철학자들이 하늘과 땅을 뒤섞어 놓은 것도 무리는 아니다. 또한 입으로는 그리스도의 제자들이라 칭하면서 철학자들의 견해들과 하늘의 교리 사이에서 타협을 시도하는 자

들은 어리석은 장난을 하고 있는 것이며, 결국 하늘도 땅도 접할 수가 없다. 그들은 사람이 잃어버린 바 되어 영적 멸망 상태 속에 빠져 있는 데도 불구하고 여전히 그에게서 자유 선택권을 찾고 있는 것이다. 그러나 이 문제들은 적절한 곳에서 더 충실하게 다루는 것이 좋을 것이다.

칼빈은 철학자들의 말과 성경을 혼합하지 않았습니다.19) 철학과 성경을 섞은 사람은 로마 가톨릭 신학자 토마스 아퀴나스였습니다. 오늘날 교회가 영적인 분별력과 통찰력을 상실한 것은 성경을 근거로 하지 않기 때문입니다. 무엇보다도 언약을 가르치지 않기 때문입니다. 예수 그리스도를 믿으면서도 언약을 말하면 그것이 무슨 말인지 이해를 못합니다. 우리는 언제나, '성경이 무엇을 말하는가?'를 생각해야 합니다. 성경은 '하나님 나라의 완성'을 말하며 성경의 총체적 주제는 '언약적 구속사'입니다. 구속사란 예수 그리스도의 인격과 사역으로 하나님의 택한 백성을 죄에서 구원하시어 교회를 세우시고 마지막에 하나님의 나라를 세우시는 하나님의 우주적인 경륜을 말합니다. 그 언약적 구속사는 먼저 언약하시고 성취하시는 '선언약 후성취'라는 언약의 구조적 틀을 가지고 있습니다. 하나님께서 세우신 그 언약을 방편으로 하여 종말에 하나님의 나라를 이루십니다.

그 하나님의 나라가 언약적 구속사의 궁극적인 목표입니다. 성경은 예수 그리스도의 십자가 대속이 성경 계시의 핵심입니다. 그 대속으로 이루어지는 하나님의 나라가 최종적인 목표입니다. 그런 까닭에 마태복음 6장 33절에서 예수님께서는 "너희는 먼저 그의 나라와 그의 의를 구하라"고 말씀하셨습니다. 예수 그리스도의 십자가 피로 구원받은 자들은 지금 여기서도 하나님의 나라를 누리고 이 세상을 떠나서도 영원하신 하나님의 나라를 누리고 살아가는 자들입니다. 그래서 언약을 신실하게 지키는 것이 하나님의 나라를 이루는 것이고 그것이 하나님의 의를 구하며 살아가는 것입니다.

피터 골딩은 언약이 '신학의 열쇠'라고 말합니다. 왜냐하면, 하나님께서 이루시는 구원의 신적 계획이 언약적 형태 안에서 파악되기 때문입니다. 성경이 예수 그리스도를 통한 하나님 나라의 성취를 말할 때 그 전체에 통일성을 부여하는 것

---

19) 『기독교강요』 1권 12절. "미개하고 무지한 사람들에 대해서는 그냥 넘어가기로 한다. 하지만, 이성과 학식을 통해서 하늘에까지 꿰뚫고 들어가려고 애를 쓴 철학자들의 생각을 보아도, 그 생각들이 그렇게도 각양각색이니 이 얼마나 수치스러운 일인가! 철학자들마다 고상한 재치가 있고, 예술과 지식을 갖추고 있어서 자기의 발언을 멋지게 꾸며 위장해오고 있다. 그러나 그들의 모든 발언들을 면밀히 살펴보면, 그 모든 것들이 덧없는 허구임을 알게 되는 것이다. 스토아 철학자들은, 자연의 모든 부분에서 신의 여러 가지 명칭을 끌어낼 수 있으나, 그렇게 해도 그 때문에 신의 단일성이 파괴되는 것은 아니라고 하며 자기들의 생각을 아주 분명하게 드러내었다. 그러나 이것은 마치 그들이 그렇게 온갖 신들을 무수하게 제시해도 우리가 더 격렬하게 오류 속에 휩쓸려 들어가지도 않고, 헛된 것에 더 이끌리지도 않는다는 식의 생각과도 같은 것이다."

이 언약입니다. 게르할더스 보스는 '개혁신학은 언약신학이다'라고 말했습니다. 정리를 하자면, '언약 신학은 성경의 열쇠요, 성경 해석의 틀이다' 그렇게 말할 수 있습니다.[20]

자, 이런 모든 것들이 현대를 살아가는 우리에게 무엇을 말해주는 것일까요? 그것은, '인간에게 의미 있는 삶이란 무엇인가?'를 말해 주기 때문입니다. 언약을 말한다는 것은 우리 스스로 우리의 의미를 찾아내는 것이 아닙니다. 언약은 하나님께서 우리가 어떤 존재인지 말씀하시고 우리가 어떻게 살아야 하는지 말씀해 주시는 것이라야 삶이 의미 있다는 것을 말합니다. '언약이란 이런 것이다', '성경에서 이렇게 언약을 말한다' 그것만으로는 언약을 다 말하는 것이 아니고, '그 언약이 우리의 존재와 삶에 어떤 의미를 주는가?' 그것을 말해야 제대로 말하는 것입니다.

우리를 의미 있게 하는 것은 어디에서 찾을 수 있을까요? 우리는 의미 있는 것에 행동을 합니다. 공부를 하거나 직장을 선택하는 것도 거기에서 의미가 부여되어야 합니다. 오늘 무엇을 먹을지 어떤 옷을 입어야할지를 고민합니다. 그것이 우리 삶에 있어서 아무런 생각 없이 행동하는 것이 아니라 자기에게 유익하고 의미가 있어야 행동으로 옮깁니다. 그것은 결국 선택의 문제를 말합니다. '왜 그런 행동을 했는가?'라고 말하는 것은 '무엇 때문에 그 선택을 했는가?'로 말할 수 있습니다. 아주 기본적인 질문입니다. 의미, 선택, 행동 이런 것은 자신의 존재적 관점, 자신의 정체성과 매우 긴밀하게 관련되어 있습니다. '내가 누구냐?'가 의미, 선택, 행동을 결정하게 됩니다.

그런 것을 세상은 실존적으로 선택합니다. 우리는 어떻게 선택할까요? 우리는 '하나님의 말씀에 합당한가? 아닌가?'를 근거로 선택합니다. 그 말씀은 언제나 언약의 규범으로 주어진 말씀입니다. 그것은 관계적 관점을 말합니다. 언약으로 맺어진 관계입니다. 예수 그리스도를 구주로 믿은 것은 언약과 상관없이 살아가는 외인이었다가 이제는 언약 안에 있는 하나님의 백성이 되었다는 뜻입니다.

> 그 때에 너희는 그리스도 밖에 있었고 이스라엘 나라 밖의 사람이라 약속의 언약들에 대하여 외인이요 세상에서 소망이 없고 하나님도 없는 자이더니(엡 2:12)
> 그러므로 이제부터 너희가 외인도 아니요 손도 아니요 오직 성도들과 동일한 시민이요 하나님의 권속이라(엡 2:19)

---

20) 피터 골딩, 현대인을 위한 언약신학, 박동근 역 (경기: 그나라, 2015), 10.

예수 그리스도를 믿는다면 언약이 무엇인지 알아야 합니다. 우리는 하나님께서 살아계심을 믿으며 하나님께서 우리를 창조하셨고 하나님의 뜻이 계시된 그 언약을 따라 살아가는 하나님의 백성입니다. 그것이 우리 삶의 방식입니다.

그러나 현대 사회에서는 그것이 아주 낡아빠진 것이 되어 버렸고 구시대에 무지한 사람들이 가진 관념이라고 말하는 지경에 이르렀습니다. 우리가 이 언약을 배워가면서 나중에 알게 되겠지만 하나님의 언약을 따라 살아가는 것을 그렇게 멸시하는 현대의 지식인들은 다시 신을 불러들이고 있습니다. 우리가 늘 말해왔듯이, 그렇게 신을 다시 불러들이는 것은 인간이 만들어내는 삶의 의미와 통일성은 한계가 있기 때문입니다. 기독교인들을 보고 하나님을 믿는다고 손가락질하면서도 현대인들이 신을 믿고 있습니다. 더 신을 갈망하고 있습니다. 그런데 그 신은 다신론입니다. 이것이 지금 세상을 앞서가는 지식인들이 부르짖고 있는 인간의 삶을 의미 있게 하는 삶의 방식입니다. 그것이 구체적으로 어떻게 진행되는지 언약을 배워가면서 계속해서 알게 될 것입니다.

오늘날 사람들은 삶의 의미를 찾지만, '무엇을 기준으로 삼아야 하는가?'에 대한 아무런 판단력이 없습니다. 자기 삶을 정당화 하는 것은 '욕망'입니다. 그 욕망을 이루기 위해서 가정을 소홀히 하거나 죄를 지어도 사람들은 거기에 관심이 없습니다. 말이야 무성하게 하지만 실제로는 그 사람의 욕망에 대해 공감하고 편들어 줍니다. 그런 것이 일어나는 것은 시대적으로 르네상스 이후로 일어났습니다. 사람들이 하나님을 버리고 자기 마음대로 살아가기 시작했습니다. 자기 마음대로 살아간다는 것은 인간의 욕망을 따라 살아가는 것입니다.

문제는 21세기를 살아가는 현대인들이 르네상스 이전의 사람들보다 더 고차원적인 삶을 살아가고 있다는 망상에 사로잡혀 있다는 사실입니다. 그 옛날 시대에 비하면 의술이 발달하고 기술이 발달해서 하늘을 날아다니고 고층 빌딩을 짓고 일기를 예측합니다. 과거와 비교하면 가히 상상할 수도 없을 만큼 눈부신 발전을 했습니다. 그러나, '그런 기술과 과학의 발전이 인간의 삶을 더 의미 있게 했는가?', 아니면, '더 도덕적이게 했는가?'라고 물으면 아무도 그렇다고 말할 수 없습니다. 인간의 욕망이 정당화되자 세상은 말할 수 없이 타락하게 되었습니다. 세상은 그 타락을 정당화 합니다.

> 저희가 이같은 일을 행하는 자는 사형에 해당하다고 하나님의 정하심을 알고도 자기들만 행할 뿐 아니라 또한 그 일을 행하는 자를 옳다 하느니라(롬 1:32)

세상은 분명히 갈수록 더 많이 죄를 짓고 갈수록 더 절망적이고 비참해지고 있는데도 그것을 정당화하고 있습니다. 그런데 그렇게 말하면서도 허탈해 하고 있고 그 허탈감을 이겨내기 위해 다시 신을 불러들이고 있습니다. 이것은 추측성 발언이 아니라 실제로 그렇게 말하고 있고 그렇게 움직이고 있습니다.

다시 기본적인 질문을 말하자면, '하나님께서 정해주신 언약적 원리를 따라 살 것인가?', 아니면, '나의 욕망이 원하는 대로 살아갈 것인가?' 그 두 가지로 말할 수 있습니다. 그런 변화가 일어나기 시작한 르네상스가 14세기 이탈리아에서부터 시작되었다고 말합니다. 르네상스라는 것은 그야말로 인간 중심의 사회를 말합니다.21) 그런 변화가 삶에서 서서히 나타나기는 했지만 그것이 인간의 삶에 실제적인 변화를 일으키게 된 것은 더 많은 세월이 흐르고 난 다음에 실제적으로 나타났습니다. 그 시기가 1600년에 변화가 일어납니다. 그러니까 중세사회의 붕괴는 1300년대부터 시작되었지만 실제적인 몰락은 1600년대에 더 속도를 내면서 붕괴되어 갔습니다.

그렇게 인간이 자기 욕망을 따라 삶을 선택하고 살아가도록 하는 일에 기여를 한 사람이 셰익스피어(William Shakespeare, 1564-1616)입니다. 존 칼빈(John Calvin, 1509-1564)이 죽은 해에 태어난 사람입니다. 우리나라로 말하자면 조선시대 선조(1567-1608), 광해군(1608-1623) 때입니다. 셰익스피어는 자신이 살아가는 시대에 신성한 질서의 몰락을 직감하고서 작품을 썼습니다. 대표적으로 세 가지만 생각해 볼 수 있습니다. 첫째는 셰익스피어의 4대 비극 중에 하나인 『맥베스』입니다.22) 맥베스는 반란을 진압하고 왕을 죽이고 자신이 왕이 됩니다. 이 비극에서 중요하게 그려내는 것은 '인간의 의지와 욕구'입니다. 지금 이 시대를 살아가는 현대인들에게는 그것이 당연해 보이지만, 그것은 그 이전에, 신의 질서대로 살아가는 삶의 방식과는 매우 대조되는 것입니다. 그런 자기 지향적인 야심으로 살아가도록 부추긴 것은 사탄이었습니다. 우리가 예수님의 시험에서도 살펴보았듯이 하나님의 의지대로 살아가는 것이 아니라 인간의 의지대로 살아가도록 대체시키는 것이 사탄의 의도입니다.

---

21) 네이버 지식사전에서, 유명한 인문학자인 Giannozzo Manetti는 다음과 같은 것을 강조했다. 1. 인간은 이세상의 주인이며 왕이며 황제이다. 2. 인간은 아름답고 예수 그리스도를 인간의 형상으로 나타내는 것도 괜찮다. 3. 인간의 몸은 이 우주의 조화를 나타내는 생물이다. 4. 이 세상에는 인간이 연구하여 알게 되지 못하는 비밀이란 없다. 5. 이 세상은 인간을 위해 만들어졌다. 신은 필요치 않다. 6. 인간은 신이 그의 마지막이 아니다. 인간의 마지막은 그의 지식과 창조성에 있다.
22) 『햄릿(Hamlet)』, 『오셀로(Othello)』, 『리어 왕(King Lear)』, 『맥베스(Macbeth)』

그 다음에 『트로일로스와 크레시다』에서는 신성한 질서의 몰락을 말합니다. 마지막으로 『햄릿』에서는 3막 1절에 나오는 "사느냐, 죽느냐, 그것이 문제로다"라는 그 유명한 햄릿의 독백에서 나타납니다. 삶을 선택해야 하는지 죽음을 선택해야 하는지 하나의 선택으로 말합니다. 이것이 말하는 것은, '신이 모든 것을 결정한다'는 생각을 파괴하는 것입니다. 이것은 중세적 전통에서 보면 범죄행위였습니다. 그것이 문제가 되는 것은 햄릿 이전에는 자살을 생각한 사람이 없다는 것이 아니라 신이 소유한 생명에 대한 결정권을 빼앗는 시도로서 말했기 때문입니다. 그리고 그것은 신에 대한 모욕이었습니다. 핵심은, '난폭한 운명을 감내하느냐?', 아니면, '고통을 끝내고 자살하느냐?' 어느 쪽을 결정하는 것이 더 나은 것인지 인간이 주체가 되는 것입니다. 결국 『햄릿』에서 신이 우주와 인간의 주인이 아니라 인간이 주인이라는 것을 말합니다.

문제는 무엇일까요? 신이 정한 질서와 법을 따라 살아가지 아니하고 인간이 주인이 되어서 선택을 하고 살아간다고 큰 소리를 쳤지만 그 선택이 사람을 무겁게 짓누르는 겁니다. 사람이 자기를 떠받쳐주는 어떤 근거가 있어야 하는데 그 근거를 버렸기 때문에 도대체 무엇을 근거로 선택을 해야 하는지 답을 하지 못하게 되었습니다. 하나님께서 살아계시고 그 하나님께서 이 역사와 인간의 모든 것을 주관해 가신다는 그 믿음을 저버리니 실존적 선택을 하는 기준이 없어져버렸기 때문입니다.

인간의 욕망을 정당화하고 그 욕망을 이루기 위해 선택하기 위한 토대를 찾으려는 노력이 계속되었습니다. 그 일은 셰익스피어 다음 세대인 데카르트(1596-1650)에 의해서 이루어졌습니다. 데카르트가 말하려고 한 것은 아무런 의심 없이 확실하게 우리가 알고 있는 가장 기본적인 것을 아는 것이 가능하다는 것입니다. 저기에 나무가 있다거나 저기에 산이 있다는 것에 대해서 우리가 보는 것과 똑같은 세계가 존재한다는 것입니다. '그것이 무슨 대단한 일인가?' 싶지만 데카르트가 살았던 시대에는 그런 기본적인 사실을 의심 없이 아는 것이 매우 어려운 일이었습니다. 그런 것이 맞는지 의심할 만한 일이라고 생각했고 나아가서는 그와 같은 근본적인 것을 어떻게 확실하게 알 수 있는지 따져보아야 한다고 생각했습니다. 그렇게 의심을 해도 의심할 수 없는 것이 있는데 바로 그렇게 의심하고 있는 자기 자신이라는 것입니다. 결국, 인간이 모든 것의 기준이 되고 말았습니다.

이런 생각이 니체(F. W. Nietzsche, 1844-1900)에게 와서는 더 극도로 나타나서 '신은 죽었다'고 말했습니다. 니체가 말하고 싶은 근본적인 것은 자기 삶의 의미를 자기 스스로 찾아야 한다는 것입니다. 신을 의존하지 말고 자기가 찾아가야 한다는 것입니다. 그런 것을 바로 실존적이라 합니다. 그 흐름을 일시 차단한 것이 미국의 3차 대각성 운동이었습니다. 대각성 운동은 1850년대부터 1900년대까지 타락과 세속화에 반대한 복음화 운동입니다. 그러나 그 운동이 인간의 의미를 인간 스스로 찾으려는 불길을 잠재우지 못했습니다. 그 이유 중의 하나가 바로 신학교들이 자유주의화가 되었기 때문입니다. 그 당시에, 불신자는 인간의 영역 밖에 있는 사람이라고 받아들였던 시대입니다. 그래서 불신자는 사실상 악마라는 뜻이었고 인간으로서 누릴 수 있는 모든 기쁨을 저버린 사람이라고 여겼습니다. 니체가 등장함으로써 이제 그 생각을 깨뜨렸습니다. 불신자는 저주의 대상이 아니라 자기 스스로 의미를 찾을 수 있다고 말하게 되었습니다.

문제는 그렇게 큰소리를 쳤으면 사람들이 더 재미나게 살아야 할 것인데 전혀 딴 방향으로 가버렸습니다. 한 마디로 허무주의에 빠져버렸습니다. 니체의 허무주의는 단순히 삶이 허무하고 의미가 없다는 것이 아니라 지금까지 믿었던 의미가 원래부터 없었다는 것입니다. 삶의 의미와 가치를 제공하는 절대자는 올바름을 추구하기 위해 만들어 낸 개념에 불과하다는 것입니다. 그렇게 되자 사람들은 허무주의로 절망하고 끝나지 않고 명상이나 동양종교와 영성에 더 깊이 빠져버렸습니다. 자기 삶의 의미를 제공할 근거가 사라졌기 때문에 종교적 도약을 통해서 그 의미를 만들어 내려고 했습니다.

『죄와 벌』, 『카라마조프 형제들』로 유명한 도스토옙스키는 "신이 없다면 모든 것이 허용된다"고 말했습니다. 오늘날 사람들은 모든 것이 허용되어야 한다는 미명 아래에 다신론으로 돌아가고 있습니다. 현대인들이, '신은 죽었다'고 말하고, '자기 스스로 무엇이든지 할 수 있다'고 말하면서도 다신론으로 가는 것은 자신을 초월하는 경험으로 살아가려하기 때문입니다. 그 신비한 종교적 체험이 있어야 살 수 있다고 생각합니다. 그런 종교적 체험을 줄 수 있다면 어떤 신이라도 상관없기 때문에 다신론으로 가고 있습니다.

그래서 언약이 중요합니다. 사람은 자기 스스로 삶의 의미를 만들어내지 못합니다. 오늘날 교회 안에서도 종교적 체험으로 자기를 지탱하고 살아가려는 사람들이 많습니다. 참으로 거듭난 자들이라면 예수 그리스도께서 십자가에 피 흘려 죽으심으로 죄사함 받고 의로워졌다는 것을 믿는 자들입니다. 그리스도를 믿는다는 것은 그리스도와 언약을 한 것입니다. 예수님께서는 최후의 만찬에서 이렇게 말씀하셨습니다.

> 저녁 먹은 후에 잔도 그와 같이 하여 이르시되 이 잔은 내 피로 세우는 새 언약이니 곧 너희를 위하여 붓는 것이라(눅 22:20)

또한, 사도 바울은 고린도전서에서 이렇게 말했습니다.

> 식후에 또한 그와 같이 잔을 가지시고 이르시되 이 잔은 내 피로 세운 새 언약이니 이것을 행하여 마실 때마다 나를 기념하라 하셨으니(고전 11:25)

우리가 첫 시간에 살펴보았듯이 언약은 피로 세운 언약입니다. 그것은 피로 맺어진 관계라는 뜻입니다. 그 언약이 우리의 삶을 살아가게 하는 근거입니다. 그 언약 안에서 삶의 의미와 통일성을 누려가야 합니다. 세상은 자기 삶의 의미를 찾기 위해, 신적인 체험을 얻기 위해 도약을 감행하지만 우리는 그럴 필요가 없습니다. 우리는 성령님의 역사로 예수 그리스도를 믿고 하나님을 의지하고 그 언약의 말씀대로 살아가는 것으로 충분합니다. 그것을 만족하지 않고 종교적 체험으로 가려고 하면 세상의 종교와 영성과 같은 방향으로 가게 됩니다.

오늘의 핵심은 이것입니다. '하나님의 언약을 따라 그 말씀에 순종하고 그 언약 안에서 의미와 통일성을 누리고 살아갈 것인가?' 아니면, '인간의 욕망을 이루기 위하여 자기 스스로 선택하고 삶의 의미를 찾기 위해 신적이고 종교적인 체험으로 도약할 것인가?' 하는 것입니다. 우리 구주 예수 그리스도를 믿고 새 언약 안에 살게 된 것이 가장 큰 복입니다. 이 구원과 언약 안에서 충만한 삶을 살아가는 믿음의 성도들이 다 되기 바랍니다.

언약 3

11 그러므로 생각하라 너희는 그 때에 육체로 이방인이요 손으로 육체에 행한 할례당이라 칭하는 자들에게 무할례당이라 칭함을 받는 자들이라 12 그 때에 너희는 그리스도 밖에 있었고 이스라엘 나라 밖의 사람이라 약속의 언약들에 대하여 외인이요 세상에서 소망이 없고 하나님도 없는 자이더니 13 이제는 전에 멀리 있던 너희가 그리스도 예수 안에서 그리스도의 피로 가까워졌느니라(엡 2:11-13)

'여호와 하나님의 언약' 세 번째 시간입니다. 언약에 대해서는 마태복음을 설교해 오면서 이미 말했습니다.[23] 설교는 인기몰이 강의가 아니라 하나님의 백성들을 가르치고 훈련하는 것입니다. 그것이 목회입니다. 반복이 되더라도 다시 들어야 하며 다시 듣고 신앙이 바르게 자라가야 합니다. 그리하여 신앙이 종교적인 형태로 만족되는 것이 아니라 언약적 신앙으로 굳게 세워져 가야 합니다.

'언약'이라는 말은 원래 그 어원이 '자르다'입니다. 첫 번째 시간에 살펴보았듯이, 팔머 로벗슨의 정의대로, 언약이란 "주권적으로 시행되는 피로 맺은 언약"입니다. 언약은 성경에 300번 정도 사용되었습니다. 언약이 중요한 이유는 그 언약으로 하나님과 우리와 맺어진 관계를 말하기 때문입니다. 우리에게 중요한 것은, '우리가 그 언약 안에 있는 자인가?', '언약 밖에 있는 자인가?' 하는 것입니다. 그 말은, '영생을 얻은 자인가?', '죽은 자인가?'를 말하는 것과 같습니다.[24]

---

[23] 마태복음 65 시험을 받으러 광야로 가사 5
[24] http://reformednews.co.kr/sub_read.html?uid=296&section=sc9/ 고재수, 언약과 선택, 그리고 언약과 설교, 예배, 〈어떤 사람들은 자기가 선택을 받았다고 쉽게 결론지으려 할 것이다. 삶이야 어떻게 살든 이제 선택 받았으니 그 약속은 자기를 위한 것이라고 생각할 것이다. 그러나 어떤 사람들은 항상 고뇌에 빠져 살게 될 것이다. "그 약속이 정말 나를 위한 것일까? 나는 죄인이고, 거듭 하나님께 죄를 짓는데 이것은 하나님의 약속이 나를 위한 것이 아님을 의미하는 것이 아닐까?" 이에 대해 가끔 또 다른 단계가 따라온다. 그 추론의 과정은 다음과 같다. 첫째, 언약은 선택된 자들만 위한 것이다. 따라서 둘째, 하나님의 약속이 그의 것임을 확실히 알기 전에 먼저 자기가 선택받은 자에 속하는지 알아야만 한다. 많은 사람들이 여기서 고민을 많이 하는데, 어떤 사람들은 출구를 발견한다. 그것은 셋째, 체험이다. 그들은 특별한 체험을 찾는다. 마음의 감동이나 하나님이 하늘로부터 직접 말씀하시는 것 같은 느낌 등이다. 이것을 갖고 그들이 선택받은 자라고 확신하게 된다. 그때 하나님의 약속도 자기의 것이라고 확신하게 된다. 바로 이런 점에서 개혁교회 목사들은 어려움을 느끼게 되었다. 그들은 하나님의 영광스러운 선물에 대해 힘을 다해 설교했다. 그러나 마지막에 가서 그들은 물어야 했다. "이 모든 약속들이 여러분을 위한 것입니까? 저는 하나님이 이 약속들을 여러분에게 주시기를 기뻐하셨으면 합니다." 많은 청중들은 진열장에 있는 맛있는 빵을 보고 서 있는 배고픈 거지와 같다는 생각을 한다. 빵을 보고서도 먹지 못하는 것은 그것이 선택받은 자만을 위한 것이기 때문이다. 그렇다면 이것은 이사야 55:1에 나오는 이사야의 위대한 말씀과 얼마나 다른 것인가? "너희 목마른 자들아 물로 나아오라 돈 없는 자도 오라 너희는 와서 사 먹되 돈 없이 값없이 와서 포도주와 젖을 사라" 이런 문제의 원인은 언약과 선택을 동일시함에 있다. 그때 많은 목사들은 성경을 다시 연구하게 되었고, 칼빈에게 돌아가서, 성경과 성경의 교훈을 따라 칼빈도 다르게 말하고 있음을 발견했다. 좀 쉽게 하기 위해 여기서는 칼빈 대신 웨스트민스터 신앙고백서 제 7장 3항을 인용하겠다. "하나님은 이로써 죄인에게도 예수를 통한 생명과 구원을 값없이 주시되 그들에게 요구하신 것은 그들이 구원을 얻기 위해서 예수 그리스도를 믿으라는 것이다." 그렇다면 하나님은 누구에게 약속하셨는가? 하나님의 언약과 생명과 예수 그리스도를 통한 선물을 누구에게 약속하

우리는 어떻게 영생을 얻을까요? 이 질문은, '우리가 어떻게 언약 안에 들어갈 수 있을까요?'라는 질문과 같습니다. 우리는 오직 예수 그리스도를 믿어 영생을 얻습니다. 하나님께서는 오직 예수 그리스도의 영원하신 언약의 피로써 죽은 자 가운데서 우리를 이끌어 내셨습니다. 히브리서 13장에서 이렇게 말합니다.

> 20 양의 큰 목자이신 우리 주 예수를 영원한 언약의 피로 죽은 자 가운데서 이끌어 내신 평강의 하나님이 21 모든 선한 일에 너희를 온전케 하사 자기 뜻을 행하게 하시고 그 앞에 즐거운 것을 예수 그리스도로 말미암아 우리 속에 이루시기를 원하노라 영광이 그에게 세세무궁토록 있을지어다 아멘(히 13:20-21)

하나님께서는 예수 그리스도의 그 언약 피, 곧 십자가의 피로써 우리를 죄에서 구원하여 영생을 주셨습니다. 우리가 영생을 받은 것은 새언약 안에 들어간 것을 말합니다. 우리가 고민해야 하는 것은, '내가 언약 안에 있는 자인가? 선택을 받은 자인가?' 그것이 아닙니다.

고재수 교수는 이렇게 말했습니다.

> 또 듣는 자는 무엇을 해야 하는가? 그는 자기가 선택받은 사람인지 많이 고민해야 하는가? 하나님의 약속을 신뢰하기 전에 먼저 자기 선택에 대한 확신을 가져야 하는가? 하지만 하나님께서 우리에게 한 번도 선택받았느냐에 대해 고민하라고 말씀하지 않으셨다. 그 대신 하나님께서는 언제나 "내 약속을 믿으라. 내 벌을 두려워하고 피하라"고 말씀하신다. 청중들은 그 말씀을 듣고, 믿고, 순종해야만 한다. 그리고 그들은 믿음과 순종을 통하여 그들이 선택받은 자임을 알게 된다.

하나님께서는 우리가 선택을 받아 언약 안에 있는 자인지 고민하라고 말씀하지 않으시고, 예수 그리스도의 복음을 듣고 회개하고 믿고 순종하라고 말씀하십니다. 그렇게 복음을 듣고 그리스도를 믿고 순종하는 자는 선택을 받은 자이고 언

셨는가? 선택된 자들에게인가? 아니다. 죄인들에게서이다. 하나님 말씀의 영향 아래로 나아오는 모든 자에게 하나님은 그의 은혜의 선물을 약속하신다. 이것이 사실임을 보여주기 위해 성경 구약과 신약에서 각각 하나씩 두 개의 기본적인 본문을 간단히 제시하겠다. 창 17장에서 우리는 하나님께서 아브라함과 언약을 맺으시는 이야기를 보게 된다. 그 언약의 할례라는 표시로 확인 되었다. 그런데 이 약속에 속한 사람은 누구였을까? 할례의 표를 받은 사람은 누구인가? 믿었던 아브라함인가? 성경에 따르면 그 뿐만 아니라 그의 아들 이스마엘과 그의 종들까지도 포함되었다. 그들 모두가 언약의 약속을 받은 것이다. "내가 내 언약을 나와 너와 네 대대 후손의 사이에 세워서 영원한 언약을 삼고 너와 네 후손의 하나님이 되리라"(창 17:7, 또 17:12 참고). 그 둘 다 선택된 자들이었는가? 우리는 모른다. 이스마엘에 대해서는 큰 의심이 가는데 그는 후에 하나님에 대한 사랑을 보여주지 않았다. 그리고 14절에 보면 언약의 표시를 거절한 몇몇 사람이 분명히 나타나고 있다. 그들은 언약의 벌을 받을 자들이었지만 그들 역시 언약에 속했다. 왜냐하면 하나님께서는 "그가 내 언약을 배반하였다"고 하시기 때문이다. 언약은 선택된 자의 수 이상이다.〉

약 안에 있는 자이고 영생을 받은 자입니다.
성경은 영생을 무엇이라고 말할까요? 예수님께서는 요한복음 17장 3절에서 이렇게 말씀하셨습니다.

> 영생은 곧 유일하신 참 하나님과 그의 보내신 자 예수 그리스도를 아는 것이니이다(요 17:3)

예수 그리스도보다 하나님을 먼저 말한 것은 믿음의 순서를 말한 것이 아닙니다. 하나님을 먼저 알고 그 다음에 예수 그리스도를 알아야 한다는 것이 아니라 우리의 유일한 중보자이신 예수 그리스도를 통해서만 하나님을 알 수 있다는 뜻입니다. 그러므로 그리스도의 아버지만이 참 하나님이십니다.[25] 그 하나님을 아는 것은 우리가 애쓰고 노력한 결실이 아닙니다. 우리 모두는 죄로 인해 죽은 자들이기 때문입니다. 예수 그리스도를 통해 하나님을 안다는 것은 언약의 주가 누구신지 알고 그 언약의 주께 배타적 충성을 다한다는 뜻입니다. 안다는 말을 '지식적이냐? 경험적이냐?'로 일반적으로 논하지만 그것이 지식적이든 경험적이든 지 중요한 것은 언약의 주께서 우리를 지배하시고 우리는 그 지배를 받는 자들이며 그 언약의 주께 생명을 바쳐 충성하는 자들이라는 것입니다.
우리는 여기서 하나님을 '언약의 주'라고 말하는 것을 유념해야 합니다. '주'라는 단어는 히브리어로 '아웨'입니다. 출애굽기 3장 15절을 보겠습니다.

> 하나님이 또 모세에게 이르시되 너는 이스라엘 자손에게 이같이 이르기를 나를 너희에게 보내신 이는 너희 조상의 하나님 곧 아브라함의 하나님, 이삭의 하나님, 야곱의 하나님 여호와라 하라 이는 나의 영원한 이름이요 대대로 기억할 나의 표호니라(출 3:15)

이 말씀에서 나오듯이 "나의 영원한 이름이요 대대로 기억할 나의 표호"가 "여호와"이십니다. 그 "여호와"가 히브리어로 '아도나이'(아웨)입니다. 그 아도나이를 번역할 때 '주'(Lord)라고 번역했습니다. 그것은 단순히 번역이 그래서 '주'라

---

[25] 존 칼빈, 요한복음주석 II (서울: 성서교재간행사, 1982), 58-59. "여기에 '유일한' 과 '참'이라는 두 형용사가 사용되고 있다. 그 이유는 먼저 믿음이 하나님과 인간의 헛된 착상을 구별하는 가운데 하나님만을 한결같이 붙잡아야지 결코 비틀거리거나 방황하는 일이 있어서는 안 되기 때문이다. 둘째 이유는 하나님에게는 아무런 결함이나 불완전한 것이 없다는 점을 인정하고 그 신앙이 오직 하나님으로만 만족해야 하기 때문이다. 이것을 '그들이 홀로 하나님이신 당신을 아는 것'으로 설명하는 사람들이 있는데 이것은 빈약하다. 그 의미는 '그들이 오직 당신만을 참 하나님으로 아는 것'이다. … 인간의 모습으로 나타나시는 그리스도께서는 성부의 인격으로 하나님의 능력, 본질, 그리고 위엄을 지시하고 계시다. 그러므로 그리스도의 아버지만이 참 하나님이시다. 다시 말해서 그가 과거에 구속자를 세상에 약속하신 하나님이시다. 그러나 그리스도 안에서 신격(Godhead)의 통일과 진실성이 발견되는 것은 그가 우리를 높은 곳에 올려 주려고 낮아지셨기 때문이다."

는 단어를 사용한다는 말이 아닙니다. '여호와가 주시다', '예수 그리스도가 주시다'라는 고백은 '언약의 주권'에 대한 고백입니다. 그 언약의 주권에 대한 고백이 '쉐마'입니다.

> 4 이스라엘아 들으라 우리 하나님 여호와는 오직 하나인 여호와시니 5 너는 마음을 다하고 성품을 다하고 힘을 다하여 네 하나님 여호와를 사랑하라(신 6:4-5)

"오직 하나인 여호와시니"라는 말씀은 '오직 하나님 한 분 외에는 하나님이 없다.'는 뜻입니다. 하나님만이 하나님이십니다. 그 하나님께서는 구원하신 자기 백성과 언약하심으로 '내가 너희의 여호와다', 다시 말해서, '내가 너희의 언약의 주다'라고 말씀하셨습니다. 이것을 밝혀내는 데 공헌한 사람이 메리데스 G. 클라인(Meredith G. Kline)입니다. 클라인은 하나님과 이스라엘 사이에 맺어진 언약이 '종주권 언약'이라고 분석했습니다. 종주권 언약이란 고대 근동의 언약 중에서 주인과 종, 군주와 신하가 보호와 충성으로 맺는 언약을 말합니다. 그러니 그 언약은 대등한 상대로서 맺는 언약이 아니라 차별적인 언약입니다.[26]

다시, 요한복음 17장 3절로 돌아와서, 하나님을 아는 것은 언약의 주를 아는 것이며 그 주되신 분의 주권을 아는 것입니다. 첫 번째로, 주(Lord)는 여호와 하나님의 인격적인 이름을 강조하는 이름입니다. 우리와 언약하신 하나님은 인격적이신 하나님이십니다.[27] 하나님이 에너지나 기(氣)가 아니라 인격적인 하나님이십니다.[28] 인격적이라는 말이 무슨 뜻일까요? 먼저 하나님께서 인격이시라는 것

---

[26] 존 M. 프레임, 신론, 김재성 역 (서울: R&R, 2014), 68-69. 종주권 조약의 예들이 고대 히타이트 문화에서 발견되고 있다. 이 문학의 양식에서 보면, 한 위대한 왕(종주)이 더 작은 왕(신하)과 계약을 형성한다. 위대한 왕이 조약의 저자이다. 그는 관계적인 용어들을 기술한다. 그리고 그 문서는 전형적으로 어떤 요소들을 포함한다. 첫째, 위대한 왕의 이름을 적는데, "나는 이런 저런 왕이다"라고 말하며 자신을 문서의 저자로 밝힌다. 둘째, 과거 역사를 기록하는데 여기서는 과거에 위대한 왕이었던 자신이 신하에게 어떤 유익을 주었는지 신하에게 말한다. 셋째, 약속 또는 법을 기록하는데 이것들은 과거에 위대한 왕이 베푼 은혜에 대한 고마움으로 신하가 복종해야 하는 것이다. 넷째, 승인 또는 순종에 대한 복과 불순종에 대한 저주이다. 다섯째, 기타 연관된 것 또는 계약 승계 논쟁의 조정 등에 대해 공적 낭독을 위한 규정들이다. 클라인은 십계명이 이런 계약의 형태를 상당히 밀접하게 따르고 있음을 발견한다. 우선 하나님께서 "나는 주 너희의 하나님"이시다고 자신의 이름을 주신다. 다시 신비로운 이름인 여호와 또는 주님이 이곳에 나타난다. 그런 다음 주님은 이스라엘에게 자신이 과거에 주신 복을 선언하시는데 이때 자신을 "너희를 종 되었던 땅 애굽로부터 구원한" 분과 동일시하신다. 그 후에 하나님이 십계명을 선언하신다.
[27] 존 M. 프레임, 조직신학개론, 김용준 역 (서울: R&R, 2011), 24-25.
[28] 웨스트민스터 신앙고백서 제2장 하나님과 삼위일체: 1. 살아 계시고 참되신 하나님은(살전 1:4; 렘 10:10) 오직 한 분만이 계신다(신 6:4; 고전 8:4, 6). 그는 존재와 완전성에서 무한하시고(욥 11:7-9, 26:14), 가장 순결한 영으로서(요 4:24) 볼 수 없고(딤전 1:17), 몸과 지체가 없으시며(신 4:15-16; 요 4:24; 눅 24:39), 사람과 같은 성정(性情=passions)도 없으시고(행 14:11, 15), 변치 않으시고(약 1:17; 말3:6), 광대(크심)시고(왕상 8:27; 렘 23:23-24), 영원하시고(시 90:2; 딤전 1:17), 헤아릴 수 없으시고(시 145:3), 전능하시고(창 17:1; 계 4:8), 지

은 우리와 같은 인간의 격이라는 말이 아닙니다. 인격은 인간의 인간다움을 말하는 격입니다. 하나님께서 하나님이신 것은 하나님의 하나님다우심이 있기 때문입니다. 그래서 신격입니다. 그런데 왜 신격을 인격이라 할까요? 하나님을 인격이라 말하는 것은 앞서 말한 대로 하나님께서 에너지나 기(氣)가 아니라 실제로 살아계신 하나님이라는 뜻입니다. 삼위 하나님 각각이 주체성을 가지고 계신 존재입니다. 그러면 그 하나님께서 인격적이라는 것은 하나님의 속성이 의식적이고 지성적이며 자유로우며 도덕적인 존재, 즉 지고의 의미에서 인격적인 존재로 나타난다는 뜻입니다.29)

그래서 두 번째로, 주는 최고로 거룩한 인격이라는 뜻입니다. 하나님께서는 우리와 구분되는 분이시며 우리를 초월하여 존재하는 분이십니다. 그런 까닭에 우리가 하나님께 나아갈 때는 최고의 경외함으로 나아가야 합니다.30) 존 프레임은 다음과 같이 말했습니다.

> 구속받은 이스라엘이 시내 산에서 하나님을 만날 때 산 전체는 거룩한 땅이다(출 19:23). 백성들은 반드시 뒤로 물러가야만 한다. 그 산을 접촉하는 자는 누구든지 죽음을 당하게 된다(출 19:12-13). 수십 세기 후 이사야 선지자가 성전에서 주님을 만날 때 스랍들은 서로를 향해 이렇게 외친다. "거룩하다, 거룩하다, 거룩하다 만군의 여호와여 그의 영광이 온 땅에 충만하도다"(사 6:3). 아마도 이 경험이 선지자 이사야가 하나님에 대해 '이스라엘의 거룩하신 분'이라고9)사 1:4; 5:19; 10:20; 12:6; 17:7 등) 규칙적으로 말했던 동기가 되었을 것이다. 신약에서도 규칙적으로 예수님을 거룩하신 분이라고 불렀으며, 물론 성령도 마찬가지이다(눅 1:35; 4:34; 행 2:27; 3:14).
>
> 그래서 거룩함은 우리의 경외심과 놀람을 불러일으키는 하나님의 능력과 권리이다. 그것은 그

극히 지혜로우시며(롬 16:27), 가장 거룩하시고(사 6:3; 계 4:8), 가장 자유로우시고(시 115:3), 가장 절대적이시다(출 3:14). 그는 모든 일을 자신의 변함없으시고 가장 의로운 뜻의 계획을 따라 행하시되(엡 1:11) 자신의 영광을 위하여 하신다(잠 16:4; 롬 11:36). 그는 가장 사랑이 많으시고(요일 4:8, 16), 은혜로우시며, 긍휼이 많으시고, 오래 참으시며, 인자와 진실이 많으시고, 죄악과 죄과와 죄를 용서하시고(출 34:6-7), 자기를 부지런히 찾는 자들에게는 상을 주시는 이시다(히 11:6). 동시에 그의 심판은 가장 공의롭고 무서우며(느 9:32-33), 모든 죄를 미워하시고(시 5:5-6), 결단코 사면하지 않으시는 분이시다(나 1:2-3; 출 34:7). 2. 하나님은 본질적으로, 그리고 스스로 완전한 생명(요 5:26)과 영광(행 7:2)과 선(善)(시 119:68)과 행복(딤전 6:15; 롬 9:5)을 가지고 계신다. 그는 본질에 있어서, 그리고 자기에 대하여 홀로 완전히 자족하신다. 그래서 그는 자기가 만드신 피조물의 도움을 필요로 하지 않으시며(행 17:24-25),그들에게서 아무 영광도 얻으려 하지 않으시고(욥 22:2-3), 다만 자신의 영광을 피조물들 안에서, 그것들에 의해서, 그것들에게, 그것들 위에 나타내실 뿐이다. 그는 홀로 모든 존재의 유일한 근원이시요, 모든 만물은 그에게서 나오고, 그로 말미암아, 그에게로 돌아간다(롬 11:36). 그는 가장 절대적인 주권을 가지고 모든 만물을 통치하시며, 그것들에 의하여, 또는 그것들 위에 자신이 기뻐하며 원하시는 것은 무엇이든지 행하신다(계 4:11; 딤전 6:15; 단 4:25, 35). 그의 앞에서는 모든 만물이 드러나며(히4:13), 나타난다. 그의 지식은 무한하시고, 무오하시며, 피조물에 의존하지 않으신다(롬 11:33-34; 시 147:5).그러므로 하나님에게는 아무것도 우연하거나 불확실한 것이 없다(행 15:18; 겔 11:5). 그는 그의 모든 계획과 그의 모든 사역과 그의 모든 명령에 있어서 가장 거룩하시다(시 145:17; 롬 7:12). 천사들과 사람들과 기타 다른 피조물은 어떠한 경배나 봉사나 순종이든지 그에게 드리는 것이 마땅하며, 그는 그런 것들을 받기를 기뻐하신다(계 5:12-14).
29) 루이스 벌코프, 벌코프조직신학(상), 권수경·이상원 역 (서울: 크리스챤다이제스트, 1993), 258-259.
30) 존 M. 프레임, 조직신학개론, 김용준 역 (서울: R&R, 2011), 25.

분의 유일함이며(출 15:11; 삼상 2:2) 그분의 초월성이다. 그것은 그분의 장엄함인데, 왜냐하면 거룩한 하나님은 위대한 왕과 같기 때문이다. 우리는 그분을 다른 인격들처럼 대우할 수 없다. 진실로 하나님의 거룩하심은 우리로 하여금 그분의 면전에서 예배하도록 만든다.31)

여호와가 거룩하시고 여호와가 임재하시는 그 땅이 거룩하다는 것은 그 땅 자체가 특별해서가 아니라 여호와께서 최고로 거룩하시기 때문입니다. 하나님께서는 그 존재에 있어서 거룩하시고 그 하시는 일에 있어서 거룩하십니다. 하나님께서 하시는 그 모든 일은 완전하시고 선하시고 의로우십니다. 하나님께서는 죄가 없습니다.

거룩함이란 매우 풍부한 개념이다. 그것은 유한하고 죄가 가득한 피조물로부터 하나님의 초월과 분리를 말한다. 그러나 그것은 또한 하나님이 그들을 자신에게 이끄시어 그들을 거룩하게 만드시는 것을 말한다. 거룩함은 하나님의 초월성을 표시하지만 또한 그분의 내재성, 즉 우리를 구원하시는 그분의 임재를 표시한다. 그분은 단지 "거룩하신 분"만이 아니라 또한 "우리 사이에 계신 거룩하신 분", 즉 "이스라엘의 거룩하신 분"이시다. 초월성과 내재성, 심판과 구원, 법과 율법 이런 모든 것으로서 하나님의 거룩하심은 그분을 경배하도록 우리를 이끈다. 여호와는 경외심과 두려움을 가지고 그분을 예배하도록 우리를 움직이시는 주님이시다(히 12:28).32)

거룩이란 하나님께서 우리를 초월하여 계신 분이시다는 뜻입니다. 그렇게 초월하여 존재하시는 것만으로 거룩을 나타내지 않으시고 자기 백성을 구원하시어 하나님의 거룩하심을 나타내십니다.
거룩은 하나님께서 자기 백성에게 은혜롭게 다가오시는 것을 말합니다. 그 은혜라는 것은 맹목적인 은혜가 아니라 언약을 배반한 자들에게 다시 긍휼과 자비를 베푸시는 것입니다. 언약을 배반한 자들은 형벌을 받고 심판을 받아 멸망을 받아 마땅합니다. 그렇게 죽어가도 아무 할 말이 없습니다. 그러나 하나님께서 그렇게 언약을 배반한 자들을 긍휼히 여기시고 다시 회개케 하시고 언약하신 주 하나님께로 돌이키게 하십니다. 그렇게 언약을 배반했던 자들이 하나님의 은혜를 받아 언약의 주 하나님께 영광을 돌릴 때에 '거룩하다'고 고백합니다. 이사야 57장 14-15절에는 이렇게 말했습니다.

14 장차 말하기를 돋우고 돋우어 길을 수축하여 내 백성의 길에서 거치는 것을 제하여 버리라 하리라 15 지존무상하며 영원히 거하며 거룩하다 이름하는 자가 이같이 말씀하시되

---

31) 존 M. 프레임, 신론, 김재성 역 (서울: R&R, 2014), 64.
32) 존 M. 프레임, 신론, 김재성 역 (서울: R&R, 2014), 66.

> 내가 높고 거룩한 곳에 거하며 또한 통회하고 마음이 겸손한 자와 함께 거하나니 이는 겸손한 자의 영을 소성케 하며 통회하는 자의 마음을 소성케 하려 함이라(사 57:14-15)

하나님께서는 존재적으로도 거룩하시며 그 하시는 일에 있어서도 거룩하시다는 뜻입니다. 자기 죄로 마땅히 죽을 자들에게, 은혜를 받을 자격이 없는 자들에게 통회하게 하시고 겸손케 하시어서 그 마음과 영을 소성케 하십니다. 죄에 빠진 인간은 자기 스스로 하나님께로 돌이킬 수 없습니다.
이 거룩하심에 대한 최고의 찬양이 요한계시록에 나옵니다.

> 네 생물이 각각 여섯 날개가 있고 그 안과 주위에 눈이 가득하더라 그들이 밤낮 쉬지 않고 이르기를 거룩하다 거룩하다 거룩하다 주 하나님 곧 전능하신이여 전에도 계셨고 이제도 계시고 장차 오실 자라 하고(계 4:8)

네 생물이 이렇게 찬양한 것은 하나님의 거룩하심이 하나님의 거룩한 구원의 경륜에서 나타났기 때문입니다. 예수 그리스도의 십자가 구속으로 나타났습니다. 그래서 "거룩하다 거룩하다 거룩하다"라고 세 번이나 찬양했습니다.33) 하나님께서 죄인을 살리시고 언약 안에 함께 하실 때에 거룩하다고 찬송합니다. 그래서 우리 하나님은 최고로 거룩하신 인격이십니다.

세 번째로, 언약의 주라는 이름의 주된 의미는, '하나님께서 언약의 머리가 되신다'는 뜻입니다. 그 말은 우리가 하나님의 소유가 되었다는 뜻입니다. 의미와 통일성의 관점에서 관계적 관점에 해당합니다. 여호와 하나님께서는 구원하여 언약하심으로 자기 백성으로 삼으십니다. 그래서 언약의 핵심은, "나는 너희 하나님이 되겠고 너희는 내 백성이 되리라"입니다.34) 예레미야 7장 23절을 읽겠습

---

33) 정태홍, 소교리문답(상) (충남: RPTMINISTRIES, 2014), 151-153. "그렇게 세 번이나 거룩하다고 찬양하는 것을 '트리사기온'(trisagion)이라 하는데, 히브리어 가운데 가장 강한 최상급을 나타낸다. 이 말은 거룩이라는 속성이 하나님의 모든 속성들을 정의하고 그 의미를 나타내는 근본적인 속성이라는 것을 의미한다. 하나님의 거룩하심은 언제나 두 가지로 말한다. 첫째는 하나님의 초월성이다. 하나님은 창조주 하나님이시고 우리는 피조물이다. 하나님은 위대하심으로 나타내시고, 한계 내에 있는 인간은 하나님을 의지하며 그 속에서 의미와 통일성을 부여받는 존재다. 신플라톤 철학이 교회 안에 들어오면서 지금까지도 인간에게 신성을 부여하여 초월적 존재로 상승시키고 있다. 둘째는, 하나님의 도덕적 완전하심을 말한다. 그것은 하나님의 선하심으로 나타난다. 하나님의 초월성이 나타나는 위대함은 언제나 하나님의 선하심으로 우리에게 다가오시어 우리의 행복을 받아내시는 참으로 놀라우신 하나님이시다!"
34) 또 주께서 가라사대 그 날 후에 내가 이스라엘 집으로 세울 언약이 이것이니 내 법을 저희 생각에 두고 저희 마음에 이것을 기록하리라 나는 저희에게 하나님이 되고 저희는 내게 백성이 되리라(히 8:10) 너희로 내 백성을 삼고 나는 너희 하나님이 되리니 나는 애굽 사람의 무거운 짐 밑에서 너희를 빼어낸 너희 하나님 여호와인줄 너희가 알지라(출 6:7) 나는 너희 중에 행하여 너희 하나님이 되고 너희는 나의 백성이 될 것이니라(레 26:12) 이 언약은 내가 너희 열조를 쇠풀무 애굽 땅에서 이끌어 내던 날에 그들에게 명한 것이라 곧 내가 이르기를 너희는 나의

니다.

> 오직 내가 이것으로 그들에게 명하여 이르기를 너희는 내 목소리를 들으라 그리하면 나는 너희 하나님이 되겠고 너희는 내 백성이 되리라 너희는 나의 명한 모든 길로 행하라 그리하면 복을 받으리라 하였으나(렘 7:23)

우리는 이제 하나님의 것이 되었습니다. 그것을 히브리어로 '세굴라'라고 표현했습니다. 그것은 출애굽기 19장 4-5절에 나와 있습니다.

> 4 나의 애굽 사람에게 어떻게 행하였음과 내가 어떻게 독수리 날개로 너희를 업어 내게로 인도하였음을 너희가 보았느니라 5 세계가 다 내게 속하였나니 너희가 내 말을 잘 듣고 내 언약을 지키면 너희는 열국 중에서 내 소유가 되겠고(출 19:4-5)

5절 끝에 나오는 '소유'가 히브리어로 '세굴라'입니다. 이 말은 '하나님의 특별한 소유'라는 뜻입니다. 소중한 보물같이 자기 백성을 그렇게 귀하게 여기신다는 의미입니다. 신명기 26장에서 이렇게 말합니다.

> 여호와께서도 네게 말씀하신 대로 오늘날 너를 자기의 보배로운 백성으로 인정하시고 또 그 모든 명령을 지키게 하리라 확언하셨은즉(신 26:18)

"보배로운 백성"으로 인정하셨습니다. 그래서 그렇게 소중한 백성을 눈동자 같이 지키십니다.

> 여호와께서 그를 황무지에서, 짐승의 부르짖는 광야에서 만나시고 호위하시며 보호하시며 자기 눈동자 같이 지키셨도다(신 32:10)
> 나를 눈동자 같이 지키시고 주의 날개 그늘 아래 감추사(시 17:8)

하나님께서 왜 그렇게 자기 백성을 지키실까요? 그 지키시는 이유가 단지 귀하기 때문만이 아닙니다. 신명기 26장 18절 후반부에 나오듯이, "또 그 모든 명령을 지키게 하리라"는 말씀대로 언약하시며 주신 그 율법을 행하도록 지키십니다. 구원받은 것으로 끝나는 것이 아니라 언약하심으로 주신 그 말씀대로 살아가는

목소리를 청종하고 나의 모든 명령을 좇아 행하라 그리하면 너희는 내 백성이 되겠고 나는 너희 하나님이 되리라(렘 11:4) 하나님의 성전과 우상이 어찌 일치가 되리요 우리는 살아계신 하나님의 성전이라 이와 같이 하나님께서 가라사대 내가 저희 가운데 거하며 두루 행하여 나는 저희 하나님이 되고 저희는 나의 백성이 되리라 하셨느니라(고후 6:16) 내가 들으니 보좌에서 큰 음성이 나서 가로되 보라 하나님의 장막이 사람들과 함께 있으매 하나님이 저희와 함께 거하시리니 저희는 하나님의 백성이 되고 하나님은 친히 저희와 함께 계셔서(계 21:3)

것이 하나님의 백성들의 사명입니다. 그렇게 살아갈 때에 하나님께서 영광을 받으십니다.

이렇게 언약을 말하면서 우리가 알게 되는 것은 그 언약으로부터 의미와 통일성이 부여된다는 사실입니다. 그 언약으로 하나님과 우리와의 관계적 관점이 나오고, 우리를 하나님의 보배로운 백성으로 삼으신 그 존재적 관점이 나오고, 하나님의 명령을 지켜 행하는 사명적 관점이 나옵니다. 이런 세 관점이 바로 언약 주권의 세 관점에서 나온다는 것을 기억해야만 합니다.35) 그래서 우리가 복된 성도입니다.

이제 오늘 배운 언약을 생각하면서 우리의 상황적 관점에서 생각해 보겠습니다. 왜 우리가 복된 성도일까요? 세상은 이 세 가지가 확보되지 않기 때문입니다. 세상 사람들은 허무합니다. 이것을 소위 '현대인들의 정조'라고 말합니다. 정조란 그 시대의 조류를 말합니다. 우리가 늘 말해 왔던 '멘탈리티'(mentality, 사고방식)와 비슷한 말입니다. '시대의 정조'라 하든지 '멘탈리티'라 하든지 간에 그런 단어는 삶의 의미와 통일성이라는 맥락에서 나오는 것입니다. '슬프다', '우울하다'는 것이 어느 한 개인만이 그렇다는 것이 아니라 이 시대를 살아가는 사람들 대부분이 그렇게 생각하고 있는 이유는 삶의 의미와 통일성을 찾을 수 없기 때문입니다.

데이비드 포스터 월러스(David Foster Wallace)라는 작가가 있었는데, 그는 46살에 죽었는데, 2008년 9월 12일에 목을 매고 자살을 했습니다. 그는 수십 년간을 우울증을 앓았고 20년 동안이나 항우울제인 나르딜(nardil)을 처방받았고 수개 월 동안 12번이나 전기충격요법을 받아서 거의 죽을 뻔 하기도 했습니다. 월러스는 인간이 무엇인지 파악하려고 시도했습니다. 그는 1996년 온라인 잡지 『살롱』의 인터뷰에서 인간에게는 뱃속 깊은 곳에서 치밀어 오르는 슬픔이 있다고 말했습니다. 그 슬픔이란 상실로 표현할 수 있다고 말했습니다. 월러스는 '우리가 누구인가?'라는 질문에 답하지 못하는 현대 문화의 무능력이 그런 슬픔으로 상실로 나타난다고 말했습니다. 월러스는 이렇게 말했습니다.

---

35) 존 프레임은 그것을 통치, 권위, 현존으로 말한다. 그 세 가지를 '주권적 속성'이라 한다. 통치는 사건과 상황을 다스리는 것이기에 상황적 관점, 사명적 관점이 된다. 권위는 하나님의 명령 그 말씀에 대한 복종을 요구하기 때문에 규범적 관점, 관계적 관점이 되며, 현존은 하나님께서 우리와 함께 하신다는 것인데, 그것은 언약의 본질인 '너희는 내 백성이 되고 나는 너희의 하나님이 된다'는 말씀처럼

> 우리들 대다수가 그렇듯 물질적 특혜를 받고 자랐더라도 이제 30대 초반쯤 되면 그만 유치한 짓들을 걷어치우고, 영적이고 가치 있는 것과 대면하는 길을 찾아야 한다고 생각합니다.36)

이 말이 가지는 의미는 굉장히 중요합니다. 현대인들은 물질적 풍요를 누리면서 살아왔고 그런 문화 속에서 살아왔습니다. 그러나 어이없게도 '우리는 누구인가?'라고 물으면 만족할만한 답이 없습니다. 월리스의 말대로 사람들은 인간의 존재적 관점을 확보하기 위해 영적인 것을 찾아야 한다고 생각하고 있습니다. 세상이 말하는 영적인 것이란 성경이 말하는 영적인 것과는 판이하게 틀립니다. 왜냐하면, 세상의 영성은 언제나 인간 안에 신성이 있다고 말하는 신성한 내면 아이로 가기 때문입니다.

'나는 누구인가?'라는 질문은 결코 사소한 것이 아닙니다. 나라는 존재적 관점을 확보하지 못하면 살아가는 의미가 없습니다. 삶의 의미가 없으면 어떻게 됩니까? 권태가 옵니다. 살아가는 매일 매일이 지루합니다. 그것을 이기기 위해 사람들이 하는 것이 오락입니다. 그것은 마치 기차가 탈선하는 것처럼 사람의 정신을 탈선시켜 버립니다. 왜냐하면, 자기 자신이 가야 할 길을 벗어나 버리게 만들기 때문입니다. 그래서 하는 말이, '오늘을 즐겨라'(carpe diem)입니다. 세상이 '오늘을 즐겨라'고 말하는 이유는 오늘을 버티어 내는 것이 투쟁이기 때문입니다. 내가 누구인지도 모르는데 내일이 무슨 의미가 있을 리 없습니다. 그러니 오늘을 버티어 내는 그 사람이 영웅입니다. 그런 삶에서 강조되는 것은 개인의 의지입니다.

놀라운 사실은 사람들이 그렇게 자기 의지를 가지고 하루를 이겨내고 싸워가는 것을 그냥 오기로 산다고 말하지 않는다는 것입니다. 그러면서 무엇이라고 말할까요? 그렇게 무의미의 세계에서 하루를 살아내는 것은 의미를 만들어 내는 것이고 그것은 스스로 신이 되는 것이라고 말합니다. 그러니 그렇게 자기 일에 집중하고 살아가는 것은 내적인 힘에 의해서 가능하고 그것은 성스러운 것이라고 말합니다. 현대는 그렇게 인간을 신성하게 만들어 가고 있고 그런 생각으로 더 영성에 빠져들어 가고 있습니다.

이런 현실을 보면서 우리는 너무나도 감사하게 됩니다. 왜냐하면, 살아계신 하나님께서 예수 그리스도의 대속으로 우리를 구원하시고 하나님의 백성으로 삼으시

---

36) 휴버트 드레이퍼스·숀켈리, 모든 것은 빛난다, 김동규 역 (서울: 사월의 책, 2015), 56.

고 언약하심으로 그 언약 안에서 참되고 영원한 의미와 통일성을 공급받고 살아가게 하시기 때문입니다. 예수 그리스도를 구주로 믿게 된 것을 더욱 감사하기 바랍니다. 그리스도의 새언약 안에 살게 하신 것을 기뻐하기 바랍니다. 우리는 그리스도 안에서 새로운 피조물이 되었습니다. 우리는 하나님의 백성입니다. 성령님께서 우리 안에 내주하십니다. 삼위일체 하나님 안에서 우리는 의미 있는 존재가 되어 있습니다. 이것은 세상 것으로 만들어 낼 수 없는 너무나 귀하고 복된 은혜입니다. 하나님의 언약 안에서 더욱 의미와 통일성을 누려감으로 언약적 샬롬을 누려가는 믿음의 백성들로 살아가기 바랍니다.

언약 4

> 8 모든 성도 중에 지극히 작은 자보다 더 작은 나에게 이 은혜를 주신 것은 측량할 수 없는 그리스도의 풍성을 이방인에게 전하게 하시고 9 영원부터 만물을 창조하신 하나님 속에 감취었던 비밀의 경륜이 어떠한 것을 드러내게 하려 하심이라 10 이는 이제 교회로 말미암아 하늘에서 정사와 권세들에게 하나님의 각종 지혜를 알게 하려 하심이니 11 곧 영원부터 우리 주 그리스도 예수 안에서 예정하신 뜻대로 하신 것이라(엡 3:8-11)

'여호와 하나님의 언약' 네 번째 시간입니다. 오늘은 영원 언약에 대해서 살펴보려고 합니다. 영원 언약이란 하나님의 언약이 영원하다는 뜻을 말하기도 하지만, 여기서는 하나님의 창세전 작정을 말합니다.

구속의 경륜은 하나님의 의논에서 협의되었습니다. 그것을 증거하는 성경 구절은 에베소서 1장 4-11절, 3장 11절, 데살로니가후서 2장 13절, 디모데후서 1장 9절, 야고보서 2장 5절, 베드로전서 1장 2절 등입니다.

> 곧 창세전에 그리스도 안에서 우리를 택하사 우리로 사랑 안에서 그 앞에 거룩하고 흠이 없게 하시려고(엡 1:4)

사도 바울은 하나님의 영원한 선택이 우리 구원의 기초와 원인이 된다고 말합니다. 에베소서 1장 4절에서는 두 가지로 선택이 우리의 의지와 능력과는 전혀 무관하다는 것을 말합니다. 첫 번째는 '창세전'이라는 말로써 그 사실을 말합니다. 하나님께서 우리를 복음으로 부르시고 날마다 풍성한 은혜를 주시고 하늘 문을 열어주시는 그 이유를 물을 때에, 그 대답은 언제나 '하나님께서 창세전에 택하셨다'로 성경이 우리에게 말해 주고 있습니다. 이 말을 하는 근본적인 이유는 하나님의 선택은 우리의 공로로 된 것이 아니라 무상(無上)으로 선택되었다는 것을 말해주기 위함입니다. 세상이 창조되기 전에 우리는 존재하지도 않았으며 우리의 어떤 행위가 구원에 기여할 수도 없었습니다. 두 번째는 '그리스도 안에서'라는 말입니다. 그리스도 안에서 선택되었다는 것은 우리 밖에서 된 것이고 우리의 어떤 가치가 고려된 것이 아닙니다.[37]

창세전에 하나님의 영원한 협의가 있었다는 것은 하나님께서 그의 영광을 위해

---

37) 존 칼빈, 에베소서주석 (서울: 성서교재간행사, 1982), 261. "우리의 어떤 가치가 고려된 것이 아니라 하늘의 아버지께서 우리를 양자로 삼으시는 은혜로 말미암아 우리를 그리스도의 몸에 접붙여 주셨기 때문이다. 요컨대 그리스도의 이름은 모든 공덕과 인간 자체가 지니고 있는 모든 것을 배제한다. 왜냐하면 우리가 그리스도 안에서 선택받았다는 것을 바울이 말할 때, 그것은 결국 우리 자신으로서는 선택받을 만한 가치가 없다는 결론을 얻었기 때문이다."

서 택자들을 선택하신 예정을 말합니다. 그 예정의 내용은 하나님께서 그의 백성들에게 베푸시는 은혜언약38)입니다. 하나님께서 베푸신다는 것은 하나님께서 자기 백성을 죄와 사망에서 구원하여 임마누엘 되심입니다. 하나님께서 우리 하나님이 되시고 우리는 그의 백성이 되는 것을 말합니다. 에베소서 1장 4절이 말하듯이, 은혜언약은 그리스도 안에서 그 택자들과 맺으신 언약을 말합니다. 창세 전에 삼위하나님 사이에 구원의 중보자로 예수 그리스도를 세우기로 하신 작정이 있었습니다. 그것을 '구원협약39) 이라고 하며, 언약적인 측면에서는 우리를

---

38) 웨스트민스터 신앙고백서 제7장 하나님의 언약 : 1. 하나님과 피조물 사이의 간격은 너무나 크기 때문에, 비록 이성적인 피조물일지라도 마땅히 그들을 창조주로 순종할 의무만을 가지고 있다. 그러나 그들은 의무수행의 결과로 그들이 하나님에게서 무슨 축복이나 상급을 얻어 낼 수가 없었고, 오직 하나님 편에서 자원적으로 자기를 낮추심에 의해서만 그것을 얻을 수 있었는데 하나님께서는 그것을 언약의 방법으로 나타내시기를 기뻐하셨다 (사 40:13-17; 욥 9:32-33; 삼상 2:25; 시 113:5-6; 100:2-3; 욥 22:2-3; 35:7-8; 눅 17:10; 행 17:24-25).
2. 인간과 맺은 첫 번째 언약은 행위 언약이었다(갈 3:12). 그 행위 언약으로 아담과, 그 안에서 그의 후손에게 생명이 약속되었다(롬 10:5; 5:12-20). 그 언약의 조건은 완전하고 개별적인 순종이었다(창 2:17; 갈 3:10).
3. 인간이 타락함으로 말미암아 행위 언약으로는 생명을 얻을 수가 없게 되어 버렸기 때문에, 주께서 두 번째 언약(갈 3:21; 롬 8:3; 3:20-21; 창 3:15; 사 42:6)을 맺으시기를 기뻐하셨다. 이 언약은 일반적으로 「은혜 언약」이라고 불린다. 그 언약에 의하여 주님은 죄인들에게 예수 그리스도로 말미암아 생명과 구원을 값없이 주셨다. 그러나 그들이 구원받도록 하기 위해서, 그리스도를 믿는 신앙을 그들에게 요구하시고(막 16:15-16; 요 3:16; 롬 10:6, 9; 갈 3:11), 생명에 이르도록 작정되어 있는 모든 자들에게 그의 성령을 주시어, 그들로 하여금 기꺼이 그리스도를 믿을 수 있게 하실 것을 약속하셨다(겔 36:26-27; 요 6:44-45).
4. 이 은혜 언약은, 성경에서 자주 언약(유언)이라는 이름으로 나타난다. 이것은 유언자이신 예수 그리스도의 죽음과, 영원한 기업과 거기 속한 있는 모든 것들을 포함하여 언급하는 것이다(히 9:15-17; 7:22; 눅 22:20; 고전 11:25).
5. 이 언약은 율법 시대와 복음 시대에 각기 다르게 집행되었다. 언약이 율법 하에서는 약속들, 예언들, 제물들, 할례, 유월절 양, 그리고 유대 백성들에게 전해진 다른 모형들과 의식들에 의하여 집행되었는데, 이 모든 것은 장차 오실 그리스도를 예표(豫表)하였다(히 8-10장; 롬 4:11; 골 2:11-12; 고전 5:7). 그리고 그 당시에는 약속된 메시아(고전 10:1-4; 히 11:13; 요 8:56)를 믿는 신앙으로 선택자들을 교훈하며 세우는 데 성령의 사역으로 말미암아 이것들만으로도 충분하고 효과적이었다. 그 메시아로 말미암아 그들은 완전한 죄 사함과 영원한 구원을 얻었는데 이를 "구약"이라고 부른다(갈3:7-9, 14).
6. 복음 하에서, 실체이신 그리스도께서(골 2:17) 나타나시게 되자, 이 언약은 말씀 선포와, 세례와, 주의 만찬인 성례 의식으로 집행되었다(마 28:19-20; 고전 11:23-25). 이 의식들은, 수적으로는 몇 안 되어 단조롭고, 그리고 외적인 화려함도 없이 집행되지만, 그것들을 통해서 그 언약이 모든 민족들(마 28:19; 엡 2:15-19), 곧 유대인들과 이방인들에게 더욱 충분하고, 확실하고, 영적인 효과를 가지고, 제시되고 있다(히 12:22-27; 렘 31:33-34). 이를 "신약"이라고 부른다(눅 2:20). 그러므로 본질 면에서 차이가 있는 두 종류의 은혜 언약이 있는 것이 아니고, 여러 세대에 걸쳐 있기는 하지만 하나의 동일한 언약이 있을 뿐이다(갈 3:14, 16; 행 15:11; 롬 3:21-23, 30; 시 32:1; 롬 4:3, 6, 16-17, 23-24; 히 13:8).
39) http://m.blog.daum.net/ktyhbg/13757231/ 「제8장 중보자 그리스도, (1) 구원협약」(2012.9.2.). 〈WCF 8장은 "중보자 그리스도 Of Christ the Mediator"에 대한 고백입니다. 먼저 필자는 1절과 2절을 구원협약(pactum salutis)으로 정리했다. 구원협약의 이해는 코케이우스(Johannes Cocceius, 1603-1669)에 의해서 발표되었습니다([은혜언약], 1648년). 당시에 개혁신학의 언약사상의 결집되는 개념이 영원하신 삼위일체의 경륜에 있는 "구원협약"입니다. 1) 하나님의 기쁘신 경륜 WCF. 8장 1절에서 먼저 "하나님께서 기뻐하심(pleased God)"이 고백됩니다. "하나님의 기쁨"은 교리의 심오함과 백성에게 주는 유익을 의미합니다. 하나님의 경륜은 영원에서 이루어진 것입니다. 삼위일체 하나님께서 영원에서 창조의 경륜과 함께 구원의 경륜도 작정됨입니다. 그러나 구원 경륜에서는 중보자(하나님과 사람)를 세움과 중보자의 백성 선택함이 있습니다. 구원의 경륜에서는 "인격"이 있는 것이어서 신비 중의 신비가 됩니다. 구원중보자는 선지자, 제사장, 왕으로 교회의 머리이며 구주이시며, 만유의 기업이며 세

죄에서 구원하시기에 '구속언약'이라 합니다.40) 이 구속언약으로 은혜언약을 성취합니다.41) 예수 그리스도의 공로로 우리를 죄에서 구원하여 하나님과 함께 살고 교통하도록 하십니다.

구속언약과 은혜언약은 동일한 하나의 언약이 아닙니다. 그것은 구분되어야 할

상의 심판자로 세우셨습니다. 구원중보자는 영원에서 역사로 주어졌습니다. 영원한 경륜이 역사에서 실현됨은, 한 민족에게 한 가족에서 한 사람(씨, seed)으로 구속의 때에(갈 4:4) 구속을 위해 탄생하셨습니다. 구원중보자께서 구속을 이루셔서 백성을 부르시고(소명), 칭의, 성화, 영화롭게 하셨습니다. 2) 구원중보자: 2위격 하나님(성자 하나님). WCF 8장 2절에서는 삼위일체에서 제2위격의 하나님, 아들께서 구원 중보자 되심을 고백합니다. 영원하신 성부 하나님과 동일본체로서 동일하신 성자 하나님께서 구원에서 성령의 사역은 성자의 성육신의 작용입니다. 동정녀 마리아의 몸에 잉태하도록 하셔, 피와 살을 받아 육신을 조성하였습니다. 그래서 성육신하신 성자의 육신이 모든 인간과 동일한 육신이지만 죄가 없는 흠 없는 제물이 되도록 하셨습니다. 성육신하신 신성과 인성의 고백에서는 451년 칼케돈 신경의 전문을 반복합니다. "두 개의 전체, 완전 그리고 구별된 본성인 신성과 인성이 혼합 없이, 혼동 없이, 혼화 없이 한 인격에서 서로 분리되지 않습니다." 성육신하신 인격은 참 하나님이시고 참 인간으로 한 인격, 그리스도, 하나님과 사람 사이의 유일한 중보자이십니다.)
40) 구속의 언약(covenant of redemption): 삼위일체 중 성부와 성자 사이에 맺은 언약이다. 구속의 언약은 창세 전에 체결되었으며 예수 그리스도가 오심으로 완수되었다. 행위의 언약(covenant of works): 하나님과 아담 사이에 맺은 언약이다. 은혜의 언약(covenant of grace): 아담이 실패한 이후로 곧바로 모든 인류와 하나님이 맺은 언약이다(위키피디아 사전에서).
http://www.reformednews.co.kr/sub_read.html?uid=2881/ 서철원, 구원협약(구속언약). 〈구원협약은 하나님 간에 구원 중보자를 세우시기 위한 작정입니다. 성부, 성자, 성령께서 세상을 구원하기 위해 구원자와 구원방식을 협약하셨습니다. 전통적으로 성부와 성자간의 협약으로 논의해왔지만 삼위간의 논의로 보아야 합당합니다. 이유는 구원사역에 삼위 하나님이 늘 동사시키고 모든 사역에서 삼위께서 동사하셨기 때문입니다. 이 구원협약 때문에 A. 카이퍼와 H. 바빙크는 하나님의 존재를 언약적 존재라고 했습니다. 아담의 죄과를 해소하고 속죄하여 타락한 인류를 다시 하나님의 백성으로 돌리기 위해 성자께서 인간이 되어 속죄제사의 방식으로 죄를 제거하고 죄의 형벌을 담당하시기로 약속하셨습니다. 성자께서 새언약으로 모든 택자들의 죄를 속량하시어 인류를 구원하시기로 하셨습니다. 따라서 인간에게 신형상을 회복하고 아담이 범한 불순종 대신에 순종을 이루어 하나님과의 화해를 이루러 백성을 회복하시기로 약속하셨습니다. 그래서 아들이 구속 중보자가 되시기로 약속하신 것입니다. 성부께서 이 약속을 받아 아들을 그리스도로 곧 구원중보자로 선언하시고 그의 죽음 곧 희생의 제사와 도고를 택자들의 죄를 위한 완전한 속량으로 받으시기로 약속하신 것입니다. 이 일을 위해 아들이 친히 자기의 피를 흘려 아버지의 언약의 보증이 되시고 그가 친히 언약을 세워 언약의 설립자가 되기로 하셨습니다. 아들의 속죄사역에 근거하셔 성령을 보내 그 구원을 적용하여 교회를 조성하시고 가르치시고 보호하시기로 약속하셨습니다. 이 약속에 근거하여 주 예수님이 성령을 보낸다고 할 때 성령을 아버지의 약속이라고 제시하셨습니다(행 1:4; 눅 24:49; 행 2:33). 이 협약은 하나님의 약정이어서 타락이 전제되지만 영원한 작정입니다. 구원협약은 요 17:2-10; 사 42:1; 53:5, 10-12; 시 40:6-8; 마 26:24; 엡 1:4에 근거합니다. K. 발트는 이 구원협약을 은혜언약으로 표현된 것으로 이해합니다. 그래서 불가하다고 배척합니다. 성부와 성자 간의 협정은 두 신을 설정함으로 이신론을 도립함이어서 우상숭배가 된다는 것입니다.〉
41) https://www.facebook.com/notes/youngchan-song/17세기-개혁-신학-내에서-일치된-은혜언약-교리-배현주-목사/442037319309536/ "창세전 구원 협약으로서 구속언약: 창세전 성삼위일체 하나님과 중보자 예수 그리스도께서 맺으신 언약이 구속언약(Redemption Covenant)이다. 이 구속언약은 은혜언약을 성취하는 언약이다. 중보자가 되시는 예수 그리스도께서 자신의 공로로 은혜언약의 모든 효력을 얻으시는 것이다. 그러므로 이 구속언약은 예수 그리스도에게는 행위언약과 같다. 왜냐하면 그가 흠 없이 공의로우신 하나님의 죄에 대한 심판을 담당하셔야 했기 때문이다. 그것이 대속의 십자가이다. 구주 예수 그리스도는 아버지 하나님의 독생자가 인성을 취하시고 성육신하신 분이시다. 그래서 예수 그리스도는 하나님이시면서 동시에 인간이시다. 신인이신 예수 그리스도의 전 사역은 십자가와 부활에서 극명하게 그 성격이 드러났다. 십자가에 죽으심으로써 우리 죄를 대신하여서 죽으셨고 다시 살아나심으로서 우리의 의가 되셨다. 그래서 신자들은 예수 그리스도를 믿음으로 죄에 대하여서 죽고 의에 대하여서 살았다. 그때에 예수 그리스도의 신성과 인성의 위격적 결합은 그의 중보 사역에서 빛을 발한다. 예수 그리스도께서 모세의 의식법을 따라서 그 백성의 죄를 담당하실 희생 제물로 오셨다. 그것은 우리와 동일한 인성을 가지고 십자가에 달려 돌아가셔야 하는 것이다. 왜냐하면 첫 사람 아담의 범죄 이후로 아담 자손 중에 그 백성의 속죄의 유일한 방편으로 마지막 아담으로서 아담과 동일한 인성을 가지신 중보자가 희생 제물이 되셔야 했기 때문이다."

본질적으로 다른 두 언약입니다. 무엇인 다른지 이차식 목사가 잘 정리해 주었습니다.

1) 먼저 당사자들과 관련하여 다릅니다. 구속언약(혹은 평화의 의논)은 신적 위격이 언약의 당사자들입니다. 성부가 첫째 당사자이며, 성자는 두 번째 당사자입니다. 그러나 은혜언약에 있어서는 삼위 하나님이 첫째이고, 신자와 그의 자녀들은 두 번째 당사자들입니다. 은혜언약에서 그리스도는 성부의 맞은편에 있는 두 번째 당사자가 아닙니다.
그 이유는
(1) 창세기 17:7에서 언약의 당사자가 분명하게 언급되어 있기 때문입니다. 즉 하나님과 그의 후손, 그의 자연적 후손입니다. "내가 나와 너와 그리고 그들의 대대 후손 사이에 내 언약을 세우리나", 이 언약은 첫 번째 당사자인 성부 하나님과 둘째 당사자로서 성자 하나님 사이에 세워진 것으로 제시하는 것을 금합니다. (2) 히브리서 9:16에서 그리스도는 첫 번째 당사자인 유언 혹은 언약을 "만든 분"으로 불립니다. 히브리서 1:2, 로마서 8:7에서는 두 번째 당사자인 "상속자"로 불립니다. 한 언약에서 한 사람이 첫 번째와 두 번째 당사자가 되는 것이 불가능하기 때문에, 이러한 문맥은 전적으로 다른 언약을 언급한 것입니다. 예수그리스도는 공동 유언자이며, 다른 곳에서는 상속자로 언급되었습니다.
(3) 세례는 언약의 표이며 언약의 본질에 대한 표현입니다. 언약의 첫 번째 당사자가 두 번째 당사자에게 언약이 의미하는 것을 주는 표입니다. 이 표증이 우리에게 베풀어졌는데, 오직 아버지의 이름으로만 아니라, 성부, 성자. 성령의 이름으로 베풀어졌습니다. 이는 성부, 성자, 성령 하나님이 언약의 첫 번째 당사자요, 우리는 두 번째 당사자임을 가리킵니다.
(4) 이와 같은 세례 집례를 위한 우리 예식서에서(세례의 원리나 중요성을) 명백히 이해하게 됩니다. 이 예식서에서 성부와 성자가 서로 마주하여 다른 첫 번째와 두 번째의 당사자로서 위치한 것을 발견할 흔적이 없습니다. 그러나 전 예식서를 통하여 삼위 하나님이 첫 번째 당사자로서 두 번째 당사자인 우리와 우리 자녀들을 마주하여 서 계신 것으로 제시됩니다. 성부, 성자, 성령 하나님은 우리와 우리 자녀를 위하여 그분 자신들을 친히 묶으시고 우리의 아버지, 우리의 구속주. 우리의 성화주가 되십니다.

2) 두 번째. 언약들이 설립된 시기와 관련하여 차이가 있습니다. 구속언약은 영원에서 설립되었습니다. 반면에 은혜언약은 시간(역사)속에서 세워졌습니다. 창세기 17장을 보면. 아브라함과 맺은 언약 설립을 가지고, 그리스도와 함께 영원부터 만들어진 언약을 아브라함에게만 계시된 것으로 간주되어야 한다고 주장한다면, 이는 성경에 위배되는 것입니다. 성경 전체(출 2:24,신 8:18. 왕하 13:23. 눅 1:72,73 행 3:25.갈 3:17)에 걸쳐서. 은혜언약은 아브라함. 이삭, 야곱과 함께 시간 안에서 설립된 것으로 말합니다.

3) 세 번째. 두 언약의 성격과 관련하여 차이가 있습니다.
왜냐하면,
(1) 구속언약은 그리스도가 대표하는 언약적인 머리입니다. 마치 행위언약에서 아담이 대표하는 언약적 머리라면(롬 5:12-19). 반대로 은혜언약은 대표하는 언약의 머리가 없습니다. 곧 모든 언약 회원들을 위해서 행동하고(믿음과 회개) 결정하는 머리가 없습니다. 다만 명백한 하나님의 말씀에 의하면, 은혜언약을 받아들이고 지키고 깨뜨리는 것은 각 언약 회원의 사적인 개인문제이며 책임입니다.
(2) 성경이 거듭 가르치는 것은 은혜언약은 깨어질 수 있다는 것입니다(Cf.§242). 이미 태초

에 은혜언약이 설립될 때에 이 사실이 명백히 선포되었습니다. 언약이 깨뜨려지는 일이 생기면 백성 중에서 끊어질 것이라고 명백히 선포되었습니다(창 17:14). 반면에 구속 언약에서는 언약을 깨뜨리는 것이 있을 수 없습니다. 그 언약에 참여하는 모든 사람이 확실하게 구원을 받습니다. 그리스도, 곧 그들의 언약의 머리가 언약의 모든 조건들을 완전하게 충족시켜서. 그들은 절대로 멸망하지 않고, 하나님의 손에서 그들을 아무라도 빼앗을 수가 없습니다(요 10:28). 구속 언약은 비밀한(숨겨진) 일에 속하고. 영원히 견고히 서는 하나님의 법령에 속한 것입니다. 그러나 은혜언약은 계시된 일(나타난 일)에 속하여. 하늘에서처럼. 땅에서는 성취될 수 없는 그 분의 계명에 속한 것입니다.

4) 마지막으로 두 언약의 목적과 관련하여 차이가 있습니다. 전에 말한 바처럼 구속언약은 획득을 위한 언약이며 은혜언약은 구원을 나누어 주기 위한 언약입니다. 달리 말하면 하나님의 형상으로 창조된 그들에게 구속협약에 있는 방식으로 택자들을 구원으로 인도하기 위한 언약입니다. 두 언약 자체로는 피차 긴밀하게 연결되어 있습니다. 은혜언약은 구속언약을 달성하는 수단으로 이바지합니다. 그러나 두 언약이 이처럼 관련되어 있지만 서로 다른 언약임에 틀림없습니다. 구속 언약은 그리스도가 자기 백성을 위해 하나님의 율법을 성취하고 그 형벌을 감당하라고 그리스도에게 요구합니다. 은혜 언약은 우리에게 믿고 회개하라고 요구하고. 그리스도가 우리 대신에 성취하지 않으신 책무, 즉 회개와 믿음을 요구합니다.42)

이렇게 구속언약과 은혜언약을 구분해서 말하는 이유는 무엇일까요? 언약에 대한 오류를 바로 잡기 위해서입니다. 지나간 역사에서 선택과 언약이 동일하다는 잘못된 생각을 했기 때문입니다. 언약의 모든 자녀가 하나님의 택자는 아닙니다. 언약의 자녀들 중에도 떨어져 나간 자들이 있습니다.43) 칼빈을 비롯하여 우르시누스(Zacharius Ursinus), 헤인즈(Heynse), 스킬더(K. Schilder), 헨더렌(J. van Genderen)과 같은 개혁주의 진영의 목회자들은 선택과 언약을 동일시하지 않습니다.

신학적으로는 작정과 예정으로 구분하여 말합니다. 작정이란 하나님의 뜻을 따라 정하신 영원한 목적을 말합니다. 작정이란 하나님께서 하나님의 영광을 위하여 앞으로 발생케 될 모든 사건들을 미리 정하신 그의 영원하신 계획이나 목적입니다.44) 예정이란 인간의 구원과 관련하여, 선택자와 유기자(버림받은 자)에

---

42) 이차식, 문답으로 배우는 개혁주의 언약이해 (서울: 생명나무, 2015), 60-64.
43) 사람이 내 안에 거하지 아니하면 가지처럼 밖에 버리워 말라지나니 사람들이 이것을 모아다가 불에 던져 사르니라(요 15:6) 그러므로 우리는 두려워할지니 그의 안식에 들어갈 약속이 남아 있을지라도 너희 중에 혹 미치지 못할 자가 있을까 함이라(히 4:1) 이로 보건대 저희가 믿지 아니하므로 능히 들어가지 못한 것이라(히 3:19) 나 여호와가 말하노라 이 언약은 내가 그들의 열조의 손을 잡고 애굽 땅에서 인도하여 내던 날에 세운 것과 같지 아니할 것은 내가 그들의 남편이 되었어도 그들이 내 언약을 파하였음이니라(렘 31:32) 우리는 한 아버지를 가지지 아니하였느냐 한 하나님의 지으신 바가 아니냐 어찌하여 우리 각 사람이 자기 형제에게 궤사를 행하여 우리 열조의 언약을 욕되게 하느냐(말 2:10)
44) 6 해 뜨는 곳에서든지 지는 곳에서든지 나 밖에 다른 이가 없는 줄을 무리로 알게 하리라 나는 여호와라 다른 이가 없느니라 7 나는 빛도 짓고 어두움도 창조하며 나는 평안도 짓고 환난도 창조하나니 나는 여호와라 이 모든 일을 행하는 자라 하였노라(사 45:6-7)

대한 하나님의 작정입니다.45) 예정은 하나님께서 중보자 그리스도 안에서 죄인을 구원하신다는 것을 말합니다.

작정은 하나님께서 창조하신 모든 피조물에 대한 하나님의 통치하심을 말합니다. 세상이 우연히 돌아가는 것이 아니라 하나님께서 인간 밖에서 다스리신다는 뜻입니다. 그러므로, 하나님의 작정은 하나님의 절대주권을 말합니다. 하나님의 주권이란 하나님의 통치·지배를 말합니다. 인간이 세운 계획은 자주 변경이 되지만, 하나님은 무한하신 능력으로 모든 일을 인도해 가시기 때문에 예기치 못한 일이 발생하지 않습니다.46) 하나님의 계획이 영원히 변함없는 이유는 하나님의 목적이 변함없으시기 때문입니다.47)

그 목적이란 모든 만물이 하나님을 인정하는 것입니다. 그리하여 모든 피조 세계가 하나님의 하나님 되심을 온전히 드러내게 됩니다.

> 대저 물이 바다를 덮음 같이 여호와의 영광을 인정하는 것이 세상에 가득하리라(합 2:14)

이 말씀은 메시아의 왕국에 대한 소망을 말합니다.48) 그 메시아 왕국은 모든 사람이 여호와의 위력과 위엄을 알게 되고, 하나님을 아는 지식이 온 땅에 가득하게 되는 나라입니다.49) 온 우주는 하나님의 다스리심 속에 하나님의 영광을 위하여 달리고 있다는 것을 우리에게 말해 줍니다. 그 영광됨은 모든 피조물이 여

---

45) 루이스 벌코프, 벌코프조직신학(상), 권수경·이상원 역 (서울: 크리스챤다이제스트, 1993), 311. "… 예정은 그의 모든 도덕적 피조물들에 대한 하나님의 목적을 표시한다. 그러나 대개는 하나님의 주권적 선택과 의로운 유기를 말하는, 타락한 인간에 관한 하나님의 '경륜'을 나타낸다."
46) 10 비와 눈이 하늘에서 내려서는 다시 그리로 가지 않고 토지를 적시어서 싹이 나게 하며 열매가 맺게 하여 파종하는 자에게 종자를 주며 먹는 자에게 양식을 줌과 같이 11 내 입에서 나가는 말도 헛되이 내게로 돌아오지 아니하고 나의 뜻을 이루며 나의 명하여 보낸 일에 형통하리라(사 55:10-11)
47) 헤르만 바빙크, 개혁교의학2, 박태현 역 (서울: 부흥과개혁사, 2011), 428. '계획이나 목적'은 하나님이 구속 사역에서 자의적이거나 우연하게가 아니라 확고한 계획, 불변하는 목적을 따라 일하는 것을 가리킨다. 따라서 '선택'은 이것을 다음과 같이 수정한다. 그 불변하는 목적은 모든 사람을 포함하는 것이 아니라 선택에 따른 계획이나 목적이며, 따라서 모든 사람이 아니라 많은 사람이 구원 얻음을 가리킨다. '예지'는 이러한 하나님의 선택하는 뜻 가운데 있는 대상인 사람들에 관심을 두는데, 그들은 하나님의 단순한 예지의 대상이 아니라 하나님의 실재적 기쁨의 대상이다. 반면에 마지막으로 '예정은 하나님이 사용하는 수단들에 보다 더 관련되는데, 이는 하나님이 아신 자들을 그들의 확정된 목적지에 이르게 하는 수단들이다. "계획이나 목적은 사건의 확실성을 가리키고, 예지는 사람들의 개별적 독특성을, 예정은 수단들의 질서를 가리킨다." 선택은 "목적에 의해 확실하며, 예지에 의해 결정되었고, 예정에 의해 배열되었다" 비록 이 영원한 목적이 복합어를 구성하는 접두어 '프로'에 이미 자동적으로 담겨 있는 것은 아닐지라도, 에베소서 3장 11절, 디모데후서 1장 9절에는 분명하게 선언되었다(cf. 마 25:34; 고전 2:7; 엡 1:4).
48) 6 내가 나의 왕을 내 거룩한 산 시온에 세웠다 하시리로다 7 내가 영을 전하노라 여호와께서 내게 이르시되 너는 내 아들이라 오늘날 내가 너를 낳았도다 8 내게 구하라 내가 열방을 유업으로 주리니 네 소유가 땅 끝까지 이르리로다(시 2:6-8)
49) 여호와의 영광이 나타나고 모든 육체가 그것을 함께 보리라 대저 여호와의 입이 말씀하셨느니라(사 40:5)

호와 하나님의 주되심을 인정하고 주되심을 높이는 것입니다. 그 무엇보다 구원하시고 언약하신 주의 백성들의 인격적 항복과 찬양에서 온전히 드러납니다. 기계적이지 않고 인격적인 항복입니다.

'하나님의 영원한 작정이 있었다'는 것과 그 내용으로 '하나님의 영원한 은혜언약이 있다'는 것은 두 가지 중요한 사실을 말합니다.

첫 번째는 하나님만이 모든 것의 중심이고 절대기준입니다. 타락한 인간은 하나님께서 그 작정하신 대로 세상을 움직여 가신다는 것을 싫어합니다. 그 대신에 우주의 중심이 인간이라고 말합니다. 그런 말이 우리현실로 말하자면, 바로 '잠재력'이라는 말과 '창조성'이라는 말입니다. 창조라는 말은 인간이 사용할 수 있는 말이 아닙니다. 인간이 창조라는 말을 사용하는 것은 하나님의 계획과 섭리하심을 의도적으로 거부하는 것입니다. 인간 안에서부터 창조성이 나온다는 것은 하나님께 대한 고의적인 도전이며 반역입니다.

창조라는 말과 함께 쓰는 말이 천재라는 말입니다. 우리는 별 생각 없이 천재라는 말을 씁니다. 대개 천재라고 하면 IQ가 높다거나 남다른 소질이 있어서 일반적인 사람이 도저히 따라 갈 수 없는 능력을 가진 사람이라고 말합니다. 그러면, '그 천재적인 소질이 어디서 왔느냐?'라고 물으면 사람들은 신적인 은총이 임했기 때문이라고 생각합니다.

그것을 보통 '영감'이라고 합니다. 영감은 영어로 'inspiration'입니다. 외부에서 신적인 요소가 주입되었다는 것입니다. 그래서, '영감'이라는 말 앞에는 '신적인'이라는 말이 붙어서 '신적인 영감'이라고 말합니다. 이런 모든 것을 통틀어서 '합리적 휴머니즘'이라고 말합니다. 합리적 휴머니즘이란 인간이 신성하고 창조적이고 알 수 없는 영원한 신비의 원천이 되어야 한다는 생각입니다. 그것을 다른 말로 '자아의 확장'이라고 말합니다.[50] 우리는 자아, 무의식 이런 말을 너무 쉽게 말하는 시대 속에 살고 있습니다. 우리는 우리 스스로가 세상의 종교와 문화에 오염된 줄도 모르고 살아갑니다.

자아라는 말은 인식과 행위의 주체가 인간이라는 말을 가장 적합하게 나타내는 말입니다. 세상을 인식하는 것이 우리 자신이라는 말이 아무런 잘못이 없는 것처럼 들립니다. 그 말은 하나님의 도우심이 없어도 우리 스스로 진리를 인식할 수 있고 신성에 도달할 수 있으며 우리 안에 그럴만한 신적인 요소가 있다는 뜻입니다. 그것을 정당화하기 위해 만든 말이 무의식입니다. 무의식이란 그렇게 자

---

50) 휴버트 드레이퍼스·숀켈리, 모든 것은 빛난다, 김동규 역 (서울: 사월의 책, 2015), 100-105 .

아중심적으로 말해왔던 인간의 생각을 무너뜨리고 나의 자아보다 더 깊이 무의식이라는 요소가 있다고 말함으로써, 그 이전에 신성한 어떤 것에 대해서 애매모호했던 것을 이제는 무의식이라는 이름으로 확실하게 단정해 버렸습니다. 인간이 시도하는 일은 그 신성한 무의식에 뛰어들어서 신성을 체험하는 것입니다. 예를 들어서, 시인이 시를 쓰고 미술가가 그림을 그립니다. 그런데 그 그림이 단순히 풀 한 포기, 꽃 한 송이 그리는 것이 아니라 사람들에게 무엇인가 남다르고 탁월한 예술적인 사상이 있고 영감이 있는 작품이 되려고 하면 그냥 있는 그대로 그려서는 안 되는 겁니다. 시인이나 화가나 우리와 다 같은 인간인데 어떻게 남다른 작품을 만들어 내겠습니까? 너무 너무 어려운 일입니다. 그래서 소위 맨정신으로는 안 합니다. 그 맨정신으로 시를 쓰고 그림을 그리지 않으면 어떻게 할까요? 명상을 하고 무의식 안으로 들어가는 구상화를 하는 겁니다. 그런 영적인 일에는 반드시 접신이 일어나게 됩니다. 무의식을 말하는 사람은 자기도 모르게 귀신과 조우하는 일이 일어납니다. 한번 무의식에 접근하면 무의식에서 벗어나지 못합니다. 본인은 맨정신으로 무의식을 들락날락한다고 말하지만 실제로는 자기 자신이 접신을 하고 있는 줄을 모르는 겁니다.

더 쉬운 예로, 마른하늘에 날벼락이라는 말이 있습니다. 그렇게 마른하늘에 날벼락 같은 영감이 예술가에게 내리쳐야 하는데 마른하늘에 날벼락이 칠 일은 거의 없습니다. 마른하늘에 날벼락 맞을 확률이 천만 분의 1이라고 합니다. 앞에서 말했던 천재는 그렇게 천만 분의 1로 마른하늘에 날벼락을 맞은 사람이라고 보는 겁니다. 그런데 한 번 그렇게 마른하늘에 날벼락을 맞은 사람은 그냥 못살게 됩니다. 그 날벼락을 맞아야 작품이 만들어지기 때문입니다. 허구한 날 마른하늘만 기다립니다. 아무리 기다려도 마른하늘에 날벼락이 떨어지지 않습니다. 궂은 날에도 하늘을 쳐다보고 비바람이 몰아쳐도 하늘을 쳐다보는데도 날벼락은 끝내 내려치지 않습니다. 심장이 바싹바싹 타들어 갑니다. 날벼락이 내리치지 않는다고 그만 포기하지 않습니다. 이제 과학적으로 접근해 보려고 합니다. 날벼락이 친 그 날의 일기와 상황과 조건들을 다 조사합니다. 그래서 날벼락이 칠 수 있도록 기계적인 장치를 만들었습니다. 그랬더니 놀랍게도 날벼락이 떨어지는 겁니다. 그런 것을 보고, '아 마른하늘에 날벼락은 하나님께서 내리신 것이 아니구나' 그렇게 생각을 바꾸어 버렸습니다. 이제는 마른하늘만이 아니라 아무리 궂은 날이라도 날벼락이 치도록 더 발전된 장치를 만들어서 언제든지 자기가 원하면 날벼락을 맞을 수 있도록 만들어 버렸습니다. 그러더니 하는 말이, '인간이 세계의 주인이다', '인간이 신이다' 그렇게 말하게 되었습니다.

그와 마찬가지로 무의식도 유사한 방식으로 접근합니다. 무의식은 인간이 상상하여 만들어 낸 것입니다. 인간이 신성한 어떤 것을 자기 손에 가지기 위해 만들어 낸 것입니다. 하나님께서 창세전에 그 택하신 백성을 구원하시는 그 영원한 은혜언약이 있다고 하면 하나님께서 주가 되시기 때문에 그것이 싫습니다. 그래서 인간이 주가 되고 싶어서 인간 안에도 무한한 잠재력이 있고 창조성이 있다는 것을 말하기 위해서 무의식을 만들어내었습니다. 그 무의식 안에 신성이 있다고 말했습니다. 신성이 인간 안에 있다고 말하는 이유는 인간이 만들어내는 삶의 의미와 통일성이 유한하기 때문입니다. 인간이 자기 스스로 영원한 의미와 통일성을 만들어내기 위해 인간 안에 신성을 부여한 것이 무의식입니다. 그 무의식에 들어가는 것이 명상이고 요가이고 관상기도이고 최면치료를 비롯한 구상화(visualization)입니다. 그 방법만 다를 뿐입니다. 성령님의 역사가 없는 영적인 세계는 귀신과의 접신이 일어나는 세계입니다. 귀신내림을 받은 무당이 있고 학문적으로 배운 무당이 있습니다. 이런 무당이든 저런 무당이든 무당은 무당입니다.

오늘날 기독교는 성경과 세상을 섞어서 가르치기 때문에 갈수록 성경과 멀어지고 있습니다. 그러나, 우리는 하나님께서 계시하신 성경을 근거로 살아가야 합니다. 가장 근본적인 시작이 창세전에 삼위 하나님의 구원협약이 있었다는 것을 성경대로 믿는 것입니다. 창세전에 하나님의 구원협약이 있었다는 것은 하나님께서 모든 만물의 주가 되시고 구원과 언약의 주가 되신다는 뜻입니다. 하나님께서 우리의 주가 되시고 하나님께서 우리의 기준이 되십니다. 그것을 버리면 인간이 주가 되고 인간이 신이 되어 버리는 합리적 휴머니즘으로 갑니다. 하나님께서 우리를 구원하여 우리의 주가 되시고 하나님의 백성으로 삼으신 하나님께 감사하면서 살아가는 성도들이 되기 바랍니다.

두 번째는 예수 그리스도를 구주로 믿는 성도가 살아가는 삶의 방식이 다르다는 것을 말합니다. 앞으로도 언약을 계속해서 배웁니다. 그 언약이 삶의 방식을 바꾸고 인격을 변화시킵니다. 그런 모든 변화가 일어나는 것은 하나님의 임재가 실현되어지는 방식이 세상의 종교와 완전히 틀리기 때문입니다. '하나님의 임재가 뭐가 그리 중요하냐?'라고 말하는 분도 있겠지만 하나님의 임재가 없으면 불안하고 허해서 살지 못합니다.

오늘날 예수 그리스도를 믿는 성도라 하면서도 하나님의 임재를 구하는 방식이 잘못되어 있습니다. 많은 사람이 하나님의 임재를 체험으로 구하면서 성령체험이라고 말하고 있습니다. 참된 성도라면 예수 그리스도의 구원과 언약 안에서 하나님의 임재를 누려가야 합니다. 그것은 성령님께서 우리 안에 내주하시면서 하나님의 말씀 안에서 의미와 통일성을 제공받음으로 하나님의 임재를 누려가는 것입니다. 그 임재를 종교적 체험으로 누리려하기 때문에 기독교와 세상의 종교와 영성이 혼합이 일어납니다. 이미 거의 대부분이 그렇게 되어 있기 때문에 그렇게 안 하면 이상한 사람이 되어 버렸습니다.

성도는 은혜가 임하는 방식이 무엇인지 알아야 합니다. 죄의 각성으로, 진정한 회심으로 나아가야 은혜가 임합니다. 성령님의 역사는 가난한 심령으로부터 시작합니다. 하나님 앞에 자기 죄에 대한 각성과 회심이 없는 사람은 헛된 위로에 빠져 있는 사람입니다. 하나님의 임재를 구하는 사람은 그리스도와 함께 연합된 존재인 것을 알고 그리스도의 명령에 순종하는 사람입니다. 그 무엇보다도 심각한 문제는 하나님의 임재를 누리기를 원한다면서도 그리스도와 함께 고난 받기를 원하지 않는다는 것입니다.

존 플라벨은 이렇게 말했습니다.

> 그리스도와의 교제는 일방적인 것이 아닙니다. 우리가 그리스도께 참여할 뿐만 아니라, 그리스도께서도 친히 우리에게 참여하십니다. 우리의 모든 부족과 슬픔과 비참과 환난 가운데 그리스도께서 함께 하시는 것입니다. 우리가 그리스도의 의와 은혜와 아들 되심의 영광에 참여할 때, 그리스도께서는 우리의 비참을 분담하십니다. 우리의 고난을 그리스도 당신의 고난으로 여기시는 것입니다(골 1:24).[51]

우리에게 일어나는 일속에, 무엇보다 우리의 고난에 그리스도께서 함께 하십니다. 그런 까닭에, 예수 그리스도를 믿은 사람은 예수 그리스도 안에서 받은 것을 가장 소중히 여기는 자입니다. 예수 그리스도의 용서와 화평과 양자됨과 거룩함과 하늘의 영화로운 것들은 눈에 보이지 않습니다. 그러나 그 눈에 보이지 아니하는 것들이 바로 하나님께서 그리스도의 십자가 대속으로 말미암아 허락하여 주신 유익들입니다. 그렇게 눈에 보이지 아니하는 것을 위해 살아가는 성도들은 이 세상에서 받는 고난과 시련들에 대해서 기뻐하고 즐거워하는 자들입니다. 왜냐하면, 그런 일을 겪으면 겪을수록 그리스도의 은혜를 누리고 그리스도의 부요

---

51) 존 플라벨, 은혜의방식, 서문 강 역 (서울: 청교도신앙사, 2011), 189.

하심을 알아가기 때문입니다.
고난이 좋은 사람이 어디 있겠습니까? 그러나, 그 고난 속에서 꽃을 피우고 열매를 맺어가는 것이 성도입니다. 하나님의 임재를 누리기를 원하면서도 자기 원하는 대로 다 되는 인생이 되기를 바란다는 것은 마치 하늘의 보화를 자기 입맛대로 고를 수 있다고 생각하는 사람과 다를 바가 없습니다. 하나님께서 형통을 보장해 주신 것은 여호와의 명령을 지킬 때였습니다.

> 7 오직 너는 마음을 강하게 하고 극히 담대히 하여 나의 종 모세가 네게 명한 율법을 다 지켜 행하고 좌로나 우로나 치우치지 말라 그리하면 어디로 가든지 형통하리니 8 이 율법책을 네 입에서 떠나지 말게 하며 주야로 그것을 묵상하여 그 가운데 기록한대로 다 지켜 행하라 그리하면 네 길이 평탄하게 될 것이라 네가 형통하리라(수 1:7-8)
> 네 하나님 여호와의 명령을 지켜 그 길로 행하여 그 법률과 계명과 율례와 증거를 모세의 율법에 기록된 대로 지키라 그리하면 네가 무엇을 하든지 어디로 가든지 형통할지라(왕상 2:3)

여호와의 율법대로 순종할 때에 평탄하게 되고 형통할 것이라고 약속해 주셨습니다. 만일 여호와의 명령대로 순종하고 살지 않는데도 불구하고 형통하다면 하나님께서 주시는 형통함이 아닙니다. 세상의 악인들도 부요함을 누리고 삽니다. 하나님께서는 그런 악인의 형통을 부러워하지 말라고 이렇게 경고하셨습니다.

> 너는 악인의 형통함을 부러워하지 말며 그와 함께 있으려고 하지도 말지어다(잠 24:1)
> 너는 행악자들로 말미암아 분을 품지 말며 악인의 형통함을 부러워하지 말라(잠 24:19)

성도는 눈에 보이는 사람을 두려워하고 사는 것이 아니라 하나님을 두려워하고 사는 자입니다.

> 몸은 죽여도 영혼은 능히 죽이지 못하는 자들을 두려워하지 말고 오직 몸과 영혼을 능히 지옥에 멸하실 수 있는 이를 두려워하라(마 10:28)

눈에 보이는 세상 것들이 우리를 위협할지라도 믿음으로 이겨낼 수 있는 것은 눈에 보이는 이 세상이 전부가 아니기 때문입니다. 하나님을 두려워하며 그 말씀에 순종하고 살아야 하나님의 임재를, 하나님께서 함께 하고 계시는 것을 경험하고 살아갈 수 있습니다.
구원론이 삶을 변화시키고 신론이 삶을 변화시킵니다. 예수 그리스도를 믿는 그것이 실제적인 변화를 일으킵니다. 하나님의 임재를 누리는 방식이 변화되어야 합니다. 하나님의 임재하심, 곧 하나님께서 우리와 함께 하심이 저 세상 사람들처럼 종교적 열심을 바쳐서 자기가 황홀경에 빠져 들어가는 방식으로 나타나지 않습니다. 예수 그리스도를 믿으면서도 그 살아가는 방식에 있어서는 세상 종교인들처럼 유사하게 살아갑니다. 삶의 방식이 세상적이고 성경적이지 않습니다.

내 소원이 이루어지는 대로 하나님께서 움직여 주실 것이라고 생각하는 것은 성경적인 방식이 아닙니다. 그 반대로, 하나님의 뜻대로 내가 움직여져야 합니다. 그래야 하나님의 살아계심을 경험하게 됩니다. 주의 뜻대로 살기위해 기도하며 말씀대로 순종하며 자기를 부인하고 살아가는 삶이 있어야 하나님의 임재를 누립니다.

기도하고 말씀대로 순종하려고 해도 순종할 여건이 안 된다고 말합니다. 우리는 믿음의 삶이 아무런 문제도 없는 삶이라고 착각하고 살아가는 경우가 너무 많습니다. 세상을 살아보면 알게 됩니다. 아무런 문제도 없이 사는 날은 없다는 것을 뼈저리게 알고 삽니다. 말씀대로 순종할만한 여건이 되어서 순종하는 사람은 아무도 없습니다. 성도는 아무 일 없이 세상 살기 바라는 자가 아닙니다. 믿음은 이 세상과 충돌하게 되어 있고 성도는 이 세상에서 믿음의 시련을 당하게 되어 있습니다. 그 속에서 성도다워지는 것을 배우고 그 속에서 우리 주 예수 그리스도보다 귀한 것이 없다는 것을 알아가는 자들입니다. 더 철저하게 부서지고 더 철저하게 낮아지는 것이 성도의 삶이라는 것을 고백하게 됩니다.

하나님께서 창세전에 구원협약을 맺으셨다는 것은 우리의 시작과 끝이 하나님께 달려 있다는 것을 말합니다. 그렇다고 우리는 아무것도 안 해도 된다는 것이 아닙니다. 하나님께서 우리를 불러 구원하신 것은 언약에 신실하게 살아가는 그 책임으로 부르신 것입니다. 그렇게 그리스도의 구원을 받고 그 말씀대로 살아가는 것이 우리에게 무한한 영광이고 영원한 복입니다.

하나님의 영원전 작정하심이 얼마나 귀하고 복된 것인지 상황적 관점에서 좀 더 살펴보겠습니다. 근래에 '그릿(Grit)이라는 새로운 단어가 사람들의 관심을 모으고 있습니다. 사전적 의미로는 그릿(Grit)은 기개(氣槪), 투지, 용기 등으로 번역되며, 어려움이 있어도 자신이 세운 목표를 향해 오랫동안 꾸준히 노력할 수 있는 능력을 뜻합니다. 펜실베이니아대학교의 심리학과 교수인 앤젤라 더크워스가 말하는 그릿이란 '기개' 혹은 '용기'를 말합니다.

더크워스는 그릿을 기르는 방법으로 4단계로 말합니다.

첫째는 열정을 따르는 것(follow your passion), 즉 자신의 관심사를 분명히 하고, 둘째는 엄청난 연습을 하는 것이며, 셋째는 더 높은 목표의식을 갖고, 넷째는 '7전 8기'의 정신처럼 어떤 난관도 뚫고 성장해 나갈 수 있다는 마음가짐, 다시 말해 희망을 품는 것이다.52)

그녀는 그렇게 노력해서 '마음의 근력'을 키워야 한다고 말합니다. 그렇게 그릿을 키우기 위해서 자율적으로 공부하고 자기가 하고 싶어 하는 것을 하고 흥미를 느끼는 것을 하라고 말합니다. 사람들이 그릿에 대한 관심이 높아지면서 그릿을 좀 더 분석적으로 제시하기 시작했습니다. 그것은 세 가지입니다. 첫째 자기조절력, 둘째 자기 동기력, 셋째 대인 관계력입니다. 자기조절력이란 스스로 세운 목표를 향해 꾸준히 노력하는 힘을 말하며, 자기 동기력이란 스스로에게 동기와 열정을 부여하는 힘을 말하며, 대인 관계력이란 호감과 신뢰를 바탕으로 설득력과 리더십을 발휘하는 힘을 말합니다. 이 세 가지도 잘 보면 의미와 통일성의 세 관점을 말하고 있는 것을 알 수가 있습니다. 자기조절력이란 목표성취를 말하기 때문에 사명적 관점을 말하며, 자기 동기력이란 자기에게 동기와 열정을 부여하는 힘이기 때문에 존재적 관점을 말하며, 대인 관계력이란 두 말할 것도 없이 관계적 관점입니다.

그릿을 말하는 또 한 사람이 있는데, 그 사람은 세라 루이스입니다. 그녀는 그릿은 고집을 부리는 것이 아니라 인내를 펼치는 자질이라고 말합니다. 어려운 일을 하고 반복적인 일을 하고 불편한 장소에 머무르려면 인내가 필요하다고 말합니다. 그녀는 『누가 더 끝까지 해 내는가』(The Rise : 완벽한 사람들의 여덟 가지 행동 법칙)라는 책을 썼습니다. 놀랍게도 4장에 가면 "심미적 동력: 높은 이상향을 만드는 상상력의 힘"이라는 소제목에서 마음 훈련법을 말합니다. 그 마음훈련이란 명상을 말합니다.53)

---

52) http://www.yonhapnews.co.kr/bulletin/2016/06/17/0200000000AKR20160617007700071.HTML 美교실 흔드는 '그릿 열풍' … "성공은 재능보다 노력"(2016.6.18.). "저자가 가장 먼저 '그릿'에 주목하게 된 계기는 일명 '야수의 막사'(Beast Barracks)로 불리는 미국 육사(웨스트포인트)의 신입생 프로그램이었다. 이 프로그램은 매년 입학생들을 상대로 1학년 과정을 시작하기 전 6주간에 걸쳐 기초 군사훈련을 실시하는 과정이다. 특이한 것은 전국 각지에서 어마어마한 경쟁의 관문을 뚫고 들어온 이 우수한 인재들의 5% 가량이 매년 스스로 중도 하차한다는 점이다. 2004년의 경우 1천218명 가운데 71명이 4년 전액 장학금을 받고 육사를 다닐 기회를 스스로 포기했다. SAT(미국대학수능) 성적이나 고등학교 내신, 체력점수 등과는 상관관계가 없었다. 끝까지 훈련을 마친 이들과 그렇지 못한 이들의 결정적 차이는 바로 그릿이었다. 저자는 각계에서 성공한 리더들이 한결같이 '그릿의 표본'(Grit Paragons)이라고 주저 없이 말한다. 재계와 예술계, 체육계, 학계, 언론계, 법조계의 리더들을 직접 심층 인터뷰해 채득한 결론이다."
53) http://www.wsj.com/articles/SB10001424052702304432604579473311488013946/ Book Review: 'The Rise' by Sarah Lewis. By A. ROGER EKIRCH, April 3, 2014 〈No less absorbing is Ms. Lewis's meditation on the value of "private domains" for creativity—studios,

그것은 단순한 명상이 아니라 자기가 원하는 것을 얻기 위해서 상상의 힘을 발휘하는 것입니다.54) 다시 말해서, 세라 루이스는 성공의 비밀이 상상력에 있다고 말하는 론다 번(The Secret)의 새 버전에 불과합니다. '그릿'(Grit)이 끝까지 인내하는 기개(氣槪)라고 아무리 말해도 그것을 유지하는 근본적인 힘은 바로 상상력에서 나옵니다. 그 상상력은 그냥 나오는 것이 아닙니다. 결국은 합리적이고 이성적인 사고방식을 버리고 신비적이고 자기도취적인 상상력에서 나옵니다. 그런 상상력의 뿌리는 언제나 뉴에이지적 영성과 밀착되어져 있습니다.

사람들은 세상에서 성공하기 위한 비결을 찾습니다. 그 비결로 최근에 말하고 있는 것이 그릿입니다. 아무리 끝까지 인내를 발휘하고 마음의 근력을 키우려고 해도, '그 힘을 어떻게 만드느냐?'고 할 때에 결국은 신비주의 영성으로 가고 뉴에이지 영성으로 갑니다. 앞서서 말했듯이 합리적 휴머니즘으로 갑니다. 인간이 신이 되어 세상의 주가 되려고 합니다. 그런데 그런 영성에 빠진 사람들은 하나

---

laboratories and offices secluded from the comments of peers and critics—followed by her thoughts on the importance of "play." At the University of Manchester, "Friday Night Experiments" are ritually conducted, during which physicists undertake outlandish experiments—science without borders—with no restrictions other than leaving the building intact. (One of these led to the discovery of graphene, an extraordinarily light and durable form of carbon.) Eschewing personal areas of expertise, the researchers have retained the wide-eyed capacity for wonder that led them to science in the first place. As a result, they are less vulnerable to the Einstellung Effect, a propensity for tunnel vision that Ms. Lewis aptly terms "the cost of success.">

54) https://www.brainpickings.org/2014/03/10/sarah-lewis-the-rise-failure/ Creativity, the Gift of Failure, and the Crucial Difference Between Success and Mastery. 〈In another of her illustrative examples, Lewis turns to legendary social reformer and statesman Frederick Douglass, who believed in the power of visual culture a century before Susan Sontag made the cultural case for photography and a century and a half before the age of selfies. Long before science would illuminate the visual bias of our brains, Douglass intuited the power of images: Frederick Douglass was sure, even in the face of war, that the transportive, emancipatory force of "pictures," and the expanded, imaginative visions they inspire, was the way to move toward what seemed impossible. An encounter with pictures that moves us, those in the world and the ones it creates in the mind, has a double-barreled power to convey humanity as it is, and, through the power of the imagination, to ignite an inner vision of life as it could be. The inward "picture making faculty," Douglass argued, the human capacity for artful, imaginative thought, is what permits us to see the chasm accurately, our failures – the "picture of life contrasted with the fact of life." "All that is really peculiar to humanity … proceeds from this one faculty or power." This distinction of "the ideal contrasted with the real" is what made "criticism possible," that is, it enabled the criticism of slavery, inequity, and injustice of any kind. It helps us deal with the opposite of failure, which may not be success—that momentary label affixed to us by others — but reconciliation, aligning our past with an expanded vision that has just come into view. … The "key to the great mystery of life and progress" was the ability of men and women to fashion a mental or material picture and let his or her entire world, sentiments, and vision of every other living thing be affected by it. Even the most humble image held in the hand or in the mind was never silent. Like the tones of music, it could speak to the heart in a way that words could not. All of the "Daguerreotypes, Ambrotypes, Photographs and Electrotypes, good and bad, [that] now adorn or disfigure all our dwellings," Douglass said, could allow for progress through the mental pictures that they conjured. He went on to describe "the whole soul of man," when "rightly viewed," as "a sort of picture gallery[,] a grand panorama," contrasting the sweep of life with the potential for progress in every moment.〉

님의 은혜가 아니면 빠져 나올 수가 없습니다. 자기가 신이라고 큰 소리를 치게 되면 반드시 접신이 일어나게 됩니다.

인간은 결코 신이 아닙니다. 신이 될 수도 없습니다. 인간은 하나님께서 창조하신 피조물에 불과합니다. 아침 안개 같은 존재입니다.[55] 그러나 하나님의 형상을 따라 창조된 귀한 인격체입니다. 우리는 우연히 생겨난 존재가 아니라 하나님께서 영원 전에 작정하고 예정하신 귀하고 복된 성도들입니다. 우리가 괜히 여기 이 자리에서 살아가고 있는 것이 아닙니다. 하나님께서 이 자리에서 우리를 구원하시고 이 자리에서 하나님의 백성으로 만들어 가고 계십니다.

그 영원한 구원 협약 속에 내가 여기 있다는 그것이 우리를 흔들리지 않게 합니다. 앞으로 무슨 일이 더 있어도 하나님의 작정과 섭리 속에 지키시고 보호하실 것을 성령님의 내주하심으로 약속해 주셨기 때문입니다. 사도 바울이 로마서 8장에서 말했듯이, 세상의 그 어떤 것으로도 우리를 우리 주 예수 그리스도의 사랑에서 끊어내지 못합니다.[56] 하나님께서는 그 사랑을 그리스도의 중보로 말미암아 성령님의 역사 가운데서 계속해서 부어주고 계십니다. 그 하나님을 믿고 예배하고 믿음으로 살아가게 된 것을 감사하고 찬양하면서 끝까지 언약에 배타적 충성을 다하며 성령 충만한 삶을 살아가는 믿음의 성도들이 다 되기 바랍니다.

---

55) 내일 일을 너희가 알지 못하는도다 너희 생명이 무엇이냐 너희는 잠깐 보이다가 없어지는 안개니라(약 4:14)
56) 38 내가 확신하노니 사망이나 생명이나 천사들이나 권세자들이나 현재 일이나 장래 일이나 능력이나 39 높음이나 깊음이나 다른 아무 피조물이라도 우리를 우리 주 그리스도 예수 안에 있는 하나님의 사랑에서 끊을 수 없으리라(롬 8:38-39)

언약 5

3 찬송하리로다 하나님 곧 우리 주 예수 그리스도의 아버지께서 그리스도 안에서 하늘에 속한 모든 신령한 복으로 우리에게 복 주시되 4 곧 창세전에 그리스도 안에서 우리를 택하사 우리로 사랑 안에서 그 앞에 거룩하고 흠이 없게 하시려고 5 그 기쁘신 뜻대로 우리를 예정하사 예수 그리스도로 말미암아 자기의 아들들이 되게 하셨으니 6 이는 그의 사랑하시는 자 안에서 우리에게 거저 주시는 바 그의 은혜의 영광을 찬미하게 하려는 것이라(엡 1:3-6)

'여호와 하나님의 언약' 다섯 번째 시간입니다. 하나님의 영원언약, 영원협약을 말하는 이유는 '예수 그리스도를 믿어 영생 얻은 우리가 얼마나 복된 자들인가?'를 말해 주기 때문입니다. 사도 바울은 2절에서 이렇게 말했습니다.

> 하나님 우리 아버지와 주 예수 그리스도로 좇아 은혜와 평강이 너희에게 있을지어다(엡 1:2)

이 말씀은 우리에게 은혜와 평강이 누구로부터 주어지는지 말해줍니다. 은혜와 평강은 오직 하나님 우리 아버지와 주 예수 그리스도로 좇아서 주어집니다. 그 말은 하나님의 구원계획으로 말미암아 우리에게 주어진다는 뜻입니다. 우리 안에서 은혜와 평강이 만들어지지 않습니다. 성경이 말하는 은혜와 평강이란 영원하신 하나님으로부터 주어지는 영원한 은혜와 평강을 말합니다. 은혜와 평강은 '인간은 언약을 배반한 죄인이다'는 것을 전제하며, 인간의 근본적인 삶의 내용이 무엇이고 목적이 무엇이어야 하는지를 말해줍니다.

세상은 답이 없습니다. 은혜와 평강이 있기를 바라지만 안 되는 것을 어떻게 할 수가 없습니다. '인간이 희망입니다'라고 아무리 말해도 인간이 희망이 되지 않는 것을 인생을 살면서 철저하게 배우게 됩니다. 하나님만이 우리에게 은혜와 평강을 주십니다. 왜냐하면, 죄인 된 우리 존재에 대한 근본적인 변화는 오직 하나님께서 새롭게 하실 때 일어나기 때문입니다. 존재에 대한 변화 없이 주어지는 모든 것은 인간을 분열시킵니다. 제정신으로 살지 못하게 합니다. 돈이 있으면 좋을 것 같지만 그 돈에 노예가 되어 살거나 그 돈 때문에 자기가 누구인지를 망각하고 살아갑니다. 존재에 대한 변화가 있어야 돈이든 뭐든 의미가 있습니다.

세상은 존재에 대한 변화 없이 삶의 변화를 주려고 합니다. 그래서 이렇게 말합니다. "오늘 하루를 눈부시게 살아라"라고 말합니다. 하루를 열심히 사는 것은 얼마든지 좋은 일입니다. '이렇게 살아라, 저렇게 살아라'고 말합니다. 중요한 것은 '그렇게 살아가는 힘이 어디에서 나오느냐?' 하는 것입니다. 그것은 언제나 존재적 관점, '내가 누구냐?' 그 질문에 대한 답이 있어야만 합니다. 그 답이 철학적 개념이 되어서는 안 됩니다. 철학적 개념이 되어 버리면 생명력이 없습니다. 실재적인 관점이어야 합니다.

예를 들어, 한국 사람은 '우리'라는 말에 매우 친숙합니다. 서양인들은 잘 이해를 못합니다. 그 '우리'라는 말은 단순히 관념적인 것이 아니라 이미 실재적 관계를 내포하고 있습니다. 왜냐하면, 우리는 언제나 공동체를 생각하며 살아왔기 때문입니다. 우리는 서양교육에 의해서 공동체라고 말하면, '가부장적'이라는 말이 먼저 떠오르도록 교육을 받았습니다. 물론 유교적 전통이 기반이 된 사회에서 부정적인 면이 있습니다. 그러나 그 부정적인 면만 강조하다보니 정말 더 좋은 것들까지도 다 문제 있는 것처럼 되어 버렸습니다. 우리는 관계의 소중함 속에 살아가고 있으며 그 관계가 실재적으로 주어진 관계입니다. 이것은 수평적 관점에서의 관계를 말합니다. 수직적인 관점에서 관계가 실재적으로 연결이 되어야 합니다.

오늘을 눈부시게 살아가려면, '내가 누구인가?' 그것이 관계로부터 정확하고 분명하게 존재가 규정 되어져야 합니다. 철학적 개념으로서가 아니라 실재로 내 삶에서 규정되어져야 합니다. 이런 방법, 저런 방법이 중요한 것이 아니라, 그런 방법으로 살아가려고 해도 살아갈 힘이 안 나는 것을 어떻게 합니까? 돈이면 다 되는 줄 알고 열심히 고생해서 돈 벌었는데, 돈 벌고 나니 그 돈이 웬수가 됩니다. 세상 재미있게 살았는데 어느 날 갑자기 병이 나고 어느 날 갑자기 죽음이 내 앞에 턱 서서 기다리고 있습니다. 모든 것이 정지가 되어 버립니다. 모든 것이 멈춰 버립니다. 살든지 죽든지 세상 것으로는 '나는 누구야?' 그 근본적인 질문에 답을 얻지 못합니다. 답이 없으니 허탈합니다. 살아도 알고 살고 죽어도 알고 죽어야 하는데, 살아도 모르고 살고 죽어도 모르고 죽으니 개죽음이 되는 겁니다. 평생 살았는데, '의미 없음' 그렇게 되면 얼마나 허탈하겠습니까? 나라는 존재 자체에 대한 답이 없이 열심히 살라고만 하니 더 힘듭니다.

인간의 존재에 대한 근본적인 각성이 일어나게 하지 않는 말은 사람을 엉뚱한 길로 몰아갑니다. 사람들은 아무리 의미를 찾아도 의미가 없으니까 해체주의로 가버렸습니다. 해체주의는 서양 사상을 관통해 왔던 로고스 중심의 사유를 해체하는 것을 말합니다. 로고스란 요한복음 1장 1절에 나오는 "말씀"입니다. 그 말씀이 헬라어로 로고스입니다. 그 말씀, 로고스란 예수 그리스도를 말하며 예수 그리스도의 진리를 말합니다. 해체주의는 절대적 진리, 절대적 기준이란 없다고 말하면서 자기가 스스로 관점을 구축해 가는 것을 말합니다.57) 재미있는 것은

---

57) http://news.khan.co.kr/kh_news/khan_art_view.html?artid=201205111831205 &code=900308&s_code=ac137/ 현대사상의 뿌리들 : 자크 데리다, 진태원 (고려대 민족문화연구원 HK 연구교수). 프랑스 철학자 자크 데리다(1930-2004)는 가장 유명한 현대 철학자 중 한 명이지만 역설적이게도 제대로 이해받지 못하는 사상가이기도 하다. 왜 그럴까? 그것은 일차적으로 그의 저작이 꽤 난해하기 때문이다. 실제로 〈그라마톨로지에 대하여〉나 〈기록과 차이〉(국내에는 〈글쓰기와 차이〉로 번역돼 있다) 같은 그의 저작들은 상당히 난해하다. 하지만 다른 한편 그의 저작들이 60여 개의 언어로 번역되고 세계에서 가장 널리 읽혀왔다는 사실은 그의 사상과 글쓰기가 많은 사람들을 매혹시켜왔음을 입증해준다. 무엇이 사람들을 그처럼 매혹시켰을까?
로고스 중심주의의 해체: 이는 무엇보다 그의 철학의 전복적인 성격에서 찾을 수 있다. 잘 알려진 것처럼 초기 데리다에게 서양의 철학사는 현존(presence)의 형이상학의 역사였다. 이 점에서 데리다는 하이데거에게 큰 영향을 받았다. 하이데거는 서양의 철학사를 존재 망각의 역사로 규정하였다. 소크라테스 이전의 그리스 사상가들이 남긴 단편들에서는 존재가 '현존'으로, 곧 현존하는 것을 현존하게 해주는 운동 내지 사건으로서 이해되었으나, 플라톤 이후에는 존재가 실체로 이해되어 존재가 지닌 사건의 성격이 상실되었다는 것이다. 따라서 서양의 형이상학은 그리스 초기 사상가들에게서 나타났던 증여의 사건으로서 존재 의미가 점차로 망각되어온 역사이며, 이는 니체에 이르러 절정에 이르렀다. 데리다는 현존의 형이상학에 관한 하이데거의 관점을 받아들이되 그것을 두 가지 측면에서 수정한다. 첫째, 하이데거와 달리 데리다는 소크라테스 이전 사상가들의 단편에서 존재가 원초적으로 자신을 드러냈다고 보지 않으며, 철학자들의 저작 속에서만 서양 형이상학의 흔적을 발견할 수 있다고 생각하지도 않는다. 그것은 문학과 예술 및 인문과학에서도 나타난다. 둘째, 더 나아가 데리다는 하이데거도 역시 현존의 형이상학의 울타리 안에 갇혀 있다고 본다. 그 이유는 하이데거가 여전히 로고스 중심주의적 편향을 드러내기 때문이다. 데리다가 말하는 로고스 중심주의 또는 음성 중심주의란 다음과 같은 뜻이다. 서양의 형이상학은 의미나 진리의 생생한 현존으로서 로고스를 추구해왔으며, 이러한 로고스는 음성을 통해서, 대화를 통해서 현존하는 그대로 드러난다고 간주해왔다. 이는 플라톤이나 아우구스티누스 같은 오래된 철학자들만이 아니라 루소나 후설, 하이데거 같은 근대 철학자, 그리고 소쉬르나 레비스트로스 같은 20세기 인문과학자들의 작업에서도 나타난다. 따라서 음성을 로고스를 생생하게 구현해주는 본래적인 매체로 특권화하고 대신 문자나 기록 일반은 이러한 음성을 보조하는 데 불과한 부차적인 도구로 간주하는 이론에서는 어디서든 현존의 형이상학이 나타나는 것이다. 이런 의미에서 데리다에게 현존의 형이상학은 '로고스 중심주의'이자 '음성 중심주의'를 뜻한다고 할 수 있다. 데리다는 서양 형이상학에 대한 하이데거의 해체 작업은 근본적인 중요성을 지니고 있다고 본다. 하지만 하이데거가 '존재의 부름'이나 '존재의 목소리' 같이 음성 중심주의가 깃들인 은유들을 자주 사용하고, 또 진정한 존재의 의미는 기호들의 연관망에서 벗어나 있다고 간주하는 한에서 그는 여전히 서양 형이상학의 울타리 안에 갇혀 있다. 데리다는 이러한 현존의 형이상학을 정면으로 거부하거나 반박하는 대신 그것이 제대로 작동하기 위해서는 자신의 타자를 전제할 수밖에 없음을 보여준다. 이 타자는 바로 에크리튀르(ecriture), 곧 기록이다. 서양 형이상학은 주체들끼리 주고받는 음성적 대화를 특권화하면서 기록을 하찮은 것으로 매도해왔지만, 데리다에 따르면 기록이야말로 이 모든 것을 가능하게 해준 기술적 토대다. 왜 기록이 그처럼 중요할까? 왜 이 주장이 그처럼 전복적이고 혁신적이었을까? 이는 다음과 같은 이유 때문이다. 기원이나 로고스가 기원이나 로고스로서 존재하려면, 그것들은 반복될 수 있어야 한다. 왜냐하면 기원이나 로고스가 일회적인 것으로 그친다면, 그것들은 아무런 의미도 지닐 수 없기 때문이다. 그런데 이러한 반복을 가능하게 해주는 것은 바로 기록이다. 기록이 없는 우리는 아무것도 보존할 수 없으며, 따라서 기원이나 로고스도 성립할 수 없기 때문이다. 이처럼 기록에 의해 비로소 기원이나 로고스가 가능하다면, 현존의 형이상학의 주장과는 달리 기원보다 앞서는 것, 로고스보다 중요한 것은 바로 기록이 된다. 기원, 로고스의 이면에는 카오스의 검은 구멍만이 존재하며, 이 카오스와 로고스의 경계를 세우는 것이 기록인 셈이다.
유령의 정치학: 그러나 이렇게 해서 기원과 로고스가 현존의 형이상학 내에서, 서양의 문명 내에서 그것들이 지니던 지위를 상실하게 되면, 결국 회의주의와 상대주의에 빠질 수밖에 없는 것 아닌가? 데리다가 포스트모더니즘의 시조로 불리게 된 배경에는 그의 해체 작업에 의해 현존의 형이상학, 더 나아가 기존 서양 문명의 질서가 위협받고 있다는, 삶의 질서가 와해될지 모른다는 사람들의 두려움이 깔려 있다. 하지만 데리다의 진의는 여기에 있지 않다. 그는 우리가 현존의 형이상학처럼 기원과 로고스를 근원적인 진리로 가정하게 되면, 더 이상 역사도 정의도 존재할 수 없다고 지적한다. 모든 것이 기원과 로고스에 담겨 있는 이상 새로운 어떤 것을 발견하거나 발명하는 일은 불가능하게 되며, 서양 문명의 원리인 로고스의 명령에 충실할 것을 정의로 간주하는 이상, 서양의 문명과 다른 타자들에 자신을 개방하고 그들을 존중하는 일이 어려워지기 때문이다. 따라서 데리다가 1990년대 이후 〈마르크스의 유령들〉 같은 저작에서 유령론에 입각하여 자신의 윤리·정치사상을 전개한 것은 우연이 아니다. 살아 있는 것도 죽은 것도 아니고 현존하는 것도 부재하는 것도 아닌 유령들이라는 형상은 기원의 부재라는 해체론의 원

그렇게 절대적 진리를 거부하면서도 해체주의가 하나의 절대적 진리가 되어 버렸다는 것입니다. '진리는 없어, 그것은 허구야' 그렇게 말하는 그 자체가 진리가 되어버렸습니다.58) 내 밖에 있는 예수 그리스도의 진리를 버리고, '내가 나를 만들어 갈 수 있다'고 아무리 큰 소리를 쳐도 그게 안 되는 것을 어떻게 하겠어

리에 충실하다. 더 나아가 유령은, 살아 있으되 실제로는 존재하지 않는 것이나 다름없는 사람들, 곧 인간으로서, 시민으로서의 권리를 박탈당한 우리 시대의 수많은 약자들을 나타내기에 적합한 명칭이다. 데리다는 이주노동자들, 인종차별과 종교적 박해의 피해자들, 사형수들 및 그 외 많은 약자들에서 유령의 구체적인 현실태를 발견한다. 그리고 이러한 타자들의 부름, 정의에 대한 호소에 응답하고 환대하는 일이야말로 살아 있는 자들이 감당해야 할 윤리적·정치적 책임이라고 역설한다. 따라서 데리다가 1990년대 이후 사회적 문제들에 적극적으로 발언하고 개입한 것은 그의 철학사상의 전개과정과 매우 합치하는 태도라고 볼 수 있다. 형이상학의 폐쇄적이고 배타적인 원리가 해체된 이후 중요한 것은 우리와 다른 타자들과 어떤 관계를 맺느냐, 어떻게 타자들을 절대적으로 환대할 수 있느냐 하는 문제이기 때문이다.

58) http://mirror.pe.kr/community2/22637/ 박가분, 해체주의의 비평에 대한 비평(2008.1.3.). 〈보다 근본적인 문제는 그들의 비평가 내지는 이론가로서 윤리적 태도가 아니라, 해체를 논하며, 텍스트의 무한한, 비완결적인 해석학적 순환을 논하며, 그러한 논의의 위치 즉 메타언어의 위상을 오히려 건드리지 않고 보존한다는 데에 있다. 이것은 마치 페미니즘에 대한 관대한 마쵸의 역설을 생각나게 한다. 그러한 마쵸는 모든 남성적인 특권을 포기할 준비가 되어 있다. 단 하나 예외가 있다면 그런 것을 관대하게 포기할 수 있는 자신의 입장을 제외하고 말이다. 우리는 이런 과정에서 어떻게 해체주의 비평가들이 자신의 비평적 입장과 위치를 성공적으로 보존하는지 알 수 있다. 그래서 우리는 한 가지를 의심해 보아야 한다. 오히려 그들이야말로 메타언어의 가장 외상적이고 두려운 진실을 직면하기 두려워하는 자들이 아닐까. 해체주의 이후의 시대에서 우리는 메타언어가 '불가능하다'는 사실을 알고 있다. 그것은 존재(exsist)하지 않는다. 하지만 우리는 다음과 같은 외설적인 보충함을 잊어서는 안 된다. "그럼에도 불구하고 그것은 끈질기게 잔존(exsist)한다." 그것이 바로 '유령'의 위상이 아니고 무엇이겠는가!!!! 죽어있되 살아있는 그러한 산죽음의 영역을 포착했으면서도, 그것이 바로 메타언어 자체라는 것을 깨닫지 못한 자들이 해체주의자들이다. 베르톨크 브레이트의 희곡을 보면, 가령 한 부르주아지가 '나는 나의 계급적 이해를 관철시키려는 의도에서, 저 노동자를 보다 성공적으로 착취하기 위해, 저기 있는 노동자에게 부르주아의 진리를 납득시키도록 하겠습니다.' 라고 말하며 그런 메타언어적 위치에서 '직접 서서' 자신의 객관적인 행위를 그대로 완수한다. 이러한 문학적인 아이러니를 통한 형상화야말로 해체주의자들은 현란한 어느 수사보다 더 완벽하게 메타언어의 불가능성을 예증한다는 지젝의 지적은 전적으로 타당하다. 브레이트의 미덕은 그가 객관적이라고 가정된 좌파적 메타언어의 위치를 억지로 끼워 맞춘다는 통상적 비판을 비껴가기, 오히려 그러한 위치에 직접 '섬'으로써 메타언어가 (현실 따위가 아닌) '자기 자신'과 불일치한다는 외상적인 진실에 '직면할' 용기(정확히 해체주의자들에게 결여된 그러한 용기)를 보였다는 점에 있다. '나 곧 진리가 말한다'는 연극적인 제스추어가 이미 바로 그 진리의 위상을 체현하고 있다는, 진리는 그 자체로 허구적인 구조를 가진다는 라캉의 공식이 어느 해체주의자의 사변보다 더 정곡을 찌른다는 사실은 이런 맥락에서 이해되어야 한다. 메타언어적 진리는 허구라는 것이 아니라, 허구 그 것이 곧 진리라는 외상적 사실을 있는 그대로 감수하는 것이 바로 '주인'의 형상이다. 후기 데리다가 도달한 사적 유물론의 '유령학', 혹은 마르크스의 유령은 메타언어의 불가능한 그럼에도 엄존하는 위상에 대한 통찰이다. 마르크스 자신은 자유주의 포스트모더니즘들의 요란한 선전 속에서 거대담론 혹은 메타언어의 부당한 선정자로서 격하되었던 자가 아니었는가. 실상 후쿠야마의 '역사의 종언'도 메타언어라기보다는 메타언어의 종말의 또 다른 판본에 불과하다. 물론 그것은 그 자체로 메타언어가 아니면 무엇이겠는가? 이러한 상황에서 마르크스가 메타언어의 유파적 판본의 대립물로 상정되는 것은, 즉 세계화 시대의 담론적 경계선상에서 끊임없이 유령으로 간주되는 것은, 자기 도래의 끝없는 지연 속에서 메타언어의 불가능한 윤곽을 그려고자 하는 데리다의 욕망을 반영하는 어떤 전환을 표시한다. 즉 메타언어는 자신의 불가능성 속에서, 자기 자신과의 끊임없는 불일치 속에서 자신 일관된, '음화된 형상'을 보존한다는 결론에 데리다는 마침내 도달할 것이다. 그의 저서 『마르크스의 유령들』은 이런 사상사적 전도의 측면에서 의의가 있는 것이다. 자, 이제 우리는 해체주의가 그 극단에서 유대교적 부정신학에 이른다는 소문의 진상을 확인하게 된다. 그의 '맹점'이자 곧 해체주의의 맹점을 이루는 것은 바로 그러한 확정적 메타언어의 도래, 역사의 목적론적 여정의 완결의 끝없는 지연 그 자체다. 이는 곧 강박증자의 경제를 이룬다. 강박증자들의 증상은 자신의 욕망의 대상에 대한 회의가 오히려 욕망의 대상을 극대로 물신화시키고 급기야 그것을 피하는 데에 전 존재를 걸어버린다는 것에 있다. 문제는 그들이 그것을 '믿지 않으면서' 마치 '믿는 것처럼' 행동한다는 데에 있다. 문제는 해체주의가 문자 그대로 유대교적인 방식으로, 절대적 진리 현존의 부정성(가령 신의 절대적 부재)을 물신적 위치로까지 고양/숭배한다는 점에 있다. 이러함으로써 그들이 피하고자 하는 진실은, '진리'란, 메타언어란, 바로 그들이 유희하고 말장난의 놀이터로 삼았던 바로 '그곳'에 방문해 있다는 점이다.〉

요? 인간은 안 됩니다. 인간은 자기를 규정할 수 없습니다. 살아계신 하나님께서 우리에게 은혜로 다가오셔서 우리를 그리스도의 십자가 피로써 구원해 주시어 새롭게 하셔야만 인간이 새생명을 받고 새로워집니다. 그래야 인간이 누구인지 알게 됩니다. 영원언약은 그것을 우리에게 말해 줍니다.

사도 바울은 우리 자신으로부터 은혜와 평강을 말하지 않았습니다. 오히려 삼위일체 하나님으로부터 시작하고 삼위일체 하나님께 찬양과 영광을 돌렸습니다. 그것은 삼위일체 하나님의 구원역사로 우리가 구원을 받고 하나님의 백성이 되었기 때문입니다. 그 구원 계획을 창세전에 세우셨습니다. 우리의 형편을 보고 계획하신 것이 아닙니다. 그것을 믿는 것이 신앙입니다. 믿으라고 믿으라고 강요하는 것이 아니라 성령님의 역사로 예수 그리스도를 믿고 영생을 얻은 자들은 삼위일체 하나님의 영원언약을 성경 말씀 그대로 믿습니다.

우리의 구원을 위해서 삼위 하나님께서 어떻게 그 구속언약을 행하실 것인자를 계획하셨습니다. 그것을 '경륜적인 삼위일체'(사역적 삼위일체)라고 말합니다.59) 삼위 하나님 안에서의 사역은 내재적 삼위일체(본질적 삼위일체)라고 합니다. 성

---

59) http://m.cafe.daum.net/yangmooryvillage/Jw1j/32?q=D_2n3QikdSww90&/ 내재적 삼위일체와 경륜적 삼위일체의 관계. (1) 내재적 삼위일체의 사역: 내재적 삼위일체의 사역은 세계가 창조되기 이전부터 영원까지 자기 자신 안에 계신 하나님의 사역을 뜻한다. 여기서는 하나님을 "자기 자신에 있어서의 하나님"이라고 부른다. 또한 이를 "본질의 삼위일체"라고 부른다. 전통적 삼위일체론에 의하면 내재적 삼위일체는 두 가지 사역을 가진다. 첫째의 사역은 성부로부터 성자의 출생이며, 두 번째 사역은 성부와 성자를 통한 성령의 발출을 말한다. 전통적 삼위일체론에 의하면 성부는 성자와 성령의 원인자이며, 신성의 원천으로 이해되고 있다. 성부 자신은 다른 근원을 가지지 않으며 다른 신적 인격으로부터 오지 않는다. 그는 자기 자신으로부터 존재하며 근원이 없는 자로서 성자와 성령의 근원이다. 성자는 다른 피조물들과 같이 無로부터 창조된 것이 아니라 성부로부터 나왔다. 그는 성자로서의 그의 인격적 특성 이외에는 모든 것을 성부와 함께 한다. 성령 역시 성부로부터 온다. 동방교회는 신성의 근원이 오직 하나라고 생각하였기 때문에 성령은 오직 성부로 나온다고 고백하였다. 서방 교회는 성령은 성부와 그리고 성자로부터 나온다고 생각하여 "그리고 성자로부터"라는 단어를 삽입하였다. 이것이 화근이 되어 동방교회와 서방교회가 분리하게 되었다. 내재적 삼위일체의 문제점은 첫째로 내재적 삼위일체는 사실상 경륜적 삼위일체로부터 분리되어 생각되고 있다. 둘째, 내재적 삼위일체에 있어서의 사역은 분명한 성서적 근거를 가지고 있지 않다. 셋째, 전통적 삼위일체론이 말하는 내재적 삼위일체의 사역은 삼위일체론을 일신론으로 변질시킬 수 있는 위험성을 가지고 있다.

(2) 경륜적 삼위일체의 사역: 경륜적 삼위일체의 사역은 하나님이 세계와 인류에 대하여 가지시는 사역이다. 경륜적 사역은 하나님의 구원의 경륜에 있어서 일어나는 하나님의 사역, 곧 성부의 창조, 성자의 구원, 성령의 성화를 말한다. 여기서는 하나님을 "우리에 대한 하나님"이라고 부른다. 또한 이를 "계시의 삼위일체"라고 부른다. 이 세계에 대한 성부의 사역은 창조에 있다. 그는 그의 사랑에 응답하는 영원한 성자 안에서 창조의 세계를 미리 내다보며, 성자에 대한 사랑 가운데서 세계를 창조한다. 이 세계에 대한 성자의 사역은 하나님을 버리고 죄악 속에서 살아가는 창조의 세계를 위한 구원에 있다. 그는 인간이 당해야 할 심판을 대신 당함으로써 하나님과 인간을 화해시키고 인간을 구원한다. 구원은 죄의 용서를 포괄하는 동시에 창조의 완성을 뜻한다. 성자의 구원 행위는 성자로부터 오는 것이지만, 이 행위에는 성부와 성령이 관련되어있다. 구원은 성자의 사역인 동시에 삼위의 공동 사역이며 하나님의 내재적 삼위일체의 삶에 속한다. 이 세계에 대한 성령의 사역은 성화에 있다. 성령은 예수 그리스도 안에서 일어난 하나님과 인간의 화해를 깨닫게 하고 이것을 신앙하게 하며, 이에 대하여 복종하게 한다. 성령은 우리를 자유롭게 하여 하나님의 구원 받는 자녀가 되게 하며, 그리스도 안에 일어난 구원에 대하여 증거하게 한다. 성령의 사역은 성령으로부터 오는 것이지만 이 사역에는 성부와 성자가 관련되어있다. 성화는 성령의 사역인 동시에 삼위일체의 공동 사역이며 하나님의 내재적 삼위일체의 삶에 속한다.

부께서는 그것을 계획하시고 성자께서는 그것을 실행에 옮기시며 성령께서는 성부께서 계획하시고 성자께서 실행하신 것을 적용하십니다. 삼위 하나님께서는 미리 그 구속사역을 그렇게 정하셨습니다. 오늘 읽은 에베소서 1장 4-6절은 성부께서 하신 일을, 7-12절에서는 성자 하나님께서 하신 일, 13-14절에서는 성령께서 하시는 일을 말하고 있습니다. 그 모든 것은 하나님의 "은혜의 영광을 찬미하게 하려"는 것입니다. 우리가 영광을 받고 우리가 찬양을 받으려는 것이 아닙니다. 삼위 하나님께서 영광을 받으시고 삼위 하나님께서 찬양을 받으십니다. 삼위 하나님께서 하나님다우심으로 드러나는 일에 우리가 있습니다. 우리가 주(主)가 아닙니다. 우리는 종입니다. 우리는 창조주가 아니라 피조물입니다. 우리는 하나님의 영광을 드러내도록 창조함을 받았고 새롭게 창조 되었습니다.

우리는 저 실존주의자가 말하는 것처럼, '우리가 이 세상에 툭 내던져진 존재가 아니구나'를 알게 되었고, 어느 허무주의자처럼, '우리는 내일이 없는 존재야' 그런 존재가 아니라는 것을 알게 된 자들입니다. 그것을 어떻게 알게 되었을까요? 삼위 하나님의 영원언약이 이루어져서 우리의 유일한 중보자이신 예수 그리스도께서 십자가에 피 흘려 대속하시고 성령님께서 우리에게 적용해 주셨기 때문입니다.

그래서 오늘 중요한 것은 '중보자 예수 그리스도' 입니다. 성부 하나님, 성자 하나님, 성령 하나님께서 우리를 구원하기로 영원에서 협약하셨다는 것은 하나님께서 영원에서 언약하셨다는 것이며 그 언약은 우리를 구원하실 구속의 중보자를 세우시는 일입니다.[60] 그것은 성자 하나님께서 우리 속죄를 위해 피 흘려 죽으심으로써 그 언약의 보증이 되어 언약을 확립하는 것입니다. 그것을 성령 하나님께서는 우리에게 적용하시어 구원을 이루십니다.[61] 삼위 하나님 각각의 사

---

[60] 언약과 구원, 박동근 (서울: 우리들, 2013), 56-57. 〈어떤 개혁신학자들은 구원과 관련된 영원 전의 하나님의 사역을 선택과 구속 언약으로 구분하기도 합니다. 즉, 선택이 "그리스도 안에 있는 영원한 영광의 상속자들이 되도록 예정된 사람들을 선별하는 것"이라면, 구속 언약은 "죄인을 위하여 은혜와 영광이 준비되는 방법과 수단을 정한" 것이라 할 수 있습니다. 따라서 은혜 언약 안에 있는 구원에 속한 모든 것들은 그 기초를 영원에 두고 있다고 말할 수 있는 것입니다. 그래서 토마스 보스톤(Thomas Boston)은, 은혜 언약 안에 있는 구원의 "은혜로운 영광의 기원과 발생"이 "인간의 비참함에 대한 치료책으로서 영원히 복된 삼위일체의 비밀스런 논의(the secret council)에서 영원으로부터 시작된다"고 가르칩니다. 윗시우스(Witsius)도 은혜언약이 구속 언약을 전제로 하고 있음을 강조합니다. 이처럼 은혜언약은 영원 전에 있었던 삼위일체께 그 기초를 두고 있는 영원이 견고한 언약이며 완전한 언약인 것입니다. 언약을 연구하던 신학자들은 성경에서 은혜 언약의 기초가 되는 삼위일체 사이에 있었던 우리의 구원을 위한 영원 전의 의논이 언약적 요소와 성격을 포함하고 있음을 발견하였습니다. 그래서 그들은 이 영원 전에 있었던 삼위일체 안에 사역을 '구속 언약'이라 부르게 된 것입니다.〉

[61] http://m.blog.daum.net/ktyhbg/13756725/ 하나님의 구원 경륜. 〈... 카알 발트는 이 구원협약을 은혜언약으로 표현된 것으로 이해하여 불가하다고 배척한다. 성부와 성자 간의 협정은 두 신을 설정함으로 이신론(二神論, duotheism)을 도입함으로서 우상숭배가 된다고 배척한다(Kirchliche Dogmatic., IV/1, 69. Church Dogmatic., IV/1, 65.). 선택과 유기의 작정: 구원협약은 구속 중보자 설립과 함께 선택과 유기의 작정으로 연결된다. 이러한

역이 다 중요하지만 그것이 우리에게 이루어지도록 그리스도를 구속의 중보자로 세우는 그 "중보자 세움"(constitutio mediatoris)이 그 영원한 작정에 너무나도 중요한 것입니다. 그래서 우리는 예수 그리스도께 세세무궁토록 영광을 돌립니다.

> 주께서 나를 모든 악한 일에서 건져내시고 또 그의 천국에 들어가도록 구원하시리니 그에게 영광이 세세무궁토록 있을지어다 아멘(딤후 4:18)
> 모든 선한 일에 너희를 온전하게 하사 자기 뜻을 행하게 하시고 그 앞에 즐거운 것을 예수 그리스도로 말미암아 우리 가운데서 이루시기를 원하노라 영광이 그에게 세세무궁토록 있을지어다 아멘(히 13:21)

세상은 로고스 파괴로 가지만 우리는 로고스에 의하여 로고스와 함께 합니다. 왜냐하면, 로고스이신 예수 그리스도가 우리의 중보자가 되시고 그 중보자의 대속으로 우리가 구원을 받아 하나님의 특별한 소유가 되었기 때문입니다. 그 로고스, 그 그리스도가 우리를 억압하지 않고 우리를 자유롭게 하고 우리에게 평안을 주기 때문입니다. 요한복음 1장 1절에서는 로고스를 창조의 관점에서 말합니다. 신학적으로 '창조 모티브'(creation motif)라고 말합니다.

> 1 태초에 말씀이 계시니라 이 말씀이 하나님과 함께 계셨으니 이 말씀은 곧 하나님이시니라 2 그가 태초에 하나님과 함께 계셨고 3 만물이 그로 말미암아 지은 바 되었으니 지은 것이 하나도 그가 없이는 된 것이 없느니라(요 1:1-3)

"이 말씀", 로고스가 하나님이고 그 하나님께서 만물을 창조하셨습니다. 사도 요한이 그렇게 말한 이유는 예수 그리스도께서 첫 창조에 역사하셨듯이, 새창조를 이루는 분이라는 것을 말하기 위함입니다. 예수 그리스도께서 오셔서 죄로 죽은

필연적 귀결은 그리스도의 이해가 구원론과 밀접한 연결이 됨을 알 수 있으며, 모든 신학 이해의 핵심이 바로 그리스도 이해에 있다는 것도 알 수 있다. 구원협약의 실현 또한 교회를 중심으로 이루어지기 때문에 교회론과도 연결된다. 선택과 유기는 타락한 인류의 일부만이 구원하시는 하나님의 작정이다. 택자들은 인류의 일부가 된다. 전체가 되지 않는 것은 아담의 죄과로 말미암아 불가능하게 된 것이다. 모든 인류가 멸망된 것이 귀결이지만, 일부의 선택됨은 하나님의 전적인 은혜의 발로에 의한다. 선택은 믿을 것을 예지(praevisio)에 의한 것이 아니라, 전적인 하나님의 작정에 의한 것이다. 하나님의 작정에 의한 선택은 절적인 은혜가 선포되며, 구원의 확실성(certitudo salutis)을 가진다. 예지예정을 주장하는 알미니안과 절대예정을 주장하는 개혁신학이 구별된다. 유기(reprobatio)는 은혜에 간과되심이며, 전적으로 인간에게 책임이 있다. 유기의 내적 원인은(causa movens interna)은 죄에 범한 것이며, 외적원인(causa movens extrana)은 그리스도의 공로의 거부이다. 전자는 징벌 공의이며, 후자는 그주를 믿지 않음의 징벌이다. 예정이 영원하고 불변한 작정이듯이 유기 작정 또한 영원하고 불변한다. 유기자들은 다수이고, 일시적으로 믿음의 상태에 있을 수 있으나 끝까지 불신앙에 머문다. 혹자들은 절대예정을 무시무시한 작정(decretum horrible)이라고 해서 사랑의 하나님과 대치된 것으로 이해하여 배격하려고 한다(Church Dogmatic., II/2, 14.).〉

자들을 다시 새롭게 하는 것이 새창조입니다. 예수 그리스도 때문에 우리가 거듭나게 되었고 주를 믿어 영생을 얻게 되었습니다. 예수 그리스도의 십자가 대속으로 우리의 존재가 살아나고 의미가 있게 되었습니다.

사도 요한이 '로고스'라고 말한 이유는 이 요한복음을 읽는 독자들이 유대인들을 바롯하여 헬라세계의 독자들이 포함되어 있기 때문입니다. 헬라인들은 로고스를 우주의 질서 혹은 원리라고 보았습니다. 사도 요한은 그 헬라인들이 알고 있는 단어를 사용하였으나 그들의 사고를 뛰어넘어 그 로고스가 창조주이며 성육신 하신 하나님이며 죄인들을 구원하는 구세주가 되는 참다운 로고스라고 말했습니다. 로고스가 추상적인 개념이 아니라는 겁니다.62) 철학적인 상상에서 나온 개념이 아니라 실재라고 말했습니다.

헬라인들은 최고의 신은 꼼짝하지 않는다고 생각했습니다. 세상은 그 하위의 신(神)인 데마우르고스가 만들었다고 보았습니다.63) 사도 요한은 그런 헬라인들의 신론을 정면으로 무너뜨리고 하나님께서는 세상을 창조하시고 자기 백성을 구원하기 위하여 이 땅에 오시는 하나님이라고 선포했습니다. 그 하나님은 관념적인 신이 아니라 살아 역사하는 하나님이시기 때문입니다.

칼빈은 이렇게 말했습니다.

> 요한은 이 머리말에서, 그리스도께서 육신으로 나타난 영원한 하나님이심을 가르쳐 주시기 위해 그리스도의 영원한 신성(神性)을 선언하고 있다. 그의 목적은 인류의 회복은 하나님의 아들을 통해서만 성취될 수 있다는 것을 보여 주자는 것이다. 왜냐하면 그의 능력을 통해서 모든 만물이 창조되었고 그분만이 모든 피조물에게 생명과 활력을 불어 넣으실 수 있으며, 인간 그 자체 속에 하나님께서는 그의 능력과 은혜에 대한 독특한 증거를 주셨으며 또 아담이 타락하고 실패한 이후에도 그의 후손들에게 은혜와 친절을 베풀어 주시기 때문이다.64)

---

62) 게리 버지, 요한복음NIV적용주석, 김병국 역 (서울: 솔로몬, 2012), 75. "세례 요한은 어떤 추상적 개념이나 소망하는 바를 증거 했던 것이 아니라 실재에 대해 증거하고 있었다."
63) 위키백과 사전에서. 데마우르고스(그리스어: δημιουργός, demiurge 만드는 자)는 이 물질 세계를 창조하는 신을 플라톤적 맥락에서 부르는 이름이다. 어원은 인민을 뜻하는 그리스어 데미오스(δῆμιος)와 일을 뜻하는 에르곤(ἔργον)에서 왔다. 영지주의의 인간관에 따르면, 신성을 소유하고 있는 영혼이, 불완전한 창조자에 의해 창조된, 불완전한 육체에 갇히게 되었다고 본다. 이 불완전한 창조자를 데마우르고스라고 부르며, 대개는 기독교/유대교의 하나님(하느님)과 동일시한다. 데마우르고스가 악의 근원이라고 보는 견해도 있고, 단지 불완전한 존재라고 보는 견해도 있다. 이 데마우르고스는 또 다른 완전하며 선한 존재와 대비된다. 영지주의에서는 이러한 불완전한 육체의 세계에서 해방되기 위해서는 그노시스적 앎이 필요하다고 주장한다. 예수가 이러한 완전한 존재의 화신이며 영지를 이 세상에 전하기 위해 왔다고 주장한다.
64) 존 칼빈, 요한복음주석1 (서울: 성서교재간행사, 1982), 22. "이 교리에 대한 지식은 무엇보다도 중요하다. 우리가 하나님을 떠나서 생명과 구원을 도저히 구할 수 없는 것이 사실인데, 이와 같은 가르침이 확고히 서지 못한 상태에서 어떻게 우리의 믿음이 그리스도 안에서 안주(安住)할 수 있겠는가? 그러므로 복음서 저자는 이 말씀에서 우리가 그리스도를 믿을 때 유익하고 영원하신 하나님을 버리는 것이 아님을 강조하고 있으며, 나아가 자연이 아직 타락하기 전에 생명의 원천과 근원이 되셨던 분의 사랑을 통하여 생명이 이제 죽은 자들에게서 다시 주어진다

로고스가 신성한 하나님이시며 그 하나님께서 능력으로 세상을 창조하시고 범죄하여 타락한 인간을 구원하기 위하여 이 땅에 오셨다는 것을 말합니다. '피조물에게 생명을 주시고 타락한 우리를 구원하여 생명을 주시는 분도 그 로고스, 그분이 예수 그리스도시다'라고 말하고 있습니다.

영원 언약, 영원협약을 말하면서 로고스이신 예수 그리스도를 말하는 이유는 어느 시대 어느 사람이라도, '하나님 그분이 누구신가?'에 따라서 인간의 존재와 의미가 결정 나기 때문입니다. 다시 말해서, 신론이 인간론을 지배하기 때문입니다. 이것은 단순히 개념적 파악이 아닙니다. 성경의 하나님은 인간의 존재와 의미를 파악하기 위하여 신을 상상하여 만들어 낸 것이 아닙니다. 세상의 신은 인간의 욕망을 실현하기 위해 상상력으로 만들어 낸 것입니다. 그래서, 우상입니다. 우상은 아무것도 아닙니다.65) 현대인들의 우상은 돈이고 권력이라고 말하지만 삶을 지배하는 우상은 무의식입니다. 무의식이 신이 되어 있기 때문입니다. 그 무의식으로부터 영원한 의미와 통일성을 제공받으려고 합니다. 그 무의식을 말하면서 치료를 하는 사람은 자기가 그 '무의식의 전도사'인 줄 모릅니다. 왜냐하면 삶의 의미와 통일성을 무의식으로부터 끌어내기 때문입니다.

이렇게 설교하면 많은 사람이 인간이 살아가는 것은 돈이고 권력이라고 생각하기 때문에 너무나도 거리감을 느낍니다. 돈과 권력으로 다 된다면, 사람들은 왜 '절망과 상실이 현대인의 정조다, 멘탈리티다' 그렇게 말하고 있을까요? 세상살이가 돈과 권력으로 안 되는 것을 알기 때문입니다. 이전 세대의 누구보다도 더 많이 누리고 살아가고 있어도 마음이 무너져 내리는 것을 어떻게 할 수 없습니다. 그것이 지금 우리가 살아가는 이 시대에만 그런 것이 아니라 모든 세대, 모든 사람이 그렇게 살았습니다. 이 세상의 유한한 것으로는 영원한 것을 못 만들어 내기 때문입니다. 영원한 의미와 통일성을 원하지만 아무리 원해도 채워지지 않습니다. 그래서 무의식으로 가고 종교성으로 도약을 합니다. 도약을 해도 안 됩니다. 왜냐하면 그 안에는 '자유'가 없기 때문입니다. 자기 열심으로 막 달려가는 가는데 왠지 종이 되어 가는 것 같고, 그 속에서 헤어나지를 못합니다. 자기가 지금 열심히 애쓰고 있는 그걸 버리면 죽는 줄 압니다.

고 강조하고 있다. 요한이 하나님의 아들을 '말씀'이라고 부른 것은, 첫째로, 그가 하나님의 영원한 지혜의 으뜸이 되시며, 둘째로 그 지혜이신 하나님이 직접적으로 나타나셨다는 단순한 이유 때문일 것이라고 나는 생각한다. …"
65) 그러므로 우상의 제물 먹는 일에 대하여는 우리가 우상은 세상에 아무 것도 아니며 또한 하나님은 한 분밖에 없는 줄 아노라(고전 8:4)

우리를 구원하신 하나님께서는 영원언약을 맺은 분이시며 실재하시고 살아계시고 인격적이며 거룩하시고 영원하신 하나님이십니다. 그 하나님께서 죄로 죽은 우리를 예수 그리스도의 십자가 대속으로 살리셔서 하나님의 백성이 되게 하셨습니다. 예수 그리스도를 구주로 믿고 믿음으로 살아가는 자만이 참되고 영원한 의미와 통일성을 누리며, 자유과 기쁨과 평안이 있습니다.

세상은 어떨까요? 프랑스 말로 '미장아빔'(Mise en abyme)66)이라는 말이 있습니다. '미장아빔'이란 한 작품 안에 또 하나의 작품을 집어넣는 예술적 기법을 말합니다. 쉽게 설명하면 이렇습니다. 엘리베이터 안에서 맞은편에 거울 두 개를 붙여 놓고 그 사이에 내가 있으면 거울에 비치는 나의 모습이 무한개로 보이게 됩니다. 거울은 무한한 깊이를 지니게 되고 무한한 상(像)을 담아내는 심연의 공간이 됩니다. 어느 것이 원본이고 어느 것이 복사본인지 구분을 못하게 되고 무의미하게 된다는 것을 말하는 것이 '미장아빔'입니다.

일본의 곤 사토시 감독의 만화영화 「천년여우」(2001)라는 영화에 전설적인 여배우 후이와라 지요코의 다큐멘터리 영화를 제작하기 위해 영화사 간부인 다치바나 겐야가 그 여배우를 만나러 가는 장면으로 영화가 시작됩니다. 지요코는 2차 세계대전 때부터 일본 영화계를 주름잡은 배우였습니다. 그런 그녀가 갑자기 영화계에서 사라져버립니다. 영화사 간부인 겐야가 어렵게 지요코를 찾았으나 쉽게 인터뷰에 응해주지 않을 것이라 생각했습니다. 그녀와의 인터뷰를 성사시키기 위해 겐야는 지요코 앞에 오래된 열쇠 한 자루를 내어 놓으면서 인터뷰에 성공합니다. 그 열쇠는 지요코가 평생 사랑했던 한 남자가 그녀에게 준 유일한 것이었습니다. 2차 세계대전이 한참일 때에 지요코는 경찰에 쫓기는 한 남자를 만나게 됩니다. 일본의 전쟁에 반대하는 반정부주의 화가였던 그에게 지요코는 사랑을 느꼈습니다. 진정한 평화의 시기가 오면 자기가 태어난 고향의 밤하늘을 보여주겠다던 그 남자는 열쇠 하나만 남긴 채로 경찰에 쫓겨서 사라지고 말았습니다.

얼마 후에, 지요코는 우연히 만주에서 촬영 예정인 영화의 출연제의를 받게 됩니다. 자기가 사랑했던 그 남자가 만주에 있다는 소식을 듣고 오로지 그 남자를

---

66) 위키백과사전에서. 액자 구조(額子構造)는 액자가 그림을 둘러서 그림을 꾸며주듯, 바깥 이야기(외부 이야기)가 그 속의 이야기(내부 이야기)를 액자처럼 포함하고 있는 기법을 말한다. 액자 구조는 대개 외부 이야기에서 내부 이야기로 흘러가다가 내부 이야기가 끝나면 다시 외부 이야기로 흘러가는 것이 보통이며, 시점이 불투명하게 변화하기도 하는데, 대개 외부 이야기는 1인칭 시점, 내부 이야기는 3인칭 시점으로 진행된다. 액자 구조는 외부 이야기를 내부 이야기 밖에 두면서 내부 이야기의 진실성을 부여하고자 쓰인다. 주의할 점은, 내부 이야기가 무조건 사실이라는 것이 아니라, 내부 이야기가 마치 사실인 것처럼 보이게 하고자 한 것이다.

만날 수 있다는 희망 하나로 영화촬영 제의를 수락했습니다. 이때부터 지요코의 영화 인생이 시작이 됩니다. 그녀는 센고쿠시대(1467-1573, 일본의 전국시대)를 배경으로 한 영화에서 무사를 사랑하는 여인으로 나오고, 에도 시대(1603-1867)가 배경인 영화에서는 반역 죄인을 사랑한 여인으로 나오고, 1930년데 말을 배경으로 한 영화에서는 민권 운동가를 사랑하는 여인으로 역을 맡아 출연했습니다. 그녀가 영화 속에서 감당한 배역은 과거에서 미래까지 천 년의 세월을 지납니다. 중요한 것은 그 영화의 내용이 지요코의 인생과 무관하지 않다는 것입니다. 지요코의 인생과 영화 속의 지요코의 사랑이 반복됩니다. 그래서 「천년여우」는 소위 '액자영화'의 전형이라고 말합니다. 액자 영화란 액자 소설에서 나온 말입니다. 소설 속에 소설이 있는 것을 액자 소설이라고 하듯이, 영화 속에 영화가 있는 것은 액자 영화라고 합니다.[67]

이런 이야기를 하는 이유가 무엇일까요? 우리를 구원하고 언약하신 하나님께서 계시지 않으면 인간의 삶이 아무런 의미가 없는 그 현실을 말해 주기 때문입니다. 언약이 없으면 현실이 해체되어 버리고 붕괴되어 버립니다. 어느 것이 원본이고 어느 것이 복사본인지 의미가 없어져 버립니다. 영화의 스토리와 영화 속의 스토리가 서로 비추는 거울과 같은 구조를 가지고 있기 때문에 어느 것이 중요한 것인지 구분이 안 가는 겁니다. 지요코로 말하자면, 지요코가 실제로 살아가는 삶의 과정이 영화 속의 영화가 의미 있도록 하기 위해 존재하는 것처럼 되어 버립니다. 자기가 진짜라고 믿는 것의 의미가 실종되어 버립니다. 지요코의 삶이 추구하는 대상 자체가 이미 없는 것이 되어 버립니다. 지요코가 나중에 그 사실을 알게 되었을 때 별로 충격을 받지 않습니다. 지요코는 이렇게 말했습니다.

> 내가 사랑한 것은 그 남자가 아니었을지도 모르죠. 내가 진정 원하는 것은 한 남자를 사랑하는 내 자신의 모습이었을지도 몰라요[68]

이 말이 얼마나 놀라운 말일까요? 지요코라는 인격체가 있습니다. 그런데 그녀가 열심히 누군가를 사랑하는 한 남자가 있는데 그 남자가 어떤 남자인지는 별 중요한 것이 아닙니다. 그 남자는 다만 지요코라는 한 인간의 절대적 욕망의 대상이 되는 텅 빈 기호일 뿐입니다. 이것이 해체주의자라고 불리는 자크 데리다

---

67) 박영욱, 데리다와 들뢰즈 (서울: 김영사, 2014), 101-108.
68) 같은 책, 106.

의 관점이고 현대인들의 관점입니다. 세상을 살아가는 것이 마치 미장아빔의 구조와 같아서 열심히 달려가기는 가는데 그렇게 달려가다가 보니 정말 사랑하는 대상은 의미가 없고 자기 욕망만 채우고 있더라는 겁니다.

내가 진정 사랑한 것은 하나님이 아니라 그렇게 열심히 부르짖는 나 자신의 모습이었을 수도 있다는 것입니다. 그것이 바로 실존주의 기독교입니다. 자기 선택과 결단으로 가는 신앙은 자기의 욕망을 실현하는 것이지 하나님께서 실제로 살아계시고 그 하나님의 구원과 언약 안에서 살아가는 것이 아닙니다. 하나님의 언약이 없으면 진정한 사랑의 대상이 없기 때문에 자기 삶에 의미는 없고 하나님은 마치 텅 빈 기호와 같아서 자기 해체가 일어나게 됩니다.

하나님 없는 세상 사람들의 절망이 이렇게 짓누르고 있습니다. 열심히 돈 벌었는데, 사랑할 대상이 없습니다. 그냥 돈 벌고 싶은 그 욕망, 그것 하나로만 살다보니 허탈합니다. 돈을 벌었는데, 살만한데 도대체 왜 허한지 모릅니다. 사람은 자기 자신을 위해 살고 자기 욕망을 위해 살면 허해서 자기가 자기 스스로를 죽입니다. 결국은 돈 버는 기계밖에 안 되었다는 말인가? 그렇게 자기를 자기가 죽이고 있는 것을 보게 됩니다.

예수 그리스도를 구주고 믿어 새언약의 백성이 된 것을 감사하고 기뻐하기 바랍니다. 우리의 구원은 오직 예수 그리스도의 십자가 대속으로만 주어집니다. 우리의 존재가 살아나고 우리가 의미 있는 것은 우리 스스로가 만들어 내는 것이 아니라 우리 밖에서 오직 예수 그리스도로부터 주어집니다. 참되고 영원한 의미와 통일성은 오직 하나님의 말씀 안에서만 주어집니다. 사나 죽으나 오직 예수 그리스도를 위해 살아가며 하나님의 영광을 위해 살아가는 주의 백성들이 다 되기 바랍니다.

언약 6

8 모든 성도 중에 지극히 작은 자보다 더 작은 나에게 이 은혜를 주신 것은 측량할 수 없는 그리스도의 풍성을 이방인에게 전하게 하시고 9 영원부터 만물을 창조하신 하나님 속에 감취었던 비밀의 경륜이 어떠한 것을 드러내게 하려 하심이라 10 이는 이제 교회로 말미암아 하늘에서 정사와 권세들에게 하나님의 각종 지혜를 알게 하려 하심이니 11 곧 영원부터 우리 주 그리스도 예수 안에서 예정하신 뜻대로 하신 것이라(엡 3:8-11)

'여호와 하나님의 언약' 여섯 번째 시간입니다. 영원한 언약에 대해 배우고 있습니다. 우리가 성경의 언약을 말하는 것은 하나님께서 철학적인 관념이 아니라 실제로 살아계신 하나님이기 때문입니다. 살아계신 하나님께서 우리와 관계하는 방식이 언약이기 때문에 언약을 배웁니다. 우리가 기준이 되어 살아가는 것이 아닙니다. 하나님께서 우리를 구원하시고 우리와 언약하시고 말씀하신 그 규범을 따라서 살아갑니다. 그래서 언약은 관계적 관점, 규범적 관점을 제공합니다. 오늘날의 기독교는 세상의 종교와 철학과 많이 섞여 있습니다. 믿음으로 살아간다고 하나, 우리가 기준이 되어 살아가면서 그것이 부족하고 한계에 부딪히기 때문에 하나님의 도움을 받아서 우리의 부족한 부분을 채우는 방식이 되어 있습니다. 그것은 실존주의 기독교이며 실존주의 영성입니다.

실존적 영성을 말하는 사람들도 하나님을 말합니다. 그들이 말하는 하나님[69]이 어떤 하나님인지도 애매하지만 인간의 존재적 관점이 너무나 틀립니다. 왜냐하면, 실존적 영성을 추구하는 사람들은 인간을 주체로 보고 자기 초월적인 존재로 보기 때문입니다. 왜 그렇게 인간을 초월적인 존재로 보느냐 하면, 인간이 일상을 살아가다가 어느 날 자기도 알 수 없는 어떤 특이한 체험을 경험하기 때문입니다. 그런 것을 경험하는 인간을 자기 초월의 가능성이 있는 존재, 곧, 자기 초월체(Whitehead의 사상)라고 부릅니다.[70]

---

[69] 그들이 말하는 하나님은 종교적이고 신성한 무한자이며, 실존적 도약으로 만들어 낸 썸씽(something)일 뿐이다.

[70] http://theology.co.kr/essay/spirituality.html/ 전철, 영성과 신학적 실존(1996.11.10.). 실존주의자들은 다음과 같이 자기초월을 말한다. 〈나는 아직도 그 체험이 도대체 어떤 체험인지 확실히 판단하지 못한다. 그 체험은 나의 짧은 인생에 있어서 두 번 다가왔다. 첫 번째는 가난한 군대시절을 지내는 여정에서 잠시 짬을 내어 휴가기간에 학교를 들른 때의 체험이다. 파우스트의 메피스토텔레스처럼 "나는 고뇌하는 영혼 (Geist)이로소이다!"라고 고백하지 않을 수 없었던 음험한 회색빛 한신이었지만 그래도 나의 희망과 기대가 거기엔 고여 있었다. 유난히 빛나는 하늘. 류동은 열사비 앞에서 광활한 양산리 들을 향해 기쁜 마음으로 시선을 모으는 중에, 마치 하늘에서 빛이 내려오는 듯한 그 광경을 나는 경험하였다. 영혼은 마치 하나의 가느다란 숨결로 화한 느낌이었다. 그리고 묘하게도 옆에 앉아있던 친구의 삶의 고통과 고민이 그대로 나의 가슴으로 전해져 옴을 느꼈다. 그리고 우리 친구들을 만나러 교실로 가는 길목에, 내 어깨를 스쳐 지나가는 전적인 타자들에 대한 마음의 슬픔과 고통의 결이 나에게 명증하게 느낌으로 다가오는 것이었다. 결국 만우관 4층 베란다 구석에서 그 황홀함과 슬픔의 말할 수 없는 느낌

늘 만나고 보던 사람, 늘 걸어가던 길이었는데 그런 것이 갑자기 이해할 수 없는 종교적 체험처럼 일어납니다. 사람들이 그런 경험이 일어나는 것을 보고 고민을 하기 시작했습니다. '이게 뭔가?, 왜 이런 전율이 경험되는 것일까?' 사람들은 그런 경험을 성스러운 경험이라고 말했습니다. 루돌프 오토는 그것을 '누미노제'라고 말했습니다.71) '누미노제'라는 말은 신(神)을 뜻하는 라틴어 누멘

때문에 눈물을 흘릴 수밖에 없었다. 그 기묘하고 황홀한 느낌에 한 1시간 정도 사로잡힌 후에 다시 본래의 의식으로 돌아오니 경미한 신체적인 체증이 몇 분 정도 몸 전체에 확 달라붙었다. 그 경험은 참으로 기묘한 경험이었다. 온 우주의 의식이 내 안에 포섭된 듯한 느낌. 슬픔과 기쁨, 삶과 죽음, 하늘과 땅이 서로 으르렁거리며 끊임없이 무엇인가를 뿜어내고 있는 우리의 서글프고도 환희로운 이 세계에 대한 직시, 바로 이러한 일관되지 않은 현란한 느낌이었다. 이후에 나는 루돌프 오토의 Das Heilige 서문의 의미를 조금이나마 깨달을 수 있었다. 두 번째는 1주일 전의 경험이었다. 11월 4일은 나의 생일이었다. 우리 사랑하는 3학년 친구들의 고약스러운 치기에 저녁부터 그 다음날 오후 세시까지 잠에서 깨어나지 못했다. 그래도 천근의 무게를 지닌 육신을 거닐고 7교시 수업을 받던 도중에 느낀 묘한 경험이었다. 마치 유체이탈이 이런 느낌이 아닐까 할 만큼의 피지컬 리얼리티로 그 경험은 다가왔다. 낯익은 세상이 그렇게 낯설어 보일 수가 없었다. 열심히 수업을 하시는 교수님, 그리고 무엇인가 끄적거리면서 앉아있는 학생들, 그리고 지저귀는 새소리, 침침한 교실의 형광등, 모든 것이 낯선 세계로서 육중하게 다가왔다. 나는 깨달았다. 바로 몇 년 전에 경험한 그 카이로스의 느낌이라는 것을. 옆의 남중이의 마음, 귀화의 마음, 모든 마음 마음이 이렇게 분명하게 느껴질 수 있다니. 몇 년 전에 익표형이 던진 이심전심(以心傳心)이 바로 이런 것을 염두하고 말한 것이었나. 수업이 끝나고 정처 없이 이쁘게 물든 황금빛 노을과 들을 바라보며 거닐었다. 나는 이러한 카이로스의 느낌은 분명히 일상과 다른 느낌이고 몇 시간 가지 못할 것이라는 것을 알았다. 그리고 걸음을 걷는 와중에서 바로 내가 지금까지 받아왔던 고귀한 사랑의 경험들이 하나 둘씩 고귀한 의식의 세계로 침투해 들어오고 있다는 것을 발견하였다. 화이트헤드는 이러한 체험을 인과적 유효성의 감각이 상실된 강렬한 정서라고 말하였다. 당시 이미 나의 의식은 인과적 유효성이 파탄난 의식이었다. 어디에서부턴가 등장하는 현란한 사랑의 편린들이 하나 둘씩 나를 사로잡았고 나는, 그 귀한 사랑에 흐느껴 가눌 수 없는 눈물을 흘렸다. 또한 백년의 삶을 잠시 왔다 간 수많은 영혼들의 슬픈 자욱들이 끊임없이 나의 혼미한 의식으로 침투해 들어왔다. 저 생명의 낙조와 죽음의 포말, 삶과 죽음의 끊임없는 무대인 우리의 세계에 대한 전체적인 직증을 몸소 체험하였다. 하나님이 주시는 카이로스의 경험도, 예상했듯이, 약 두 시간동안 지속된 후에 결국은 원래의 의식으로 되돌아 왔다. 나는 그 강렬한 체험을 하나님께서 주신 귀한 시간으로 고백한다. 그 체험을 통해서 인간의 정신의 깊은 면과 성스러움의 깊은 면을 몸으로 깨닫게 되었기 때문이다. 어찌보면 앞으로는 영원히 나의 감각으로 인지할 수 없는 유일한 강렬한 정서일런지도 모른다. 이론은 바로 이러한 삶의 경험의 셋팅이다. 당시 나는 너무나 강렬한 정서와 느낌에 사로잡힌 나머지 김경재 교수님께 당장에 전화를 드려 도대체 이게 무엇인가 진실로 묻고 싶었다. 하지만 그 깊은 체험의 여운이 오히려 싸늘한 이론에 의하여 산산히 흩어질까봐 결국은 수화기를 들지 못했다. 또한 앞으로 평생 씨름해야 할 나의 숙제로 우리 신학의 숙제로 남기려 한다. 인간은 땅을 향해 열려있지만 하늘을 향해서도 열려있다. 모든 존재는 주체이자 자기초월체(Whitehead)이다. 특히 인간은, 어느 존재보다 자기초월의 가능성이 내함 된 고등한 존재이다. 영성은 바로 땅과 하늘을 지향하는 자기초월체의 고유한 성격이다. 그것은 우리의 삶이 구체적인 땅에 더욱 붙박혀 치열하게 침투해 들어가는 것이고, 동시에 하늘의 목소리에 더욱 조심스럽게 다가가는 것이다. 그것이 영성이다. 그것은 실존을 통한 하나님의 현현을 의미하는 것이다. 우리의 구체적인 삶은 추상의 하나님을 살해하지 않는다. 개별적인 인간의 고백은 보편적인 하나님의 고백을 추방하지 않는다. 이 당치 않는 역설이 영성(靈性)에 대한 인간의 사유의 최종 선언이자 한계지점이라고, 적어도 나는 그렇게 고백한다.〉

71) 네이버 지식백과, 오토 (Rudolf Otto, 현상학사전, 2011. 12. 24., 도서출판 b). 독일의 신학자, 하노버의 페이네에서 태어난다. 에를랑겐과 괴팅겐 대학에서 공부하고, 괴팅겐 대학을 거쳐 1917년 마르부르크 대학 교수가 된다. 철학적 저작에 더하여 기독교나 인도의 종교 사상 및 다양한 신학적 문제들에 대한 저작도 있다. 주요한 것으로는 『거룩한 것』(Das Heilige, 1917: 山谷省吾 譯: 岩波書店, 1969), 『서양과 동양의 신비주의』(West-östliche Mystik, 1926: 華園聽麿・日野紹運・J. ハイジック 譯, 人文書院, 1993) 등이 있다. 오토의 가장 의미 있는 공헌은 종교적 감정의 독자성을 끄집어낸 것이다. 종교는 '거룩한 것에 관계하지만, 그 감정은 칸트가 말하는 숭고의 감정과 같이 이성적인 것이 아니라 비이성적인 것인바, 그 독자성은 소름이 끼쳐 몸의 털이 곤두서는 것과 같은 "전율하지 않을 수 없는 신비"(mysterium tremendum)와 마음을 끌어들이는 "매혹하는 신비"(mysterium fascinans)의 두 면을 갖추고 있다는 데 있다. 오토는 이것을 "누미노제"(Numinose)라고 명명한다. -하세 쇼토(長谷正當)

(numen)에서 만들어 낸 것입니다. 인간 안에 두 가지 요소가 있는데 순수 이성에서 나오는 합리적인 요소가 있고 누멘적 의식에서 나오는 비합리적인 요소가 있다고 말합니다.

왜 언약을 말하면서 이런 말을 해야 하는 것일까요? 언약은 하나님께서 살아계시며 그 하나님께서 우리를 창조하시고 우리와 언약하신 하나님이기 때문입니다. 우리 하나님은 저 세상이 말하는 것처럼 우리가 종교적으로 상상해서 만들어 낸 무한한 신성을 가진 절대자가 아닙니다. 세상이 신을 그렇게 말하는 이유는 인간이 신성한 존재라고 말하기 위함입니다. 인간이 신성한 경험을 한다는 것은 인간 안에 신성한 요소가 있기 때문이라고 생각합니다.

중요한 것은 왜 그런 말을 하느냐? 하는 것입니다. 그것은 인간이 주체가 되고 싶기 때문입니다. 인간이 주인이 되어서 어느 누구의 지배와 간섭을 받기 싫어하기 때문입니다. 언약은 완전히 그 반대입니다. 살아계시고 인격적인 하나님께서 우리 밖에서 우리를 지배하고 다스리고 계십니다. 언약은 그 방식과 규범이 무엇인가? 를 말해 줍니다. 그것은 구속으로 나타납니다. 하나님께서는 그 하시는 일을 미리 다 알고 계십니다. 그 아시는 것은 우리를 구속하는 일을 다 알고 계시는 것으로 성경은 말합니다. 이것은 언약이 구속, 회복과 영광을 다 바라보고 있다는 것을 말합니다. 요한계시록에서는 이렇게 말합니다.

> 죽임을 당한 어린 양의 생명책에 창세 이후로 녹명되지 못하고 이 땅에 사는 자들은 다 짐승에게 경배하리라(계 13:8)

이 말씀은 하나님께서 인간의 타락과 구속에 관한 모든 것을 계획하시고 역사하셨다는 것을 말해 줍니다. 아담의 타락으로부터의 회복은 하나님께서 정했으니 하나님 마음대로 하신다는 것이 아닙니다. 하나님께서 계획하시고 그대로 역사하신다는 것을 소위, '자기 마음대로 한다'는 식으로 생각하는 것은 믿지 않는 자들의 부정적인 편견이며 오류입니다. 하나님을 서양철학이 말하는 철학적인 신과 같이 보는 잘못입니다.

언약이 하나님의 통치와 방식과 규범을 말해주고, 하나님께서 그 하시는 일을 다 아시고 하나님께서 인간을 죄에서 구원하는 것은 하나님의 속성에 일치되는 것이라야 합니다. 하나님의 거룩하심, 공의로우심, 은혜로우심에 일치되어야 합니다. 그것은 하나님께서 우리에게 요구하신 언약의 율법과 일치되어야 합니다. 죄라고 규정하는 것은 그때그때의 감정으로 내린 판단이 아닙니다. 죄는 하나님의 속성과 안 맞기 때문에 죄입니다. 하나님의 속성대로 계획하시고 하나님의 속성대로 살도록 언약하시고 율법을 주십니다. 하나님의 속성이 언약의 규범으로 나타난 것이 율법입니다. 그 율법이 우리를 제어하고 단속하기 위함이 아니라 우리를 위하는 율법입니다.

사도 바울이 로마서 7장에서 이렇게 말합니다.

> 이로 보건대 율법도 거룩하며 계명도 거룩하며 의로우며 선하도다(롬 7:12)

율법은 거룩하고 그 계명도 거룩하고 의로우며 선합니다. 왜냐하면, 하나님께서 주신 것이기 때문입니다. 하나님께서 주신 것은 하나님의 거룩하시고 은혜로우신 그 속성으로부터 나온 것입니다.

우리는 언약이라고 말하면 무슨 특별하게 신학을 공부한 사람들만의 전유물로 생각하는 경우가 많습니다. 언약을 생각한다는 것은 그렇게 하나님의 지극히 영광스러운 존재와 속성을 생각하는 것입니다. 우리가 아무리 생각해도 알 수 없고 아무리 탐구하여도 알아 낼 수 없는 존귀하고 위대한 속성입니다. 영원언약을 말한다는 것은 하나님 그 분의 위대하심을 말하지 않고서는 안 되는 것입니다. 존재적으로 본질적으로 위대하시고 그 속성과 성품이 위대하십니다. 그래서 우리에게 은혜롭고 자비로우신 하나님입니다. 우리에게 따뜻하신 하나님입니다. 그것을 언약으로 굳이 나타내셔서 우리를 사랑하는 그 사랑을 공개적으로 규범적으로 드러내신 것이 언약입니다. 그래서 언약의 하나님이 우리의 하나님입니다. 그런 까닭에 하나님께서는 "내가 거룩하니 너희도 거룩할지어다" 그렇게 말씀하십니다(레 11:45).

그 거룩함을 이루시려고 중보자 예수 그리스도께서 십자가에 피 흘려 죽으셨습니다. 그것이 영원한 언약에 있는 하나님의 은혜로운 계획입니다. 중보자에 대한 하나님의 약속은 하나님의 아들이신 예수 그리스도께서 수행하시는 사역에 대한 약속들이 포함되어 있습니다. 하나님의 아들이 인간이 되셔야 하며, 그 아들이 죄에 대한 희생물로 내어주셔야 하며, 그 아들이 부활하시어 하나님 우편에 앉으신다는 것이며, 그 아들이 교회를 위해 만물 위에 월등하게 뛰어나신 분이며, 그리하여 예수 그리스도로 말미암아 그 택자들이 구원받고 그 은혜와 복을 누리게 된다는 약속입니다.

이렇게 영원한 언약을 계획하시고 중보자 예수 그리스도를 통해 이루셔야만 하는 것은 우리의 존재를 근본적으로 변화시켜야만 했기 때문입니다. 우리는 죄로 타락하고 오염되었기 때문에 우리 스스로는 우리를 변화시킬 수가 없습니다. 우리는 다 죄로 죽은 자들입니다. 구원에 기여할만한 것이 전혀 없습니다. 성부와 성자와 성령 하나님께서 이루시는 구원이 우리에게 허락된 구원입니다. 거기에 조금이라도 인간의 기여가 있으면 삼위 하나님의 구원이 아닙니다. 그것은 단순한 기여가 아니라 반란입니다. 우리는 구원에 인간의 기여가 있다는 것에 대한 심각한 위험성을 쉽게 생각합니다. 결단코 그렇게 생각해서는 안 됩니다. 하나님의 구원에 인간의 공로가 개입되는 것은 하나님의 존재와 속성에 대한 불충분성이 되기 때문입니다. 하나님만으로 안 되고 인간이 협력해야 구원이 성립이 된다는 것은 하나님께 대한 의도적인 반란입니다. 반란을 일으킨 아담과 하와가 에덴동산에서 쫓겨나야만 했습니다. 그것이 바로 언약 밖으로 쫓겨난 실제적인 모습입니다.

반대로 우리가 그 언약에 순종하고 살아갈 때에 그 영원한 언약으로부터 모든 영적인 복들과 특권이 주어집니다. 에베소서 3장 11절은 그것을 분명하게 말해 줍니다.

> 곧 영원부터 우리 주 그리스도 예수 안에서 예정하신 뜻대로 하신 것이라(엡 3:11)

하나님께서 우리에게 주시는 복은 오직 중보자 예수 그리스도 안에서 주어집니다. 그 언약이 지향하는 통일성은 하나님의 그 은혜의 영광을 나타내고 찬양하는 것입니다(엡 1:6). 여기서 통일성은 모든 주의 백성이 가지는 하나의 목적을 말합니다. 그것이 성도라는 존재를 하나로 묶기 때문에 통일성입니다. 통일성이란 개별자들을 하나로 연결시키는 것을 말합니다. 이 통일성이 없으면 허탈해서 죽습니다. 우리를 연결하는 끈, 그 보이지 않는 통일성의 끈이 영원한 끈이라야 합니다.

이렇게 정리되어야 합니다. 하나님은 살아계시고 인격적으로 영원하신 하나님이십니다. 그 하나님께서 창세전에 영원언약을 계획하셨습니다. 그 언약은 하나님의 통치의 규범과 방식을 말하며, 그것은 하나님의 존재와 속성과 일치하고 우리구원의 회복도 하나님의 존재와 속성에 일치합니다. 그 하나님께서 예수 그리스도를 중보자로 세우시고 우리를 위한 속죄제물이 되셨습니다. 하나님께서는 우리를 그리스도의 피로 구원하시고 언약을 맺으셨습니다. 우리는 의미와 통일성이 언약으로 주어지고 그 언약이 예수 그리스도 안에서 하나로 통일되고 예수 그리스도 안에서 생명이 주어지고 참되고 영원한 의미와 통일성이 공급되어지기 때문에 충만하게 살아가는 존재들입니다.

삼위 하나님의 영원언약을 성취하시는 분이 예수 그리스도이십니다. 이 말은 언약은 오직 예수 그리스도 안에서 이해될 수 있다는 뜻입니다. 그래서 구원과 언약을 우리의 중보자 예수 그리스도 안에서 알아가야 합니다. 그리스도께서 이 땅에 오셨으나 영원 전에 작정하신 그대로 행하셨습니다. 누가복음에는 이렇게 말합니다.

> 인자는 이미 작정된 대로 가거니와 그를 파는 그 사람에게는 화가 있으리로다 하시니(눅 22:22)

여기 말하는 이 작정이란 영원한 언약 안에서 말하는 작정대로 이루어 가신다는 것을 말해줍니다. 그리스도께서 십자가를 지고 고난을 받으시는 그 모든 과정이 우연히 일어난 일이 아니라 영원한 언약대로 이루어진다는 것을 말씀하셨습니다. 주님께서는 요한복음 6장에서 그것을 더 확실하게 말씀하셨습니다.

> 38 내가 하늘로서 내려온 것은 내 뜻을 행하려 함이 아니요 39 나를 보내신 이의 뜻을 행하려 함이니라 나를 보내신 이의 뜻은 내게 주신 자 중에 내가 하나도 잃어버리지 아니하고 마지막 날에 다시 살리는 이것이니라(요 6:38-39)

이 말씀에는 세 가지가 나타나 있습니다. 첫 번째는 그리스도께서 성부 하나님으로부터 자기 백성을 죄에서 구원하시는 임무 혹은 명령을 받으셨습니다. 두 번째는 그리스도께서는 그 일을 진지하게 약속하셨으며 그 임무를 수행하시려고 오셨습니다. 세 번째는 그 약속을 성취하심으로 자기 백성에게 영적인 복을 주십니다.[72] 우리라는 존재, 죄로 타락한 존재인 우리를 살려내시고 그 은혜와 복을 주시는 분은 오직 한 분 예수 그리스도뿐이십니다.

그리스도가 아니면 우리는 우리가 누구인지? 우리가 왜 살아야 하는지? 그 자체를 모릅니다. 우리는 우리의 존재와 사명을 돈으로 확인하면 다 된다고 생각합니다. 먹고 살만해지고 적당히 누리고 사는 것이 인생의 복이라고 생각합니다. 그러나 하나님께서는 하나님을 의지하고 살아야 그것이 복이라고 말씀하십니다.[73] 이것은 종교적으로 어떤 해결을 시도하는 어떤 해결책이 아닙니다. 세상

---

72) 아더 핑크, 하나님의 언약, 김의원 역 (서울: CLC, 2007), 21.
73) 그 아들에게 입맞추라 그렇지 아니하면 진노하심으로 너희가 길에서 망하리니 그 진노가 급하심이라 여호와

은 신을 말해도 그 신을 모르기 때문에 신에 대해서 말할 수 없습니다. 신이 있다고 생각할 뿐이지 인격적이지 않습니다. 인간의 상상 속에서만 존재하는 신이지 실제로 살아있는 신이 아닙니다. 인간이 만들어 낸 그 신은 인간이 최고로 도덕적이고 최고로 윤리적인 상태가 그 신이기 때문입니다. 신론이 삶을 지배한다고 말하는 것은 그래서 중요합니다. 세상은 없는 신을 신이라 하고, 성경은 분명하게 살아계시고 인격적이고 영원하신 하나님을 하나님이라 하기 때문에 그 하나님으로부터 구원받고 의미와 통일성을 받아 살아갑니다.

세상은 그렇게 되지 않습니다. 세상의 신은 인간의 상상으로 만들어 내었기 때문에, 인간의 도덕과 윤리의 지극함이란 사실 인간의 욕망이 최대한으로 실현된 것밖에 없습니다. 그리스 로마 신화란 인간의 욕망이 극대화 된 산들입니다. 그러니, 인간은 그냥 자기 욕망을 따라 살아가다가 죽는 것 밖에 없습니다. 그렇게 살아가는 것은 허망하기 때문에 죽기보다 더 괴로운 것입니다. 그 허망한 것을 이기기 위해 인간이 고안해 내는 것이 인간 안에 비합리적인 요소가 있다고 말하면서 그것이 신적인 것이고 그 신적인 것을 경험하면서 살아야 살아낼 수 있다고 말합니다. 그런데 그렇게 경험하면서 귀신들과 만나는 접신이 일어나더라는 겁니다. 악한 영들과 아무리 만나도 거기에는 자유와 평안과 만족이 없습니다. 자유를 얻기 위해서 선택한 길인데 더욱더 그 귀신의 노예가 되는 겁니다.

사람이 살기 위해서는 영원성이 확보되어야 합니다. 영원성, 그 영원한 의미와 통일성은 인간의 상상력에서 오는 것이 아니라 오직 삼위일체 하나님으로부터만 주어집니다. 삼위 하나님은 관념이 아니라 살아계시고 인격적이고 영원하시기 때문입니다. 그 영원성을 예수 그리스도의 십자가 피로써 구원하시고 언약하심으로 주십니다. 우리가 늘 기도하고 중심을 잃지 말아야 하는 것은 우리가 영원성에 연결되어 있는가? 하는 것입니다. 그 영원성이란 인간의 상상력에서 나온 영원성이 아니라 하나님과 연결되어 있는가? 를 의미합니다. 하나님의 존재와 속성을 성경에서 알아가고 그 언약 안에서 영원성이 연결이 되어야 충만한 삶을 살아갈 수 있습니다.

찬송가 9장 4절에 보면 그런 가사가 나옵니다.

주 앞에 나올 때 우리 마음 기쁘고 그 말씀 힘 되어 새 희망이 솟는다

를 의지하는 자는 다 복이 있도다(시 2:12) 혹은 병거, 혹은 말을 의지하나 우리는 여호와 우리 하나님의 이름을 자랑하리로다(시 20:7) 여호와를 의지하고 교만한 자와 거짓에 치우치는 자를 돌아보지 아니하는 자는 복이 있도다(시 40:4)

고난도 슬픔도 이기게 하시옵고 영원에 잇대어 살아가게 하소서
우리의 자랑과 기쁨 생명의 하나님 우리 예배를 받아 주시옵소서 아멘

고난도 슬픔도 이기게 하는 것은 영원에 잇대어 살아가는 데서 나옵니다. 그 영원이 우리의 자랑과 기쁨이요 생명이신 하나님께로부터 주어집니다. 그래서 찬송하며 예배합니다. 그렇게 살아가는 자들이 예수 그리스도의 성도입니다. 그것이 은혜요 그것이 복입니다.

오늘날 신학의 흐름은 인간의 상상력으로 그 영원성을 만들어 내려는 것입니다. 그 대표적인 것이 '렉티오 디비나'입니다. 너도나도 관상기도에 뛰어들고 있습니다. 인간의 상상력으로 영원성을 짜내려고 하면 영적인 안내자를 만나야 합니다. 예수 그리스도가 우리 구세주가 아니라 영적인 안내자 중에 대표적인 안내자, 주된 안내자가 되어 버립니다. 그래서 예수 그리스도를 "Great Master"라고 부릅니다. 그것이 바로 유진 피터슨의 『메시지』라는 책입니다. 그것은 성경책이 아닙니다. 성경에는 "주 예수"(Lord Jesus, 호 퀴리오스 예수스)라고 나오는 부분이 원래는 115번이 나오는데 메시지에서는 삭제해 버리고 그 대신에 "Master Jesus"로 대체해 버렸습니다. 이것은 예수 그리스도가 영원언약을 실행하시어 구원하시는 우리의 구세주가 아니라 인간의 신성을 충만케 하는 신령한 영적인 안내자에 불과하다고 말하는 것입니다. 그런데도 목회자들이 설교 시간에 메시지를 읽고 설교합니다. 이것이 얼마나 심각한 일인지 모릅니다.

영원언약은 오직 성경의 하나님께서 주시는 생명, 그 하나님께서 주시는 영원성을 실제로 우리에게 제공합니다. 그것은 오직 예수 그리스도의 구원과 언약으로만 주어집니다. 그것은 우리가 만들어 낸 것이 아니라 하나님께서 성경에 계시하여 주신 것입니다. 하나님께서 말씀해 주셨기 때문에 아는 것이며 성령님께서 조명하여 주시기 때문에 우리가 그 은혜로 알게 된 것입니다. 인간이 상상해서 만들어 내는 영원성으로 가게 되면 예수 그리스도는 영적인 안내자가 되고 맙니다. 영원성이 필요한 것을 알지만 그 영원성을 인간이 만들어 내려고 하기 때문에 렉티오 디비나로 가고 영적인 안내자와 만나려고 합니다. 말만 기독교이지 기독교가 아닙니다. 그래서 혼합이 무서운 것입니다. 우리가 믿음으로 살아가면서 이렇게 혼합이 일어나는 것을 경계해야 합니다. 영원성이 없으면 목말라 죽습니다. 혼합을 말하는 사람들이 워낙 유명한 사람이라서 거의 대부분 속아 넘어갑니다. 평생을 공부하고 배워도 세상 종교와 영성과 학문에 오염되어 혼합해서 가는 사람들이 너무너무 많습니다.

이제 영원 언약에서 마지막으로 살펴볼 것은 중보자 예수 그리스도가 우리에게 중요한 이유는 예수 그리스도께서 더 좋은 언약의 보증이 되기 때문입니다. 아 더 핑크는 이렇게 말했습니다.

> 말라기 3장 1절에서 그리스도께서는 '언약의 사자'로 묘사되었다. 왜냐하면 그는 언약의 내용들을 알려주시고 언약의 기쁜 소식을 전하기 위해 여기에 오셨기 때문이다. 그는 잃어버린 죄인들에게 그의 놀라운 은혜를 계시하시고 널리 전하시기 위해 아버지께로부터 나타나셨다 히브리서 7장 22절에서 그리스도는 더 좋은 '언약의 보증(surety)으로 지정되셨다. 보증인은 법적으로 다른 사람의 대표가 되는 사람이며 그것에 의해 그들의 이름으로 그리고 그들의 이익을 위해 특정한 의무를 수행해야 하는 약속에 지배된다. 거기에는 선택받은 자가 하나님께 대해 갚아야 하는 유일한 법적 의무가 존재하지 않고 그리스도께서 충만하고 완전하게 해방하신 것이 존재한다. 그는 모든 선택받은 자들의 채무를 해결하시므로 그의 지불 능력이 없는 백성의 모든 빚을 갚으셨다. 히브리서 9장 16절에서 그리스도께서는 언약 또는 약속의 "유언자"(the testator)로 불리워졌는데 이는 그에게 유언의 풍부함이 있고, 그에게 유언의 특권들이 있기 때문이며. 그가 그의 자유로운 친절 속에서 풍부함과 특권들을 그의 백성에게 무한한 유산들로서 물려 주셨기 때문이다.

우리의 중보자 되신 예수 그리스도께서는 삼위 하나님의 영원언약을 성취하실 뿐만 아니라 그 언약의 보증인이 되십니다. 그리스도께서 우리의 보증인이 되신다는 것은 우리가 하나님 앞에 행하여야 할 언약적 의무를 다 행하시고 우리가 지불해야할 모든 빚을 다 갚으셨다는 뜻입니다. 우리는 율법의 정죄에서 벗어나게 되었고 더 이상 죄의 종노릇을 하지 않습니다. 왜냐하면, 하나님의 나라로 그 언약 안으로 옮겨졌기 때문입니다. 아담의 죄로 쫓겨났으나 마지막 아담이신 예수 그리스도의 대속으로 인해 언약 안으로 받아들여졌습니다. 탕자가 그 아버지께로 돌아왔듯이, 하나님 아버지 품으로 다시 돌아왔습니다. 우리능력이 아니라 하나님의 은혜와 능력으로 돌아왔습니다. 예수 그리스도께서는 그 일에 보증이 되셨습니다. 그리스도께서 영원하시므로 그 보증도 영원하십니다. 그 언약의 보증으로 성령님을 우리에게 주시고 그 성령님께서는 우리 안에 내주하십니다.

보혜사(保惠師)라는 말은 헬라어 '파라클레토스'를 한문으로 음역한 것입니다. 문자적으로는 '파라'(옆에)와 '클레오'(부르다)라는 단어를 합성한 명사로, "옆에서 부르다"는 뜻입니다. 성경에서는 "옆에서 도와주는 자"라는 의미로 말하며, 헬라의 법정용어로서 '피고측의 변호자'라는 뜻입니다.[74] 우리를 위해 중보하시고 우리를 구원과 생명으로 인도하시는 보혜사는 예수 그리스도이십니다. 이제

---

74) 저는 진리의 영이라. 세상은 능히 저를 받지 못하나니 이는 저를 보지도 못하고 알지도 못함이라. 그러나 너희는 저를 아나니 저는 너희와 함께 거하심이요 또 너희 속에 계시겠음이라(요14:17)

그리스도께서 부활 승천하시고 성령님을 보내셔서 자기 백성들의 보혜사가 되어 주십니다.

> 내가 아버지께 구하겠으니 그가 또 다른 보혜사를 너희에게 주사 영원토록 너희와 함께 있게 하시매(요14:16)

성령님께서 우리와 영원토록 함께 하시고 성부 하나님께 나아가게 하시고 그리스도께서 우리의 대언자가 되어주시고 변호자가 되어 주십니다.[75] 그러니 이제는 죄와 사망으로 인해 두려워하거나 걱정할 필요가 없습니다. 성령님께서 우리 구원의 보증이 되시고 예수 그리스도께서 새언약의 보증이 되십니다. 그렇게 영원하게 우리 구원과 언약에 보증되기 때문에 영원성이 확보되고 두려워하거나 불안하지 않고 충만한 삶을 살아갈 수가 있습니다. 이것이 하나님께서 자기 백성들에게 주시는 복입니다.

히브리서 7장에서 이렇게 말합니다.

> 22 이와 같이 예수는 더 좋은 언약의 보증이 되셨느니라 23 저희 제사장 된 자의 수효가 많은 것은 죽음을 인하여 항상 있지 못함이로되 24 예수는 영원히 계시므로 그 제사 직분도 갈리지 아니하나니 25 그러므로 자기를 힘입어 하나님께 나아가는 자들을 온전히 구원하실 수 있으니 이는 그가 항상 살아서 저희를 위하여 간구하심이니라(히 7:22-25)

예수 그리스도께서 영원하시기에 우리를 위한 그 제사 직분이 영원합니다. 예수님께서는 영원히 우리와 함께 거하는 분이기에 그리스도의 제사장직도 영원하십니다. 그리스도께서는 부활 승천하시어 우리를 위해 계속해서 간구하는 분이십니다. 그 택한 백성들을 온전히 구원하기 위해 변함없는 사랑으로 중보하시는 분이십니다. 그 일에 보증으로 성령님께서 우리 안에 내주하십니다. 그래서 우리는 흔들리지 않습니다.
우리 존재와 사명이 우리의 중보자시고 보혜사이신 예수 그리스도로 말미암아 확보되어져 있습니다. 그것을 성령님께서 증거해 주십니다. 말씀에 순종케 하시고 자기 십자가를 지고 죄와의 싸움을 하게 하시고 이 세상이 아니라 저 영원하

---

[75] 나의 자녀들아 내가 이것을 너희에게 씀은 만일 누가 죄를 범하면 아버지 앞에서 우리에게 대언자(파라클레토스)가 있으니 곧 의로우신 예수 그리스도라(요일2:1) 요한일서 2장1절을 영어성경 NIV는 Defense(방어자, 피고측 변호인)로, KJV는 Advocate(옹호자, 변호자)라고 번역하였다.

신 하나님의 나라를 바라보고 나아가게 하십니다. 우리에게 이 세상 것으로 증거를 주지 않으셨습니다. 왜냐하면, 이 세상의 것들은 유한하기 때문입니다. 우리에게 신비적인 체험으로 보증을 주지 않으셨습니다. 왜냐하면, 그런 신비적인 체험은 인간이 조작하여 만들어내는 것이기 때문입니다.

하나님께서 우리에게 보증으로 주신 것은 영원언약 속에 작정된 것 안에서만 주십니다. 그 작정은 중보자 예수 그리스도의 언약 실행을 우리에게 적용하시는 성령 하나님의 내주하심입니다. 그래야 하나님의 존재와 속성에 일치되기 때문입니다. 하나님께서 시작하신 것을 하나님께서 완성하시는 것이 하나님의 영원언약입니다. 하나님께서 시작하신 구원이 실패한다는 것은 하나님의 존재와 속성이 불완전하다는 것이 되므로 그것은 하나님의 존재와 속성에 일치하지 않는 것입니다. 하나님께서 하나님 되심은 그 하시는 일이 완벽하시고 그 계획하신 대로 온전히 이루어지는 데 있습니다. 시작도 완벽하며 마지막도 완벽하시기에 하나님이십니다. 그 하나님께서 우리에게 가장 확실한 보증을 주셨습니다. 그것이 바로 성령님의 내주하심입니다. 그 이상 더 바랄 것이 없습니다. 왜냐하면, 성령님께서 계속해서 아바 아버지라 부르짖게 하시고 예수 그리스도 안에서 하나님 아버지를 향해 계속해서 나아가게 하시기 때문입니다.

예수 그리스도를 구주로 믿은 성도는 인간의 노력으로 애써서 영원성을 확보할 필요가 없습니다. 우리는 저 세상의 종교들처럼 우리가 종교적 열심을 동원해서 어떤 신비적인 체험을 경험해서 영원성을 확보할 필요가 없습니다. 오늘은 이 성령집회 내일은 저 특별성령집회에 가서 성령 받으라는 말에 넘어갈 필요가 없습니다. 예배시간에 어떤 신비스런 체험이 있어야 하는 것이 아니라 하나님께 똑바로 찬양 드리고 하나님의 말씀을 똑바로 알아듣고 그 하나님의 말씀대로 신실하게 순종해야 합니다.

하나님께서 주신 영원한 보장은 이 세상의 것과 비교할 수 없습니다. 죄인 된 인간이 만들어 내는 것으로는 비교불가입니다. 하나님께서는 자기 백성의 최종적 구원의 완성을 위해 그리스도를 주시고 성령님을 주셨습니다. 그래서 사도 바울은 이렇게 말했습니다.

> 너희는 그리스도의 것이요 그리스도는 하나님의 것이니라 (고전 3:23)

왜냐하면, 우리가 예수 그리스도와 함께 연합된 자들이기 때문입니다. 무엇을 더 원하겠습니까? 하나님께서 주신 것이 왜 이거냐고 불만 하는 것은 우리의 받은 구원을 등한히 여김이요 우리를 위해 십자가에 피 흘려 죽으신 예수 그리스도를 멸시하는 것입니다. 우리는 우연히 이 믿음의 길을 가고 있지 않습니다. 삼위하나님의 영원하신 언약의 완성 속에 가고 있습니다. 하나님께서 영원하시기에 우리의 구원도 영원합니다. 우리를 구원하신 하나님을 찬양하며 이 언약에 신실하게 반응하며 살아가는 믿음의 성도들이 다 되기 바랍니다.

언약 7 아담언약 1

> 20 그러나 이제 그리스도께서 죽은 자 가운데서 다시 살아 잠자는 자들의 첫 열매가 되셨도다 21 사망이 사람으로 말미암았으니 죽은 자의 부활도 사람으로 말미암는도다 22 아담 안에서 모든 사람이 죽은 것 같이 그리스도 안에서 모든 사람이 삶을 얻으리라(고전 15:20-22)

언약 일곱 번째 시간입니다. 오늘부터 아담 언약을 배우도록 하겠습니다. 아담언약을 말하는 첫 번째 이유는 인간론을 말하기 때문입니다. 언약적 인간론입니다. 관계적 관점 속에서 존재적 관점을 봅니다. '성경적인 인간론이 무엇이냐?'를 배우고 그대로 살아가는 것입니다. 지금 우리가 이 땅에 태어나서 배운 인간론 자체와는 완전히 충돌되는 것입니다. 우리는 철저하게 진화론적인 관점에서 배웠습니다. 물질이 진화하고 진화하고 진화하여 인간이 되었다고 배웠습니다. 그것이 맞으면 명절에 서울대공원에 가야 하는데, 거기는 가지 않고 아버지 어머니가 계신 고향을 왜 갑니까? 원숭이나 우랑우탄이 우리의 조상이라고 배웠습니다. 성경이 우리에게 아담을 말하고 언약을 말한다는 것은 그렇게 진화해서 우리라는 존재가 여기에 있는 것이 아니라 하나님께서 살아계시고 그 하나님께서 인간을 창조하셔서 존재하게 되었다는 것을 말합니다.

'인간이 누구냐?'라는 존재적 관점은 너무나도 중요합니다. 그 존재적 관점을 어떻게 파악하고 이해하느냐? 에 따라서 삶이 달라집니다. 예수 그리스도를 구주로 고백하는 성도는 새언약의 주되신 예수 그리스도 안에서 자기를 알고 살아갑니다. 산상수훈으로 들어가기 전에 언약을 배워가고 있습니다. 산상수훈은 도덕책이 아닙니다. 언약에 대한 근본적인 이해가 있어야만 합니다. 하나님의 나라와 의를 구하는 것은 언약적 삶을 말합니다. 언약을 벗어난 하나님의 나라와 의는 없습니다.

영원언약 다음으로 아담언약을 말하는 것은, '하나님께서 아담과 언약을 맺으셨다'라는 교리적 진술을 반복하는 것이 아닙니다. 아담이라는 인간의 존재적 관점을 말하는 것입니다. 우리가 꼭 마음에 기억해야 하는 것은, 하나님께서 실제로 살아계시기 때문에 아담이 의미가 있고 아담 언약이 의미가 있다는 사실입니다. 그리고 그 의미는 관계, 곧 언약이라는 관계로 엮어져 있기 때문에 의미가 있다는 사실입니다.

「히브리적 사고, 헬라적 사고」라는 말이 있습니다. 그것은 성경적 사고와 세상적 사고를 말합니다. 히브리적 사고의 가장 중요한 것은 지극히 관계적 관점입니다. 그 말은 지극히 언약적이라는 뜻입니다. 하나님과 바른 관계에 있을 때 선하고 의로운 사람입니다. 바른 관계라는 것은 언약 안에 거하는 것입니다. 언약 안에 거한다는 것은 언약의 주 하나님을 믿고 그 언약의 말씀에 순종하는 것이며 그 언약의 말씀에 순종함으로 하나님을 영화롭게 하는 것입니다. 언약에 순종한다는 것은 반드시 언약의 주를 인정하고 마음으로 항복하여 즐거이 순종하는 것이어야 하나님께서 영광 받으십니다. 철저하게 하나님 의존적인 삶이어야 하고 철저하게 하나님의 주되심을 높이는 것입니다. 인간이 주인이 아닙니다. 하나님께서 영원 전부터 살아계시고 그 하나님께서 인간을 창조하시고 하나님의 나라를 이루실 것이기 때문에 언약이 있습니다.

사람은 그 자체로 아무런 의미가 없습니다. 왜냐하면, 사람이 사람을 만든 것이 아니기 때문입니다. 사람이 사람을 만들었으면 언약을 말할 필요가 없습니다. 언약을 말한다는 것은 언약의 주께 의존적이어야 하고 배타적 충성을 다하는 것입니다. 예수 그리스도를 믿고 새언약 안에 있다는 우리라는 존재가 우리 것이 아니라는 뜻입니다. 히브리적 관점, 언약적 관점에서 사람은 하나님을 떠나가면 악한 사람이고 불의한 사람입니다. 언약을 벗어나면 죄인이고 언약 안에 살면 의인입니다. 무엇이 선하다 악하다 하는 판단은, '하나님과 어떤 관계에 있느냐?'로 결론이 납니다.

이런 언약적 사고는 하나님께서 진실로 살아계시기 때문에 생겨납니다. 단순히 히브리인이라서 그런 생각을 하고 살고 헬라인이라서 그런 생각을 하고 사는 것이 아닙니다. 그 지역적인 특성, 민족적인 특성 그런 것이 아닙니다. 세상은 살아가는 삶이 선하고 윤리적이어야 한다고 생각하면서 최고로 선한 어떤 존재가 신이라고 생각해 낸 상상의 산물입니다. 그러나 성경에서 말하는 하나님은 살아계시고 영원하시고 인격적인 하나님이십니다. 그 하나님께서 인간을 창조하시고 언약을 맺으셨습니다.

우리는 언약이라고 하면 강제하고 억압한다고 생각합니다. 언약은 하나님의 풍성하신 은혜와 사랑과 긍휼하심을 말합니다. 언약의 주 하나님께서는 언약한 자기 백성들을 떠나가지 않으십니다. 그 백성들이 주 여호와 하나님을 배반할지라도 하나님께서는 그리하지 않으십니다. 그들을 다시 사랑하시고 다시 부르시고 긍휼을 베푸십니다. 그것이 언약입니다. 하나님께서 언약한 자기 백성을 편들어주십니다. 언약으로 우리의 존재를 말하고 그 언약으로 하나님의 사랑이 얼마나 위대하고 놀라운지 말해 줍니다.

하나님의 구원과 언약이 없는 세상 사람들은 어떨까요? 신약성경이 기록된 당시 헬라인(그리스인)들은 인간의 영혼이 육신 안에 갇혀 있다고 생각했습니다. 인간 안에 '아레테'가 있다고 생각했습니다.[76] 플라톤은 인간 안에는 인간을 신적인 단계로 고양시킬 수 있는 요소가 있다고 보았습니다.[77] 사람만이 아니라 사물에도 아레타가 있다고 생각했습니다. 아레테는 '덕', '탁월함'으로 번역되지만 그 원래 의미는 '자신의 삶을 우주의 질서에 맞게 연결시킨 것'입니다. 인간이 시공간 속에서 존재하는 이유를 묵상을 통해 깨달아 알고 그런 삶을 추구하는 삶을 아레테라고 했습니다. 그런 까닭에 고대 그리스인들에게 아레테는 자기에게 주어진 상황에서 '최선'을 의미했습니다. 영어 단어 '바바리안(barbarian)'은 '야만적'이라는 헬라어 '바바로스'에서 유래한 말입니다. 헬라인들이 야만적이라고 말하는 것은 아레테를 발휘하여 투표로 선택하여 지도자가 되는 것이 아니라 자신의 왕권을 자식에게 물려주는 것을 야만적이라 했습니다. 구원으로 말하자면, 자기가 애써서 만들어 낸 구원이 아니면 야만적인 것이 되어 버립니다. 그러니 사도 바울이 이렇게 말했습니다.

---

[76] http://www.fallight.com/entry/문예기행4-오이디푸스-운명Moira와-미덕Arete사이에서/ "플라톤의 철학을 요약하는 키워드는 아레테(arete), 프시케(psyche) 그리고 이데아(idea)입니다. 아레테는 아까 말씀드린 것처럼 한 사람이 가진 탁월한 자질, 미덕을 말합니다. 프시케는 흔히 영혼으로 번역되는데 요즘말로 하면 자아(ego)라는 말에 더 가깝습니다. 이데아는 만물의 원형이 되는 관념적 실재입니다. 플라톤은 육체(소마)와 영혼(프시케)을 나누고 육체보다 영혼에 더 강조점을 찍습니다. 그리고 육체와 영혼의 이원론을 더 확장해, 육체적인 감각에 의해 지각(知覺)되는 현상세계와 이성에 의해서만 파악되는 이데아의 세계를 분리시킵니다. 그에게 있어서 육체를 통해 감각되어지는 세계는 진짜 세계가 아닙니다. 그에 따르면 참된 세계는 이성으로만 파악되는 이데아의 세계입니다. 플라톤은 인간의 탁월함이 바로 인간의 이성에 있다고 생각했습니다. 그에게 인간의 미덕은 곧 인간의 이성을 뜻합니다. 다시 말해서, 플라톤은 인간의 미덕이란 이성을 발휘해서 감각이 주는 착오에서 벗어나 이데아의 세계를 파악하는 것입니다. 또한 그는 인간의 이성을 신적인 원리(Logos)와 동일시합니다. 그에게 있어서 이성은 신적인 원리이자 동시에 인간적인 미덕이었던 셈입니다. 따라서 플라톤은 인간(arete)의 미덕과 신성(Logos)을 대치시키지 않습니다. 반면 소포클레스는 오이디푸스 왕의 말년을 그린 '콜로노스의 오이디푸스'에서 오이디푸스가 자신의 운명에 순종하며 대지로 돌아가는 모습을 보여줍니다. 그렇게 소포클레스는 인간과 신의 화해는 인간이 자신의 미덕을 버리고 신의 의지를 좇을 때 이루어진다고 말합니다. 다시 말해 소포클레스는 인간의 미덕과 신의 의지를 대치시킵니다. 어쩌면 인간의 이성을 강조하는 플라톤이 레반트에서 전래되어온 도취와 망아를 강조하는 디오니소스교를 싫어하고 디오니소스 축제 기간에 상영되는 비극을 비판한 것은 당연한 일인지도 모릅니다. 플라톤은 자신의 저서 '국가'에서 비극을 쓰는 시인들을 국가에서 추방해야 한다는 다소 과격한 주장을 펼칩니다. 아테네에서 추방이라는 오늘날에 정치적 망명을 뜻합니다. 다시 말해서 플라톤이 비극을 쓰는 시인을 추방하라고 한 것은 다분히 정치적인 의도 때문이었습니다."

[77] H. J. 슈퇴릭히, 세계철학사上, 임석진 역 (서울: 분도출판사, 1991), 205. "오직 철학적 충동을 느끼는 자만이 이념의 인식 단계에까지 스스로를 고양시킬 수 있다고 본 플라톤은 그와 같은 충동을 에로스라고 칭함으로써 원래 희랍어로는 사랑이라는 뜻을 지녔던-사랑의 신도 역시 에로스라고 불렸거니와-이러한 용어로 하여금 어떤 고도의 영적인 의미를 지니게끔 하였다. 결국 이렇게 볼 때 에로스란 관능적인 것으로부터 정신적인 단계로 발전하려는 노력이자 스스로를 불멸의 단계로 고양시키려는 유한자로서 느끼게 되는 충동인가 하면 또한 타자에게서도 역시 이와 같은 본능을 불러일으키고자 하는 욕구라고 할 수 있다."

> 우리는 십자가에 못 박힌 그리스도를 전하니 유대인에게는 거리끼는 것이요 이방인에게는 미련한 것이로되(고전 1:23)

"미련한 것"이란 '스캔들'이 된다는 말입니다. 걸림돌이 되고 방해물이 된다는 뜻입니다. 왜 십자가가 방해물이 되고 걸림돌이 될까요? 인간이 애써서 이루어 내는 구원이 아니기 때문입니다. 예수 그리스도 안에서 주어지는 구원은 아무 공로가 없이 그 은혜로 받는 무상의 구원이기 때문입니다.

'탁월함'을 뜻하는 영어 '엑설런트'(excellent)는 '아레테'에서 유래한 단어입니다. '엑설런트'는 자기가 노력해서 이룬 최고의 경지를 일컫는 단어입니다. 자기 안에 신성한 것이 있다고 보고 끊임없이 노력해서 그 결과로 살아가는 것입니다. '무엇이든지 노력하면 된다'라고 말하는 것이 헬라식 사고입니다. 거기에는 반복과 훈련이 언제나 강조됩니다. 자기 노력, 자기 애씀으로 최고의 실력자가 되는 것입니다. 그야말로 인간승리입니다. 그것이 헬라방식이고 세상방식입니다. 요즘 칭의론 논쟁이 한참 일어나고 있습니다. 톰 라이트와 세계 각국의 신학자들의 논쟁이 한창입니다. 칭의 논쟁이 일어나는 이유는 뻔합니다. 인간의 공로가 개입 되는 것입니다. 인간이 애쓰고 노력하는 것이 구원에 기여하는 것에 개입되면 칭의론이 무너집니다.

그리스인들은 인간다운 삶을 '잘 사는 삶'이라고 여겼습니다. 잘 사는 것이 선이 라고 생각했습니다. 선이라는 것은 '착하다'는 뜻이 아니라 '좋다'는 의미입니다. 그리스인들에게 선은 경제적으로 잘 사는 것이며 정치적으로 출세하고 성공하는 것이었습니다. 그 틀을 깬 사람이 소크라테스입니다. 소크라테스는 인간의 육체 보다 영혼이 잘 사는 것이 선이라고 말했습니다. 여기서부터 조심해야 합니다. 기독교와 비슷해 보이나 틀리기 때문입니다. 소크라테스는 인간의 본질이 육체가 아니라 영혼이라고 말했습니다. 영혼이 신들 곁에 살다가 죄를 지어서 육체에 갇혀 있다가 죽으면 다시 신들에게 돌아가는 것이라고 보았습니다. 영혼이 잘 사는 것은 아레테(덕)를 실현하는 것입니다. 덕은 대표적으로 지혜, 용기, 절제, 정의입니다. 그것을 발휘하기 위해 결국 명상을 했습니다.[78] 헬라인들은 영혼과 육체를 나누는 이분법적입니다. 영혼은 거룩하고 육체는 악하다고 생각합니다. 영혼 안에 신적인 요소가 있다고 보았습니다. 영혼을 거룩하게 하기 위해 육체를 괴롭히기도 하고 육체가 짓는 죄는 죄가 아니라고 말하기도 했습니다.

---

78) http://contents.kocw.net/KOCW/document/2014/deagucatholic/parkyujeong/5.pdf

그러나, 성경은 그렇게 가르치지 않습니다. 내가 노력해서 탁월해지는 인생이 아니라 하나님께서 만들어 주셔야 되는 인생입니다. 이 말을 운명론으로 받아들이는 것은 매우 큰 오해입니다. 우리는 아무것도 안 해도 된다는 것이 아닙니다. 우리의 존재와 우리의 삶이 하나님 없으면 아무것도 없습니다. 언약을 말하는 근본적인 이유가 바로 거기에 있습니다. 언약은 하나님의 주되심을 말하며 그 주께 배타적 충성을 다하고 그 언약의 주께서 은혜를 베푸셔야만 우리가 존재합니다.

아담언약을 말해야 하는 두 번째 이유는 하나님과 아담과의 관계가 우리 모두에게 영향을 미쳤기 때문입니다. 그 말은 아담이 하나님과도 관계가 있으며 지금 우리와도 관계가 있다는 뜻입니다. 이것이 언약의 대표성입니다. 아담은 자기 자신이 먹고 살다가 하나님 앞에 가면 되는 그런 사람이 아니라 인류 공통의 조상이었으며 인류 연합의 머리이며 대표자였습니다. 아담은 에덴동산에서 자기 자신만 대표하는 것이 아니라 오고 오는 자신의 모든 후손들의 대표자였습니다.[79]

---

[79] 아더 핑크, 하나님의 언약, 김의원 역 (서울: CLC, 2007), 52-53. 〈… 이 언약에서 아담은 단지 자신의 사사로운 자격으로 행동한 것이 아니고 자신의 모든 후손과 연합되는 머리와 대표자로 행동했다. 아담이 단독적으로 관계했던 일들에 관해서는 이브도 연대적인 면에서 아담과 함께한 연합의 머리가 될 수 없었다. 그러나 그녀가 아담에게서 창조되었을 때(우리가 믿기로는) 연합의 머리에 참여될 수 있었다. 아담은 그리스도의 모형이었으며 그리스도와 함께 하나님은 영원한 언약을 맺으셨고, 그리스도께서는 임명된 그때부터 자기 백성의 머리와 대표자로 행동하셨다. 기록하였으되. "아담의 범죄와 같은 죄를 짓지 아니한 자들 위에도 아담은 오실 자의 표상이라"(롬 5:1). 아담이 그의 후손을 대표하여 하나님과 언약을 맺었다는 가장 결정적인 증거는 인류의 머리가 불순종한 결과로 인류에게 임했던 무서운 재난에서 발견되어진다. 그의 모든 후손에 임한 무서운 저주로부터 아담과 그의 후손들 간에 존재했던 법적인 관계가 언급되어야 하는데 그 이유는 공의롭게도 모든 땅의 심판이 범죄가 없는 곳에서는 주어지지 않을 것이기 때문이다. "이러므로 한사람으로 말미암아 죄가 세상에 들어오고 죄로 말미암아 사망이 왔나니 이와 같이 모든 사람이 죄를 지었으므로 사망이 모든 사람에게 이르렀느니라"(롬 5:12). 우리는 여기 주어진 사실을 통하여 범죄 사실에 앞선 원인을 추론해야만 한다. 즉, 의로우신 하나님의 통치하에서는 죄와 관계없는 거룩한 존재의 고통이 있을 수 없다. 모든 인류가 도덕적이고 법적으로 아담과 연관되어지지 않았음에도 불구하고 아담의 범죄가 모든 인류에게 임한 죽음의 원인이 되어야 한다면 이것은 가장 불공평한 것이 되었을 것이다. 아담이 그의 후손의 연합의 머리였으며 그의 후손들을 대표해 계약했고, 모든 후손들이 도덕적으로 법적으로 (동시에 종족적으로) 아담 안에 있는 존재로서 하나님에 의해 시험을 받았다는 사실은 창세기 1장에서 3장 속에 아담에게 알려졌던 거의 모든 것으로부터 명백히 알 수 있다. 여기에서 명백히 제시된 말씀들은 전체 인류에게 언급 되었던 사실과 밀접한 연관을 가지고 있으며, 한 개인 아담에게만 언급된 것이 아니라 모든 인류에게 언급되었고 모든 인류에 관해 언급되어진 것이다. 성경에서 "인간"이란 말이 처음으로 언급될 때도 이것은 분명히 모든 인류라는 의미를 내포하고 있으며 아담 혼자만을 의미하는 것이 아니다. 즉, "하나님이 가라사대 우리가 사람을 만들고 그들로 바다의 고기와 공중의 새와 육축과 (단지 에덴동산에 있는 것만이 아니라) 온 땅 위에 있는 모든 것을 다스리게 하라 하셨다"(창 1:26 한글 성경에는 "그"라고 되어 있음-역자 주). 모든 사람들이 그들의 대표자를 (교회가 그들의 머리로 일컬어짐과 같이 : 고전 12:12) 가지고 있다. 왜냐하면 시편 39편 5절과 11절에서 "모든 사람"에 대한 히브리어가 "모든 아담"-법률상으로 그들이 하나님의 명백한 증거가 됨-으로 되어있기 때문이다. 마찬가지로 아담이 죄를 범한 후에 하나님께서 아담에게 말씀하신 것도 모든 인간에게와 모든 인류에 대해 말씀하신 것이었다. 아담의 범죄의 결과로 이 세상에 선고된 죄악은 똑같이 그의 후손에게 이어진다. 즉, "땅은 너로 인하여 저주를 받고 너는 종신토록 수고하여야 그 소산을 먹으리라 네가 얼굴에 땀을 흘려야 식물을 먹고 필경은 흙으로 돌아가리니 그 속에서 네가 취함을 입었음이라. 너는 흙이니 흙으로 돌아갈 것이니라"(창 3:17, 19). "너는 먼지(dust)로 되돌아갈 것이니라"란 문장은 아담과 관계된 것만이 아니고 그의 후손들 모두와 관계 되었다. 따라서 근원적인 위협에 있어서도 똑같이 모든 인류와 관계되는데. 즉, "네가 먹는 날에는 정녕 죽으리라"란 말이다.

이것이 성경이 말하는 인간론입니다. 아담이 아담만의 사람이 아니고 우리는 우리만의 사람이 아닙니다. 아담은 하나님과 연합되어질 때 의미 있는 존재이며 아담이 우리와 연합되어졌기 때문에 의미 있는 존재입니다. 이 인간론, 이 존재론을 알아야 예수 그리스도의 십자가 대속을 이해할 수 있습니다. 아담의 죄가 우리의 죄가 되었기 때문에 우리가 죄인이 되었고, 그리스도의 의가 우리의 의가 되었기 때문에 우리가 의인이 되었습니다.

이것은 획일화를 요구하는 것이 아닙니다. '이것이 성경이 말하는 인간이야' 이렇게 말하면 거부하려는 자세를 가집니다. 그것이 인간의 죄악성입니다. '하나님께서 그렇게 아담이라는 인간을 만드셨다', '하나님께서 그렇게 아담을 언약의 머리로 정하셨다' 그렇게 말하면 왠지 모를 거부감을 느낍니다. 이것이 무서운 것입니다. 예수 그리스도를 믿는다고 말하면서도 언약의 관계성과 머리됨을 말하면, '그게 구원과 무슨 상관이 있습니까?' 그렇게 말해서는 안 됩니다. 구원이란 내가 애써서 예수님을 믿고 나 혼자 천국에 들어가는 것이 아닙니다.

앞서 말했듯이, 나라는 존재의 의미는 하나님과의 관계가 없으면 무의미합니다. 구원은 하나님의 언약 안으로 다시 들어가서 화복되는 것입니다. 하나님의 나라는 하나님과의 관계의 나라입니다. 그 관계는 언약관계입니다. 나 혼자 들어가서 나 혼자 찬송하고 나 혼자 영원무궁토록 사는 나라가 아닙니다. 하나님께서 이루시는 나라는 언약을 화복하여 언약에 신실한 나라입니다. 하나님의 나라에 들어가면 아무것도 안 하고 잘 먹고 잘 사는 나라가 아닙니다. 가만히 누워 있으면 먹을 것이 내 입에 들어오고 마음에 생각만 해도 원하는 것이 이루어지고 눈 한번 깜박 거리면 없는 것이 생기는 그런 나라가 아닙니다. 인간이 이 현실의 어려움을 완성하는 그런 이상적인 나라가 아닙니다. 하나님께서 자기 백성들의 필요를 채워주시고 자유와 평안과 기쁨이 있게 하실 것입니다. 그러나 그런 모든 것들은 하나님 안에 있고 언약 안에 있기 때문에 주어지는 열매들입니다.

아담언약은 아담이 하나님과 맺은 언약 안에 있을 때에만 의미 있는 존재라는 것을 말해줍니다. 아담은 그 언약의 머리였습니다. 아담은 자기만이 아니라 모든 후손들의 언약의 머리였습니다. 그래서 아담을 '연합의 머리'(Federal headship)라고 말합니다. 이 성경적 관점이 점점 사라져 가고 있습니다. 왜냐하면, 언약 안에서 의미와 통일성을 생각하지 않고 실존적으로 찾으려고 하기 때문입니다.

이 말은 로마서 5장 12절과 고린도전서 15장 22절의 선언들에서 확실해진다. 저주가 인류에게 임했고 따라서 모든 사람이 죄를 범했음에 틀림이 없다.〉

구원 그 이후의 삶이 문제라고 많은 사람이 문제를 제기하는 그 근본적인 이유는 구원이 언약적이지 않고 매우 실존적이기 때문입니다. 구원이 실존적이라는 것은 구원이 자기 선택과 결단으로 이루어지고 구원이 자기 욕망을 실현시켜주는 것으로 생각하기 때문입니다.

그 대표적인 증거가 어디에 있습니까? 그것은 상황적 관점에 드러나고 대표적으로 기도에 나타납니다. 예수 그리스도를 믿고 구원 얻은 후에 기도하는 내용이 여전히 이 현실의 고난을 벗어나는 것입니다. 우리의 어려움을 하나님께 기도하는 것이 맞는 일입니다. 그러나 잘 먹고 잘 사는 것으로 인생의 의미와 가치를 매기는 것을 버리지 않습니다. 자녀가 군대에 가든지 직장에 취업한다든지 이사를 한다든지 결혼을 하고 삶을 살아가는 모든 자리에서 우리는 어떻게 믿고 고백하고 가르치고 살아가야 할까요? '언제 어디에서든지 하나님의 말씀대로 순종하며 살아라. 그것이 너의 의로움이다 그것이 네 복이다'라고 가르치고 그렇게 살아가야 그것이 성도의 삶입니다. 이것이 우리의 의로움입니다.[80]

기도를 하면서도, '우리 아들 군 입대를 했는데 좋은 곳에 배치 받게 해 주세요.' 그렇게 기도합니다. 그러면 다른 집 아이들은요? 다른 집 아이들은 힘들고 어려운데 배치 받고 고생하고 우리 아이는 좋은 곳에 배치 받고 편하게 군 생활하다가 제대하고, 그래야 기독교인인가요? 아닙니다. '하나님, 우리 아들이 군 입대를 했습니다. 하나님께서 원하시는 자리에 보내 주시고 하나님께서 보내시는 자리에서 잘 훈련받는 믿음의 아들이 되게 해 주시옵소서' 그렇게 기도해야 합니다. 구원받은 성도는 오늘을 살아가더라도, '얼마나 언약에 신실하게 살아가느냐?' 그것을 기도제목으로 삼아야 합니다. 성도라도 언약에 순종하는 삶을 살아가는 것이 기도의 제목이 되는 것이 쉽지 않습니다. 우리가 하루아침에 완전히 성화된 존재가 아니기 때문입니다. 그러나, 믿음의 성도로서 가야하는 길은 분명하고 바르게 가야 합니다. 우리를 구원하여 언약 안에 들이신 것은 그 언약의 규범대로 그 말씀대로 순종하고 살도록 하기 위함입니다. 그것이 구원의 내용입니다.

열심히 공부해서 학교에 들어갔으면 공부를 해야 합니다. '나 저 학교에 합격했

---

[80] 20 후일에 네 아들이 네게 묻기를 우리 하나님 여호와의 명하신 증거와 말씀과 규례와 법도가 무슨 뜻이뇨 하거든 21 너는 네 아들에게 이르기를 우리가 옛적에 애굽에서 바로의 종이 되었더니 여호와께서 권능의 손으로 우리를 애굽에서 인도하여 내셨나니 22 곧 여호와께서 우리의 목전에서 크고 두려운 이적과 기사를 애굽과 바로와 그 온 집에 베푸시고 23 우리 열조에게 맹세하신 땅으로 우리에게 주어 들어가게 하시려고 우리를 거기서 인도하여 내시고 24 여호와께서 우리에게 이 모든 규례를 지키라 명하셨으니 이는 우리로 우리 하나님 여호와를 경외하여 항상 복을 누리게 하기 위하심이며 또 여호와께서 우리로 오늘날과 같이 생활하게 하려 하심이라 25 우리가 그 명하신대로 이 모든 명령을 우리 하나님 여호와 앞에서 삼가 지키면 그것이 곧 우리의 의로움이니라 할지니라(신 6:20-25)

다' 그러면서 가방만 들고 다니는 것은 잘못된 것입니다. 구원은 하나님의 자녀된 신분, 그 존재적 관점이 확보된 것입니다. 이제는 하나님의 자녀답게 살아야 합니다. 그 자녀다움으로 가는 길은 언약의 규범에, 그 율법에 나와 있습니다. 그 율법은 우리를 억압하고 규제하는 법이 아니라 우리를 하나님의 자녀답게 살도록 하고 궁극적으로 하나님의 하나님 되심을 드러나게 하는 법입니다.

구원은 언약 안으로 들어오게 된 것이며 그 언약 안에서 하나님과의 관계가 회복된 것입니다. 그 회복은 죄에 대한 보상이 있어야 합니다. 우리가 우리 스스로 그 죄의 보상을 할 수가 없습니다. 우리는 이미 죄인이기 때문에 죗값을 치를 수 없습니다. 우리를 대신해서 누가 그 죗값을 감당해야 합니다. 우리의 죗값을 해결해 주신 분은 오직 한 분 예수 그리스도밖에 없습니다. 예수 그리스도만이 우리 구원의 중보자이기 때문입니다.

그러므로 구원을 생각하면 언약을 반드시 생각해야 합니다. 아담언약을 생각하는 것은 우리 인간의 존재론을 생각하는 것이고 아담은 우리의 언약의 머리가 된다는 것을 말합니다.

언약은 언약의 주가 계시고 그 언약에는 대표가 있습니다. 그 대표는 오직 두 대표가 있습니다. 옛언약의 머리는 아담이고 새언약의 머리는 예수 그리스도이십니다.[81] 우리가 논리적으로 생각해 낸 것이 아니라 하나님께서 그렇게 정하셨

---

81) 원종천, **청교도 언약사상: 개혁운동의 힘** (서울: 대한기독교서회, 2002), 88; 〈하나님과 인간 사이의 언약관계에서 하나님의 주권이 우선이고, 하나님은 언약의 궁극성을 가지고 계신다. 그러나 동시에 이 언약은 인간이 참여하기 전에 그리스도의 결정적 역할을 먼저 필수 조건으로 갖는다. 이 언약은 먼저 그리스도에 의하여 성취되었는데, 인간의 구원을 위하여 그리스도께서 우리를 위하여 성부 하나님과 이루어놓은 것이다. 이렇게 볼 때에 언약은 사실상 우리가 먼저 성부 하나님과 맺은 것이 아니다. 우리가 하나님과 은혜언약에 들어갈 수 있는 이유는 우리가 그리스도와 하나 되었기 때문이다. 우리는 오로지 그를 믿어서 그 안에 있기 때문에 하나님과 언약 관계에 있을 수 있는 것이다. 그리스도는 우리를 대표하는 두 번째 아담으로 오셨고 구원받은 우리는 그에게 속하는 것이다. 그가 언약을 지켰기 때문에 우리는 그와 함께 하나님과의 언약에 있게 되는 것이다. "두 번째 아담이 계시다. 그리고 구원받은 모든 사람들은 그의 멤버들이다. … 그가 언약을 지키셨다. 그리고 그러므로 만일 그가 선다면 그들도 역시 함께 설 것이다."(Preston, *Life Eternal, or A Treatise of the Knowledge of the Divine Essence and Attribute*, 2parts, edited by Thomas Goodwin and Thomas Ball (London, 1631), 2: 37. Df., John von Rohr, *The Covenant of Grace in Puritan Thought*, p. 84에서 재인용).

김두흠, 인간이 사는 목적 (서울: 아담북스, 2010), 339-340. "그러면 왜 예수님이 장차 부활 때 나타낼 영광을 곧 옷과 얼굴이 빛나는 영광을 나타낼 때 거기에 모세와 엘리야가 나타났는가 입니다. 예수님이 하나님의 아들로 또는 하나님의 나라의 왕국을 부활하심으로 완성하는 것과 높은 산에서 모세와 엘리야를 만나는 것과 무슨 의미가 있는가 입니다. 예수님은 부활을 통해 다시는 죄가 지배하지 않는 하나님의 나라 다른 말로 하면 하나님의 왕국을 건설하실 것입니다. 구약에서 하나님을 본 사람이 두 사람이 있는데 모세와 엘리야입니다. 왕상 19장 1절과 출애굽기를 보면 하나님이 자신의 영광을 나타내십니다. 그러니까 그 두 사람은 하나님의 영광을 본 사람이고, 언약의 대표입니다. 모세는 처음 이스라엘을 하나님 나라를 세울 때 언약의 대표로 언약을 했던 언약의 대표이고, 엘리야는 이스라엘이 죄로 망해 버렸을 때 이스라엘을 회개시켜 하나님의 백성으로 다시 살게 하는 갱신의 언약을 맺는 대표입니다. 그러니까 모세와 엘리야는 하나님 나라의 시작이고, 갱신자입니다. 예수님은 이제 그 두 언약을 완성하여 다시는 망하지 않는 하나님 나라를 부활에서 세울 새 언약의 대표입니다. 그러니까 모세와 엘리야는 자신들이 시작했던 나라를 이제는 영원히 망하지 않을 나라로 세울 분이 예수님이라는 것을 증거 한다고 볼 수 있습니다. 그들은 다시는 망하지 않는 나라를 세울 분을 소망했고, 엘리야는 남은 자들을 구원할 분을 소망했습니다. 바로 그분

습니다. 하나님께서는 아담 안에서 모든 인류를 보시고, 예수 그리스도 안에서 모든 인류를 보셨습니다. 아담이 하는 일은 자신과 모든 인간에게 효력을 미치도록 정해져 있었습니다. 그것이 언약의 실제적인 효과입니다. 그것은 아담이 법적 대표자임을 말합니다. 아담은 에덴동산에서 자기 마음대로 살아가는 사람이 아니라 하나님과 맺은 언약에 법적인 책임으로 반응해야 하는 존재였습니다. 아담이 하나님의 법을 어기고 범죄 하면 아담 혼자만 죄인이 되는 것이 아니라 그의 모든 후손들까지도 죄인으로 만들었습니다. 아담이 죄로 죽었을 때 모든 사람이 죄로 죽었습니다. 그것이 '전가의 원리' 입니다.

예수 그리스도 역시 언약의 대표자셨습니다. 그리스도께서 이 땅에 오셨을 때 자기 백성들과 연합된 관계에서 언약의 대표자가 되셨습니다. 그리스도께서 십자가의 고난을 받으시고 피 흘려 죽으실 때에 그리스도께서 대표하신 자기 백성들을 의롭게 하셨습니다. 그 의를 우리에게 주셨습니다. 그리스도께서 죽음에서 일어나시고 승리하셨을 때에 그리스도와 연합된 자기 백성들이 다 함께 일어나고 승리했습니다. 그리스도께서 부활 승천하셨을 때에 그리스도와 함께 연합된 자기 백성들이 다 함께 부활 승천하였으며 그리스도께서 하나님 보좌 우편에 앉

이 자신 앞에 하나님의 부활의 영광을 입은 분임을 증거 하는 것입니다. 어떻게 증거 합니까? 예루살렘에 죽음으로 자신들로부터 시작한 영광의 나라를 완성하실 것입니다. 누가복음 9장 30-31절이 그 사실을 증거 해 주고 있습니다. 예수님이 죽음으로 모세에게서 시작한 나라 엘리야 때 시작한 나라가 망하지 않는 나라로 완성될 것입니다. 모세와 엘리야는 예수님의 죽음으로 그 나라를 완성할 것을 증거 하려고 나타난 것입니다. 하나님의 영광이 나타나자 베드로는 그곳에 장막 셋을 짓자고 하였습니다. 구약성경을 보면 하나님이 자기 백성 중에 임하시고 장막 속에 임하시면 하나님의 나라가 완성도는 것이고 하나님이 자기들의 왕으로 그들 중에 임하시는 것입니다."
http://oldcovenant.blogspot.kr/2014/01/blog-post_506.html 김성수(합신대 교수), 새언약. 〈새 언약의 참여자 : 새 언약에 누가 참여할 것인가? 하는 문제의 해결은 이스라엘이라고 하는 구약 교회의 성격이 어떠한가를 규명함으로 시작될 수 있을 것이다. 아담언약과 노아언약 그리고 아브라함언약 등은 본래 하나님과 한 인간이 맺은 언약이었으나 이러한 언약은 본질적으로 대표성을 띤 계약이라고 볼 수 있다. 그 이유는 아담이 개인적으로 하나님과 언약을 맺었지만 그 언약은 온 인류를 대표한 언약이며, 노아와 아브라함 언약 역시 개인과 맺은 언약이긴 하지만 그들과 그들의 후손들과도 맺은 언약이기 때문이다. 이처럼 언약을 맺은 당사자가 한 개인이라고 할지라도 언약 당사자들은 언약 공동체를 대표한 대표자의 자격으로서 하나님과 맺은 언약이므로 그 언약의 효력은 자기뿐만 아니라 자기 후손들에게 까지 미치게 되는 것이다. "언약"은 그때 살고 있는 사람들을 넘어서까지 계속성을 확인하는 조항이 포함될 수 있다. 실지로 성경적 계약들은 "수천 대"까지 연장되었다. 아담 한사람으로 인해 모든 인류가 그와의 연합으로 인해 그의 범죄에 동참하게 된 것과(롬 5:12-14) 홍수 심판 중에도 노아 한사람으로 인해 노아를 비롯한 여덟 식구가 구원을 받은 사건(창7장)들은 계약 공동체의 성격의 한 단면을 드러내 준다고 볼 수 있다. 이스라엘 백성으로서 한 개인은 선행이든 악행이든 그 자신만의 행동을 한다 하더라도 그는 개인적인 사람(a private person)이 아니다. 오히려 그는 단체의 일원이자 한 부분이다. 이러한 사실들을 두고 볼 때 이스라엘이라는 구약 교회는 한 사람의 행동으로 인해 영향을 미치게 되는 것을 알 수 있다. 특히 언약의 역사를 살펴보면 언약공동체를 대표하는 대표자 한 사람의 행동에 의해 그 후손들이 동일하게 그 언약에 참여하게 되고 그 언약의 효력범위 아래 들어가는 일들이 일어난 것은 이스라엘이란 민족이 언약백성임을 명백히 드러내는 것이라 할 수 있다. 이처럼 언약 중보자 한 사람의 사역에 의해 그 언약 중보자와 결속(solidarity) 되어진 모든 백성이 언약 중보자가 성취한 일에 동참하였듯이 새 언약의 중보자 되시는 예수 그리스도께서 이루신 구원사건(a saving event)에 예수 그리스도와 연합된 모든 믿음의 자녀들은 동참하게 되는 것이다. 새 언약의 구성원은 이제 육적 이스라엘이 아닌 영적 이스라엘 백성들이 될 것이다.〉

으셨을 때 그리스도와 연합된 자기 백성들이 다 함께 앉았습니다. 사도 바울은 이렇게 말했습니다.

> 아담 안에서 모든 사람이 죽은 것 같이 그리스도 안에서 모든 사람이 삶을 얻으리라(고전 15:22)

성경이 이렇게 분명하게 말하는 것을 우리는 매우 주의 깊게 새겨야 합니다. 성경은 아담 안에서 인류를 보고, 그리스도 안에서 인류를 말하고 있습니다. 인류는 두 계급, 두 부류의 사람으로 나누어진다는 것을 말합니다. 내가 의지적으로 노력해서 두 계급에 들어간 것이 아니라 두 대표가 있기 때문에 두 계급으로 나누어진 것입니다. 전에는 우리가 아담 안에 있었으나 이제는 예수 그리스도 안에 우리가 있습니다. 아담은 불순종해서 우리를 죄인으로 만들었으나 그리스도는 순종하여 우리를 의인으로 만들었습니다. 아담은 범죄로 파멸을 가져왔으나 그리스도는 구속으로 우리에게 생명을 주셨습니다.

이렇게 '인간이 어떤 존재인지?', '인간이 어떻게 새롭게 되고 회복되는지?' 말하는 것은 오직 하나님께서 계시하여 주신 성경에서만 말해줍니다. 인간의 이성으로는 이렇게 말할 수 없습니다. 왜냐하면 인간은 누구에게 묶이고 누구를 의존하는 것 자체를 싫어하기 때문입니다.

언약을 말하면 사람들은, '그것을 왜 그렇게 설명해야 하느냐?'고 말하는 이들이 있습니다. 그것은 우리가 물을 질문이 아닙니다. 우리는, '언약이 타당하냐?', '그 언약의 머리됨이 맞느냐?' 그렇게 묻는 것은 우리가 질문해야하는 질문이 아닙니다. 왜냐하면, 언약과 그 언약의 머리됨은 성경에 계시된 하나님의 말씀이기 때문입니다. 우리를 구원해 주시고 언약해 주신 것을 감사해야 합니다. 계시된 말씀에 우리의 이성을 복종시켜야 합니다. 하나님께서 하시는 일이 정당하고 거룩하기 때문입니다. 무한히 의로우시고 거룩하신 하나님께서 언약이라는 방식으로 우리를 엮으시고 하나님의 기뻐하시는 영광으로 이끄시는 것은 우리를 하나님의 영광에 참예하기에 합당한 자로 만드시기 위함입니다.

우리는 이미 예수 그리스도와 함께 세례를 받은 자들입니다. 우리는 예수 그리스도와 함께 장사되고 함께 부활하고 함께 하나님 보좌 우편에 앉은 자들입니다. 이것이 우리의 존재적 관점입니다. 예수 그리스도와 연합된 자들입니다. 아담의 죄로 깨어진 언약을 예수 그리스도의 십자가 피로써 대속하시고 새 생명을 주셨습니다. 이제는 언약적으로 연합된 자라는 것을 분명하게 알고 살아야 합니다.

그렇게 연합된 존재이기에 하나님께서는 우리가 어디서 어떻게 살아가더라도 언약에 신실하기를 원하십니다. 그것이 우리의 의로움이고 거룩함입니다.

지금 가고 있는 길이 영광으로 가는 길입니다. 배부르게 가고 편안하게 가지 않는다고 원망하지 말기 바랍니다. 고난이 있는 것이 가치 있고 시련이 있는 것이 의미가 있습니다. 죽음이 있는 것은 더 큰 영광으로 가는 길입니다. 하나님께서 고난 가운데 가게 하신다면 고난 속에 가고, 눈물 속에 가게 하시면 눈물 속에 가고, 죽어 이름 모를 들꽃의 거름이 되더라도 하나님께서 가게 하시면 가는 것이 성도입니다. 왜냐하면, 우리는 우리 주 예수 그리스도와 함께 가는 자들이기 때문입니다. 살아서 주를 뵙게 될지 죽어서 주를 뵙게 될지 우리는 모르지만 살든지 죽든지 주 예수 그리스도께서 계신 곳에 우리가 있고, 우리가 눈물 흘리는 곳에 주 예수께서 계십니다. 이 언약에 배타적 충성을 다하면서 아버지 나라에 영광스럽게 참예하는 믿음의 성도들로 살아가길 바랍니다.[82]

---

[82] 안상혁, **언약신학 쟁점으로 읽는다** (경기: 영음사, 2016), 46-61; 행위언약에 관한 현대의 논쟁: 머리 - 클라인 논쟁. 안상혁 교수의 글을 요약하면 다음과 같다. 〈17세기 중엽, 개혁신학자들은 행위 언약에 대해 5가지 항목을 다루었다. 1. 언약의 당사자들: 하나님과 사람(아담) 하나님은 스스로 낮아지심을 통해 사람과 언약 관계를 체결하셨다. 아담은 인류를 대표하는 언약적 수장(federal head)이다. 2. 언약의 조건: "행하라. 그리하면 살리라." 3. 언약에서 약속된 것: 영원한 생명. 4. 언약 파기에 따른 형벌: 죽음. 5. 언약의 인증들: 생명나무 혹은 선악수, 혹은 둘 다. 여기에서 논란이 된 것은 2,3항목이다. 아담이 순종하고 그 결과로 하나님으로부터 영생을 받는다면, 그것은 '공로에 대한 정당한 보상인가?' 하는 것이다. 사무엘 루더포드는 부정적 입장을, 토마스 후커는 긍정적 입장을 취했다. 하나님의 영원한 작정과 의도를 강조한 루더포드는 하나님께서 행위원리에 기초하여 아담에게 영생을 베풀 것을 작정하지 않으셨으며, 행위언약을 체결할 때 그리스도라는 이름의 '치료제'를 미리 준비해 놓으셨다고 믿었다. 설령 아담이 행위언약의 조건을 수행하여 영생을 얻게 되었다고 가정하더라도 그것은 공로적 보상이 아니라 하나님의 은혜로 간주해야 한다고 가르쳤다. 유한한 인간이 수행한 행위에 비해 영생은 무한한 가치를 가지기 때문이다. 이에 반해 후커는 아담이 언약의 조건을 성공적으로 수행하여 영생을 받았다면 공로의 대가로 인정되어야 한다고 강조했으며, 아담은 자신의 공로에 기초하여 하나님께 담대하게 나아가 영생을 요구할 수 있었을 것이라고 확신했다.

사무엘 루더포드와 후커의 입장 차이는 현대에 와서 존 머리(John Murray)와 메러데스 클라인(Meredith G. Kline)의 논쟁에서 볼 수 있다. 루더포드는 '행위언약' 개념을 거부하지 않았지만 Murray는 거부했고, 후커는 아담의 행위 언약 안에서 하나님의 '은혜'를 발견하는 것 자체를 반대하지는 않으나 클라인은 그것을 반대했다. Murray는 타락전 아담의 상태를 '행위언약'으로 규정하는 시각을 거부하면서, 그 대신에 '아담통치방안'(The Adamic Administration)이라는 새로운 개념을 도입했다. 그 이유는 1) '행위원리'는 하나님의 '은혜'의 요소에 자리를 내어주지 않으며, 2) 타락 전 아담의 상태를 '언약'으로 지칭할 수 있는 성경적 근거가 미약하다고 보기 때문이다. Murray는 호 6:7의 '아담'을 고유명사가 아니라 '사람'을 가리키는 보통 명사로 해석했다. 그렇다고 Murray가 행위 언약의 모든 요소들을 반대한 것은 아니다. Murray는 '행위원칙'을 제외한 네 요소는 수용한다. 머리가 '행위언약'이라는 명칭을 반대한 이유는 '행위언약'이 포함하고 있는 '공로' 개념에 반대하기 때문이다. Murray는 아담에게 약속된 "종말론적 영광"은 사람의 공로와 그 공로에 대한 정당한 대가로 주어지는 것이 아니며, 하나님의 정의가 아니라고 보았다. 오히려 하나님의 '은혜의 약속'과 그 약속을 지키시는 하나님의 신실함에 근거한다. 반면에, 클라인은 '행위언약'의 개념을 옹호하며 Murray의 견해를 강하게 비판했다. 아담의 최초의 상태에는 '은혜'의 개념을 도입해서는 안 되는 이유는 무엇인가? 조직신학의 주제들-특히 구원론-안에서 '은혜'는 반드시 과실 혹은 범죄를 의미하는 '반(叛)' 공로에 대한 대응 개념으로 사용되어야만 한다. 무죄 상태의 아담이 맺는 하나님과 맺은 특별한 관계를 '은혜'라는 개념으로 설명할 수 없다. 타락 전 아담의 상태는 은혜라는 용어 대신에 하나님의 선하심 혹은 자비하심의 개념으로 이해해야 한다고 말하며 다음과 같이 말했다. "만일 우리가 은혜가 가지고 있는 법정적 의미를 구분한다면 우리는 (구원론적 의미에서의) 은혜라는 특수한 개념과 자비하심(beneficience)-사람을 창조하실 때 사람에게 하나님의 존재적인 위엄을 부여하심을 통해 표현됨-을 서로 혼동하지 않을 것이다. 하나님의 창조에서 드러난 그의 선하심은 신적인 사랑의 행위이지 은혜의 행위는 아니었던 것이다." - 하나님 나라의 서막, 김구원 역 (서울: 개혁주의신학사, 2007), 161.-
클라인이 타락 전 아담의 상태를 설명하면서 은혜의 개념을 거절하고 '행위의 원리'를 고집하는 이유는 '아담-그리스도 기독록'에서 행위 언약이 차지하는 고유한 기능 때문이다. 성경은 예수 그리스도를 제2아담으로 선포하며, 그리스도 안에서 택자가 의롭다 함을 입은 것은 예수 그리스도의 '공로적(meritorious) 의'가 그들에게 '전가'(imputation)되었기 때문이다.
클라인은 만일 아담과 (제2의 아담인) 그리스도 모두 '언약의 대표'이고, 아담의 죄와 그리스도의 공로적 의가 각각이 대표하는 모든 구성원에게 법적으로 전가된 것이 사실이라면, 그리스도뿐 아니라 첫 사람 아담 역시 '행위원칙'의 지배하에 있었다는 것이 틀림없다고 주장했다. 클라인의 시각에서 볼 때, 첫 번째 아담에서 행위 원칙과 그것에 근거한 공로적 의를 박탈하는 것은 곧 두 번째 아담(예수 그리스도)의 공로적 근거를 파괴하는 것을 의미한다. 이 경우, 택자들이 전가 받을 칭의의 공로적 근거와 하나님 나라의 상속권은 송두리째 빼앗기게 될 것이라고 경고했다. 팔머 로벗슨(O. Palmer Robertson)은 클라인의 입장에 반대하며, 클라인은 약속 언약에 비해 율법 언약을 지나치게 강조했으며, 아담과 하나님의 관계를 엄격한 율법적 관계로만 규정한 것 역시 설득력이 떨어진다고 보고, 하나님께서 율법을 수여하신 것 자체가 그의 은혜를 드러낸다고 주장했다. 로벗슨은 클라인과 달리 은혜를 법정적 개념으로 국한시키지 않았다. 마이클 호튼은 '그는 (예수 그리스도) (언약적) 대표로서 자기가 창조언약을 성취한 사실에 기초하여 이제 은혜 언약 안에 있는 우리에게 그의 (공로적) 보상을 배분할 수 있게 되었다.'고 말하면서 클라인의 입장을 긍정적으로 평가한다. Murray나 클라인 모두 은혜의 복음을 훼손할 의도는 전혀 없었다. Murray의 주된 강조점은 은혜 언약에 있으며 클라인 역시 행위 언약의 행위 원칙을 강조했으나 그의 궁극적 관심은 첫 번째 아담이 아니라 그리스도와 그의 복음이었다. 클라인은 복음의 순수한 은혜를 강조하고 그 신학적 원리를 더 잘 드러내기 위해 행위언약을 강조했다.〉

언약 8 아담언약 2

17 한 사람의 범죄를 인하여 사망이 그 한 사람으로 말미암아 왕 노릇 하였은즉 더욱 은혜와 의의 선물을 넘치게 받는 자들이 한 분 예수 그리스도로 말미암아 생명 안에서 왕 노릇 하리로다 18 그런즉 한 범죄로 많은 사람이 정죄에 이른 것 같이 의의 한 행동으로 말미암아 많은 사람이 의롭다 하심을 받아 생명에 이르렀느니라 19 한 사람의 순종치 아니함으로 많은 사람이 죄인 된 것 같이 한 사람의 순종하심으로 많은 사람이 의인이 되리라 20 율법이 가입한 것은 범죄를 더하게 하려 함이라 그러나 죄가 더한 곳에 은혜가 넘쳤나니 21 이는 죄가 사망 안에서 왕 노릇 한 것 같이 은혜도 또한 의로 말미암아 왕 노릇 하여 우리 주 예수 그리스도로 말미암아 영생에 이르게 하려 함이니라(롬 5:17-21)

언약 여덟 번째 시간입니다. 이제 우리가 생각해야 할 것은 우리의 삶의 방식이 언약적이라는 것입니다. 아담 언약이 가지는 의미에 대해서 더욱 깊이 알아가는 것이 중요합니다. 왜냐하면 언약 그 자체가 가지는 의미에서도 그러하거니와 더욱이 아담언약이라고 말할 때, 인간의 존재적 관점으로부터 지금 우리가 살아가는 이 현실에서도 완전히 정반대로 말하기 때문입니다. 기독교는 이 시대와 이 시대의 사람들이 말하는 것과 너무도 틀린 길을 가는 사람들입니다. 그 길을 자기가 선택해서 가게 된 것이 아니라 하나님께서 부르셔서 가는 길입니다. 그 부르심은 어떤 신비적인 것이 아니라 예수 그리스도를 믿게 된 것입니다. 마음으로 믿고 입술로 고백하게 되었습니다.83) 그것은 성령 하나님께서 우리 마음에 역사하셔서 된 것이라는 것을 성경을 통하여 알게 됩니다.84)

하나님께서 계시하신 성경은 언약을 말하며 아담이 그 언약의 머리라고 말합니다. 아담은 모든 인류의 연합의 머리입니다. 머리는 통치권, 대표성을 말합니다. 아담의 행동은 임의로 행하는 것이 아니라 언제나 여호와 하나님과 맺은 그 언약을 염두 해 두고 행하는 것이었습니다. 언약을 마음에 기억하고 행동을 한다는 것은 자기 행동이 그 언약의 규범을 따라 재판을 받는다는 것을 의미했습니다. 그 재판의 결과는 아담 자기에게만 미치는 것이 아니라 그가 대표하고 있는 모든 자들에게도 주어졌습니다. 그것을 '전가'라고 말합니다.85)

---

83) 사람이 마음으로 믿어 의에 이르고 입으로 시인하여 구원에 이르느니라(롬 10:10)
84) 14 무릇 하나님의 영으로 인도함을 받는 그들은 곧 하나님의 아들이라 15 너희는 다시 무서워하는 종의 영을 받지 아니하였고 양자의 영을 받았으므로 아바 아버지라 부르짖느니라 16 성령이 친히 우리 영으로 더불어 우리가 하나님의 자녀인 것을 증거 하시나니 17 자녀이면 또한 후사 곧 하나님의 후사요 그리스도와 함께 한 후사니 우리가 그와 함께 영광을 받기 위하여 고난도 함께 받아야 될 것이니라(롬 8:14-17)
85) 아더 핑크, 하나님의 언약, 김의원 역 (서울: CLC, 2007), 34.

우리는 이 현실에서 그렇게 살아가지 않습니다. 내가 인생을 살아가면서 행하는 모든 일은 나에게만 책임이 주어집니다. 물론 나 한 사람이 어떤 회사의 대표직을 맡고 있을 때는 다릅니다. 그러나 일반적으로 우리 각자가 행하는 일의 책임은 나 자신에게만 해당되는 것이지 내가 하는 일이 다른 사람들과 연결되어 있다고는 생각하지 않습니다. 왜냐하면 우리는 언약적으로 삶을 생각하지 않기 때문입니다. 우리는 실존적으로 생각하는 것이 매우 익숙해 있습니다. 나는 나이지, 다른 사람과의 어떤 연결을 생각하지 않습니다. 우리는 다른 사람을 생각하면 먼저 거부하고 저항합니다. 왜냐하면 나 외의 다른 사람이 나에게 오는 것을 폭력과 억압이라고 생각하기 때문입니다.

힘들 때는 그 폭력성, 억압성이 더 심하게 다가옵니다. 평상시에는 어떤 특정한 것이 나를 힘들게 하지만 마음이 무너지기 시작하면 모든 것이 나를 괴롭힙니다. '존재의 위협'을 당합니다. 사람은 그 힘들고 괴로운 상황을 이겨내기 위해서 여러 가지 시도를 하지만 그런 것들은 순간적인 해결책 밖에 안 되기 때문에 고통스러운 삶을 산다는 것이 너무나도 비참합니다. 그 비참함을 이겨내기 위해서 하는 것은 나를 내 속에서 덜어내는 것입니다. 나를 내 속에서 덜어내기 위해 술을 먹거나 마약을 하거나 인간의 이성이 테이프가 끊어질 정도로 소리치고 춤을 추는 방식을 취하든지 조용한 뉴에이지 음악을 들으면서 명상을 하는 방식을 취합니다. 전자는 디오니소스적인 방식이고 후자는 오르페우스적인 방식입니다.

예수 그리스도를 구주로 믿는 성도는 살아가는 방식이 변화됩니다. 예수님을 믿기 이전에는 내 마음대로 살고 거기에 대해서 누가 뭐라 할 사람도 없었지만 예수님을 믿고 난 이후로부터는 늘 자기 삶의 모든 것이 코람데오, 곧 하나님 앞에서 사는 자입니다. 하나님의 임재가 언제라도 성령님의 내주와 그 말씀의 감동감화로 주어지고 있음을 알고 믿고 살아가는 자입니다. 그것이 다만 나 한 사람으로 살아가는 것이 아니라 함께 살아가고 있다는 것을 아는 자들입니다. 그것이 바로 언약적인 삶입니다. 설교에서 탕자의 비유를 자주 언급했습니다. 탕자의 비유에는 잔치가 나옵니다. 예수님의 비유에서 잔치가 왜 나올까요? 그냥 좋아서 먹고 노는 것이 아닙니다. 우리가 언약적으로 연합되어 있다는 것을 말해주기 위함입니다. 우리가 항상 기억해야할 것은 두 가지입니다. 첫 번째는 하나님 앞에 살아간다는 것이며, 두 번째는 그 하나님 앞에 살아가는 우리는 다 하나로 연합되어 있다는 것입니다. 신명기 21장에 가면 이런 일이 있습니다.

1 네 하나님 여호와께서 네게 주어 얻게 하시는 땅에서 혹시 피살한 시체가 들에 엎드러진 것을 발견하고 그 쳐 죽인 자가 누구인지 알지 못하거든 2 너의 장로들과 재판장들이 나가서 그 피살한 곳에서 사면에 있는 각 성읍의 원근을 잴 것이요 3 그 피살한 곳에서 제일 가까운 성읍 곧 그 성읍의 장로들이 아직 부리우지 아니하고 멍에를 메지 아니한 암송아지를 취하고 4 성읍의 장로들이 물이 항상 흐르고 갈지도 심지도 못하는 골짜기로 그 송아지를 끌고 가서 그 골짜기에서 그 송아지의 목을 꺾을 것이요 5 레위 자손 제사장들도 그리로 올지니 그들은 네 하나님 여호와께서 택하사 자기를 섬기게 하시며 또 여호와의 이름으로 축복하게 하신 자라 모든 소송과 모든 투쟁이 그들의 말대로 판결될 것이니라 6 그 피살된 곳에서 제일 가까운 성읍의 모든 장로들은 그 골짜기에서 목을 꺾은 암송아지 위에 손을 씻으며 7 말하기를 우리의 손이 이 피를 흘리지 아니하였고 우리의 눈이 이것을 보지도 못하였나이다 8 여호와여 주께서 속량하신 주의 백성 이스라엘을 사하시고 무죄한 피를 주의 백성 이스라엘 중에 머물러 두지 마옵소서 하면 그 피 흘린 죄가 사함을 받으리니 9 너는 이와 같이 여호와의 보시기에 정직한 일을 행하여 무죄자의 피 흘린 죄를 너희 중에서 제할지니라(신 21:1-9)

동네에서 어떤 피살체가 발견되었습니다. 오늘날 같으면 신고하고 처리가 되었겠지만, 이스라엘은 그렇게 하지 않았습니다. 자기들이 그 시체와 무관함을 고백해야 했으며 그 일에 이 모든 사람이 함께 해야 했습니다. 공동체적으로 처리했습니다. 그 죄가 이 공동체 안에 다시 발생하지 않도록 하기 위함입니다. 좋은 일에도 그러하고 이런 죄악 된 일에도 공동체적으로, 언약적으로 해결했습니다. 그러나 지금, 이 시대는 그런 언약적 삶이 아니라 이 나라 정치와 사상과 문화와 종교와 관습에 혼합되어서 잘못된 방향으로 가게 됩니다. 그 대표적인 폐단이 교회 직분을 벼슬로 생각하는 것입니다. 그 폐단이 어떤 것인지는 여러분이 더 잘 알 것이기 때문에 굳이 말하지는 않겠습니다. 교회 와서 은혜 받는다고 말하면서 교회 섬기고 봉사하는 것은 싫어서 주일날 유급직원을 고용해서 점심 먹는 교회가 되었습니다. 성경은 언약을 말하고 언약적인 삶을 말하지만 믿는 성도들이 살아가는 삶은 언약을 말하지 않고 언약적인 삶이 아닙니다. 그런데도 예수 그리스도를 믿는다고 말하는 것이 오늘날의 신앙 모습입니다.

우리가 언제나 기억해야 하는 것이 '기독교 신앙은 언약 신앙이다'라는 것입니다. 우리 신앙이 언약신앙이 아니면 실존적 신앙으로 기울어질 가능성이 매우 높고 또 실제로 보면 그렇게 실존적 신앙이 되어 버립니다. 우리가 다 같은 주를 부르고 믿음으로 산다고 하면서도 신앙이 바르게 가는 것은 매우 어렵습니다. 왜냐하면 우리의 삶이 어렵고 현실은 언제나 힘들고 고난의 연속이기 때문입니다. 그렇게 살아가는 것이 어려우면 언약신앙으로 가기보다는 이 현실을 해결해 주는 그리스도가 되어주기를 바라게 됩니다. 우리는 그리스도와 연합된 그리스도의 백성들이고 우리 모두는 그리스도의 새언약 안에서 함께 주의 길을 가는 언약의 백성들입니다.

우리는 삼위 하나님과 구원, 언약, 언약의 머리, 언약의 연합, 코람데오, 성령님의 내주하심, 그런 위대한 은혜 안에서 언약적인 삶을 살아가고 있는 거룩하고 복된 성도들입니다. 우리가 그렇게 만든 것이 아니라 하나님께서 예수 그리스도의 십자가 피로써 대속하여 주신 것이며 그리스도 안에서 그렇게 만드셨습니다. 아담은 옛언약의 머리였으며 우리의 중보자이신 예수 그리스도는 새언약의 머리이십니다. 그 언약의 머리 안에 구원받은 주의 백성이 언약적으로 연합되어 있습니다. 대표적으로 로마서 5장에서 이렇게 말합니다.

> 12 이러므로 한 사람으로 말미암아 죄가 세상에 들어오고 죄로 말미암아 사망이 왔나니 이와 같이 모든 사람이 죄를 지었으므로 사망이 모든 사람에게 이르렀느니라 13 죄가 율법 있기 전에도 세상에 있었으나 율법이 없을 때에는 죄를 죄로 여기지 아니하느니라 14 그러나 아담으로부터 모세까지 아담의 범죄와 같은 죄를 짓지 아니한 자들 위에도 사망이 왕 노릇 하였나니 아담은 오실 자의 표상이라 15 그러나 이 은사는 그 범죄와 같지 아니하니 곧 한 사람의 범죄를 인하여 많은 사람이 죽었은즉 더욱 하나님의 은혜와 또는 한 사람 예수 그리스도의 은혜로 말미암은 선물이 많은 사람에게 넘쳤으리라 16 또 이 선물은 범죄한 한 사람으로 말미암은 것과 같지 아니하니 심판은 한 사람을 인하여 정죄에 이르렀으나 은사는 많은 범죄를 인하여 의롭다 하심에 이름이니라 17 한 사람의 범죄를 인하여 사망이 그 한 사람으로 말미암아 왕 노릇 하였은즉 더욱 은혜와 의의 선물을 넘치게 받는 자들이 한 분 예수 그리스도로 말미암아 생명 안에서 왕 노릇 하리로다 18 그런즉 한 범죄로 많은 사람이 정죄에 이른 것 같이 의의 한 행동으로 말미암아 많은 사람이 의롭다 하심을 받아 생명에 이르렀느니라 19 한 사람의 순종치 아니함으로 많은 사람이 죄인 된 것 같이 한 사람의 순종하심으로 많은 사람이 의인이 되리라(롬 5:12-19)

로마서 5장의 이 말씀은 언약적 선언입니다. 언약적 선언은 법정적 선언입니다. 왜 법정적이어야 할까요? 우리가 언약 안에 있다는 것은 법적으로 하나님 안에 있기 때문입니다. 그것은 언약의 세 가지 요소 중의 하나입니다. 세 요소는 언약이 법정적 언약이고 공개적 언약이고 인격적 언약이라는 것을 말합니다.[86] 그

---

[86] 송제근, 오경과 구약의 언약신학 (서울: 두란노, 2003), 16-17. "하나님의 나라가 역사 속에서 형성되는 구체적인 제도 혹은 수단은 하나님과 이스라엘 사이에 맺어진 '언약'(berith)이다. 그런데 '언약'(berith)이란 용어는 히브리어 단어에서나 한글번역에서 일반적으로 너무나 많은 오해를 불러일으키는 단어이다. 우리가 오경의 근본적인 개념으로서 사용하는 '언약'(berith)은 단순히 한문의 뜻(言約) 그대로 말로서 하는 약속 정도를 뜻하지 않는다. 이 '언약'(berith)은, ① 인격적인 당사자(여호와 이스라엘) 사이에, ② 공적인 관계(여호와는 하나님이 되고 이스라엘은 하나님의 백성이 되는)가, ③ 법적으로(정해진 장소와 정해진 시간에서) 형성되는 것을 의미한다. 이런 의미에서의 '언약'(berith)은 오경에서 세 번 나오는 데, 그것은 하나님 나라 형성의 세 단계와 일치한다. 먼저 창세기에 나오는 것은 여호와께서 족장과 맺은 언약(창 15, 17장)으로 씨와 땅을 준비하는 차원의 언약이다. 출애굽기-레위기-민수기에서 출애굽기 19-24장에 체결된 하나님 나라의 씨가 완성되는 시내산 언약이 있다. 마지막

세 가지 법정적 선언으로 가장 중요하게 말하려고 하는 것은 '여호와가 주시다', '예수 그리스도가 주시다'라고 선언하는 것입니다. 그런 후에 그 언약을 받는 자들이 그것을 믿고 고백하는 것이며 그 언약을 생명을 바쳐 지켜가는 것입니다. 왜냐하면, 하나님께서 자기 백성과 언약하기 위하여 피로써 구원하셨기 때문입니다. 언약을 맺은 백성들은 이미 죽었어야 하지만 하나님의 은혜로 그 죽음이 넘어가고 넘어가서 살아난 자들이 되었기 때문입니다.

지금 우리는 새언약의 백성입니다. 새언약의 백성에게 그 법정적 선언이 해당되는 것은 예수 그리스도 안에서 세례 받고 죄용서와 그리스도의 의를 받은 자들이기에 적용이 됩니다. 여기에는 세례, 죄용서, 의라는 단어들이 있습니다.[87] 이것은 예수 그리스도께서 우리를 대신하여 십자가에 죽으심으로 언약의 회복이 이루어졌다는 것을 말합니다.

그런 언약적 방식이 우리에게 올 때는 인격적입니다. 인격적이란 따뜻한 것입니다. 왜 그럴까요? 우리 마음에 항복을 일으키기 때문입니다. 폭력적이고 억압적이지 않습니다. 우리와 언약하신 하나님께서 우리에게 말씀하실 때 우리 마음에 항복이 일어나게 하시고 기쁘고 즐거운 마음이 일어나게 하십니다. 우리 마음이 따뜻해집니다. 언약적으로 살아야 합니다. 언약적으로 살아야 따뜻하게 살게 됩니다. 하나님 앞에서 살고 언약 안에 하나가 되어 살아야 따뜻하게 살아갑니다. 여호와가 주되시고 우리는 그 주님을 위하여 충성하고 살아가는 것이 억압이 아니라 따뜻한 것입니다. 이 언약을 벗어나면 그 따뜻함이 사라져 버립니다. 인간의 죄악 된 욕망의 지배를 받아서 살기 때문에 거기에는 투쟁만 있습니다.

언약은 하나님께서 우리의 주가 되시고 우리와 관계하시는 방식입니다. 죄는 그 관계를 깨뜨리고 인간이 주가 되려고 한 것입니다. 예수 그리스도께서 우리를 죄에서 구원하신다는 것은 인간이 주되려고 하는 그 죄악을 그리스도의 피로 대속하시고 오직 여호와 하나님께서 우리의 주가 되심을 인정하고 고백하며 언약의 주께서 말씀하신 규범인 율법대로 순종하여 하나님의 하나님 되심을 나타내게 하는 것입니다.

으로 신명기에서 하나님 나라의 땅이 완성되는 것을 나타내는 모압(세겜) 언약이 있다. 이 세 언약으로 하나님 나라는 준비에서 출발하여 완성에 이르게 된다."

[87] 1 형제들아 너희가 알지 못하기를 내가 원치 아니하노니 우리 조상들이 다 구름 아래 있고 바다 가운데로 지나며 2 모세에게 속하여 다 구름과 바다에서 세례를 받고 3 다 같은 신령한 식물을 먹으며 4 다 같은 신령한 음료를 마셨으니 이는 저희를 따르는 신령한 반석으로부터 마셨으매 그 반석은 곧 그리스도시라(고전 10:1-4)

'그 언약의 말씀대로 순종하여 살 때에 하나님께서 이렇게 은혜를 주시더라, 순종하지 않을 때 하나님께서 이렇게 보응하시더라, 갚으시더라', 그것이 자기 삶에 경험 되어져야 합니다. 죄를 지어도 마음에 아무런 가책이 없고 말씀을 순종하는데도 아무런 기쁨이 없다? 이런 것은 심각한 상태입니다. 내가 주를 위해 살려고 애쓰고 믿음으로 살아갈 때 그것이 삶의 기쁨이 되고, 혹 내가 잘못된 길로 나갈 때, 내가 죄악 된 길로 나아갈 때, 하나님께서 보응하시는 것을 보고 언약의 말씀대로 바르게 가야하는 것을 은혜로 알아가게 됩니다. 그것이 없으면 심각한 겁니다.

아담이 자기와 연합한 모든 인간의 머리가 된 것은 여호와 하나님을 주되게 하는 언약적 선언이고 법정적 선언이듯이, 예수 그리스도와 연합된 모든 주의 백성들이 그리스도의 피로 구원을 받았다는 것은 동일하게 여호와 하나님을 주되게 하는 언약적 선언이고 법정적 선언입니다. 우리 각자가 노력해서 어떤 경지에 이르고 열심을 바쳐서 '여호와가 주시다', '예수 그리스도가 주시다'라고 믿고 고백하는 것이 아니라 언약의 머리되신 예수 그리스도의 십자가 피로 죄를 씻어 주시고 의롭게 하셨기 때문에 이루어진 것입니다.

이것은 하나님께서 인간을 대하시는 방식을 말해 줍니다. 그 방식이 언약이라고 했습니다. 하나의 줄기에 하나의 뿌리를 가지고 있는 옥수수 같은 방식으로 인류를 취급하지 않으셨습니다. 하나님께서 한 사람 한 사람을 취급하신 것이 아니라는 뜻입니다. 하나의 동일한 뿌리와 줄기를 가진 나무로 취급하셨습니다. 한 뿌리를 가진 한 나무가 전체 인류인 것으로 취급하셨습니다.[88]

이것을 현대철학에서 들뢰즈와 가타리는 『천개의 고원(Mille Plateaux)』(1980)에서 '수목형'과 '리좀형'으로 말합니다. 쉽게 말해서 나무형이냐? 뿌리형이냐?를 말합니다.[89] 이 세계를 이해하는 방식, 관계를 맺는 방식을 두 가지로 말합니다.

---

[88] 아더 핑크, 하나님의 언약, 김의원 역 (서울: CLC, 2007), 35. 〈하나님께서는 아담 안에서 그리고 아담에 의해 대표되었던 인류를 취급하시기를 기뻐하셨다. 간단한 예를 들어보기로 하자. 하나님께서는 하나의 줄기가 하나의 뿌리를 가지고 서있는 옥수수 밭을 다루듯이 인류를 취급하시지 않으셨다. 그는 한 개의 동일한 뿌리와 줄기를 가지며, 또한 많은 가지들을 가지고 있는 한 그루의 나무를 다루듯이 인류를 취급하셨다. 만약 당신이 도끼로 한그루의 나무뿌리를 찍는다면 전체 나무는 넘어진다. 밑둥뿐 아니라 가지까지도-즉 모두가-시들고 죽는다. 아담이 넘어졌을 때도 마찬가지였다. 하나님께서는 사단에게 도끼를 나무의 뿌리에 놓도록 허용하셨다. 아담이 넘어졌을 때 그의 후손이 모두 그와 함께 넘어졌다. 치명적인 일격을 받아 아담은 자신의 조물주와 교제가 끊어졌고, 그 결과로 "죽음이 모든 인간에게 임했다"〉

[89] 질 들뢰즈·펠릭스 가타리, 천 개의 고원, 김재인 역 (서울: 새물결출판사, 2003), 15-16. 〈책의 첫 번째 유형은 뿌리-책이다. 나무는 이미 세계의 이미지이다. 또는 뿌리는 세계-나무의 이미지이다. 그것은 유기적이고 의미를 만들며 주체의 산물인(이런 것들이 책의 지층들이다), 아름다운 내부성으로서의 고전적인 책이다. 예술이 자연을 모방하듯이 책은 세계를 모방한다. 책만이 가진 기법들을 통해서, 이 기법들은 자연이 할 수 없거나 더 이상 할 수 없게 된 것들을 훌륭히 해낸다. 책의 법칙은 반사의 법칙이다. 즉 〈하나〉가 둘이 되는 것이다. 책의 법칙은

이것을 말하는 이유는 세상과 인간을 이해하는 방식이 삶을 살아가는 방식을 결정하기 때문입니다. 수목형이란 전통적 존재론을 말합니다. 교회 옆에 있는 나무를 보면 알 수 있듯이 나무는 그 중심에 뿌리가 있고 그 뿌리가 영양을 받아들이고 광합성작용을 통해서 자라갑니다. 뿌리가 중심이 되어 자라가는 것을 말하며 위계적 질서가 있다는 것을 말합니다.

리좀에 대해서는 다음과 같이 말합니다.

> 하지만 언제나 상위 차원을 덧붙임으로써가 아니라 오히려 반대로 가장 단순하게, 냉정하게, 이미 우리에게 익숙한 차원들의 층위에서, 언제나 n-1에서(하나가 다양의 일부가 되려면 언제나 이렇게 빼기를 해야 한다) 다양체를 만들어내야 한다면 유일(l'unique)을 빼고서 n-1에서 써라. 그런 체계를 리좀이라고 부를 수 있을 것이다. 땅 밑 줄기의 다른 말인 리좀은 뿌리나 수염뿌리와 완전히 다르다. 구근(球根)이나 덩이줄기는 리좀이다. 뿌리나 수염뿌리를 갖고 있는 식물들도 아주 다른 각도에서 보면 리좀처럼 보일 수 있다. 즉 식물학이 특성상 완전히 리좀 형태로 되어 있다는 것을 아는 것이 중요하다. 심지어 동물조차도 떼거리 형태로 보면 리좀이다. 쥐들은 리좀이다. 쥐가 사는 굴도 서식하고 식량을 조달하고 이동하고 은신 출몰하는 등 모든 기능을 볼 때 리좀이다. 지면을 따라 모든 방향으로 갈라지는 확장에서 구근과 덩이줄기로의 응고에 이르기까지, 리좀은 매우 잡다한 모습을 띠고 있다. 쥐들이 서로 겹치면서 미끄러질 때도 있다. 리좀에는 감자, 개밀(chiendent), 잡초처럼 가장 좋은 것과 가장 나쁜 것이 있다. 동물이자 식물이어서, 개밀은 왕바랭이(crab-grass)이다. 하지만 우리가 리좀의 개략적인 몇몇 특성들을 말해주지 않는다면 아무도 납득하지 못할 듯하다.[90]

리좀형이라는 것은 땅 밑 줄기를 말합니다. 생강이나 감자를 생각하면 됩니다. 감자는 감자 자체가 뿌리 역할을 합니다. 하나의 중심 되는 뿌리가 없습니다. 여

어떻게 자연 속에 존재할 수 있는 것일까? 그것이 세계와 책, 자연과 예술 사이의 나눔을 주재하니 말이다. 하나가 둘이 된다. 이 공식을 만날 때마다, 설사 그것이 모택동에 의해 전략적으로 언표된 것이고 세상에서 가장 "변증법적으로" 파악된 것이라 할지라도 우리는 가장 고전적이고 가장 반성되고 최고로 늙고 더없이 피로한 사유 앞에 있는 것이다. 자연은 그런 짓을 하지 않는다. 자연에서 뿌리 자체는 축처럼 곧게 뻗어 있지만 이분법적으로 분기(分岐)하는 것이 아니라 측면으로 원 모양으로 수없이 갈려져 나간다. 정신은 자연보다 늦게 온다. 심지어 자연적 실재로서의 책조차도 축을 따라 곧게 뻗어 있고, 주위에는 잎사귀들이 나왔다. 그러나 정신적 실재로서의 책은, 그것이 〈나무〉의 이미지로 이해되건 〈뿌리〉의 이미지로 이해되건, 둘이 되는 하나(一者) 그리고 넷이 되는 둘 … 이라는 법칙을 끊임없이 펼쳐간다. 이항 논리는 뿌리-나무의 정신적 실재이다. 언어학 같은 "선진적인" 학문 분야조차도 이 뿌리-나무를 기본적인 이미지로 갖고 있는데, 이 이미지는 언어학을 고전적인 사유에 병합시킨다(점 S에서 시작해서 이분법적으로 진행되는 촘스키의 통합체적 나무가 그러하다). 이 사유 체계는 결코 다양체를 이해한 적이 없었다. 정신의 방법을 따라 둘에 도달하려면 강력한 근본적 통일성을 가정해야 한다. 그리고 대상의 측면을 보자면, 우리가 자연의 방법을 따라 하나에서 셋, 넷, 다섯으로 직접 갈 수 있다는 것은 의심할 여지가 없다. 그러나 이는 언제나 곁뿌리들을 받쳐 주는 주축뿌리 같은 강력한 근본적 통일성이 있다는 조건 아래에서만 그러하다. 하지만 이것이 사태를 크게 호전시키는 것은 아니다. 계속 이어지는 원들 사이의 일대일 대응 관계가 이분법의 이항 논리를 대체할 것일 뿐이다. 주축뿌리가 이분법적 뿌리보다 다양체를 더 잘 이해하도록 해주는 것은 아니다. 주축뿌리가 대상 안에서 작동한다면 이분법적 뿌리는 주체 안에서 작동한다. 이항 논리와 일대일 대응 관계는 여전히 정신분석(슈레버에 대한 프로이트의 해석에서 나타나는 망상의 나무), 언어학, 구조주의, 나아가 정보이론까지도 지배하고 있다.〉

[90] 같은 책, 13.

기도 뿌리가 있고 저기도 뿌리가 있습니다. 각자가 중심입니다. 하나하나가 자기 역할을 하기 때문에 위계질서를 가지고 있지 않고 평등한 체제를 가지고 있습니다.91)

세상은 리좀형을 말하고 싶어 합니다. 왜냐하면 각자가 자율성을 가지고 살아가야 한다는 것을 말하고 싶기 때문입니다. 통일성이 있다는 것을 부정하고 싶고 그 통일성을 제공하는 주체가 있다는 것을 거부하고 싶기 때문입니다. 통일성이 있고 주체가 있다는 것은 그 주체가 권력을 가지고 있기 때문에 싫어합니다.92) 이것은 인간이 어디에도 귀속되거나 종속되지 않고 자기 마음대로 살아가고 싶은 현대인들의 죄악 된 욕망을 말합니다. 성경이 말하는 언약과는 얼마나 반대 되는지를 쉽게 알 수 있습니다. 성경은 언제나 '여호와가 주시다. 여호와를 의지해라'고 말하며 그것이 우리의 생명이라고 말하지만 죄로 타락한 인간들은 인간이 언제나 주가 되려고 하며 인간이 어디에도 구속되지 않고 자기 마음대로 살아가는 것이 자유라고 말합니다. 구속되지 않으면서도 의미와 통일성을 원합니

---

91) http://neoteny153.cafe24.com/?document_srl=431/ 수목형 사유와 리좀형 사유: "… 초월형 사유는 이데아, 신으로 대표적일 수가 있는데, 수목형 사유의 중심뿌리가 이와 같다. 이원론적 사유체계로써, 모든 존재를 포섭하는 하나의 근원을 의미한다. 고대 그리스 정신의 산물이며, 다양한 세계가 모두 하나의 중심원리의 지배를 받는다고 보는 것으로 강력한 통일성을 띤다. 플라톤의 이데아에서 헤겔의 절대정신으로 이어지는 초월적 사유의 특징적 원리가 바로 이것이다. 생성존재론은 베르그송에 의해서부터 발현되었으며, 중심뿌리가 없이 줄기자체가 분기하여, 각각 뿌리 역할을 하는 것이다. 수목형 뿌리는 폐쇄적이고 중심, 체계, 질서, 규정의 단일함을 요구하고 벗어나지 않는다. 성질은 하나로 통일된다는 것이다. 리좀형 뿌리는 비유기적으로 단절되며, 이질적인 것들 간에 직접 접속하며, 접속할 때마다 성질이 달라진다. 리좀은 차이생성론의 작동원리로써 기계-접속-배치-영토화-탈영토화-재영토화를 반복하며, 무수한 장이 잠재되어 있다. 또한 접속에 따라 달라지게 된다. 리좀은 이처럼 어떻게 접속하느냐에 따라 영토 자체의 위상이 수시로 바뀐다. 특정 지점과의 접속에 의해 달라지게 되는 것이다. 리좀형 뿌리는 유목민의 삶과 같다. 스스로의 영토를 창조하고 만들어가는 것이다. 수목형 뿌리는 정주민의 삶과 같다. 규정적이고 고정된 영토를 재현한다."

92) 질 들뢰즈-펠릭스 가타리, 천 개의 고원, 김재인 역 (서울: 새물결출판사, 2003), 17-18. 계열들을 증식시키거나 다양체를 커지게 하기 위해 사용하는 대부분의 현대적 방법들은 어떤 방향에서는, 예컨대 선형적(線形的)인 방향에서는 완전히 타당하다. 한편 총체화의 통일성은 다른 차원에서, 원환이나 순환의 차원에서 훨씬 더 확고하게 확증된다. 다양체를 구조 안에서 파악하는 사람들은 언제나 다양체의 증대를 조합의 법칙으로 환원시켜 상쇄시키고 만다. 여기서 통일성을 유산시키는 자들은 정말이지 천사를 만드는 자들이다. 왜냐하면 그들은 진정 천사가 지닐 만한 우월한 통일성을 긍정하고 있기 때문이다. 조이스의 언어들은 정당하게도 "다양한 뿌리를 두고 있다"고들 하는데, 적절한 말이다. 조이스의 언어가 단어들, 나아가 언어 자체의 선형적 통일성을 부숴버리는 것은, 그것이 문장이나 텍스트, 또는 지식의 순환적 통일성을 만들어낼 때뿐이다. 니체의 아포리즘이 지식의 선형적 통일성을 부숴버리는 것은, 사유 속에 <미지(未知)>로서 현존하는 영원 회귀의 순환적 통일성을 만들어 낼 때뿐이다. 바꿔 말하면 수염뿌리 체계는 이원론, 주체와 객체의 상보성, 자연적 실재와 정신적 실재의 상보성과 진정으로 결별하지 않는다. 즉 통일성은 객체 안에서 끊임없이 방해받고 훼방당하지만 새로운 유형의 통일성이 또다시 주체 안에서 승리를 거두고 만다. 세계는 중심축을 잃어버렸다. 주체는 더 이상 이분법을 행할 수조차 없다 하지만 주체는 언제나 대상의 차원을 보완하는 어떤 차원 속에서 양가성 또는 중층결정이라는 보다 높은 통일성에 도달한다. 세계는 카오스가 되었지만 책은 여전히 세계의 이미지로 남는다. 뿌리-코스모스 대신 곁뿌리-카오스모스라는 이미지로, 파편화된 만큼 더 더욱 총체적인 책이라는 이상야릇한 신비화, 세계의 이미지로서의 책이라, 이 얼마나 무미건조한 생각인가. 사실상 <다양체 만세>라고 말하는 것으로는 충분치 않다. 물론 이렇게 외치는 것도 어려운 일이지만, 유려한 인쇄, 어휘, 심지어 능숙한 문장조차도 사람들이 그러한 외침을 듣도록 만드는 데는 충분하지 않다. 다양, 그것을 만들어내야만 한다.

다. 어디에도 구속되지 않는 의미와 통일성이란 내가 만들어 내는 의미와 통일성입니다. 나의 존재, 나의 사명, 나의 관계를 내가 주인이 되어 만들어 내는 것입니다.

세상은 내가 누구인지, 내가 무엇을 하고 살아야 하는지를, 아무리 세월이 오래 걸려도 기어이 내가 만들어 내겠다는 것입니다. 그것이 니체의 영원회귀로 나타나고, 현실에서는 교육과 문화가 기존의 국가와 사회를 무조건 부정하고 투쟁하는 것으로 나아가게 됩니다. 부정부패를 묵인하고 그런 일에 한통속이 되라는 것이 아닙니다. 근본적인 삶의 태도가 무엇인지 알아야 한다는 것입니다. 언약의 주가 계시고 그 언약 관계 속에 살아가는 방식과 삶이 아니라 인간이 주가 되고 인간 각자가 자기만의 삶을 자기 마음대로 살아가려고 하기 때문에 어떤 사람도 어떤 권력도 저항하고 거부하고 살아갑니다. 그들은 무정부주의를 원합니다. 아무도 자기 위에 있어서는 안 되며 간섭하지 말라고 합니다.

그렇게 말하는 사람들은 '인간이 무엇인가?'라는 질문에 대해 '인간은 욕망하는 기계다'[93] 그렇게 말합니다.

---

93) https://www.mmca.go.kr/study/study14/study14_j2.html/ '욕망하는 기계'(machine desirante)라는 개념에 있어 중요한 특징은 욕망을 '결여'가 아닌 '생산'으로 간주한다는 점이다. 이것이 바로 이들 사상이 근본적으로 생산적인 성격을 가지는 핵심적인 요소 중의 하나라고 할 수 있으며, 또한 '기계'의 개념을 통해 고정적이고 구조적인 것으로부터 벗어나 운동, 변화, 흐름 등 생동적인 것을 적극적으로 사유한다. 이 개념들은 이들의 첫 번째 공동저작인 "안티-외디푸스"에서 중점적으로 논의되고 있다. 이 책은 기존의 정신분석학과는 다르게 욕망에 대한 새로운 접근을 시도하는데, 들뢰즈는 "정신분석학의 이론과 실제 그 자체"에 대한 공격이라 말하듯, 책 전체를 통해 정신분석학과 프로이트에 대한 광범위한 비판이 이루어지고 있다. 들뢰즈와 가타리는 "프로이트는 욕망의 대상들과 목표들의 표상 전체의 원리로서 양적 리비도를 발견함으로써 욕망하는 경제학의 기초를 세웠다"라고 지적하며, 욕망과 그 밑바닥에서 작동하고 있는 리비도에 접근한 프로이트의 성과를 인정한다. 하지만 프로이트가 욕망이라는 범주를 발견했음에도 불구하고 그 성격을 정확히 파악하는 데는 실패하였으며, 오히려 욕망을 단순히 가족 안에 가두었다는 것이다. "무의식의 진정한 생산력을 단순한 표상적 징표로 대체함으로써 연극적으로 연출해 놓았습니다. … 우리가 말하고자 하는 것은 프로이트는 리비도로서의 욕망, 즉 생산하는 욕망을 발견하였지만, 그것을 외디푸스라는 가족적 표상 속에 가두어 놓았다는 것입니다." 프로이트는 욕망 혹은 무의식의 근거를 거칠게 말해 성욕으로 여기고, 모든 욕망을 남근으로 귀착시킨다. 따라서 그의 도식 속에서 욕망의 문제는 '아버지-어머니-아이'의 삼각관계 속에서 해석되고 있으며, 그는 문제가 발생하는 시점을 유아기를 지목하고, 문제의 내용을 환자와 아버지/어머니와의 관계에서 찾는다. 또한 프로이트는 욕망을 자기에게서 없는 것을 획득하고자 하는 것으로 보기 때문에, 그로 인해 우리는 궁극적으로 욕망하는 대상을 완전히 획득할 수 없으며, 결국에는 욕망은 충족될 수 없다고 본다. 이에 따라 소위 정신분석학에서 결여로서의 무의식 개념이 도출되는 것이다. 이와는 반대되게 들뢰즈와 가타리는 욕망 자체를 생산으로, 즉 실재를 생산하는 현실적 생산으로 이해한다. 그러므로 욕망은 처음부터 결여를 모르며, 오히려 결여는 억압에 의해 주어지는 것이라고 반박한다. "내가 말하는 욕망은 어떤 결핍도 내포하지 않는다."(질 들뢰즈, 이호영 역, 『욕망과 쾌락』, 『탈주의 공간을 위하여: 들뢰즈·가타리의 정치적 사유』, 푸른숲, 1997. p.110) "인간에게 있어 욕망한다는 것은 생산한다는 것이며, 현실의 영역 내에서 생산한다는 것이다."(p.27) 따라서 이들은 욕망과 생산이 서로 다르지 않다는 것을 역설하고 있으며, 나아가 욕망은 구조적인 것도 인물에 관한 것도 아니며, 더불어 상징적이지 않으며 표상하지도 않는다고 주장한다. 들뢰즈와 가타리는 "욕망하는 생산은 사회적 생산과 다른 것이 아니다"라고 말하듯이, 욕망이 상징계 속에서 언어처럼 구조화된다는 라캉의 이론에 강하게 반대한다. 다시 말해 이들은 욕망이 단순히 가족적인 것이 아니라 가족 외적인 것, 즉 사회전체와 관련되어 있다는 것이다.15) 이러한 시도는 프로이트가 발견하고 라캉이 발전시킨 무의식과 욕망이라는 탈근대적 개념을 사회적인 것으로 확장시키고자 함이며, 그 안에서 능동적인 전복의 힘으로써 욕망 개념을 위치 지우고자 함이다. 가타리는 "욕망은 반드시 교란자, 무정부주의자가 아니다"라고 지적하듯이, 욕망이 곧바로 이성의 통제를

> 이드(id)라고 불러 버린 것은 얼마나 큰 오류더냐? 도처에서 그것은 기계들인데, 이 말은 결코 은유가 아니다. 그 나름의 짝짓기들, 그 나름의 연결들을 지닌, 기계들의 기계. 기관-기계가 원천-기계로 가지를 뻗는다. 한 기계는 흐름을 방출하고, 이를 다른 기계가 절단한다. 젖가슴은 젖을 생산하는 기계이고, 입은 이 기계에 짝지어진 기계이다. 거식증의 입은 먹는 기계, 항문 기계, 말하는 기계, 호흡 기계 사이에서 주저한다(천식의 발작), 바로 이렇게 모두는 임시변통 재주꾼이다. 각자 자신의 작은 기계들이 있다. 에너지-기계에 대해 기관-기계, 언제나 흐름들과 절단들. 법원장 슈레버는 엉덩이에 태양 광선들을 지니고 있다. 태양 항문. 그리고 그것이 작동한다는 건 틀림없어라. 법원장 슈레버는 뭔가를 느끼고 뭔가를 생산하며, 또 그것을 이론으로 만들 수 있다. 뭔가 생산된다. 은유들 말고, 기계의 결과들이.94)

세상은 인간에 대하여 이렇게 기계 이상으로 어떻게 더 설명할 수 없습니다. '인간은 이런 거야'라고 말하는 것이 따뜻하게 다가와야 하는데 그렇게 되지 않습니다. 오로지 자기 욕망을 실현하는 기계일 뿐입니다. 하나님 없는 인간이 자기를 규정하고 표현할 때는 '나는 욕망하는 기계다'라고 밖에는 더 말할 것이 없습니다. 거기에 무슨 인격, 성품, 사랑, 인내, 용서 이런 아름답고 따뜻한 말들이 있을 수가 없습니다.

들뢰즈는 그런 존재들과 행위들을 악마적이라고 말하며 괴물이라고 말합니다.

> 이 방황의 분배, 심지어 '착란'의 분배이다. 여기서 사물들은 일의적이고 배당되지 않은 존재의 모든 범위에 걸쳐 자신을 펼쳐간다. 존재가 재현의 요구들에 따라서 배당되는 것이 아니라 모든 사물들이 존재 안에서 할당된다. 이런 할당은 단순한 현전성을 띤 일의성(일자로서의 전체) 안에서 이루어진다. 이런 분배는 신적이라기보다는 차라리 악마적이다. 왜냐하면 장벽이나 울타리를 뛰어넘으면서 소유지를 어지럽히듯, 신들의 행위 영역들 사이의 간격 안에서 움직인다는 것은 악마들의 특성이기 때문이다. … 이 존재론적 위계는 앞에서 말한 첫 번째 위계보다는 존재자들의 휘브리스나 무정부 상태에 가깝다. 그것은 모든 악마들이 결합된 괴물이다.…95)

이렇게 말하는 들뢰즈의 책들을 읽으면 말 그대로 얼마나 악마적이고 괴물인지 사람의 영혼을 갉아먹습니다. 반항적이고 선동적이고 악의적입니다.
우리는 세상을 바라보면서, '왜 세상이 옛날 같지 않을까?' 그 생각을 할 때가

벗어나 사회를 혼란에 빠뜨리는 무절제한 방종을 의미하는 것은 아니다. 물론 무책임한 욕망의 발산은 사회를 파멸로 이끌 수 있는 암적인 존재가 되겠지만, 반대로 사회를 탈주시켜 긍정적으로 변화시킬 수 있는 혁명적 힘도 될 수 있다는 점을 주시한다. 욕망은 이들 철학을 형성하는 가장 기초적인 요소로서 작동하는데, 들뢰즈와 가타리는 이성과 합리성에 의해 홀대 받아온 욕망을 다른 방식으로 사유하면서 그 욕망을 어떤 부정적인 것, 개인적인 것으로 보지 않고 욕망이 가지는 순수한 생성적 힘과 사회성에 주목한다. 바로 이것이 이들의 이론과 기타 현대 이론이 차별성을 보이는 지점이다.
94) 질 들뢰즈·펠릭스 가타리, 안티 오이디푸스, 김재인 역 (서울: 민음사, 2015), 23.
95) 질 들뢰즈, 차이와 반복, 김상환 역 (서울: 민음사, 2012), 104-105.

있습니다. 옛날 같지 않은 이유는 인간에 대한 생각이 완전히 달라졌기 때문입니다. 세상 사람들도 이런 말을 합니다. '사람이면 다 사람이냐 사람이 사람다워야 사람이지' 그렇게 말합니다. 옛날에 선생님이 칠판에 '사람 자'(者)를 네 개 쓰고 따라하라고 하셨습니다. 매 조회 때마다 선생님은 사람 자(者)를 쓰고 학생들은 구호를 외치고 그랬습니다. 그렇게 따라했던 이유는 '학교는 사람을 똑바로 만들어야 한다'는 생각을 가지고 있었고 학생들도 그 말에 일리가 있었기 때문입니다. 그렇게 배운 덕에 늘 하는 말이, '먼저 인간이 되거라' 그 말을 하고 살았습니다. 저 짐승하고는 다르다는 것, 인간이 자기 욕심대로 살 것이 아니라 도덕성과 양심을 가지고 살아야 그게 인간이라고 생각했습니다. 그렇게 말하고 생각하는 것이 어떤 특별한 사람만이 생각한 것이 아니라 누구나 그렇게 생각했습니다.

그러나 지금은 시대가 변했고 세상이 변했습니다. 지금은 '누구에게 구속받지 마라. 지배받지 마라. 네가 주인이다.' 그렇게 말하고 그렇게 생각하고 사는 시대가 되었습니다. 자기 말고 다른 모든 사람들은 구속하고 억압하는 사람들이고 모든 것들은 타도해야할 대상이라고 생각하는 시대가 되었습니다. 그리고 자기 욕망을 이루어 가면 된다고 생각합니다. 내가 주인이 되어야 하고 내가 원하는 것을 이루고 사는 것이 인간이라고 배우고 사는 시대가 되었습니다. 사람이 사람다워야 사람이라는 말은 이제 옛말이 아니라 의미 없는 말이 되고 말았습니다. 그런 말하는 사람은 이제 의미 없는 사람이 되어 버렸습니다.

이제는 자기 욕망대로 살고 그 욕망을 이루기 위해 살아야 의미 있는 사람이 되었습니다. 도덕, 교양 이런 것을 말하면 '권력에 아부한다', '줄서기 한다'고 말하면서 오로지 자기 욕망을 추구하는 시대가 되었습니다. '사람이 얼마나 사람답게 살 것인가?'라는 말은 대의명분(大義名分)입니다. 대의명분이란 두 가지 뜻이 있습니다. 보통 대의명분이라 하면 "어떤 일을 꾀하는데 내세우는 합당한 구실이나 이유"를 말합니다. '대의명분을 내세운다'고 말합니다. 또한 대의명분이란 "사람으로서 마땅히 지키고 행하여야 할 도리나 본분"을 말합니다. '대의명분에 어긋난다', '대의명분을 지킨다'라고 말합니다. 사람이 사람으로서 그 도리와 본분이 있고 그것을 마땅히 지키고 행해야 한다는 것은 인간이 세상 어떤 존재들과는 다르게, 인격체이기 때문입니다.

사도 바울이 로마서에서 말하듯이 인간에게는 양심이 있어서 죄에 대하여 반응하고 인간다움을 상실하지 않으려고 합니다.[96] 그것은 하나님께서 인간에게 주신 일반은혜입니다. 그러나 이 시대는 인간이 인간으로 살아가는 그 대의명분을 따라 살려고 하지 않고 오로지 자기 욕망을 위해서만 살아갑니다.

문제는 세상만 그런 것이 아니라 그런 사상이 교회 안으로 들어온다는 것입니다. 이것이 무서운 현실입니다. 믿는 사람들은 '세상이 기본적인 대의명분을 버리고 자기 욕망대로 살아간다'고 말하며 자신들은 거룩하게 사는 사람이라고 생각하는 경우가 허다합니다. 과연 그럴까요? 세상의 욕망대로 살아가는 방식이 교회 안으로 들어올 때는 처음부터 '투쟁하자' 이렇게 들어오는 것이 아닙니다. '하나님의 음성을 들으라'고 말하며, '더 깊은 영성으로 나아가라'고 말하면서 들어옵니다. 사람들의 마음을 녹이고 아프고 상처받은 영혼들에게 위로를 주는 것처럼 들어옵니다. 사람들은 자기 고통, 자기 상처를 해결하는 것이 급하기 때문에 무엇이 옳은지 그른지 분별을 하려고 하지 않습니다. 그럴듯한 음악과 분위기를 맞추어 주면서, '우리 다 같이 하나님의 음성을 들읍시다' 그러면 다 넘어가 버립니다. 그리고 세상에 뛰어들게 만듭니다. 세상의 고통을 함께 지고 가는 것이 교회가 지고 가야할 십자가라고 말합니다.[97]

---

96) 이런 이들은 그 양심이 증거가 되어 그 생각들이 서로 혹은 송사하며 혹은 변명하여 그 마음에 새긴 율법의 행위를 나타내느니라)(롬 2:15)

97) 현대 기독교는 어디로 흘러가고 있을까? 그 흐름의 단면은 본회퍼(Dietrich Bonhoeffer)를 추종하는 것을 보면 알 수 있다. '고난 받으시는 하나님'을 말하는 본회퍼는 무엇이라고 말하는가? Central to Bonhoeffer's theology is Christ, in whom God and the world are reconciled. Bonhoeffer's God is a suffering God, whose manifestation is found in this-worldliness. Bonhoeffer believed that the Incarnation of God in flesh made it unacceptable to speak of God and the world "in terms of two spheres"—an implicit attack upon Luther's doctrine of the two kingdoms. Bonhoeffer stressed personal and collective piety and revived the idea of imitation of Christ. He argued that Christians should not retreat from the world but act within it. He believed that two elements were constitutive of faith: the implementation of justice and the acceptance of divine suffering. Bonhoeffer insisted that the church, like the Christians, "had to share in the sufferings of God at the hands of a godless world" if it were to be a true church of Christ.
(https://en.wikipedia.org/wiki/Dietrich_Bonhoeffer#Theological_legacy)
세상이 홀로 고난을 당함으로 그것에 망하거나 그리스도와 함께 당함으로 그것을 극복하는 둘 중 하나를 선택해야 한다. 세상을 대신하여 그리스도는 고난을 당하는 것이다. 오직 그의 고난이 대속의 고난이다. 그러나 계속 세상의 고난을 질 교회가 필요하다. 그리하여 교회는 그리스도를 따름으로 세상의 고난을 지고 그리스도의 도움을 받으면서 그것을 극복한다. 예수 그리스도의 교회는 십자가를 지고 세상을 대신하여 하나님 앞에 서야 한다. - 본회퍼, 나를 따르라, 허혁 역 (서울: 대한기독교서회, 2007), 76
교회가 져야할 십자가가 세상의 부조리라고 생각하는 것이 현대 기독교다. 그렇게 말하는 근본적인 이유는 본회퍼의 기본적인 명제가 "그리스도는 이 세계에 새로운 종교를 제시한 것이 아니라 새로운 삶을 제시했다"는 것이기 때문이다. 인간은 미성숙의 상태에서 벗어나 성숙한 인간이라고 보았기 때문이다. 현대 목회자들은 이렇게 말한다. "성숙한 세계"라는 본회퍼의 해석은 "고난당하시는 하느님"이라는 단어와 관계가 있다. 내가 아는 바에 의하면, 그것은 19-20세기 독일 신학 전체를 통틀어 유일무이한 사상인 듯 싶다. 영국에서는 하느님이 고난당하실 수 있다는 생각에 대하여 폭넓은 논의가 있었지만, 독일에서는 철학자 게오르크 F. W. 헤겔에게서만 등장한 사상이다. 본회퍼는 "신 없는 세계에서 이루어지는 하느님의 고난", "세속적인 삶 속에서 이루어지는 하느님의 고난", "예수 그리스도 안에서 이루어진 하느님의 메시아적 고난"에 대해 이야기한다. 그는 한 편의 시에서 이렇게 말한다. "사람은 곤궁에 처하여 하느님을 찾아가지만, 거처도 빵도 없이 모욕당하는 가난뱅이 하느님, 죄와 악함과 죽음으로 둘러싸인 하느님을 발견하지. 그리스도인은 고난당하시는 하느님과 함께하지." 하느님의 고난은 그리스도에게만 국한된 것이 아니라 현재의 무신적인 세계 상황을 감싼다. 그것은 신 없는 세계 때문에 겪는 하느님의 고난이자 그 이와 같은 일은 사실상 자기 욕망을 위해서 예수를 믿는 것이지, 인간이라면 가지게 되는 기본적인 대의명분보다 더 선명하고 귀중한 이 구원과 언약을 따라 살아가는 것에 생명을 걸지 않습니다. 예수 그리스도를 믿어도 자기 주머니에 돈 들어오고 살만해지면 기도할 것이 없고 교회에 올 이유가 없어지는 것입니다. 자기욕망을 이루는데 필요한 하나님이지 하나님께서 구원하시고 언약하신 대로 사는 것이 아닙니다. 삶의 어려움이 사라지고 나면 예배를 드리면서도 '내가 왜 여기 앉아 있지' 그것이 설명이 안 됩니다.

지금 아담언약을 말하고 있습니다. 아담언약은 우리의 존재가 우연히 생겨난 진화의 산물이 아니라는 것을 말하며 하나님께서 원래 창조하신대로, 그 언약하신 대로 살아가야할 존재라는 것을 말해 줍니다. 그런 우리에게 하나님께서 먼저 말씀하시는 것은 '하나님께서 우리를 어떻게 취급하시는가?' 하는 것입니다. 삶의 방식을 말합니다. 나의 행동이 다른 사람들과 연결되어 있는 삶입니다. 단순히 인과율이 아니라 언약적입니다. 언약의 주되시는 하나님께서 살아계시고 그 하나님께서 우리를 언약 안에서 말씀하고 만나십니다. 아담과 언약하심으로 그 언약 안에서 우리를 대하셨으며, 예수 그리스도께서 새언약을 이루심으로 그 언약 안에서 우리를 대하십니다. 우리는 우리의 죄악 된 욕망을 위해서 살아가는 것이 아니라 그 언약을 맺어주신 하나님께 충성된 삶을 살아가는 것입니다.

우리가 살아가면서 어려운 일이 있어서 하나님을 찾는 것은 당연한 일입니다. 믿는 성도는 그 어려운 일로 인해 언약을 신실하게 감당해 가는 것이 되어야만 합니다. 똑같이 어려움을 만나도 오늘 우리가 만나는 일은 하나님께서 예수 그리스도 안에서 우리를 향하신 뜻을 이루어가고 계시기 때문에 만나는 일입니다. 성도는 어떻게 하면 하나님의 뜻에 순종할 것인지, 어떻게 하면 하나님을 기쁘

세계 안에서 이루어지는 하느님의 고난이다.
(http://www.dangdangnews.com/news/articleView.html?idxno=8910)
하나님께서 신 없는 세계로 인해 고난을 겪으시는가? 그런 하나님은 어떤 인간도 심판하실 수가 없으시다. 결국에는 모든 인간을 품어야 하는 하나님이시기 때문이다. 그러나, 예수님께서도 그렇게 하셨을까? 예수께서 대답하시되 내 나라는 이 세상에 속한 것이 아니라 만일 내 나라가 이 세상에 속한 것이었더면 내 종들이 싸워 나로 유대인들에게 넘기우지 않게 하였으리라 이제 내 나라는 여기에 속한 것이 아니니라 (요 18:36) 예수님께서는 이렇게 말씀하셨다. 인자가 온 것은 섬김을 받으려 함이 아니라 도리어 섬기려 하고 자기 목숨을 많은 사람의 대속물로 주려 함이니라 (마 20:28) 내가 온 것은 양으로 생명을 얻게 하고 더 풍성히 얻게 하려는 것이라 (요 10:10) 히브리서는 이렇게 말한다. 이와 같이 그리스도도 많은 사람의 죄를 담당하시려고 단번에 드리신바 되셨고 구원에 이르게 하기 위하여 죄와 상관없이 자기를 바라는 자들에게 두 번째 나타나시리라 (히 9:28) 그리스도께서는 죄를 담당하시려고 십자가를 지셨다. 우리가 져야하는 십자가는 세상의 고난이 아니다. 이는 기독교가 세상을 모른 채 하라는 말이 결코 아니다. 그리스도와 그 십자가는 세상의 고난을 해결함이 아니라 죄에서 구원하기 위함이었다. 본회퍼(Dietrich Bonhoeffer)에 매몰되어 가는 기독교는 그리스도와 십자가에서 멀어져 간다. 본회퍼를 따라가는 목회자들이 넘쳐나는 시대다.

시게 할 것인지, 그것이 먼저 마음이 가야 합니다. 그래야 이 세상이 살아가는 것처럼 '욕망하는 기계다' 그렇게 말하지 않고 살게 됩니다. 최소한의 인간의 대의명분, 그보다 더 높이 있고 깊이가 있고 더 풍성한 삶을 살아가게 됩니다. 이 언약이 우리 삶을, 방식을 결정합니다. 그 어려운 일들을 도와주시기를 기도하며 하나님의 백성으로 살아가는 것을 기쁘게 여기며 감사하며 살아가는 믿음의 성도들이 되기 바랍니다.

언약 9 아담언약 3

28 또한 저희가 마음에 하나님 두기를 싫어하매 하나님께서 저희를 그 상실한 마음대로 내어 버려 두사 합당치 못한 일을 하게 하셨으니 29 곧 모든 불의, 추악, 탐욕, 악의가 가득한 자요 시기, 살인, 분쟁, 사기, 악독이 가득한 자요 수군수군 하는 자요 30 비방하는 자요 하나님의 미워하시는 자요 능욕하는 자요 교만한 자요 자랑하는 자요 악을 도모하는 자요 부모를 거역하는 자요 31 우매한 자요 배약하는 자요 무정한 자요 무자비한 자라 32 저희가 이같은 일을 행하는 자는 사형에 해당하다고 하나님의 정하심을 알고도 자기들만 행할 뿐 아니라 또한 그 일을 행하는 자를 옳다 하느니라(롬 1:28-32)

언약 아홉 번째 시간입니다. 오늘은 아담 언약과 인간의 불행에 대하여 살펴보도록 하겠습니다. 지금 우리는 인간의 불행에 대한 원인을 사회 부조리에서 찾고 있는 시대를 살고 있습니다. 인간이 살아가는 세상에는 부조리가 있습니다. 그 부조리를 정당화 하려는 것이 결코 아닙니다. 그 부조리를 고친다는 명목 하에 세상은 언제나 싸워왔습니다. 그것은 오직 하나 '권력 투쟁'이었습니다. 소위 국민을 위한다는 이름으로 일어서지만 그 사람들도 가만히 보면 속셈은 다른데 있는 것을 역사를 통해 알고 있습니다.

개혁이나 혁명의 이름으로 일어선 사람들은 백성을 위한다는 말로 깃발을 높이지만 사실은 자기도 권력을 손에 쥐고 싶은 것입니다. 설령 자기 자신이 그렇게 권력을 휘두르고 싶지 않다고 할지라도 나라 살림은 혼자 하는 것이 아니기 때문에 또 다시 부조리와 부패가 일어나게 됩니다. 그런데도 여전히 사람들은 자신들의 고통을 해결해줄 사람을 지지하고 그 사람이 권력을 잡으면 멋진 세상이 될 거라고 착각에 빠져 살고 있습니다. 어느 누가 권력을 잡을지라도 인간은 갈수록 불행하고 비참해지고 있습니다. 인본주의적 낙관론을 가지고 있는 것이 문제입니다. 투쟁은 그 낙관론을 이루기 위한 방법이요 과정이라고 말합니다. 그러나 결론은 없고 끝없는 투쟁만 있습니다.

아담언약은 인간의 불행이 첫 사람 아담의 범죄로부터 시작되었다고 말합니다. 아담은 언약의 머리였으며 대표였기 때문에 아담이 지은 죄는 모든 인류를 죄인으로 만들었습니다. '왜 그렇게 되어야 하느냐?'고 반문하겠지만 그렇게 언약 안에서 인간을 취급하시는 하나님의 방식입니다. 창조주의 방식에 대하여 피조물이 왜 그렇게 하느냐? 고 항의할 수 없습니다.[98] 하나님과의 관계가 먼저 있고

---

98) 이 사람아 네가 뉘기에 감히 하나님을 힐문하느뇨 지음을 받은 물건이 지은 자에게 어찌 나를 이같이 만들었느냐 말하겠느뇨(롬 9:20)

그 다음에 인간을 말합니다. 관계가 있고 존재가 있습니다. 그것이 성경의 언약이고 성경의 방식입니다. 그 방식을 거부하고 깨뜨린 것이 죄입니다. 그 죄의 결과로 모든 인간이 죄인이 되었습니다. 지금 우리의 불행의 원인은 아담이 범죄했기 때문입니다. 불행의 원인은 우리 밖에 있는 것이 아니라 우리 안에 있습니다. 우리는 본성적으로 죄인이며 그 하는 일마다 죄밖에 없습니다.

성경은 인간의 불행에 대하여 사회 구조의 문제, 사회의 부조리의 문제로 먼저 말하지 않습니다. 오히려 그런 부조리를 일으키는 근본적인 원인이 되는 인간의 존재와 죄에 대하여 직설적으로 말합니다. 성경은 인간에 대하여 에둘러 말하지 않습니다. 인간이 얼마나 죄악 된 존재이고, 인간이 얼마나 죄악 된 삶을 살아가고 있는지 있는 그대로 말합니다. 오늘 읽은 로마서 1장의 말씀은 그런 인간의 죄악 된 현실을 여과 없이 말하고 있습니다. 이런 모든 죄악의 근본적인 원인은 인간이 하나님을 저버리고 자기 욕망을 따라 살아갔기 때문입니다.

그 일의 시작은 첫 사람 아담이 하나님과 맺은 언약을 깨뜨렸기 때문입니다. 그 언약은 완전한 순종을 요구하는 언약입니다. 아담이 언약을 깨뜨렸다는 것은 만물의 주인이신 하나님의 허락 없이 자기 마음대로, 자기 욕망대로 살았다는 뜻입니다.99) 죄라고 하면 우리는 외적인 행동으로 생각하지만 성경은 언제나 하나님과의 관계를 말하며 그 관계를 단절하려고 하는 마음을 먼저 말합니다. 그래서 죄를 짓기 이전에 언제나 영적인 전쟁이 일어나게 됩니다. "신이 없으면 모든 것이 가능하다"는 니체의 말처럼 '죄를 짓느냐? 안 짓느냐?' 하는 문제는 사

---

99) 아서 핑크, 하나님의 언약, 김의원 역 (서울: CLC, 2007), 53-54. 〈언약이란 술어는 창세기 2장 17절과 관련되어지거나 혹은 그곳에서 명백하게 추론되어진다. 그 언약은 언약의 조건인 완전한 순종이 요구되었다. 그러나 결코 달라진 것은 없었다. 즉, 그 순종이 공식적으로 표현되어졌던 한 가지 시험만이 제정되었다. 다시 말해서, 선악을 알게 하는 나무의 실과는 먹지 말라는 것이었다. 하나님께서는 아담의 창조시 아담에게 완전하고도 보편적인 정직을 부여하셨다(전 7:29). 그래서 그는 완전히 그의 조물주의 모든 요구들에 응할 수 있었다. 그는 그의 임무에 관한 하나님의 뜻을 완전히 알았었다. 아담 안에 악을 향한 편견은 없었다. 즉 하나님의 형상과 모양으로 창조되었으므로 그의 감정은 순전하고 거룩했었다(엡 4장 24절을 보라). 그 의무의 준수는 얼마나 단순하고 쉬웠던가! 그 의무의 불이행의 결과는 얼마나 무시무시한가? "그런 하나님의 명령에 관한 경향은 다음과 같이 고찰되어질 수 있다. 인간은 다음 사항들을 교육 받게 된다. 1. 하나님께서는 만물의 주인이시라는 것, 인간이 사과를 원하는 것조차 하나님의 허락 없이는 되어질 수 없다. 그러므로 모든 일에 있어서, 즉 가장 큰 일에서부터 가장 적은 일에까지 하나님께서 우리를 통해 행하실 것인가 아닌가에 대해 하나님의 말씀에 자문해야만 한다. 2. 인간의 참된 행복은 하나님 한분께만 있고, 하나님께 복종하고 하나님을 위해 어떤 것을 사용하기 위해서가 아니면 아무것도 바라서는 안 된다는 것. 단지 하나님을 위해서만 만물이 인간에게 선하고 바람직스럽게 보인다는 것이다. 3. 하나님께서 그렇게 명하시면 가장 매혹적이고도 바람직한 물건들이 없어도 쉽게 만족해야 된다는 것. 즉. 세상에서 가장 기쁜 일을 즐기는 것보다 하나님의 명령에 순종하는 것을 더욱 선하게 생각하는 것이다. 4. 인간은 아직 행복의 최대치에 이르지 않았으므로 인간의 순종 과정이 성취된 후에야 더욱 큰 상을 기대할 수 있었다는 것 이것은 가장 매혹적인 나무에 대한 금령에 의해 암시되어졌는데 그 나무의 열매는 다른 나무의 열매 보다 더욱 먹음직스러웠다. 이것은 인간이 어떤 선한 것을 향유하지 못하게 저지당해야만 하는 상태에 있는 약간의 불완전한 상태임을 나타내 준다"(The Economy of the Covenants, H. Witsius. 1660).〉

실상 '하나님께서 살아계심을 믿느냐? 안 믿느냐?'의 내적인 싸움이고 영적인 싸움입니다.

아담언약과 인간의 불행을 생각할 때에, 오늘날 우리가 살아가는 이 현실에서 무엇이 달라져야 할까요? 우리는 여기 이 땅에 이상국가를 만들 수 없습니다. 그런 것을 부채질하는 사람들이 하도 많아서 속아 넘어가는 사람이 너무 많지만 실제로는 그렇게 되지 않습니다. 어느 날 집회에 참석해서 CCM을 부르면, 뜨거워진 마음 같아서는 지금 당장이라도 하나님 나라가 이 땅에 임할 것처럼 생각이 들어도 그렇게 되지 않는 것이 현실입니다. 왜 그럴까요? 인간이 본성적으로 죄인이라는 것을 제대로 인식하지 않기 때문입니다. 저 믿지 않는 사람들만이 그렇다는 것이 아니라 그런 이상국가를 추구하는 그 사람부터가 제대로 인식하지 못하기 때문입니다. 결국 주머니에 돈만 나갔다는 것을 세월이 많이 흐른 뒤에야 한숨과 함께 알게 됩니다.

그러면, 참으로 우리에게 있어서 달라져야할 것이 무엇일까요? 그것은 바로 우리존재의 본성적 죄악과 부패이며 그것이 우리의 한계라는 것을 하나님의 말씀 앞에서 뼈저리게 인정하고 현실을 직시하는 것입니다. 그리고 이 현실의 부조리를 어떻게 해결해 갈 것인지를 함께 노력해 가야 합니다. 이 한계가 있다는 것을 아는 것이 오늘 설교의 중요한 핵심입니다.

좀 더 상황적 관점에서 말해 보겠습니다. 사람들은 공정함, 평등, 자유 같은 선을 추구합니다. 그런 것들이 이 현실에서 이루어지기를 바라는 것 자체가 잘못된 것은 아닙니다. 더 예뻐지고 싶어서 화장하는 것이 잘못된 것이 아니듯이 인간이 아름다운 것을 추구해 가는 것은 잘못된 것이 아닙니다. 그러나 인간이 착각하는 경우가 생겨납니다. 예를 들어, 사람들이 어떤 화장품을 선택하는 것은 그 화장품 광고에 영향을 많이 받습니다. 그 광고의 화장품을 얼굴에 바르면 자신의 얼굴도 그 광고에 나오는 여성의 피부처럼 자기도 그렇게 될 수 있다는 생각입니다. 한 박스가 아니라 한 차를 사 발라도 그렇게 될 수가 없습니다. 왜냐하면 그 광고에 나오는 여성과 그 화장품을 바르는 자신의 얼굴이 다르기 때문입니다. 그런데도 이 땅의 수많은 여성들이 자기 문제, 자기 한계를 생각하지 않습니다. 그래서 화장품은 불타게 잘 팔립니다.

지금 우리가 살아가는 세상은 자본주의 사회입니다. 이 자본주의 사회에서 경쟁이 발생하게 되고 그 경쟁에서 뒤로 물러나는 사람들이 생겨나게 됩니다. 그렇게 경쟁에서 살아남지 못한 사람은 어려움을 겪게 됩니다. 그런 어려움을 겪게 되면서 사람들은 인간사회, 자본주의 사회에서 일어나는 부정과 불평등에 대한 해결책을 사회 구조의 문제라고 생각하면서 결국은 기존의 체제와 구조에 대하여 반발하고 투쟁하는 방향으로 나아가게 됩니다. 그런 일에 함께 하는 사람이 많아지고 하나의 세력을 형성하게 되면서 부르짖었던 것이 '권력에 의해 만들어진 인간이 아니어야 한다'는 것입니다. 체제의 전복이 일어나는 때도 있습니다. 그런데 그렇게 부르짖었던 대로 안 됩니다. 왜냐하면 돈과 권력을 가지게 되면 자기도 그 돈과 권력으로 사람들을 지배하고 자기의 권력에 저항하는 사람을 억압하고 짓밟고 죽이기 때문입니다. 사람들에게는 그렇게 하는 것이 과정이라고 속입니다.

말은 얼마나 멋있습니까? '권력에 의해 구성된 주체가 아니라 구성하는 주체가 되어야 한다', '세상이 요구하는 대로 살아가지 마라, 네가 원하는 대로 살아가라.' 그렇게 부르짖었는데 그렇게 안 됩니다. 권력을 가지지 않았을 때는 '권력에 저항하라 체제를 뒤집어라' 그 소리를 합니다. 그런데 권력을 가지게 되면 그 권력으로 지배하고 줄 세우기를 합니다. 그 권력에 저항하면 총과 독가스로 죽입니다. 그렇게 되어가는 현실을 받아들이고 살아가라는 말이 아니라 그것이 인간이 본성적으로 가지고 있는 죄악성이고 그 죄악성을 인간이 스스로 해결할 수 없다는 것입니다.

사람들은 말합니다. '내가 대통령이 되면 전직 대통령처럼 안 합니다', '내가 시장이 되면 전직 시장처럼 안 합니다', '내가 총장이 되면 전직 총장처럼 안 합니다'라고 말합니다. 나라의 대통령이든지 학급의 반장이든지 자기는 안 그럴 것이라고 말할지라도 그렇게 안 되는 것이 인간입니다.

그런 현실을 보면서 세상 사람들도 이렇게 말합니다.

> 문화 자본이 결핍된 교양이 없는 사람들은 비록 공정함이나 평등 같은 사회주의적(혹은 민주주의적) 선을 추구하더라도, 사회 내부의 메커니즘이 부정이나 불평등 같은 문제를 일으킨다는 것을 이해하는 데는 서툴다. 따라서 섣부르게 '악은 외부에 있다고 믿고 악을 배제하기 위해 공격한다. 일종의 '악마 쫓기' 의식이라고 할 수 있다.100)

일본 센다이시 출생이고 시카고 대학, 대학원의 인문학과 출신이며 일본의 유명한 소논문 강사인 요시오카 유우지의 말입니다. 인간이 선을 추구할지라도 이 인간사회가 부정과 불평등을 만들어 낸다는 것을 인정하고 그것을 어떻게 하면

---

100) 요시오카 유우지, 세상의 모든 생각, 박재현 역 (서울: 씨앤아이북스, 2015), 149.

줄여갈 것인가? 그렇게 나아가야 합니다. 그런데, 자기 안에 문제가 있다는 것을 인정하기 싫어합니다. 그렇게 생각하지 않고 편 가르기를 합니다. 쉽게 말해서, '이 모든 것이 다 너 때문이야' 그렇게 되어 버립니다. '이것이 우리 인간의 한계다' 그것을 인정하지 않습니다. 그렇게 현실을 바라보지 않고 '다 너 때문이야' 그렇게 말하고, 사람을 적으로 만들어 버립니다.

그렇게 되는 근본적인 문제는 인간 자체에 대한 문제를 인정하지 않기 때문입니다. 인간이라는 존재 자체에 대해서 우연과 진화의 결과물이라고 말하면서 인간 안에 어떤 신성한 것이 있다고 주장합니다. '인간이란 물질밖에 없다' 그러면 인간이라는 의미가 사라져 버리니까 인간을 어떻게 살리기 위해서 하는 말이 인간 안에 신성이 있다고 말합니다. 우리는 유교적 바탕에서 '인간은 하늘의 본성을 가진 존재다'라는 차원으로 접근하고 종교적인 방식에서는 '내가 곧 부처다' 그렇게 생각합니다. 그래서 현실의 문제는 '수양의 부족이다' 그렇게 보았습니다. 정치도 수양이고 가정도 수양입니다. 그래서 수신제가치국평천하(修身齊家治國平天下)가 기본모토이고 주장이 되었습니다.101)

이것은 단지 우리나라 사람들만 그렇게 생각하는 것이 아닙니다. 지난주에 말했던 들뢰즈 역시 마찬가지입니다. 들뢰즈는 그의 책 『의미와 논리』에서 스토아학파의 철학적 사유에 깊이 영향을 받았다는 것을 보여줍니다. 스토아학파의 주요한 사상 중의 하나가 '세계는 물체들의 집합체이고 의미는 물체들의 마주침으로부터 발생한다' 입니다. 인간의 존재 의미가 인간이라는 그 존재 자체로 본질로 내재하고 있는 것이 아니라 타자와의 만남으로부터 발생한다는 논리입니다. 서양철학의 물줄기를 올라가면서 만나는 주된 핵심은 '인간의 정신은 물질적이다'라는 것입니다. '그게 무슨 신소리인가?' 하고 생각이 들겠지만, '인간은 그냥 물질이야' 그렇게 말해야 성경이 말하는 하나님을 말하지 않기 때문입니다. '인간은 마음이 있다' 이렇게 되면 그 말은 '인간은 인격체야' 그렇게 되니까, '그럼 인간은 우연히 만들어진 존재가 아니네!' 그 말이 나오게 되니까, 그것이 싫은 것입니다. 그러면서도 의미를 찾고 통일성을 찾습니다. 앞뒤로 연결이 안 되는

---

101) 네이버 지식백과(고사성어랑 일촌 맺기, 2010. 9. 15., 서해문집). 수신제가 차국평천하(修身齊家 治國平天下): 몸을 닦고 집을 안정시킨 후 나라를 다스리며 천하를 평정함. 유교에서 강조하는 올바른 선비의 길입니다. 먼저 자기 몸을 바르게 가다듬은 후 가정을 돌보고, 그 후 나라를 다스리며, 그런 다음 천하를 경영해야 한다는 의미죠. 선비가 세상에서 해야 할 일의 순서를 알려주는 표현이다. 사서삼경 가운데 하나인 《대학》에 나오는 말이다, '사물의 본질을 꿰뚫은 후에 알게 된다. 알게 된 후에 뜻이 성실해진다. 성실해진 후에 마음이 바르게 된다. 마음이 바르게 된 후에 몸이 닦인다. 몸이 닦인 후에 집안이 바르게 된다. 집안이 바르게 된 후에 나라가 다스려진다. 나라가 다스려진 후에 천하가 태평해진다. 그러므로 천자로부터 일개 서민에 이르기까지 모두 몸을 닦는 것을 근본으로 삼는 것이다.'

말입니다. 인간이 물질이라고 말하면 기계로 끝나고 마는 것입니다. 기계가 무슨 의미를 찾아요? 기계는 오로지 생산하는 기계일 뿐입니다. 목적도 없고 지향하는 것도 없습니다. '인간은 물질이다', '인간은 기계다' 그렇게 말해 놓고도 삶의 의미와 통일성을 말합니다. 삶의 의미와 통일성은 인간이 인격체라고 말할 때에 나오는 것입니다. 결국 세상은 하나님 없는 자율성을 말하고 하나님 없이 삶의 의미와 통일성을 누리고 싶은 것입니다.

동양이나 서양이나 인간의 존재에 대한 근본적인 인식이 잘못되어져 있기 때문에 인간의 삶에 대한 해결책도 잘못된 길로 나아가게 됩니다. 인간이 근본적으로 죄인이라는 생각을 전혀 하지 않습니다. 이 현실에서 일어나는 고통과 부조리에 대해서 그저 사회 구조의 문제라고 보기 때문에 정치를 통한 권력투쟁이 끝나지 않습니다. 그래서 세상은 영웅을 원할 뿐이고 자기를 죄에서 구원할 메시아를 원하지 않습니다. 세상이 어지러울수록 강력한 리더십을 가진 영웅을 원합니다. 그래서 파시즘이 나오고 히틀러가 나왔습니다. 또 거기에 저항해야 한다고 하면서 기독교를 써먹는 사람들이 본회퍼를 끌어 들여서 세상의 고통을 지고 가는 것이 교회의 십자가라고 엉터리로 가르칩니다.

세상의 고통을 지고 가야 한다고, 열심을 가지고 살았던 사람이 가룟 유다입니다. 우리는 가룟 유다라고 말하면 예수님을 팔아먹은 나쁜 놈이라고만 생각합니다. 가룟 유다는 왜 예수님을 팔았을까요? 그 이유는 가룟 유다가 원하는 메시아가 아니었기 때문에 팔아버렸습니다.

가룟 유다는 열심 당원이었습니다. 열심당원은 율법에 열심인 바리새파로부터 떨어져 나온 집단으로 로마인들에게 복종하기를 거부하고 오직 하나님만이 유일한 통치자요 주가 되신다고 고백하면서 정치적 자유를 쟁취하기 위해 죽음을 두려워하지 않았습니다. 그들은 칼을 품고 다니면서 언제든지 유대민족을 위하여 생명을 내어놓을 각오로 살았습니다. 바리새파는 메시아가 오실 때를 기다렸으나 열심당원은 하나님의 통치를 촉진하기 위해 하나님과 협력해야 한다고 생각했습니다.102) 그러나 예수님께서는 하나님께서 다스리는 나라를 말씀하시고 정

---

102) http://www.theology.ac.kr/institute/dtdata/성서신학/신약신학자료/예수님과%20%20열심당.htm/ A.D. 〈6년의 반란은 유대인 통치자 아르켈라오가 해임되고 유대와 사마리아가 로마의 직접적인 위임통치 영역이 되어 시리아의 퀴리노(Cyrenius)가 제국의 국고에 상납되어야 할 공물의 양을 결정하기 위하여 그 땅에 인구 조사를 지시한 것에서 발단되는데, 이러한 조치는 몇몇 유대인 집단을 격분시켰으며 그들로 하여금 저항운동을 하게 만들었다. 그들 중에는 특히 적극적인 행동으로 그들의 반감을 표시하기를 거부하는 바리새파 사회에서 떨어져 나온 집단이 속해 있었다. … 이 열심당원들은 이방 통치자들의 주권을 인정하는 것을 불법이라고 생각할 정도로 신정(神政)의 원리를 실행했기에, 바리새파 사람들처럼 미래의 메시아적인 전환기를 참고 기다릴 준비가 되어 있지 않았다. 그들은 오히려 적극적인 행동을 통해서 역사의 진행을 결정하려고 하였다. 즉 그들은 하나님의 통치를 촉진하

치적 해방을 위해 일하지 않으셨습니다.

그 대표적인 증거는 예수님께서 베드로에게 하신 말씀에서 드러납니다. 예수님께서 고난을 받고 죽임을 당하고 삼일 만에 살아날 것이라고 말했을 때, 베드로는 예수님을 붙들고, "주여 그리 마옵소서 이 일이 결코 주에게 미치지 아니하리이다"(마 16:22)라고 말했습니다. 한글 성경에는 "항변하여", 혹은 "간하여" 그렇게 나와 있지만, 헬라어로는 '신랄하게 비난하다'라는 뜻입니다. 베드로가 예수님께 왜 그렇게 말했을까요? 메시아로 오셨으면 저 로마로부터 이 유대 사회를 정치적으로나 군사적으로 구원해 주셔야 하는데 죽는다고 하시니 모든 희망이 무너지기 때문입니다. 예수님께서는 베드로에게 이렇게 말씀하셨습니다.

> 예수께서 돌이키시며 베드로에게 이르시되 사단아 내 뒤로 물러가라 너는 나를 넘어지게 하는 자로다 네가 하나님의 일을 생각지 아니하고 도리어 사람의 일을 생각하는도다 하시고(마 16:23)

기 위해 하나님과 협력하여야 한다고 확신하였던 것이다. 이들이 열심당(the Zealots)이라고 불리우는 이유는 역사적 전례에 기초하는데, 즉 안티오쿠스 4세가 유대교를 탄압했을 때 하나님의 율법에 대한 열심을 나타냈던 마따디아와 그의 아들들과 추종자들, 광야에서 이스라엘인들이 배교했을 때 뛰어난 열심을 보였던 비느하스(민 25:10-13; 시 106:30-31)등이 이 전례에 해당한다. 이러한 열심당의 정신은 A.D. 74년까지 지속되었다. 유다 가족들은 열심당의 지도자들이었는데, 그 두 아들 시몬과 야곱은 A.D. 46년에 박해자 알렉산더에 의해 십자가형에 처해졌고 세째 아들 므나헴은 A.D. 66년 강력한 반로마 저항 운동을 지도하기 시작했다. 열심당은 A.D. 66-73년의 전쟁 동안에 적극적이었다. 그러나 마지막 요새였던 마사다가 A.D. 74년에 무너지면서 해체되었다. 이와 같은 열심당의 종교적·정치적 측면은 그 운동의 사회·경제적 측면과 연결지어져야 한다. A.D. 6년의 반란은 원래 경제적 문제 때문에 일어났다. 즉 조세 부담에 대한 반대로서 조성되었던 것이다. 로마시대 농민들의 수입은 수확의 50%를 넘지 못했다. 이는 물론 과중한 세금부담 때문이었다. 유대인들의 경제적 상황은 철저하게 검소하였는데 예루살렘의 소수 상류층과 갈릴리의 대자주들을 제외하고는 대부분이 밭농사와 수공업 그리고 소매업으로 그들의 생활비를 벌어야 하는 형편이었다. 그러한 경제적 위기에서 부자들의 착취가 가능했으리라는 추측을 할 수 있고 그로 인해 많은 사람들은 농토를 잃고 반농 혹은 소작농이라는 새로운 계층이 되었던 것이다. 따라서 가난이 널리 퍼져 있었으며 경제적인 비참함 때문에 고국을 등지는 사람이 많았다. 한편, 농업생산의 어려움은 강도질을 유발시켰는데 그것은 부채를 지고 있는 농부들과 소작인들이 빈곤의 압박으로부터 벗어나는 길은 산속의 저항 투사들에게 도망가는 방법 외에는 없었기 때문이다. 열심당은 소유관계를 하나님이 원하는 바대로 새롭게 조직하기 위하여 투쟁했는데 요세푸스는 그들의 행태에 대해 이렇게 기술하고 있다. "폭력적인 한 전쟁이 우리에게 닥쳤다. 그래서 우리는 우리의 고통을 덜어주던 친구들을 잃었다. 또한 엄청난 강도 행위와 주요 인사들에 대한 살인 행위가 있었다. 이것은 공공복리를 위한다는 구실 아래 행해졌지만 실제로는 그들 자신의 이익에 대한 소망 때문이었다." 이러한 현상은 A.D. 66년 열심당이 예루살렘을 점령할 때 구체적인 행위로 표현되는데 요세푸스는 그 행태를 다음과 같이 묘사한다. "그들은 횃불을 공문서들이 보관되어 있는 그 곳(대제사장 아나니아의 집과 아그립바의 궁전)으로 가지고 가서 채권자와 맺은 채무문서를 불태웠다. 그것으로 인해 그들은 그들의 채무이행의 의무를 해소시켰다. 그들은 채무자인 많은 대중들을 그들에 동조하게 하기 위하여 이런 행위를 했고 그로 인해 그들은 가난한 부류들로 부유한 이들에 대항하는 그들의 폭동에 좀 더 가담하도록 설득했다." 이처럼 요세푸스는 사회 혁명적 특성을 열심당의 고유한 동기로 파악하면서 국가적 독립의 욕구는 단순히 '탐욕'의 이데올로기적 장식에 불과한 것이라고 평가절하한다. 열심당 운동은 상층 계급과 하층 계급 간의 사회·경제적 분배 투쟁으로서 궁핍한 시대의 첨예화된 현상으로 파악될 수 있다. 그러나 이러한 열심당의 사회·경제적 특성이 너무 과장되어서는 안 될 것이다(예, 크라이시히). 왜냐하면 근동의 다른 지역들도 이스라엘의 경우와 마찬가지로 로마 정부에 의하여 심한 경제적 착취를 당하였지만 타 지역에서는 이스라엘의 저항 운동에 필적하는 저항 운동이 일어나지 않았기 때문이다.)

예수님께서는 베드로의 생각을 아시고 단호하게 거절하셨습니다. 베드로의 그런 생각은 사단의 생각이고 사단이 원하는 것이었습니다. 그것은 하나님의 일을 생각하는 것이 아니라 사람의 일을 생각하는 것이었습니다.

존 칼빈은 이렇게 주석했습니다.

> 그리스도께서는 자기 제자를 떠나보내신다. 왜냐하면 그의 그릇된 열심으로 그는 사탄의 역할을 했기 때문이다. 주님은 그를 자신의 반대자라고 칭하실 뿐만 아니라 자기가 심히 미워하신다는 표로써 마귀라는 이름을 그에게 주셨기 때문이다. 우리는 주님께서 즉시 덧붙여 하신 말씀의 이유를 주시하지 않으면 안 된다. "너는 나를 넘어지게 하는 자로다. 네가 하나님의 일을 생각지 아니하고 도리어 사람의 일을 생각하는도다"라고 말씀하셨던 것이다. 베드로가 주님께서 하셔야 하는 일을 가로막았을 때 그는 그리스도께 장애물이 되었다. 이 사실을 볼 때 사람들이 그릇된 열심을 갖는다는 것이 얼마나 부당한 짓인가를 알 수가 있다. 베드로가 주님의 진로를 방해하려고 했을 때 이는 자신과 전 인류로부터 영원한 구원을 빼앗아 버리는 행위가 되었기 때문이다. 그러므로 우리를 오도(誤導)하여 우리가 하나님께 순종하지 못하게 하는 모든 것으로부터 우리가 도피해야 할 것을 이 말씀이 교훈해 주고 있다. 사람의 생각대로 판단하여 베드로가 사람의 일을 생각한다고 말씀하셨을 때 그리스도께서는 모든 악(惡)의 근원을 열어 보이셨다. 그러므로 하늘의 재판장이 우리와 우리의 노력을 마귀에게 내어 주지 아니하시도록, 우리는 우리들 스스로의 지각에 충실하지 말고 주님께서 인정하시는 것을 순순히 붙잡도록 하자.103)

베드로는 예수님을 오해하고 있었습니다. 베드로는 그릇된 열심으로 예수님께서 유대나라를 위해 일해 주실 것으로 잘못 생각하고 있었습니다. 예수님께서 가시는 구원의 길을 알지 못했습니다. 그런 까닭에 베드로가 예수님의 길을 가로막았을 때 그것은 그리스도께 장애물이 되었으며, 그리스도께서는 베드로를 향해 '사단아 물러가라'고 단호하게 말씀하셨습니다. 열심 당원이었던 가룟 유다는 예수님의 그런 모습을 보고 예수님과 함께 사역해 가면서 자기 뜻대로 예수님께서 혁명을 일으킬 분이 아니라는 것을 확신하고 은 삼십에 예수님을 팔아넘겨 버렸습니다.104)

오늘날, 세상의 고통을 함께 지는 것이 교회가 져야할 십자가라고 하는 것은 저

---

103) 존 칼빈, 공관복음주석2 (서울: 성서교재간행사, 1982), 108-109. 어떤 사람들은 '뒤로'라는 말을 적합하지 않게 철학적으로 설명하여 마치 베드로가 주님의 앞장을 서서는 안 되고 뒤를 따라야 한다는 명령을 받은 것처럼 논하고 있다. 그러나 누가복음 4장에는 주님께서 이와 동일한 말씀으로 마귀를 쫓은 사실이 기록되어 있다. 그리고 이 '휘파게'라는 말은 '떠나가라'는 의미를 가지며 이 말에서 라틴어 Apage(아파게: 물러가라)가 나왔다. … 그리고 교황과 그의 무리들이 자기들의 어리석은 관념들을 그대로 끝까지 찬양하도록 내버려 두자! 그들이 하늘의 심판대 앞에 이르면 그리스도께서 사탄의 짓과 같은 것이라고 말씀하시는 그들의 자랑이 어느 정도로 가치가있는 것인지 마침내 깨닫게 될 것이다. 우리들은 치명적인 장애물들에 의하여 구원의 문을 일부러 닫고자 하는 마음이 생기지 않도록 오직 하나님의 입으로부터 나오는 지혜를 습득하려는 의욕을 갖도록 하자.
104) 내가 예수를 너희에게 넘겨주리니 얼마나 주려느냐 하니 그들이 은 삼십을 달아 주거늘(마 26:15)

가롯 유다가 했던 것이나 다를 것이 없습니다. 가롯 유다에게는 유대민족의 고통을 외면하고 죄인들을 구원하려고 십자가를 지시고 죽으시는 예수 그리스도가 필요 없었습니다. 이 민족의 고통을 아파하고 함께 고민하는 것은 좋은 일입니다. 가난한 자들을 위해 소리치고 억울한 사람들을 위해 함께 나누는 것은 좋은 일입니다.105) 그러나 그것이 우리가 져야할 십자가라고 말해서는 안 됩니다. 십자가는 죄에서 영혼을 구원하는 십자가입니다. 구원과 상관없는 십자가는 정치적 수단밖에 되지 않습니다.

그런 일에 정당성을 부여하기 위해 예수님을 끌어넣지 말아야 합니다. 예수 그리스도께서 그리 안 하셨듯이 우리도 안 해야 합니다. 우리는 예수 그리스도께서 하신 일을 해야 합니다. 예수님께서는 복음을 전하셨으며 부활 승천하시면서도 복음을 전하라고 하셨습니다.106) 예수님께서 세상 정치에 뛰어들지 않으신 것은 능력이 없어서가 아닙니다. 인간의 근본적인 문제는 사회 구조의 문제가 아니며 그것을 정치적으로 해결할 것이 아니기 때문입니다. 인간의 문제는 첫 사람 아담이 범죄함으로부터 인간이 본성적으로 죄인이기 때문이며 인간은 자기 스스로 그 죄에서 구원할 수가 없기 때문입니다. 그런 까닭에, 예수님께서는 우리 죄를 대신하여 십자가에 피 흘려 죽으시고 부활하셨습니다.

아담 언약을 말하면서, 인간의 불행의 시작이 언약의 대표인 첫 사람 아담이 죄를 지었기 때문에 그로 인해 우리 모든 사람이 죄인이 되었다고 말하는 것은 세상의 인간론에 대한 근본적인 반대가 있다는 것을 말하기 위함입니다. 세상은 사회의 부조리와 사회 구조에 초점이 맞추어지지만 성경은 인간의 죄인 됨을 말하고 그 죄에서 구원하시는 예수 그리스도를 말합니다. 예수 그리스도께서는 이 사회의 부조리, 이 사회의 구조에 대한 관심이 아니라 죄인들의 영혼에 더 관심을 가지기를 원하십니다.

오늘날, 교회 안에도 많은 사람이 세상 나라의 일에 참여하지 아니하면 공허한 망상이라고 생각합니다. 물론 너무 허무맹랑한 말을 해서 공허한 망상이라는 말을 듣는 경우도 있습니다. 세상에 일어나는 일들에 대해서 어떤 비판과 판단도 없이 신앙적인 용어로 생각조차 안 하는 경우가 많기 때문입니다. 그러나 우리

---

105) 즐거워하는 자들로 함께 즐거워하고 우는 자들로 함께 울라(롬 12:15)
106) 그러므로 너희는 가서 모든 족속으로 제자를 삼아 아버지와 아들과 성령의 이름으로 세례를 주고(마 28:19) 오직 성령이 너희에게 임하시면 너희가 권능을 받고 예루살렘과 온 유대와 사마리아와 땅 끝까지 이르러 내 증인이 되리라 하시니라(행 1:8)

에게 중요한 것은 아담의 범죄가 모든 사람에게 영향을 미친다는 하나님의 방식입니다. 아담이 죄를 지어 넘어졌을 때 그의 후손들이 모두 함께 죄를 짓고 넘어졌습니다. 그렇기 때문에 우리에게는 한계가 있다는 것입니다. 그래서 어떻게 해야 할까요? 용납할 것은 용납해야 하고, 그것을 어떻게 협력해서 부조리와 구조를 해결해 갈 것인지를 숙고해야 합니다.

부조리한 사회, 모순적인 세상을 어떻게 살아가야 하는가? 하는 것은 우리 모두에게 숙제입니다. 그러나 우리는 삼위일체 하나님 안에서 목적과 방향성, 내용이 이미 주어져 있습니다. 우리는 주의 언약 백성으로서 거룩하고 의롭게 살아야 하고 세상을 따뜻하게 할 책임이 있는 사람들입니다. 그것은 성도의 언약적 의무와 책임으로 주어져 있습니다. 더 많은 사람을 살리고 더 많은 사람을 유익하게 해야 합니다. 그 일에 가장 중요한 것은 복음을 전하는 것입니다. 복음을 전하는 것이 더 많은 사람을 사랑하는 것입니다. 내 앞에 있는 영혼들이 예수 그리스도를 믿어 영생을 얻는 것이 더 많은 사람을 사랑하는 것입니다.

내 한 목숨 편안하게 살다가 가는 것은 세상 사람들의 소원입니다. 성도의 소원은 내 앞에 있는 영혼들이 예수 그리스도를 믿어 영생을 누리고 천국에 가는 것입니다. 이 귀하고 복된 소원을 위해 더욱 기도하며 이 고난 많은 세상에서 믿음으로 승리하는 새언약의 백성으로 살아가기 바랍니다.

언약 10 아담언약 4

17 한 사람의 범죄를 인하여 사망이 그 한 사람으로 말미암아 왕 노릇 하였은즉 더욱 은 혜와 의의 선물을 넘치게 받는 자들이 한 분 예수 그리스도로 말미암아 생명 안에서 왕 노 릇 하리로다 18 그런즉 한 범죄로 많은 사람이 정죄에 이른 것 같이 의의 한 행동으로 말 미암아 많은 사람이 의롭다 하심을 받아 생명에 이르렀느니라 19 한 사람의 순종치 아니함 으로 많은 사람이 죄인 된 것 같이 한 사람의 순종하심으로 많은 사람이 의인이 되리라 20 율법이 가입한 것은 범죄를 더하게 하려 함이라 그러나 죄가 더한 곳에 은혜가 넘쳤나니 21 이는 죄가 사망 안에서 왕 노릇 한 것 같이 은혜도 또한 의로 말미암아 왕 노릇 하여 우리 주 예수 그리스도로 말미암아 영생에 이르게 하려 함이니라(롬 5:17-21)

언약 열 번째 시간입니다. 오늘은 아담언약의 실제적인 내용인 행위언약107)에 대해 살펴보겠습니다.108) 언약 사상은 츠빙글리 (LTLich Zo·ingli, 1484-1531) 가 종교개혁 과정에서 처음으로 말했습니다.109) 행위언약은 영국의 청교도인 더 들리 페터(1558-1587)가 라틴어로 "Foedus operum"이라는 형태로 행위언약을 최초로 사용했습니다. 행위언약은 '자연 언약', '자연적 언약', '창조 언약', '율법 언약', '하나님과의 우정'(amicitia cum Deo), '아담 언약' 등으로 불렸습니다.

먼저 행위언약과 은혜언약에 대해 개략적으로 살펴보겠습니다. 행위언약과 은혜 언약은 하이델베르크 요리문답을 작성한 두 사람 중의 한 사람인 자카라우스 우

---

107) 안상혁, 언약신학 쟁점으로 읽는다 (경기: 영음사, 2016), 263. 〈튜레틴은 성경에 기록된 언약들을 크게 두 종류, 곧 "자연언약"(The covenant of nature)-혹은 행위언약-과 은혜언약으로 나누어 설명한다. 중요한 사실은 이 두 개의 언약이 지향하는 궁극적인 목표가 같다는 것이다. 곧 하나님께서 언약을 맺으신 궁극적 목적은 언약의 참여자인 사람과 더불어 사랑의 "교제"를 누리는 것이며 또한 사람과 더불어 "가깝고도 친밀한 연합"을 이루는 데 있다.〉
하단 각주에서, 〈"자연"언약이라고 부르는 이유는 그것이 창조시 부여받은 사람의 본성과 능력에 기초하기 때문이 다. 또한 그것은 "율법" 언약으로 불리기도 하는데 이것은 자연인 안에 새겨진 율법에 대한 순종을 그 조건으로 하기 때문이다. 마지막으로 "행위 언약"으로 불리는 이유는 그것이 행위 혹은 순종에 기초하기 때문이다 (Turrettion, Inst. 8.3.5; 8.6.10).〉
108) 헤르만 바빙크, 개혁교의학2, 박태현 역 (서울: 부흥과개혁사, 2011), 707-708. "신자들이 그리스도를 통해 갖는 하나님에 대한 관계는 성경에서 자주 '언약' 이라는 이름으로 사용되었다. 이미 츠빙글리와 불링거는 재세례 파에 대항하여 구약과 신약의 통일성을 변호하기 위해 성경 안에 있는 이 사상을 붙들었다. 그래서 기독교가 성 경의 예를 따라 언약으로 제시되었을 때, 바울은 아담과 그리스도와의 대비를 통해 완전한 상태 역시 신학자들로 하여금 하나의 언약으로 생각하게 만들었다. 그래서 이것은 은혜언약과 구별하여 자연언약 또는 행위언약이라고 불렸다. '자연언약'이라고 불렸던 것은, 그것이 하나님의 본성 또는 인간의 본성에서 자동적으로, 그리고 자연스런 방식으로 흘러나왔기 때문이 아니다. 그렇게 불렸던 까닭은, 그 언약이 기초한 토대, 즉 도덕법은 인간에게 자연적 으로 알려져 있었기 때문이고, 그 언약은 본래 상태의 인간과 수립되었고, 인간은 창조 시에 자신에게 주어진 힘으 로, 초자연적 은혜 없이, 그 언약을 지킬 수 있었기 때문이다. 나중에 그 명칭이 오해를 불러일으키자, 그것은 오히 려 '행위언약'이라는 명칭으로 대체되었다. 그리고 그것이 이 명칭을 지녔던 까닭은, 이 언약에서 영생은 오로지 행위, 즉 하나님의 계명을 준수함으로써 획득할 수 있었기 때문이었다. 그래서 개혁파 신학자들은 이 언약을 '은혜 언약'의 대비로서 특별히 애호하여 가르치고 발전시켰다."
109) 서철원, 서철원박사의 교의신학3, 인간론 (서울: 쿰란출판사, 2018), 172; "그런데 후기에 작성된 행위언약 처럼 인간 존재의 양양과 영생을 목표하고 언약체결이 이루어진 것이 아니라 하나님의 백성이 되도록 언약을 체결 하였다는 것을 제시하였다. 이로써 그는 교회 역사에서 처음으로 바른 언약 개념과 언약 관계를 설정하였다."

르시누스(Azcharius Ursinus, 1534-1583)가 구분하고 정리했습니다.110) 행위언약이라 했으니 행위가 무엇인지 알아야 합니다. 행위란 언약에 대한 순종을 말합니다.111) 하나님께서는 선악과를 먹지 말라고 하셨으나 아담은 사탄의 유혹에 넘어가 범죄하고 타락했습니다. 범죄하고 실패한 그 행위언약을 회복하는 것이 은혜언약입니다. 행위언약이란 계명에 순종하면 생명이 주어지고 불순종하면 죽음의 형벌이 내려지는 언약입니다. 언약 당사자의 행위에 따라 상과 벌이 주어지는 언약입니다. 반면에, 은혜언약은 예수 그리스도의 구속의 공로를 전가받기 위한 믿음의 언약입니다. 행위 언약은 순종함으로 언약의 약속과 복을 누리나 은혜언약12)은 그리스도를 믿는 그 믿음으로 약속과 복을 누리는 언약입니다.

---

110) 원종천, 청교도 언약사상: 개혁운동의 힘 (서울: 대한기독교서회, 2002), 33. 〈턴데일의 저서와 불링거의 영향을 받은 존 후퍼의 저서에서 언약사상이 나타나기는 했지만, 1558년 엘리자베스 여왕의 통치가 시작되어 이삼십 년이 지나기 전까지는 영국에 언약사상이 확산되지 않았다. 영국에 언약사상이 조직적인 체계를 가지고 나타나기 시작한 것은 1580년대에 케임브리지 대학 출신 청교도인 더들리 페너(Dudly fenner)와 토마스 카트라이트(Thomas cartwright)를 통해서이다. 페너는 영국 사람으로서는 처음으로 은혜언약과 행위언약을 구분하여 소개했다. 그러나 하나님과 인간 사이의 언약개념에 행위언약을 첨부하여 언약을 은혜언약/행위언약으로 구분하여 정리한 첫 번째 사람은 하이델베르크 요리문답(Heidelberg Catechism)을 작성한 두 사람 중 하나인 자카라우스 우르사이누스(Zacharius Ursinus, 1534-1583)였다. 1520년대에 언약개념을 처음 소개한 츠빙글리나 그것을 바로 발전시킨 불링거에게 타락 전에 하나님과의 언약관계를 언급하는 '행위언약'의 내용과 은혜언약/행위언약의 구분은 없었다. 칼빈에게도 이러한 개념은 없었는데, 그는 언약을 타락부터 그리스도까지의 구 언약(Od covenant)과 그리스도로부터 마지막 날까지의 신 언약(New covenant)으로 나누었고 신·구약의 연속성과 불연속성에 관심을 두었다. 1562년에 와서 우르사이누스는 처음으로 타락 전의 아담과 하나님과의 언약을 소개했고 그것을 행위언약으로 간주했다. 이것은 그 후 20년 동안 별로 크게 발전하지 못하다가 1584-1590년 사이에 피터 라무스(Peteraamus)의 이분론적 논리의 영향을 받은 페너와 같은 사람들에 의하여 다시 발전되었다. 1590년 이후 이 구분은 유럽 대륙과 영국의 개혁주의 신학자들에 의하여 보편적으로 받아들여졌다.〉 하이델베르크 교리문답의 저자로 자카라우스 우르사이누스와 캐스퍼 올리비아누스를 공동저자로 말하지만 프레드릭 3세가 여러 목회자들과 대학 신학자들과 팀을 구성해서 작성했다. 다만 우르사이누스가 그 팀의 주요 저자가 되었고 올리비아누스는 우르사이누스보다 그 역할이 적었다. 우르사이누스는 '자연언약'이라 불렀으며, 하이델베르크 교리문답 저자 중에 한 사람이 캐스퍼 올레비아누스는 '창조언약'이라 했다. 존 머레이는 '행위언약' 역시 '은혜'에 기초한 언약이므로 '은혜언약'이라고 부르거나 'the Adamic Administration'('아담에 대한 경륜' 혹은 '아담 통치방안' 혹은 '아담에 대한 언약시행')이라는 표현을 사용해야 한다고 주장했다. 머레이는 실제적으로 발전된 형태의 최초의 제시가 캐스퍼 올리비아누스에게서 발견되는 것으로 여긴다(이승구, 현대인을 위한 신학, p.197).

111) http://rpress.or.kr/xe/363337/ 김병훈 교수, 행위언약. 〈… 행위언약의 존재를 드러내주는 성경의 증거구절로 호세아 6장 7절, "그들은 아담처럼 언약을 어기고 거기에서 나를 반역하였느니라"는 말씀이 종종 언급이 됩니다. 여기서 "아담처럼"이라는 표현은 포괄적으로 사람들 일반을 가리키는 말로 해석될 수 있습니다. 즉 사람들이란 본래 거짓되고 부패하여 언약을 맺어도 늘 깨기 마련이듯이 이스라엘도 하나님과의 언약을 깨고 반역을 하였다는 뜻을 나타냅니다. 하지만 최초의 사람인 아담이 언약을 불순종한 것을 가리키는 것으로 해석을 해서 문제가 될 것이 없습니다. 또한 욥기 31장 33절, "내가 언제 다른 사람처럼 내 악행을 숨긴 일이 있거나 나의 죄악을 나의 품에 감추었으며"의 말씀에서 "다른 사람처럼"은 "아담처럼"으로 번역이 가능합니다. 이것은 앞서 호세아서와는 반대의 경우입니다만 설명은 동일한 경우를 보여줍니다. 욥 자신은 사람들이 자신들의 죄악을 감추듯이 하지 않았음을 말하는 구절인데, 이것은 아담이 자신의 죄를 감춘 것처럼 하지 않았다고 해석을 해도 무방합니다. 요컨대 호세아서와 욥의 해당 구절들은 아담이라는 단어가 최초의 인간을 가리키는 이름이면서 또한 사람 일반을 가리키는 보통명사이기도 하므로 두 가지 해석이 다 가능합니다. 따라서 아담과 맺으신 하나님의 행위언약을 직접적으로 입증하는 구절로 제한성을 갖는다고 할 수 있습니다. 그러나 아담을 가리키는 해석이 또한 여전히 가능한 만큼 행위언약의 입증하는 참조 구절로 충분한 효력을 갖습니다.〉

112) 윌리엄 에임스, 신학의 정수, 서원모 역 (서울: 크리스찬다이제스트, 2012), 82-83. 〈본 언약은 신약에서 예수 그리스도의 삶과 죽음과 부활 안에서 하나님께서 자신을 시여할 때 정점에 이르렀다. 본 언약의 가장 명백한

이렇게 행위언약과 은혜언약으로 말한다고 해서 행위언약을 지킴으로 영생에 이르는 조건으로 이해해서는 안 됩니다. 그렇게 되면 영생 얻음이 은혜로 받는 것이 아니라 인간이 계명에 순종함으로 만들어 내는 것이 됩니다.113) 서철원 교수는 행위언약과 은혜 언약에 대하여 다음과 같이 말했습니다.

> 첫 언약에 상응해서 새 언약이 신약에 제시되었다(눅 22:20; 고전 11:25; 고후 3:6; 히 8:8). 전통적인 개혁파 신학자들은 행위언약과 은혜 언약 도식으로 사고함으로 새 언약을 완전히 도외시하였다. 첫 언약은 행위언약이 아니고 하나님의 백성 되기로 한 약정이다. 새 언약은 첫 언약의 성취이다. 두 언약을 통해서 하나님은 자기의 백성을 가지시는 경륜을 온전하게 이루신다.114)

표현은 로마서에 나타난다. 우리가 이미 보아왔듯이 여기서는 주요 논증이 파악될 수 있다. "우리가 아직 죄인 되었을 때 그리스도께서 우리를 위하여 죽으심으로"(롬 5:8) 로마서는 『신학의 정수』에서 가장 많이 인용된 성경책이다. 따라서 에임스는 그리스도 사건을 은혜언약의 구약적 형태와 신약적 형태의 경계선으로 본다. 구약은 그리스도께서 오실 것을 약속했다면 신약은 그가 오셨다는 것을 증거 한다. 다른 차이점들도 존재한다. 구약은 의식과 제의에 의해 특징 지워진다. 하지만 신약은 영적인 순종에 의해 특징 지워진다. 구약은 유대인에게 제한되지만 신약은 모든 민족을 위한 것이다. 구약은 강압적이며 부담을 준다. 하지만 신약은 초청적이며 생동적이다. 하지만 언약의 본성과 내용은 신구약에서 모두 동일하다. 차이점은 그 시행(administration)과 적용에 있다.〉

113) 서철원, 서철원박사의 교의신학3, 인간론 (서울: 쿰란출판사, 2018), 172-173. 〈4.1.5. 행위언약은 잘못 설정된 언약 개념이다. 행위언약은 위의 언약체결 논의에서 살폈듯이 잘못 설정된 언약 개념이다. 처음 창조 시 아담을 불완전하게 창조하셔서 계명을 지키면 영생에 이르도록 하겠다는 조건으로 언약을 체결했다는 것은 하나님의 창조경륜에 전적으로 어긋난다. 성경 어디에도 그런 시사는 없다. 단지 이스라엘 백성에게 주신 율법과 그 준수 강조를 행위언약으로 바꾼 것이다. 이스라엘에게 주신 계명과 율법은 행위언약의 조건으로 주신 것이 아니고 하나님 섬김과 삶의 규범으로 주신 것이다. 성경의 근본 뜻을 모르므로, 사람이 계명을 잘 지키면 영생과 완전함에 이르게 하겠다고 약속한 것으로 오해하여 행위언약을 공식화하였다. 이스라엘과 맺은 언약은 행위언약이 아니라 하나님의 백성 되기로 한 약정이다. 하나님의 언약백성이 되었으므로 창조주 하나님만을 잘 섬기도록 하려고 계명들을 주셨다.
4.1.6. 행위언약의 본성: 행위언약은 하나님이 처음 사람을 창조하신 후 체결한 언약인데, 창조주 하나님이 합리적인 존재인 사람과 한 약정을 맺으셨다. 이 언약은 주신 계명을 성취하면 영생에 이르도록 하신 약정이라고 한다. 곧 하나님이 사람을 자기의 형상으로 만들어 서로 교제할 수 있게 하시고 하나님의 계명을 지켜 성취하면 그 행위의 공로로 영생을 얻게 하신다는 것이다. 그렇다면 처음부터 하나님이 인간을 영생하도록 창조하신 것이 아니라는 것이다. 영생에 이르도록 완전해지는 것은 사람이 자기 손으로 이루도록 만든 것이다. 그러면 처음부터 사람은 타락가능성을 가지고 만들어져서 범죄 하는 것은 정해진 일이 된다. 그러므로 행위언약을 체결하도록 된 것은 하나님이 인간을 불완전하고 잠정적으로 만드셨다는 것이 된다. 바빙크는 하나님은 인간을 임시적이고 잠정적이고 파편적으로 창조하신 후 영생을 주어 완성에 이르게 하셨다고 주장한다(H. Bavinck, Gereformeerde Dogmatiek, II,138. de Bestemming van den Mensch, 526). 그러면 영생은 하나님의 은혜로 받는 것이 아니라 계명 순종이라는 조건 이행으로 획득해야 할 것이다. 계명 순종을 이루어 영생을 획득하도록 언약을 체결하였으니 행위언약이라는 것이다.〉
114) 서철원, 서철원박사의 교의신학3, 인간론 (서울: 쿰란출판사, 2018), 30. "4.3.6. 행위언약으로는 의를 얻지 못하였다는 주장: 꼭채유스는 행위언약에서는 사람이 생명을 요구할 권리 곧 의를 받지 못하였다고 한다(De Leer van het Verbond, 26). 그는 첫 사람 아담은 의를 받지 못하였고 의는 새사람에게 속한다고 제시한다(De Leer van het Verbond, 26). 행위언약은 의와 하나님과의 교제를 위해서 체결했다고 하면서도 행위언약으로는 의를 얻지 못한다고 꼭채유스는 주장한다. 그러나 아담은 범죄 하기 전에 하나님 앞에서 살고 하나님을 잘 섬겨서 하나님의 백성으로서의 의무를 다 행하였다. 그런데도 첫 언약에서는 의를 받지 못하였고 새사람만이 의를 요구할 수 있었다고 하면 왜 행위언약을 체결했는가? 행위언약으로는 생명을 주는 의를 받을 수 없었으면 왜 언약을 체결하여 생명의 약속을 주셨는가? 범죄 하기 전까지 아담과 하와는 가짜 삶을 살았는가? 아담은 범죄 하기 전까지 하나님의 계명을 잘 지켰으니 의의 상태로 살고 있었다. 그런데 왜 영생에 이르지 못하고 타락하게 되었는가? 첫 사람들이 하나님의 백성으로 살도록 의무를 부과하시기도 전에 영생에 이르도록 하기 위해서 언약을 체결했다는 것은

서철원 교수에 의하면, 옛언약이나 새언약이나 하나님의 언약백성이 되었기 때문에 하나님의 백성으로 "하나님만을 잘 섬기도록 하려고" 주신 것입니다. 언약은 언약백성이기 때문에 하나님의 백성답게 살아가는 삶의 규범입니다. 서철원 교수는 행위언약을 영생의 조건으로 보아서는 안 된다고 말했습니다.

은혜언약은 하나님께서 인간이 타락한 즉시로 세우셨습니다. 그것은 창세기 3장 15절입니다.

> 내가 너로 여자와 원수가 되게 하고 너의 후손도 여자의 후손과 원수가 되게 하리니 여자의 후손은 네 머리를 상하게 할 것이요 너는 그의 발꿈치를 상하게 할 것이니라 하시고(창 3:15)

이것이 은혜언약인 이유는 첫 번째로, 하나님께서는 아담의 타락으로 인해 영원한 형벌 아래 놓인 죄인들에게 기쁜 마음으로 구원의 길을 열어주셨기 때문에 은혜언약이라 합니다.[115] 두 번째로, 하나님께서 죄로부터 구원하시어 영생에 이르게 하시는 것이 값없이 주시는 은혜이기 때문입니다. 세 번째는, 하나님께서 새롭게 열어주신 구원의 길이 행위가 아니라 오직 믿음으로만 주어지기 때문에 은혜언약이라 합니다. 네 번째는, 예수 그리스도께서 은혜언약을 죄인들에게 베풀어 주시기 위하여 우리를 대신하여 행위 언약의 모든 의무를 성취하셨기 때문입니다.[116] 다섯 번째는, 그 구원과 생명이 우리 중에 어떤 인간이 아니라 오직 예수 그리스도께서 죄인들을 대신하여 죄의 형벌을 받으셨기 때문입니다.[117] 여섯 번째로, 그 구원과 생명을 얻을 자가 온 세상의 사람들이 아니라 오직 하나님께서 택하신 백성에게만 주어지기 때문입니다.[118] 행위언약과 은혜언약을 한

생각할 수도 없다. 영생의 약속은 언약체결로 주신 상급이다. 먹으면 정녕 죽으리라는 말씀(창 2:17)은 언약을 지켰다면 의를 얻어 영생에 이를 것이라는 말씀에 해당하는가? 이 명령은 백성을 삼으시는 약정의 말씀이고 영생을 주시는 것과는 상관이 없다."

[115] http://rpress.or.kr/xe/so/365901/ 김병훈 교수, 은혜언약. 〈… 이때 유의할 점은 은혜 언약을 맺으신 일로 인하여 온 인류를 향한 행위언약이 폐기된 것이 아니라는 사실입니다. 언약의 대상과 관련하여 볼 때, 타락한 인간을 대상으로 하는 은혜 언약과 다르게, 행위언약은 타락 이전의 순전한 인간을 대상으로 한 것이었기 때문에, 아담이 타락한 이후에는 행위언약이 더 이상 유효하지 않다고 말할 수 있습니다. 그러나 행위언약을 위반한 아담으로 인하여 그 언약에 따라서 모든 인간이 받아야 하는 불순종함의 형벌, 곧 영원한 사망의 저주는 여전히 인간 위에 머물고 있습니다. 이처럼 행위언약에 따른 저주가 모든 인간에게 미치고 있으므로, 어떤 의미에서는 행위언약이 은혜 언약으로 인하여 폐기 되었다기보다는, 오히려 아담의 타락 이후의 모든 인간은 여전히 행위언약 아래 놓여 있다고 말할 수가 있습니다.〉

[116] 그리스도는 모든 믿는 자에게 의를 이루기 위하여 율법의 마침이 되시니라(롬 10:4) 우리는 다 양 같아서 그릇 행하여 각기 제 길로 갔거늘 여호와께서는 우리 무리의 죄악을 그에게 담당시키셨도다(사 53:6)

[117] 너희의 허물과 죄로 죽었던 너희를 살리셨도다(엡 2:1)

마디로 정리하면, 첫 언약의 대표였던 아담이 범죄하고 타락하여 모든 인간이 죄 아래 있게 되었으나 예수 그리스도께서 십자가를 지시고 대속하심으로 창세 전에 택하신 자기 백성들을 은혜로 구원하신다는 것입니다.119)

아담 언약은 하나님과 우리와의 관계적 관점과 존재적 관점을 말하며 그 속에서 우리의 사명적 관점을 말합니다. 하나님께서는 아담과 언약하심으로 대표원리와 전가원리를 적용시키셨습니다. 아담은 언약의 대표였기 때문에 아담이 타락함으로써 하나님의 진노가 모든 사람에게 전가되었습니다. 언약을 어겼기 때문에 언약의 저주가 모든 자손에게 임했습니다. 모든 사람에게 죄로 인한 부패가 일어났고 그 부패는 모든 인격적인 죄악의 근원이 되었습니다.

아담언약이라 하면 행위언약을 말합니다. 행위언약이라는 말 자체는 성경에 나오지 않습니다. 창세기 1-2장에서는 하나님께서 아담과 언약을 맺으셨다는 직접적인 말이 나오지 않으나 언약의 본질적인 것이 담겨져 있습니다. 존 오웬은 "하나님과 아담 사이의 조건이 언약으로 명백히 불리지는 않지만 … 거기에는 언약의 본질이 명백히 담겨 있었다. 왜냐하면 그것은 순종과 불순종, 상급과 처벌에 대한 하나님과 인간의 협정이었기 때문이다."라고 말했습니다. 그런 까닭에, 성경에서 행위 언약을 도출하는 것은 합당하고 필연적인 귀결입니다. 언약의 기본적인 요소는 '규정'과 '동의'입니다.120)

행위언약이란 선악과를 먹으면 죽는다는 말씀입니다. 창세기 2장 16-17절에 나와 있습니다.

> 16 여호와 하나님이 그 사람에게 명하여 가라사대 동산 각종 나무의 실과는 네가 임의로

---

118) http://rpress.or.kr/xe/so/365901/ 김병훈 교수, 은혜언약. 〈신앙고백서는 "생명에 이르도록 작정이 된 모든 사람들에게 성령을 주시어 그들로 하여금 기꺼이 믿으며 또한 믿을 수 있도록 하신다"고 진술합니다. 은혜 언약을 체결하시면서 하나님께서는 은혜 언약의 약속을 받는 방편이 "믿음"을 주시는 대상을 또한 "생명에 이르도록 작정이 된 모든 사람들"로 제한을 합니다. 그러한 선택의 대상이 되는 것은 전적으로 하나님의 기쁘신 뜻에 의한 것이며, 죄인인 인간은 그러한 선택을 받아 언약의 산물인 영생을 받아 누릴 뿐입니다. 결국 하나님의 영원한 작정에 따른 선택이 은혜 언약의 기초이며, 은혜 언약은 선택의 작정의 실행입니다.〉

119) 안상혁, 언약신학 쟁점으로 읽는다 (경기: 영음사, 2016), 275-276. 〈… 보스톤과 튜레틴은 모두 은혜 언약 안에 거하는 백성의 삶을 지배하는 "그리스도의 법"에 집중한다. 그리스도 밖에서 율법은 죄인을 정죄하는 행위언약으로 기능하는 반면 은혜언약 안에서 그것은 신자의 삶을 바른길로 인도하는 "그리스도의 법"이 되는 것이다. 결국 두 사람 모두 은혜 언약의 쌍방적 성격 안에서 율법주의와 반율법주의의 오류를 피하면서 이와 동시에 신학적이며 실천적 균형을 유지할 수 있었다고 결론 내릴 수 있다.〉

120) https://www.youtube.com/watch?v=Hn3CMy2aGIo 우병훈, 6-2(청신신)25) 청교도의 행위언약론 (2017.8.29.). 사보이선언(Savoy Declaration, 1658). 19장 1절. "하나님은 아담의 마음속에 기록된 보편적인 순종의 법과 선악을 알게 하는 나무 열매를 따먹지 말라는 특수한 법령을 행위언약으로 그에게 주셔서 …" 청교도들은 하나님의 형상대로 인간이 지음을 받았을 때에 이미 도덕법이 그 안에 새겨져 있었다고 보았다. 때로는 인간 마음에 새겨진 법을 행위언약이라고 부르기도 했다. 한 예로, 굿윈은 행위언약을 창조의 법(jus creationis)으로 부른다. 아담이 마음속에 법이 새겨져 있었기에 하나님을 즐거워할 수 있었다."

> 먹되 17 선악을 알게 하는 나무의 실과는 먹지 말라 네가 먹는 날에는 정녕 죽으리라 하시니라(창 2:16-17)

하나님께서는 아담에게 계명을 주시고 만일 불순종할 경우에 죽음의 형벌을 내릴 것을 경고하셨습니다. 하나님의 계명을 받은 아담은 언약하여 주신 그 계명을 순종해야 하는 의무 아래 있게 되었습니다. 아담은 선악을 알게 하는 나무를 제외한 모든 나무의 열매는 먹을 수 있도록 허락 되었습니다.

우리가 처음부터 배웠듯이, 언약이란 하나님과 인간과의 관계하는 방식입니다. 그 관계가 계속해서 지속되기 위해서는 하나님의 말씀에 순종해야 합니다. 거룩하신 하나님과 거룩하게 관계를 누려가는 방식이고 원리입니다. 그 순종은 하나님께서 언약하시며 주신 그 말씀, 그 규범을 행하는 것입니다. 그 규범을 지켜 행할 때에만 하나님과 인간의 관계가 거룩하고 아름답게 유지됩니다. 그것이 인간의 삶을 풍성하게 하고 충만하게 하는 유일한 길입니다. 그런 까닭에, 행위언약도 은혜로 주신 언약입니다.

그 순종은 오직 살아계신 하나님께서 인간을 창조하셨기 때문에 일어납니다. 하나님께서 창조하셨기 때문에 인간이 있고 하나님께서 하나님이시기에 그를 거룩한 인격체로 대접하는 언약이 있습니다. 창조와 언약이 있기 때문에 순종이 일어납니다. 그 순종은 자발적인 순종이고 기쁨의 순종입니다. 그것이 본래 인간에게 주어진 본성입니다. 하나님을 알고 그의 위대하심을 찬송하고 그 말씀에 복종하는 것이 기쁘고 즐거운 것이고 그것이 인간에게 주어진 복입니다.

> 일의 결국을 다 들었으니 하나님을 경외하고 그 명령을 지킬지어다 이것이 사람의 본분이니라(전 12:13)

지금 우리는 순종, 복종, 이런 말을 듣기만 해도 거부감을 느끼는 타락한 본성을 지닌 인간입니다. 우리가 예수 그리스도를 믿어 순종하고 복종을 할지라도 인간의 죄악 된 본성과 싸워가며 만들어내야 하는 순종이며 복종입니다. 주를 향하여 마음이 더 간절하면 간절할수록 죄악의 유혹들은 더 심해집니다. 도리어 마음이 세상으로 향하고 그 속에서 의미를 찾고 살면 죄악과의 싸움이라고 여겨지지도 않습니다. 먹고 살기 힘들고 상처 많은 세상을 살다보니 죄악과 싸우고 거룩하게 사는 것은 어떤 특별한 사람의 호사라고 생각합니다. 결코 그렇지 않습니다. 그리스도를 믿어 새언약 안에 사는 자는 누구나 이 죄악들과 싸우며 거룩하게 살아가기를 힘써야 합니다. 그것이 믿는 성도들에게는 기본적으로 주어진 구원받은 자들의 언약의 내용입니다.

행위언약이 순종과 복종을 요구하는 것은 그것이 아담을 꼼짝 못하게 만드는 악법이 아닙니다. 그것은 아담으로 하여금 가장 아담답게 하는 선한 법입니다. 아담의 삶을 가장 풍성하게 하고 아담이라는 존재가 의미와 통일성을 충만하게 누리는 거룩한 법이었습니다. 하나님께서 하나님의 영광을 나타내시려고 아담을 창조하시고 언약하셨습니다. 아담이 자기 삶에서 기쁘고 즐거워하면서 순종하고 복종하면서 하나님의 하나님 되심을 나타냅니다. 그래야 하나님께서 영광을 받으십니다. 아담이 억지로, 억지로 언약을 지키는 것으로 영광을 받는 분이 아니십니다. 아침에 일어나면 죄 지을까봐 벌벌 떨고, 심판을 받을까봐서 마지못해 겨우 지키는 것이 아닙니다. 그 언약대로 살아가는 것이 아담에게 기쁘고 즐거운 일입니다.

예수 그리스도를 믿는 믿음의 성도들은 성령님의 역사로 말미암아 그렇게 기쁘고 즐겁게 언약을 지켜가는 자들입니다. 아담이 그 언약의 계명을 지키는 그 즐거움, 그 기쁨이 회복된 자가 성도입니다. 어떤 사람들처럼, 인간이 구원을 받았어도 죄를 짓기 때문에 그 죄 짓는 모습을 보면서, '아, 인간이란 이렇게 죄인이구나'하면서, 인간의 죄인 된 것을 확인하고 천국에 가는 것이라고만 말하는 것이 되면 안 됩니다. 그렇게 말하니 인간이 죄 짓는 것을 당연히 여기고 하나님께서 명령하시는 거룩한 삶으로 나아가지 않습니다. 죄인 됨을 확인하는 것으로 끝나는 것이 아니라 거룩으로 나아가는 것이 성도입니다.

행위언약과 은혜언약에 대해서는 웨스트민스터 신앙고백서 「제7장 인간과 맺으신 하나님의 언약에 대하여」에서 잘 말해주고 있습니다.

> 하나님과 피조물의 차이는 매우 현격해서, 이성적인 피조물들이 자기의 창조자이신 하나님께 순종할 의무가 있기는 하지만, 그들은 결코 그분에게 축복과 보상으로서 어떤 성과도 거둘 수 없다. 그러나 하나님으로서는 어느 정도 자발적인 비하에 의해서, 기꺼이 그것을 언약의 방식으로 나타내셨다.121) 인간과 맺으신 첫 언약은 하나의 행위 언약이었는데,122) 생명은 거기서 아담에게 약속되었고, 그의 안에서 그의 자손에게 약속되었다.123) 그 조건은 완전하고 개인적인 순종이었다.124) 인간은 그의 타락으로 저 언약에 의해 주어진 생명에 대하여 스스로

---

121) 사 40:13-17; 욥 9:32-33; 삼상 2:25; 시 113:5-6; 100:2-3; 욥 22:2-3; 35:7-8; 눅 17:10; 행 17:24-25.
122) 갈 3:12.
123) 롬 10:5; 5:12-20.
124) 창 2:17; 갈 3:10

자격을 잃어버렸으나, 주님은 기꺼이 두 번째 언약을 맺으셨는데,125) 그것은 일반적으로 은혜 언약이라고 한다. 그분은 거기서 예수 그리스도로 말미암은 생명과 구원을 죄인들에게 아낌없이 베푸신다. 예수 안에 있는 구원받을 만한 믿음을 그들에게 요구하시고,126) 영생하도록 작정된 모든 자에게 기꺼이 믿게 하시고 또 믿을 수 있도록 그분의 성령을 주시기로 약속하셨다.127) 이 은혜 언약은 성경에서 자주 유언이라는 이름으로 언급되는데, 유언자이신 예수 그리스도의 죽으심과 관련하여, 유언에 속하고 그 가운데 증여되는 모든 것들을 포함하는 영원한 유산과 관련하여 언급된다.128) 이 언약은 율법의 시대와 복음의 시대에 다르게 시행되었다.129) 율법 아래에서는 유대 민족에게 맡겨진 약속, 예언, 제사, 할례, 유월절 어린양, 그리고 그 밖의 양식과 의식들에 의해 시행되었는데, 모두 장차 오실 그리스도를 예표한 것들이었다.130) 그 시대에는, 성령의 활동을 통하여, 약속된 메시야 안에 있는 믿음 안에서 택하신 자들을 가르치고 훈련하시기에 충분하고 효과적이었으며,131) 그 메시야에 의해 그들은 완전한 죄사함과 영원한 구원을 얻었는데, 이것을 구약이라고 한다.132)

그 본체이신 그리스도께서133) 출현하신 복음 아래서, 이 언약이 베풀어지는 의식은 말씀의 설교, 성례(세례와 주의 만찬)의 시행이다.134) 비록 수적으로 더 적고, 더 단순하게 시행되며, 외형적인 영광이 덜하기는 하지만, 그것들 안에서 더 충만하고 분명하고 영적으로 효력 있게 제시되며,135) 모든 나라, 즉 유대인과 이방인 모두에게 제시되는데,136) 이것을 신약이라고 한다.137) 그러므로 본질적으로 다른 두 개의 은혜 언약이 있는 것이 아니라 하나이며, 다양한 경륜 아래 동일한 것이다.138)

우리가 꼭 명심해야 할 것이 있습니다. 웨스트민스터 신앙고백서 제7장이 언약을 말할 때, 그 언약은 창조자가 그의 피조물에게 권위를 가지고 계시다는 것을 당연한 전제로 말하고 있다는 사실입니다.

우리가 무엇을 행한다는 것은 맹목적이지 않습니다. 우리는 우리를 창조하신 창조주 하나님의 권위로 말씀하여 주신 그 언약에 순종하는 자들입니다. 오늘 기분 따라서 일하고 싶으면 일하고 놀고 싶으면 놀다가 삶의 의미도 없고 '살다보면 죽는 날도 있겠지' 그런 식이 아닙니다. 우리의 행함은 도덕적 의무에서 나옵

---

125) 갈 3:21; 롬 8:3; 3:20-21; 창 3:15; 사 42:6.
126) 막 16:15-16; 요 3:16; 롬 10:6, 9; 갈 3:11.
127) 겔 36:26-27; 요 6:44-45.
128) 히 9:15-17; 7:22; 눅 22:20; 고전 11:25.
129) 고후 3:6-9.
130) 히 8-10장; 롬 4:11; 골 2:11-12; 고전 5:7.
131) 고전 10:1-4; 히 11:13; 요 8:56.
132) 갈 3:7-9, 14.
133) 골 2:17.
134) 마 28:19-20; 고전 11:23-25.
135) 히 12:22-27; 렘 31:33-34.
136) 마 28:19; 엡 2:15-19.
137) 눅 22:20.
138) 갈 3:14, 16; 행 15:11; 롬 3:21-23, 30; 시 32:1; 롬 4:3, 6, 16-17, 23-24; 히 13:8.

니다. 그 도덕적 의무는 인간이 스스로 만들어 내는 인간적인 도덕이 아닙니다. 인간의 도덕이란 상대적인 도덕이기에 내가 아무리 도덕적인 인간이 되려고 해도 다른 사람이 도덕 없이 폭력적으로 나오면 아무런 소용이 없습니다. 내가 아무리 인간답게 살고 싶어도 나보다 더 권력 많고 돈 많고 힘센 사람이 인간답게 살지 않는 세상이라는 것을 우리 눈으로 똑똑히 보는 세상입니다. 세상은 언제나 권력의 지배를 받고 힘의 균형에 따라 행동하기 때문에 겉으로는 도덕을 말하지만 실제로는 권력과 이윤을 따라 행동합니다.

그러나 하나님께서 살아계시고 우리 인간을 창조하셨기에 우리는 하나님의 권위 아래 있습니다. 우리는 하나님 의존적인 존재이기에 하나님 말씀에 순종하는 도덕적인 의무를 가지고 있습니다. 창조자 되신 하나님께서는 원하는 것이 무엇이든지 피조물에게 명령하시는 권한을 가지고 계십니다.139)

하나님께서는 그 권한을 언약으로 나타내셨습니다. 그것이 아담언약이고 그것이 행위언약으로 주어졌습니다. 이것이 중요합니다. 하나님께서 피조물에게 해야 할 것을 명령하시되 언약으로 나타내셨다는 것은 우리에게 은혜를 베푸셨다는 뜻입니다. 최고의 대접을 해 주셨다는 뜻입니다.140) 우리는 죄의 본성이 있어서 언약이라 하면 강요라고 생각하고 억압이라고 생각합니다. 강요와 억압은 관계가 성립되지 않을 때 발생합니다. 사랑하는 관계, 신뢰하는 관계에서 주어지는 언약은 기쁘고 즐거운 것입니다. 하나님께서 언약으로 그 규범을 주신 것은 우리에게 은혜와 사랑을 베푸신 것이고 우리에게 기쁘고 즐거운 것입니다. 그것이 아담에게는 아담언약으로 주어졌으니 아담에게 기쁘고 즐거운 것입니다.141)

---

139) R. C. 스프로울, 웨스트민스터신앙고백해설, 이상웅·김찬영 역 (서울: 부흥과개혁사, 2011), 285.
140) 그러므로 무엇이든지 남에게 대접을 받고자 하는대로 너희도 남을 대접하라 이것이 율법이요 선지자니라(마 7:12)
141) 원종천, 청교도 언약사상: 개혁운동의 힘 (서울: 대한기독교서회, 2002), 42-44. 〈청교도들은 칼빈주의 신학을 기반으로 하고 있다. 하나님의 주권과 은혜 중심의 신학과 예정론은 이들 신학의 징표이었다. 정치적 언약사상을 배제한 언약신학은 개인 구원의 언약사상으로 하나님과 개인의 영적 관계를 다루는 것이었다. 이런 상황에서 청교도들에게 주어져 있었던 언약사상은 앞에서 본 츠빙글리-불링거 계통의 언약사상과 칼빈의 언약사상이었다. 전자는 청교도 난민들에게 영향을 준 불링거의 쌍조적 성격을 강조한 언약사상이고 후자는 칼빈의 하나님 주권과 은혜를 강조하는 일방적 성격을 강조한 언약사상이었다. 원래 불링거의 영향을 많이 받았던 청교도들은 1560년대에 와서 칼빈과 칼빈주의의 영향을 더 많이 받기 시작했다. 그들은 불링거의 단일예정보다는 칼빈과 발전된 칼빈주의의 이중예정의 입장을 따랐다. 그러나 앞에서 본 대로 칼빈의 언약사상은 하나님의 주권과 은혜에 강조를 두고 있었고, 이것만을 가지고 사람들에게 경건을 추구하기 위한 도전과 영적 개혁을 위한 틀을 제공하기에는 힘이 약했다. 경건에서 성경적으로 인간의 책임을 강조하고 인간의 노력을 요구하는 부분을 부각시키기 위하여는 그 이상의 것이 필요했다. 그렇다고 불링거 쪽으로 완전히 넘어가는 것은 곤란했다. 여기에서 나타난 것이 1560년대에 유럽 하이델베르크에서 우르시누스에 의하여 나타난 '자연언약'(Natural covenant) 또는 '율법언약'(Legal covenant)의 개념이었다. 그 이전에 종교개혁자들에 의하여 개발된 언약사상은 주로 구약과 신약의 연속성을 증명하기 위한 노력으로 구약의 아브라함과 신약 성도들과의 연속 관계를 설명하는 것이었다. 이것은 재세례파와의 투쟁에서 유아세례의 정당성을 구약의 할례에 근거하려는 노력의 일환이었던 것이다. 그러나 1162년 우르시누스

그러므로, 아담 언약을 비롯해서 앞으로도 노아 언약, 모세 언약을 배워가면서 언약이라고 들을 때마다 '하나님께서 어떻게 자기 백성들에게 은혜를 베푸셨는가?' 그런 관점을 이해하고 배워가야 합니다. 아담을 통하여 베푸신 은혜가 무엇인가? 노아를 통하여 베푸신 은혜가 무엇인가? 모세를 통하여 베푸신 은혜가 무엇인가? 예수 그리스도의 구속으로 베푸신 은혜가 얼마나 위대한 은혜인가? 그렇게 알고 그렇게 믿고 순종해야 그것이 우리에게 은혜이고 기쁨이고 즐거움입니다. 십자가에 피 흘려 죽으심으로 우리를 구원하시고 언약하신 사랑이요 은혜이기 때문입니다.

하나님께서 은혜와 사랑을 베푸신다는 것은 하나님께서 인격적인 하나님이심을 다시 한 번 더 우리에게 알려줍니다. 여기서 인격적이라는 것은 우리가 살아가는 모든 일에, 그리고 오고 오는 모든 역사 현장에 역사하시고 함께 하시는 하나님이라는 뜻입니다. '이것이 언약의 계명이다. 이대로 순종하면 생명이고 불순종하면 죽음이다' 그렇게 툭 던져주시고 그렇게 살아가는지 지켜보다가 실패하면 재판정에서 죽음의 형벌을 내리는 분이 아니십니다. 그렇다고 아무렇게나 살아도 된다는 뜻이거나, 모든 사람이 다 천국에 간다는 뜻이 아닙니다. 하나님께서는 이미 창세전에 자기 백성을 택해 놓으셨습니다. 그 말이 자동구원을 말하지 않습니다. 하나님께서는 그 택자들에게 믿음이 생겨나고 더 발휘가 되도록 그 영혼들을 깨우시고 살려내는 일에 적극적으로 일하시는 하나님이십니다. 하나님께서 우리에게 역사하지 않으면 우리는 아무것도 할 수 없는 죄로 죽은 자들입니다. 그 죽은 자들에게 영원한 생명을 주기 위해 계속해서 일하시는 하나님이십니다.142)

는 이것에서 더 나아가서 하나님과 인간의 언약관계를 인류의 시작인 아담부터로 정의했다. 원래 언약은 하나님께서 인간의 시작부터 맺은 관계이고 그것은 모든 인류를 포함하는 '자연언약' 또는 '율법언약'이라는 것이었다. 그리고 이것을 '은혜언약'과 구분하였다. 1580년 말과 1190년 초에 청교도들은 우르시누스의 사상을 성경적으로 받아들이고 이것을 도입했다. 더들리 페너, 토마스 카트라이트, 윌리엄 퍼킨스, 로버트 롤라 등과 그 후의 모든 청교도들은 이것을 받아들이고, 이 사상을 구원받은 자들이 하나님과 맺고 있는 '은혜언약'과 구분하여 '행위언약'으로 간주하고 '은혜언약'에 속하지 않은 모든 사람들을 '행위언약'에 포함시켰다. 영적 개혁과 경건에의 도전을 추구하고 있는 청교도들에게 십계명을 통하여 대표적으로 나타나는 '행위언약'은 중요한 역할을 하기 시작했다. '은혜언약'은 거듭난 자들과의 관계만을 위한 것이고, 이 사람들은 구약의 이스라엘에서 보듯이 항상 소수다. 영국교회에도 모든 사람들이 들어와 있지만 그 중 거듭난 자들은 소수고, 이 사람들만이 하나님과의 언약관계인 '은혜언약'에 속하는 것으로 보았다. 그러나 지금 벌어지고 있는 청교도 개혁운동은 소수만을 대상으로 할 수는 없었다. 이것은 영국 국민 모두를 포함하는 영적 각성운동이고 개혁운동이 되어야 했다. 여기서 행위언약은 중요한 역할을 했다. 행위언약은 영국국민 전체를 대상으로 적용될 수 있었고, 이것은 영국 전체를 하나님과의 언약관계로 끌어들이는 것이었다. 은혜언약에 속하지 않은 사람들은 '행위언약'을 통하여 깨닫고 회개하여 은혜언약으로 가도록 도전을 받고 각성하는 것이었고, 은혜언약에 속한 사람은 행위언약의 율법을 통하여 자신의 경건과 윤리를 더욱 온전케 하여 은혜언약에 속한 사실을 확신할 수 있는 것이었다.)

142) R. C. 스프로울, 웨스트민스터신앙고백해설, 이상웅·김찬영 역 (서울: 부흥과개혁사, 2011), 127-128. 개혁주의 신학은 궁극적으로 동등한 이런 식의 이중 예정을 거부한다. 이 견해에 따르면 하나님은 택자들 안에 믿음을

하나님으로부터 아담이 계명을 받은 것은 하나님의 은혜와 사랑을 받은 것입니다. 하나님으로부터 규제를 받고 감시를 받는 것이 아닙니다. 하나님께서 아담에게 아담이라는 존재와 삶에 대한 관심을 지속적으로 나타내시겠다는 뜻입니다. 아담이 살아가야할 이유와 목적을 아담에게 알려 주신 것입니다. '인간이라는 존재는 이렇게 이렇게 살아야 하는 거야.' 그것을 언약으로 말해 주셨습니다. 인간에게 의미와 통일성을 주시고 '너는 내가 창조했다. 너는 이렇게 살아야 한다' 그렇게 관계와 존재와 사명을 알려 주셨습니다. 그것이 가장 아담답게 하는 일이었습니다.

아담을 창조하시고 아담이 어떻게 살든지 상관없어 하는 하나님이 아니십니다. 하나님께서는 아담의 하나님이 되시는 하나님이셨습니다. 언약의 핵심은 '나는 너의 하나님이 되고, 너는 나의 백성이다' 입니다. 하나님께서 아담의 하나님이 되신다는 것은 아담을 만드시고 아담을 영화롭게 하는 그 마지막 과정까지 끊임없이 역사하고 도우시고 회복하시고 완성하시는 분이라는 뜻입니다. 아무렇게나 살다가 죽든지 말든지 알아서 하라는 것이 아니라 하나님께서 그렇게 두고 보지 않으시고 끝까지 너와 함께 하겠다고 나타내신 것이 언약입니다.

그런 하나님의 은혜와 사랑에 대해 언약을 맺은 인간은 개별적으로 완전하게 순종해야 합니다. 그렇게 완전한 순종이 이루어질 때 '의롭다'고 말합니다. 그것이 '칭의'입니다. 칭의는 이신칭의, 곧 믿음으로 의롭다 함을 받는 것입니다. 그렇게 믿음으로 의롭다 함을 받는 그 "칭의는 오직 행함에 의해서만 얻어집니다."143) 칭의가 행함으로 얻어진다는 것은 우리가 우리의 공로로 의로워진다는 것이 아

발생시키기 위해 역사할 뿐만 아니라 유기자들의 믿음을 방해하기 위해서도 적극적으로 역사하신다. 만약 이것이 사실이라면 불공정함에 대한 비난은 이해할 만한 것이 될 것이다. 바로는 하나님이 하라고 억지로 시킨 일을 하고 있는 것이 될 것이다. 이중 예정에 대한 종교개혁자들의 견해는 이러한 적극(선택)-적극(유기)의 대칭적 견해라기보다는 일종의 적극-소극적 견해이다. 하나님은 (아직은 미래인) 타락의 견지에서 구원과 유기에 대한 영원한 작정을 하실 때, 어떤 사람들을 선택하고자 하는 하나님의 결정은 죄인들에게 구원이 필요하다는 지식에 기초하고 있다. 하나님의 구원 작정은 타락한 세상에 대한 하나님의 지식을 전제한다. 하나님은 전체 인류를 보시고, 인류의 마지막 사람까지 포함해서 모든 사람이 하나님에 대해 아무 호감도 없고, 죄와 허물로 죽고 타락하고 부패하고, 하나님께 적대적일 것이라는 사실을 아셨다. 인류는 모두 죄의 노예이고 그들의 생각에는 하나님 두기를 싫어하고 이 세상의 길과 사탄의 권세를 따라서 처신한다. 이것이 바로 선택을 작정하실 때, 하나님이 보신 타락하고 부패한 인류의 상태다. 이러한 반역자들의 무리 가운데 하나님은 자신의 자비로 몇몇을 구원하기 위해서 그리고 하나님의 특별한 구속의 은혜를 그들에게 주시기 위해 선택하신다. 하나님은 영적 죽음으로부터 그들을 깨우기 위해서 그리고 그들의 마음에 믿음이 발휘되도록 하기 위해서 그리고 믿음으로 말미암아 구원의 조건이 충족되도록 하기 위해서 택자들의 삶에 적극적으로 개입하신다. 나머지 다른 사람들은 간과하시고 자신들의 죄에 내버려 두신다. 하나님은 유기자들을 불신앙으로 강요하지 않으신다. 그러나 하나님은 자신이 개입하지 않으면 유기자들이 실로 불신앙을 고집하다가 결국 멸망할 것이라는 것을 알고 계신다. 예정의 장부에서 자비를 베푸는 쪽에 대해서는 하나님은 그 삶에 개입하셔서 구원을 성취하신다. 그 다른 쪽에 대해서는 하나님은 개입하지 않으시고 그들 자신의 생각대로 하도록 내버려 두신다.

143) 같은 책, 301.

나라 칭의의 원리를 말하는 것입니다. 하나님 앞에 의롭게 되려면 언약을 완전하게 성취해야만 합니다. 아담은 실패했고 그리스도는 순종하심으로 의를 이루셨습니다. 우리는 그리스도께서 이루신 그 의를 오직 믿음으로만 받습니다. 그것이 성령님의 역사입니다.

문제는 우리는 사랑으로 죄를 합리화하려고 합니다. 언약의 규범에 순종해야 하는 것을 적당히 넘어가려고 합니다.144) 하나님의 무조건적 사랑이 언약을 무효화 하지 않습니다. 하나님께서 언약하신 그 계명대로 아담이 순종하지 않았기 때문에 심판이 내려졌듯이 하나님께서 제정하신 조건을 만족시키지 않으면 모든 사람이 지옥의 형벌을 받게 됩니다. 그 조건을 만족시킨 분이 바로 우리 주 예수 그리스도이십니다. 그래서 예수 그리스도를 믿어야 영생이 있습니다.

여기서 우리가 생각해야 하는 것이 바로 행위언약에 대한 오해입니다.145) 그것

---

144) 같은 책, 300. 〈우리는 모두 『천로역정』의 순례자처럼 우리 등에 끔찍하고 무거운 죄책의 짐을 지고 인생길을 터벅터벅 통과한다. 우리는 하나님의 완전하심을 제거하고 다음과 같이 말한다. "음, 맞아요. 나는 하나님과 관계를 맺고 있어요. 그러나 그는 나를 사랑하시고 나를 위해 놀라운 계획을 가지고 있으시죠. 그분은 나를 무조건적으로 사랑하셔서 나에게 순종을 요구하지 않으세요." 우리는 죄책을 부인하거나 합리화함으로써 죄책을 제거하려고 노력한다. 나는 이것보다 사람들의 영혼을 파괴하는 유해한 거짓말이 없다고 생각한다. 이것은 몇몇 설교자들이 전 세계에 퍼뜨리고 있는 것이다. 하나님이 당신을 무조건적으로 사랑하신다? 아니다. 하나님은 그렇게 하지 않으신다. 만약 우리가 하나님이 창조 시에 우리를 위해 제정하신 조건들을 만족시키지 않는다면 하나님은 우리를 지옥에 영원히 보내실 것이다. 요즘 문화는 그렇게 말하지 않을지라도 그것이 바로 성경이 말하는 바이다. 하나님은 완전한 순종을 요구하신다. 그 조건이 충족되지 않으면 우리 중에 어느 누구도 천국의 안마당에 한 걸음도 결코 들이지 못할 것이다. 창조 언약의 조항들이 완전하게 지켜지지 않으면 우리는 지옥에서 만나게 될 것이다. 우리의 불순종으로 인해 정당하게 우리가 속한 곳이 그곳이다. …〉

145) http://ockam.kr/26/ 율법과 복음 및 율법의 역할(2011.10.11). 〈죄가 들어 온 이후 율법의 역할은 그에 상응하여 확장되었다. 바울은 죄와 관련된 기능을 갈라디아서 3:19-29에서 펼치고 있다. 율법의 역할은 멜랑히톤(Melanchthon)이래, 통적으로 세 가지로 파악되어 왔다. 즉, 교육적 또는 신학적 용도(usus elenchticus, pedagogical or theological use), 정치적 용도(usus politicus, political use) 중생한 자를 위한 또는 규범적 용도(usus in renatis, usus normativus)가 그것이다. 루터와 칼뱅은 율법을 보는 시각에 있어서 차이가 있었다. 루터는 율법과 복음을 긴장 내지 반제 관계로 보았기에 칭의와 관련하여 첫 번째 기능에 역점을 둔 반면, 칼뱅은 율법과 복음의 통일성의 각도에서 두 가지를 믿음의 구속적 활동으로 보고 성화와 관련하여 세 번째 기능에 강세점을 두었던 것이다. 1. 신학적 용도(The pedagogic use) 율법의 첫째 기능은 신학적 용도는 루터와 멜랑히톤에게 두 번째 용도에 해당된다. 율법은 하나님의 의를 보여 준다. 이 하나님의 의는 믿는 자의 불의를 정죄하며 적나라하게 폭로한다. 이것은 마치 인간의 생김새를 있는 그대로 반사시키는 거울과도 같은 기능이다. 이 율법은 죄와 자기 사랑으로 영적인 장님이 된 인간으로 하여금 자기의 불순종과 불의를 고백케 한다. "율법으로는 죄를 깨달음이니라"(롬 3:20)의 말씀은 바로 율법의 기능을 말하고 있는 것이다.(롬 4:15; 5:20; 고후 3:6). 로마서 7장은 율법과 죄 아래 있는 인간의 모습을 보여 주고 있다. 법은 죄를 격동시킨다. 그리고 죄의 지식을 더하여 준다(롬 7:7). 더 나가서 죄라고 하는 여러 단어들이 율법과 관련되어 있어 율법을 무시하고는 죄 개념을 도출할 수 없다. 율법의 이 거울과도 같은 정죄의 기능은 복음의 필요성을 알깨운다. 복음은 거룩한 율법을 범한 것에 대한 회개를 요청한다. 그리하여 여호와의 율법은 인간을 그리스도에게로 인도하는 몽학선생(paidagogos)의 역할을 한다(갈 3:24). 율법은 인간에게 완전한 의를 요구하는 하나님의 선물이지만 구원의 길, 또는 칭의의 방편이 되는 자격은 갖고 있지 않다. 율법의 정죄를 충족시킨 십자가에 달리신 예수를 믿고 바라봄으로 율법의 정죄에서 해방과 자유를 얻는다. 로마서 8장은 성령과 율법이 내부에서 조화된 하나님의 백성의 모습을 보여 주고 있다. "율법은 우리에게 죄를 드러내며 그리스도에 대한 우리의 필요를 느끼게 하고 하나님께 대한 회개와 우리 주 예수 그리스도에 대한 믿음을 활용함으로 용서와 화평을 얻기 위하여 주님께 피하게 한다."(1기별, 234). 오직 도덕적인 율법의 의무적인 요구들을 인정하는 사람들만이 대속(代贖)의 본질을 설명할 수 있다. 그리스도께서는 하나님과 인류 사이에 중재하셔서 당신의 율법에 대한 인간의 충성을 회복시킴으로 인간이 하나님과 하나가 되게 하기 위하여

은 '행위언약의 유효성'을 합니다. 행위언약은 한편으로는 폐기되었고 또 한편으로는 폐기되지 않았습니다.146) 첫 번째로, 새언약의 백성으로서 은혜언약 가운데 있기 때문에 행위언약이 폐기되었습니다. 행위언약이 폐기되었다는 의미는 언약의 의무가 은혜언약 안에서 끝마쳐졌다는 의미입니다. 그 행위언약의 의무

오셨다"(1기별, 229).. 정치적 용도(The political use) 율법의 두 번째 용도는 사회의 질서 유지와 악에 대한 제재의 기능이다. 모세법에는 도덕법 외에도 국법, 의식법, 건강법이 포함되어 있다. 도덕법은 시대 장소적으로 확장되는 과정에서 백성의 매일 생활을 규제하는 민사, 형사 및 행정적인 국가법 체제로 필연적인 발전을 할 수 밖에 없다. 이는 한 사회와 그 가운데 살고 있는 구성원을 보호하여야 하기 때문이다. 고대 이스라엘에게 시내산 아래에서 준 국법 체제라는 것은 이러한 정의를 보호하는 울타리의 성격을 포함하고 있다. 국가법을 통하여 악인에게 굴레를 씌우고 고삐 매어 의인을 보호한다는 것은 창조 질서의 보전책이라고 볼 수 있다. 물론 이같은 공서 양속(公序良俗)을 위한 브레이크, 굴레 및 고삐의 존재와 같은 기능은 중생한 의인에게는 직접적으로 해당되지 않는다. 그러나 간접적으로 그들을 보호하는 울타리가 된다. 성경은 율법의 이 용도를 "법은 옳은 사람을 위하여 세운 것이 아니요 오직 불의한 자...를 위함이나"(딤전 1:9, 10)란 말로 표현하고 있다. 사랑과 질서는 함께 나가야 한다. 정의로운 사회 질서의 구현을 위한 율법의 이 기능은 하나님의 은혜로우신 사랑의 의지의 결과다. 3. 율법의 제 3 용도(The third use) 중생한 자를 위한 용도(usus in renatis)에서 중생(renatis)이란 말은 "다시 태어나다"는 뜻을 지닌 동사(renascor)에서 온 명사다. 따라서 이 제 3의 용도는 중생한 자를 위한 용도가 된다. 칼뱅은 이 용도를 율법의 주 용도로 보았다. 율법은 하나님의 뜻의 계시이며 의의 표준이 된다(시 19:7, 8). 따라서 신자들에게 하나님의 율법에 대한 순종은 거룩함의 길이 된다(전 12:13). 이 용도는 성령의 역사와 긴밀하게 연관되어 있다. 이미 하나님의 성령이 내주(內住) 통치하는 자들의 마음에서 일어나는 특징을 지니고 있기 때문이다. 하나님의 백성들에게 율법은 적극적으로 등불과 빛이 된다(잠 6:23). 하나님이 친수로 자기 백성들의 마음 판에 입력 기록하신 율법은(렘 31:33 ; 히 10:16) 그들에게 나침판의 역할을 한다. 율법이 그리스도인 생활의 규범과 지침이 되기 때문이다. 그래서 그리스도와 바울은 율법의 가치, 타당성 및 계속성을 고양한다.(마 5:17 ; 요 15:10; 롬 3:31; 7:7~12; 13:8~10; 고전 7:19). 개혁 신학자들이나 청교도들이 이러한 율법의 기능을 금, 은의 순분 검증 각인(純分檢證刻印)과 같은 것으로 인식했다. 그들은 율법의 주 기능을 성화와 관련시켰다. 칼 발트(Karl Barth)도 칼뱅의 신학이 칭의보다는 성화에 역점이 있다고 보았다. 율법의 제3용도는 그리스도 안에서 체험한 은혜 가운데 살아가는 그리스도인에게 하나님의 뜻이 무엇인가를 밝혀 준다. 이런 점에서 율법은 하나님의 도덕적 상담(moral counseling)이나 권고 역할을 한다. 구원받은 자라 할지라도 또한 자기중심적인 시험, 교만과 외식의 시험에서 결코 면제되지 않기 때문에 게으르고 뒷걸음질하는 나귀에게 일하도록 회초리를 사용하듯이 하나님께서는 육의 짐에 눌린 그들에게 율법의 회초리와 침을 사용하신다. 성령으로 중생하고 비침을 받은 빛의 자녀들에게는 하나님의 선물인 율법이 기쁨과 감사의 대상이 된다(시 19:7; 119:77). 성령께서는 그것을 지킬 수 있도록 넉넉한 힘을 준다(겔 36:25-27; 요일 3:34). 율법은 그들을 안내 지도하며 지킨다. 따라서 이 율법은 자기 파멸을 벗어나게 하는 성체와도 같고 보루와도 같다. 그리스도인 생활의 요체에는 믿어 순종에 이르게 함이 있다(롬 1:5; 16:26). 이 믿음의 순종이야말로 참 믿음의 핵심적 성질을 드러내는 표현이 된다. 순종이란 말은 율법과 관계된 말이다. 하나님의 뜻이 서린 율법에 순종함이 없는 믿음이 올바른 믿음이 아니다. 믿음의 순종은 "복음에 대한 총체적 반응"이 된다. 그리하여 구원받은 자에게는 성화와 율법은 불가분리의 관계에 있게 된다. 4. 기다리는 아버지의 교훈: 율법의 세 가지 용도는 하나님께서 하시는 세 가지 일과 연관되어 있다. 즉, 첫 번째 신학적 용도는 구속주로서 하시는 일, 두 번째 정치적 용도는 창조주로서 창조 질서를 보전하시는 일, 그리고 세 번째 중생한 자를 위한 규범적 용도는 성화시키는 분으로서 하시는 일과 각각 일맥 상응한다. 이 모든 기능이 하나님의 의의 반응, 보호 및 성화 촉진과 관계되어 있기는 하나, 처음 두 기능은 정죄와 견제라는 소극적 부정적 면모로 나타나는 것이고, 세 번째 기능은 성령의 통어(統御) 아래 있는 자들을 위한 적극적이고도 역동적인 율법의 본래 취지에 보다 적합한 기능으로 나타난 것이다. 거룩하신 야훼의 모든 명령은 오래 참고 기다리시는 아버지의 의의 교훈이며 의의 바탕 위에서 구축되어야 할 인간 행복을 위한 아버지의 관심의 결정체가 된다. 이 법은 본래 인간과 하나님 사이에 존재하는 장벽으로 고안된 것이 아니라 두 사이의 더욱 견고한 유대를 위하여 주어진 것이다. 물론 법이 죽이는 역할을 하는 것은 사실이다. 그러나 그것은 인간의 죄된 본성에 맞부딪칠 때 그렇다. 이 율법은 그리스도인에게 명령, 약속, 빛, 은총이 모두 포함된 언약에서의 "완전한 법"(The Whole Law)인 것이다. 그리스도인은 "법 없는(anomos) 자"가 되지 않고 "그리스도의 법 안에"(ennomos) 있는 자가 되어야 한다(고전 9:21). 그리고 그들은 시인처럼 이렇게 탄원, 기도한다. "저희가 주의 법을 폐하였사오니 지금은 여호와의 일하실 때니이다"(시 119:126).〉

146) http://www.opendoor.or.kr/chnet2/board/index.html?id=158&code=data03&cate=&start=80&category=&word=&viewType=&category_id=&gfile=view/ 행위 언약 속에 있는 인간이란?(열린문교회, 2005.10.7).

는 우리의 중보자이신 예수 그리스도께서 그 택한 백성들을 위해 완수하셨습니다. 두 번째로, 행위언약이 폐기되지 않았다는 의미는, 언약의 순종요구가 아직도 지속되고 있다는 것입니다. 하나님의 원리, 하나님의 방식이 폐기되지 않습니다. 거룩은 막사는 것이 결코 아닙니다. 17세기의 알미니안주의자들(Arminians)은 아담의 타락으로 행위언약은 완전히 폐기되었으며 그 후손들은 행위언약의 의무로부터 완전히 해방되었다고 주장했습니다. 그러나 순종과 불순종의 결과에 대한 보수는 지금도 적용됩니다. 언약은 언제나 조건적 언약의 유효이기 때문입니다.147) 그러나 한 사람도 그 조건에 완전히 응할 수 있는 사람은 아무도 없습니다.148)

R. C. 스프로울은 다음과 같이 말했습니다.

> 은혜언약은 행위언약을 폐기하지 않는다. 은혜언약은 행위언약 아래 우리가 멸망하지 않고 예수 그리스도가 행위언약을 성취함으로써 우리가 확실하게 구속받도록 하기 위해서 하나님이

---

147) 자카리아스 우르시누스, 하이델베르크 요리문답해설, 원광연 역 (서울: 크리스챤다이제스트, 2006), 779-780. 〈3. 그리스도께서 어떤 점에서 율법을 폐지하셨으며, 또한 어떤 점에서 율법이 지금까지 유효한가? 이 질문에 대한 일상적이며 올바른 답변은 모세를 통해 주어진 의식법과 재판법은 순종에 관하여는 폐기되었고, 도덕법의 경우는 저주에 관하여는 폐지되었으나 순종에 관하여는 폐지되지 않았다는 것이다. 의식법과 재판법이 그리스도의 오심으로 폐지되었으므로 더 이상 누구도 순종할 필요가 없고, 현재에는 그것들이 율법으로 제시되지도 않는다는 사실은 다음과 같은 증거들에서 입증된다: 1. 선지자들조차도 구약에서 이 법들의 폐지를 선포하고 예언하였다는 사실. "그가 장차 많은 사람들과 더불어 한 이레 동안의 언약을 굳게 맺고 그가 그 이레의 절반에 제사와 예물을 금지할 것이며"(단 9:27), "너는 멜기세덱의 서열을 따라 영원한 제사장이라"(시 110:4). 2. 그리스도와 그의 사도들이 신약의 여러 곳에서 그 법들의 폐지를 분명히 단언하고 있다(행 7:8; 히 7:11-18; 8:8-13 등을 보라). 이 점을 확인해주는 여러 증언들을 열거하기보다, 예루살렘에 모인 사도들이 통과시킨 교령(教令)을 인용하는 것으로 족할 것이다: "성령과 우리는 이 요긴한 것들 외에는 아무 짐도 너희에 지우지 아니하는 것이 옳은 줄 알았노니 우상의 제물과 피와 목매어 죽인 것과 음행을 멀리할지니라"(행 15:28-29). 3. 특정한 목적이 변화하면, 이 목적에 근거한 법들 역시 바뀐다. 의식법과 재판법의 한 가지 목적은 메시아가 나실 유대인들 사이에 존재한 예배와 시민 정치의 형태가 메시아가 오시기까지 다른 모든 민족들과 구분되도록 하는 데 있었다. 또 다른 목적은 그것들이 메시아와 그가 베푸실 은덕에 대한 모형들이 되도록 하는 것이었다. 그런데 메시아가 오신 이후는 이 목적들이 사라졌다. 사도는 유대인과 다른 민족들 사이의 중간에 막힌 담이 헐어졌다고 선포하고 있다: "그는 우리의 화평이신지라 둘로 하나를 만드사 원수 된 것 곧 중간에 막힌 담을 자기 육체로 허시고"(엡 2:14), "할례나 무할례가 아무것도 아니로되 오직 새로 지으심을 받는 것만이 중요하니라"(갈 6:15). 또한 옛 경륜에 속한 의례들과 의식들이 그리스도 안에서 성취되었다는 사실을 신약의 모든 곳에서 가르치고 있다: "성령이 이로써 보이신 것은 첫 장막이 서 있을 동안에는 성소에 들어가는 길이 아직 나타나지 아니한 것이라"(히 9:8), "율법과 선지자는 요한의 때까지요"(눅 16:16), "먹고 마시는 것과 절기나 초하루나 안식일을 이유로 누구든지 너희를 비판하지 못하게 하라"(골 2:16).〉

148) http://irt.kr/E/74.htm〉 〈3. 행위언약의 유효성: 행위언약은 오늘날 우리에게 아직도 유효한가? 아니면 그 효력을 이미 상실하거나 폐기되었는가? (1) 어떤 의미에서 행위언약은 해소(폐기)되었다. 이것은 은혜언약 안에 있는 사람들에게 그 의무를 부과할 수 없다는 의미이다(중보자 그리스도께서 자기 백성을 위하여 대신 이행 및 완수하셨다). 또한 행위언약은 영생을 얻기 위한 지정된 방법이나 수단으로써는 폐지되었다. 그 이유는 그것이 인간의 타락 이후에는 구원의 수단이나 방법으로써 무능력하기 때문이다. (2) 다른 의미에서 행위언약은 폐기(해소)되지 않았다. 사람은 하나님에게 완전한 순종의 의무를 항상 가지고 있다. 또한 범죄자에게 주어진 저주와 형벌은 죄 가운데 계속 살고 있는 모든 사람들에게 아직도 그대로 적용되는 것이다. 그 조건적 약속(순종하면 영생을 얻는다)은 아직도 유효하다. 하나님은 이 약속을 취소하지 않으셨기 때문이다(레 18:5; 롬 10:5; 갈 3:12). 그러나 타락 이후에 그 누구도 능히 그 조건에 응할 수 있었던 사람은 하나도 없었다.〉

행하시는 것이다. 우리는 그리스도의 행함에 의하여 의롭다함을 받는다. 신약성경이 믿음으로 말미암는 칭의와 행위로 말미암는 칭의를 구별할 때, 그것이 의미하는 것은 우리는 오직 그리스도를 믿음으로써만 의롭게 될 수 있다는 것이다. 마지막 심판 때에 우리는 하나님의 율법으로 심판받을 것이고 우리의 행함에 근거하든지 아니면 그리스도의 행함에 근거하든지 둘 중의 하나일 것이다. 그리스도께서 이 땅에 있을 동안에 완전한 순종의 삶을 사셔야 했던 것은, 하나님이 그리스도의 죽음을 합당한 값으로 받기 위해서였다. 그리스도는 새 언약의 중보자가 되어야 했고 우리가 할 수 없는 것을 하셨다. 하나님이 우리의 죄과를 살피시면 우리는 설 수 없다. 그리스도만이 우리의 죄를 덮으신다. 그리스도만이 완전하시다. 이것이 복음의 복된 소식이다. 하나님은 행위 언약뿐만 아니라 은혜언약도 맺으셨다. 그리스도는 당신을 위해서 그리고 나를 위해서 행위 언약을 성취하셨다.149)

찰스 핫지는 다음과 같이 말했습니다.

> 이 언약은 아담에 의해 깨뜨려졌기 때문에 그의 자연적인 후손들 중 어떤 사람이 그 조건들을 결코 성취시킬 수 없었으며, 그리스도께서 자신의 백성을 위하여 언약의 조건들을 모두 성취하셨기 때문에 구원은 이제 믿음의 조건 위에서 제공되어진다. 이런 의미에서 둘째 아담에 의해 성취되어졌던 행위언약은 앞으로 복음 아래서 폐지되어진다. 그럼에도 불구하고 행위언약은 불변하는 의의 원칙들에 근거하고 있기 때문에 행위 언약은 여전히 그리스도의 의 안에서 제공되었던 피난처에서 도망치지 않았던 모든 자들과 연관된다. 이 원칙들을 행하는 자는 이 원칙들에 의해 살 것이고, 그리고 '죄를 짓는 영혼은 죽을 것이다'라는 것도 여전히 사실이다. 이런 의미에서 이 법은 여전히 사실이다. 이런 의미에서 이 법은 여전히 사실이다. 이런 의미에서 이 법은 여전히 살아 있어서 인간들의 의의 결과에 대해 그들을 정죄하고, 인간이 그 법을 성취할 아무런 능력도 갖고 있지 않는데서 비롯되는 결과에 대해 그들을 그리스도께로 인도하는 선생님으로서 행동한다. 왜냐하면 그리스도는 아담이 실패했던 그 법의 조건을 정확하게 만족시키셨으며, 또한 아담이 초래했던 그 법의 형벌을 만족시키셨기 때문에, 그리스도를 믿는 모든 자는 그리스도 안에서 언약을 성취했던 것으로 여겨져 언약의 약속된 보상을 받게 되었다.150)

첫 사람 아담은 행위언약에서 그 행함에 실패했으나 마지막 아담이신 우리의 중보자 예수 그리스도께서는 행함으로 의롭다 함을 이루시고 우리는 그리스도를 믿음으로 의롭다 함을 받았습니다. 우리는 언약을 완전히 순종해 내지 못합니다. 그러나 그리스도께서는 완성하셨습니다. 그리하여 이루신 그 의를 우리에게 주셨습니다. 이것이 은혜입니다. 이것은, '우리가 누구인가?'를 말하는 존재론적 관점을 말합니다. 우리가 예수 그리스도의 의를 전가 받은 새로운 존재이기 때문에 하나님께서 원하시는 거룩한 삶을 살아갈 수 있습니다. 그러면서도 우리는 한계 속에 있는 인간이라는 것을 아는 것입니다. 그래서 더 예수 그리스도께로

---

149) R. C. 스프로울, 웨스트민스터신앙고백해설, 이상웅·김찬영 역 (서울: 부흥과개혁사, 2011), 303-304.
150) 아더 핑크, 하나님의 언약, 김의원 역 (서울: CLC, 2007), 79-80.

나아갑니다.

그러므로 우리가 생각해야할 것은 이것입니다. 우리는 이 언약 안에서 삶의 의미와 통일성을 제공받으며 살아가는 존재들입니다. 세상은 무엇이라고 말할까요? 세상은 언제나 우연에 기대를 겁니다. 우연한 마주침으로 의미가 생겨난다고 말합니다. 그 대표적인 철학자가 들뢰즈입니다. 들뢰즈는 "세계는 물체들의 집합체이고 의미는 물체들의 마주침으로부터 발생한다"는 스토아학파의 사상에 깊이 영향을 받았습니다. 들뢰즈는 의미가 물체들 내부에 본질로 내재하는 것이 아니라 물체들의 마주침을 통해서 사후적으로 생겨난다고 말했습니다.151) 사람이 사람을 만나서 의미가 만들어지는 것입니다. 그러면서도 삶의 의미를 말하고 영원성을 말합니다. 그러나 그 의미, 그 영원성을 하나님께서 미리 우리에게 주신 것이 아니라 인간이 인간을 만나서 만들어 낸다고 말합니다.152) 인간 밖에서 인간

---

151) 질 들뢰즈, 의미의 논리, 이정우 역 (서울: 한길사, 2015), 52-53. 〈인과관계의 새로운 배치: 그들이 드러내고자 한 것은 인과 관계에서의 완전히 새로운 배치였다. 그들은 원인-결과 관계를 해체시켰으며, 그들을 각자 따로 모았다. 그들은 원인들을 원인들에 연결시켰으며 원인들 사이의 연계(운명)을 생각해 냈다. 또 결과들과 결과들의 연계를 제시했다. 그러나 두 작업은 전혀 다른 방식을 통해서였다. 비물체적 효과들/결과들은 서로 간에 원인으로 작용하지 않는다. 다만 모든 경우 물체들의 상대적인 통일성이나 혼합-효과들/결과들은 그들의 실제 원인들인 이들에 의존한다―을 표현한다고 할 수 있을 법칙에 따라 '준원인들'(quasi-causes)로서 작용할 뿐이다. 그 결과 자유는 두 가지 상보적인 방식으로, 즉 원인들의 연계인 운명의 내재성, 그리고 효과들의 연계로서의 사건들의 외재성을 통해서 확보되었다. 스토 학파가 운명과 필연을 대비시킬 수 있었던 것은 이 때문이다. 에피쿠로스 학파는 인과 관계에서의 다른 배치, 자유에 대한 다른 종류의 긍정을 제시했다. 그들은 원인과 결과의 등질성[일정함]은 보존했지만 [원자들 사이에 원인-결과 관계가 성립하도록 했지만] 클리나멘에 의해 그 상호 의존성을 보장받는 원자들의 계열에 따라 인과 관계를 마름질한다. 이 경우에 성립하는 것은 이제 필연 없는 운명이 아니라 운명 없는 인과 관계이다.〉

152) http://lugenzhe.blog.me/memo/90140313480/ 강신주의 철학 고전읽기(2012.4.4.). 제 5강 들뢰즈의 『프루스트와 기호들』〈1. 사랑에 빠진다는 것은 어떤 사람을 그 사람이 지니고 있거나 방출하는 기호들을 통해서 개별화시키는 것이다. 즉 사랑에 빠진다는 것은 이 기호들에 민감해지는 것이며 이 기호로부터 배움을 얻는 것이다. 우정은 관조와 대화를 양분삼아 자라날 수 있는 반면 사랑은 무언의 해석에서 태어나고 또 그것으로 양육된다. 사랑받는 존재는 하나의 기호, 하나의 '영혼'으로 나타난다. 그 존재는 우리가 모르는 어떤 가능세계를 표현한다. 해독해야 하고, 다시 말해 해석해야 할 한 세계는 사랑받는 사람 속에 함축되어 있고 감춰져어 있으며 마치 수형자처럼 갇혀 있다. 또다시 세계의 다원성이 문제된다. 즉 사랑의 다원주의는 사랑받는 사람들의 다수성 뿐 아니라 그 사람들 각각의 안에 있는 세계 혹은 영혼의 다수성과도 관계된다. 사랑, 그것은 사랑하는 사람 속에 감싸여진 채로 있는 우리가 모르는 세계들을 '펼쳐보이고 전개시키고자' 하는 우리의 노력이다. 2. 프루스트는 '방법'이란 철학적 이념에 '강요'와 '우연'이라는 이중적 이념을 대립시킨다. 진리는 어떤 사물과의 마주침에 의존하는데, 이 마주침은 우리에게 사유하도록 강요하고 참된 것을 찾도록 강요한다. 마주침의 우연과 강요의 압력은 프루스트의 두 가지 테마이다. 대상을 우연히 마주친 대상이게끔 하는 것, 우리에게 폭력을 행사하는 것-이것이 바로 기호이다. 사유된 것의 필연성을 보장하는 것은 마주침의 우연이다. "우연한 것이며 피할 수 없는 것(fortuit et inévitable)"이라고 프루스트는 말한다. 3. 지성은 우리에게 우정을 고취시키는데, 우정이란 관념과 느낌을 공유한다는 점에 근거한다. 지성은 우리에게 '노동'을 권유하는데 노동을 통해서 우리는 전달 가능한 새로운 진리를 발견하게 된다. 지성은 철학, 다시 말해 자발적이며 사유가 미리 생각해 놓은 하나의 훈련으로 우리를 초대한다. 이 훈련을 통해서 우리는 객관적인 의미들의 질서와 내용을 결정하게 된다. 이 본질적인 점에 주목한다. 우정과 철학은 동일한 비판을 받아야 한다. 프루스트에 따르면 친구들이란 선의지를 지닌 정신들 같은 것으로, 그들은 사물의 의미, 말의 의미, 관념의 의미에 대해 분명하게 일치하는 정신들이다. 그런데 철학자 역시 사유함에 있어서 선의지를 자기 안에 전제하고 있다. 4. 철학자는 사유란 참에 대한 자연스런 사랑이며, 진리란 자연스럽게 생각된 바를 분명하게 규정하는 것이라고 생각한다. 이런 까닭에 프루스트는 우정과 철학이란 전통적인 커플에다가 사랑과 예술이라는 보다 막연한 커플을 대립시킨다. 평범한 사랑이라도 위대한 우정보다 낫다. 왜냐하면 사랑은 기호의 측면에서 볼 때 풍

을 규정하는 하나님이 계시다는 것이 싫다는 겁니다. 놀라운 사실은 들뢰즈는 인간이 만들어 내는 그런 의미의 효과에 대해 말하면서 황홀경을 말한다는 겁니다. 약물이나 술의 효과를 하나의 계시로 봅니다. 술이나 약물로 최대치의 효과를 만들어 내겠다는 것입니다.153) 세상은 언제나 벼락, 스파크, 짜릿함 이런 말을 많이 합니다. 왜냐하면 그렇게 우연히 내리치는 신성한 느낌, 누멘을 느끼고 살려고 하기 때문입니다. 우리는 그렇게 가지 않습니다. 우리는 예수 그리스도를 믿은 자들이기에 하나님의 언약의 말씀 안에서 우리가 누구이고 무엇을 하고 살아야 하는 것인지를 알아서 순종하고 살아가는 자들입니다. 우리의 열정으로 우

부하고, 무언의 해석을 자양분으로 삼아 살아가기 때문이다. 하나의 예술 작품이 철학적 작업보다 낫다. 왜냐하면 기호 속에 감싸여 있는 것은 모든 명시적 의미들보다 더 심오하기 때문이다. 우리에게 폭력을 행사하는 것은 우리의 선의지와 우리의 사려 깊은 노동이 낳은 모든 성과보다 더 풍부하다. 그리고 사유보다 더 중요한 것이 있으니 '사유의 재료를 주는 것'이다. 5. 예술 작품을 통해 드러내는 그 본질이란 무엇인가? 그것은 하나의 차이, 궁극적이고 절대적인 차이이다. 존재를 구성하고 우리가 그 존재에 대해 사유하고 이해할 수 있도록 해주는 것이 바로 차이이다. (…) "우리는 오로지 예술을 통해서만 우리 자신으로부터 벗어날 수 있다. 또 오로지 예술을 통해서만 우리가 보고 있는 세계와는 다른, 딴 사람의 눈에 비친 세계에 관해서 알 수 있다. 예술이 없었다면 그 다른 세계의 풍경은 달나라의 풍경만큼이나 영영 우리에게 알려지지 않은 채로 남아 있을 것이다. 예술 덕분에 우리는 하나의 세계, 즉 자신의 세계만을 보는 것이 아니라 세계가 증식하는 것을 보게 된다." 6. 본질이란 본래 차이이다. 그러나 또한 본질에게 반복됨으로써 자기 자신과 동일해지는 능력이 없다면, 본질은 다양해지는 능력, 다양해질 능력도 없을 것이다. 본질이 대체할 수 없는 것이고 또 아무것도 그것에 대체될 수 없는 이상, 본질을 반복하지 않는다면, 궁극적 차이인 본질을 가지고 무엇을 만들 수 있을 것인가? 위대한 음악은 오로지 반복되는 연주를 통해서만 존재할 수 있고, 시를 외워서 암송할 수밖에 없는 것도 바로 이 때문이다. 차이와 반복은 겉으로만 대립될 뿐이다. 우리가 "이 작품은 같으면서도 다른 것이다"라고 인식하게끔 하지 않는 작품은 위대한 예술가의 작품이 아니다. 7. 우정처럼 철학은 사유에 영향을 주는 실제적인 힘들과 우리에게 사유하도록 '강요하는' 결정들이 만들어지는 어두운 지대를 모른다. 사유하는 것을 배우기 위해서는 선의지나 공들여 다듬어진 방법만으로는 전혀 충분치 않다. 즉 참에 다가가기 위해서 친구로는 부족하다. 정신들은 자기들 사이에 규약된 것만을 전달한다. 다시 말해 정신은 가능태만을 산출한다. 철학의 진리들에게는 필연성과 필연성의 표식이 결여되어 있다. 사실 진리는 전달되지 않고 누설된다. 진리는 전달되지 않고 해석된다. 진리는 의도적인 것이 아니라 비자발적인 것이다. 8. 사유하도록 강요하는 것이 바로 기호이다. 기호는 우연한 마주침의 대상이다. 그러나 마주친 것, 즉 사유의 재료의 필연성을 보장해 주는 것은 분명 기호와의 그 마주침의 우연성이다. 사유 활동은 단지 자연스러운 가능성에서 생겨나는 것이 아니다. 반대로 사유 활동은 단 하나의 창조이다. 창조란, 사유 그 자체 속에서 사유 활동의 발생이다. 그런데 이 발생은 사유에 폭력을 행사하는 어떤 것, 처음의 흐릿한 상태, 즉 단지 추상적일 뿐인 가능성들로부터 사유를 벗어나게 하는 어떤 것을 내포하고 있다. 사유함이란 언제나 해석함이다. 다시 말해 한 기호를 설명하고 전개하고 해독하고 번역하는 것이다. 번역하고 해독하고 전개시키는 것이 순수한 창조의 형식이다. 9. 지성은 언제나 나중에 오며, 나중에 오니까 바람직하다. 지성은 오로지 나중에 올 때에만 바람직하다. 우리는 플라톤주의와의 이 차이점이 어떻게 다른 많은 것들을 야기 시키는지 보았다. '로고스는 없고 상형문자만이 있다.' 사유한다는 것 그것은 그러므로 해석하는 것이고 번역하는 것이다. 본질들은 번역해야 할 사물인 동시에 번역 자체이며, 기호인 동시에 그 기호가 감싸고 있는 의미이다. 본질들은 사유하기를 강요하려고 기호 속에 감싸여져 있으며, 필연적으로 사유되기 위해 의미 속에서 펼쳐진다. 상형문자는 어디든지 있다. 이 상형문자의 상징은 두 겹으로 되어 있다. 마주침의 우연성과 사유의 필연성이 바로 그것이다. 상형문자는 '우연하고도 필연적인' 것이다.〉
153) 질 들뢰즈, 의미의 논리, 이정우 역 (서울: 한길사, 2015), 277-278. 〈황홀경을 위하여: …우리는 약물이나 술의 효과들(이것들의 '계시')이, 만일 이 물질들의 사용을 결정하는 사회적 소외의 기법들이 혁명적인 탐구를 통해서 전복된다면, 이 사용과는 독립적으로 세계의 표면에서 그 자체로서 다시 체험되고 다시 복구될 수 있으리라는 희망을 버릴 수가 없다. 이 점과 관련해 버로(Burroughs)는 위대한 건강에 대한 이러한 추구, 우리를 경건하게 만들어 줄 이런 방식을 보여주는 낯선 글 몇 쪽을 쓴 바 있다. "우리가 화학적 길들을 따라 도달할 수 있는 모든 것이 다른 길들을 통해서도 도달될 수 있다는 것을 생각하라 … 몸에 비수를 꽂는 대신 표면에 일제 사격을 가하는 것. 오! 황홀경이여."〉

리의 삶을 만들어가지 않습니다. 신비적이고 무념무상의 상태로 들어가는 것이 아니라 똑바른 정신으로 말씀 안에서 확인받고 누려가는 것입니다.

결론은 무엇입니까? 행위언약은 하나님의 원하심대로 살아가라는 하나님의 명령입니다. 행위언약은 하나님께서 자기 백성과 교제하기 위하여 자기 백성에게 베푸신 은혜와 사랑입니다. 행위언약이 아니면 인간은 일체의 권위를 부정하며 자기 욕망을 위해서 살다가 허탈해서 죽습니다. 왜냐하면, 인간은 영원한 의미와 통일성을 만들어내지 못하기 때문입니다. 인간이 아무리 만들어내려고 애쓰고 애쓸지라도 안 되는 것을 어떻게 하겠습니까!

우리는 예수 그리스도의 십자가 피로써 구원 받고 그의 의로 의로워진 백성이기 때문에 하나님께서 주신 계명에 순종하며 살아가는 복된 자들입니다. 하나님께서 원하시는 길로 가야 생명이 있습니다. 하나님께서 원하시는 길은 이 성경 말씀에 있습니다. 이 말씀대로 살기 위하여 기도하고 이 말씀대로 살기 위하여 죄악들과 싸워가야 합니다. 하나님의 원하시는 대로 살아가는 것이 기쁘고 즐거운 것입니다. 세상 끝날까지 이 언약의 말씀대로 순종하며 주 예수 그리스도를 믿는 믿음으로 배타적 충성을 다하는 믿음의 성도들이 되기 바랍니다.

언약 11 아담언약 5

15 여호와 하나님이 그 사람을 이끌어 에덴동산에 두사 그것을 다스리며 지키게 하시고 16 여호와 하나님이 그 사람에게 명하여 가라사대 동산 각종 나무의 실과는 네가 임의로 먹되 17 선악을 알게 하는 나무의 실과는 먹지 말라 네가 먹는 날에는 정녕 죽으리라 하시니라 (창 2:15-17)

언약 열한 번째 시간입니다. 오늘은 아담언약을 통해 드러나는 하나님의 영광과 나라에 대해서 살펴보려고 합니다. 아담언약, 하나님의 영광과 나라라고 말한다고 해서 언약과 교리를 설명하기 위한 것만이 아닙니다. 하나님의 영광과 나라를 드러내는 것이 하나님의 백성 된 우리에게 가장 기쁘고 즐겁고 충만한 것이라는 사실을 말하기 위함입니다. 우리를 쾌지나칭칭 나게 하시고 하나님께서 영광을 받으십니다. 하나님을 모방하는 것이 우리를 쾌지나칭칭 나게 하는 것이고 하나님을 모방할 때 하나님께서 영광을 받으십니다.

하나님께서 아담과 언약하신 것은 하나님의 영광을 나타내시기 위함입니다. 그것은 두 가지로 나타납니다. 첫째는 그 사역을 통해서 나타나며 둘째는 그 성품으로 나타납니다. 아담에게 맡겨진 사역과 성품을 통해서 하나님의 하나님 되심을 나타내어 하나님께서 영광을 받으십니다. 그렇게 하나님의 영광이 온전히 드러나는 나라가 하나님 나라입니다. 사역에 신실하고 성품을 반사함으로 나타납니다. 물론 사역과 성품이 다 언약하신 여호와 하나님에 대한 배타적 충성으로 일어나는 두 가지 일입니다.

이 두 가지는 오늘날 우리가 이해하기 쉽게 말하면 모방이 일어나고 복제가 일어나는 것입니다. 영어로는 '미메시스'(mimesis)라 하고 헬라어로는 '미메테스'라고 말합니다. 사도 바울이 '나를 본받으라', '나의 닮은 꼴이 되어라'고 말한 바와 같이 언약의 주를 본받는 것입니다. 이 모방이 플라톤처럼 그런 모방을 말하는 것이 아닙니다.154) 하나님께서는 저 영원의 세계에 계시고 우리는 그 지고한

---

154) 네이버 지식백과, 미메시스(mimesis, 드라마사전, 2010, 문예림) 〈그리스어로 춤·몸짓·얼굴표정 등에 의해서 인간·산·사물 등을 모방하는 것을 의미한다. 플라톤과 아리스토텔레스는 미메시스를 자연의 재현이라고 말했다. 특히 아리스토텔레스는 『시학』에서 사제가 화중(會衆) 앞에서 연기하는 의식과 배우가 관객 앞에서 연기하는 "행동의 모방"을 구별한다. 플라톤에 의하면 모든 예술적 창조는 미메시스의 형태이다. "이데아의 세계"에서 실제로 존재하는 것은 신이 창조한 형태이며, 인간이 자신의 생활 안에서 지각하는 구체적인 사물들은 이 이상적인 형태가 그림자처럼 어렴풋이 재현된 것이다. 그는 화가·비극작가·음악가 등 예술가는 "모방된 것을 다시 모방하는" 자들이고, 본질에서 벗어나 있다고 본다. 아리스토텔레스는 이와 달리 예술가는 일시적인 것이 아니라 영원한 사상·행동·감정을 모방한다고 본다. 또한 예술가는 인간의 행동을 "개연성"의 법칙에 따라서 표현하고, "개연성 없는 가능성보다도 개연성 있는 불가능성"을 표현해야 한다고 말한다. 진실은 그 형식 속에 있다고 본 것이다. 아리스토텔레스는 자연계와 인간계를 역동적인 변화의 세계로 본다. 그것은 처음과 중간 그리고 끝의 과정이 있는 동적인 형

산을 모방하기 위해 관조하고 관상기도를 해야 하는 것이 아닙니다. 하나님께서는 그 지으신 피조세계에 인간을 두시고 언약하심으로 하나님의 영광을 드러내시기를 기뻐하셨습니다. 인간이 저 산을 향해 찾아가는 것이 아니라 하나님께서 창조하시고 하나님께서 오셔서 언약하시고 아담은 그 언약에 신실함으로 하나님의 영광을 나타냅니다. 하나님의 영광을 나타내는 일에 인간을 지으시고 언약하심으로 하나님의 영광을 나타내는 일에 참예케 되는 크신 은혜를 베푸셨습니다. 하나님께서는 그 사역에 대한 명령을 창세기 1장 26-28절에서 주셨습니다.

> 26 하나님이 가라사대 우리의 형상을 따라 우리의 모양대로 우리가 사람을 만들고 그로 바다의 고기와 공중의 새와 육축과 온 땅과 땅에 기는 모든 것을 다스리게 하자 하시고 27 하나님이 자기 형상 곧 하나님의 형상대로 사람을 창조하시되 남자와 여자를 창조하시고 28 하나님이 그들에게 복을 주시며 그들에게 이르시되 생육하고 번성하여 땅에 충만하라, 땅을 정복하라, 바다의 고기와 공중의 새와 땅에 움직이는 모든 생물을 다스리라 하시니라 (창 1:26-28)

그 명령을 따라 아담은 순종하며 감당했습니다. 창세기 2장 19절에서 이렇게 말합니다.

> 여호와 하나님이 흙으로 각종 들짐승과 공중의 각종 새를 지으시고 아담이 어떻게 이름을 짓나 보시려고 그것들을 그에게로 이끌어 이르시니 아담이 각 생물을 일컫는 바가 곧 그 이름이라 (창 2:19)

사역이 다만 생물들의 이름을 짓는 것 하나로만 말하는 것이 아닙니다. 이름을 짓는다는 것은 그 지배권을 가지고 행사한다는 것이고 하나님께서 아담에게 주신 그 권위로 하나님의 지으신 세계를 통치하고 다스려 가고 있다는 것을 의미

태를 나타낸다. 꽃, 동물, 인간은 태어나 성숙해서 죽기 때문에 그런 삶을 흉내 내는 연극도 그와 같은 패턴을 갖지 않으면 안 된다고 본다. 신고전주의 작가들은 이와 달리 최고의 고전적 모범을 모방하는 일이 중요했다. 예술의 기능은 미메시스였고, 새로운 리얼리즘 소설이 나타났다. 스탕달에 의하면 소설은 일종의 "공도公道에 놓인 거울"이며, 그 목적은 인생의 모방, 즉 미메시스였다. 이 미메시스의 강조가 에밀 졸라를 거쳐서 자연주의 연극에서는 인간 행동의 표층인 의상·세팅·자연스런 말씨 등의 모방으로 이어졌다. 근대 문학 이론가는 예술이 예술 자체의 리얼리티를 창조하는 방법을 강조한다. 예술적 표현 수단은 그것이 전달하고자 하는 리얼리티를 변형시킨다고 본 것이다. 아르토와 같은 극작가는 "연극은 어떤 사건의 미메시스가 아니라 사건 그 자체이며, 인생의 재현이 아니라 삶의 방법이다"라고 주장했다. 또한 20세기 정치극은 여전히 바깥 세계의 묘사에 지대한 관심을 보인다. 정치극이 강조하는 것은 아르토와 같이 그 자체를 목적으로 하는 연극도 아니고, 아리스토텔레스 이후 바극에 관한 이론가들의 말과 같이 불변하는 패턴의 재현도 아니며, 바로 사회적·역사적 변화의 과정이다. 연극이란 모방의 과정인가? 그렇지 않으면 독자적인 세계를 구축하는 것인가? 또는 이 두 과정의 혼합인가? 연극이 모방이라면 연극은 무엇을 모방하는가? 인간, 자연 또는 역사를 재현해야 하는가? 표층을 나타내야 하는가? 아니면 심층을 나타내야 하는가? 연극이라고 하는 매체는 어떠한 의미에서 리얼리티를 구체적으로 표현하는가? 사용된 수단은 전적으로 리얼리티가 아닌가? 이러한 질문들에 대한 대답은 리얼리티 개념이 변함에 따라서 계속 변화된다.〉

합니다. 그 사역이 기쁘고 즐거운 사역이라는 것이 중요합니다. 하나님께서 아담에게 일하라고 하는 것이 강요와 억압이 아닙니다. 너무너무 좋은 일입니다. 일을 하는 것이 기쁜 이유는 아담이 자기 존재의 이유와 그 일을 해야 하는 이유를 살아계신 하나님으로부터 공급받기 때문입니다. 그렇게 의미와 통일성을 공급받기 때문에 아담은 하나님께서 맡기신 일을 하는 것이 그야말로 쾌지나칭칭 나는 일입니다.

우리는 너무 딱딱해요. 개혁주의 그러면 너무 딱딱해요. 사역은 기쁘고 즐거운 것입니다. 사역이 기쁘고 즐겁고 재미나는 것은 그것이 아담이라는 존재를 가장 아담답게 하는 일이기 때문입니다. 그 일하는 것이 하나님의 영광을 나타내기에 피조물인 아담이 그 사실을 너무나도 영광스럽게 생각하기 때문입니다. 먼지같이 아무것도 아닌 인생이 하나님의 영광을 나타내는 일을 하고 삶을 살아간다는 것이 힘이 나게 하고 웃음을 짓게 하고 노래 부르게 하고 춤추게 하는 것입니다. 그런 모든 것이 하나님을 모방합니다.

그 모방, 미메시스가 일어나도록 하나님께서 아담에게 행하신 일이 언약입니다. 그 언약에 신실하게 살아감으로 하나님의 하나님 되심이 드러나게 하셨습니다. 하나님의 사랑, 은혜, 긍휼이 그 언약의 규범을 지켜가면서 나타납니다. 그것이 실제로 이루어지는 것은 하나님과의 관계적 관점으로 자기 존재를 확인하고 하나님께서 주신 사명을 감당해 가기 때문입니다. 세상은 그렇게 안 됩니다. 내가 누구인지 말해 줄 대상이 없고 자기가 누구인지 자기가 자기를 확인해 가야 하고, 세상 역시 부조리한 세상이라고 말하고 또 역사가 어디로 흘러갈지 모르기 때문에 살아가야할 원리, 규범을 말하지만 실제로는 오로지 자기 자신만 믿고 살아가야 합니다. 그것이 한 없이 마음을 무너지게 하기 때문에 명상을 하고 도약을 하게 됩니다.

세상도 규범을 말하고 원리를 말합니다. 그러나 그것을 궁극적으로 확인해 줄 실체가 없습니다. 세상은 그 실체를 그냥 하늘이라고 말합니다. 그 하늘이라는 것이 스스로 자기를 계시해 주어서 하늘이 아니라 만물의 시조, 만물의 근원이고 원리로 보는 것에 불과합니다. 인간이 탐구하고 탐구해서 만들어낸 어떤 궁극적인 것이 하늘이라는 겁니다. 그것이 하나의 원리로 말하는 것이 '경천애인사상'입니다. 하늘을 공경하고 사람을 사랑한다는 것인데 하늘이 곧 사람이라는 생각을 가지고 있기 때문입니다. 하늘에 대한 생각은, 예전의 사회가 농경사회였기 때문입니다. 농경 사회에서 하늘의 힘은 절대적이었습니다. 하늘에서 비가 오고 하늘에서 햇빛이 나야 농사를 지을 수가 있습니다. 모든 것을 하늘에 의존했습니다. 하늘이 인간의 모든 생사화복을 좌우했습니다.

『논어』에는 하늘에 관한 언급이 14회가 나옵니다. 공자는 자기 인생의 73년을 회고하면서 6단계로 나누어서 각 단계마다 정신적 자각의 내용이 달랐다고 말했습니다. 공자는 50세에 지천명(知天命), 곧 천명을 깨달았다고 말했습니다.[155] 천명을 깨달았다는 것은 공자가 자신의 운명을 깨닫고 자신의 사명을 자각했다는 것을 말합니다. 공자가 가장 사랑했던 제자이며 자기 학문과 사상의 후계자라고 여겼던 안연이 41세에 요절을 했을 때에 공자는 "아아 하늘이 나를 망쳤도다"라고 통곡하면서 하늘의 운명을 깨달았다고 했습니다. 공자가 송나라에서 환퇴의 박해를 받고 생명의 위협을 느끼고, 또 광(匡)이라는 곳에서 난폭한 무리에게 포위되어 큰 위기를 당했을 때 "하늘이 나에게 큰 사명을 부여했다. 저들이 아무리 나를 해치려고 하여도 결코 나를 해칠 수가 없다"고 말하면서 태연자약했습니다. 이것을 두고 공자는 자기의 사명을 자각했다고 말합니다. 공자는 그렇게 하늘을 공경하고 겸손했으며 하늘을 대하여 항상 기도를 했습니다. 술이편에 보면, 공자는 자로에게 하늘을 향해 기도를 했다고 말했습니다. 안병욱 씨는 그런 공자를 향해서 진리를 추구하는 '열렬한 구도자'라고 말했습니다.[156]

공자가 말하는 하늘은 기독교의 하나님과 흡사해 보입니다. 그러나 그 하늘은 노자의 『도덕경』에서 말하는 '도'(tao)를 말합니다.[157] 또한, 공자의 하늘은 콩 심은데 콩 나고, 팥 심은데 팥 나는 인과율로 이해되는 도의 세계를 말합니다. 그 인과율을 뛰어넘는 일은 지성을 바쳐서 이루어내는 하늘입니다.[158] 그래서 공자는 '교'(敎)를 강조합니다. '교'는 인간의 도를 닦는 것을 '교'(敎)라고 합니

---

[155] 子曰: "吾十有五而志於學, 三十而立, 四十而不惑, 五十而知天命, 六十而耳順, 七十而從心所欲不踰矩." (자왈: "오십유오이지어학, 삼십이립, 사십이불혹, 오십이지천명, 육십이이순, 칠십이종심소욕불구.")
[156] 안병욱, 논어인생론 (서울: 자유문학사, 1996), 137.
[157] 같은 책, 139. "조문도 석가사의(朝聞道 夕死可矣), 아침에 도를 들으면 저녁에 죽어도 아무 한이 없다. 문(聞)은 귀로 듣는 동시에 마음으로 깊이 깨닫는 것이다. 이인편(里仁篇)에 나오는 이 짤막한 말은 공자의 순수하고 열렬한 구도적 정신을 가장 잘 나타낸다. 논어 482개의 문장 중에서 가장 힘차고 가장 뛰어난 문장이다. 인생의 목적이 무엇이냐, 도(道)의 자각과 실천이다. 진리를 배우고 깨닫고 실천하는데 의미가 있고 가치가 있다. … 생의 의미는 도를 배우고 실천하는 데 있다. 그러면 도란 무엇이냐, 공자가 추구한 도는 어떤 것이냐. 도는 중국사상의 근본문제다. 중국철학은 한 마디로 도의 탐구다. 도를 궁극어로 'tao'라고 한다. …"
[158] 같은 책, 133-134. "콩을 심으면 콩이 나고, 오이를 심으면 오이가 난다. 콩을 심었는데 오이가 나는 일이 없고, 오이를 심었는데 콩이 나는 일이 없다. 많이 심으면 많이 나고, 적게 심으면 적게 난다. 아무것도 심지 않으면 아무것도 나는 일이 없다. 종과득과 종두득두(種瓜得瓜 種豆得豆)는 천지자연의 기본질서다. … 지성을 가지고 대하면 감동하지 않는 사람이 없다. 지성은 하늘을 감동시키고 귀신도 감동시킨다. 지성은 인간이 갖는 가장 큰 힘이요, 가장 강한 무기요, 가장 중요한 자본이요, 가장 놀라운 덕이다. 그러므로 중용은 지성여신(至誠如神)이라고 갈파했다. 지성은 자극한 정성이다. 한없이 성실한 것이다. 그러므로 지성은 신과 같은 놀라운 힘을 갖는다. 지성처럼 인간을 감동시키는 힘은 없다. 지성보다 위대한 덕은 없다. 성(誠)은 덕 중에서 으뜸가는 덕이다."

다. 하늘이 인간에게 부여한 것을 인간의 성(性)이라 하여 인성이라고 합니다. 인성의 자연을 따르는 것을 인간의 도라고 하며 그 인간의 도를 닦는 것을 교라고 합니다. 그런 까닭에, 기독교라고 하는 것은 사실 성경적으로 맞는 것이 아닙니다. 인간의 그 인성을 갈고 닦아 도통하려고 하는 것은 성화가 아니라 도인이 되려고 하는 것이기 때문입니다.

오늘날 기독교는 예수 그리스도를 구주로 믿는다고 하면서도 언약과는 다른 방식으로 하나님의 하나님 되심을 나타내려고 합니다. 하나님께서는 아담에게 초월적인 능력을 주어서 하나님의 능력을 나타내고 기적을 베풀고 행사함으로 하나님의 성품을 나타내도록 하지 않으셨습니다. 우리는 예수 그리스도를 믿어 성도가 되었다고 하면서도 소위 신령해진다고 하면 능력을 받는 것이고 그 능력이란 기도하면 병이 낫고 생각만 해도 소원이 이루어지는 것으로 오해하고 착각하는 경우가 허다합니다. 하나님께서 아담에게나 우리에게 주신 것은 언약이고 그 언약의 규범을 우리에게 허락하여 주심으로 하나님께서 주신 사역과 성품으로 담아내도록 하셨습니다.

우리가 먼저 기억해야 할 것은 언약에 대한 순종은 하나님을 모방하는 것이고 그리스도를 본받는 것이고, 그 언약에 순종한다는 것은 권위에 대한 복종을 말한다는 사실입니다. 권위에 대한 복종은 관계적 관점에서 시작합니다. 그 관계적 관점에서 우리의 존재적 관점이 주어집니다. 성경은 창세기로 시작합니다. 창세기 1장부터 하나님께서 존재하시고 그 하나님께서 세상 모든 피조물을 창조하셨다고 분명하게 선언합니다. 하나님께서 살아계시고 만물을 창조하셨기에, 그 하나님께서 주가 되시기에 인간이 타락하기 이전에는 본성적으로 그 하나님께 복종하도록 창조되어졌습니다.

그 복종은 창조하시고 언약하신 주 여호와 하나님의 권위에 절대적으로 복종하는 것으로 시작합니다. 그 본성적으로도 그렇고 그 삶으로도 그러해야 합니다. 거기에는 어떤 억압이나 강요가 없이 자발적인 복종이 일어납니다. 왜냐하면, 자기 존재가 언약하신 주께로부터 나왔고 그 주께서 살아가는 삶의 의미와 통일성을 제공하기 때문입니다. 그렇게 언약의 주께 자발적이고 충성스러운 복종이 일어날 때에 모방이 일어납니다. 언약의 주를 닮아갑니다.

그래서 언약은 형상이라는 말과 매우 중요한 관련이 있습니다. 웨스트민스터 신앙고백서 제4장 창조에서, "자기 자신의 형상을 따라[159] 지식과 의와 참된 거룩

---

159) 하나님이 가라사대 우리의 형상을 따라 우리의 모양대로 우리가 사람을 만들고 그로 바다의 고기와 공중의 새

함을 부여해 주셨으며, 그들 마음에 하나님의 율법을 기록해 주셨고(롬 2:14-15), 그 율법을 성취할 수 있는 능력도 주셨다(전 7:29)."라고 말하는 것처럼 하나님의 형상은 참된 의와 거룩과 하나님을 참으로 아는 지식을 말합니다. 그런 의와 거룩과 지식은 하나님을 증거하는 것으로 주어졌습니다.

형상이란 고대 근동에서 차용해 온 낱말로써 '대표/대리' 사상을 가지고 있습니다. 어떤 왕의 형상이 어떤 지역에 서 있다면, '여기는 이 형상을 가진 왕이 통치하는 땅이다'라는 뜻입니다.160) 인간은 그렇게 하나님의 대리자로서 하나님이 누구신지를 온 세상에 드러내고, 그리하여 하나님께 영광을 돌리는 삶을 살아야 하는 존재입니다. 그래서 형상은 인간에게 부여된 권한이자 책임입니다.161) 이것은 요셉의 총무직 수행과 예수님의 청지기 비유에서 잘 드러납니다. 그렇게 자기 책임을 감당하도록 의와 거룩과 지식을 주셨습니다. 형상은 일하는 형상이요 성품으로 따뜻하게 나타나는 형상입니다. 아담을 보면, 하나님의 일하심을 보게 되고 아담을 보면, 하나님의 성품을 보게 됩니다. 아담은 하나님을 모방함으로 하나님의 명예를 지극히 영광스럽게 하는 존재였습니다.

그렇게 하나님을 모방하도록 하나님께서 아담에게 주신 세 가지 법칙이 있습니다. 그것은 자연적 법칙, 도덕적 법칙, 긍정적 법칙입니다. 첫 번째로, 자연적 법칙이란 하나님께 아담이 복종하는 것이 아담의 본성이며 그 본성대로 살아가는 것이 아담이 존재하는 이유라는 사실입니다. 타락한 인간은 복종이라는 말에 대해 거부감을 느끼면서 억압이라고 말하지만 그 복종은 지극히 당연한 본성적 행동입니다. 그 복종을 통해서 하나님의 명예와 영광을 대리합니다. 복종이라는 말은 인간의 본분을 말합니다. 아담이 하나님의 형상으로 창조되었을 때 하나님을 지극히 기뻐하는 존재였습니다. 그렇게 자기를 창조하신 주 하나님을 기뻐하면서 그 하나님의 의와 거룩을 나타내는 것이 그의 본성이고 본분이었습니다. 그렇게 살아가는 것이 아담에게 주어진 영광스러운 성품이고 본성이었습니다.

두 번째로, 도덕적 법칙이란 아담은 하나님께서 언약하시며 주신 계명에 순종하

와 육축과 온 땅과 땅에 기는 모든 것을 다스리게 하자 하시고(창 1:26) 새 사람을 입었으니 이는 자기를 창조하신 자의 형상을 좇아 지식에까지 새롭게 하심을 받는 자니라(골 3:10) 하나님을 따라 의와 진리의 거룩함으로 지으심을 받은 새 사람을 입으라(엡 4:24)

160) 유해무, 개혁교의학 (서울: 크리스챤다이제스트, 1997), 234.

161) 같은 책, 234-235. "그러나 직무와 자질들을 분리할 수는 없다. 우리가 이것을 강조하는 것은 타락에 의한 형상의 상실 여부를 따지는 개혁신학의 한 전통에 이의를 가지고 있기 때문이다. 칼빈이 그리스도를 통한 회복의 관점에서 형상을 재생할 때(창 1:26 주석 참고), 특히 지식, 의와 거룩을 언급한다(골 3:10; 엡 4:24). I. x v, 4. 이것을 '원의'(iustitia originalis)라 하여 하나의 자질로만 보지 않고, 인간을 대신(對神) 관계에서 본다면 올바른 해석이라 하겠다. …"

는 것이 아담이 존재하는 이유라는 사실입니다. 계명에 순종한다는 것은 계명의 요구에 반응하는 것입니다. 그것은 십계명의 핵심을 말합니다. 예수님께서는 십계명의 핵심을 이렇게 말씀하셨습니다.

> 37 예수께서 가라사대 네 마음을 다하고 목숨을 다하고 뜻을 다하여 주 너의 하나님을 사랑하라 하셨으니 38 이것이 크고 첫째 되는 계명이요 39 둘째는 그와 같으니 네 이웃을 네 몸과 같이 사랑하라 하셨으니 40 이 두 계명이 온 율법과 선지자의 강령이니라(마 22:37-40)

하나님께서 주신 계명에 순종하는 것이 아담이 존재하고 아담이 살아가야 하는 근거이고 이유이고 가치이고 목적입니다. 그 계명은 거룩하고 의로운 하나님의 성품을 드러내는 말씀입니다. 하나님의 하나님 되심을 아담이 나타낼 때에 자기 마음과 자기 생각대로 재현하는 것이 아니라, 주체적 결단과 선택이 아니라, 오직 하나님께서 주신 계명에 순종하여 아담 자신이 거룩해지고 아담 자신이 의로워짐으로 하나님의 은혜와 사랑으로 충만해져서 하나님의 명예와 영광을 높여드리게 됩니다. 아담이 하나님 안에서 최고로 복되고 최고로 영광스러운 상태가 되는 것은 하나님께서 주신 그 계명을 마음을 다하고 목숨을 다하고 뜻을 다하여 지켜가는 것입니다.

세 번째로, 긍정적 법칙이란 하나님께서 아담에게 주신 자연적 법칙과 도덕적 법칙을 통해 왕 되신 하나님의 의지에 복종하도록 제약이 주어지고 시험을 받는 것이 아담이 존재하는 이유라는 사실입니다.162) 언약의 주요 왕이신 하나님께 의지의 복종이 실제로 이루어지는지 확인을 하고 삶으로 고백되어져야만 했습니

---

162) 아더 핑크, 하나님의 언약, 김의원 역 (서울: CLC, 2007), 42-43. 〈우리는 "긍정적"인 율법을 통해서 하나님이 아담에게 자연의 빛과 도덕적인 고찰을 통해 나타낼 수 없었던 특정한 제약들을 부여하셨음을 알 수 있으며 더 나아가서 그 제약들은 하나님께서 주권적으로 제정하신 것으로 아담으로 하여금 자신의 왕의 의지에 복종할 수 있는가를 특별히 시험해 보기 위해 주어진 것임을 알 수 있다. "긍정적 법칙"이란 술어는 신학자들이 "부정적 법칙"에 반대되는 내용으로 사용하기 위해 도입한 것이 아니고 우리의 도덕적 본성에 제기 된 법칙들과 대조하기 위해 도입된 것이다. 즉, 기도는 도덕적 임무이고 세례는 "긍정적" 의식이다. 아담에게 주어진 이 세 가지 법칙은 창세기 1장과 2장의 짧은 기록 속에서 명백히 식별할 수 있다. 아담과 이브의 연합이 그 첫째 예다. "이러므로 남자가 부모를 떠나 그 아내와 연합하여 둘이한 몸을 이룰찌로다"(창 2:24). 물질적인 관계에 대해 어떤 것을 위반했다는 것은 바로 자연 법칙을 위반한 것이다. 안식일 제도와 안식일의 성별은 그 두 번째 예다. "하나님께서 일곱째 날을 복 주사 거룩하게 하셨으니 이는 하나님께서 그 창조하시며 만드시던 모든 일을 마치시고 이날에 안식하셨음이더라"(2:3). 즉, 이 절차가 인간의 역할에 관한 어떤 절차의 근거를 제공하는 것이라고 보지 않는다면 해결할 수 없게 된다. 왜냐하면 다른 방법으로 생각해 볼 때 선포된 성결과 축복에 대한 적절한 대상과 명백한 목적이 상실되었음에 틀림이 없기 때문이다. 때를 따라 사람이 거룩한 안식일 규례에 순종해야 한다는 것은 여호와께 대한 인간의 도덕적 관계를 테스트하는 최대의 시험이었다. 아담에게 동산을 지키라고 하신 하나님의 명령은 ("동산을 손질하고 지키라"; 창 2:15) 긍정적인 세 번째 법칙을 나타내 준다. 즉, 타락 전 상태에서도 인간은 게으름을 피우게 방치되지 않았다.〉

다. 그런 까닭에 아담은 게으르게 살 수 없었습니다. 아담이 성실하게 자기 삶을 살아가는 것은 왕이신 하나님께 대한 의지의 복종이요 신앙고백이었습니다. 언약대로 살아가는 것이 아무런 어려움 없이 사는 것이 아니라 시험과 도전이 있습니다. 언약대로 살아가는지 시험의 과정이 있습니다.

하나님께서는 아담에게 안식일의 성별됨을 말씀하시고 결혼 제도를 지켜가고 에덴동산을 가꾸어가도록 명령을 부여하셨습니다. 그 명령은 아담이 스스로 생각해 낸 것이 아니라 하나님으로부터 받은 명령입니다. 하나님으로부터 명령을 받았다는 것은 하나님께서 인간에게 본래 주신 원리라는 뜻입니다. 그런 원리는 언약이라는 틀로써 주어지지만 그 이전에 이미 하나님께서 주신 내재적 원리가 됩니다. 안식일을 지키고 가정을 거룩하게 지키고 주신 과업을 성실히 수행해 가는 것은 인간이 원래 그렇게 살아가도록 하나님께서 만들어 놓으셨다는 뜻입니다. 그렇게 사는 것이 아담의 원래적 본성입니다. 그것이 가장 아담다운 것입니다. 아담답다는 것은 자기를 위한 존재가 아니라 하나님을 위한 존재라는 뜻입니다. 하나님을 위하여 살아가는 것이 우리에게도 가장 기쁘고 가장 즐거운 것입니다. 그렇게 살아야 하나님의 영광이 드러나기 때문입니다.

그 길에는 시험이 있는 길입니다. 그러나 인간은 그 시험에서 하나님께서 주신 계명을 어기고 범죄하여 하나님의 영광을 나타내지 못했습니다. 하나님의 영광을 나타내는 존재로 살지 아니하고 자기 욕심을 위해 언약을 깨고 범죄 했습니다. 그 범죄는 다만 죄를 지었다는 것으로 끝나는 것이 아니라 하나님의 영광을 위해 살도록 본성적으로 주신 그 충만한 것이 오염되고 파괴되어 버린 것을 말합니다. 하나님을 위해 사는 것이 기쁘고 하나님의 존재와 성품을 드러내는 것이 즐겁고 그렇게 하나님을 모방하여 하나님을 영화롭게 하는 삶을 이제는 다시 회복할 수 없게 되었습니다. 죄로 타락한 인간은 그런 충만을 인간 스스로 다시 회복할 수 없습니다.

그러면 죄인들이 어떻게 다시 회복되고 충만해질 수가 있을까요? 그것은 오직 예수 그리스도의 은혜로 가능합니다. 그 회복과 충만은 오직 예수 그리스도 안에서만 주어집니다. 성경은 이렇게 말합니다.

말씀이 육신이 되어 우리 가운데 거하시매 우리가 그 영광을 보니 아버지의 독생자의 영광이요 은혜와 진리가 충만하더라(요 1:14)
우리가 다 그의 충만한 데서 받으니 은혜 위에 은혜러라(요 1:16)
9 그 안에는 신성의 모든 충만이 육체로 거하시고 10 너희도 그 안에서 충만하여졌으니

그는 모든 정사와 권세의 머리시라(골 2:9-10)

우리를 거듭나게 하시고 하나님 아버지께로 다시 회복시켜 주실 분은 오직 예수 그리스도 밖에 없습니다. 왜냐하면, 예수 그리스도만이 우리를 위해 성육신 하신 성자 하나님이시기 때문입니다. 예수 그리스도만이 우리 죄를 위하여 십자가에 피 흘려 죽으시고 부활하신 분이시기 때문입니다. 오직 예수 그리스도만이 우리의 죄에서 구원하시고 우리의 본성을 새롭게 하셔서 죄악으로 가던 우리의 의지를 돌이켜 하나님께로 향하도록 만들어 놓으셨습니다.

그 말의 의미는 예수 그리스도를 믿은 성도들은 이제 '예수 그리스도가 주시다' 라고 고백하며 예수 그리스도를 본받으면서 모방하면서 살아가는 것이 가장 기쁘고 즐거운 일이 되었다는 뜻입니다. 예수 그리스도를 위해 살아가는 것이 우리를 쾌지나칭칭 나게 하는 것입니다. 우리를 그렇게 쾌지나칭칭 나게 함으로 하나님께서 영광을 받으십니다. 옛사람을 벗어버리고 새사람을 입으며 살아가는 것이 이제 우리의 본성이 되었습니다.

우리가 여전히 실수하고 죄지을 때도 있습니다. 그럴 때, 우리는 성령님의 탄식을 들으며 회개하고 돌이키고 죄를 미워하고 다시 주를 위해 살아가는 것이 우리 마음에 진정한 위로가 되고 기쁨이 됩니다. 아담이 범죄 하기 전에 하나님께서 주신 본성대로 하나님을 모방하고 사는 것이 쾌지나칭칭 나게 했듯이, 이제 예수 그리스도 안에서 새언약 안에 믿음으로 살아가는 우리는 예수 그리스도를 모방하고 살아가는 것이 쾌지나칭칭 나게 하는 것입니다. 그 모방은 하나님의 말씀대로 순종하며 살아가는 것입니다. 그 순종은 예수 그리스도의 십자가 대속으로 죄와 사망에서 구원받은 것을 가장 최고로 기뻐하며 즐거워하기 때문에 일어납니다.

이 믿음의 길을 쉽게 가는 사람은 아무도 없습니다. 쉽게 가는 그 사람이 이상한 사람입니다. 말씀대로 살아가는 것이 아무 걱정근심도 없는 길이라면 믿음의 선한 싸움이라는 말 자체가 없습니다. 성령님께서는 우리에게 주신 새로운 본성대로 언약에 순종하여 하나님의 주되심의 명예를 높여드리기를 원하십니다. 그렇게 하나님의 명예를 높여 하나님을 영광스럽게 하며 살아가는 것이 기쁘고 즐거운 자들이 성도입니다. 그 기쁨, 그 즐거움이 고난 속에서 쾌지나칭칭 나게 합니다.

오늘 말씀의 핵심은 언약에 순종함으로 모방이 일어나고 그 모방이 우리를 쾌지나칭칭 나게 하여 하나님을 영화롭게 한다는 것입니다. 그리고 거기에는 시험이 있다는 사실입니다. 조건을 다 갖추어 주시는 순종, 눈만 한 번 깜박하면 되는 모방, 리모컨처럼 손가락 하나만 누르면 되는 쾌지나칭칭은 없습니다. 그런 것이 영광이 될 수 없습니다. 우리가 사는 이 세상은 우리의 대적 마가가 우는 사자 같이 두루 다니며 삼킬 자를 찾는 세상입니다(벧전 5:8). 그런데 우리가 어떻게 언약에 순종하며 그리스도를 모방하며 쾌지나칭칭 하며 하나님의 영광을 나타내는 삶을 살아갈 수 있겠습니까? 우리는 이미 예수 그리스도와 연합된 자들이고 예수 그리스도께서 승리하셨듯이 우리도 이미 승리한 그 결말을 보고 가는 자들이기 때문입니다. 천국은 침노하는 자가 들어간다고 했습니다.163) 불타는 열정으로 주님을 사모하고 열심으로 난관을 돌파하고 말씀을 따라가야 합니다. 그것이 우리가 가야할 길입니다.164) 천국의 소망이 있는 자라 할지라도 죽도록 충성하면서 가야 하는 천국입니다. 이 귀하고 복된 길을 기도와 말씀으로 싸우고, 또 싸워서 영원한 천국의 영광을 누리는 믿음의 성도들이 되기 바랍니다.

---

163) 매튜 풀, 청교도 성경주석, 박문재 역 (서울: 크리스챤다이제스트, 2015), 208; 〈여기에서 우리 주님께서는 세례 요한이 큰 자였고, 그가 자신의 사역을 성공적으로 잘 수행했기 때문에, 세례 요한의 사역이 시작된 이래로 사람들은 하나님 나라의 복음, 즉 사람들을 이 땅에 세워진 그리스도의 나라로 인도하였다가 결국에는 영광의 나라로 인도할 저 복음을 큰 열심으로 듣고 영접하여, 그 나라 속으로 속속 들어오고 있다고 말씀하신다. 그 때 이후로 사람들의 마음은 천국 및 천국에 관한 것들을 알고자하고 얻고자하는 열망으로 불타오르고 있고, 하나님께서 그렇게 인정하시는 자들은 세례 요한보다 더 큰 자들이다. 통상적으로 이 최초의 복음 사역의 정신을 일정 정도 지니고서, 하나님께서 행하신 큰 일들을 자기가 말해야 할 가장 중요한 것들로 삼고서, 거기에 합당한 진지함과 열심과 열정을 가지고 그 일들을 행하는 자들은 하나님께서 바로 그런 자들, 즉 세례 요한보다 더 큰 자로 인정하시는 자들이다. "침노하는 자는 빼앗느니라." 사람들은 아무것도 하지 않으면서 천국에 대한 소망을 지니고 있기만 하면, 천국에 갈 수 있는 것이 아니고, 온 힘을 다해 몸부림을 쳐서 천국을 붙잡아야 한다.〉
164) 존 칼빈, 마태복음주석1 (서울: 성서교재간행사, 1982), 433; 〈세례 요한의 때부터: 그리스도께서는 심히 많은 사람들이 불붙는 열심으로 복음을 구하고 있다는 사실로부터 이 복음의 위엄성을 찬양하고 계심이 확실하다. 왜냐하면 하나님께서 요한을 자기 아들의 나라를 위한 선구자로 세우셨던 것처럼 예수님은 자신의 교훈이 성령의 유효성을 더하여, 이 교훈이 사람들의 마음속에 스며들어, 열정을 불러일으키게 하실 목적이었기 때문이다. 그러므로 이 교훈은 하나님께로부터 나온 것이며, 이 교훈이 너무도 급히 그리고 전례 없이 제시되었으므로 그처럼 큰 동요를 일으켰다. 그러나 하반절에는 어떤 제한점이 첨가되었다. 침노하는 자는 빼앗느니라: 마치 그리스도와 음성이 그의 선지자들에 의하여 전파되지 않았던 것처럼 혹은 그의 증거자 요한이 이 땅에 오지 않았던 것처럼 대부분의 사람들이 거의 반응을 보이지 않았다. 그러므로 그리스도께서는 자신이 지금 말씀하고 계시는 '침노'란 그 어떤 사람들만이 실천하고 있는 것이라고 말씀하고 계신다. 그러므로 이 말씀의 의미는 이렇다: 마치 사람들이 난폭하게 몰려들어 하나님의 나라를 점유하고 있는 것처럼 현재 거대한 대중의 봉기(蜂起)가 일고 있다. 왜냐하면 한 사람이 음성을 높일 때 그들은 떼를 지어 나와서 굶주린 자들로서 뿐만 아니라 난폭한 자들로서 주신 은혜를 잡아챌 것이기 때문이다. 요한이 광야에서 듣기 좋은 이야기들을 전할 때에는 많은 사람들이 무관심하고 무감각 했지만 이제는 무분별한 흥분으로 난폭하게 서두르는 자들이 많아졌다. 그리스도께서 하신 말씀의 의도는, 가르치는 분과 듣는 자들 중에서 동일하게 그 빛을 발하고 있는 하나님의 능력에 경멸적인 태도로 눈을 감아버리는 자들은 평계할 수 없다는 것을 알려주기 위한 것이었다. 이 말씀으로부터 우리는 신앙의 참된 본질과 방법을 배우게 된다. 하나님께서 말씀하실 때 냉담한 태도를 취하거나 마지못해 하는 의무감에서가 아니라, 불타는 열정으로 주님을 사모하고 열심 있는 노력으로 이른바 모든 난관을 돌파하면서 그 말씀을 따라야 한다는 것이다.〉

언약 12 아담언약 6

내가 너로 여자와 원수가 되게 하고 너의 후손도 여자의 후손과 원수가 되게 하리니 여자의 후손은 네 머리를 상하게 할 것이요 너는 그의 발꿈치를 상하게 할 것이니라 하시고(창 3:15)

언약 열두 번째 시간입니다. 오늘은 '원복음' 혹은 '원시복음'이라 일컫는 '여자의 후손에 대한 약속'에 대해서 살펴보려고 합니다. 첫 사람 아담의 범죄로 인해 하나님과의 모든 관계가 한순간에 깨져버렸습니다. 그것은 하나님과의 단절입니다. 그것은 언약 파기로 인해 내려진 저주입니다. 저주와 형벌은 언약의 파기로 왔으며 그 저주와 형벌의 본질은 하나님과의 단절입니다. 반대로, 언약을 지킴으로 주어지는 언약의 복은 하나님과의 교제입니다. 그 복의 본질이란 하나님의 얼굴을 보는 것입니다.

야곱이 얍복강 가에서 천사와 겨루어 이겼을 때 야곱이 그곳 이름을 '브니엘'이라고 불렀습니다. 왜냐하면, 하나님과 대면하여 보았는데 죽지 않고 생명이 보전되고 살았기 때문입니다. 야곱은 그 날 그 얍복강 가에서 간구할 때에 하나님을 대면하여 보았습니다. 그렇게 하나님을 대면하여 보는 그것이 언약의 복입니다. 사실, 야곱은 그렇게 간구할 때에만 하나님을 만난 것이라고 생각하였으나 하나님께서는 언제나 야곱을 만나고 계셨습니다. 그것이 하나님의 택한 자에게 베풀어지는 은혜입니다.

그러나, 첫 사람 아담이 누렸던 하나님과의 교제는 야곱이 얍복강 가에서 제한적으로 경험했던 하나님과의 대면과는 비교할 수가 없는 은혜였습니다. 아담은 하나님과의 언약 안에서 즐겁고 기쁘게 하나님을 만났습니다. 그 만남이 일상이었습니다. 아담은 언약으로 인해 하나님과 연합되어 있었고 하나님과 교제하는 관계였습니다. 우리가 의미와 통일성의 세 관점을 말할 때 우리는 구원과 언약 안에서 참되고 영원한 의미와 통일성을 누린다고 했습니다. 언약은 그렇게 하나님과의 관계적 관점을 말하며 그 관계적 관점은 언약의 규범 안에서 하나님과의 교제를 기본으로 하는 관점입니다.

이렇게 성경의 사건과 그 의미를 말하면 우리는 불편해합니다. 우리를 참으로 우리 되게 하는 성경을 말하는데도 왜 불편해할까요? 우리 마음이 꼭 이런 겁니다. '나는 이렇게 힘들고 어려운데, 목사님은 입만 열면 구원, 언약, 교제, 의미와 통일성, 그런 말만하시나?' 그렇게 생각이 들기 때문입니다. 참 마음 아픈 이야기입니다. 세상사는 것이 힘들면 하나님의 은혜로 나아가게 하는 것들이 너무 멀게만 느껴집니다. 그렇게 멀게 느껴지는 것은 은혜 안에서 멀어졌기 때문이며 인간의 본질에서 멀어졌기 때문입니다.

성도는 그 어려운 세상살이를 이겨가는 힘이 우리 안에서 나오는 것도 아니고 우리가 만들어내는 것도 아니라는 것을 아는 자들입니다. 누가 뭐라 해도 믿음 때문에 목숨을 내어놓고라도 가야하는 길이고 하나님의 말씀 안에서 하나님과 교제하며 살아가야 살맛이 나는 사람들입니다. 우리가 살맛이 제대로 나지 않는 것은 우리 탓이지 하나님 탓이 아닙니다. 우리가 죄악 가운데 있고, 우리가 하나님의 의를 갈망하지 않고, 우리가 하나님의 거룩으로 나아가지 않고, 우리가 하나님의 지식을 알아가지 않기 때문입니다.

지금, 하나님께서 언약을 파기한 아담에게 구원의 길을 약속하신 원복음[165]은 우리의 삶과 직접적으로 관련된 것입니다. 저 에덴동산의 아담만이 하나님과 언약을 맺고 그 언약대로 살아야 하는 존재가 아니라 지금 이 시대를 살아가고 있는 우리도 그렇게 살아가는 존재들입니다. 우리가 기독신앙을 잘못 이해하고 있는 것은 저 세상의 영향을 받아서 이 믿음이 그저 삶의 문제가 생겼을 때 기도하는 것이고 믿어서 천국 가는 것으로만 생각하는 것입니다. 신앙이 삶의 전체가 아니라 일부분이 되어 버린 것이 문제입니다. 그러니, 예수님을 믿어도 변화가 안 됩니다. 사람이 따뜻해지지 않습니다. 구원론이 삶을 지배해야 삶이 변합니다. '인간이 뭐냐?' 그 존재적 관점을 분명히 알려주기 때문입니다.

우리는 죄로 타락했고 무능한 자가 되었습니다. 영적인 이해력은 악화되었으며 의지는 비뚤어졌고 정서는 무질서하게 되었습니다. 하나님께서 아담에게 주신 그 원의(原義)의 탁월함이 상실되었습니다. 우리는 죄의 노예가 되었고 선을 행할 수 없는 상태가 되었습니다. 그런 상태를 '의지의 속박'이라 합니다. 우리가 그렇게 된 것은 첫 사람 아담이 언약을 어기고 범죄 하여 타락했기 때문입니다. 그것이 '언약의 대표성', '전가의 원리'라고 했습니다.

하나님께서는 첫 사람 아담이 언약을 깨뜨리고 범죄 하였으나 하나님의 나라를 이루기 위한 은혜의 약속을 주셨습니다. 그것이 바로 오늘 읽은 창세기 3장 15절 말씀입니다.

---

165) http://www.thetruthlighthouse.org/로이드-존스-교리강좌22-구약에-나타난-은혜의-언약/ 우리는 성경을 구약과 신약으로 구분합니다. 그러나 엄밀한 의미에서 성경은 이렇게 나누어야 한다. 창세기 1:1-3:14까지의 첫 번째 부분, 창세기 3:15-요한계시록 22:21의 두 번째 부분으로 구분해야한다. 창세기 3:14까지는 창조와 하나님과 아담과의 '행위언약' 그리고 아담의 실패하여 '행위언약'이 깨어졌다는 것이 나온다. 창세기 3:15부터 요한계시록 끝까지 '은혜언약'과 구원의 길에 대한 선포가 나온다. 그래서 성경은 이렇게 나누는 것이 옳다.

내가 너로 여자와 원수가 되게 하고 너의 후손도 여자의 후손과 원수가 되게 하리니 여자의 후손은 네 머리를 상하게 할 것이요 너는 그의 발꿈치를 상하게 할 것이니라 하시고(창 3:15)

먼저 우리가 이 언약을 살펴가기 전에 염두 해 두어야 하는 것은 하나님과 아담이 동등한 입장에서 언약을 맺은 것이 아니라는 사실입니다. 이 언약은 하나님께서 우위를 가지는 언약입니다. 하나님께서 주가 되십니다. 하나님께서 범죄한 인간에게 수여한 은혜가 언약입니다. 그냥 있으면 그 죄로 인해서 멸망과 죽음으로 가는 자들에게 주신 하나님의 선물입니다. 하나님께서는 범죄한 아담과 하와에게 긍휼을 베푸신 것이 언약입니다. 이 은혜언약은 하나님의 사랑과 은혜와 인자와 겸손하신 그 성품을 나타내신 언약입니다. 언약에서 하나님의 주되심과 그 주님의 성품을 모르면, 그 마음을 모르면, 계명이 강요와 억압이 됩니다.

하나님께서 아담에게 행하면 보상을 받는 행위언약을 맺으셨으나 그 언약을 파기하고 타락했습니다. 이미 언약을 깨뜨린 자와는 언약을 맺을 필요도 없고 맺을 수도 없습니다. 그런데 하나님께서 범죄한 자들을 긍휼히 여기시고 언약을 맺으셨습니다. 그런 의미에서 이 은혜언약은 새로운 언약입니다. 이 은혜 언약 역시 조건이 있습니다. 하나님께서는 이 은혜언약이 가능하기 위해서는 오직 우리가 믿음을 가질 때에만 이 약속을 받아 누리게 될 것이라고 언약하셨습니다. 하나님께서 죄인들을 위하여 주시는 것을 오직 믿음으로 유익을 받는 언약이기에 은혜언약입니다.

우리는 '믿음으로 받는다' 그러면 쉬운 줄로 아는데, 그것이 얼마나 하나님의 주되심을 끝까지 신뢰하고 죽도록 충성하는 길인지 모릅니다. 약속하신 여자의 후손, 그 그리스도가 오시기까지 택자들은 인내하고 고난을 겪고 죽임을 당했습니다. 세례 요한이 그 제자들을 불러서 주님께 보내어 이렇게 물었습니다. "오실 그이가 당신이오니이까 우리가 다른 이를 기다리오리이까"(마 11:3) 그렇게 기다리고 기다리면서 핍박과 고난을 당했습니다. 믿음은 쉬운 것이 아닙니다. 옛언약이 오실 그리스도를 바라고 인내했듯이 우리는 오신 그리스도를 믿고 다시 오실 그리스도를 바라고 이 언약에 배타적 충성을 다하고 살아야 합니다.

이 은혜언약은 하나님께서 아담의 하나님이 되어주시고 아담을 하나님의 백성으로 삼으신다는 것입니다. 죄와 타락으로 언약이 깨지고 하나님 안에서 주어지는 풍성한 은혜들을 이제 기대할 수 없게 되었으나 하나님께서 주도적으로 일하셔서 그 모든 것을 회복하시고 하나님의 나라를 완성하시겠다는 것입니다. 그렇게 완성이 되는 것이 요한계시록 21장 3절에서, "하나님의 장막이 사람들과 함께 있으매 하나님이 그들과 함께 계시리니"라는 것으로 그 최종적인 상태를 말합니다.

그리고 이제 그 완성을 바라보면서 이 원복음인 언약의 말씀을 우리는 조금 더 구체적으로 살펴볼 필요가 있습니다. 첫 번째로, 하나님께서는 "내가 너로 여자와 원수가 되게 하고"라고 말씀하셨습니다. 여기서 "너"는 뱀에게 말하지만 그 최후의 언급은 원수 사탄을 말합니다.166) 하나님께서는 여자와 뱀 사이가 원수가 될 것이라고 말씀하셨습니다. 그것은 인간과 뱀이 서로 증오가 생기고 대적이 될 것이라는 뜻입니다. 뱀은 인간을 향하여 한을 품고 인간도 뱀의 멸망을 간절히 바란다는 것입니다.

로이드존스는 "너는 원래 나와 교제하도록 되어 있었다. 내가 마귀와 여자 사이의 친밀함을 깨어버리고 마귀와 서로 원수가 되게 하며 너는 나와 교제하게 될 것이다."라고 해석했습니다. 언약을 파기하고 죄로 몰아넣은 사탄과의 친밀함을 깨어버리고 그 사탄과 원수가 되게 하십니다. 그리고 이제는 원래 지은 목적대로 하나님과 교제하고 하나님을 영화롭게 하는 존재로 살아가게 하십니다. 사탄과 원수가 되어야지 미련이 남으면 안 됩니다. 사기를 당한 사람에게, '어떻게 그런 사람에게 사기를 당하냐?' 그랬더니, 성질을 내면서 하는 말이, '그 사람이 얼마나 좋은 사람인데, 그런 말 하지 마라.' 그렇게 말했습니다. 그러니 또 사기를 당하는 겁니다. 죄를 안 지으려면 죄 짓게 한 그 자가 미워야 하고 원수가 되어야 합니다. 그래야 죄를 끊습니다.

언약을 깨뜨리는 것은 단순히 아담과 하와로 하여금 죄를 짓게 했다는 것만이 아니라 하나님의 계획과 목적을 깨뜨리는 것이고 하나님께 대한 반역입니다. 하나님께서 창세전에 계획하시고 목적하신 그대로 인간을 창조하시고 역사를 진행해 가시는데 그 일에 방해를 하고 그 역사를 이루지 못하게 하는 것은 인간이 죄를 지은 것만이 아니라 하나님의 하나님 되심에 대한 반역입니다.

---

166) 존 칼빈, 창세기주석1 (서울: 성서교재간행사, 1982), 135-136. "… 많은 사람들이 이 구절이 우화적으로 해석되어야 한다고 설명한다. 이와 같은 그들의 주장은 그럴듯하다. 그러나 모든 상황을 신중히 고찰해야 한다. 건전한 판단력을 부여받은 독자라면 이 구절의 표현에 혼합적인 특징이 있다는 사실을 쉽게 인식할 것이다. 왜냐하면 하나님께서는 뱀에게 최후의 언급이 사단에게 속한 것이라고 말씀하셨기 때문이다. … 만일 하나님께서 야수에 대해 인간의 멸망을 그처럼 혹심하게 보복하셨다면 모든 죄악의 장본인인 사탄을 가차 없이 처벌하셨다는 것은 분명하다 …"

하나님께서 이 은혜언약을 통해 하나님의 주권을 회복하시고 하나님의 뜻을 이루십니다. 하나님께서는 범죄한 인간을 위해 말씀하셨습니다. 하나님께서 그렇게 말씀하신 목적이 있습니다. 칼빈은 이렇게 말했습니다.

> 여기에는 두 가지 목적이 있는데, 첫째는 하나님께서 죄악을 기뻐하지 아니하신다는 것을 깨닫고 죄에 대한 더 큰 무서움을 받도록 하기 위한 것이고, 둘째는 하나님께서 여전히 호의를 베풀고 계신다는 사실을 인식하여 지금 당하고 있는 비참한 상태로부터 위로를 받게 하려는 것이었다.167)

하나님께서 이 은혜언약을 말씀하여 주실 때에 모든 것을 사탄의 탓으로 돌리고 '너는 아무 책임이 없다'고 말씀하지 않으셨습니다. 하나님께서는 타락한 죄인들을 구원하시고 한꺼번에 완성하지 않으셨습니다. 그 구원은 사탄과 원수가 되게 하는 일로부터 시작하셨습니다. 인간이 죄의 종노릇을 하고 여전히 그 죄에서 완전히 벗어나지 못하고 고통을 당할 것입니다. 타락한 인간은 그 속에서 깨달아야 합니다. 하나님께서 죄악을 기뻐하지 않으신다는 것을 깨달아야 합니다. 죄가 얼마나 무서운 것인지를 알아가야 합니다. 하나님의 주 되심을 버리고 인간이 주가 되려는 것이 죄라는 것을 알아야 합니다. 하나님의 자율성을 인간의 자율성으로 만들려고 하는 것이 죄입니다. 하나님의 자유의지를 인간의 자유의지로 만들려고 하는 것이 죄입니다. 그런 죄들이 얼마나 무서운지 알아야 하며 그런 죄들이 얼마나 인간을 비참하게 만드는지 알아야 합니다. 예수 그리스도를 믿어 구원을 받아도 한꺼번에 인간을 완성하지 않으시는 이유가 거기에 있습니다.

이것을 종교적 도약으로 문제를 풀어가서는 안 됩니다. 그렇게 생각하면 기독교 신앙으로 살아가는 것이 아닙니다. 사는 것이 힘들고 마음이 힘들어서, '어디 기댈 곳이 없나?' 하는 것이 기독교 신앙이 아닙니다. 마치, '심심한데 말동무가 될 만한 사람이 없는가?' 하고 두리번거리면서 자기에게 위안이 될 만한 사람을 찾는 것이 신앙이 아닙니다. 우리 삶에 이런 어려움과 고난이 있고 우리가 죄를 짓는 것을 보면서 우리가 하나님과의 언약을 어기고 하나님과의 교제를 상실하고 하나님의 목적대로 살아가고 있지 못하였다는 것을 처절하게 느끼고 확인하고 경험해야 합니다. 그 경험, 확인, 느낌으로 끝나는 것이 아니라 언약에 신실하고 거룩하게 살아가야 합니다.

---

167) 존 칼빈, 창세기주석1 (서울: 성서교재간행사, 1982), 138.

두 번째로, 하나님께서는 '여자의 후손'과 '뱀의 후손'으로 분리하셨습니다.
하나님께서는 뱀과 여자가 원수가 되게 하겠다고 말씀하시고, "너의 후손도 여자의 후손과 원수가 되게 하리니"라고 말씀하셨습니다. '여자의 후손'이라는 말은 우리의 일반 상식적인 이해로는 이해가 안 되는 말입니다. '여자의 후손'이라는 말 자체가 우리에게는 어색합니다. 왜냐하면, 그것은 하나님의 구원방식이기 때문입니다. 죄악 된 인간들은 살아가면서 늘 배우는 것이 가난을 면하는 것이고 더 잘 사는 것이 되다보니 하나님의 구원방식과는 전혀 상관없는 인생이 되어버렸습니다. 그것이 오래오래 계속되다보니 하나님도 모르고 언약도, 구원도 모르는 사람들이 되었습니다.
우리는 하나님의 일방적인 구원방식을 듣고 사는 것이 아니라 실존적인 방식을 듣습니다. 우리가 애쓰고 만들어 내는 구원방식에 익숙합니다. '구원' 그러면 우리 삶과 아무런 상관이 없다고 느껴지는 것이 문제입니다. 내가 학교를 가고 전공을 하고 직장을 다니고 사업을 하는 것이 세상이 말하는 방식의 구원입니다. 이것을 이해하지 못하고 삽니다. 종교적으로 열심 있어서 저 산 중에 가서 찬물로 목욕 재개하는 사람만이, 명상하는 사람들만이 종교적인 것이 아닙니다. 인간이 하나님 없이 살아가는 모든 과정이 구원입니다. 학교에 다니고 직장을 다니고 여행을 다니는 모든 것들이 세상이 말하는 구원의 과정입니다. 기독교만 구원을 말하는 것이 아닙니다. 세상은 종교를 말하지 않는 것처럼 보입니다. 살아가고 행하는 모든 방식이 구원을 말하는 것이고 우리는 하나님의 언약 안에서 하나님의 방식대로 얻는 구원을 말한다는 것을 알아야만 합니다.
여자의 후손이란 아담의 원죄와 상관없이 오시는 메시아이신 예수 그리스도를 말합니다. 새언약의 시대에 사는 우리는 새언약의 관점으로 옛언약을 이해할 수 있습니다. 마태복음 1장의 족보는 아담으로부터 시작하지 않습니다. 아브라함으로부터 시작합니다. 1절에서 "아브라함과 다윗의 자손 예수 그리스도의 족보"라 시작하는 것은 이 마태복음이 유대인들을 겨냥한 복음서이기 때문입니다. 혈통적으로는 아브라함과 다윗이라는 믿음의 두 인물의 후손으로 오신 예수 그리스도이십니다. 그런데 그 족보가 내려오면서 16절에는 이렇게 말했습니다.

> 야곱은 마리아의 남편 요셉을 낳았으니 마리아에게서 그리스도라 칭하는 예수가 나시니라 (마 1:16)

마리아에게서 그리스도라 칭하는 예수 그리스도께서 나셨습니다. 그리고 18절에서 이렇게 말합니다.

> 예수 그리스도의 나심은 이러하니라 그 모친 마리아가 요셉과 정혼하고 동거하기 전에 성령으로 잉태된 것이 나타났더니(마 1:18)

마리아는 요셉과 정혼했으나 동거하지 않았습니다. 그런데 잉태하였습니다. 그 잉태는 "성령으로 잉태된 것"입니다. 우르시누스는 하이델베르크요리문답 제35문에서 성령으로 잉태되셨다는 뜻에 대하여 3가지로 말했습니다.

> 1. 성령의 직접적인 활동 혹은 역사하심으로 말미암아 남자의 씨와 실체가 없이 그리스도께서 이적적으로 동정녀의 뱃속에 잉태되셔서, 하나님께서 자연 속에 세우신 질서와는 상반되게 그의 인성이 오직 그의 어머니로부터 형성되었다는 뜻이다. "지극히 높으신 이의 능력이 너를 덮으시리니"(눅 1:35). 이에 대해서 만일 하나님께서 우리도 형성시키셨다고 반론을 제기한다면, 우리의 경우는 간접적으로 형성되었고 그리스도처럼 직접적으로 형성된 것이 아니라고 답할 것이다.
> 2. 동정녀의 뱃속에서 잉태된 그것을 성령께서 이적적으로 거룩하게 하사 원죄가 그 형성된 것에 연루되지 않도록 하셨다는 뜻이다. "말씀", 곧 하나님의 아들이 죄에 오염된 본성을 취하신다는 것은 합당치 않기 때문이었다. 그 이유는 다음과 같다:
>   1) 그가 순결한 희생 제물이 되시기 위하여. 그는 죄를 보상하셔야 하기 때문이었다.
>   2) 또한 그의 순결함으로 말미암아 다른 이들을 거룩하게 하시기 위함이다.
>   3) 아들께서 하시는 말씀이 진리임을 우리로 하여금 알게 하기 위하여. 죄악 되고 정결하지 못한 육체에서 나는 것은 육체요 거짓이요 헛됨이기 때문이다.
> 3. 그리스도께서 잉태되시는 그 순간 성령으로 말미암아 동정녀의 뱃속에서 신성과 인성 사이의 본질적 연합이 이루어졌다는 뜻이다. 그러므로 그는 성령으로 잉태되시라는 조목의 의미는, 곧 성령께서 그리스도의 육체의 이적적인 잉태를 이루신 직접적인 장본인이시라는 것이요, 성령께서 그렇게 잉태된 그것에서 원죄의 모든 불결함을 분리시키셨고 그 잉태의 순간에 그 육체를 말씀과 본질적으로 연합시키셨다는 것이다. 동정녀 마리아에게서 나셨고. 메시아는 선지자들의 예언에 따라 동정녀에게서 나셔야 했다 그래야만 죄 없으신 대제사장이 되시며 또한 우리의 영적 중생의 예표 혹은 모형이 되실 수 있었다. 영적 중생은 육체의 뜻이 아니라 하나님의 뜻에 의하여 되는 것이다. 그러므로 사도신경에 그리스도께서 동정녀 마리아에게서 나셨다는 조목이 덧붙여진 것이다.168)

---

168) 자카라이스 우르시누스, 하이델베르크 요리문답해설, 원광연 역 (서울: 크리스찬다이제스트, 2006), 349-352. 〈이는 다음과 같은 목적을 지니고 있다. 1. 하나님의 아들이 인성을 취하셨다는 진리를 나타내고자 함이다. 곧, 그리스도께서 성령의 능력으로 말미암아 잉태되셨고 또한 그의 모친 마리아의 본질로부터 참 사람으로 나셨다는 것이며, 혹은 그리스도의 육체가 비록 이적적으로 잉태되었으나 그럼에도 불구하고 동정녀에게서 취하여졌고 그녀에게서 낳은 바 되었다는 것이다. 2. 그리스도께서 마리아의 조상들의 혈통으로 나셨다는 것을 알게 하고자 함이다. 곧, 예언들과 약속들에 따라서 그가 아브라함의 씨로부터 나신 자로서 그의 참된 자손이셨으며 또한 다윗의 딸들로부터 출생한 다윗의 자손이셨다는 것을 알게 하고자 함이다. 3. "보라 처녀가 잉태하여 아들을 낳을 것이요"(사 7:14), "여자의 후손은 네 머리를 상하게 할 것이요"(창 3:15)라고 선언하는 성경들이 성취된다는 것을 알게 하기 위함이다. 그리스도께서 다윗 가문의 한 동정녀에게서 나실 것이라는 예언들이 이렇게 성취되

하나님께서는 성령 하나님의 이적적인 역사로 자기 백성을 죄에서 구원하기 위해 오시는 메시아가 죄의 오염된 본성을 취하지 않으시도록 하셨습니다. 성령님의 잉태로 말미암아 예수 그리스도께서는 원죄의 모든 불결함에서 분리시키셔야 했기 때문에 동정녀 마리아에게서 나셔야 했습니다. 그래야만 죄가 없으신 대제사장이 되기 때문입니다. 이것은 구원이 오직 하나님의 뜻으로 이루어진다는 것을 말합니다. 이것이 바로 '여자의 후손'이라는 말의 뜻입니다.

그렇게 죄와 상관이 없으신 여자의 후손인 예수 그리스도께서 자기 백성을 죄에서 구원하러 오시기까지는 기나긴 영적 전쟁이 있었습니다. 여자와 뱀이 서로 원수가 된 것으로 끝나지 않고, 그 후손까지 계속 이어졌습니다. 왜냐하면 사탄은 계속해서 여자의 후손이 태어나지 못하게 하려고 노력했기 때문입니다. 가인이 아벨을 죽이는 것도, 바로가 이스라엘 남자들을 죽이려는 것도, 아말렉 사람 하만이 페르시아 제국 내에 있는 모든 유대인들을 죽이려고 했던 것도, 그리고 마태복음 2장에 와서 헤롯이 베들레헴에 살던 두 살 아래의 모든 사내아이를 죽이려고 했던 것도, 여자의 후손이 태어나려는 것을 막기 위함이었습니다.169) 그러나 그 싸움은 사탄의 실패로 끝났습니다. 왜냐하면, 예수 그리스도께서 성령으

어, 선지자들이 예언한 그대로 이적적으로 잉태되셨다는 사실에서, 동정녀에게서 나신 이 사람 예수가 과연 약속된 메시아 혹은 그리스도, 인류의 구속자라는 것이 지극히 분명하게 드러나는 것이다. 4. 그리스도께서 성령의 능력으로 말미암아 동정녀의 뱃속에서 거룩하게 되셨고, 따라서 순결하시며 죄가 없으시다는 것을 알게 하고자 함이다. 5. 그리스도의 탄생과 신자의 중생 사이에 유비가 있다는 것을 알게 하고자 함이다. 그리스도께서 동정녀에게서 나심은 우리의 영적 중생을 보여주는 하나의 표징이기 때문이다. 우리의 중생은 혈통으로나 육정으로나 사람의 뜻으로 된 것이 아니라 오직 하나님으로부터 된 것이다(요 1:13).〉

169) 김헌수, 하이델베르크 요리문답 강해 4 (서울: 성약출판사, 2010), 248-249. 〈이것이 성경에서 중요하게 가르치는 전쟁입니다. 여자의 후손이신 그리스도와 사탄의 전쟁이 성경을 관통하는 중요한 주제입니다. 사탄이 하나님의 경영을 훼손하려고 아담과 그 아내를 시험하여 넘어뜨렸을 때에, 하나님께서는 뱀의 후손과 여자의 후손 사이에 물고 짓밟는 싸움이 역사를 통하여 계속 될 것이라고 말씀하셨습니다(창 3:15). 하나님께서는 뱀의 후손과 여자의 후손이 원수가 되고 여자의 후손이 뱀을 밟고서 승리할 것을 말씀하셨습니다. 이 말씀 이후의 역사는 그 둘 사이의 전쟁으로 계속 이어집니다. 그래서 사탄은 여자의 후손을 없애려고 공격하고 여자의 후손이 태어날 만하면 그를 죽여서 없애려고 노력하였습니다. 가인이 아벨을 죽인 것도 바로 그것 때문입니다. 가인은 거짓말을 하였고 사탄에게 속아서 믿음이 있는 아벨을 죽였습니다. 아벨을 통하여 여인의 후손이 일어날 것으로 생각되었기 때문입니다. 여인의 후손에 대한 약속이 아브라함의 자손을 통하여 계속 이어졌기 때문에, 아브라함의 자손들을 없애려는 시도도 계속 있었습니다. 바로가 이스라엘의 남자 아이를 모두 나일 강에 던지도록 한 것도(출 1:22) 그 민족 안에서 태어날 여인의 후손을 없애기 위한 것이었습니다. 아말렉 사람 하만이 페르시아 제국에 있는 모든 유대인들을 죽이려고 한 것도(에 9:24) 역시 여인의 후손에 대한 사탄의 증오심 때문입니다. 마태복음 2장에서 헤롯이 베들레헴에 살던 두 살 아래의 모든 사내아이를 죽이도록 한 것도(마 2:16) 여인의 후손이 나타나는 것을 막으려는 시도였습니다. 성경을 보면 역사의 처음부터 끝까지 여인의 후손과 사탄과의 전쟁은 계속됩니다. 그 중심에 그리스도께서 십자가와 부활로 사탄의 권세를 꺾으시고 승리하신 사건이 있습니다. 그렇게 해서 자신의 교회를 세우시고 하늘에서 지금도 말씀과 성신으로 통치하시며 교회가 세상과 싸워 승리해 나가도록 하십니다. 그리고 장차 오셔서 그 승리하신 싸움을 마무리하실 것입니다. 이렇게 여인의 후손에 대한 약속과 그것에 대한 방해와 시험은 성경을 관통하는 중심 주제입니다(계 12:1-6).〉

로 잉태하시고 성육신하셨기 때문입니다. 그리스도께서는 십자가에 피 흘려 죽으시고 장사한지 사흘 만에 부활하시고 승리하셨습니다. 그리스도께서 사탄과 싸워 승리하셨기 때문에 우리는 저 마지막 영광의 때가 오기 전까지 그 사탄의 부리는 대행자들인 적그리스도와 거짓 선지자들과 그 종들과 싸워가야 합니다.

세 번째는, 여자의 후손의 궁극적인 승리를 말합니다.

> 여자의 후손은 네 머리를 상하게 할 것이요 너는 그의 발꿈치를 상하게 할 것이니라

이 말씀의 의미는 무엇일까요? 그것은 여자의 후손이신 예수 그리스도께서 사탄을 완전히 전복시키고 그 권세를 파괴하고 그 나라와 세력을 완전히 무너뜨리고 승리하신다는 뜻입니다. 사탄은 완전히 끝났습니다. 다시는 예전처럼 회복될 수 없습니다. 예수 그리스도의 승리는 완전한 승리이며 영원한 승리이기 때문입니다.

사탄이 "그의 발꿈치를 상하게" 한다는 것은 그리스도께서 메시아 사역을 감당해 가실 때에 계속해서 시험을 하고 위협하고 그 메시아의 사역을 훼방 놓으려는 것입니다. 광야에서 시험을 하고, 가룟 유다가 배반하여 그리스도를 팔아넘기고, 베드로가 부인하게 되고, 대제사장들이 고소하고 거짓증인들이 죄를 뒤집어 씌우고, 빌라도가 정죄하고, 결국은, 십자가에 못 박아 죽였습니다. 그리스도께서는 십자가에 그 발이 못 박혔을 때에 그 발꿈치가 상했습니다.170)

그러나 사탄은 그 머리가 상했습니다. 사탄은 이제 결박을 당했습니다. 요한계시록은 이렇게 말합니다.

> 용을 잡으니 곧 옛 뱀이요 마귀요 사단이라 잡아 일천 년 동안 결박하여(계 20:2)

사탄이 그렇게 결박을 당했다고 말하면서도 다른 성경 구절을 보면 여전히 강력하게 활동을 하고 있다고 말합니다.

> 3 만일 우리 복음이 가리웠으면 망하는 자들에게 가리운 것이라 4 그 중에 이 세상 신이 믿지 아니하는 자들의 마음을 혼미케 하여 그리스도의 영광의 복음의 광채가 비취지 못하게 함이니 그리스도는 하나님의 형상이니라(고후 4:3-4)

---

170) 매튜 헨리, 창세기주석, 박근용 역 (서울: 기독교문사, 1985), 126.

> 이것이 이상한 일이 아니라 사단도 자기를 광명의 천사로 가장하나니(고후 11:14)
> 그 때에 너희가 그 가운데서 행하여 이 세상 풍속을 좇고 공중의 권세 잡은 자를 따랐으니 곧 지금 불순종의 아들들 가운데서 역사하는 영이라(엡 2:2)
> 11 마귀의 궤계를 능히 대적하기 위하여 하나님의 전신 갑주를 입으라 12 우리의 씨름은 혈과 육에 대한 것이 아니요 정사와 권세와 이 어두움의 세상 주관자들과 하늘에 있는 악의 영들에게 대함이라(엡 6:11-12)
> 저희로 깨어 마귀의 올무에서 벗어나 하나님께 사로잡힌 바 되어 그 뜻을 좇게 하실까 함이라(딤후 2:26)
> 근신하라 깨어라 너희 대적 마귀가 우는 사자 같이 두루 다니며 삼킬 자를 찾나니(벧전 5:8)

사탄이 무저갱에 갇혔다는 것과 이렇게 사탄이 살벌하게 활동을 하고 있다는 것이 어떻게 이해되어져야 할까요? 그것은 사탄이 이중적인 성격을 가지고 있기 때문입니다. 그리스도의 초림과 재림 사이에 사탄은 이중적인 성격을 가집니다. 예수 그리스도께서 십자가 대속으로 사탄은 철저하게 결박을 당했으나 예수 그리스도께서 다시 오실 때까지는 활동을 합니다.171)

예수 그리스도의 죽음으로 결박되고 쫓겨났다는 것은 사탄이 모든 면에서 제한되었다는 것을 말하지 않습니다. 그레고리 K. 비일은, 사탄은 온 땅에서 "모든 사람"이 그리스도께로 가는 것을 막지 못하게 되었다는 것을 의미한다고 말했습니다. 그리스도의 죽음과 부활로 사탄은 결박되었고 절대로 풀리지 못합니다. 그럼에도 불구하고 심판 때까지 극렬히 활동합니다. 그러나 하나님께서 택한 자들이 예수 그리스도를 믿어 영생에 이르게 하는 것을 방해하지 못합니다. 사탄은 많은 사람이 그리스도의 진리를 못 보게 하고 심지어 그리스도를 따르는 사람들

---

171) 이필찬, 내가속히오리라 (서울: 이레서원, 2008), 836-840. 〈이것은 두 가지 방향에서 해결할 수 있다. 첫 번째는 앞에서 언급한 것처럼 초림과 재림 사이에 사탄은 이중적 성격을 가진다. 이러한 이중적 성격은 12장에 잘 나타난다. 12장에서 사탄은 하늘로 쫓겨 나 하늘에서 하나님의 백성들을 참소할 수 있는 권리를 박탈당한다 (12:7-12). 그의 머리가 상하게 되었으며 성도들의 발아래 짓밟히게 된다(롬 16:20). 이전까지 사탄은 온 천하를 미혹게 하는 자였으나(12:9) 하늘로부터 쫓겨난 후에는 온 천하, 특별히 교회 공동체를 미혹하는 그의 사역에 지대한 영향을 받게 된다. 그러나 그럼에도 불구하고 여전히 교회를 핍박하고 공격하는 시도를 계속한다(12:13-17). 바로 이것이 용의 중요한 이중적 성격이다. 이러한 패턴을 20:1-3의 용에 대한 묘사에 적용할 수 있다. 곧, 용이 여전히 만국을 미혹하는 활동을 하고 있음에도 불구하고 하나님은 본질적으로 그러한 활동이 효과적인 결과를 이루지 못하도록 그 능력을 제어하신다. 그것은 바로 예수님의 십자가의 죽음과 부활로 말미암아 가능하게 되었다. 따라서 만국을 미혹하게 하는 사탄의 사역은 상당히 제한적으로 이루어질 뿐만 아니라 그리스도인들에 대하여는 철저하게 실패로 돌아가게 될 것이다. 물론 이러한 용의 활동이 완전히 중지하게 될 때가 오는데 그 때가 바로 예수님의 재림의 때이다. 7-10절이 바로 이에 대해서 기록한다. 두 번째로 만국을 미혹하게 하지 못하게 되었다는 것의 의미는 7-10절의 말씀과 함께 이해해야 한다. 여기에서 용은 천년이 다 찬 후에 무저갱에서 나와 만국, 곧 곡과 마곡을 미혹하여 교회공동체와 싸움을 한다(20:8). 여기에서 '미혹하다'라는 동사가 사용되는데 이 동사는 종말적 전쟁을 치르도록 동기부여 하는 행위로 사용된다. 이러한 성격의 미혹은 적어도 용이 무저갱에 있는 천년의 기간 동안에는 할 수 없었는데 이제 천년이 다 차고 재림 때가 되자 마지막으로 교회공동체를 멸절하려는 시도를 하게 된다. 이러한 전쟁에 대해서는 다음의 7-10절에서 좀 더 자세하게 설명하도록 한다.〉

을 미혹하게 하려고도 합니다. 그러나 하나님의 계획과 뜻이 영원 전부터 확실하고 분명하기 때문에 사탄의 계획은 실패하고 주의 교회는 최종적으로 승리하게 됩니다.172)

그리스도의 발꿈치를 상하게 했던 원수 사탄은 그 대행자들을 통하여 아직도 주의 성도들을 핍박하고 있습니다. 그리스도를 핍박했듯이 그리스도의 제자들이 핍박을 당했으며 사도 바울이 핍박을 당했습니다.

인생에 왜 이런 고난과 상처가 많은지 놀라지 마세요. 인간은 첫 사람 아담의 죄로 인해 고통과 고난이 쉴 날이 없습니다. 예수님을 믿고 사는데 예수님을 믿기 전보다 왜 이리 더 힘들고 어려운지 놀라지 마세요. 예수 그리스도를 힘들게 하고 어렵게 했듯이 사탄은 그 마지막이 다 되어가는 줄 알고 주의 백성들을 힘들게 하고 어렵게 합니다. 예수님을 믿고 사는 것이 예수님을 모르고 사는 저 세상 사람들보다 왜 이렇게 마음이 시리고 아픈지 원망하지 마세요. 예수님께서 심한 통곡과 눈물로 기도하시며 그 길을 가셨듯이 우리도 심한 통곡과 눈물로 이 길을 가는 성도들입니다.

사도 바울이 디모데에게 이렇게 말했습니다.

> 무릇 그리스도 예수 안에서 경건하게 살고자 하는 자는 핍박을 받으리라(딤후 3:12)

'사도 바울이니까, 디모데니까 경건이 있고 핍박도 있는 거지요' 그런 말 하지 마세요. 사도 바울이 "무릇"이라고 말했지 않습니까? 이 말은 '모든 사람'이라는 뜻입니다.173) 예수 그리스도를 믿어 경건하게 살고자 하는 모든 사람은 사실상 핍박이 맞물려 있습니다. 마치 두 기어가 맞물려 돌아가듯이 경건이라는 기어와 핍박이라는 기어가 맞물려서 돌아갑니다. 경건이라는 기어는 있는데 핍박이라는

---

172) 그레고리 K. 비일. 요한계시록, 오광만 역 (서울: 새물결플러스, 2016). 1640-1646. 〈… 그리스도의 재림 이전의 기간 동안 사탄의 속이는 활동 모두가 2-3절의 결박으로 축소되지는 않는다. 사탄의 속임은 땅에 있는 신앙 공동체 전체를 멸하려고 함께 모인 만국을 미혹하는 것에 해당한다. 그러므로 그리스도가 "그의 교회를 세우실 때 … 음부의 대문(권세)"이 교회의 성장을 "이기지 못하는" 까닭은 "하나님 나라의 열쇠"가 교회에게 주어져 사탄의 속임을 이기도록 한 것에 있다(마 16:18-19). 하지만 역사의 끝에 미혹을 당한 무리들은 교회를 박해할 것이다. 하나님이 그들을 위해 개입하지 않으신다면, 교회는 없어지고 말 것이다(막 13:19-22; 마 24:21-24). 계 11:7에서 증언하는 공동체와 "더불어 싸워 이기려고 무저갱에서 올라온 짐승"은 마지막으로 사람들을 맹숭하여 속이는 마귀의 지상 하수인이다. 이것은 16:12-16과 19:19-21에서도 암증된다. 대부분의 주석가들은 짐승이 그리스도의 재림 직전의 무저갱에서 올라온다는 데 동의한다. 짐승이 무저갱에서 올라온 일은 20:3b, 7에서 사탄이 무저갱에서 나온 사건과 동일시해야 할 것으로 보인다. 이것은 사탄이 무저갱에서 나온 사건이 그리스도의 재림 이전에 발생한 사건임을 더욱 확증해준다. 13:1-2에서 짐승이 역사 내내 활동하는 사탄의 권세를 대표했듯이(참조, 12:3), 역사의 마지막에 짐승이 올라온 일은 20:3, 7에서 용이 올라온 사건을 의미한다고 말할 수 있다. 짐승이 또 다시 용을 대표하기 때문이다.〉
173) In fact, everyone who wants to live a godly life in Christ Jesus will be persecuted,(2Tm 3:12, NIV)

기어가 없으면 돌아가지 않습니다. 팝박이라는 기어는 있는데 경건이라는 기어가 없으면 신앙과 관련이 없는 팝박입니다. 그러나 성도는 경건이라는 기어가 필수적이듯이 팝박이라는 기어도 있어야만 합니다.

우리는 자고 일어나면 한 숨이고, 입만 열면 '왜 나만 이 고생하고 살아야 해요?', '왜 나예요?', '왜 자빠지고 코 깨지는 거는 나밖에 없어요?' 그리고 사는 인생일 때가 많습니다. 그 때마다 우리는 기억해야 합니다. 주님 오실 때까지 사탄은 우리를 그냥 보고만 있지 않다는 것을 알아야 합니다. 우리가 죄의 종노릇 하던 자리에서 벗어나 새언약의 백성이 되어 우리 주 예수 그리스도께 배타적 충성을 다하고 사는 것을 그냥 좌시하고만 있지 않습니다.

오늘은 여기에 걸려 넘어지고 내일은 저기에 걸려 엎어지게 합니다. 안 되면 마귀 탓하라는 것이 아니고 귀신 쫓아내는 축사하라는 것이 아닙니다. 큰 그림을 보아야 한다는 뜻입니다. 큰 그림을 보면 투수는 공을 잡았고 골대에 공이 들어가 있습니다. 이미 예수 그리스도께서 승리하셨고 우리는 그 승리 안에서 이 길을 가고 있습니다. 작은 그림을 보면 오늘 당장이라도 그만두고 싶습니다. 그러나 하나님께서 예수 그리스도 안에서 주시는 큰 그림, 그 승리의 그림을 보면 무슨 일이라도 감당해 갈 수 있습니다.

아무도 이 믿음의 길을 막을 수 없고 어떤 것도 이 신앙의 싸움을 대신할 수 없습니다. 예수 그리스도를 믿어 영생을 얻은 우리가 가야할 길입니다. 우리에게 우리 주 예수 그리스도보다 귀한 것이 없기 때문입니다. 영원한 승리, 영원한 영광에 이끌어 참예케 하실 주님을 의지하며 성령님의 위로와 역사 가운데 끝까지 믿음으로 감당해 가는 새언약의 백성들이 다 되기 바랍니다.

언약 13 아담언약 7

> 26 하나님이 가라사대 우리의 형상을 따라 우리의 모양대로 우리가 사람을 만들고 그로 바다의 고기와 공중의 새와 육축과 온 땅과 땅에 기는 모든 것을 다스리게 하자 하시고 27 하나님이 자기 형상 곧 하나님의 형상대로 사람을 창조하시되 남자와 여자를 창조하시고 28 하나님이 그들에게 복을 주시며 그들에게 이르시되 생육하고 번성하여 땅에 충만하라, 땅을 정복하라, 바다의 고기와 공중의 새와 땅에 움직이는 모든 생물을 다스리라 하시니라 (창 1:26-28)

언약 열세 번째 시간입니다. 오늘은 아담언약을 통해 의미와 통일성이, 언약적 정체성이 우리의 힘이 된다는 것을 살펴보려고 합니다. 하나님의 백성들은 하나님과 맺은 언약을 통해 의미와 통일성을 제공받습니다. '나는 어떤 관계 속에 살아가는가?', '나는 누구인가?', '나는 무엇을 하고 살아야 하는가?' 이 세 가지를 제공받습니다. 언약은 관계로부터 시작되는 인간이라는 것을 말해 줍니다. 인간 된 우리가 시작이 아니라 하나님 그분으로부터 시작합니다. 하나님께서 아담을 창조하셨기 때문에 아담이 존재하게 되었습니다. 하나님께서 아담과 언약하셨으며 하나님께서 아담에게 사명을 주셨습니다.

성경은 우리가 물질이 진화해서 우연히 존재하게 된 것이 아니라 하나님께서 창조하셨다고 말합니다. 세상은 하나님의 창조에 반대하기 위해 우연을 말하지만 실제로 세상이 말하는 물질과 우연은 인간이 신성을 가진 존재라는 것을 말하는 또 다른 방식에 불과합니다.

일반적으로 사람들은 물질이라고 말하면 신(神)과 무관하다고 생각합니다. 그러나, 물질은 신으로부터 떨어져 나온 파편이라고 보기 때문에 거기에 신성한 요소가 있습니다. 물질과 우연을 말하는 곳에는 언제나 신비적인 요소가 있는 것을 보게 됩니다. 물질이라고 말하니 일반적인 사람들은 신과 아무런 상관이 없는 것처럼 속아 넘어가지만, 그 실체를 아는 사람은 다 압니다.

사람들이 어떤 형태로든지 신을 도입하는 이유가 무엇일까요? 사람들은 선을 추구하고 삶이 고상해지고 탁월하기를 바라기 때문입니다. 사람이 '선을 추구한다', '고상해지고 탁월해지기를 바란다'는 것은 오늘이 전부이고 현실이 전부이면 그런 추구함이 없습니다. 오늘 먹고 죽을 건데 무엇 때문에 그런 고상함을 바라겠습니까? 인간이 살아가는데, 그 살아가는 일이 인간의 이성으로 다 해결이 되면 그렇게 고상함을 바라지 않습니다. 내 능력으로, 내 머리로 다 되는데 무엇 때문에 탁월함을 바라겠습니까? 내 힘으로 다 되는 세상이면 더 강해지고 더 포악해져서 더 사람들을 지배하면 됩니다. 거기에 무슨 선, 고상함, 탁월함을 생각할 이유가 없습니다.

그러면, 사람들이 왜 그런 선을 추구하고 고상함과 탁월함을 원할까요? 그것은 인간이 살아가는 이 현실의 삶에서는 자기가 생각하지 못한 일들이 일어나기 때문입니다. 전혀 예상하지 못한 일들이 일어나면 사람은 두려움을 느낍니다. 그리고 그 일이 이런 저런 삶의 결과를 만들어 낼 때에 우연한 결과라고 생각합니다. 그런데 우연이라고 말하는 것만으로는 사람이 살아가지 못합니다. 예를 들어, 어떤 자연 재해에서 자기가 살아났다면 그것을 우연이라고 말하는 것만으로는 인생 살아가는 맛을 느끼지 못합니다. 사람들은 그것을 신들의 간섭이라고 생각했습니다.

대표적으로 그리스 사람들이 그래왔고 우리나라 사람들도 '하늘이 돌보아 주었다'거나 '천지신명이 보살폈다'고 말해왔습니다. '신명'이란 천, 지, 인을 통해 존재하는 모든 신령을 말합니다. 신령이란 신통하고 영묘한 분이라는 뜻입니다. 사람들이 '그 참 신통하다' 그렇게 말합니다. 신통이란 세상의 모든 일을 헤아릴 수 없이 신기하게 통달하였다는 뜻입니다. 영묘하다는 것은 신령스럽고 기묘하다는 뜻입니다. 기묘하다는 것은 기이하고 묘하다는 것인데, 기이하다는 것은 기이하고 이상한 것이고 묘하다는 것은 인간이 쉽게 이해할 수 없게 이상야릇하다는 것입니다. 그래서 신명이라 하면 모든 신령을 한꺼번에 부르는 명칭이고 신령은 각각 신을 하나씩 부를 때 사용하는 말입니다. '천지신명'이라 하면 천지의 모든 신통한 자들을 다 부르는 것이고, 어떤 사람이 보통 이상의 수준을 가지고 있을 때 신명하다고 말하지 않고 신령하다고 말합니다. '천지신령이시여'라고 부르는 것이 아니라 '천지신명이시여' 그렇게 부릅니다. 그 신통력을 얻기 위해 부를 때, '동자신령'이라고 부르거나 '약사신령'이라고 부릅니다. 그런 것을 무속신앙이라 하여 오랫동안 사람들을 지배해 왔습니다.

사람들이 그렇게 해 온 것은 인생이 한순간에 어떻게 될지 모르기 때문입니다. 언제 무슨 일이 생길지 한 치 앞을 모릅니다. 생각지 않은 일이 생기고 또 그 일이 지나가고 그렇게 인생을 살아가면서 그냥 '우연이다' 그렇게 말하기는 참 묘한 것이 인생이라는 것을 사람들이 느끼면서 우연이라 하지 않고 어떤 외부의 간섭이 있었다고 생각하지 않을 수가 없었습니다. 분명히 우연이라고 하기에는 묘한 어떤 것을 알아차리는데 그것을 무엇이라고 딱 규정할 수는 없으니까, 그것을 천지신명(天地神明)이라 하고 도(道)라고 하고 서양에서는 일자(一者)라 했던 것입니다.

우리는 성경이 언약을 말하고 그 언약이 하나님을 먼저 말하고 그 다음에 우리의 존재를 말하고 그 하나님께서 우리가 살아가면서 무엇을 하고 살아갈 것인지를 말씀해 주시는 것이 얼마나 큰 복인지를 잘 모릅니다. 언약은 정말 위대한 은혜입니다. 우리는 언약 그러면 우리를 계속 억압하고 우리가 원하지 않는 곳으로 막 몰아가는 것처럼 오해를 합니다. 전혀 그렇지 않습니다. 하나님께서 아담과 언약하시고 그 언약으로 아담을 가장 쾌지나칭칭 나게 하십니다. 우리를 쾌지나칭칭 나게 하는 것이 언약입니다. 언약 밖에서 쾌지나칭칭 하면 자기 욕망에 지배를 당한 것이고 그것이 죄악으로 가고 심판의 형벌로 가는 것입니다. 하나님께서 아담에게 언약하시고 계명을 주신 것은 다만 '이렇게 살아야 된다'는 사명적 관점만 주신 것이 아니라 하나님과의 관계적 관점과 아담 자신의 존재적 관점을 주신 것입니다. 그렇게 의미와 통일성을 영원하신 하나님으로부터 제공받기 때문에 살아갈 힘이 생겨납니다.

인생을 살아가면서 삶의 탁월성이 느껴져야만 살아가는 힘이 납니다. 그 삶의 탁월성은 단순히 먹고 마시고 노는 것으로 안 됩니다. 거기에는 반드시 신성함이 주어져야 하고 성스러움이 느껴져야만 합니다. 신성한 느낌이 있어야 삶의 탁월성이 느껴집니다. 그런 성스러움이 자기 삶에서 느껴질 때 감사가 나오고 찬송이 넘쳐납니다. 하나님의 백성들에게는 예수 그리스도의 구원과 언약으로 주어집니다.

성경은 우리에게 '신성함이다', '성스럽다' 그렇게 말하지 않고 "내가 거룩하니 너희도 거룩할지어다" 그렇게 말합니다.[174] 왜냐하면, 거룩은 인간이 만들어 내는 것이 아니기 때문입니다. 내가 나를 알잖아요. 내가 얼마나 죄를 짓고 사는지 훤히 아는데 무슨 거룩이라는 말이 나와요. 그것은 목에 가시가 걸린 것보다 더 고통스러운 것입니다.

네가 나를 알고 나도 너를 아는데 거룩이라고 말하면 도저히 어울리지가 않는 말입니다. '열심히 살아라' 그러면 그건 해 낼 자신이 있습니다. 그런데 '거룩하게 살아라' 그러면 머릿속이 복잡해집니다. 거룩이라는 단어 자체가 나하고 안 맞아요. 그게 맞으면 머리가 돈 거예요. 머리가 돌지 않고서는 '내가 거룩하다'

---

[174] 나는 여호와 너희 하나님이라 내가 거룩하니 너희도 몸을 구별하여 거룩하게 하고 땅에 기는바 기어다니는 것으로 인하여 스스로 더럽히지 말라(레 11:44-45) 나는 너희의 하나님이 되려고 너희를 애굽 땅에서 인도하여 낸 여호와 내가 거룩하니 너희도 거룩할지어다(레 11:45) 기록하였으되 내가 거룩하니 너희도 거룩할지어다 하셨느니라(벧전 1:16)

이렇게 나올 수가 없습니다.

거룩은 오직 하나님께만 있고 하나님으로부터만 주어집니다. 거룩하신 하나님께서 자기 백성에게 거룩하라고 말씀하신 것은 인간 스스로가 거룩해지는 것이 아니라 하나님께서 구원하시고 언약하심으로 연합되어 하나님의 거룩하심에 동참하게 되었기 때문입니다. 구원과 언약이 없으면 거룩은 없습니다. 하나님의 백성들은 그런 방식으로 신성하고 성스러움이 주어집니다. '우리라는 존재가 어떻게 확보 되느냐?'에 따라 우리가 살아갈 힘이 생겨납니다. 우리 존재의 정체성이 우리 인생을 살아가게 하는 힘을 만들어 냅니다. 그 정체성이 우리 안에서 우리가 만들어내는 것만으로는 안 된다는 겁니다.

인간은 죄인이기 때문에 한계가 있습니다. 우리를 살리고 우리가 살아가는 것은 우리가 어떻게 하지 못합니다. 그게 되면 '겨울에는 왜 따뜻한 커피가 좋을까?' 그 말하면 안 되는 거예요. 겨울이 오는 건 인간이 만들어 내는 거 아니잖아요. 안 되는 거예요. 왜 겨울에 따뜻한 커피가 좋은지 설명이 돼요? 안 되는 거예요. '오늘 생일이다' 그것을 그냥 모른 채 하고 지나갈 수 없는 거예요. 사람은 이 한계에서 벗어나고 싶지만 이 한계를 자기 스스로 벗어날 수가 없다는 것을 어쩔 수 없습니다. 그 한계를 벗어나고 싶고 그래서 신성함이 있어야 하고 성스러움을 느껴야 하는 것을 아는데 그것이 손에 잡히지를 않는 겁니다.

세상은 그 신성함을 느끼기 위해 알 수 없는 어떤 것, 이어령 씨가 말하듯이 '썸씽(something)'이라는 것을 만듭니다. 그 '썸씽'이라는 말에서 나타나듯이 그것이 무엇인지는 모릅니다. 모르니까 모르는 겁니다. 그 '썸씽'이 저 달이 되어도 되고 지나가는 개가 되어도 상관이 없어요. 그냥 나에게 신성한 느낌만 주면 됩니다. 밤하늘의 달을 보았는데 뭔가 신비스러운 느낌을 받는 겁니다. 그래서 저 달보고 빌면 소원이 이루어질 것 같아요. 지나가는 개를 보았는데 뭔가 신비스러운 거 같아요. 저 개를 보고 빌면 소원이 이루어질 거 같은 거예요. 달이나 개나 아무런 차이가 없는 거예요. 그냥 그런 신성한 느낌, 그것만 주어지면 됩니다. '그래도 어떻게 개보고 빌어?' 개보고 빌 수는 없으니 좀 고상하고 신비스런 대상에게 비는 거예요. 그게 별이고 달입니다. '저 별은 나의 별, 저 달은 너의 달' 그렇게 되었습니다.

사람들이 어떤 신성한 것을 느끼고 살아야 하니까 '저기에 신이 있다'라고 말하든지 아니면 '인간이 신이다' 그렇게 말해야 하는 것입니다. 그것이 세상이 살아가는 힘입니다. 인간을 그냥 인간이다 말하면 왠지 싱거운 거예요. 싱겁다는 것은 살아갈 힘이 안 나는 겁니다. 신적인 인간을 말하거나 신이라는 인간을 말해야 살아갈 맛이 나고 힘이 납니다. 그런데, '인간이 신이다'라고 그렇게 직접 말하면 왠지 닭살이 돋으니까 사람들이 말을 살짝 바꾸어서 말합니다. '인간은 무한한 잠재력이 있다', '인간은 무의식이 있다', '인간은 자존감이 높아야 한다', '인간은 행복해야 한다', '인간이 주체적으로 살아야 한다' 그렇게 여러 방식으로 말합니다. 인간이 행복하지 말아야 한다는 것이 아니라 그 행복이 인간성을 신성으로 높이는 수단으로 사용하기 때문에 잘못된 것입니다.

또 한편으로, 세상에는 삶의 탁월성을 느껴야 하고 성스러움을 느껴야 한다는 말에 철저하게 반대하는 사람들이 있습니다. 그런 말에 자극히 거부하는 사람들이 있습니다. 강신주 같은 철학자는 미래에 대한 공포 때문에 종교가 생겨났다고 말합니다. 성숙하면 종교가 필요 없다고 말합니다. 의미를 찾으려고 하지 말고 꿈도 미래도 잊어버리고 현재에 몰입하라고 합니다. 이렇게 말합니다.

> 그런데 지금 좋아하는 일을 해서는 돈을 벌기가 힘들죠. 고민을 좀 해 보셔야 할 것 같은데, 부업을 뛰세요. 자기가 좋아하는 일을 할 때 경제적인 뒷받침이 없으면 지속할 수가 없어요. 이 세상에서 제일 행복한 건 내가 하고 싶은 일을 해서 돈을 버는 건데, 내가 하고 싶은 일을 하면서 돈을 벌기는 힘들어요. 대개 하고 싶은 일을 하면 생계가 어려워지죠. 그런데 이 상태가 오래 지속되면 내가 제일 좋아했던 일이 저주의 대상이 되게 마련이에요. 이건 진짜 끔찍한 일이거든요. 사실은 나이기 때문에 좋아하는 그 일이 나를 규정하는 거잖아요. 내가 그걸 해야 행복한 사람이니까 그걸 좋아하는 거잖아요. 어떤 이유에서든 좋아하는 일을 거부하게 되면 나를 거부하게 되는 거예요. 그래서 좋아하는 일을 저주하게 되는 건 끔찍한 거죠. 자기가 좋아하는 일을 부정하게 안 되는데, 대개 생계 문제 때문에 좋아하는 일을 부정하게 되는 경우가 많아요. 사랑하는 사이에서도 경제적인 문제, 그러니까 돈이 없어서 헤어지는 경우가 있잖아요. 정말 좋아하는 데도 돈 때문에 상대방과 함께 있을 수 없는 거죠. 똑같은 문제예요. 부업을 해야 된다고 말씀 드린 건 농담이 아니에요. 가장 좋은 건 물론 내가 좋아하는 일을 하면서 돈을 버는 거예요. 그게 안 되면 가장 빠른 건 좋아하는 일을 포기하는 거예요. 그러면 우리는 개 돼지가 되는 거죠. 먹고 사는 것만 하는 거잖아요. 그렇게 되면 사실 삶의 가치는 없는 거죠. 좋아하는 것을 하는데 경제적으로 힘드시다면, 그것을 지속적으로 하기 위해서라도 다른 일로 돈을 버셔야 합니다. 정말로 그 일을 좋아하면 말입니다.175)

강신주 교수가 꿈이니, 미래니 그런 거 생각하지 말라고 말하는 이유는 그렇게 꿈, 미래를 말하는 것이 자본주의이고 종교이기 때문이라고 말합니다. '지금 힘들어도 열심히 돈 벌면 네 꿈이 이루어질 거다.' 그런 말에 속아 넘어가지 말라는 거예요. '너에겐 미래가 있어. 조금만 더 참아' 그렇게 말하면서 열심히 부려

---

175) 강신주, 강신주의 다상담 3 : 소비, 가면, 늙음, 꿈, 종교와 죽음 (서울: 동녘, 2013).

먹는 것이 자본가들이고 종교라는 거예요. 그런데도 자기 좋아하는 일을 위해서 부업을 하고 좋아하는 사람과 함께 있기 위해서 돈을 벌라고 말합니다. 그러다가 평생 좋아하는 일을 못하면요? 아무런 의미가 없는 인생이 됩니다. 강신주 교수가 '자기가 좋아하는 일을 위해서 돈을 벌어라' 하는 것이나, 기업가가 '여러분이 좋아하는 일을 위해서 우리 회사에 와서 일을 하면 돈을 줍니다'라는 말이나 무슨 차이가 있습니까? 없습니다. 강신주 교수가 하는 말이나 자본가가 하는 말이나 그냥 스타일의 차이일 뿐이지 다를 것이 없습니다. 무슨 별다른 말을 하는 것 같지만 별다를 것이 없습니다. 결국 자기만의 꿈, 자기만의 오늘을 살아가려고 하는 것 밖에 없습니다. 사람은 어쩔 수가 없습니다. 아무리 거부하고 싶어도 자기 삶에 의미를 찾고 싶어 합니다. 그 의미를 찾기 위해 아무리 고생을 할지라도 의미 있게 살고 싶어 합니다. 그런데 사람이 아무리 의미를 찾고 누리고 살고 싶어도 이 세상의 것으로는 한계가 있고 그 한계가 있다는 것을 알게 되자 더 미치도록 허하더라는 것입니다.

그렇게 미치도록 허하게 살아가는 인생 가운데서 하나님께서 택하여 부르시는 백성들이 있다는 것을 성경이 말하고 있습니다. 그 사람들이 바로 예수 그리스도를 구주로 믿게 된 사람들입니다. 우리가 노력해서 믿게 된 것이 아니라 하나님께서 우리를 긍휼히 여기시고 불쌍히 여기셔서 그 은혜로 구원해 주신 것입니다. 예수 그리스도의 십자가 피로 대속하시고 구원해 주셨습니다.

그 시작이 바로 하나님께서 아담과 맺은 아담언약에 있습니다. 하나님께서는 아담을 창조하시고 아담과 언약하시면서 하나님과의 관계 속에 있는 아담이라는 존재적 관점을 나타내셨습니다. 인간은 그렇게 처음부터 하나님과의 관계 속에서 자기 정체성이 확립되었습니다. 사람은 언제나 자기 정체성을 확인해 주는 자를 위해서 살아가며 자기 정체성을 확인받기 위해서 살아가는 존재입니다. 자기 정체성을 하나님 이외에 다른 존재로부터 확인받는 것은 우상입니다. 우상이 현실적으로는 어떻게 나타날까요? '네가 인간이야', '왜 네가 나를 불행하게 해', '너만 안 만났더라면' 그렇게 생각하면서, 하나님 아닌 다른 대상으로부터 자기 존재를 확인하는 것이 우상입니다.

성도는 하나님께서 구원하시고 언약하신 것으로부터 확인을 받아야만 합니다. 세상은 자기 욕망을 이루기 위해서 이런 신을 만들고 저런 신을 만들어서 자기 열심을 바치고 그것으로 자기 정체성을 만들어 갑니다. 현대는 눈에 보이는 우상은 사라진 것 같으나 스포츠가 우상이고 돈이 우상이고 자기 취향이 우상이 되었습니다. 자기 꿈이 우상이 되었습니다. 그런 것들을 통해서 자기 정체성을 확인 받으려고 합니다. 남들이 따라오지 못할 정도로 열심히 살아가고 남들이 생각지도 못할 경지에 이르려고 합니다. 그렇게 자기를 만들어 가기 위해서 더 많이 돈 벌고 더 많이 업적을 쌓아갑니다. 그러나 사람들은 자기 성을 그렇게 쌓아 가면 갈수록 자기가 더 무너지는 것을 보게 됩니다. 왜냐하면 그런 것들은 자기 삶을 지배하는 '핵심 가치'를 제공해 주지 않기 때문입니다.

핵심 가치란 의미와 통일성을 가장 견고하게 붙들고 있는 자기만의 의미와 통일성입니다. 그것이 자기만의 총체적인 가치관을 형성하게 됩니다. 예수 그리스도 안에서 우리는 참되고 영원한 의미와 통일성을 부여받습니다. 그러나 우리 각자는 살아가는 삶의 내용이나 상황이 틀리기 때문에 그 중에 자기에게 특별히 다가오는 것이 있습니다. 그것이 자기만의 핵심가치가 됩니다. 우상은 핵심가치를 부여하지 못합니다. 왜냐하면, 우상은 없는 것이기 때문입니다. 우상은 아무것도 없습니다. 아무리 금칠을 하고 아무리 치성을 바쳐도 한 마디도 대답하지 않습니다. 의미와 통일성, 자기만의 핵심가치는 오로지 인격적인 존재로부터만 주어집니다. 그 존재는 오직 살아계시고 영원하시고 인격적이신 하나님으로부터만 주어집니다. 썸씽(something)은 아무것도 제공하지 못합니다. 썸씽은 그냥 썸씽일 뿐입니다.

그러므로 사도 바울은 우리가 진정으로 하나님의 백성답게 살아가기 위해 위엣 것을 찾으라고 말했습니다.

> 1 그러므로 너희가 그리스도와 함께 다시 살리심을 받았으면 위엣 것을 찾으라 거기는 그리스도께서 하나님 우편에 앉아 계시느니라 2 위엣 것을 생각하고 땅엣 것을 생각지 말라 3 이는 너희가 죽었고 너희 생명이 그리스도와 함께 하나님 안에 감취었음이라 4 우리 생명이신 그리스도께서 나타나실 그 때에 너희도 그와 함께 영광 중에 나타나리라(골 3:1-4)

성도들은 모든 생각을 하나님 우편에 앉아 계시는 그리스도께 집중하고 능력과 힘을 기울여야 합니다.[176) 왜냐하면, 첫 번째, 그리스도께서 십자가에 피 흘려

---

176) 존 칼빈, 골로새서주석 (서울: 성서교재간행사, 1982), 595-596. "우리들은 실제적으로 볼 때 이 세상에 살고 있는 자들이지만 우리의 마음은 위엣 것을 구하고 있으므로 이 땅에 매어 있지가 않다. Cogitate(너희 마음을 쏟다)란 말은 차라리 배려, 그리고 집중을 의미한다. 즉 '너희 모든 생각을 이것에 집중시키라. 이것에 너희의 능력과 힘을 기울이라'와 같은 의미이다. 그리스도에서 하늘에 계시므로 오직 하늘의 것만을 생각해애 한다면 땅에서 그리스도를 찾는 것이란 얼마나 쓸데없는 짓이겠는가! 그러므로 우리를 곧장 하늘로 오르게 해 주시는 그리스도에 관해서 참되고 거룩하게 생각하는 것이 그를 경배하는 것이요, 우리의 마음을 그와 더불어 거하도록 하는 것임을 기억하도록 하자. 하나님의 우편은 하늘에만 국한되지 않고 온 세상에 충만해 있다. 바울은 여기서 이

죽으심으로 이제는 예전에 지키던 그런 의식들이 아무런 의미가 없어졌기 때문입니다. 2장 16절 이하에서 말하듯이, "먹고 마시는 것과 절기나 월삭이나 안식일"이 이제는 우리를 구속하지 못합니다. 왜냐하면, 그런 것들은 그리스도를 나타내었던 그림자였기 때문입니다. 이제는 그림자를 볼 것이 아니라 실재이신 예수 그리스도를 보아야 합니다.

아직도 많은 사람들이 종교성에 길들여져 있고 종교성으로 길들여주기를 원합니다. 전에 생텍쥐페리의 『어린 왕자』(The Little Prince)를 말하면서 '길들임'이 무엇인지 말했습니다. 예수 그리스도를 믿는다고 하면서 여전히 종교성으로 길들여지기를 원합니다. 그런 종교성은 절기나 안식일을 지키는 것보다 더 나쁜 것입니다. 종교성을 통해서 신비한 체험을 하려는 것은 종교적 도약이기 때문입니다. 그렇게 종교성으로 성스러운 것을 신비스럽게 경험하려고 하는 것은 매우 죄악 된 것입니다.

두 번째로, 우리는 예수 그리스도와 함께 죽었으며 예수 그리스도와 함께 살아났으며 우리 생명이 그리스도 함께 하나님 안에 감추어져 있기 때문입니다. 이것이 예수 그리스도를 구주로 믿는 성도들의 존재적 관점입니다. 우리는 한계 속에 있는 존재이지만 예수 그리스도와 연합되어 있기에 영원하고 신성하고 성스러운 것이 날마다 순간마다 계속해서 공급되어지고 있습니다. 세상은 그 신성하고 성스러운 것을 얻기 위해 아무것에나 신이라 이름 붙이고 자기 열심으로 치성(致誠)을 바쳐서 만들어 냅니다. 그렇지 않은 부류의 사람들은 '그런 성스러움은 없다. 현실이 전부다. 오늘을 살아라.' 그렇게 말하면서 자기 욕망을 이루려고 살아갑니다.

성도들은 아담언약 안에 있는 부요함을 알아야 합니다. 하나님께서 아담을 창조하시고 언약하심으로 하나님의 거룩하심에 동참케 하시고 하나님의 그 신성하고

말로써 그리스도께서는 그의 권능으로 우리를 에워싸고 계시다는 것을 말하여 우리와 그리스도 사이에는 간격이 있어 분리되어 있다는 생각을 하지 못하게 함과 동시에 그의 엄위가 우리를 움직여 전적으로 그에게 경배를 드리도록 해 주신다고 믿게 한다. 2절. 위엣 … 땅엣 것을 생각지 말라. 잠시 후에 말하겠지만 바울은 땅에 속한 사람들이 가지고 있는 더러운 정욕이나 재물이나 전토나 집이나 또는 이 현실 생활 가운데 있는 다른 어떤 것을 말하고 있는 것이 아닌데, 이것들은 우리가 사용하지 말아야 할 것임에도 불구하고 틀림없이 사용하고 있는 것들이다. 바울은 의식들에 대한 그의 논쟁을 계속하면서 그 의식들을 우리는 땅엣 것에 굴복하게 하고 마는 덫과 같은 것으로 비유하고 있다. 그는 말하기를 '그리스도께서는 그가 승천하신 곳으로 우리를 부르신다. 그러나 이 의식들은 우리를 끌어 내린다'고 한다. 이 말은 그가 조금 전에 그리스도의 죽으심으로 말미암아 의식들이 폐지되었다고 하는 말의 결론이요, 해석이다. 이 말씀을 의역하면 '의식들은 그리스도의 죽으심으로 말미암아 너희에게 죽은 바 되었고 너희도 또한 의식들에게 죽은 바 되었다. 너희는 그리스도와 더불어 하늘로 올리웠으니 너희는 위엣 것들만을 생각해야 할 것이다. 그러므로 땅엣 것들을 벗어 버리라'는 것이다. 나는 달리 생각하는 자들을 논박하자는 않겠지만, 바울은 우선 하늘엣 것을 하찮은 문제로 여기는 유전들을 반대하기 위해서 그는 확실히 확실하게 앞으로 나아가고 있는 것처럼 내게 보이는데, 우리가 후에 볼 수 있겠지만 그는 한 걸음 앞선 단계로 나아가고 있다."

성스러움을 드러내는 자로 삼으셨습니다. 아담의 정체성이 아담의 힘이었습니다. 우리의 정체성이 우리의 힘입니다. 우리는 예수 그리스도와 함께 죽고 함께 부활한 자들입니다. 우리는 예수 그리스도와 연합된 자들입니다. 우리는 날마다 신성하고 성스러운 의미와 통일성을, 거룩한 은혜를 공급받고 있습니다. 그렇게 삶의 탁월성이 주어지기에 날마다 충만한 삶을 살아갈 수가 있습니다. 죄를 이길 힘이 그 존재적 관점에 있고 시련 속에 싸워갈 수 있는 힘이 그 정체성에 있습니다. 그리고 거룩을 향해 언약에 신실하게 순종하며 살아갈 수 있습니다. 어떻게 그것이 가능할까요? 그것은 여호와와 맺은 언약 안에서 의미와 통일성을 충만하게 공급받기 때문입니다.

그러므로 우리는 날마다 예수 그리스도와 연합된 자들이요 예수 그리스도의 새 언약 안에서 신성하고 성스러운 존재적 관점이 부여되고 있다는 것을 감사하고 기뻐해야 합니다. 예수 그리스도를 믿고 그 언약에 주어지는 참되고 영원한 의미와 통일성으로 주님 앞에 설 때까지 언약에 거룩하고 신실하게 살아가면서 하나님을 영화롭게 하는 믿음의 성도들이 다 되기 바랍니다.

언약 14 아담언약 8

15 여호와 하나님이 그 사람을 이끌어 에덴동산에 두사 그것을 다스리며 지키게 하시고 16 여호와 하나님이 그 사람에게 명하여 가라사대 동산 각종 나무의 실과는 네가 임의로 먹되 17 선악을 알게 하는 나무의 실과는 먹지 말라 네가 먹는 날에는 정녕 죽으리라 하시니라(창 2:15-17)

언약 열네 번째 시간입니다. 오늘은 아담언약을 통해 자유의지에 대해서 살펴보려고 합니다. 자유의지란 자신의 행동과 결정을 자기 스스로 조절하고 통제할 수 있는 힘과 능력입니다.[177] 자유의지를 말하는 근본적인 이유는 '인간의 행동에 대한 책임이 누구에게 있는가?' 그것을 말하기 위함입니다. 그것은 행동과 책임 자체를 말하려는 것이 아니라 '인간의 구원이 누구에게 달려 있는가?'를 말하려는 것이 궁극적인 목적입니다. 자유의지 논쟁은 언제나 두 가지를 말합니다. '하나님의 예정과 섭리로 구원이 이루어지는가?', '인간의 선택과 행함으로 구원이 이루어지는가?' 그것을 말하려고 합니다. 하나님의 예정과 섭리를 말한다는 것은 하나님의 하시는 모든 일에 대한 정당성을 제공하는 것입니다.

자유의지는 존 칼빈의 기독교강요 제1권 15장과 제2권 제1부 1-5장에서 잘 말해 주고 있습니다. 하나님께서 아담을 창조하셨을 때에는 자유의지가 부여 되었습니다.[178] 인간은 다른 피조물과 달리 이성과 양심과 자유의지가 주어졌습니

---

[177] 위키백과 사전에서. 〈자유의지(自由意志, 영어: free will)는 자신의 행동과 결정을 스스로 조절·통제할 수 있는 힘·능력이다. 인간이 자유의지를 전적으로 가지는지, 부분적으로 가지는지, 전혀 가지고 있지 못하는지에 대해 아직도 논란이 계속되고 있다. 자유의지에 관한 문제는 인과 관계에서 인간 자유와 자연 법칙의 비중을 얼마로 볼 것인가와 관련해 있다. 서양 철학은 자유의지와 관련해 크게 양립가능론(compatibilism), 양립불가론(incompatibilism)으로 나뉜다. 양립가능론은 기본적으로 자유의지와 결정론이 동시에 성립될 수 있다는 입장이고, 양립불가론은 자유의지와 결정론 중에 어느 한 가지만이 성립된다고 보는 입장이다. 양립불가론은 다시 결정론(determinism), 비결정론(indeterminism)으로 나뉜다. 양립불가론적 결정론자는 이 세계는 애초에 모든 것이 결정됐고, 인간에게 자유선택의 여지는 없다고 주장하는 입장이다. 자유의지에 관한 문제는 종교적, 윤리적, 과학적 함의를 품는다. 예를 들면, 종교 영역에서 자유의지를 주장하는 것은 전지전능한 신조차 인간에게 영향력을 행사할 수 없음을 의미한다. 윤리 영역에서 자유의지는 행위에 책임을 지우는 근거가 될 수 있다. 과학 영역에서 자유의지를 인정하는 것은 물리적 인과 관계가 인간의 행위와 정신을 전적으로 결정할 수 없다는 것이 된다.〉

[178] 존 칼빈, 기독교강요(상), 원광연 역 (서울: 크리스챤다이제스트, 2003), 235. "그러므로 하나님은 사람의 영혼에 지성을 주셔서 그것으로 선과 악을, 옳고 그름을 분별하게 하셨고, 또한 이성의 빛을 안내자로 주셔서 우리가 피해야 할 것과 쫓아야 할 것을 구별하게 하셨다. 철학자들이 이 주도적인 부분을 일컬어 토 헤게모니콘(지도력)이라 부른 것은 바로 이 때문이 다. 또한 하나님은 여기에 의지를 결합시키셔서 선택을 좌우하게 하셨다. 최초의 상태에서는 사람에게서 이 탁월한 기능들이 뛰어나게 능력을 발휘하였고, 그리하여 그의 이성, 지성, 분별, 판단 등이 이 땅의 삶의 방향을 위해 충족했음은 물론 그것들을 통해서 하나님과 영원한 복락에까지 올라가기까지 했던 것이다. 그리고 거기에 선택이 덧붙여져서, 욕구를 제어하고 모든 기관의 활동을 통제하게 되었고, 그리하여 의지가 이성의 지도를 전적으로 따르도록 되어 있었던 것이다. 이러한 순전한 상태에서 사람은 원하기만 하면 자유 의지로써 영생에 도달 할 능력이 있었다. 여기서 하나님의 은밀하신 예정의 문제를 제기한다는 것은 적절하지 못할 것이다. 왜냐하면 우리는 지금 일어날 수 있는 일과 일어날 수 없는 일의 문제를 다루는 것이 아니고, 사람의 본성의 상태가 어떠했느냐 하는 것을 다루고 있기 때문이다. 그러므로 아담은 자기가 원하면 얼마든지 설 수가 있었는

다. 짐승은 그 주어진 본능으로 살아가며 하나님께서 정해주신 자연 법칙 안에서 활동합니다. 그러나 짐승은 도덕적인 선택의 자유가 없습니다. 선과 악을 선택할 자유가 없습니다. 인간에게는 선과 악을 분별할 수 있는 능력이 주어졌습니다. 그것을 양심이라고 합니다. 그렇게 선과 악을 선택해서 행할 수 있는 능력을 주셨는데 그것을 자유 의지라고 합니다. 인간이 자유의지를 가지고 있기 때문에 인격체로서 자유롭게 판단하고 선택하며 자기가 원하는 것을 할 수가 있습니다. 그리고 그렇게 자기의 자유의지로 행하기 때문에 책임을 져야 합니다. 하나님께서는 인간이 자유의지로 한 일에 대하여 공의롭게 심판하십니다.

우리가 자유의지를 말할 때 잊지 말아야 하는 것은 인간의 한계입니다. 아담에게 주신 자유의지에도 한계가 있습니다. 하나님의 의지는 절대적인 자유를 가진 의지입니다. 인간에게는 그런 자유가 없습니다. 그래서 인간의 자유는 상대적인 자유입니다. 하나님께서는 하나님이시기에 완전하게 자유롭게 판단하시고 행동하시고 선을 이루시는 분이십니다. 인간의 자유는 언제나 하나님께서 정해주신 언약 범위 안에서만 자유 합니다. 그 자유는 언제나 언약 안에서만 주어지는 자유입니다.

하나님과 언약을 맺은 첫 사람 아담은 범죄 하여 타락했습니다. 그로 인해 아담과 모든 인류는 죄의 권세 아래 있게 되었습니다. 성경은 우리가 다 죄의 종이 되었다고 선언합니다. 그러나, 사람들이 인간의 이성을 높이 치켜세우는 이유는 신적인 빛이 이성에 있다고 믿기 때문입니다. 이성으로 판단하고 이성으로 지배할 수 있다고 생각합니다. 그런 까닭에 사람이 덕이 있는 사람이 된다거나 혹은 악한 사람이 된다는 것은 이성으로 선택하기 나름이라고 말합니다. 우리의 선택 여하에 따라서 어떤 때는 선을 행하고 어떤 때에는 악을 행한다고 주장합니다.[179]

데, 전적으로 자신의 의지로 타락한 것이다. 그가 그렇게 쉽게 타락한 것은 그의 의지가 이쪽저쪽으로 기울어지는 성향이 있었고 또한 끝까지 변치 않고 인내하는 능력이 부여되지 않았기 때문이었다. 그러나 그럼에도 불구하고 선과 악을 선택하는 일은 전적으로 그의 자유였다. 그리고 그 뿐만 아니라 그의 정신과 의지가 최고의 상태를 유지하고 있었고, 또한 모든 기관들이 복종할 수 있도록 올바로 정비되어 있었다. 그런데 그가 스스로 자기 자신을 파괴시키고 자신의 이러한 축복들을 부패시켜 버린 것이다.”

179) 존 칼빈, 기독교강요(상), 원광연 역 (서울: 크리스챤다이제스트, 2003), 314-315. 〈그러나 철학자들은 덕과 악이 우리의 능력에 달려 있다는 것을 확고한 사실로 받아들인다. 그들은 이런 식으로 말한다: "이것이나 혹 저것을 하는 것이 우리의 선택 여부에 달려 있다면, 그 일을 하지 않는 것도 마찬가지다. 그리고 그 일을 하지 않는 것이 우리의 선택에 달려 있다면, 그 일을 하는 것도 마찬가지다. 그런데 우리는 우리가 하는 일을 자유로이 선택하여 행하는 것 같고, 삼가는 일을 또한 자유로이 선택하여 삼가는 것 같아 보인다. 그러니, 우리가 원하는 때에 얼마든지 선한 일을 행한다면, 또한 그 일을 행하지 않을 수도 있다. 그리고 우리가 원하는 때에 얼마든지 악한 일을 행한다면, 또한 그 일을 얼마든지 삼갈 수도 있는 것이다." 사실, 철학자들 가운데 어떤 이들은 이미 방종에 빠져서, 우리가 산다는 사실이 신들의 선물이지만 우리가 잘 살고 거룩하게 산다면 그것은 우리 자신의 공이라고

철학과 신학이 인간의 능력을 높이면서 만들어 낸 것이 바로 '자유의지'입니다. 인간에게 자유의지가 있다고 주장하는 사람들은 인간은 감성만 부패했으며 이성은 완전히 무흠한 상태이며 인간의 의지 역시 대부분 손상되지 않은 채로 남아 있다고 말합니다. 그것은 좀 더 쉽게 말하면, '사람이 좀 감정적이라서 그렇지 인간성은 좋은 사람이에요. 그렇게 말하는 것과 같은 것입니다.' 세상은 인간이 근본적으로 죄악 되다는 생각을 하지 않습니다. 그런 생각이 교회 안으로까지 들어와서 사람의 죄악을 말하기 보다는 사회의 구조가 잘못되었다고 말하고 있습니다.

이렇게 자유의지를 말하면서 사람은 아무 문제가 없는 것이 되어 버렸습니다. 그래서 헬라 교부들은 자유의지라는 말 대신에 '자기 능력'이라는 말을 사용했습니다.

그러나 자유의지라는 말을 바르게 정의하는 사람은 별로 없었습니다. 오리겐은 "자유의지란 선과 악을 서로 분간하는 이성의 한 기능이요, 둘 중의 하나를 선택하는 의지의 한 기능이다"라고 말했습니다. 어거스틴은 이렇게 말했습니다. "자유의지란 은혜의 도움을 받을 때에는 선을 행하며, 은혜가 없을 때에는 악을 선택하는 이성과 의지의 한 기능이다"라고 말했습니다. 그런 주장들이 나중에 토마스 아퀴나스에게 이르러서는 "선택의 능력"(power of selection)이라고 불렀습니다. 자유의지에 대한 이런 정의들은 인간의 자유로운 결정이 이성과 의지에 있다는 것을 말합니다.

사람이 이렇게 자유 결정권을 가지고 있다는 것은 사람이 자기의 지성과 의지의 주인이라는 말이 되고, 자기 힘으로 선이든 악이든 나아갈 수 있다는 것은 매우 위험한 말입니다. 왜냐하면, 죄로 타락한 인간은 부패하였으며 영적인 은사도 빼앗겼기 때문입니다. 우리가 예수 그리스도를 믿어 화복이 될지라도 우리가 아직 온전한 상태에 이른 자들이 아니기 때문에 우리의 이해와 판단력은 한계가 있고 우리의 지성은 매우 약하고 의지도 형편없습니다.180)

자랑하기까지 하는 것이다. 그리하여 키케로는 코타(Cotta)라는 사람의 입을 빌려 말하기를, "각 사람마다 스스로 덕을 쌓으니, 지혜자는 그것에 대해서 신들에게 감사한 일이 없다. 우리의 덕은 바로 우리의 자랑이요 우리의 영광이니 말이다. 그것이 만일 신의 선물이고 우리가 이룬 것이 아니라면 그런 일은 없을 것이다"라고 하였다. 그리고 조금 뒤에 가서 그는 다시 이렇게 덧붙이고 있다: "운명은 신에게서 찾아야 하되, 지혜는 우리 자신에게서 찾아야 한다는 것이 온 인류의 생각이다." 결국 모든 철학자들의 사고는 이렇게 정리할 수 있다. 곧, 인간의 지성에 거하는 이성이 올바른 행실을 위한 충족한 안내자이며, 의지는 이성에 복종하는 것으로서 감각을 통하여 악한 일들을 저지를 수도 있고, 동시에 그 의지가 자유로운 선택권을 지니고 있으니 아무런 방해도 받지 않고 모든 일의 지도 격인 이성을 따를 수가 있다는 것이다.〉

180) 존 칼빈, 기독교강요(상), 원광연 역 (서울: 크리스챤다이제스트, 2003), 328-329. 〈어거스틴에게서 취하여 널리 쓰이고 있는 다음과 같은 유명한 말이 나를 매우 기쁘게 만든다: "자연적 은사들은 죄로 말미암아 사람에게

자유의지 논쟁이 본격적으로 일어나게 된 것은 어거스틴과 펠라기우스의 자유의지 논쟁입니다. 어거스틴은 '하나님은 인간을 이성적인 존재로 창조하셨으며 인간에게 자유의지를 부여함으로 무엇이나 선택할 수 있었으며 선과 악을 선택할 수 있도록 하셨다'고 말했습니다. 펠라기우스는 영국에서 로마로 와 보니 로마인들의 도덕적인 타락이 너무 심해서 충격을 받았습니다. 펠라기우스는 인간은 자유의지를 가진 존재이며 자신의 삶에 도덕적인 책임이 있다고 주장했습니다. 펠라기우스의 그런 주장은 어거스틴의 은총론과 참회록에 나타나는 인간의 전적타락과 하나님의 은총과 절대주권에 전면적으로 반대되는 것이었습니다.

펠라기우스는 아담의 죄는 유전되는 것이 아니라 아담 한 사람에게만 제한된 것이고 아담의 자손들은 선을 선택할 수 있는 자유의지를 상실하지 않았다고 말했습니다. 인간이 죄를 짓는 것은 아담의 원죄가 유전되는 것이 아니라 인간이 죄를 모방하기 때문이며, 인간은 자유의지로 죄를 짓지 않을 수도 있다고 주장했습니다. 그것은 다만 죄를 짓느냐? 안 짓느냐? 의 문제가 아니라 인간이 자유의지로 선을 택하여 선을 행함으로써 구원에 이를 수 있다고 말하기 위함이었습니다. 그리하여 펠라기우스는 '인간의 선행으로 구원에 이를 수 있다'는 것이고 어거스틴은 그에 반대로, '구원이란 전적으로 하나님의 주권적인 은총이다'라고 강조했습니다.

그 이후에 보에티우스(Anicius Manlius Torquatus Severinus Boethius, 470?-524)의 자유의지론이 있습니다.[181] 보에티우스는 중세의 보편논쟁에 불을

서 부패하였으나, 초자연적 은사들은 사람에게서 빼앗긴 바 되었다" 후반부의 표현을 사람들은 하늘의 생명과 영원한 복락에 이르는 데 족족한 믿음의 빛과 의를 뜻하는 것으로 이해한다. 그러므로, 하나님의 나라에서 멀어지면, 동시에 사람이 영원한 구원의 소망을 갖게 해 주는 영적인 은사들을 빼앗기는 것이다. 그렇다면, 중생의 은혜로 말미암아 회복되기까지, 사람은 하나님 나라로부터 완전히 쫓겨나 있어서 영혼의 복된 생명에 속한 모든 성질들이 그에게서 사라진 상태에 있다는 뜻이 된다. 그 성질들 가운데는 믿음, 하나님을 향한 사랑, 이웃을 향한 사랑, 거룩과 의를 향한 열심 등이 있다. 이 모든 것들은 그리스도께서 우리 속에서 회복시켜 주시는 것들로서 우리의 본성의 한계를 넘어서는 것들이요 외부로부터 주어지는 것들이다. 그렇기 때문에 이것들을 과거에 빼앗겼던 것들로 보는 것이다. 그러나 이와 동시에, 건강한 지성과 올바른 마음도 빼앗긴 상태였는데, 이것이 바로 자연적 은사들의 부패인 것이다. 이해와 판단 가운데 의지와 함께 다소 남아 있기는 하지만, 지성이 너무도 허약하고 깊은 어둠 속에 빠져 있기 때문에 우리로서는 지성을 온전하고 건강하다 말할 수가 없다. 게다가 의지가 부패하여 있다는 것은 너무나도 잘 알려져 있는 사실이다. 이성은 선과 악을 분간하며, 이해하고 판단하는 역할을 하는 자연적인 은사이므로 그것은 완전히 제거될 수가 없고, 다만 일부는 약화되고 일부는 부패하여 형체 없이 황폐한 상태로 남아 있다. "빛이 어둠에 비취되 어둠이 깨닫지 못하더라"(요 1:5)는 요한의 말씀은 이런 상태를 의미한다. 이 말씀에서 두 가지 사실이 분명히 표현되고 있다. 첫째로, 사람의 타락하고 부패한 본성에서도 어느 정도 희미한 불빛이 보인다는 것이다. 이 불빛들은 사람이 짐승과는 달리 이해력을 부여받은 이성적 존재임을 보여 준다. 그러나 둘째로 이 말씀은 빛이 짙은 무지로 덮여 질식 상태에 있어서 효과적으로 역할을 할 수 없다는 것을 보여 주는 것이다. 또한 의지 역시 이와 비슷하게 사람의 본성과 분리할 수가 없으므로 사라지지는 않았으나, 악한 정욕에 완전히 사로잡혀 있어서 올바른 것을 향하여 힘을 발휘할 수가 없다. 사실, 이 정도면 완전한 정의를 내린 것이라 하겠으나, 좀 더 충실한 설명이 필요할 것이다.〉

181) http://www.kscoramdeo.com/news/articleView.html?idxno=6045/ 김영수, 하나님의 섭리와 인간의 자유

지핀 사람입니다. 그의 아버지는 로마의 기독교 귀족 가문에서 태어나 487년에 동고트족 테오도라쿠스(테오데리히) 대제의 집정관이 되었습니다. 아버지가 죽자 귀족 아우렐리우스 심마쿠스(Aurelius Symmachus)의 집에서 자랐으며 훗날 그의 딸과 결혼하였습니다. 그는 아테네와 알렉산드리아에서 수학하면서 문학·철학·산술·기하학·음악·천문학 등 다방면의 학문을 공부하였으며, 그러한 학식과 인품이 테오도라쿠스 대제의 인정을 받아 510년경에 집정관이 되었고, 520년에는 최고 행정 사법관이 되었습니다. 그 당시는 게르만족들이 기독교로 교화하면서 유럽의 중세 문화에 적응하고 있던 시기였습니다. 게르만 민족들의 교화를 위해서 가톨릭 이론의 정통성을 확보하는 것이 그 당시의 과제였습니다. 520년에 로마의 원로원 의원들과 테오도라쿠스 대제는 전(前) 집정관 알바누스(Albinus)가 동로마 제국의 황제 유스티누스 1세(518-527)와 내통하였다는 이유로 고발하였는데 이때 보에타우스(보에시우스)가 법정에서 알바누스를 옹호함으로써 그 역시 반역혐의를 받았고, 마술을 부려 신성을 모독하였다고 고발당했습니다. 그는 가톨릭에 대한 아리우스파들의 박해와, 로마와 콘스탄티노플 사이의 화해관계에 위협이 된다는 사회적인 배경으로 총애를 잃고 반역자로 고발되어 파비아(Pavia)의 감옥에 갇혔으며, 524년에 잔인하게 처형되었습니다.[182]

보에타우스가 죽기 전에 감옥에서 자신의 인생과 학문체계를 정리하며 쓴 책이 『철학의 위안』입니다. 이 책에서 고민한 것은 '인간에게 과연 자유의지가 있는가?'입니다. 보에타우스는 '우연과 신의 섭리가 어떻게 일치되는가?'를 고민했습

의지에 관한 소고(2013.3.21.). 신의 예견 · 예지는 가능한가? 하나님은 인간의 자유로운 사상과 행동을 예견한다. 로마제국의 쇠퇴 후 동고트족(Ostrogothi)이 이탈리아를 지배 하던 때 출생한 보이타우스(Anicius Boethius 480~525)는 기독교를 믿는 로마제국의 귀족 출신이다. 그는 7세에 고아가 된 후 한 귀족의 집안에서 양육되었다. 보이타우스는 "하나님은 인간의 자유로운 사상과 행동을 예견하였다."고 주장하였다. 이후 토마스 아퀴나스(1250~1270)가 "하나님은 시간을 초월해서 존재하므로 인간의 이해력을 넘어 선다."는 보이타우스의 견해를 동의 한다. 보이타우스는 "하나님은 우리가 미래에 무엇을 할 것인지를 이미 알고 있다면, 우리가 어떻게 자유 의지를 지녔다고 할 수 있는가?"의 물음에 대한 답변하는 방안의 해결책을 제시한 것으로 유명하다. 이전에 이미 아리스토텔레스는 미래 사건의 결과에 대해 '어떤 사실'이라고 주장하는 논제를 대략적으로 기술한 바가 있었다. 보이타우스는 말하기를 "우리 인간은 불확실한 미래에 대해 결과를 알 수 없다." 그리고 "신이신 하나님은 시간의 흐름 속에 존재하지 않는다."고 하므로써 "신은 영원한 현재에 살고 있으며, 또한 우리가 현재를 알고 있는 것과 같은 똑같은 방식으로 우리의 과거 · 현재 · 미래가 어떠한지를 잘 알고 있다."고 주장한다. 그리고 "당신이 지금 앉아 있다는 것을 내가 알고 있는 것이 당신의 자유를 멈추도록 방해 하지 않는 것처럼, 우리의 행동에 대해 신이 알고 있다는 것은 현재와 마찬가지로 우리의 자유행동을 멈추게 하지 않는 다는 것이다."고 주장한다. 보이타우스는 "신이 인간의 자유로운 사상과 행동을 예견한다."는 주장을 다시 설명해 보면, "신은 영원한 현재에 산다. 그리고 신은 현재인 것처럼 미래를 잘 안다. 나는 오늘 영화를 보러 가지 아니할 자유가 있다. 신은 내가 오늘 영화 보러 갈 예정이란 걸 잘 알고 있다. 신은 우리의 자유로운 사고와 행동까지를 예견한다."는 논리를 폈다. 오늘 날 어떤 사상가들은 "나는 오늘 영화를 보러 갈 것인지를 아직 결정하지 않았기 때문에 그에 대해 알려진 것은 아무것도 없으므로, 모든 것을 아는 신조차도 내가 영화를 보러 갈 것인지는 알지 못하고 또한 알 수도 없다."라고 주장 하기도 한다.

182) 네이버 지식백과(두산백과), 보에타우스

니다. 신은 완전한 존재이기에 모든 것을 알고 있는 존재입니다. 만일 우연이 있다면 신의 섭리와 다른 것이 존재하게 됩니다. 신이 인간의 모든 행동의 원인과 결과를 알고 있고 살아가는 모든 것이 신의 섭리 안에 있으면 인간에게는 자유의지가 없게 되고 신에게 종속되게 됩니다. '신앙과 이성이 어떤 관계가 될 것인가?' 이 숙제를 풀어야 게르만 민족들이 신에 대한 존경심을 가질 수가 있었습니다. 보에타우스는 '인간은 자유의지가 있다'고 강조했습니다. 인간이 하는 모든 행동이 신이 예정한 것이라고 말하면 인간이 한 일에 대해 벌을 받아야 할 이유가 없고 인간의 잘못은 결국 신의 잘못이라는 논리가 성립하기 때문이었습니다. 그러면, '신과 인간의 차이가 무엇이냐?'라는 새로운 고민이 생겼습니다. 그 해결책으로 말한 것이 '인간의 자유의지의 한계'였습니다. 인간은 자유의지를 가지고 있으나 백년도 살지 못하는 시간적, 공간적 한계를 가진 의지이고 신의 의지는 영원한 시간과 공간 속에서 이루어지는 의지라고 말했습니다. 결국 '인간의 의지는 신의 의지의 관찰안에 있다'고 말했습니다. 예를 들어서, 내가 태양이 떠오르는 것을 보았다면 그 태양이 떠오르는 것은 신이 예정한 것입니다. 그러나 내가 태양을 보는 것이 태양이 떠오르는 원인이 아닙니다. 내가 태양을 보는 것은 내가 나가서 태양을 보고자하는 의지일 뿐입니다. 신이 어떤 사실을 미리 예정하고 그 예정된 사실의 결과도 다 내다보고 있습니다. 인간은 태양을 떠오르게 할 수는 없으나 그 태양이 세상에 어떤 작용을 하는지는 알고 있습니다. 그러나 인간은 그렇게 할 수 없습니다. 인간이 그 태양을 볼 수 있는 의지는 있으나 그 자유의지에는 한계가 있다고 말했습니다. 보에타우스는 인간에게는 자유의지가 있으며 하나님께서는 인간의 자유의지를 간섭하지 않으나 관찰하신다고 보았습니다. 인간은 자유의지가 있기 때문에 악에 대한 책임은 인간에게 있으며 하나님께서는 최대한 용서하려고 하신다고 말했습니다. 이것이 보에타우스의 신학체계였습니다.[183]

---

183) http://historia.tistory.com/1599/ 스콜라 철학사 2 - 보편논쟁(2007.5.10.). 제1장 : 보에타우스(철학의 위안): 스콜라 철학의 두 번째 시간으로 여기서는 스콜라 철학의 핵심인 〈보편논쟁〉에 대한 이야기를 다뤄보겠습니다. 1. 스콜라 철학에는 2가지 핵심 논쟁이 있었다. 스콜라 철학은 전술했듯이, 아리스토텔레스의 원작이 이슬람에서 넘어오고, 탁발교단이 정통교리를 확립하는 시기에 등장한 중세 철학입니다. 이 철학의 핵심 과제는 위대한 교부인 아우구스타누스의 철학을 지켜가면서도, 교황청의 정통 교리를 사수하며, 이것을 아리스토텔레스의 철학과 접목시키는 것이었습니다. 따라서 스콜라 철학은 12세기 이후 중세 전 기간을 걸쳐 2가지 문제를 가지고 큰 논쟁을 벌이게 됩니다. 그 첫 번째 논쟁은 바로 과연 〈신이 존재하는가, 존재한다면 신의 존재와 이성의 문제를 어떻게 다루어야 할 것인가?〉라는 〈이성과 신앙의 조화문제〉였습니다. 스콜라 철학의 두 번째 큰 논쟁은 〈보편논쟁〉입니다. 이 논쟁의 핵심은 〈보편적인 개념〉이라는 것이 존재하는가, 아니면 〈보편적인 것이란 존재하지 않는〉 것인가를 따지는 논쟁입니다. 이 논쟁의 전자를 실제론, 후자를 유명론이라고 합니다. 그럼 이 유명한 논쟁에 대하여 한번 심도 있게 이야기해보도록 하겠습니다. 하지만 이 2개의 핵심논쟁은 각각 따로 이루어지는 것이 아니라 〈보편논쟁〉이라는 큰 속에서 동시에 이루어지는 중세 시대 가장 큰 핵심 논쟁이었습니다. 그럼 〈보편논쟁〉이 무엇인지,

지금부터 시작해볼까요? 2. 보편논쟁의 불씨를 지핀 보에티우스: 스콜라 철학의 시조라고 불린 사람으로서, 최초로 〈보편논쟁〉에 불을 붙인 사람은 유명한 철학자 보에티우스입니다. 보에티우스는 게르만족의 이동이 활발하던 중세 초기에 학자로서, 동고트 왕국의 국왕 테오도락에게 등용된 인물이었습니다. 당시 게르만족들은 〈크리스트교〉로 교화하면서 유럽 중세 문화에 적응하고 있었는데, 이 게르만족들의 교화를 위하여 〈카톨릭〉 이론의 〈정통성〉을 확보하는 것은 당시 과제였습니다. 보에티우스는 당시 그리스 저작(아리스토텔레스) 들이 많이 유실되었던 관계로, 아우구스티누스의 〈신국론〉 등의 교부철학체계를 인용하여 카톡릭 철학 체계를 완성하고, 대이동 이후 유럽사회에 정착한 게르만족을 교화하려고 한 것입니다. 그러나, 동고트 왕국의 테오도락 황제는 〈보에티우스〉가 기독교적 신앙을 바탕으로 동로마 황제와도 교류가 있다는 소문을 듣고, 보에티우스를 감옥에 가둬 죽이려고 하였습니다. 〈보에티우스〉는 이 감옥 생활을 하면서 차분히 자신의 인생과 학문체계를 정리하였는데, 그 때 나온 저서가 스콜라 철학의 기초가 된 〈철학의 위안〉이라는 긴 대화체의 장문입니다. 중세 보편논쟁은 쉽게 말해서, 과연 〈신, 이데아〉와 같은 형이상학적 보편자는 존재하는가? 라는 것을 두고 논쟁하는 것을 말합니다. 보에티우스는 그 논쟁을 최초로 불러일으킨 사람이지요. 원래, 보편논쟁의 기원은 고대 그리스 시대 아리스토텔레스의 유명한 저서 〈범주론〉에서 비롯됩니다. 아리스토텔레스의 범주론은 포르피리오스라는 사람이 〈아리스토텔레스의 범주학 입문론〉이라는 책으로 다시 해석해 놓았는데, 보에티우스가 그 책을 다시 라틴어로 번역하면서 〈보편논쟁〉은 시작되었습니다. 보에티우스는 〈사물의 유와 종이라는 것이 과연 그 자체로 실제할까?〉라는 물음을 이 책에서 던집니다. 그는 〈혹시 우리가 알고 있는 사물의 개념은 우리 머리 속에서 감각적으로 인지하기 때문에 알고 있는 것일 뿐, 진정한 사물의 실체는 알수 없는 것일까?〉, 〈우리 감각과 사물의 실체는 일치하는 것일까?〉 라는 진지한 질문을 던지지만, 결론 내리지 않고 문서를 번역하고, 아리스토텔레스의 의문점을 그대로 기술하는 것에서 멈추었습니다. 중세 시대에는 유, 종이라는 개념들을 모두 〈보편〉이라고 통칭하여 불렀기 때문에, 이러한 고민에 대한 논쟁을 〈보편논쟁〉이라고 합니다. 다음의 글이 바로 논란이 된 범주학의 서문 내용입니다. 이 글이 바로 〈보편 논쟁〉의 과제를 극명하게 보여줍니다. 유(類)나 종(種)에 관해서 생각해 보건데, 그것은 과연 실제로 존재하는가, 아니면 단지 우리의 오성 속에만 존재하는 것인가, 더 나아가 만약 그것이 실제로 존재한다고 한다면 과연 그것은 물질적인 것인가 정신적인 것인가, 혹은 감각적 사물과는 별도의 것인가, 아니면 단지 감각적 사물 속에 존재하는 데 지나지 않는가 등의 문제에 대해서 나로서는 답변을 회피 할 수밖에 없다. 왜냐하면 바로 이와 같은 성질의 문제란 매우 난해한 과제로서 여기에는 좀더 면밀한 연구가 필요하기 때문입니다. 3. 자유의지의 위안: 인간에게는 자유의지가 있다. 이러한 보편논쟁과 함께 기독교 교리를 체계적으로 잡고, 고대 아리스토텔레스가 제기한 〈실제론〉이라는 것을 신학에 어떻게 적용해야 할 지를 고민한 보에티우스의 명저가 바로 〈철학의 위안〉입니다. 철학의 위안에서 보에티우스가 고민한 것은 〈인간에게 과연 자유의지가 있는가?〉라는 명제였습니다. 이 명제는 중세 내내 〈신앙〉과 〈이성〉 중에 어느 것이 우위인가를 따지는 논쟁으로 발전하게 된 논쟁의 시발점이 되었습니다. 보에티우스는 아리스토텔레스의 이론 중 다음의 이론에 대하여 진지하게 고민하였습니다. 실제 우리가 살아가는 세상에서는 우리가 생각했던 것과는 정반대되는 결과가 초래되기도 한다. 우리는 항상 목적을 가지고 살아가지만, 그 목적과는 전혀 다르게 우리에게 행운이, 또는 불행이 찾아올 수도 있다. 이것을 우연이라고 부른다. 보에티우스는 우연이라는 단어가 〈신의 섭리〉와 어떻게 일치할까를 고민합니다. 〈신〉은 완전한 존재로서 모든 것을 알고 있습니다. 그런데 만약 〈우연〉이라는 것이 존재한다면, 이것은 일괄된 〈신의 섭리〉와는 다른 것이 되버립니다. 하지만, 만약 신이 인간 행동의 원인과 결과를 모두 알고 있으며, 우리가 살아가는 것이 모두 신의 섭리 안에 있다고 가정한다면, 인간에게는 〈자유의지〉가 없게 되며, 모든 인간은 신에 종속당하게 됩니다. 이것은 곧 〈신앙〉과 〈이성〉이 어떤 관계가 되어야 할지에 대한 고민을 던져주는 것이었습니다. 이 문제를 〈게르만족〉에게 제대로 설명하지 못하다면, 게르만족들은 결코 〈신〉에 대한 존경심을 보이지 않을 것이기 때문이죠. 보에티우스는 인간에게는 〈자유의지〉가 있다고 강조합니다. 왜냐면 인간의 모든 행동이 신의 섭리에 의한 것이고, 인간에게 자유의지가 없다면, 인간이 행한 모든 악한 행동은 모두 〈신이 예정한〉 것이기 때문입니다. 신이 예정한 잘못을 인간이 했는데, 인간이 벌을 받아야할 이유도 없고, 인간의 잘못은 사실 모두 〈신의 잘못〉이 된다는 논리가 성립되기 때문입니다. 4. 신의 섭리에 대한 위안 : 우린 신을 어떻게 인식해야 하는가? 보에티우스는 또 하나의 고민이 생겼습니다. 인간은 분명 자유의지를 가지고 있다고 정리했는데, 그럼 인간과 신은 무슨 차이가 있는 것인지... 그것이 문제가 되었죠. 이것을 해결하기 위해 보에티우스가 제시한 논리는 바로, 〈인간의 자유의지의 한계〉라는 논리였습니다. 이것을 쉽게 말하자면, 인간은 〈자유의지〉를 가지고 있지만, 100년도 살지 못하는 시간적, 공간적 한계를 가진 의지입니다. 반면 신의 의지는 영원한 시간과 공간 속에서 이루어지는 의지입니다. 따라서 인간의 의지는 신의 의지의 관찰안에 있다는 것이죠. 이것은 이렇게 말하면 쉽습니다. 내가 태양이 떠오르는 것을 본다면, 이것은 태양이 떠오르는 것을 신이 예정하였기 때문입니다. 그러나, 내가 태양을 보는 것이 태양이 떠오르는 원인은 아니며, 내가 태양을 보는 것은 내가 나서서 보고자 하는 의지 때문입니다. 즉 쉽게 말하여, 신은 어떤 사실을 미리 예정하였고, 그 예정된 사실에 대한 결과도 예상할 수 있지만, 인간은 어떤 사실을 예정하지 못하고, 그 사실에 대한 결과도 예상할 절대적 능력이 없는 것입니다. 즉, 신은 인간의 〈자유의지〉를 조종하지는 않습니다. 인간이 자유의지를 가질 수 있고, 그 자유의지가 할 수 있는 한계를 정해준 것입니다. 이 논리 속에서 보에티우스는 인간과 신, 그리고 각종 자연의 그 이후에 루터와 에라스무스와의 자유의지 논쟁이 있습니다. 1520년 로마 교황청은 작센의 선제후 프리드리히 3세에게 루터를 로마로 추방해 줄 것을 요구했습니다. 루터가 그런 위기 가운데 있을 때에 에라스무스(Desiderius Erasumus, 1466-1536)가 구해주었습니다. 에라스무스는 선제후에게 "루터는 수도사의 배와 교황의 왕관을 공격했습니다"라고 말함으로써 선제후로 하여금 루터를 교황청에 넘겨주지 않게 했습니다. 잉글랜드의 헨리 3세(1491-1547)까지 나서서 루터를 반박하는 글을 에라스무스에게 요청하고 압박을 가하게 됩니다. 그 때에 에라스무스가 『자유의지』라는 소책자를 발간하면서 로마 가톨릭이 전통적 반 펠라기우스 편에 섰다고 말했습니다.184)

1525년 12월에 루터는 에라스무스에 대한 답변 형식으로 『노예의지론』을 출간했습니다. 그 제목에서 알 수 있듯이, 인간의 의지에는 자유의지가 없다는 것이 요지였습니다. 루터가 그렇게 말한 이유는 인간의 구원이 전적으로 하나님의 은총으로 이루어진다는 것을 말하기 위함이었습니다. 에라스무스는 '인간의 도덕적 책임을 강조하여 진정한 기독교의 모습이 무엇이냐?'를 말하려고 했습니다. 루터는 인간의 전적 무능력과 타락을 강조함으로써 타락한 인간이 구원받은 것은 오직 하나님의 은혜(Sola Gratia)라고 주장했습니다. 루터는 자신에게 이루어진 경험을 통해서 구원이 인간의 노력이나 선택으로 되지 않는다는 것을 말하고

관계를 낮은 순에서 높은 순으로 체계화 시킵니다. 1. 감각 : 하등동물도 있는 가장 낮은 인식의 도구 - 아베바도 촉수가 있다는 정도 2. 표상 : 고등 동물의 종들이 느끼는 인식의 도구 - 개나 말, 소 등이 스스로 행동하는 정도 3. 이성 : 인간에게만 있는 인식의 도구 - 자유의지를 가지고 행동하나, 절대성은 없는 것 4. 직관 : 신에게 있는 것으로 시간성과 공간성을 초월하는 것 즉, 신이란 존재는 완전한 하나님으로서 과거, 현재, 미래라는 개념도 없고, 인간의 자유의지를 간섭하려는 의지도 없는 완전무결한 관찰자입니다. 그리고, 관찰과 함께 인간에 대하여 사랑으로 〈지켜봐 주시고〉 훗날에는 인간에 대하여 용서하시거나 〈심판〉하실 존재입니다. 따라서 보에티우스가 알고 있는 지상의 나라는 〈악〉이 존재하지만, 그 악은 〈하나님의 섭리〉속에서 묵묵히 관찰되고 있습니다. 인간은 자유의지가 있으므로, 〈악〉에 대한 책임은 본인에게 있지만, 하나님은 그 악에 대하여 최대한 〈용서〉하려고 하십니다. 이것이 곧 보에티우스의 신학 체계입니다. 이것은 게르만족들에게 〈용서〉와 〈교회〉라는 체계적 원리로 나타나게 됩니다. 중세 유럽 사회의 종교적 큰 틀을 하나 완성한 것이지요. 그러나, 그의 이론은 〈신의 의지〉와 〈인간의 이성〉과의 관계를 정확하게 규명하지 않음으로서 훗날 〈신앙〉과 〈이성〉의 우위 문제를 유발시켰습니다. 또, 그가 제기한 〈보편은 개별 중 어느 것이 먼저인가?〉 라는 〈보편논쟁〉은 중세 내내 이슈가 됩니다.
184) http://theologia.kr/board_counseling/23331/ 〈에라스무스는 1524년에 "자유의지에 관한 설교"(Diatribe concerning the Freedom of the Will, 원제는 De libero Arbitrio)라는 논문을 발표하여 루터의 주장에 반박을 시도하였다. 에라스무스는 자유의지를 정의하기를 영원한 구원으로 이끄시는 하나님의 역사에 협동하거나 반대할 수 있는 인간의지의 능력이라고 한다. 구원에 있어서 하나님의 은혜는 주동적인 역할을 하고 있으나 인간의 의지가 하나님의 은혜에 협동해야 할 필요성을 강조한다. 하나님의 은혜가 없다면 구원을 위한 인간의 노력은 아무것도 이룰 수 없지만, 선행적(先行的)인 하나님의 은혜에 협동하려는 인간의 의지가 없이 구원에 이를 수도 없다고 주장한다. 하나님께서는 구원의 은혜에 능동적으로 참예하는 이를 구원으로 이끄시기 때문이라 한다. 구원에 있어서 하나님의 은혜는 1차적 요소이고 2차적 요소인 인간의 의지가 하나님의 은혜와 협력적으로 함께 역사해야 한다고 하는 에라스무스의 신인협동설(神人協動說, Synergism)은 멜랑톤(Melangchthon)의 지지를 받았다. 이러한 신인협동설은 요한 웨슬리의 구원관에도 영향을 미쳐 선행적 은총(Preventing Grace)과 인간의 협력을 주장하게 한다.〉

구원이 하나님의 주권으로 이루어진다고 말했습니다. 인간의 의지나 행동은 하나님 앞에 어떤 가치도 인정도 받을 수 없고 구원으로의 예정은 오직 하나님의 뜻에 따르는 것 뿐이라고 말했습니다. 루터는 에라스무스의 자유의지 논의를 무악하고 한갓 공상에 불과한 것이라고 반박했습니다.

칼빈은 기독교 강요에서 자유의지를 말했습니다. 하나님의 섭리가 인간의 모든 계획과 일을 좌우하는 결정적 원칙으로 파악했습니다. 그 어느 것도 하나님의 뜻을 떠나서는 이루어지지 아니한다고 말했습니다(기독교강요 I.18.3.) 칼빈은 하나님께서 그의 뜻하신 바를 행하시나 결코 독단적이지 않다고 보았습니다. 하나님께서는 역사의 주재이시나 순종하는 자들과 거역하는 자들을 함께 쓰셔서 일하신다고 말했습니다(I. 16. 4).

칼빈은 인간이 처음 창조 시에는 자유의지의 위대한 능력을 부여받았으나 죄를 지음으로 그 능력을 상실했다고 말했습니다(II.2.8). 그러니 인간은 필연적으로 악을 행할 수밖에 없습니다.[185] 인간의 의지가 악을 향하여 기울어져 있기 때문입니다. 이제 인간은 예수 그리스도를 믿어 거듭나지 않고는 선을 행할 능력이 없습니다.

칼빈은 결정론(determinism)을 배척하고 결정성(determinateness)을 수용했습니다. 결정론이란 인간이 행하는 행위들이 인간 바깥에 있는 상황과 조건에 의해

---

[185] 존 칼빈, 기독교강요(상), 원광연 역 (서울: 크리스찬다이제스트, 2003), 358-359. 〈자, 자유를 빼앗긴 의지는 필연적으로 악으로 이끌릴 수밖에 없다는 내 말을 납득하기 어려운 것으로 생각하는 사람이 있다면, 참 의아스러운 일이다. 나의 말은 경건한 사람들의 말과 어긋나거나 이질적인 점도 전혀 없는 것이기 때문이다. 그 말이 사람들에게 거슬리는 것은, 그들이 필연(necessity)과 강제(compulsion)를 서로 구분하는 것을 모르기 때문인 것이다. 가령 누군가가 그들에게, 하나님은 필연적으로 선하지 않으신가? 마귀는 필연적으로 악하지 않은가?라고 묻는다면, 무어라 대답하겠는가? 하나님의 선하심이 그의 신성과 너무나도 밀착되어 있어서, 그가 하나님이신 것이나 그가 선하신 것이나 똑같이 그럴 수밖에는 없는 것이다. 마귀 역시 타락으로 말미암아 선에 참여하는 것에서 완전히 끊어져 버렸으므로, 그는 악 이외에는 할 수 있는 일이 없는 것이다. 그러나 가령, 어떤 사람이 하나님을 모욕하려고, 하나님께서는 강제로라도 자신의 선하심을 보존하지 않으실 수 없으니 그가 선하다는 것에 대해서 굳이 칭찬을 받으실 이유가 없다는 식으로 빈정거린다고 하자, 그럴 경우에는 곧바로 답변할 수가 있다. 곧, 하나님께서 악을 행하지 못하시는 것은 그렇게 못하시도록 어떤 강제적인 압력을 받기 때문이 아니라, 그가 한량없이 선하시기 때문이라는 것이다. 그러므로, 하나님께서 마땅히 선을 행하실 수밖에 없다 할지라도 그것 때문에 선을 행하는 하나님의 자유 의지가 전혀 방해를 받지 않는다면, 또한 마귀가 오직 악 이외에는 아무것도 행하지 못하지만, 그럼에도 불구하고 자기의 의지로 악을 행하는 것이라면 사람이 죄를 지을 수밖에 없는 필연성 아래 있다고 해서, 그 사람이 의지와는 별 상관없이 죄를 짓는 것이라고 말할 사람이 어디 있겠는가? 어거스틴은 여러 곳에서 이러한 필연성에 대해서 말하고 있다. 코엘레스티우스(Coelesiius)가 이에 대해 트집을 잡으며 그를 비난했지만, 그는 주저하지 않고 이렇게 단언하였다: "자유를 통해서 사람이 죄 가운데 있게 되었지만 그에 대한 형벌로 나타난 부패성이 자유를 필연으로 바꾸어 놓은 것이다." 그는 이 문제에 대해서 언급할 때마다. 주저하지 않고 이를 필연적인 죄의 속박으로 말하고 있는 것이다. 그렇다면, 이러한 구분에서 가장 중요한 사실은, 사람이 타락에 의하여 부패하였을 때에 강제에 의해서 억지로 죄를 지은 것이 아니라 자신의 의지로 죄를 지은 것이며, 강압에 의해서가 아니라 자기 마음의 강력한 이끌림에 의해서 죄를 지은 것이요 외부로부터 어떤 악업에 의해서가 아니라 자기 자신의 욕심에 이끌려 죄를 지은 것이라는 것이다. 그의 본성이 너무나 부패해 있어서 그는 오직 악을 향해서만 움직일 수가 있다. 그러나 이것이 사실이라면, 이는 사람이 분명 죄를 지을 수밖에 없는 필연성에 매여 있다는 것이 분명히 드러나는 것이다.〉

발생한다는 것을 말합니다. 이와 비슷하게 숙명론이라는 말이 있습니다. 숙명론은 미리 정해진 필연적 법칙에 따라 일어나므로 인간의 의지로서는 바꿀 수가 없다는 이론입니다. 일정한 인과관계에 따른 법칙에 의하여 결정되며 우연이나 선택의 자유에 의한 것이 아니라는 것입니다. 숙명론도 어떤 상황과 조건 발생이 행위자 바깥에 의한 것으로 본다는 이교적 사상입니다. 이교적인 사상이라 하는 이유는 세상은 언제나 하나님 없이 인과율로 세상이 돌아간다고 보기 때문입니다. 이런 개념은 기원전 3세기 제논으로부터 출발합니다. 제논은 자연에 담겨져 있는 원인들은 항구적 관계를 갖고 있고 서로 친밀한 관계 하에 서열 지어 있는 원인들로부터 필연이 발생한다고 보았습니다.

반면에 칼빈이 수용한 결정성이란 하나님께서 결정해 놓으신 것을 말합니다. 결정성은 사건들이 행위자에 의해 발생하든 그렇지 않든, 강제에 의해 발생하든, 자의에 의해 발생하든, 외적 요인들에 의해 조건 지어지든, 내적 요인들에 의해 조건 지어지든, 단일하고 일원적이며, 또는 결정된 것이라는 뜻을 내포합니다. 하나님께서는 만유의 지배자요 통치자이십니다. 하나님은 영원의 저 끝에서부터 자신의 지혜를 친히 행하실 바를 작정하셨고, 이제는 그 권능으로 친히 작정하신 바를 이루어 가십니다.(Ⅰ.16.8) 그러므로 인간 역사에는 우연이나 운이 들어설 자리가 없습니다. 사람들은 자기 생각 밖의 일이 일어나는 것을 보면서 자기 지혜로는 설명이 불가능하니까 그것을 우연이라고 말합니다. 하나님이 결정해 놓으신 것으로서의 결정성은 "비록 그것이 절대적이지 않거나, 그 독특한 본질상 필연적이지 않더라도 반드시 발생한다."(Ⅰ.16.9 후반)는 것입니다.[186] 칼빈은

---

186) http://www.kscoramdeo.com/news/articleView.html?idxno=6045/ 〈칼빈은 결정론을 부정하나, 결정 또는 결정성에 의해 다른 가능성들이 말살된다는 견해를 부정하는 것을 본다. 이는 그가 '상대적 필연과 절대적 필연' 같은 개념들이나 '이론상의 결과와 실제상의 결과' 같은 개념들을 구분할 때 찾으려고 했던 것은 바로 그런 개념인 듯하다.(Ⅰ.16.9 후반) … 칼빈에 있어서 하나님의 권능은 예수그리스도 안에 나타난 선하시며 자비하신 하나님의 뜻과 구분하거나 뗄 수가 없다. 사람이 하나님의 사랑과 위로를 받기 위해서는 하나님의 권능과 아버지의 의지가 모두 필요하다. 만일 하나님의 의지에서 권능(potentia)을 떼어 낸다면, 전택설(Supralapsarianism, 타락전 선택)의 경향을 띠게 되고, 권능에서 의지를 떼어 낸다면 후택설(Infralapsarianism, 타락후 선택)의 경향을 띠게 된다. 이 둘을 함께 생각할 때에 비로소 역동적인 – 하나님과 사람, 사람과 하나님과의 관계로 이해하면서, 선택 또는 작정에 대한 편견을 극복하고 하나님을 우리의 온전한 찬송을 받으시기에 합당한 분으로 생각하게 된다. 중세에 있었던 논쟁 중에서 "예정은 하나님의 지적행위인가, 아니면 의지의 행위인가?"에서, 만일 지적 행위라고 하면 인간의 책임이 그대로 보존된다고 보았다. 그러면 인간이 일종의 공동 행위자가 되기 때문이다. 그런데 만약 그렇다면 "오직 은혜로 구원을 얻는다."는 말은 설명하기가 어렵게 된다. 그리고 만일 선택이 하나님의 의지의 행위라고 한다면, 하나님의 주권과 자유를 보장할 수 없게 된다. 그렇다면 사람의 책임은 어떻게 될 것인가? 하는 문제에 봉착하게 된다는 것이다. 이런 점이 중세의 논란이었다. 둔스 스코투스(Duns Scotus, 1265~1308)는 "하나님이 먼저 은혜를 위해서 그리고 다음에 영광을 위해서 선택했다"는 아퀴나스(Thomas Aquinas)의 사상을 배척하면서 그 순서를 뒤바꾸어 놓아야 한다고 주장했다. 그런데 칼빈은 스코투스의 입장에 서서 영광을 위한 예정이 은혜를 위한 예정의 원인이라고 동의한다.(Ⅲ.22.9.) 오직 하나님의 뜻에 따라 발생한다고 주장한다. 칼빈은 "하나님의 의지가 철저히 자유로우며, 그러면서도 하나님의 본성에 충실하게 일치하신다."고 보았다.〉

하나님의 섭리와 인간의 자유의지가 서로 마찰되거나 충돌된다고 생각하지 않았습니다. 인간의 자유의지는 하나님의 섭리의 범주 안에 속해 있다고 보았습니다. 세상이 '인간의 의지에 자유가 있다', '자유의지가 있다'고 말하는 것은 인간이 본능적으로 선을 추구한다고 믿기 때문입니다. 선이라는 것은 한문으로 착할 선이라고 해서 착하다는 그런 정도를 말하는 것이 아닙니다. 자유의지로 선을 행한다는 그 선은 하나님께서 받으실만한 거룩한 것을 말하며 죄악과 반대되는 것입니다. 예를 들어서, 아침에 일어나서 밥을 먹든지 빵을 먹든지 그것을 두고서 자유의지가 있다고 말하는 것이 아닙니다. 아침에 출근을 하는데 버스를 타고 가든지 택시를 타고 가든지 자기 차를 타고 가든지 그런 것을 두고 자유의지가 있다고 말하는 것이 아닙니다. 그런 일상의 선택이 선한 것이고 그 선한 것이 구원으로 이어진다는 것입니다. 사람들에게 어떤 덕성이 나타날 수가 있습니다. 그런 덕성은 하나님께서 죄악 된 상태에 있는 사람들에게 다양한 방식으로 베풀어 주시는 하나님의 특별하신 은혜입니다.[187]

자유의지를 말하는 것은 '인간이 선을 추구하는가?'에 대한 것입니다. 그 선이란 인간 편에서 생각하는 선이 아닙니다. 하나님께서 받으실만한 선입니다. 하나님께서 인정하시는 선입니다. 그것은 하나님을 영화롭게 하는 것입니다. 그러므로 성령 하나님으로 거듭나지 않은 사람들에게는 하나님을 영화롭게 하려는 열심이 없으며 여호와를 경외함이 없습니다. 인간이 아무리 선이라고 생각하고 선을 행할지라도 그것은 선이라 할 수 없습니다. 인간이 말하는 그 선은 지극히 이기적인 선이기 때문입니다. 그것이 더 많은 사람들을 위한 선이라고 말할지라도 다른 사람에게는 선이 아니라 악이 되어 버립니다.[188]

---

[187] 존 칼빈, 기독교강요(상), 원광연 역 (서울: 크리스챤다이제스트, 2003), 356-357. 〈그러므로 덕의 모습을 취하고 있지만 그 밑에 그 사람의 악이 도사리고 있을 경우로 사람의 덕성을 칭찬할 수 없는 것처럼, 의지가 그 자신의 타락성 속에 그대로 있는 한, 인간의 의지에 올바른 것을 추구할 능력이 있다고 인정할 수가 없는 것이다. 그러나 이 문제에 대한 가장 확실하고도 손쉬운 해결책이 바로 여기에 있으니, 곧 이런 덕성의 모습들이 인간 본성에 공통적으로 주어진 은사가 아니라, 본래 악한 상태에 있는 사람들에게 하나님께서 다양한 방식으로 정도가 다르게 베풀어주시는 하나님의 특별한 은혜들이라는 것이 그것이다. 그렇기 때문에 우리가 일상적인 대화에서, 이 사람은 선한 성품을 지녔고 저 사람은 악한 성품을 지녔다는 식으로 흔히 이야기하며, 그러면서도 그 두 종류의 사람을 보편적인 인간의 부패성 아래 포함시키기를 주저하지 않으며, 그저 한 사람에게는 주께서 특별한 은혜를 베푸셨고 다른 사람에게는 그 은혜를 베푸시지 않은 것뿐이라고 보는 것이다. 하나님께서는 사울을 왕으로 세우고자 하실 때에 그를 변화시켜 새사람이 되게 하셨다(삼상 10:6). 그렇기 때문에, 플라톤은 호메로스의 전설을 지칭하면서 왕들의 아들들이 무언가 유별난 증표들을 갖고 태어난다고 말하는 것이다. 하나님께서는 인류를 위하여, 통치를 담당하게 될 사람들에게 영웅적인 기상을 베푸시는 경우가 많으므로, 역사상 칭송 받는 위대한 지도자들의 덕목들이 바로 거기서 나오는 것이다. 일반적인 개개인들의 경우도 똑같은 방식으로 보아야 한다. 그러나 사람이 아무리 뛰어났다 할지라도 그 자신의 야망이 언제나 그 사람을 그렇게 밀어붙일 것이므로 - 이 때문에 모든 덕성들이 더럽혀져서 하나님 앞에서 모든 호의를 잃어버리고 만다 - 속된 사람들에게서 아무리 칭찬 받을 만한 점들이 나타난다 할지라도 그 모든 것들이 다 무가치한 것일 수밖에 없는 것이다.〉

[188] 같은 책, 357. 〈더욱이, 하나님을 영화롭게 하고자 하는 열심이 없으면 그것은 올바름의 가장 주된 부분이

그렇게 개인이나 집단이 선이라고 말할지라도 실제로 사람들은 선을 추구하지 않습니다. 사람들이 오해하고 헷갈려 하는 것은 욕구대로 살아가면서도 선을 추구한다고 생각하는 것입니다. 욕구는 의지의 충동이 아니라 본능적인 이끌림입니다. 사람들이 선이라고 말하는 것도 덕이나 정의를 말하는 것이 아니라 사람들에게 좋은 상태를 말합니다. 그야말로 많은 사람이 좋으면 좋은 것이 되는 공리주의를 말하는 것이지 절대적인 선을 추구하는 것을 말하지 않습니다. 사람들이 선이라고 말할지라도 선을 바라는 마음이 있을지라도 선을 행하지 않습니다. 사람들이 본성적으로 아무리 평화와 안정을 원하는 마음이 있을지라도 그것 때문에 자유의지가 있다고 말해서는 안 됩니다.189) 자유의지라는 것은 사람이 어떤 일에서든지 간에 판단의 선택과 의지의 경향이 자유롭다는 뜻이기 때문입니다. 판단의 선택과 의지의 경향이 자유로운 사람은 아무도 없습니다.

그런 자유의지는 결국 인간이 궁극적으로 소원하는 영원한 복락과 관련되어 집니다. 한계 속에 살아가는 인간임에도 불구하고 그 속에는 영원을 향한 갈망이 있기 때문에 영원한 복락에 대해 기뻐하지 않을 사람은 없습니다. 그러나 그 영원한 복락도 성령님의 역사가 없이는 알 수도 없고 그것을 사모하지도 않습니다. 사도 바울이 로마서에서 이렇게 말했습니다.

> 22 내 속 사람으로는 하나님의 법을 즐거워하되 23 내 지체 속에서 한 다른 법이 내 마음의 법과 싸워 내 지체 속에 있는 죄의 법 아래로 나를 사로잡아 오는 것을 보는도다(롬 7:22-23)

성령 하나님의 역사로 거듭난 사람만이 이런 고민과 싸움을 합니다. 중생하였지만 아직 옛사람의 잔재, 육신의 잔재를 지니고 있는 사람이기 때문에 그 마음속에는 갈등이 있습니다. 하나님의 은혜가 임했기 때문에 하나님의 법을 즐거워합

없는 것이다. 그런데 하나님께서 그의 성령으로 말미암아 중생하게 하시지 않은 사람들에게는 이 열심이 있을 수가 없는 것이다. 이사야는 "여호와를 경외하는 영"이 그리스도에게 강림하심을 말씀하는데(사 11:2), 이는 참으로 당연한 말씀이다. 이로써 우리는 그리스도에게서 떠나 있는 모든 사람들에게는, 지혜의 근본인 "여호와를 경외함"(참조 시 111:10)이 없다는 사실을 가르침 받는 것이다. 헛된 겉모양으로 우리를 속이는 덕행들은 정치 집회에서는 칭찬을 받고 사람들 사이에서는 유명해지겠지만, 하늘의 심판대 앞에서는 의를 얻는 데에 아무런 가치도 없는 것이다.")
189) 같은 책, 347. "그러므로, 사람 속에 본성적으로 평화와 안정을 바라는 마음이 있다고 해서 그것이 의지의 자유가 있다는 것을 입증하는 것은 아닌 것이다. 이는 금속과 돌에 그 완전한 본질을 향하는 성향이 있다는 것이 그것들에게 의지의 자유가 있다는 것을 증명해 주는 것이 아니라는 것과 같은 이치인 것이다. 그러므로, 이제는 다른 면에서 의지가 과연 악한 것 이외에는 그 어떠한 것도 낼 수가 없을 만큼 그 각 부분이 깊이 더러워졌고 부패하였는가, 아니면 의지의 어느 부분이 손상되지 않은 채로 남아 있어서 그것에서 선한 열망이 나올 수 있는가를 점검해 보아야 하겠다."

니다. 은혜가 없이도 스스로 선을 행할 수 있다는 것은 인간이 자기 스스로 구원에 이를 수 있다는 말이 되어 버립니다. 성령 하나님의 역사가 죄인에게 일어나기 전에 의지가 선을 추구한다면, "너희 안에서 행하시는 이는 하나님이시니"(빌 2:13)라는 말씀은 완전히 무의미한 말씀이 되어 버립니다.

칼빈은 자유의지를 "예수 그리스도 안에서 구속자 하나님에 대한 지식"에 대해 말하면서 말했습니다. 펠라기우스는 사람의 의지가 죄의 속박 아래 있다는 것을 부인하고 "죄가 필연의 문제라면 그것은 죄가 될 수가 없고, 죄가 자발적인 것이라면, 얼마든지 피할 수 있다"고 말했습니다. 하나님께서 다 예정해 두셨으니 죄가 필연적으로 발생할 수밖에 없다고 말하는 것은 죄가 죄 되지도 않으며 무엇보다 인간에게 죄의 책임이 없다고 말하려는 것입니다. 결국 죄의 원인은 하나님께 있다는 말이 되어 버립니다. 또 인간에게 자유의지가 있어서 자기 스스로 판단하고 자기 능력으로 선택하고 행하는 것이라면 죄를 안 지을 능력이 인간에게 있다는 말이 되어 버립니다. 그러나 이런 어리석은 말은 모든 인간이 죄에 매여 있고 죄의 종노릇 하고 있다는 성경의 핵심 원리에서 벗어난 것입니다. 인간이 제일 싫어하는 말은 인간이 전적으로 타락했다는 것입니다. 그 말을 싫어하는 근본적인 이유는 인간이 스스로 구원에 이를 수 없다고 분명하게 선언하는 말이기 때문입니다. 교회 안에는 언제나 인간의 능력을 치켜세우려는 사람들이 있어 왔습니다. 구원이 하나님과 사람의 합작품인 것으로 말하는 사람들이 있어 왔습니다.

지금 우리는 거듭났으나 온전한 자들이 아니며 여전히 죄를 지을 가능성을 가지고 있는 사람들입니다. 인간의 의지는 아담의 타락 이후에 부패했기 때문에 하나님의 계명과 양심이 선하다고 하는 일을 하지 않습니다. 오히려 그 죄악을 행하는 것을 옳다고 말하고 있습니다. 사람들이 죄악을 행할 때에 자기가 죄악을 짓고 있다는 것을 모르지 않습니다. 그러나, 알아도 멈추지를 못합니다. 왜냐하면, 자기 안에 있는 의지가 타락했기 때문입니다. 그것이 바로 영적인 부패이고 영적인 질병입니다. 그렇기 때문에 하나님의 심판을 받을 수밖에 없습니다.

감사하옵게도, 우리의 죄악과 부패를 해결하기 위해서 예수 그리스도께서 십자가에 피 흘려 죽으심으로 우리의 모든 죗값을 지불하셨으며, 우리를 죄와 사망에서 구원하셨습니다. 성령 하나님께서는 우리를 거듭나게 하셔서 예수 그리스도를 구주로 믿게 하셨습니다. 그리하여 우리의 의지를 새롭게 하셔서 죄악으로 향해 있던 의지를 하나님께로 향하도록 만들어 놓으셨습니다. 그렇다고 우리의 의지가 완전히 자유로워진 것이 아닙니다. 우리에게는 여전히 부패한 의지, 육신의 죄악 된 의지와 중생한 의지가 싸우고 있습니다. 그 싸움을 자기부인이라고 합니다. 그 싸움이 없으면 이상한 것입니다. 하나님께서는 "성령을 좇아 행하라"(갈 5:16)고 명령하십니다. 그렇게 살아야 육체의 욕심을 이루지 않습니다.190) 오늘날 교회 안에는 자기부인을 케직사경회의 흐름처럼 '자아파쇄'로 이해하거나 '내려놓음', '더 내려놓음'으로 변질시켜 버렸습니다. 성경이 말하는 자기부인은 부패한 육신의 의지와 중생한 의지가 싸우는 것입니다. 그렇게 싸우는 것이 자기부인입니다. 그 싸움을 안 하면 자기부인이 아닙니다.

우리는 편했으면 싶고 고생 안 했으면 합니다. 그렇게 안 살고 싶은 사람은 아무도 없습니다. 좀 더 나은 내일을 위해서 열심히 달려가는 것은 좋은 일입니다. 그러나 그런 현실 속에서 우리를 살게 하는 것은 계속해서 예수 그리스도의 새 언약 안에서 하나님의 나라와 의를 구하는 것입니다. 그것은 짐을 지는 것입니다.

사도 바울은 갈라디아서 5장 16절부터 "성령을 좇아 행하라"고 명령하면서 6장에 와서는 그렇게 성령을 좇아 행하는 것이 무엇인지 말했습니다. 그것은 온유한 심령으로 다른 사람의 약함을 붙들어주는 것입니다. 그 사람이 회복되고 온전해질 때까지 함께 있어 주는 것입니다. 내 짐을 지는 성도가 되고 남의 짐을 지고 가는 따뜻한 성도로 사는 것입니다. 평생을 살아도 자기 짐도 다 못 지고 가는 사람들이 있습니다. 물론 우리 중에는 약하고 어려운 사람들이 있습니다. '저 사람 도와준다고 내 인생에 무슨 도움이 되겠나?' 그런 마음으로 그 사람들이 마음에서 멀어지면 안 됩니다.

살아가보면요, 조금 살만하면 날 뜯어 먹으려는 인간들이 얼마나 많은지 모릅니다. 어디가면 '네가 밥 사라', '네가 커피 사라', '네 차 타고 가자', 아주 그냥 시작부터 끝까지 시중을 들어야 해요. 그런데요, 살만한 사람은 그리 살아야 해요. 그럴 실력이 되어야 하고 그런 마음이, 큰 그릇이 되어야 합니다. 살만하면 짐도 많아지는 겁니다. 살만한데 져야할 짐이 없으면 외로워요, 허탈해요. 날 쳐다보는 사람이 많아져야 해요. '너 나 쳐다 보지마. 나 말고 다른 사람 봐' 그러고

---

190) 16 내가 이르노니 너희는 성령을 좇아 행하라 그리하면 육체의 욕심을 이루지 아니하리라 17 육체의 소욕은 성령을 거스리고 성령의 소욕은 육체를 거스나니 이 둘이 서로 대적함으로 너희의 원하는 것을 하지 못하게 하려 함이니라 18 너희가 만일 성령의 인도하시는 바가 되면 율법 아래 있지 아니하리라 19 육체의 일은 현저하니 곧 음행과 더러운 것과 호색과 20 우상 숭배와 술수와 원수를 맺는 것과 분쟁과 시기와 분냄과 당 짓는 것과 분리함과 이단과 21 투기와 술 취함과 방탕함과 또 그와 같은 것들이라 전에 너희에게 경계한 것 같이 경계하노니 이런 일을 하는 자들은 하나님의 나라를 유업으로 받지 못할 것이요(갈 5:16-21)

살면 사는 게 아니에요. 쳐다보기 전에 갖다 주는 사람이 되어야 해요. 그래서 세월이 흐른 다음에 이런 말을 들어야 해요. '집사님, 나 그 때 딱 죽으려고 그랬는데, 집사님 때문에 살았어요. 내가 다시 하나님 붙들고 살게 된 거 다 집사님 덕분이에요.' 그래야 해요.
어떻게 그리 살겠어요. 어떻게 내 짐도 지고 다른 사람의 짐도 지고 갈 수 있을까요? 14절에서 이렇게 말합니다.

> 그러나 내게는 우리 주 예수 그리스도의 십자가 외에 결코 자랑할 것이 없으니 그리스도로 말미암아 세상이 나를 대하여 십자가에 못 박히고 내가 또한 세상을 대하여 그러하니라(갈 6:14)

우리 주 예수 그리스도의 십자가가 자랑이 되면 됩니다. 그것이 전부가 되면 됩니다. 그것이 새로워진 의지대로 사는 것입니다. 예수 그리스도의 십자가 대신에 다른 것을 자랑하려고 하면 거듭나기 이전의 좌악된 의지가 발휘됩니다. 갈라디아서 5장 26절에서 말하듯이, 헛된 영광을 구하게 되고 싸우게 됩니다. 그렇게 막 싸워서 자기 존재감을 확인하는 것은 유치한 겁니다. 고상하려면 짐을 지세요. 따뜻하려면 짐을 지세요. 십자가가 우리의 자랑이 되면 그 짐 때문에 성질이 안 납니다. 그 짐 때문에 짜증이 안 납니다. 왜요? 사랑하니까요. 그 십자가 사랑을 받은 성도로 살고 그 십자가 사랑을 주는 성도로 사니까요. 사랑하고 살면 손해나지 않습니다. 마음에는 언제나 이래야 해요. '내가 너 보다 더 사랑할거다' 주님 만날 때까지 주님 주신 새로운 의지로 더 많이 사랑하고 더 많이 짐을 지고 더 많이 하나님을 영화롭게 하는 믿음의 성도들이 다 되기 바랍니다.

언약 15 아담언약 9

15 여호와 하나님이 그 사람을 이끌어 에덴동산에 두사 그것을 다스리며 지키게 하시고 16 여호와 하나님이 그 사람에게 명하여 가라사대 동산 각종 나무의 실과는 네가 임의로 먹되 17 선악을 알게 하는 나무의 실과는 먹지 말라 네가 먹는 날에는 정녕 죽으리라 하시니라(창 2:15-17)

언약 열다섯 번째 시간입니다. 오늘은 아담언약을 통해 원죄와 자범죄에 대해서 살펴보려고 합니다. 원죄는 첫 사람 아담의 범죄로 인해 모든 사람이 갖고 태어나는 죄책과 부패성을 가리킵니다.[191] 자범죄는 원죄의 부패성을 가진 모든 사람이 실생활 속에서 짓는 죄를 가리킵니다. 우리가 죄를 짓는 이유는 우리 본성이 죄로 타락하고 오염되었기 때문에 죄를 짓는다는 것을 의미합니다. 우리가 죄 짓는 일차적인 원인이 부모 탓이고 상처 탓이고 환경 탓이고 사회구조 탓이라서가 아니라 우리가 본질적으로 죄인이기 때문에 죄를 짓는 것입니다. 원죄와 자범죄를 말하는 근본적인 이유는 인간이 스스로 자기를 구원에 이르게 할 수 있는 능력이 없는 자라는 것을 성경이 말하고 있기 때문입니다. 그것은 인간이라는 존재적 관점에서 죄의 보편성을 말합니다.[192]

성경은 인간의 원죄와 자범죄를 증거 합니다. 대표적으로 에베소서 2장 1-3절입니다.

1 너희의 허물과 죄로 죽었던 너희를 살리셨도다 2 그 때에 너희가 그 가운데서 행하여 이 세상 풍속을 좇고 공중의 권세 잡은 자를 따랐으니 곧 지금 불순종의 아들들 가운데서 역사하는 영이라 3 전에는 우리도 다 그 가운데서 우리 육체의 욕심을 따라 지내며 육체와 마음의 원하는 것을 하여 다른 이들과 같이 본질상 진노의 자녀이었더니(엡 2:1-3)

---

191) 루이스 벌코프, 벌코프조직신학(상), 권수경·이상원 역 (서울: 크리스챤다이제스트, 1993), 462. "인간은 죄악 된 상태와 조건 안에서 태어난다. 이 상태를 신학에서는 원죄(peccatum originale)라고 부른다. 원죄에 해당하는 영어 'original sin'은 화란어 'erfzonde'보다 적절한 단어이다. 그 이유는, 엄격히 말해서 'erfzonde'는 원죄에 해당하는 것을 다 포괄하지 못하기 때문이다. 원죄는 원초의 죄책을 말하는 것이 아니다. 왜냐하면 이 죄책은 선천적으로 물려받는 것이 아니라 전가되는 것이기 때문이다. 이 죄를 원죄라고 부르는 이유는 (1) 그것이 인류의 원초적인 뿌리로부터 파생되는 것이기 때문이요 (2) 또한 그것이 태어날 때부터 인간의 생명 안에 현존하는 것으로서, 인간이 모방한 결과가 아니기 때문이며 (3) 또한, 그것이 인간의 삶을 오염시키는 모든 실제적인 죄들의 내적 뿌리가 되기 때문이다. 그러나 어쨌든 이 용어를 죄는 인간 본성의 원초적인 구성 요소에 속하는 것이므로 하나님이 인간을 죄인으로 창조하셨다는 생각을 가리키는 것으로 오해하지 않도록 주의해야 한다."
192) 헤르만 바빙크, 개혁교의학3, 박태현 역 (서울: 부흥과개혁사, 2011), 37. "따라서 게렛츤(Gerretsen)박사는 다음과 같이 말한다. '인간의 타락은 구원론 전체의 필연적 전제다. 심지어 그것이 창 3장과 롬 5장에서 언급되지 않았을지라도, 예리한 교의학적 사고는 반드시 인류의 발전을 전적으로 지배하는 첫 번째 인간의 범죄가 있었다는 결론에 이르렀을 것이다.'"

우리는 그렇게 허물과 죄로 죽은 자들이고 계속해서 죄만 짓던 자들이었습니다. 이 세상 사람들이 아무리 '인간이 선하다'고 말할지라도 선하지 않다는 것을 눈으로 보고 귀로 듣고 분명하게 확인하고 살아가고 있습니다. 우리 스스로도 이 성경 말씀 앞에 어떤 항의도 어떤 변명도 할 수 없다는 것을 인정할 수밖에 없습니다.

그런 까닭에 예수님께서 이렇게 말씀하셨습니다.

> 내가 의인을 부르러 온 것이 아니요 죄인을 불러 회개시키러 왔노라(눅 5:32)

우리가 다 죄인이기 때문에 예수 그리스도께서 이 땅에 성육신 하셨고 우리가 다 죄인이기 때문에 십자가에 피 흘려 죽으심으로 우리의 죄를 사하시고 구원하셨습니다.

우리가 죄인이라는 성경의 증거를 먼저 확인하고 우리 삶에서 우리가 죄인이라는 것을 생각해 볼 필요가 있습니다. 모든 인간이 죄인이라는 증거는 아주 간단합니다. 두 가지로 생각해 볼 수 있습니다.

첫 번째는 인간이 죄인이라는 말을 좋아하는 인간은 아무도 없다는 것입니다. 굳이 무슨 윤리적으로, 도덕적으로 통계를 제시할 필요가 없습니다. 인간이 죄인이라는 말은 세상 모든 사람이 다 싫어합니다. 애, 어른 할 것 없이 다 싫어합니다. 지금 한참 열심히 돈 벌고 열심히 공부해야 하는데, '인간은 죄인입니다' 그러면 누가 좋아하겠어요. 어디 가서 맛있는 거 먹고 재미나게 구경 다니고 그래야 하는데, '인간은 죄인입니다' 그러면 '저거 왜 저래' 그럽니다. 누구도 인간이 죄인이라는 말을 좋아할 사람 없습니다. 인간이 죄인이라는 말을 안 좋아하는 이유는 인간이 죄인이기 때문입니다.

이름을 지어도 다 잘 먹고 잘 사는 이름 짓잖아요. 옛날에는 태어나도 금방 죽고 살아나도 언제 죽을지 모르니까 이름이 영 그랬어요. '순자', '영자', '말자', '끝자' 뭐 그랬어요. 그 정도만 해도 고상했어요. 뭐 굳이 말하기는 그렇지만 하도 이름이 이상하니까 무슨 지나가는 개 이름인 줄 알아요. 그러다가 조금 살만 하니까 이름이 바뀌기 시작했습니다. 얼마나 세상 복 다 받고 싶은지 이름이 '이만복'이에요, 돈을 얼마나 벌고 싶은지 '장만억'이에요, 세상 이름 중에서 '이도둑', '김살인' 그런 이름은 없어요. 저는 아직 그런 이름은 안 들어 봤습니다. 그런 이름을 안 짓는 이유는 이 세상 모든 사람이 다 죄인이기 때문이고 그래서 사람들은 인간이 죄인이라는 말을 가장 싫어합니다.

두 번째로 인간이 죄인이라는 경험상의 증거는 모든 인간은 죽는다는 말을 싫어한다는 것입니다. 죽음은 죄의 결과입니다. 성경은 이렇게 말합니다.

> 죄의 삯은 사망이요 하나님의 은사는 그리스도 예수 우리 주 안에 있는 영생이니라(롬 6:23)

저기, 누가 속으로 '목사님 나는 죽는 거 하나도 겁 안 납니다' 그런 소리 하실 분이 계실지 모르겠지만 실제로는 그럴 인간 아무도 없습니다. 아파서 병원 가 보거나 늙어 보면 죽는다는 말이 제일 무섭습니다.
연세 드신 할머니, 할아버지들이 입만 열면 하시는 말씀이, '아이고, 늙으면 죽어야 돼' 그러십니다. 연세 드신 할아버지, 할머니들을 교회 차에 태우고 운행을 하면 '야, 아무개 죽었다네', '그 양반도 죽었다네' 그럽니다. 죽을 때는 상놈이 하나도 없어요. 죽을 때는 다 양반이에요. 죽었는데도 상놈이면 말다한 거예요. 어지간하면 양반 대우해 주거든요. 할머니 한 분이 누구 죽었다는 이야기 하면 너도 나도 이 동네 사람 죽은 얘기, 저 동네 사람 죽은 얘기를 합니다.
그렇게 한참을 죽었다는 얘기를 하고 난 다음에 꼭 저한테 물어봅니다. '목사님 늙으면 죽어야지예.' 그 때 대답 잘해야 해요. 그 때 말 잘못하면 돌 맞습니다. 그 때 괜히 말 잘못해가지고, '예. 늙으면 죽어야지요' 그랬다가는 큰 일 나는 겁니다. 그 때에 제가 꼭 이렇게 말합니다. '건강하게 오~래 오~래 사셔야지요' 그 말이 끝나자마자 약속이나 한 듯이 이구동성으로 이렇게 말합니다. '하이고 목사님 그런 말 마이소, 마 늙으면 죽어야 됩니더' 그 말 가지고 또 오고가고 합니다. '늙으면 죽어야 된다', '건강하게 오래 살아야 된다' 그 말을 반복하다 보면 교회에 다 도착합니다. 죽기 싫어하는 것이 바로 인간이 죄인이라는 증거입니다. 죽음은 죄의 결과이기 때문입니다.

인간의 원죄와 자범죄를 증거하는 것은 그리 어렵지 않습니다. 박사학위를 가져야 하는 것도 아니고 돈을 많이 벌어봐야 아는 것도 아닙니다. 인간은 첫 사람 아담의 범죄로 인해 타락한 죄인입니다. 본성적으로 죄인입니다. 그렇게 본성적으로 죄인이기 때문에 죄를 짓습니다. 인간이 죄인이라는 것을 부인하려야 부인할 수가 없습니다.
살아가면 살아갈수록 죄를 더 많이 짓는 것이 인간입니다. 가난해도 죄 짓고 부자도 죄 짓고 어려도 죄 짓고 늙어도 죄 짓습니다. 살아가면 갈수록 죄 더 많이 짓는 것이 인간이지, 살아갈수록 더 거룩해지는 것이 인간이 아닙니다. 예수 믿고 신앙생활 오래했다고 거룩해졌다고 생각하면 오산입니다. 거룩하지 말라는 것이 아니라 내가 이룬 거룩보다 내가 지은 죄가 말할 수 없이 더 많다는 것을 인정하지 않을 사람이 없다는 뜻입니다.

세상은 너무 추하게 변했고 더 악하게 변질이 되었습니다. 세상만 그렇게 된 것이 아니라 교회도 그렇게 되었습니다. 생각이 바뀌었습니다. '좀 쉽게 갑시다' 그렇게 되었습니다. 뭐, 그런 '원죄', '자범죄' '그런 걸 꼭 알아야 하느냐'고 말하고, '그냥 예수만 믿으면 되지, 그거 몰라도 천국 가는 데 지장 없는 거 아니냐'고 말합니다. 성경을 바르게 알고 믿음의 싸움을 신실하게 감당하려고 하지 않습니다. 사람들이 이단에 빠지고 영성에 빠지고 타종교로 넘어가도, '나만 아니면 되거든' 그렇게 생각합니다.

그러나 교회가 그렇게 가면 믿음의 본질을 상실하고 기독교는 이름과 문화로만 남고 아무런 의미가 없게 됩니다. 헤르만 바빙크는 다음과 같은 게렛츤 박사의 말을 인용했습니다.

> 기독교 교의학 전체를 지배하는 두 가지 진리 혹은 두 가지 사실은 한편으로 아담의 타락, 다른 한편으로 그리스도의 부활이다.

이 두 가지가 기독교 신앙 안에 지켜지지 않으면 기독교 신앙은 그 의미가 없습니다. 성경은 이렇게 말합니다.

> 미쁘다 모든 사람이 받을 만한 이 말이여 그리스도 예수께서 죄인을 구원하시려고 세상에 임하셨다 하였도다 죄인 중에 내가 괴수니라(딤전 1:15)
> 21 사망이 사람으로 말미암았으니 죽은 자의 부활도 사람으로 말미암는도다 22 아담 안에서 모든 사람이 죽은 것 같이 그리스도 안에서 모든 사람이 삶을 얻으리라(고전 15:21-22)

왜, 성경이 인간의 죄인 됨과 부활을 말할까요? 성경에서 인간이 죄인이라고 선언하고 있기 때문입니다. 그 죄에서 구원해 주실 분은 오직 예수 그리스도 한 분 뿐이라고 선포하고 있기 때문입니다. 오직 예수 그리스도의 십자가 피만이 우리 죄를 사하시기 때문입니다. 우리는 여기 이 땅에서의 삶이 전부가 아니라 영원하신 하나님의 나라에 참예할 자들이기 때문입니다.

교회에서 죄와 부활을 말하지 않는 목사와 성도는 없을 것입니다. 그러나 '그 죄가 실제로 무엇을 의미하냐?'라고 하면 과연 성경이 말하는 죄이고 부활인지는 매우 의심스럽습니다. 교회 안에는 이미 세상의 종교와 영성이 혼합 되어 있습니다. 죄와 부활을 말하나 그 의미는 너무나도 변질이 되었습니다.

그 원인이 어디에 있을까요? 두 가지로 생각해 볼 수가 있습니다. 첫 번째로는 기독교 신앙이 무속 신앙적으로 바뀌는 것입니다. 기독교 신앙이 무속 신앙적이라고 말하니 너무 놀라운 말이라고 생각하세요? 아니, 정말로 '한국의 기독교는 무속적이다'라고 말하니 이상하다고 생각하지 않으세요? 몰라서 놀란 것일까요? 그러나 사실 알고 보면, 너무 속을 들켜서 놀란 것이 사실이 아닐까요?

어떤 분이 한국의 무속신앙에 대해서 이렇게 정의를 내려놓았습니다.

> 한국의 무속신앙은 우주의 만물과 그 운행에는 각각 그 존재와 질서에 상응하는 기운이 깃들어 있어 인간이 제 스스로를 낮추어 그 기운을 거스르지 않고 위하고 섬기면 소원을 성취하며, 모든 일이 질서를 찾아 편안해진다는 확고하면서도 광범위한 범 우주적, 자연적 신관과 나름대로의 신앙체계를 갖추고 있는 한국의 민간신앙이다.193)

천기를 거스르지 않고 자기를 낮추고 섬기면 소원이 성취되고 마음이 편안해진다는 것이 한국의 무속신앙입니다. 기독교인이라서 듣기에 거슬리는 단어들을 제외하고 읽으면 과연 오늘날 교회 안에 일어나고 있는 일들과 다를 바가 있을까요? 말씀을 알아가고 순종하기보다는 자기 소원을 이루기 위해서 부르짖고 소리치는 것이 아닐까요? 제가 어느 교회 금요 권찰회에서 언약과 하나님의 형상을 6개월을 가르쳤는데 딱 한 분 알아듣고 변화가 되었습니다. 그 많은 사람들이 도대체 목사가 무슨 말을 하고 있는지 이해를 못했습니다.

성경에 없는 것들을 우리는 얼마나 많이 행하고 있습니까? 교회 안에서 행하는 비성경적인 프로그램들은 얼마나 많이 있습니까? 그 무엇보다도 기독교는 무당종교 수준입니다. 목회자들도 성도들도 너도나도 하나님께서 음성을 들려주셨다, 하나님께서 보여주셨다 그러고 있습니다. 무당종교가 따로 있는 것이 아닙니다. 무당이 하는 그대로 목사나 성도가 하고 있기 때문에 무당종교입니다. 하나님께서 들려주시지 않은 것을 들려주셨다고 하고 하나님께서 보여주시지 않은 것을 보여주셨다고 말하는 것이 다 무당종교에서 하는 것과 같습니다.

로이드존스는 『전도설교』에서 이렇게 말했습니다.

---

193) http://blog.daum.net/akak5001/343/ 한국의 무속신앙(2013.1.14.).

그러한 관념은 오늘날에도 유행하고 있는 것 같습니다. 즉 종교란 무언가 순수하게 일반적인 것이어야 하고, 무언가 우리가 할 일을 해 가면서 듣기도 하고 즐기기도 하는 그런 것이어야 하며, 또한 무언가 어려운 일에 봉착되었을 때 우리를 위로해 주고 위안해 주는 그런 것이어야 한다는 관념인 것입니다. 한마디로 말해서, 우리가 전혀 아무 일도 하지 않고도 우리를 위해 척척 일들을 해 주는 무엇이거나, 또는 모든 것을 베풀면서도 대신 아무것도 요구하는 것이 없는 그런 무엇인 것처럼 생각하는 것입니다. 그러나 이 헤롯과 세례 요한의 일화(막 6:20)는 그러한 생각이나 관념이 몽땅 잘못된 것임을 우리에게 보여 주며, 복음은 결신을 요구한다는 사실을 다시 한 번 우리에게 일깨워 주는 것입니다.194)

교회가 종교적 개념으로 바뀌어 버렸습니다. 듣기 편하고 즐거운 것이어야 하고 힘들고 어려울 때 위로해 주고 위안해주는 곳이 교회이고 그것이 기독교 신앙인 줄로 여기고 있습니다. 그렇게 생각하기 때문에 그런 목사를 찾습니다. 자기 욕망을 이루기 위해 예수님을 믿는 것이 무당종교입니다. 참된 신앙은 예수 그리스도의 복음으로 인해 고난을 받는 것입니다. 고난이 있으면 잘못된 것이라고 생각하는 것이 무당종교입니다. 예수님께서는 예수님의 이름 때문에 고난을 받을 것이라고 분명하게 말씀하셨습니다.

> 또 너희가 내 이름을 인하여 모든 사람에게 미움을 받을 것이나 나중까지 견디는 자는 구원을 얻으리라(마 10:22)

내 마음대로 안 되는 인생, 내 마음대로 안 되는 세상이라서 기분 나쁘고 성질이 나고 우울증이 걸립니다. 물론 우리의 신앙이 어리고 우리의 믿음이 부족해서 하나님의 뜻을 잘 모르고 하나님께 항복이 덜 되어서 그럴 때가 있습니다. 그것이 잘하는 일이 아닙니다. 믿음은 그 모르는 것을 알아가는 것이 믿음이고 그 항복이 덜 된 것이 항복이 되어져 가는 것이 신앙입니다. 오늘의 이 고달픈 현실을 위로해 주고 더 나은 현실이 되게 해 달라고 하는 것이 아니라 그 고달픈 현실 속에서 믿음의 싸움을 싸우고 하나님의 백성으로 훈련되어져 가야 합니다.

교회에 변질이 일어나게 된 두 번째 원인은 아이러니하게도 인간의 편에서 잘 믿어보려고 하다가 일어나는 일이라는 사실입니다. 지난 시간에도 살펴보았듯이, 펠라기우스가 로마에 와 보니 너무 도덕적으로 타락해 있었습니다. '저 타락한 인간들을 어떻게 하면 바르게 살도록 할 수 있을까?' 그렇게 생각하다보니 어거

---

194) 마틴 로이드존스, 전도설교, 박영호 역 (서울: CLC, 1984), 177.

스틴의 구원론이 문제라고 보았습니다. '인간의 전적 타락과 하나님의 은총과 절대주권을 강조하다보니 인간들이 저렇게 죄를 짓고 살고 있구나' 그렇게 본 것입니다. 그러면 죄 안 짓고 좀 더 윤리·도덕적으로 살아가도록 하려면 어떻게 해야 할까? 그 결론은 인간의 책임을 강조하는 것입니다. 그렇게 인간의 책임을 강조하려 하다 보니 인간이 첫 사람 아담으로부터 원죄를 물려받은 본성적인 죄인이라는 것을 부정해 버렸습니다. 의도는 좋았으나 기독교 신앙의 본질에서 벗어나 버렸습니다.

이런 펠라기우스의 이단적 사설이 우리에게는 무엇을 말할까요? 현실의 어려움을 해결하기 위해 성경의 진리를 왜곡하더라는 것입니다. 성경은 인간이 죄인이라고 말하고 죄를 짓는다고 말하는데도 인간이 윤리·도덕적으로 선한 결과를 얻기 위해 인간이 전적으로 타락하지 않은 존재라고 말하더라는 것입니다.

펠라기우스가 어거스틴의 구원론이 잘못되었다고 보았다면, 오늘날 한국 교회에서도 구원론이 잘못되었다고 하면서 사회구조가 잘못되었다고 말하며 사회 부조리를 해결해야 한다고 말합니다. 가난하고 힘들게 사는 거 그게 싫습니다. 평생을 나도 이렇게 살아야 하고 이 지지리 내게 못사는 것을 또 내 아들의 아들이 물려받아야 한다고 생각하니 싫습니다. '그럴 바에는 뒤집자' 그런 생각을 합니다. 그런 것들이 신학적으로는 어떻게 나타났을까요?

크리스챤 데일리에 연세대 명예 교수인 김형석 교수가 경동교회에서 열린 종교개혁 500주년 기념 '평신도 포럼'에서 소위 한국철학의 대부라는 분께서 교회가 그리스도를 상실했다고 하는 말이 이렇습니다.

> 예수의 안식일에 대한 말씀처럼 "계명과 교리보다 더 중요한 것은 인권"이라며 오늘날 교회가 이 정신을 가져야 한다고 했다.[195]

계명과 교리보다 인권이 더 중요하다는 것은 성경을 완전히 엉터리로 해석한 것

---

[195] http://www.christiandaily.co.kr/news/한국-철학의-대부-교회가-그리스도를-상실했다-일갈-74243.html/ 한국 철학의 大父, "교회가 그리스도를 상실했다" 일갈(2017.2.9.). 〈김 교수는 "예수 말씀을 진리로 받아들여 자신 인생의 가치관, 세계관이 되어야 하는데, 그런 사람들이 모이는 곳이 교회가 된다면 바람직스럽다"고 말하고, "예수 말씀을 교리로 받아들인다면 교권이 된다"면서 그럴 때 문제가 발생한다고 봤다. 그는 자신의 발언이 약간 오해의 소지가 있을 수도 있겠다 하면서도 "예수 말씀을 진리로 받아들이면 교권 보다는 인권을 중요시하게 된다"고 말하고, 예수의 안식일에 대한 말씀처럼 "계명과 교리보다 더 중요한 것은 인권"이라며 오늘날 교회가 이 정신을 가져야 한다고 했다. 그는 "천주교도 최근에서야 '교회가 사회를 위해 있다'고 하던데, 교권보다 인권이 중요하다는 인식을 하게 된 것"이라 말하며 "희망이 보인다"고 했다. 이어 "교회가 너무 울타리를 치고 그 안에서 살았던 것 아니냐"고 말하고, "주님 말씀은 개인의 변화와 역사를 견인하는 큰 희망의 이야기인데, 우리가 변화를 이끌어내기 위한 노력과 신앙적 운동을 너무 하지 않았다"고 했다. 그는 "종교개혁 500주년, 이제 예수 말씀으로 사회를 변화시키고 민족에게 희망을 주며 역사를 통해 하나님 나라를 열 수 있어야 한다"고 했다.〉

입니다. 안식일 사건은 마태복음 12장 1-8절에 나옵니다. 예수님께서 안식일에 밀밭 사이로 가셨습니다. 그 때에 제자들이 시장해서 이삭을 잘라먹었습니다. 바리새인들이 예수님께 말했습니다. "보시오, 당신의 제자들이 안식일에 하지 못한 일을 하나이다"(2절)라고 말하자, 예수님께서는 "다윗이 자기와 그 함께 한 자들이 시장할 때에 한 일을 읽지 못하였느냐?"(3절)라고 말씀하시면서 다윗이 여호와의 전에서 물려낸 진설병을 먹은 사건을 말씀하셨습니다. 또한 안식일에도 제사장들이 성전 안에서 일을 해도 안식을 범하는 것이 아니라고 말씀하셨습니다. 예수님의 결론은 7-8절입니다.

> 7 나는 자비를 원하고 제사를 원치 아니하노라 하신 뜻을 너희가 알았더면 무죄한 자를 죄로 정치 아니하였으리라 8 인자는 안식일의 주인이니라 하시니라(마 12:7-8)

7절은 호세아서 6장 6절196)을 인용하신 것이며 그 말씀 그대로 하나님께서 제사보다는 긍휼을 원하신다는 뜻입니다. 긍휼을 규정하는 율법이 더 상위에 있는 율법이라는 뜻입니다.197) 8절 말씀은 두 가지로 해석을 합니다. 첫 번째는 율법은 예수님께서 만드셨기 때문에 그 율법을 해석할 권한도 예수님께 있다는 것이고, 두 번째는 안식일이 사람을 위해 만들어졌다는 것은 율법을 지키는 것이 사람에게 해악과 파멸을 가져오는 것이 아니라는 뜻입니다. 이 말씀의 전체적인 뜻은 예수 그리스께서 오신 것은 우리를 죄에서 구원하시고 우리를 살리기 위함이라는 뜻입니다. 율법을 주신 것도, 예수 그리스도께서 오신 것도 우리에게 생명을 주시고 은혜와 복을 주시기 위함입니다. 그렇다고 안식일이 인간에게 종속되어 있다는 것으로 해석해서는 안 됩니다.198) 사람이 주인이 아닙니다. 사람의

---

196) 나는 인애를 원하고 제사를 원치 아니하며 번제보다 하나님을 아는 것을 원하노라(호 6:6)
197) 매튜 풀, 청교도 성경주석 마태복음, 박문재 역 (서울: 크리스챤다이제스트, 2015), 226. 〈마가복음이나 누가복음에는 이 말씀이 나오지 않는다. 여기에서 우리 주님께서는 호세아서 6:6을 인용하셔서 이 박사들의 무지함을 계속해서 책망하시는데, 우리는 우리 구주께서 이 호세아 본문을 인용하신 것을 9:13에서도 만난 적이 있다. 이 말씀의 의미는 하나님께서는 제사보다는 긍휼을 원하신다는 것이다. 어떤 상황에서 두 가지 율법 규정이 서로 충돌하는 것처럼 보여서, 우리가 둘 모두에 순종할 수 없는 경우에는, 둘 중에서 더 상위에 있는 율법 규정에 순종하는 것이 마땅하다. 이제 우리 구주께서는 긍휼을 규정하고 있는 율법이 더 상위에 있는 율법이라고 말씀하신다. 너희가 하나님께서는 제사보다 긍휼을 더 원하신다는 것을 제대로 고려하였더면, 이 경우에 있어서 죄가 없는 나의 제자들을 결코 비난하지 않았을 것이다.〉
198) 매튜 풀, 청교도 성경주석 마태복음, 박문재 역 (서울: 크리스챤다이제스트, 2015), 226-227. 〈이 말씀은 누가복음 6:5에도 나오고, 마가복음 2:27-28에는 "또 이르시되 안식일이 사람을 위하여 있는 것이요 사람이 안식일을 위하여 있는 것이 아니니 이러므로 인자는 안식일에도 주인이니라"로 되어 있다. 어떤 해석자들은 이 말씀이 두 가지 논거를 제시하고 있는 것으로 본다. (1) 인자는 안식일의 주인이다. 따라서 내 제자들의 이러한 행위는 율법 조문을 어긴 것이기는 하지만, 그 일을 판단하고 처리하는 것은 나의 권한이다. 또한, 율법은 내 자신이 만들었기 때문에, 그 율법을 해석할 권한도 내게 있다. (2) 안식일이 사람을 위하여 만들어진 것이지, 사람이 안식일을 위하여 있는 것이 아니다. 따라서 율법을 지키는 것이 사람에게 해악과 파멸을 가져다줄 것이 명백한 경우에는,

인권이 핵심이 아닙니다. 이런 말을 하는 이유는 김형석 교수가 "이 민족을 하나님 나라로 바꾸는데 모든 것을 투입하라"고 주장하는 것은 잘못되었기 때문입니다.199)

"계명과 교리보다 더 중요한 것은 인권"이라는 이 주장은 본질적으로 옳지 않습니다. 기독교에서 인권 개념은 1968년 WCC 웁살라 대회의 인간화 선언과 연결이 됩니다.200) 계명과 교리를 말하면서 인권을 말하기 때문에 기독교적인 것 같

그 율법은 구속력이 없다. 안식일 율법은 사람이 하나님에 대하여 충성을 다짐하는 엄숙한 시간을 주어서 사람을 이롭게 하기 위해 만들어진 것이기 때문에, 사람에게 해를 끼치고 말하는 방향으로 해석되어서는 안 된다. "인자"라는 용어를 놓고 해석자들의 견해가 갈라지는데, 어떤 이들은 여기에 나오는 "인자"는 복음서에서의 통상적인 용법과는 달리 그리스도가 아니라 일반적인 사람을 가리키는 것으로 보아서, 그리스도께서는 여기에서 안식일은 사람의 유익을 위해 있고 사람에게 종속되어 있다는 점에서 사람이 안식일의 주인이라고 말씀하신 것이라고 해석해야 한다고 생각한다. 그러나 그러한 해석은 분명히 비성경적인 위험한 해석이다. 사람이 도덕법의 주인이라고 하는 것은 "위험한" 발상이고, 사람이 어떤 것을 사용하거나, 그것이 사람의 유익을 위해 있다고 해서, 사람이 그것의 주인이라고 말하는 것은 대단히 부적절하다. 우리는 십계명 전체는 말할 것도 없고 그 중의 한 계명에 대해서도, 사람이 그 계명의 주인이라고 말할 수 없다. 또한, 우리 구주께서는 인자라는 용어를 복음서에서 30번 이상 사용하시지만, 언제나 다른 일반적인 사람을 가리키는 의미가 아니라 오로지 자기 자신을 가리키는 의미로 사용하시고, 여기에서도 달리 해석할 필요나 이유가 없다는 점에서, 그러한 해석은 "비성경적이다." 그리스도께서 자기 자신을 안식일의 주인이라고 단언하신 것은 바리새인들의 시비나 트집에 대하여 아주 적절하게 말씀하신 것이었다. 왜냐하면, 이 대목에서 우리 주님께서는 안식일을 지키는 것과 관련된 문제들을 결정하고, 안식일 율법에 대한 참되고 올바른 해석을 제시할 권한이 자기에게 있다는 것을 선포하시는 것이 적절한 순서였기 때문이다.

199) http://www.christiandaily.co.kr/news/한국-철학의-대부-교회가-그리스도를-상실했다-일갈-74243.html/ 한국 철학의 大父, "교회가 그리스도를 상실했다" 일갈(2017.2.9.). 〈김 교수는 "예수 말씀을 진리로 받아들여 자신 인생의 가치관, 세계관이 되어야 하는데, 그런 사람들이 모이는 곳이 교회가 된다면 바람직스럽다"고 말하고, "예수 말씀을 교리로 받아들이면 교권이 된다"면서 그럴 때 문제가 발생한다고 봤다. 그는 자신의 발언이 약간 오해의 소지가 있을 수도 있겠다 하면서도 "예수 말씀을 진리로 받아들이면 교권 보다는 인권을 중요시하게 된다"고 말하고, 예수의 안식일에 대한 말씀처럼 "계명과 교리보다 더 중요한 것은 인권"이라며 오늘날 교회가 이 정신을 가져야 한다고 했다. 그는 "천주교도 최근에서야 '교회가 사회를 위해 있다'고 하던데, 교권보다 인권이 중요하다는 인식을 하게 된 것"이라 말하며 "희망이 보인다"고 했다. 이어 "교회가 너무 울타리를 치고 그 안에서 살았던 것 아니냐"고 말하고, "주님 말씀은 개인의 변화와 역사를 견인하는 큰 희망의 이야기인데, 우리가 변화를 이끌어내기 위한 노력과 신앙적 운동을 너무 하지 않았다"고 했다. 그는 "종교개혁500주년, 이제 예수 말씀으로 사회를 변화시키고 민족에게 희망을 주며 역사를 통해 하나님 나라를 열 수 있어야 한다"고 했다. 특히 김 교수는 "개신교가 이미 오래 전(500년 전) 방향은 바로 잡았는데, 대형교회가 생기면서 '교회(교리교권)인간-편집자주) 중심으로 다시 돌아가려는 것 아니냐"고 말하고, "교회가 작을 때는 교회에 신경 쓰는 시간과 노력이 많지 않은데 교회가 커지면서 그 안에서만 살게 됐다"고 했다. 하나님 나라를 잃어버리고 교회에만 빠진 것 같다는 것이다. 그는 "4복음서에 보면 예수께서 교회를 걱정하신다거나, '큰 교회를 만들어라'는 말씀은 단 한 마디도 하지 않으신다"고 말하고, "오히려 이 민족을 하나님 나라로 바꾸는데 모든 것을 투입하라 하신다"면서 한국교회가 이 사명을 잃어버릴까 염려했다. 그는 현재의 상황을 극복하기 위해 먼저 교회가 사회보다 높은 수준을 가져야 한다고 했다. 과거 교회는 사회보다 수준이 높아 사회를 선도했지만, 어느 순간부터 사회의 수준이 월등하게 교회보다 높아져 지성적인 교인들은 교회로 오지 않는다는 것이다. 그는 "교회가 목회자에게 신앙을 배우는데, 목회자 수준 이상으로 올라가지 못 한다"면서 "목회자들은 교인들을 자신보다 더 훌륭하게 키워야 한다"고 했다. 더불어 교회에서 예수를 사랑하고, 말씀을 받아들이는 노력을 했으면 좋겠다고 했다. 그는 "교회에 성도들이 많이 않아도, 예수 말씀을 진리로 받아들인 참 성도들이 많아져야 한다"고 강조했다. 한편 사회자로는 강영안 명예교수(서강대 철학과)가 수고했다. 행사는 (재)여해와 함께가 주최하고, 경동교회 등이 주관한다. 기간은 2월~7월 상반기와 9월-12월 하반기로 나눠 진행하며, 매월 둘째 주 수요일 저녁 오후 7:30에 시작된다. 3월 이야기 손님으로는 이만열 명예교수(숙명여대)가 나올 예정이며, 4월에는 박상은 원장(안양 샘병원)이 나온다. 주최 측은 "기성교회에 대한 비판과 대안 못지않게 '크리스천이란?', '교회란 무엇인가?'에 대해 근본적인 성찰이 요구되는 때"라며 "지금까지 한국 개신교의 근본문제로 지적된 '삶과 신앙의 분리'를 극복하고, 하나님 안에서 우리의 생각과 정서, 의지가 하나로 통합된 삶을 회복하려는 희망에서" 이 포럼을 시작했다고 밝혔다.〉

으나 자극히 계몽주의적인 전통과 연결된 것입니다. 그것은 또한 신학의 토착화와 연결이 되는 것입니다.201)

인간이 주가 되면 하나님의 계명과 교리가 설 자리가 없습니다. 기독교 역사로 보나 지금 현실로 보나 교회가 부패하고 잘못된 길로 간 적이 있습니다. 그렇다고 해서 계명과 교리를 소홀히 해서는 안 됩니다. 인간의 인권이 중요할지라도 그 인권을 위해 모든 것을 몰아가서는 안 됩니다. 종교개혁은 오히려 하나님 말씀의 본질로 돌아가고 하나님의 영광을 외쳤습니다.

인간의 역사는 과거에나 지금이나 죄가 넘쳐납니다. 그러면, 하나님께서는 그렇게 죄가 넘쳐나는 이 세상에서 우리를 구원하시고 무엇을 가르치려고 하실까요? 그것은 "죄가 더한 곳에 은혜가 넘친다"는 사실입니다. 성경은 이렇게 말합니다.

> 20 율법이 가입한 것은 범죄를 더하게 하려 함이라 그러나 죄가 더한 곳에 은혜가 넘쳤나니 21 이는 죄가 사망 안에서 왕 노릇 한 것 같이 은혜도 또한 의로 말미암아 왕 노릇 하여 우리 주 예수 그리스도로 말미암아 영생에 이르게 하려 함이니라(롬 5:20-21)

인간이 살아가는 삶에 하나님의 율법이 비취자 인간의 죄인 됨이 드러나고 인간의 죄악들이 훤히 드러나 버렸습니다. 그런데 감사하옵게도 죄가 더한 곳에

---

200) http://www.loveel.net/a/460842. WCC의 충격적인 실체에 대하여 배도, 〈W.C.C.가 종교다원주의를 받아들이는 과정을 좀 더 구체적으로 살펴보면 다음과 같습니다. 에딘버러 선교대회(1910)에서 일부 사람들의 주장이 있었고, 예루살렘 선교대회(1928)에서 '확대된 선교'의 개념으로 종교다원주의가 배태되었습니다. 그러나 탐바람 대회(1938)에서 헨드릭 크레머(Hendrik Kraemer)가 특수계시와 일반계시와의 불연속성을 주장함으로써 종교다원주의는 한동안 잠잠해졌습니다. 그러다가 제2차 총회에서 재차 수용되었고 제6차 총회에서 구체적으로 적용되었던 것입니다. 종교다원주의의 채택 이후 종교 간의 대화라는 선교방법론은 예수 그리스도에 대한 복음전도를 대체하기에 이르렀습니다. W.C.C.의 종교다원주의는, 보다 엄밀하게 말하면, '신 중심적 종교다원주의'입니다. 이 역시 종교다원주의의 한 갈래로 각 종교에서 부르는 신은 명칭만 다를 뿐 사실상 동일하다는 사상입니다. 즉, '하나님'이나 '알라'나 '부처'나 명칭만 다를 뿐 결국 같은 대상을 가리킨다는 내용을 골자로 합니다. 예수 그리스도를 통한 구원이라는 핵심적인 복음 진리는 철저하게 해체되어 버리는 것입니다. W.C.C.의 웁살라 총회(1968)는 종교다원주의의 신학적 근거가 되는 '사람 사이에 걸어 다니시는 하나님'의 신론과'교회 밖의 그리스도'의 기독론을 수용함으로써 세속화 신학의 강조와 함께 종교다원주의의 길을 활짝 열어 놓았습니다. 이웃 사랑을 철저하게 우상화함으로써 하나님 사랑조차 이 안으로 함몰시켜버린 것입니다. 밴쿠버 총회(1983)에서는 테일러(John V. Taylor)가 종교다원주의에 기초한 종교 간의 대화를 강조하면서, 드디어 선교 무용론을 펼쳤습니다. 이제 기독교는 예수 그리스도를 전파하는 선교를 중지하고 타종교와 대화하여 세계평화를 이루어야 한다고 주장했던 것입니다. W.C.C.는 1984년, 타종교인과의 대화를 강조하는 천주교의 입장인 《다른 종교인에 대한 교회의 태도 : 대화와 선교에 대한 반성과 방향》이라는 교황 요한 바오로 2세의 선언문을 정식으로 수용했습니다. 1989년에는 미국의 산 안토니오에서 타종교 지도자들과 함께 선교 대화를 열기도 했습니다. 이 대화에서의 최고의 이슈는 기독교와 타종교 간에 관계성이었습니다. 결국 1990년, 스위스 바이르에서 선언문을 통해 기독교가 구원의 유일한 길이라는 주장을 거부하고 타종교에도 구원이 있다는 종교다원주의를 선포했습니다.

201) http://www.newsnjoy.or.kr/news/articleView.html?idxno=2589/ 한국 토착화 신학의 대부인 김재준 목사 100주념 감사예배에서(2000.10.5.). 〈기념강연에 나선 김형석 교수(연세대 명예교수)는 "김재준 목사는 한국인에 의한 토착화 신학을 개척한 선구자이다"고 말하고 "그가 추구했던 신학의 길은 이제 그 제자들이 어떤 열매를 맺느냐에 따라 깊게 뿌리 내릴 것이다"고 강조했다.〉

은혜가 더욱 넘쳤습니다. 죄의 종노릇하고 살아가는 우리를 위하여 우리 주 예수 그리스도께서 그 죄를 이기고 영생에 이르는 은혜를 주셨습니다.

오늘도, 우리는 이 죄악 된 세상을 살아가고 있으며 죄를 짓습니다. 하나님 아버지 앞에 거룩하게 살고 경건하게 살려고 기도하고 엎드리고 달려가는데도 죄를 짓습니다. 살아가는 세상이 내 마음대로 되지 않아서 죄를 짓습니다. '이러고 살 바에는 차라리 죽자'하는 마음이 목에 차 올라옵니다. 그런데 죽을 수는 또 없어요. 왜 되는 일이 없고 마음에 드는 것이 없는 이 자리에 우리를 두셨을까요? 인간의 죄가 얼마나 큰 것인지를 더 경험하게 하기 위함입니다. 인간이 죄를 짓는 것을 통해 본성적으로 죄인이라는 것을 알게 하십니다. 내가 남다르게 고생하고 산다는 것은 내가 남다르게 더 죄인이라는 것을 확인하게 하시는 것입니다. 내가 남다르게 고생하고 산다는 것은 나 스스로는 이 죄를 이길 힘이 없다는 것을 뼈저리게 알게 하시는 것입니다.

그래서 어쩌라고요? 남다르게 살아가는 사람은 남다른 은혜가 필요하다는 것을 알게 하십니다. 남다르게 살아가는 사람은 남다르게 더 많은 은혜를 주십니다. 그냥 주시는 것이 아니라 그 절망, 그 비참함, 그걸 싸워가도록 주십니다. '왜 나만 이렇게 살아야 해요?' 그러지 마세요. 그 자리에서 인간의 죄를 더 경험하게 하시고 그 자리에서 더 많이 예수 그리스도의 은혜를 경험하게 하기 위함입니다. 우리가 노력하고 애써서 그 자리를 이겨가는 것이 아니라 오직 예수 그리스도의 십자가 은혜를 구하게 하십니다. 남다른 인생이 남다른 은혜로 고난을 이기고 살아가려면 예수 그리스도의 은혜를 구해야 합니다. 구하는 자들이 받고 받은 자들이 승리합니다. 내가 원하는 인생이 아니라고, 내가 원하는 자식이 아니라고, 내가 원하는 길이 아니라고 구시렁대지 마시고, '이것이 인간의 죄성이구나' 그것을 확인하고, 그것만 확인하는 것이 아니라 '나는 남다른 고생만 하고 사는 것이 아니라 나에게는 남다른 은혜를 주고 계시는구나' 그것도 확인하며 살아가야 합니다.

그냥 죄인 됨을 확인하고 은혜를 구하는 기도만 하는 것이 아니라 이 자리에서 만들어져 가야 합니다. 어느 누가 봐도 딱 그만두고, '나도 내 갈길 가자', '너 아니면 인간이 없냐' 그 마음이 막 솟아 올라오는 것을 말씀으로 누르고 은혜로 죽이고 이 자리에서 고난을 감수하고 내 짐을 지고, 내 자식도 지고, 내 남편도 지고, 내 아내도 지고 가는 싸움을 하는 것입니다. 남다른 인생은 남다른 은혜가 있습니다. 고생만 보면 은혜가 안 보입니다. 고생도 보고 은혜도 보세요. 그러면 은혜가 고생을 이기게 합니다. 이 하나님의 은혜 속에 살아가면서 사도 바울이 "나의 나된 것은 오직 하나님 은혜"라고 고백했던 것처럼 우리도 하나님의 은혜 속에서 죄와 싸우고 믿음으로, 말씀으로 승리하는 하나님의 언약의 백성들이 다 되기 바랍니다.

언약 16 노아언약 1

> 17 내가 홍수를 땅에 일으켜 무릇 생명의 기식 있는 육체를 천하에서 멸절하리니 땅에 있는 자가 다 죽으리라 18 그러나 너와는 내가 내 언약을 세우리니 너는 네 아들들과 네 아내와 네 자부들과 함께 그 방주로 들어가고 19 혈육 있는 모든 생물을 너는 각기 암 수 한 쌍씩 방주로 이끌어 들여 너와 함께 생명을 보존케 하되 20 새가 그 종류대로, 육축이 그 종류대로, 땅에 기는 모든 것이 그 종류대로, 각기 둘씩 네게로 나아오리니 그 생명을 보존케하라 21 너는 먹을 모든 식물을 네게로 가져다가 저축하라 이것이 너와 그들의 식물이 되리라(창 6:17-21)

언약 열여섯 번째 시간입니다. 오늘부터는 노아 언약을 살펴보려고 합니다. 노아언약은 '보존언약'이라 합니다. 노아언약은 오늘 읽은 말씀 창세기 6장 17-21절에 나옵니다. 성경에서 언약이라는 말이 처음으로 나오는 성경구절이 6장 18절에 나옵니다. 언약이란 '자르다'라는 뜻을 가진 히브리어로 '베리트'(בְּרִית)입니다. 하나님께서는 노아에게 이 언약을 말씀을 하셨습니다. 창세기 6장 1절부터 보면, 하나님께서 노아와 언약하실 때에 이 세상에는 매우 심각한 일들이 일어나고 있었다는 것을 말합니다. 그것은 바로 온 세상이 죄악으로 가득하게 된 것입니다. 우리는 '온 세상이 죄악으로 가득하게 되었다'고 말하면 살아가기 힘들고 범죄가 넘쳐나는 세상이 되었다고만 생각합니다. 물론 거기에 범죄가 있고 윤리적으로나 도덕적인 타락이 있습니다. 그러나 우리는 그보다 더 중요한 의미를 알아야만 합니다.

그 중요한 의미란 무엇일까요? 그것은 하나님의 창조계획과 하나님 나라에서 벗어나 인간의 계획으로 인간의 나라를 세우려고 한 것입니다. 그 인간의 계획과 인간의 나라는 하나님의 나라와 정면으로 반대되는 사탄의 계획이요 사탄의 나라입니다. 성경을 읽어가고 언약을 배워가면서 이것을 읽어내지 못하면 우리도 거기에 오염되고 맙니다. 성도는 성경을 분명하고 확실하게 읽어야 합니다. 애매하게 성경을 읽어서는 안 됩니다. 하나님의 계획대로 이루어지는 하나님의 나라가 아니면 그것은 하나님의 나라가 아닙니다. 사탄은 언제나 인간으로 하여금 하나님의 계획에 불순종하여 죄악 된 길로 가도록 조장합니다.

창세기 1장을 보면 하나님께서 천지를 창조하시고 "하나님의 보시기에 좋았더라"고 말씀하셨습니다. 이것이 매우 중요한 말씀입니다. 하나님께서 보실 때에 좋았습니다. 그렇게 하나님께서 보시기에 좋았던 세상이 이제는 하나님께서 멸하셔야만 하는 세상이 되고 말았습니다. 하나님께서 보시기에 좋으셨다는 것은 모든 방면에서 하나님의 의도와 일치하도록 세상이 창조되었기 때문입니다. 그 의도란 세상 모든 피조물을 통하여 하나님의 영광을 드러내도록 아름답게 창조되었다는 뜻입니다. 그러나 노아시대에 와서 그 창조의 목적이 무너져 버렸습니다. 그것이 노아시대에 가득한 죄입니다.

우리는 죄와 타락이라고 말하면 우리와는 거리가 먼 것으로 생각합니다. 죄와 타락은 인간이 보기에 좋은 것입니다. 인간이 보기에 좋다는 것은 죄와 타락이 문제시되지 않는다는 뜻입니다. 그것이 현실로는 '역사는 발전한다'고 말하고 그 발전을 위해 폭력을 행사하면서 그 폭력을 '진보적 폭력'이라 합니다. 문제는 그런 말을 하고 행동을 하는 것을 당연시하고 문제시하지 않는다는 것입니다. 왜냐하면, 그들은 여전히 하나님을 말하고 여전히 성경을 가르치고 교리를 고백하기 때문입니다. 하나님을 말하고 성경을 말하면서 인간의 욕망을 말하면 아무도 이상하게 여기지 않습니다.

성경에서 그런 대표적인 한 예를 북이스라엘의 첫 왕이었던 여로보암과 남유다 르호보암에게서 확인할 수 있습니다. 우리는 남 유다와 북 이스라엘의 타락과 심판을 생각하면 아주 나쁜 사람들이라고 생각하지만 그들도 다 하나님이라고 말했습니다. 그 일은 먼저 여로보암이 시작했습니다. 여로보암은 백성들이 성전으로 가는 것을 차단하기 위해 벧엘과 단에 금송아지를 만들고 이렇게 말했습니다.

> 이에 계획하고 두 금송아지를 만들고 무리에게 말하기를 너희가 다시는 예루살렘에 올라갈 것이 없도다 이스라엘아 이는 너희를 애굽 땅에서 인도하여 올린 너희 신이라 하고(왕상 12:28)

금송아지를 가리키면서, "이는 너희를 애굽 땅에서 인도하여 올린 너희 신이라"고 말했습니다. 이 말은 시내산 아래에서 아론이 한 말과 동일합니다.

> 아론이 그들의 손에서 그 고리를 받아 부어서 각도로 새겨 송아지 형상을 만드니 그들이 말하되 이스라엘아 이는 너희를 애굽 땅에서 인도하여 낸 너희 신이로다 하는지라(출 32:4)

하루아침에 종교적 도약이 일어났습니다. 금송아지는 하늘에서 내려온 것이 아니라 인간이 만들어 낸 것입니다. 사람들이 그 금송아지를 보고 돌을 던지지 않았습니다. 왜냐하면 그 금송아지는 인간의 욕망을 실현해 주기 때문입니다. 여로

보암은 인간의 욕망을 보았고 그 욕망을 정당화시켜 주었습니다. 여호와의 이름으로 욕망을 정당화시켰습니다. 남 유다의 르호보암은 아세라 우상도 세웠고 남색하는 자도 두었습니다. 여호와도 부르고 가나안 우상도 불렀습니다. 왜냐하면, 그 신앙이라는 것이 인간의 욕망을 이루기 위한 허울 좋은 껍데기 신앙이었기 때문입니다. 그 열조가 행한 모든 일보다도 더 여호와의 노를 격발했습니다.[202]
과거 남북 왕조시대나 노아시대에 그랬다면 오늘날은 어떠할까요? 그렇게 인간의 욕망을 정당화시켜 주는 것이 민중 신학입니다. 요즘은 개혁주의라고 쓰고 민중 신학으로 해석을 해 버립니다.[203] 그러니 사람들이 이상하다고 생각하지 않습니다. 인간의 욕망을 실현시켜 주기 때문입니다. 인간이 주체가 되고 사회의 실체가 되는 것입니다.[204]

현대 민중 신학자 중의 한 사람인 한완상은 이렇게 말합니다. 예수 그리스도께서 이 땅에 오셨을 때 "하늘에는 영광 땅에는 평화"라고 천사들이 노래한 것을 "땅의 샬롬이 없이는 하늘의 영광은 의미가 없다"는 뜻으로 해석합니다. 그래서 성육신의 핵심 메시지가 '땅의 평화'라고 합니다. 이 땅의 평화를 말한 이유는 이 땅의 현실이 을육갑식의 처절한 폭력의 현장이었기 때문이라고 합니다. 대표적으로 저 로마가 평화를 작살내었다고 말합니다.

---

[202] 22 유다가 여호와 보시기에 악을 행하되 그 열조의 행한 모든 일보다 뛰어나게 하여 그 범한 죄로 여호와의 노를 격발하였으니 23 이는 저희도 산 위에와 모든 푸른 나무 아래 산당과 우상과 아세라 목상을 세웠음이라 24 그 땅에 또 남색하는 자가 있었고 여호와께서 이스라엘 자손 앞에서 쫓아내신 국민의 모든 가증한 일을 무리가 본받아 행하였더라(왕상 14:22-24)

[203] https://www.facebook.com/youngmog.song?fref=ts/ 〈교회개혁가들이 외친 'Sola'는 구현되고 있는가? 500년 전에 교회개혁가들이 외친 '오직 성경'은 계시의 중심이신 예수님을 제쳐 둔 채 근본주의적인 이원론 신학으로, '오직 은혜'는 번영신학과 맞물린 값싼 은혜로, '오직 믿음'은 예수를 구주로는 믿되 주로는 불신하여 섬김의 제자도를 구현하지 못한 형편으로 전락한 것이 아닌가? 이런 문제의식을 가지고 한완상은 예수님을 '하나님의 아들'로 고백한 십자가 아래의 백부장, 박근혜-최순실 게이트, 도널드 트럼프, 그리고 한국교회를 진단하고, 더 나아가 성경적-영적 해결 방안을 아래 글에서 나름 모색한다. 그의 문제 진단과 해법이 만족스럽지 않으나, 새겨들을 말은 많다. 한완상에 의하면, 갑 사자가 을 소처럼 풀을 뜯어먹을 때 샬롬이 구현된다는 예언(사 11:6-9)은 절대 갑 예수님이 절대 을이 처형되는 십자가에서 죽으심으로 성취되었다. 로마 백부장은 기득권 상실과 반체제 인사로 낙인 찍힐 것을 감수하고, 예수님을 '하나님의 아들'이라 고백함으로써 신격화된 황제를 거부한다(마 27:54). 트럼프의 미국 우선이라는 승리주의(Trumpism)는 오래 전에 백부장이 부정해 버린 팍스 로마나의 재건을 꿈꾸는 듯하다. 박근혜-최순실 게이트의 뿌리에 있는 영세교 교주는 '오직 성경'을 무시했고, 정교유착의 결정판 구국봉사단을 통해 'Soli Deo Gloria'를 부정했다. 천국과 복음의 원칙과 변혁적 능력을 간과하고 이념과 정치 프레임에 함몰된 교회는 교회개혁 500주년 기념 행사를 진행하기 전에 회개가 우선임을 깨달아야 한다. 참고, 한완상. "땅의 샬롬 없이 하늘의 영광 없다: 세계적 위기와 박근혜최순실 게이트 상황에서 종교개혁 500주년을 맞으며." 『기독교사상』 696 (2016), 19-36.〉

[204] 위키피디아 사전에서. 민중신학은 1970년대 서남동, 안병무 등에 의해 시작된 진보신학을 말한다. 민중신학에서는 출애굽기의 출애굽설화를 성서적 근거로 하여, 민중을 역사의 주체와 사회의 실체로 해석하며, 마가복음서(마르코 복음서)를 예수가 갈릴리(갈릴래아)에서 민중운동을 한 내용을 담은 경전으로 해석한다(민중신학자 안병무의 해석). 또한 민중신학에서는 예수 그리스도의 공생애를 본받아, 교회가 민중과 함께 해야 함을 주장한다(민중신학자 서남동의 해석).

한완상 씨는 재림을 기다리는 신앙이 아니라 종말론적 운동에 참여하는 것이 신앙이라고 말하면서 "협력적 종말"을 주장합니다. 이 나라 정치에 참여하는 정당성을 그렇게 끌어다 씁니다. 환완상 씨가 쓴 책 중에 『한국 교회여, 낮은 곳에 서라』라는 책이 있습니다. 그 책에서 "협력적 종말"이라는 말을 하면서, 조지 부시는 기독교 우파라고 욕하고 버락 오바마는 칭찬합니다. "버락 오바마 새정부는 정치에서 종교적 독선을 배제시키려고 노력하고 있습니다." 그렇게 말했습니다. 그리고 슈바이처를 치켜세웠습니다. 한완상 씨는 왜 그렇게 말했을까요? 한완상 씨가 말하는 예수는 역사적 예수이고 인간적인 예수이기 때문입니다. 그는 이렇게 말했습니다.

> 값없이 중병 환자를 고치시고도 자신의 카리스마를 뽐내지 아니하시고, 오히려 환자 자신의 주체적 믿음이 병을 낫게 한 것이라고 일깨우셨던 갈릴리의 예수가 바로 슈바이처가 믿고 따랐던 예수요 그의 그리스도였습니다.205)

이 책에 추천서를 쓴 두 사람 중의 한 사람이 손봉호 교수입니다. 그는 추천서에서 이렇게 말했습니다.

> 한완상 박사와 나는 적어도 한 가지 점에서 비슷하다. 사회 문제에 대해서는 진보적이 되려고 노력하면서도, 신앙에 있어서는 보수적으로 남으려 하니 말이다. 이 책은 '하나님의 신학' 혹은 '민중신학'의 입장에서 성경과 교회, 사회를 바라보기 때문에, 보수 기독교인들의 눈에는 진보적이고 정치적으로 보일 수도 있다. 그러나 이제껏 저자는 역사적으로 계셨고 부활하신 예수를 믿는 믿음에서 한시도 떠나지 않았고, 자신이 이해한 예수의 가르침과 정신에 충실하려고 노력하며 기꺼이 희생을 감수했다. 나는 이 책을 한국의 보수적인 기독교인들이 많이 읽었으면 한다. 반드시 동의하지는 않더라도 자신을 돌아보는 계기가 될 것이기 때문이다. 대부분 1970년대에 쓴 글이지만, 그때 저자가 지적한 한국 교회의 문제점들은 오늘날에도 거의 그대로 남아 있고, 어떤 것들은 더 심해지기도 했다. 지금 현실을 직시하고 겸허히 비판에 귀를 기울이지 않는다면, 한국 교회는 예수의 가르침으로부터 점점 더 멀어지고 말 것이다.206)

손봉호 교수의 말은 사실 많이 들어온 말입니다. 우리는 지나간 세월들 속에서, '신앙은 보수 사회문제는 진보라'는 말에 속아왔습니다. 그것은 엉터리입니다. 그것은 사기입니다. 신앙이 보수이면 사회문제도 보수이고, 신앙이 진보이면 사회문제도 진보입니다. 신앙이 진보인데 사회문제에서 보수인 사람 본적 있습니까? 저는 그런 사람을 본적 없습니다. 민중 신학자들이 말하는 예수는 역사적 예수

---

205) 한완상, 한국 교회여, 낮은 곳에 서라 (서울: 포이에마, 2009).
206) 교보문고 제공.

이고 인간적인 예수이고 그 예수는 인간의 부조리를 해결하고 인간이 주체가 되는 예수입니다.

역사적 예수는 우리를 죄에서 구원하시는 하나님이 아니라 그저 우리와 동일한 사람의 아들을 말합니다. 그렇게 역사적 예수를 말하는 사람들의 눈에 보수정통의 기독교는 '독선적인 기독교'입니다. 일부의 윤리적 탈선을 전체 보수 기독교의 탈선으로 말합니다. 역사적 예수를 말하는 사람들은 어떤 현실의 벽에도 굴하지 않고 용기 있게 저항하는 사람으로 살아간 예수를 본받고 오늘의 예수가 되려고 하는 사람들입니다.207)

환완상 씨는 유니언 신학교를 나왔습니다. 폴 틸리히, 라인홀드 니버, 본 회퍼, 이런 사람들이 다 유니언 신학교 출신입니다. 이 유니언 신학교가 WCC를 주도하는 학교입니다. 한국사람 중에 정현경 교수가 유니언 신학교 조직신학 교수인데 WCC 때에 하얀 무명옷 차림으로 사물놀이 패를 앞세우고 춤을 추었습니다. 그 자리에 오스트레일리아 원주민은 토속춤을 추었습니다. 함께 춤을 추다가 사물놀이 춤을 멈추고 향불을 담은 그릇을 들고 한 맺힌 영혼들의 이름이 적힌 창호지에 불을 붙여 하늘로 재를 날리면서 '초혼문'을 읽었습니다.208) 그 초혼문이라는 것이 이런 것입니다.

> 오소서! 성령이여, 만물을 새롭게 하소서!
> 오소서! 애굽인 하갈의 영이여! 우리의 믿음의 조상들인 아브라함과 사라에 의해 착취당하고 버림받은 검둥이 여성 하갈의 영이여,
> 오소서! 우리아의 영이여! 당신의 다윗 왕에 의하여 전쟁터로 파병되어 살해된 충성스러운 군

---

207) http://www.dangdangnews.com/news/articleView.html?idxno=21917/ 류상태, 역사적 예수, 그는 진정 '사람의 아들'이었습니다(2013.9.20.).〈'예수 세미나' 학자들이 재발견한 역사적 예수님은 존재하는 모든 이웃을 하늘 아버지의 딸 아들로 인식하고 살았던 멋지고 호방한 젊은이였습니다. 또한 어떤 이념이나 교리도 사람을 억누르고 통제할 권리가 없다며 모든 인간의 차별 없는 해방과 무한 자유를 선언한 분이었습니다. 그분은 깊은 사색과 명상을 즐긴 영성가였고, 따뜻하고 섬세한 성품을 지닌 분이었지만, 불의를 보면 분노하고 거친 욕설도 불사하는 불같은 성격의 혁명가이기도 했기에, 당시 사회의 기득권자, 특히 종교 지도자들에게 미움을 받아 사회질서를 뒤흔들었다는 죄목으로 체포되었고 마침내 십자가형을 언도받아 처형되었습니다. 하지만 죽은 것은 그분의 육신뿐이었고, 예수님의 아름다운 정신은 결코 죽을 수 없었습니다. 하여 그분을 사랑하고 따르던 제자들의 마음과 삶 속에 부활한 예수님의 아름다운 삶의 이야기는 입에서 입으로 전승되었습니다. 부활의 예수님은 어느새 민중의 영웅이 되었으며, 그를 흠모하고 따르던 사람들의 모임은 여러 동아리 형태를 갖추게 되었습니다. 조직체로서의 초대교회가 탄생된 것입니다. 이렇게 예수님의 죽음은 종말이 아니라 새로운 시작이 되었습니다. 예수님처럼 살고 싶어 하는 사람들의 마음에는 스승 예수께서 그랬던 것처럼 현실의 어떤 벽에도 굴하지 않는 용기가 스며들었습니다. 그들은 예수님이 말씀과 삶으로 뚜렷하게 보여주신 이정표를 따라 살았습니다. 그것은 신분에 대한 차별과 자유로운 삶을 방해하고 억누르는 모든 전통과 압제를 돌파하는 역동적이고 신나는 삶이었습니다. 제자들은 마침내 현실의 모든 제약과 고통을 뛰어넘어 천국, 즉 그분이 예언하신 '하나님의 나라'를 체험하게 되었습니다. 하지만 그들이 경험한 천국은 죽은 후에나 갈 수 있는 미래의 천국이 아니라 '뜻이 하늘에서 이룬 것 같이 땅에서도 이루어지는' 현재적인 하나님의 나라였습니다.〉
208) http://m.blog.daum.net/francisko/139/ wcc을 주도하는 유니온신학교와 정현경(2013.11.10.).

  인입니다. 다윗의 음욕이 당신을 죽게 한 것입니다.
  오소서! 잔다크의 영혼과 중세기에 화형으로 살해된 무당들의 영이여!
  오소서! 토착민들의 영이여! 식민지 시대와 위대한 기독교 선교시대에 죽어간 영혼들이여!
  오소서! 히틀러의 유대인 학살 당시 가스실에서 죽어간 영혼들이여!
  오소서! 히로시마와 나가사끼에서 원자탄에 죽은 사람들의 영혼이여!
  오소서! 인간들의 금전욕에 의하여 고문당하고 착취당한 흙, 공기, 물의 영이여!
  오소서! 십자가상에서 고문당하시고, 죽임을 당하신 우리 형제이신 해방자 예수의 영이여!209)

 우리가 보면 다 놀라서 자빠질 말들입니다. 그런데 왜 저 사람들은 저렇게 좋다고 말할까요? 인간적인 너무나 인간적인 예수를 원하기 때문입니다. 이 현실의 고통을 해결해 주는 예수라 하면서 낮은 데로 임하는 예수라고 합니다. 그것은 인간의 욕망을 실현해주는 예수입니다.
 그렇게 인간의 욕망을 실현시켜주었던 그 시대가 바로 노아가 살던 시대였습니다. 지극히 인간적인 시대입니다. 그걸 죄로 생각하는 사람은 노아 말고는 없는 시대입니다. 노아가 이상한 사람인 거예요. 다른 사람들은 이상하지 않아요. '야, 너는 참 보수 꼴통이다.' 그런 소리를 들어야 하는 겁니다. 노아 외에 다른 사람들은 노아처럼 생각하지 않습니다.
 미국의 신학교들이 자유주의 사상에 오염되어 정통 보수 신학을 견지하는 교수

---

209) http://cafe.daum.net/LCDI/ wcc총회 정현경의 초혼제(2014.02.06). ① 제7차 WCC 총회(1991, 오스트레일리아 캔버라)는 개회 행사로 초혼제(招魂祭)를 지냈습니다. 정현경 교수(현 미국 유니온 신학교, 조직신학)가 펼친 초혼제의 내용입니다. 정현경은 제3세계와 여성을 대표한 기조강연자로 나서서 "성령이여 오소서! 온 누리를 새롭게 하소서!"라는 주제로 강연을 했고 무릎을 꿇고 초혼문을 읽으면서 초혼제를 진행하였습니다.(을 제26호 중) Ⓐ 정현경 교수는 초혼제를 지낸 것입니다. 정현경이 한복 소복 차림으로 사물놀이 패를 앞세우고 무대에 나타났을 때, 그 무대에서는 호주원주민 두 사람이 토속적인 무속 춤을 추고 있었습니다. 정현경도 춤을 추었습니다. 원주민의 민속춤에 맞추어 사물놀이 춤을 추다가 춤을 멈추고, 향불을 담은 그릇을 들었고, 그것에서 한 맺힌 영혼들의 이름이 적힌 창호지에 불을 붙여 하늘에 재로 날리면서 영문 초혼 문을 읽었습니다. 초혼제는 죽은 사람들의 혼들을 불러내어 그들의 한을 풀어주는 제사로서 미신적 무속신앙에 근거합니다. Ⓑ 정현경 교수는 한의 신학을 주장한 것입니다. 그녀는 "나는 한으로 가득 찬 영들의 나라 한국에서 왔다. 한은 분노이다. 한은 원한이다. 한은 비통이다. 한은 슬픔이다. 한은 상처받은 마음이며 해방을 위하여 투쟁하는 저력이다."라고 한 것입니다. Ⓒ 정현경 교수는 예수님을 형제라고 격하한 것입니다. "형제이신 해방자 예수의 영이여"라고 한 것은 잘못된 표현입니다. 예수님은 우리를 죄와 사망에서 구원해 주시는 구세주이십니다. Ⓓ 정현경 교수는 성령과 한 맺힌 죽은 사람들의 영들을 동일시 한 것입니다. 그녀는 성령님을 초대하면서 "오소서! 성령이여"라고 하였습니다. 이와 동일하게 한 맺힌 죽은 자들의 영혼들을 초대하면서 "오소서"라고 동일하게 시작한 것입니다. ② 정현경은 철저하게 종교혼합주의자입니다. Ⓐ 1999년부터 2000년까지 히말라야 산에서 1년간 수행하였습니다. 2000년 겨울에는 머리를 깎고 계룡산 신원사에서 스님들과 함께 살았습니다. 정현경은 불교적 여성주의 신학자(feminist theologian)로서 불교, 도교, 이슬람 공부를 하였습니다. 그는 2003년 차도르를 쓰고 이슬람 국가에서 살았습니다. 그리고 1993년 11월 미국 미네소타 주 미네아 폴리스에서 모인 WCC 대회에서 성령(the Holy Spirit)을 고대 아시아의 신들(ancient Asian deities)과 동일시하였습니다. 2000여명의 여성 청중들에게 "나의 내장은 불교의 내장이요, 나의 심장도 불교의 심장이며, 나의 오른쪽 두뇌는 유교도의 두뇌이고, 나의 왼쪽 두뇌는 크리스천의 두뇌이다"라고 하였습니다. Ⓑ 1998년 12월 3~14일까지 아프리카 잠바브웨의 수도 하라레에서 열린 WCC 제8차 총회에서 예수님이 말씀하신 요한복음 14장 6절의 "그리스도가 천국에 이르는 유일한 길인가?"라는 질문을 받았을 때 "예수가 실수하였습니다(Jesus has mistaken)."라고 대답하였습니다.

들은 쫓겨났습니다. 자유주의 신학자들과 목사들은 그 교수들을 근본주의라고 매도했습니다. 근본주의라고 말한 것은 보수꼴통이라고 매도한 것입니다. 세상이 어떤 세상인데 그런 보수꼴통으로 되느냐고 몰아쳤습니다. 자유주의 신학자들은 그리스도의 부활, 기적, 천국, 지옥, 동정녀 탄생 등 기독교 신앙의 핵심들을 부인했습니다. 그런 모든 것들을 부인하게 만든 것은 바로 성경의 영감을 거부한 것입니다. 소위 비평주의로 성경을 난도질했습니다. 인간의 이성으로 믿지 못할 것들을 다 오류라고 말하고 잘라내고 쓰레기통에 쳐 넣었습니다. 그런 자유주의에 대항했던 분이 바로 메이첸 교수입니다.

그런 메이첸에게 붙은 별명들은 '극단적인 분열주의자', '교단의 화합을 깨트리는 자', '근본주의자', '교조주의자', '구식의 신앙', '문자주의자', '거칠고 싸우기를 좋아하는 자' 그렇게 모함하고 악랄하게 욕했습니다. 그럼에도 불구하고 몇몇 교수들과 함께 웨스트민스터 신학교를 세웠으나 그 신학교마저 무너졌습니다. 미국의 대부분의 신학교들은 자유주의에 점령당했습니다. 거기에서 배운 목회자들이 한국 교회에 담임목사가 됩니다. 아직도 미국에는 하나님께서 남겨주시는 개혁주의적 신학자들이 있습니다. 신실한 성도들이 있습니다. 그러나 지금의 상황으로 보면 옛날 같은 시대는 다시 오지 않습니다. 왜냐하면, 말은 기독교 용어를 사용하는데 실체가 기독교가 아니기 때문입니다.

메이첸은 『기독교와 자유주의』에서 그 어떤 문제보다도 교리를 먼저 말했습니다. 왜냐하면 자유주의자들은 기독교는 교리가 아니라 삶이라고 주장했기 때문입니다. 거기에 대해 메이첸은 이렇게 말했습니다.

> 기독교의 개념에 따르면, 신조는 단순한 기독교 경험의 표현이 아니라 경험의 기초가 되는 사실들을 기술한 것이다. 그런데도 기독교가 교리가 아니라 삶이라는 주장이 이따금 제기되는데, 겉으로는 경건하게 들린다. 그러나 그 주장은 철저하게 거짓이며, 심지어 기독교인이 아니더라도 그 거짓을 탐지할 수 있다. 왜냐하면 "기독교는 삶이다"라고 말하는 것은 역사의 영역에 속한 것에 대한 주장이기 때문이다. 그 주장은 이상(ideals)의 영역에 포함되지 않는다. 그렇게 말하는 것은 기독교가 삶이 되어야 한다든지, 이상적인 종교는 삶이라고 말하는 것과는 전혀 다르지 않다. 기독교가 삶이라는 주장은 네로 치하의 로마 제국이 자유로운 민주주의 사회였다는 주장과 똑같이 역사적 조사의 대상이 된다. 네로 치하의 로마 제국이 민주주의 사회였다면 더 좋았겠지만, 역사적 질문이란 다만 실제로 그것이 민주주의 사회였는지 아닌지를 묻는 것이다. 로마제국이나 프러시아 왕국이나 미합중국처럼 기독교도 역사적 현상이다. 역사적 현상으로서 기독교는 역사적 증거를 기초로 조사되어야 한다. …
>
> 기독교의 시작은 상당히 역사적 현상이다. 기독교 운동은 나사렛 예수의 죽음 며칠 이후에 생겨났다. … 십자가 사건 이후에 예루살렘에 있던 예수의 제자들 사이에 중요한 새출발이 있었음이 분명하다. 이때를 기점으로, 예루살렘에서 이방 세계로 퍼져 나가 기독교라고 불리게 된

골목할만한 현상이 시작된 것으로 보아야 한다. 이 운동의 초기 단계에 대한 분명한 역사적 기록이 바울의 서신들에 보존되어 있다. 진지한 역사학자들은 모두 그 서신들을 기독교 처음 세대가 실제로 생산한 것으로 간주한다. … 이를 근거로 하여 거기에 한 가지 분명한 사실이 있다면, 초기 기독교 운동은 현대적 의미의 삶의 방식으로 도입된 것이 아니라, 어떤 메시지에 근거한 삶의 방식이었다는 점이다. 기독교는 단순한 감정이나 활동 프로그램에 근거한 것이 아니라, 어떤 사실에 대한 설명에 근거했다. 다른 말로 하면 그것은 교리에 근거했던 것이다.210)

메이첸 시대나 우리시대에나 기독교가 삶이되어야 한다고 말합니다. 그렇다고 메이첸이 삶을 부정한 것이 아니었습니다. 메이첸은 교리에 근거한 삶을 말했습니다. 삶을 말하는 사람들을 잘 보십시오. 그들은 이상적인 삶을 말합니다. 그러나 어떤 시대에도, 앞으로도 이 땅에서는 이상적인 나라, 이상적 삶은 없습니다. 이상적인 삶은 인간이 주인이 되는 삶이고 민중이 주체가 되는 삶이고 그들에게 예수는 인간적인 너무나 인간적인 예수일 뿐입니다. 과거에도 그래왔고 지금도 그래왔으며 앞으로도 그렇게 주장할 것입니다.

우리는 이제 다시 옛 신앙으로 돌아갈 수 없는 시대에 살고 있습니다. 이제는 메이첸이 아니라 본회퍼를 말하는 시대요, 칼빈이 아니라 칼 바르트를 말하는

---

210) J. G. 메이첸, 기독교와 자유주의, 황영철 역 (서울: 복있는사람, 2013), 53-55. 〈이와 관련하여 바울에 대해서는 논란의 여지가 없다. 바울은 교리에 무관심하지 않았다. 도리어 교리가 그의 삶의 기초였다. 교리에 대한 헌신 때문에 그가 놀라운 관용을 베풀지 못하게 된 것은 아니었다. 로마 수감 중 놀라운 관용의 예가 있었는데, 빌립보서에 그것이 기록되어 있다. 당시 로마에 있던 어떤 기독교 교사들이 바울의 위대함을 질투했던 것으로 보인다. 바울이 자유로운 몸이었을 때는 그들이 둘째의 위치에 있을 수밖에 없었는데, 이제 바울이 감옥 안에 있으므로 그들이 최고의 위치를 차지하게 되었다. 그들은 감옥에 있는 바울을 더 괴롭히고자 했다. 그들은 심지어 질투와 분쟁의 정신으로 그리스도를 전파했다 요컨대, 경쟁적인 설교자들이 복음 전파를 자급한 개인적 야망을 만족시키기 위한 수단으로 만든 것이다. 쉽게 생각할 수 있는 자급한 사업이 되어 버린 셈이다. 그러나 바울은 마음이 흔들리지 않았다. "그러면 무엇이냐. 겉치레로 하나 참으로 하나 무슨 방도로 하든지 전파되는 것은 그리스도니 이로써 나는 기뻐하고 또한 기뻐하리라"라고 그는 말한다(빌 1:18). 전파되는 방식은 잘못되었지만, 메시지 자체는 참이었다. 바울은 그 메시지가 제시되는 방식보다는 메시지의 내용에 훨씬 관심이 있었다. 이보다 더 훌륭한 관용의 예를 찾기는 불가능할 것이다. 그렇다고 해서 바울이 무조건 관용을 베풀기만 한 것은 아니었다. 예를 들어, 갈라디아에서는 전혀 관용적 태도를 보이지 않았다. 거기에도 역시 경쟁적인 전도자들이 있었다. 그런데 바울은 그들에게는 일절 관용을 보이지 않았다. 오히려, "그러나 우리나 혹은 하늘로부터 온 천사라도 우리가 너희에게 전한 복음 외에 다른 복음을 전하면 저주를 받을지어다"라고 했다(갈 1:8). 사도가 이렇게 다른 태도를 취하는 이유가 무엇인가? 로마에서는 여유 있게 관용을 보이다가, 갈라디아에서는 저주를 퍼붓는 이유가 무엇인가? 그 답은 너무나 분명하다. 로마에서는 경쟁 전도자들이 전하는 메시지가 참이었으므로 관용했으나, 갈라디아에서는 메시지가 거짓이었으므로 관용하지 않았던 것이다. 두 경우에 사람들이 누구냐 하는 것은 바울의 태도와 아무 관계가 없었다. 갈라디아에서 유대주의자들의 동기는 전혀 순결하지 않았으며, 실제로 바울도 그들의 불순함을 슬쩍 지적했다. 그러나 이 이유 때문에 반대했던 것은 아니다. 유대주의자들은 결코 도덕적으로 완전하지 않았지만, 설사 그들이 하늘로부터 온 천사라 할지라도 그들에 대한 바울의 반대는 똑같았을 것이다. 바울의 반대는 전적으로 그들의 교훈에 거짓이 있었기 때문이었다. 그들은 참 복음을 복음이 아닌 전혀 다른 것으로 바꾸어 버렸다. 바울에게 있어서 복음은 한 사람에게는 참이고 다른 사람에게는 거짓일 수 없었다. 실용주의가 그의 영혼에는 그림자를 드리우지 못했던 것이다. 바울은 복음 메시지의 객관적 진리를 확신했으며, 그 진리에 대한 헌신이 그의 삶의 위대한 열정이었다. 바울에게 있어서 기독교는 삶이기만 한 것이 아니라 교리이기도 했으며, 논리적으로는 교리가 먼저였다(pp. 55-57).〉

시대입니다. 바울의 이신칭의가 톰 라이트의 새관점211)을 말하는 시대입니다. 하나님의 음성을 안 들으면 이상한 사람이 되었습니다. 여길 가나 저길 가나 하나님께서 이래 주셨다 저래 주셨다고 말합니다. 성경을 읽고 만족하지 못하고 하나님의 음성을 들어야 하는 시대입니다. 그것은 인간의 죄악 된 욕망입니다. 성령 하나님의 영감으로 기록된 성경을 무시하고 직접 음성을 들어야 한다는 것은 성령 하나님을 무시하는 것입니다.

그런 것들은 비성경적인 영성에 오염된 결과로 나타난 것입니다. 처음에는 큐티 운동을 했습니다. 시간이 얼마 지나자 관상기도가 가미된 관상큐티로 바뀌었습니다. 그리고 사람들이 하나님의 음성을 듣는 시대로 변질이 되었습니다. 지금은 하나님의 음성을 듣는다고 말하지만 조금 더 지나면 선불교 명상을 하는 시대로 접어들게 됩니다. 교회 안에 중이 오고 목사가 절에 가고 성도가 명상센터에 갑니다.

그러면, 왜 사람들이 그런 영성으로 가게 될까요? 그것은 자기 존재가 무엇인지 발견하고 싶기 때문입니다. 자기가 어떤 존재인지 확인하고 싶어 합니다. 기록된 성경으로는 안 되고 초월적인 음성으로 확인하려고 합니다. 상처받은 자기를 위로할 음성을 원합니다. 일에 지친 자기에게 '그만하면 됐어', '잘했어' 그런 음성을 들었다고 하면서 자기 인정, 자기 위로를 받고 싶어 하기 때문입니다. 세상의 어떤 중도 그래요. 일에 지친 자기에게 이렇게 말하라고 합니다. '고마워', '잘했어.' 세상이나 교회나 지친 자기 영혼에 위로를 원합니다. 그런데 그 방법이 잘못되었습니다. 하나님의 음성을 듣는다 하지만 사실은 자기 위로에요. 자기가 자기를 위로하는 거예요. 성도는 그래서는 안 됩니다. 하나님의 말씀으로 위로를 받아야 해요. 성령 하나님께서 말씀으로 위로해 주시는 것이 하나님의 위로이

---

211) 이은선, 바울의 새 관점(New Perspective on Paul)의 이신칭의에 대한 비판, 톰 라이트(Tom Wright)와 존 칼빈(John Calvin)의 비교를 중심으로, "바울 시대의 유대교는 일반적으로 주장되는 바와 같이, 율법주의적인 행위 의의 종교가 아니라고 주장한다. 우리가 유대교를 행위-의의 종교이고, 바울이 마치 유대교가 그런 것 같다고 공격하고 있다고 상상한다면, 우리는 유대교와 그에게 폭력을 가하는 것이다. 대부분의 개신교 주석가들은 바울과 유대교를 마치 유대교가 오래된 이단인 펠라기우스주의의 형태인 것같이 해석한다. 펠라기우스주의에 따르면 인간들은 그들의 도덕적 수준을 끌어올리고 그것을 통해 칭의, 의, 그리고 구원을 획득한다. 샌더스는 아니라고 말한다. 유대교 안에서 율법을 준수하는 것은 언제나 언약적인 구조 안에서 작용한다. 하나님께서 유대교와 언약을 맺으실 때 주도권을 잡으신다. 이렇게 해서 하나님의 은혜가 백성들 (특히) 유대인들이 반응하는 것보다 앞서 간다. 유대인들은 은혜에 대한 올바른 반응으로 감사로부터 율법을 지킨다. 다시 말해서 언약 백성 안으로 들어가기 위해서가 아니라, 언약 안에 머무는 것이다. 첫째 자리에 자리 잡는 것은 하나님의 선물이다. 라이트는 개신교의 정통적인 바울 해석을 루터와 칼빈 등의 16세기 개혁자들의 해석에 토대를 두고 있다고 거부하면서, 오히려 그의 역사적 맥락, 즉 제2성전 시대 유대교의 관점에서 바울을 해석해야만 한다고 주장한다. 그는 이러한 관점에서 해석할 때 바울 서신을 더 잘 이해할 수 있을 뿐만 아니라, 그 안에 포함된 교리들, 특히 이신칭의를 더 잘 이해할 수 있다고 주장한다."

고 진정한 위로입니다.

지금, 우리가 노아시대 사람들보다 더 의롭다고 생각하지 말기 바랍니다. 내가 오늘 주일이라서 예배를 드리러 왔다고 그들보다 더 경건하다고 생각하지 말기 바랍니다. 하나님과의 언약 속에서 내가 누구인지 알아가지 않으면 의미가 없습니다. 예수 그리스도의 십자가 피로 구원받은 자라는 그 사실로 자기 상처가 해결 안 되면 그것이 문제입니다. 구원받았다 하면서 자기 상처가 치유 안 되는 것은 믿음을 오해하고 있다는 것입니다. 우리는 열심은 대단한데 자기 삶이 해결이 안 되는 이상한 믿음으로 살고 있습니다. 믿음이 좋으면 사람도 좋아야 하는데 믿음은 좋은데 사람이 독해요. 사람이 사람다운 맛이 없어요. 왜 예수님을 믿는데 사람이 따뜻해지지 않을까요? 그것은 하나님 앞에서 자기 인생이 항복이 안 되기 때문입니다.

성경적인 치유와 변화는 예수 그리스도의 십자가 피로써 이룬 구원과 언약 안에서 자기 존재를 확인할 때 일어납니다. 그렇게 되는 것은 우리의 결단과 선택이 아니라 오직 성령 하나님께서 우리에게 믿음을 주시고 거듭나게 해 주셔야만 그렇게 됩니다.

이주태 선교사님이 이렇게 말하였습니다.

> 진정한 치유는 자신이 하나님의 사랑에 의해서 선택되었고 중생되었고 칭의되었고 성화되고 있으며 영화롭게 될 것을 확고하게 믿는 것이다.

선교사님의 이 말은 로마서 8장 30절의 말씀을 이해하기 쉽도록 말한 것입니다.

> 또 미리 정하신 그들을 또한 부르시고 부르신 그들을 또한 의롭다 하시고 의롭다 하신 그들을 또한 영화롭게 하셨느니라(롬 8:30)

이 말씀은, 오늘 우리가 살아가는 이 현실이 하나님의 위대한 섭리 가운데 여기 있다는 것을 말합니다. 창세전에 우리를 구원하기로 정하셨습니다. 그렇게 택정한 자를 부르셨습니다. 예수 그리스도를 믿게 하시고 연합하게 하셔서 우리를 의롭다고 하셨습니다. 그리고 영화롭게 되었습니다. 저 마지막 영광까지 보장이 되어 있습니다. 그 보장은 돈으로 권력으로 명예로 주신 것이 아니라 성령님께서 내주하심으로 보장해 주셨습니다. 그리고 여기 이 자리에서 거룩한 하나님의 백성으로 만들어 가고 계십니다. 누가요? 하나님께서 만들어 가고 계십니다.

그런데 상처는 왜 받아요? 그런데 왜 원망하고 불평할까요? 믿음은 그런 것이 아니라고 생각하는 거예요. 내가 원하는 인생이 아니라서 나라는 인간이 대접을 못 받고 존심이 상하고 그래서 이런 인생을 살기 싫은 겁니다. 내가 예수님을 믿었으면 걱정 근심이 없어야 된다고 생각 하는 겁니다. 내가 남부럽지 않게 살아가도록 하나님께서 알아서 해주리라고 생각하기 때문입니다.

우리는 무슨 기도를 하고 있을까요? 기도는 내 존심 상하지 않을 만큼 내어 놓으라고 소리를 지르는 것이 아닙니다. 기도는 하나님을 알아가고 하나님의 뜻에 순종해 가는 것입니다. 내 욕심대로 만들어 달라고 하는 것이 아니라 하나님의 계명대로 살아가게 해 달라고 부르짖는 것이 기도입니다. 어떻게 그게 되요? 믿음으로 되는 겁니다. 믿음으로 말씀으로 나를 확인하기에 됩니다. 하나님께서 창세전에 나를 정하셨고 부르셨고 의롭다하셨고 영화롭게 하셨다는 것을 믿기 때문에 됩니다. 세상을 바꾸어서 나를 확인하는 것이 아니라 예수 그리스도를 믿는 그 믿음으로 확인하는 것입니다.

그래서 어쩌라고요? 사람들 보기에 좋은 대로 살아가려고 하지 마세요. 사람들에게 맞추려고 하지 마세요. 사람들이 원하는 대로 살아가려고 하니 힘 든 겁니다. 왜요? 부끄럽다는 거예요. 사람들 앞에 부끄러워서 못 살겠다는 거 아니에요? 부끄러운 것은 그런 것이 아닙니다. 부끄러운 것은 사람들 비유 맞추고 사는 겁니다. 부끄러우면 지는 겁니다. 힘 든 것은 부끄러운 것이 아니에요. 고생하는 것은 존심 상하는 것이 아닙니다. 진짜 부끄러운 것은 자기가 누구인지 모르는 거예요. 전쟁터에서 나라를 지키는 군인이 부끄럽나요? 아니에요. 가정을 지키고 자녀를 키워가는 것이 부끄럽나요? 아니에요. 하나님의 사람으로 훈련을 받고 믿음을 지켜가는 것이 부끄러우세요? 아니에요. 세상이 모르는 싸움을 하는 것이 성도이고 세상이 안 가는 길을 가고 있는 것이 성도입니다.

세상살이가 힘들고 어렵고 불편해도 하나님 아버지 이름을 부르면서 기뻐하고 찬송하고 살아가세요. 아무 생각 없이 기뻐하고 찬송하는 것이 아닙니다. 나라는 한 인간을 위해 이 죄인을 구원하시려고 예수 그리스도께서 십자가에 피 흘려 죽으심으로 구원하시고 하나님의 백성답게 만들어 가고 계심을 믿고 기뻐하고 찬송하는 것입니다. 그렇게 살아가도록 성령님께서 오늘도 우리 마음에 역사하고 계심을 믿기에 항복하고 사는 것입니다. 그래야 인간이 바뀌고 죄를 버리고 새 사람으로 살아갑니다. 그렇게 살아야 사람이 따뜻해집니다.

저 불편한 인간을 매일 봐야 하고, 평생 부둥켜안고 살아가야 하지만, 그 속에서 하나님 보시기에 좋은 대로 살아가는 것이 믿음입니다. 오늘 이 자리에서 믿음으로 산다는 것은 눈물을 닦아 가면서 주를 부르고, 한숨이 절로 나오는 이 현실 속에서도 하나님의 손에 붙들려 가는 자신을 보는 것이고, 그것을 믿는 것입니다. 그 믿음으로, 새언약의 주 예수 그리스도께 죽도록 충성하며 살아가는 주의 백성들이 다 되기 바랍니다.

언약 17 노아언약 2

17 내가 홍수를 땅에 일으켜 무릇 생명의 기식 있는 육체를 천하에서 멸절하리니 땅에 있는 자가 다 죽으리라 18 그러나 너와는 내가 내 언약을 세우리니 너는 네 아들들과 네 아내와 네 자부들과 함께 그 방주로 들어가고 19 혈육 있는 모든 생물을 너는 각기 암 수 한 쌍씩 방주로 이끌어 들여 너와 함께 생명을 보존케 하되 20 새가 그 종류대로, 육축이 그 종류대로, 땅에 기는 모든 것이 그 종류대로, 각기 둘씩 네게로 나아오리니 그 생명을 보존케 하라 21 너는 먹을 모든 식물을 네게로 가져다가 저축하라 이것이 너와 그들의 식물이 되리라(창 6:17-21)

언약 열일곱 번째 시간입니다. 노아 언약으로는 두 번째 시간입니다. 지난 시간에 노아언약을 보존언약(Covenant of Preservation)이라 했습니다.212) 보존한다는 것은 인간을 이 땅에 보존하고 동물들을 보존한다는 정도의 의미로 말하는 것이 아닙니다. 첫 번째로, 그 보존이라는 의미는 여호와 하나님을 경외하는 언약에 신실한 주의 백성을 보존한다는 뜻입니다. 단순히 인간을 보존해야 했다면 홍수로 세상을 심판하실 필요가 없었습니다. 그냥 그대로 두어도 인간은 보존됩니다.

그런데 왜 하나님께서는 그렇게 보존되도록 하지 않으셨을까요? 그것은 하나님께서 원하시는 보존이 아니었기 때문입니다. 하나님께서는 언제나 그 처음 맺은 언약에 충성하도록 주의 백성을 보존하십니다. 왜냐하면, 그렇게 언약에 배타적 충성을 다할 때에만 하나님을 영광스럽게 하기 때문입니다. 언약에 충성하고 하나님을 영광스럽게 할 때 바로 그것이 주의 언약 백성들을 충만하게 합니다. 충만하다는 것은 가장 기쁘고 즐겁고 복된 상태라는 뜻입니다. 언약을 지키는데 기분 나쁘고 성질나고 짜증나는 것이 아니라 너무 너무 쾌지나칭칭 나게 합니다. 우리가 언약을 배워간다는 것은 언제나 이 관점입니다. 사실, 우리 신앙은 언약이라는 말이 우리 삶에 제대로 자리 잡혀 있지 않습니다. 우리는 알게 모르게 기복신앙에 오염되어 있었고 거기에서 벗어나서 나름 개혁주의 신앙으로 가려고 해도 언약을 말하면 왠지 낯설고 어색해 보입니다. 그만큼 우리가 성경의 본질

---

212) 노아 언약은 보존 언약(Covenant of Preservation) 혹은 자연 언약(Covenant of Nature)이라고도 불린다. 노아 언약의 내용은 모두 다섯 가지다. 첫째, 자연의 규칙성에 대한 약속이다. "땅이 있을 동안에는 심음과 거둠과 추위와 더위와 여름과 겨울과 낮과 밤이 쉬지 아니하리라"(창 8:22). 둘째, 인구 증가에 대한 약속이다. "하나님이 노아와 그 아들들에게 복을 주시며 그들에게 이르시되 생육하고 번성하여 땅에 충만하라"(창 9:1). 셋째, 음식 공급에 대한 약속이다. "무릇 산 동물은 너희의 식물이 될지라 채소 같이 내가 이것을 다 너희에게 주노라"(창 9:3). 넷째, 인간 생명보호의 약속이다. "무릇 사람의 피를 흘리면 사람이 그 피를 흘릴 것이니 이는 하나님이 자기 형상대로 사람을 지었음이니라"(창 9:6). 다섯째, 홍수 멸망 금지의 약속이다. "내가 너희와 언약을 세우리니 다시는 모든 생물을 홍수로 멸하지 아니할 것이라 땅을 침몰할 홍수가 다시 있지 아니하리라"(창 9:11).

에 익숙하지 않다는 증거입니다. 이미 그렇게 물들여진 신앙이 성경적으로 변화되어 간다는 것은 생각만큼 그리 쉽지 않습니다. 왜냐하면, 대부분의 사람들이 그렇게 생각하지 않기 때문입니다.

우리는 먹고 사는 일에 큰 영향을 받고 삽니다. 무엇보다 돈에 휘둘릴 때가 많습니다. 세상이 힘들다는 것은 그 돈 때문이고, 먹고 사는 일이 기본적으로 우리 앞에 있습니다. 그런 세상 가운데서 우리가 신앙으로 살아가려고 하면 여간 어려운 일이 아닙니다. 우리는 사람이 많이 모이는 교회가 좋은 교회라고 생각하고 큰 건물을 가진 교회가 좋은 교회라고 생각하고 그런 교회 목사님이 좋은 목사님이라고 생각합니다. 물론 큰 교회인데도 좋은 교회가 있고 좋은 목사님이 있습니다. 누구를 욕하자는 것이 아니라 우리는 이 언약신앙으로부터 너무 멀어져 있습니다. 한 마디로 말해서 우리 신앙이 언약신앙이 아니면 신앙이 아닙니다.

우리가 참으로 거듭나고 예수 그리스도를 믿는다면, '기독교 신앙은 언약신앙이다', '우리의 신앙은 언약 신앙이다' 이것이 우리 머릿속에 깊이 새겨져야 합니다. 예수 그리스도를 구주로 믿어 영생을 얻었다는 것은 언약 안으로 들어왔다는 것입니다. 예수 그리스도께서 십자가에 피 흘려 죽으신 것은 언약 밖에 있던 우리를 언약 안으로 들이기 위해서입니다. 에베소서 2장 12-13절에서 이렇게 말합니다.

> 12 그 때에 너희는 그리스도 밖에 있었고 이스라엘 나라 밖의 사람이라 약속의 언약들에 대하여 외인이요 세상에서 소망이 없고 하나님도 없는 자이더니 13 이제는 전에 멀리 있던 너희가 그리스도 예수 안에서 그리스도의 피로 가까워졌느니라
> (엡 2:12-13)

약속의 언약들에 대해 외인이었습니다. 아무런 상관이 없었던 사람들이었습니다. 그 언약 안에 주어진 복과 은혜가 예수 그리스도 안에서 아무리 차고 넘치고 충만해도 그 귀한 것들을 하나도 누리지 못하는 사람들이었습니다. 우리는 언약 밖에서 의미와 통일성을 누리려고 했던 사람들입니다. 하나님 없이 오로지 세상 것으로만 즐기며 살려고 했던 사람들이었습니다. 그런 우리를 예수 그리스도의 십자가 피로써 언약 안으로 들이고 하나님의 백성들이 되게 하셨습니다. 이제는 거룩한 공동체 안에 살게 되었습니다.

이것이 얼마나 우리를 복되게 하는지를 아는 것이 언약신앙입니다. 우리는 공동

체 속에, 관계 속에 지지를 받고 살아야 합니다. 인정받아야 하고 사랑받아야 합니다. 거룩한 공동체라는 것은 하나님의 지지를 받는 공동체라는 뜻입니다. 하나님의 인정을 받고 하나님의 용납하심을 받는 공동체이며 하나님의 사랑을 받는 공동체라는 뜻입니다. 그렇게 하나님의 지지를 받는 이유는 성령님의 유효한 역사로 우리가 예수 그리스도와 연합된 존재이기 때문입니다.

의미와 통일성의 세 관점을 말할 때 가장 먼저 관계적 관점을 말한다고 했습니다. 하나님께서는 언약으로 관계를 시작하시고 언약의 규범을 지켜 관계를 거룩하게 하시고 충만하게 만들어 가십니다. 내가 아무리 많이 가지고 있을지라도 나를 지지해 주는 관계가 없으면 아무 소용이 없습니다. 내가 아무리 공부를 많이 했을지라도 나를 지지해주는 관계가 없으면 아무 소용이 없습니다. 내가 가진 것으로 내 배만 부르게 하면 배는 부른데 배가 고픕니다. 내가 배운 것으로 내 머리만 채우면 머리는 똑똑한데 머리가 아픕니다.

밥도 그렇잖아요. 혼자서 아무리 진수성찬을 먹어본들 그게 입맛이 나던가요? 안 납니다. 같이 먹어야 합니다. 같이 먹는 사람이 많을수록 밥맛이 더 좋은 겁니다. 언약은 함께 하는 것입니다. 하나님과 함께 하고 내 이웃과 함께 하는 것입니다. 함께 하는 것이 기분 좋은 것입니다. 언약은 수직적 관계와 수평적 관계에서 우리를 지지해 줍니다. 수직적 지지와 수평적 지지가 있습니다. 수직적 지지는 삼위일체 하나님이시고 수평적 지지는 하나님께서 이 땅에서 만나게 하신 사람들입니다.

언약으로 맺어진 관계, 언약으로 맺어진 지지 그룹은 우리를 이 어려운 세상살이에서 흔들리지 않게 굳게 붙들어 줍니다. 어떤 어려움을 만날지라도 그 영원한 관계와 영원한 지지로 인해 믿음의 싸움을 끝까지 감당해 갈 수 있습니다. 신앙의 싸움은 '얼마나 하나님과의 그 수직적 관계를 더 알아 가느냐?'의 싸움이고, '얼마나 그 수평적 관계를 견고하고 아름답게 만들어 가느냐?'의 싸움입니다. 수평적 관계에서는 가족이 있고 성도들이 있고 사업터와 직장과 생활 속에 이웃이 있습니다.

하나님의 은혜는, 하나님의 언약은 그 관계 속에 있는 나를 알게 하고 그 관계를 좋게 하고 그 관계를 풍성하게 합니다. 왜냐하면, 내가 얼마나 하나님의 사랑과 은혜 속에 있는자를 알게 되었기 때문입니다. 그것은 오직 예수 그리스도의 십자가 피로 구원받아 하나님의 백성이 되었다는 존재적 관점이 주어졌기 때문입니다. 성부 하나님께서 영원하시기에 하나님과 우리와의 관계가 영원하고, 예수 그리스도께서 영원하시기에 예수 그리스도와 우리와의 관계가 영원하고, 성령 하나님께서 영원하시기에 성령 하나님과 우리와의 관계가 영원합니다. 이 영원성으로 인해 우리는 감사하고 찬송하고 기쁨으로 살아갈 수가 있습니다.
그 영원성을 깨뜨리는 것은 무엇일까요? 우리 사는 것이 힘들기 때문입니다. 가족과의 관계가 힘들고 세상 사람들과의 관계도 어렵습니다. 사는 것이 힘들면 자기중심적으로 바뀝니다. 가진 것이 없고 남들 앞에 내세울 것이 없으면 자기연민으로 자기도 모르게 갑니다. 남다른 것이 있으면 자기자랑으로 자기 의로 갑니다. 그런 것들은 하나님 중심적인 삶에서 점점 멀어지게 합니다.
바리새인과 세리의 기도에서 세리가 의롭다함을 받은 것은 자기중심적으로 기도한 것이 아니라 하나님 중심으로 자기를 바라보고 기도했기 때문입니다.

> 13 세리는 멀리 서서 감히 눈을 들어 하늘을 우러러 보지도 못하고 다만 가슴을 치며 가로되 하나님이여 불쌍히 여기옵소서 나는 죄인이로소이다 하였느니라 14 내가 너희에게 이르노니 이 사람이 저보다 의롭다 하심을 받고 집에 내려갔느니라 무릇 자기를 높이는 자는 낮아지고 자기를 낮추는 자는 높아지리라 하시니라(눅 18:13-14)

의롭다는 것은 '그래도 바리새인보다 네가 더 낫다'는 것이 아닙니다. '의롭다하심을 받았다'는 것은 인간에게는 아무런 의가 없다는 것입니다. 그것이 성경이 말하는 언약적 의입니다. 세리가 의롭다 하심을 받고 집에 내려갔다는 것은 그가 하늘을 우러러 보지도 못하고 가슴을 치면서, "하나님이여 불쌍히 여기옵소서 나는 죄인이로소이다"라고 기도했기 때문입니다. 세리가 하나님께 자기를 불쌍히 여겨 달라고 기도했다는 것은 자기연민으로 자기를 생각한 것이 아니라 하나님의 시선으로, 하나님의 의로 자기를 생각했다는 뜻입니다. 이것이 신앙생활의 승리 비결입니다.
어렵고 힘들 때, 자기중심적으로 가느냐? 하나님 중심적으로 가느냐? 에 따라 사람이 따뜻해지든지, 사람이 독해지든지 둘 중의 하나가 됩니다. 하나님 중심으로 가는 것이 은혜입니다. 세상사는 것이 힘든데, 하나님께로 마음이 향하고 기도하게 되는 것이 은혜입니다. 세상사는 것이 어려운데 하나님을 의지하는 것이 은혜입니다. 세상 사람들은 나를 몰라주어도 하나님께서는 나를 알고 인도하시리라는 그 믿음을 주시는 것이 은혜입니다. 기도하면 참아지고 기다려지고 성경을 읽으면 용서가 되고 사랑이 되는 것이 은혜입니다.
그 힘들고 어려운 관계를 이겨가고 그 관계를 따뜻하게 만드는 힘은 예수 그리스도의 십자가 구원과 하나님과의 언약 관계로부터 주어집니다. 마음에 드는 관계, 아니 내 마음대로 되는 관계는 없습니다. 그런 관계를 이겨가고 변화시키고 따뜻하게 만드는 것은 예수 그리스도 안에 있는 나를 보는 것입니다. 예수 그리스도의 십자가 피로 받은 구원의 은혜를 더 깊이 알아가야 변화될 수가 있습니다. 언약신앙이라야 넘어지지 않습니다.
찬송가 563장에 보면 이렇게 찬송합니다.

```
1. 예수 사랑하심을 성경에서 배웠네
   우리들은 약하나 예수 권세 많도다
2. 나를 사랑하시고 나의 죄를 다 씻어
   하늘 문을 여시고 들어가게 하시네
3. 내가 연약할수록   더욱 귀히 여기사
   높은 보좌위에서 낮은 나를 보시네
4. 세상사는 동안에 나와 함께 하시고
   세상 떠나 가는 날 천국가게 하소서
후렴)  날 사랑하심  날 사랑하심
   날 사랑하심 성경에 쓰였네
```

그냥 '신앙으로 다 해결해라' 이런 것이 아닙니다. 성도답게 만들어 가고 성도답게 해결해 가는 비결을 말하는 것입니다. 세상 사람이면 세상방식으로 살고 해결하겠지만 성도는 성경적인 방식으로 가야 합니다. 예수 그리스도를 아는 만큼 관계가 달라집니다. 예수 그리스도의 십자가를 아는 만큼 내가 변화됩니다. 십자가를 아는 깊이가 나를 아는 깊이입니다. 십자가의 사랑을 아는 깊이가 나의 사랑의 깊이입니다. 예수 그리스도의 사랑을 아는 만큼 내가 사랑을 압니다. 그래야 내가 따뜻해집니다.
여기에는 예화를 들 필요가 없어요. 예화를 들면 더 이상해요. 예수 그리스도의 십자가 피를 말하는데 무슨 예화가 필요해요. 거기에는 어떤 감동받은 예화를 말하는 게 아니에요. 어떤 사람이 이렇더라, 저렇더라고 말하는 것은 십자가 은혜를 더 훼손하는 거예요. 십자가보다 더 위대한 사랑은 없기 때문입니다. 오직 그 역사적 사실 앞에 고꾸라지고 엎드려져야 해요. 더 많이 알아가고 더 많이 감사하고 더 많이 찬송하면서 예수 그리스도의 그 십자가 은혜로 나라는 한 사람의 존재적 관점이 확인되고 충만해지는 성도들이 다 되기 바랍니다.

예수 그리스도의 십자가 피로 우리는 언약 안에 들어왔고 언약 신앙으로 살고 있습니다. 언약 신앙이라는 것은 언약이라는 키워드로 성경 전체를 억지로 꿰맞추려는 것이 아닙니다. 괜히 언약이라고 말해 놓고 서로 연결도 안 되고 말도 안 되는 것을 '언약이다' 그렇게 말하려는 것이 아닙니다. 언약은 하나님과 우리가 교제하는 방식이고 소통하는 방식이고 거룩하게 하는 방식입니다. 그래서 언약을 벗어나서 하나님을 말할 수가 없습니다. 언약의 하나님이 우리 하나님이십니다. 첫 사람 아담이 범죄 하여 타락했어도 하나님께서는 다시 언약을 맺으시고 복된 구원의 복음을 허락하셨습니다. 그리고 지금 노아시대에 홍수로 멸하고 노아언약, 보존언약을 맺으시는 것은 여전히 자기 백성을 부르시고 거룩하게 하시고 하나님의 나라를 이루어 가시는 하나님의 방법이요 하나님의 역사입니다. 노아 언약을 잘 이해하기 위해서는 보존의 의미를 잘 알아야 합니다. 노아는 곧 셋의 후손입니다. 하나님께서 여자의 후손, 그 구원자의 역사를 이어가는 흐름에 있는 사람입니다. 하나님께서 노아와 언약하시고 보존언약을 맺으시는 것은 하나님께서 자기 백성을 구원하시는 그 약속을 이루실 자가 실현되도록 그 가계를 보존해 가신다는 뜻입니다.

두 번째로, 보존이란, 창세기 3장 15절에서 약속하신 그 여자의 후손, 그 거룩한 씨가 끊어지지 않도록 보존하신다는 뜻입니다. 하나님께서는 그 약속하신 것을 이루는 하나님이십니다. 그 언약하신 것을 반드시 이루기 위해 노아와 그 식구들을 보존하시고 여자의 후손이 오도록 보존하셨습니다. 그것은 하나님께서 그 언약을 반드시 성취하시고 그 여자의 후손, 오실 메시아 예수 그리스도를 통해서 하나님의 나라를 완성하시겠다는 하나님의 의지를 말합니다.
노아 홍수는 다만 죄악 된 세상을 심판한 것만이 아닙니다. 첫 사람 아담이 타락했으나 하나님의 계획은 중지되지 않습니다. 인간의 죄와 타락이 하나님의 영원한 계획 밖에 있는 것이 아니기 때문입니다. 하나님께서는 죄를 조장하지 않는 분이시며 그 죄보다 더 큰 은혜로 여자의 후손, 메시아로 자기 백성을 구원하시고 하나님의 나라를 완성하시는 분이십니다. 그렇게 하기 위하여 이 땅에 그 여자의 후손, 그 메시아를 보낼 후손을 보존해 가시는 언약이 노아언약이고 보존언약입니다.

그 보존언약은 쉽게 이루어져가지 않았습니다. 그것을 알기 위해 다시 본문으로 돌아와서 노아를 생각해 보면 놀라운 사실을 알게 됩니다. 그것은 여호와 하나님께서 노아와 언약을 맺으시고 말씀해 주시기 전까지는 여호와의 언약이 갱신되지 않았습니다. 물론 그 사이에 에녹이 있고 셋의 후손의 계열이 계속해서 이어집니다. 그러나 여호와께서 오셔서 언약을 맺으시는 그런 일은 없었습니다. 노아의 출생연대가 1056년이며, 심판의 경고를 받은 때가 1556년으로 봅니다. 그 때가 노아 600세로 추정합니다.

첫 사람 아담이 범죄 하여 타락하고 자그마치 16세기가 흘렀습니다. 그 많은 세월이 흐르는 동안에 죄악은 점점 더 늘어나고 악해져서 이제는 홍수로 세상을 멸망시켜야 하는 극한의 순간까지 왔습니다. 하나님께서는 얼마나 오래 참고 인내하셨을까요? 그 기나긴 세월동안 얼마나 기다리고 기다리셨을까요? 그러나 인간들은 완전히 멸망을 당해야 할 만큼이나 죄악으로 넘쳐났습니다.

죄악이라는 것이 우리와 너무 먼 것으로 생각하지 말기 바랍니다. 하나님의 영광을 위해 살아가는 자리에서 벗어나서 인간의 영광을 위해 사는 것이 죄악입니다. 그것이 세상에 가득했습니다. 성경은 그것을 이렇게 말했습니다.

> 여호와께서 사람의 죄악이 세상에 관영함과 그 마음의 생각의 모든 계획이 항상 악할 뿐임을 보시고(창 6:5)

죄악이 세상에 관영했습니다. 죄악이라는 히브리어의 원래 뜻은 '깨뜨리다', '상하게 하다', '쓸모없게 하다' 라는 뜻입니다. 하나님께서 세우신 창조 질서를 어기거나 하나님의 마음을 상하게 하는 인간의 모든 악한 행위를 의미합니다. 그런 죄악이 세상에 너무 많아졌습니다. 많아졌다는 것은 인간의 죄악이 일시적인 것이 아니라 깊이 뿌리 박혀 있는 지속적이었다는 뜻입니다. 그 마음의 생각이나 계획이 항상 악했습니다. 여기서 생각이란 어떠한 문제에 대하여 깊이 생각하고 골똘히 연구하는 것을 의미합니다. 계획이란 어떤 일을 시작하기 전에 미리 의도적으로 기획하는 것을 뜻합니다. 그 생각과 계획은 깊이 생각하고 나온 것들이었으며 그들의 행동들은 의도적으로 악했습니다. 그리하여 하나님의 계획이 쓸모없게 되고 상했고 깨져버렸습니다. 그런 까닭에 세상과 인간이 심판 받고 멸망을 당했습니다.

지난 시간에 말했듯이, 그런 인간의 생각과 계획은 인간의 편에서는 지극히 정상적이고 지극히 좋아 보인다는 것입니다. '그게 뭐가 이상한데?', '그 말하는 네가 더 이상하다' 그러는 겁니다. 그것이 바로 심판을 받기 전에 인간이 처한 상태입니다. 그러나 하나님의 기준으로 보면 죄악입니다. 인간 편에서, 인간의 기준에서 보면 전혀 이상할 것이 없습니다.
그런데도 사람들이 속아 넘어가는 것은, 여전히 하나님의 이름을 말하고 신앙적인 용어를 사용하기 때문이며, 그것이 인간의 욕망을 만족시켜 주기 때문입니다. 결국 인간의 욕망을 이루기 위해 신앙적인 모양을 갖추는 것입니다. 겉으로 보기에는 아무런 문제가 없습니다. 왜냐하면, 인간의 실존에 참여하는 것이기 때문입니다. 인간의 고통당하는 현실에 참여하고 그 문제에 동참해야 한다고 말하기 때문입니다. 그러나 그런 이상적인 사화는 어느 시대에도 없었고 지금도 없고 다가오는 미래 세대에도 없습니다!
그런 세상에 노아가 살고 있었고 그런 세상 사람들 가운데서 하나님께서 노아를 택하시고 구원하실 메시아를 보내시기 위해 그 씨를 보존하셨습니다. 그 긴 세월동안에, 그 죄악 되고 죄악 된 세월 속에서도 하나님께서는 자기 백성을 구원하시고 하나님의 나라를 이루기 위해서 노아를 택하셨습니다. 세상은 여자의 후손, 오실 메시아를 잊어버리고 오로지 인간의 욕망을 이루기 위하여 하나님의 방식이 아니라 인간의 방식을 택하고 살았습니다. 그 방식이 너무나 인간적이기 때문에 분별이 거의 안 되었습니다.

우리는 어떻습니까? 우리도 노아시대와 같은 그런 죄악 된 세상에 살고 있고 그런 죄악 된 세상 사람들 가운데서 하나님의 선택하심으로 예수 그리스도를 믿어 구원에 이르게 되었습니다. 우리가 살고 있는 시대에도 인간의 욕망을 말하면서 예수 그리스도의 십자가를 말하기 때문에 거의 분별하지 못합니다.
우리는 '온 세상이 죄악으로 가득하게 되었다'고 말하면 살아가기 힘들고 범죄가 넘쳐나는 세상이 되었다고만 생각합니다. 물론 거기에 범죄가 있고 윤리적으로나 도덕적인 타락이 있습니다. 그러나 우리는 그보다 더 중요한 의미를 알아야만 합니다.
그 중요한 의미란 무엇일까요? 그것은 하나님의 창조계획과 하나님 나라에서 벗어나 인간의 계획으로 인간의 나라를 세우려고 한 것입니다. 인간의 계획과 인간의 나라는 하나님의 나라와 정면으로 반대되는 사탄의 계획이요 사탄의 나라입니다. 성경을 읽어가고 언약을 배워가면서 이것을 읽어내지 못하면 우리도 거기에 오염되고 맙니다. 성도는 성경을 분명하고 확실하게 읽어야 합니다. 애매하게 성경을 읽어서는 안 됩니다. 하나님의 계획대로 이루어지는 하나님의 나라가 아니면 그것은 하나님의 나라가 아닙니다. 사탄은 언제나 인간으로 하여금 하나님의 계획에 불순종하여 죄악 된 길로 가도록 조장합니다.

창세기 1장을 보면 하나님께서 천지를 창조하시고 "하나님의 보시기에 좋았더라"고 말씀하셨습니다. 이것이 매우 중요한 말씀입니다. 하나님께서 보실 때에 좋았습니다. 그렇게 하나님께서 보시기에 좋았던 세상이 이제는 하나님께서 멸하셔야만 하는 세상이 되고 말았습니다. 하나님께서 보시기에 좋으셨다는 것은 모든 방면에서 하나님의 의도와 일치하도록 세상이 창조되었다는 뜻입니다. 그 의도란 세상 모든 피조물을 통하여 하나님의 영광을 드러내도록 아름답게 창조되었다는 뜻입니다. 그러나 노아시대에 와서 그 창조의 목적이 무너져 버렸습니다. 그것이 노아시대에 가득한 죄입니다.

지난 시간에, '역사는 발전한다'고 말하고 그 발전을 위해 폭력을 행사하면서 그 폭력을 '진보적 폭력'이라 말한다고 했습니다. 사실 여러 번 말했습니다. 왜 그렇게 여러 번 말해야 할까요? 오늘날 교회 안에 그런 말을 하는 사람들이 너무나 많기 때문입니다. 신학교 교수로부터 목사와 신학생들이 성도들이 그런 말을 좋아하고 말합니다. 그것은 결코 작은 일이 아닙니다.

"역사가 발전한다"는 말은 헤겔의 변증법적 발전론입니다.213) 그것을 마르크스가 영향을 받아서 '역사 발전의 5단계설'로서 역사는 필연적으로 생산력의 발전에 따른 생산관계의 변화에 따라서 '원시공동체 → 노예제 → 봉건제 → 자본주의 → 공산주의'로 발전한다고 말했습니다. 이런 마르크스의 사상을 보면 분명히 성경과 일치되지 않습니다. 그런데 교회 안에서 성도들에게 '역사 발전의 최종단계가 공산주의다'라고 말하지 않고, 단순히 '역사는 발전한다'라고 말하거나, '세계는 발전하고 나아간다'라고 말하면서 '하나님께서 원하는 나라로 만들어야 한다', '하나님의 주권이 온 세계에 미쳐야 한다' 그렇게 말하기 때문에 사람들이

---

213) 헤겔, 행성궤도론에서. "헤겔이 낭만주의와의 싸움에서 얻어낸 것은 대상의 생명에 몸을 내맡기는 방법이다. 헤겔은 학적 인식의 대상을 생명이라고 표현하고 있는데 이러한 표현은 단순한 비유를 넘어 실제의 자연 생명을 의미한다. 헤겔이 존재하는 것의 본성을 논리적 필연성과 유기적 전체의 리듬이라고 표현할 때, 거기에는 생명 유기체의 운동논리가 표현되어 있는 것이다. 유기적 자연생명은 진리를 변증법적 발전으로 파악하는 헤겔 철학에서 하나의 모델이 된다. 『정신현상학』 서문에 나오는 식물의 비유가 그것이다. 헤겔은 변증법적 과정을 식물의 성장 과정에 비유해 이렇게 설명한다. "꽃봉오리는 피어남으로써 소멸하고, 꽃은 열매 맺음으로써 거짓된 현존재로 드러나는 것처럼 보인다. 그러나 식물의 이러한 형태들의 유동적 본성은 동시에 유기적 통일의 계기가 된다. 이러한 통일에서 이들 형태들은 서로 모순되지 않을 뿐만 아니라 한쪽이 다른 쪽과 마찬가지로 필연적이다. 그리고 이러한 동등한 필연성이 비로소 전체의 생명을 이룬다. 이는 꽃봉오리에서 꽃으로, 꽃에서 열매로 형태 발전을 하는 식물 생명의 박동이 변증법적 발전임을 상징한다. 헤겔은 기계론적인 자연과학에 대항해 생명 유기체 개념을 낭만주의와 공유하면서 자연철학 체계를 전개해나갔다. 그 핵심은 전체와 부분의 유기적 통일을 생생한 유동성을 통해 이해하는 것이다. 그는 그러한 기본적인 발상을 낭만주의에서 얻어왔지만 자신의 자연철학에서 낭만주의 이상으로 그것을 발전시키고 있다고 할 수 있다. 그는 자연생명을 부분으로 해체하는 분석적 방법을 비판하면서도 낭만주의의 직관주의적 방법과 일정한 거리를 두고 대상의 생명에 내재하는 변증법적 방법을 스스로 창안했던 것이다."

거기에 '아멘'하고 따라갑니다. 그렇게 말하는 사람들이 순진한 성도들을 얼마나 많이 속이고 있는지를 모르기 때문입니다. 자신들은 공산주의는 아니라하고 사회주의도 아니라고 말합니다. 그러면 이 사람들은 누구일까요?

우리는 어느 시대보다 눈물로 기도해야 하는 성도입니다. 우리는 어느 시대보다 하나님께 더 부르짖어야 하는 성도입니다. 살기 힘들다 하면서 너무 기도 안 합니다. 살기 어렵다 하면서 너무 성경 안 읽습니다. 죽겠다고 하면서도 여러분들은 왜 기도하지 않습니까? 여러분이 예수님을 믿는다는 그 하나만으로 성도의 영적인 의무를 다 했다고 생각하면 안 됩니다.

저 노아시대의 사람들은 무슨 별스런 죄를 지었다고 생각하십니까? 그들도 하나님 이름을 말했습니다. 그러면서도 인간적인 너무나 인간적인 나라, 인간적인 세상을 만들어가려고 했습니다. 우리도 하나님을 말합니다. 그러나 우리는 이 현실의 어려움 속에서 얼마나 인간적인 요구들을 기도라는 이름으로 요구하고 있을까요? 이 고통 속에서 우리는 얼마나 언약에 신실하고 있을까요? 하나님의 계획대로 하나님의 나라가 이루어지기를 바라며 그 언약적 규범을 지켜가며 살아가고 있을까요?

예수 그리스도의 십자가 피로 우리를 구원하시고 여기 이 자리에 보존하시는 이유가 분명하게 있습니다. 먹고 사는 일에 힘들고 어찌될지 모르는 막막한 세월 속에서도 하나님의 뜻대로 이루어지는 하나님의 나라와 의를 구하며 살아가도록 오늘 여기에 우리를 보존해 주셨습니다. 우리는 남들이 생각하지 않는 것을 생각해야 하고 남들이 고민하지 않는 것을 고민해야 합니다. 그 생각, 그 고민을 한다고 해서 우리가 인생의 주인이라는 것이 아니라 더 많이 하나님 앞에 언약에 신실하게 살고 믿음으로 살고 싶기 때문입니다. 힘들고 어려워도, 자기연민으로 몰아가면서 더 고통스럽게 만들어 가서는 안 됩니다. 그 고난의 세월 속에서도 하나님께서 보시는 나, 예수 그리스도의 십자가 피로 구원하시고 사랑하시는 나, 지금도 성령님의 역사하심 속에 있는 나를 바라보는 성도로 살아야 합니다. 그래야 흔들리지 않고 허하지 아니하고 마음 따뜻한 성도로 살아갈 수 있습니다. 이 소리를 들을 때, 왜 여러분의 심장이 떨리고 멎지 않습니까? 이 소리를 들을 때, 왜 여러분의 눈동자에는 눈물이 없습니까? 이 소리를 들을 때, 왜 여러분은 하나님이 두렵지 않습니까? 하나님께서 보고 계십니다. 우리 한 사람 한 사람을 보고 계십니다. 예수 그리스도를 믿는다고 하면서도 우리가 실제로는 어떻게 살아가고 있는지 다 보고 계십니다.

우리는 얼마나 이렇게 평안한 가운데 예배를 드리고 찬송하고 기도 할 수 있을까요? 죄로 죽은 아무것도 아닌 우리에게 은혜로 허락하신 이 믿음, 예수 그리스도를 믿는 이 믿음 지키고, 우리 주님 만날 그 때까지, 오직 예수 그리스도만을 존귀히 여기며, 예수 그리스도만을 높이며, 오직 하나님의 영광을 위하여 살아가는 믿음의 성도들이 다 되기 바랍니다.

언약 18 노아언약 3

1 사람이 땅 위에 번성하기 시작할 때에 그들에게서 딸들이 나니 2 하나님의 아들들이 사람의 딸들의 아름다움을 보고 자기들의 좋아하는 모든 자로 아내를 삼는지라 3 여호와께서 가라사대 나의 신이 영원히 사람과 함께 하지 아니하리니 이는 그들이 육체가 됨이라 그러나 그들의 날은 일백이십 년이 되리라 하시니라(창 6:1-3)

언약 열여덟 번째 시간입니다. 노아 언약으로는 세 번째 시간입니다. 지난 시간에 노아언약을 보존언약(Covenant of Preservation)이라 했습니다. 보존이란 첫 번째로, 여호와 하나님을 경외하는 언약에 신실한 주의 백성을 보존한다는 뜻이며, 두 번째로, 창세기 3장 15절의 여자의 후손, 곧 하나님께서 자기 백성을 구원하시는 그 약속을 이루실 자, 그 메시아의 오심이 실현되도록 그 가계를 보존해 가신다는 뜻이라고 했습니다.

우리가 사는 이 시대는 이와 같은 성경의 언약과는 완전히 틀린 개념으로 움직여 가고 있습니다. 왜냐하면, 세상은 언제나 인간의 탁월성을 말하고 그것이 온전히 실현되는 신성을 말하기 때문입니다. 그 신성을 말하는 것이 바로 영성입니다.

오늘은 창세기 6장의 죄악이 말하는 본질이 무엇인지 살펴보려고 합니다.

첫 번째로, 우리는 창세기 6장 1-3절에서 말하는 죄악을 생각해 보아야 합니다. 세월이 흐르고 인간들은 하나님을 자신들의 기억에서 지워버리고 하나님과 무관한 삶을 살기 시작했습니다. 그렇다고 해서 그 사람들이 하나님을 전혀 모르고 종교적인 용어들을 몰랐던 것이 아닙니다. 그들 시대에 노아가 있었고 그 이전에 에녹이 여호와 신앙을 증거하며 살았습니다. 그런데도 그들이 심판을 받았다는 것은 무슨 의미일까요? 그들이 여호와를 말하는 것은 종교적이었을 뿐이지, 실제로는 여호와 신앙이 삶을 지배하는 것이 아니었다는 것을 의미합니다. 그들은 왜 그렇게 되었습니까? 인간의 욕망의 지배를 받았기 때문입니다. 성경은 그런 죄악 된 모습을 창세기 6장 2절에서, "하나님의 아들들이 사람의 딸들의 아름다움을 보고 자기들의 좋아하는 모든 자로 아내를 삼는지라"라고 인간의 죄악에 대하여 말합니다.

2절에 나오는 '하나님의 아들들'에 대해 논란이 많이 있지만, 대개 경건한 셋의 계열로 봅니다. 셋의 계열인 하나님의 아들들과 가인의 계열인 사람의 딸들의 통혼이 죄의 관영을 급속히 부추겼습니다. 성경은 언제나 '죄의 관영'을 말할 때 하나님의 심판을 초래하는 결정적인 동인으로 작용한다고 말합니다.214) 여기에서 첫 번째로 볼 것은 "사람의 딸들의 아름다움을 보고"이며, 두 번째로는 "자기들의 좋아하는"입니다. 왜냐하면, 하나님의 언약이 기준 되지 아니하고 인간이 기준이 되고 인간의 욕망이 목적이 되었다는 뜻이기 때문입니다.

인간의 욕망이 목적이 되었다고 말한다고 해서 인간에게는 아무런 욕구가 없다고 말하는 것이 아닙니다. 하나님께서는 우리 안에 인간으로서 가지는 욕구를 주셨습니다. 그러나 죄로 타락한 인간들은 욕구를 넘어 욕망으로 갔습니다.215) 그 욕망을 하나님 없이 누리려고 하고 하나님의 방법이 아닌 인간의 방법으로 누리려고 하기 때문에 다시 범죄 하게 되었습니다. 창세기 6장 1-3절에 나오는 이런 죄악들은 단순히 외모지상주의, 성적인 타락으로만 여겨서는 안 됩니다. 그것은 외적으로 드러난 결과들에 불과합니다.

'그들의 내적인 동기가 무엇인가?' 그것이 중요합니다. 그것은 바로 하나님 없이 의미와 통일성을 누리려고 하는 것입니다. 그것이 현실적으로 나타날 때에, 그 노아시대에 "하나님의 아들들이 사람의 딸들의 아름다움을 보고 자기들의 좋아하는 모든 자로 아내를 삼"았다는 것은 이 현실이 전부가 되어 버린 것입니다. 인간이 자신의 욕망에 사로잡혀 살게 되는 것은 순간적인 죄가 아니라 여기가 전부이고 여기에 이상적인 국가를 건설하려고 하기 때문입니다. 그것은 하나님께서 여자의 후손, 메시아이신 예수 그리스도를 통해 구원하시고 인도해 가시려는 영원하신 하나님의 나라에 반역하는 것입니다.

현실이 전부라고 말하고 욕망에 지배를 받는 것은 인생을 살아가 본 사람들이 더 잘 압니다. 그냥 아는 것이 아니라 너무너무 잘 압니다. 사람이 살아가보면 흘러가는 세월이 아깝습니다. 후회스럽습니다. 젊은 시절이 지나고 결혼을 하고 나이 40대까지는 참아봅니다. 돈을 벌고 남다르게 살아가는 사람도 별수 없습니다. 돈 못 벌고 고생하나 돈 벌고 살맛나게 사나 40대에 이르면 이렇게 살았거나 저렇게 살았거나 자기도 모르게 한숨이 나옵니다. 한이 맺히면 맺힌 대로 한

---

214) 네 자손은 사대 만에 이 땅으로 돌아오리니 이는 아모리 족속의 죄악이 아직 관영치 아니함이니라 하시더니 (창 15:16) 20 여호와께서 또 가라사대 소돔과 고모라에 대한 부르짖음이 크고 그 죄악이 심히 중하니 21 내가 이제 내려가서 그 모든 행한 것이 과연 내게 들린 부르짖음과 같은지 그렇지 않은지 내가 보고 알려하노라(창 18:20-21) 26 노아의 때에 된 것과 같이 인자의 때에도 그러하리라 27 노아가 방주에 들어가던 날까지 사람들이 먹고 마시고 장가들고 시집가더니 홍수가 나서 저희를 다 멸하였으며 28 또 롯의 때와 같으리니 사람들이 먹고 마시고 사고팔고 심고 집을 짓더니 29 롯이 소돔에서 나가던 날에 하늘로서 불과 유황이 비오듯하여 저희를 멸하였느니라 30 인자의 나타나는 날에도 이러하리라(눅 17:26-30)
215) '욕구'는 '무엇을 얻거나 무슨 일을 하고자 바라는 일'이란 뜻이며, '욕망'은 '부족을 느껴 무엇을 가지거나 누리고자 탐함'을 뜻한다. '욕심'은 분수에 '넘치게 무엇을 탐내거나 누리고자 하는 마음'이란 뜻으로, 다소 좋지 않은 의미로 사용된다.

숨 나오고 한이 없으면 없어서 한숨이 나옵니다. 한 맺힌 사람이 들으면 더 열받을 소리이지만 한 맺힌 것이 없는데 무슨 한숨이 나오나 싶지만 한숨이 나오는 걸 어떻게 하겠습니까?

공자는 논어(論語) 「위정」(爲政)편에서 나이 40이면 불혹이라 해서 세상에 미혹되지 않았다고 하면서 사물의 이치를 터득하고 세상일에 흔들리지 않을 나이라 했지만,216) 그건 공자니까 하는 소리이고 철학으로 하는 말에 불과합니다. 이 세상의 모든 사람은 불혹이 아니라 미혹이 됩니다. 불혹을 지나야 지천명이 된다하나 미혹이 되니 지천명(知天命)은커녕 지인명(知人命)도 안 됩니다. 하늘의 뜻을 아는 것이 아니라 사람의 뜻도 모릅니다.

모르니 불안하고 모르니 허탈하고 모르니 그냥 못사는 겁니다. '이대로 참고 고이고이 살아본들 누가 알아주랴?' 싶어서 집 밖으로 나갑니다. 그 때부터는 인간이 아닙니다. 자기 욕망이 자기를 끌어갑니다. 그렇게 살면 안 되는 줄 알면서도 멈출 수 없습니다. 브레이크 없는 차 같아서 멈출 수가 없습니다. 그냥 어디 가서 콱 들이받아야 그 때에야 정신을 차리지. 그렇게 들이받지 않으면 그냥 계속 갑니다. 남들이 욕하든지 말든지 그렇게 살아갑니다. 혼자 그렇게 살다가 죽기 싫으니까 옆에 사람 꼬드깁니다. 같이 죽자고 데려갑니다. 가자고 가는 인간은 또 뭐예요. 그렇게 살아가는 사람치고 곱게 늙는 사람이 없습니다. 자기만 그런 것이 아니고 옆에 있는 사람들까지 힘들게 합니다.

인생이 여기가 전부다 생각하면 그렇게 됩니다. 참아야 할 이유도 없고 견뎌야 할 소망도 없으면 막차를 타는 겁니다. 세상이 너나 할 것 없이 그렇게 살아가니까 막차도 없어서 택시를 대절해서 타고 갑니다. '그 택시 타지 마라'고 말해 주는 사람은 별로 없습니다. 그러니 그 택시를 안타는 사람만 바보가 되는 겁니다. 여기 있는 사람들은 그 택시 안 탄 사람들입니다. 여기 있는 사람들은 왜 그 택시를 안탔습니까? 여기가 전부가 아니니까요. 내가 전부가 아니니까요. 예수 그리스도의 십자가 피로 나를 구원하시고 하나님께서 나를 귀히 보시고 성령님께서 오늘도 내 마음에 역사하셔서 거룩하게 살고 경건하게 살도록 그리스도의 말씀에 감동을 주시고 인도하시기 때문입니다. 내가 남다른 능력이 있고 실력이 있어서가 아니라 그렇게 되는 것이 은혜입니다. 그렇게 되는 은혜를 주시더라는

---

216) 논어 위정편, "나는 나이 열다섯에 학문에 뜻을 두었고(吾十有五而志于學), 서른에 뜻이 확고하게 섰으며(三十而立), 마흔에는 미혹되지 않았고(四十而不惑), 쉰에는 하늘의 명을 깨달아 알게 되었으며(五十而知天命), 예순에는 남의 말을 듣기만 하면 곧 그 이치를 깨달아 이해하게 되었고(六十而耳順), 일흔이 되어서는 무엇이든 하고 싶은 대로 하여도 법도에 어긋나지 않았다(七十而從心所欲 不踰矩)."

겁니다.

노아시대의 사람들이라고 별다르지 않았습니다. 그들은 하나님의 은혜언약의 약속대로 장차 여자의 후손을 통해 이루어질 하나님의 나라를 소망하며 하나님의 언약에 신실하게 살아가지 않고, 여기가 전부라고, 여기에다 이상적인 나라를 세워야 한다고 말하기 때문에 그런 죄악들이 발생하게 되었습니다.

그렇게 가기 위해서는 모든 영역에 통합이 일어나게 됩니다. 그 통합의 가장 이상적인 좌표를 그려주는 것이 종교통합입니다. 오늘날로 말하자면 절대적 기준과 가치가 사라지는 포스트모더니즘이고 인간의 내면에 신성이 있다는 영성으로 하나가 되는 것입니다. 그것이 노아 시대나 지금이나 또한 어느 시대에나 죄악이 극에 달하여 심판으로 멸망하게 되는 상황입니다.

노아시대에 "하나님의 아들들이 사람의 딸들의 아름다움을 보고 자기들의 좋아하는 모든 자로 아내를 삼"았다고 성경이 말할 때, 그 시대의 사람들의 외적인 죄악만 볼 것이 아니라 그들 속에 어떤 죄악 된 마음을 가지고 있었는가를 보아야 합니다. 죄악이 외적으로 드러나는 그 현상들이 가지고 있는 사상들이 무엇인가를 보아야 합니다. 하나님 없는 세상은 언제나 현실이 전부라고 하면서 이상 국가를 소원합니다. 그러면서도 사람들은 영원성을 소원합니다.

안타깝게도 영원성은 인간이 만들어 낼 수 없습니다. 영원성은 오직 신성한 존재로부터만 옵니다. 신성한 존재는 오직 하나님 밖에 없습니다. 하나님만이 영원하시고 하나님만이 영생을 주십니다. 그러나 죄악 된 인간은 하나님으로부터 받는 영원성을 싫어합니다. 그래서 그 영원성을 소유하기 위해서 종교적 도약을 감행합니다. 거기에는 반드시 도약이 일어납니다. 인간이 영원성을 바라고 소망하는 한에서는 끝까지 도약이 일어납니다. 그것이 다만 겉으로 나타나는 형식이 다를 뿐이지 그 때에나 지금이나 동일하게 나타나고 있습니다.[217]

우리는 도약이라고 하면 남의 이야기로만 듣습니다. 도약의 가장 쉬운 예로 장독대에 정화수를 올려놓고 저 달을 보고 비는 것이라고 했습니다. 내가 이렇게 열

---

[217] 존 프레임은 『기독교윤리학』 155쪽 9번 각주에서, "키에르케고르는 철학에의 실존적 접근을 논할 때면 언제나 빠지지 않고 등장하는 이름이다. 키에르케고르가 의사결정의 과정에서 인간의 주관성(subjectivity)이 차지하는 중요성을 강조한 것은 틀림없는 사실이다. 그러나 나는 무엇보다 키에르케고르가 그리스도인이었다고 믿는다. 실존주의와 키에르케고르의 사상에서 발견되는 기독교적 요인들을 연결 짓는 작업은 쉬운 일이 아니다. 따라서 나는 지금 이 장만큼은 어쩔 수 없이 그에 관한 언급을 배제하였다. 왜냐하면 순수 실존적 전통의 예가 될 만한 사상가들을 찾아서 소개하는 것이 논의의 주요 목적이기 때문이다"라고 말했다. 나 역시 키에르케고르가 기독교인이 아니었다고 말하고 싶지는 않다. 그러나 키에르케고르의 도약이 왜 일어났는지를 분명하게 말하지 않으면 심각한 문제가 발생한다.

심히 비니까 내 소원을 들어달라는 것입니다. 이렇게까지 종교적 열심을 바치니까 그걸 알아주어서 해결해 주어야 한다는 것입니다. 이런 일들이 기독교 안에도 일어납니다. 그 대표적인 사건이 시내산 아래 금송아지 사건이라고 했습니다.

왜 그런 금송아지 사건이 교회 안에도 일어날까요? 그것은 언약에 신실하게 살아가려고 하지 않고 현실을 전부로 보기 때문입니다. 언약은 삶의 공간에서 만들어내는 것입니다. 그것이 어렵기 때문에 도약합니다. 옛 본성을 버리고 새 본성으로 사는 것은 어렵기 때문에 도약합니다.

이렇게 말하면, 아마 많은 사람들은 '어떤 성도가 현실을 전부라고 생각합니까?'라고 말할 것입니다. 왜냐하면, 천국을 소망하면서 살고 기도하고 찬송하면서 하나님을 예배하고 살아가기 때문입니다. 그러나 그렇게 예배하고 천국을 소망하는 성도라고 해서 도약이 일어나지 않는 것이 아닙니다. 현실이 전부가 아니라고 하면서도 언약적으로 생각하지 않습니다. 언약적으로 살아가지 않습니다. 살아가면서 신앙으로 살고 하나님의 성품 같이 거룩하고 인자하고 긍휼을 베푸는 따뜻한 성도로 살아갈 것인가를 기도하는 것이 아니라, 왜 내 소원을 안 들어주냐고 원망하며 왜 내 인생은 이것밖에 안 되느냐?고 구시렁대면서 살아갑니다. 들어주실 때까지 두드리고 찾고 구하는 것이 신앙이 되어 버렸습니다.

요즘은 너나 할 것 없이 하나님의 음성을 듣는다고 난리법석입니다. 자기가 하나님께 물어보고 하나님께서 다 답해 주신다고 말합니다. 그것이 도약인 줄 아는 사람은 얼마나 될까요? 가르치는 사람도 그렇게 가르치고 배우는 사람도 그렇게 배우니, 말만 목사이고 말만 성도입니다. 영성이라고 가르치니 무당 되는 줄 모르는 겁니다. 무당은 그걸 보고 무당 짓하는 것을 아는데 왜 성도는 그게 무당 짓인 줄을 모를까요? 무당은 무당 짓 하는걸 압니다. 성도는 무당 짓을 하면서도 영성이라고 합니다. 노아시대에나 지금이나 그렇게 가면 반드시 심판으로 이어지고 멸망하게 됩니다.

두 번째로, 성경이 말하는 '죄가 무엇이냐?'고 할 때에 그것은 하나님 없는 자율성으로 가는 것입니다. 인간은 하나님 의존적인 존재입니다. 왜냐하면, 하나님께서 하나님의 형상대로 창조하셨기 때문입니다. 하나님의 형상대로 창조되었다는 것은 하나님과의 관계 속에서만 존재하는 존재입니다. 우리는 이런 말이 너무 익숙해서 이 관계라는 말의 의미를 매우 소홀히 여기고 가치 없게 여깁니다. 하나님께서 인간을 만나시는 관계는 언약관계입니다.

저는 하나님의 말씀을 대언하는 설교자로서, '하나님의 언약 안에 있는 우리의 존재적 관점이 무엇인가?'를 말하는 것이 가장 기쁘고 즐겁습니다. 삶의 어려움을 어떻게 해결하고, 당면한 문제들을 어떻게 다루어갈 것인가? 를 말하는 것보다 '우리의 존재가 어떤 존재인가?'를 말하는 것을 좋아합니다. 왜냐하면, 하나님 안에서 우리의 존재적 관점을 확보할 때 우리 삶의 문제들이 해결되고 승리할 수 있기 때문입니다. 현실의 문제를 도외시하는 것이 아니라 그 현실의 문제를 해결하는 원리와 힘이 우리에게 있는 것이 아니라 하나님의 말씀에 있기 때문입니다.

오늘날, 현대설교는 귀납적입니다. 설교가 귀납적이라는 것은 우리가 살아가면서 경험한 어떤 사실로부터 시작해서 인간의 삶에 경험한 문제를 해결하는 것에 초점을 맞춘 설교입니다. 이것은 설교에 대한 기본적인 전제가 잘못된 것입니다. 설교가 삶의 문제들에 대한 성경적인 해결책을 말하는 것으로 매우 의미 있는 일입니다. 그러나 그런 방향성을 가지고 설교를 하는 사람들의 설교는 그 처음 의도와는 다르게 변질되어 버렸습니다. 어떤 설교자가 성경을 읽어 놓고 설교를 하지만 실제적으로는 설교가 아니라 농담이나 하고 세상 정치나 경제 이야기를 하거나 어느 가정의 문제를 드러내면서 설교자 자신이나 그 설교를 듣는 사람들로 하여금 자신들은 그런 문제 있는 인간이 아니라는 위안을 받게 되었습니다. 그것은 더러운 위안입니다. 가장 더러운 위안은 무엇일까요? 이 설교 중에 목사의 죄를 끄집어내어 설교라고 하는 것입니다. 설교가 죄 안 짓는다는 것이 아닙니다. 하나님 다음으로 귀하다고 생각하는 성직자가 죄를 짓는다는 소리를 들으면 설교를 듣는 사람들이 면죄부를 받게 됩니다. 그것은 더러운 위안입니다. 적어도 자신들은 그런 수준 이하의 사람들은 아니라는 것입니다. '나는 적어도 저런 사람은 아니야'라고 생각합니다. 설교시간이 하나의 교양강좌가 되고 오락거리가 되고 말았습니다.218) 그러자 사람들의 생각이 이렇게 되었습니다. '그런 설

---

218) 로이드존스, 설교와 설교자, 정근두 역 (서울: 복있는사람, 2009), 91-92. 〈메시지란 무엇입니까? 베드로의 말은 그 소극적인 측면을 보여주고 있습니다. 우리에게는 우리가 할 일이 아닌 것, 우리가 차비를 갖추고 있지 않은 일이 있는 반면, 우리가 차비를 갖추고 있는 특별한 임무, 우리가 부름 받았을 뿐 아니라 감당할 능력도 있는 임무가 있습니다. 제가 이 예를 드는 것은 이 이야기가 극적으로 묘사되어 있어서 이 점을 상기시키는 데 도움이 된다고 생각하기 때문입니다. 그렇다면 우리가 따를 원리는 무엇입니까? 무엇보다 먼저, 설교는 단순한 시사평론으로 이루어지지 않는다는 것입니다. 다시 말해서 우리가 사람들에게 전해야 하는 것은 그 주에 일어난 사건이나 발생한일, 신문 머릿기사나 정치 문제 등이 아닙니다. 신문에서 읽은 내용에 의지해서 주일 메시지를 준비하는 유형의 설교자가 있습니다. 그가 설교 시간에 하는 일이라고는 자신이 읽은 내용을 논평하는 것이 전부입니다. 그것이 이른바 시사적 설교라는 것입니다. 거의 전적으로 독서에 의존하는 듯한 사람들도 있습니다. 때로는 자신이 읽은 소설에 의존하기도 합니다. 그들은 최근에 읽은 소설에 대해, 그 줄거리와 메시지에 대해 이야기한 후, 결말 부분에서 도덕적인적용 내지는 변주를 시도합니다. 이와 관련해서 생각나는 여성 언론인이 있습니다. 그는 잉글랜드의 주간 종교지에 글을 쓰던 사람으로서, 자신이 좋아한는 설교자에 대해 쓴 적이 있습니다. 그는 그 글에서 자신이 그 설교자를 좋아하는 이유를 밝혔는데, 그 이유란 "그는 언제나자신이 읽은 내용을 우리와 나눈다"라는 것

교는 나도 하겠다', '뭐 그 정도쯤이야' 그렇게 되었습니다. 그렇게 설교하는 사람들이 인기를 누리고 유명한 목사가 되었습니다.[219] 그래서 사람들이 대형교회로 갑니다. 대형교회라야 진리가 있다고 생각합니다. 큰 교회 목사는 뭐가 달라도 다르니까 큰 교회 목사라고 생각합니다. 큰 교회 목사 되는 것이 꿈이 되었다는 것은 참 서글픈 일입니다.

그러면, 설교는 무엇이어야 할까요? 로이드존스 목사는 『설교와 설교자』에서 "우리는 설교를 통해 사람들을 심판대 앞으로 데려다 놓아야 합니다."라고 말했습니다. 이 말은 설교 듣는 성도들에게 겁을 주어야 한다는 뜻이 아니라 설교를 듣는 자와 그의 경험 속에서 무슨 일인가 일어나서, 그 이후에 그의 삶 전체에 영향을 끼쳐야 한다는 것입니다. 로이드존스는 설교에 대해 가장 먼저 이렇게 말했습니다.

> 다시 말해서 설교의 내용은 신약 성경이 말하는 바 '말씀'입니다. 신약 성경은 말씀, 복음, 또는 하나님의 뜻을 다 전하라고 말합니다. 그것을 해석하면 곧 성경 메시지를 전하라는 뜻이 됩니다.[220]

이었습니다. 어떤 이들은 일정한 형태의 윤리적 행동을 촉구하고 호소하며 요청하는 일종의 윤리적 원칙에 대한 논문 내지 도덕적 수필을 설교문으로 생각하는 것 같습니다. 또 어떤 이들은 메시지를 일반적인 정신의 고양이나 심리치료의 일환으로 생각하기도 합니다. 그럴 경우에도 기독교 용어가 사용되지만, 그 참된 의미는 소거되어 있습니다. 그들은 심리적으로 사람들에게 영향을 끼치며 행복을 느끼게 해 주고 전보다 나아졌다고 느끼게 하기 위해, 그리고 인생의 문제들에 직면하는 방법을 가르쳐 주기 위해 그런 용어들을 사용합니다. 이를테면 '적극적인 사고방식' 같은 말이 그 예입니다. 그 말은 20세기에 대단한 선풍을 일으켰습니다.〉

219) 신성욱은 『이동원 목사의 설교 세계』라는 책에서 "···이동원 목사의 설교 속에는 청중이 당면한 현실의 문제에 대한 언급들이 잘 반영되어 있음을 볼 수 있다"고 말하면서 다음과 같은 이동원 목사의 설교 예를 들었다. "여러분 선거에 참여하시되 지역주의에 좌우되지 마십시오. 그것은 유치한 것입니다. 인물을 보십시오, 그리고 인물 못지않게 중요한 것은 정책입니다. 지금까지 정치를 해온 사람이라면 어떤 정책 법안을 입안해 온 사람들인가를 주의 깊게 관찰해 보십시오. ···"신성욱은 "현실의 내용은 회피하고 성경의 세계만 들춰내는 것은 성경의 주석을 쓰는 사람들의 역할이다."라고 말하면서 청중이 "직면하고 있는 구체적인 현실적 아픔과 고민과 문제들에 대한 적용이 곁들여져야 청중의 마음을 움직일 수 있다"고 말했다. 그렇게 설교하는 이동원 목사는 과연 정치적 중립을 지키는 사람이고 할 수 있을까? 2012년 3월 27일 서울 노원갑 후보로 나선 '나는 꼼수다' 진행자 김용민 씨의 선거사무소를 방문하고 안수기도를 해 준 것으로 알려졌다. "이동원 목사는 이날 김 후보를 격려하고 안수기도도 해준 것으로 알려졌다. 나꼼수가 욕설과 기독교 폄훼 등으로 교계의 비판을 받고 있는 상황에서, 이 목사의 이같은 행보는 매우 이색적이다."
(http://www.christiantoday.co.kr/articles/254638/20120328/이동원-목사-나꼼수-김용민-후보측-방문해-안수기도.htm)

220) 로이드존스, 설교와 설교자, 정근두 역 (서울: 복있는사람, 2009), 94. 설교란 무엇인가? 1. 하나님이 인간에게 주신 메시지를 전달하는 것입니다. 설교자는 그리스도의 사신입니다. 2. 설교는 사람의 영혼에, 전 인격에, 그 사람 전체에 영향을 끼칩니다. 설교는 전인을 다루는 것입니다. 3. 설교는 듣는 자들이 실제적인 어려움과 곤란에 처해 있음을 알려주는 것입니다. 4. 설교는 사람들을 하나님의 심판대 앞으로 데려다 놓아야 합니다. 그리고 예배당에 나가면서 "이제는 더 이상 예전으로 돌아가 그때처럼 살 수 없다. 이 설교가 나에게 변화를 일으켰고 전과 달라지게 했으며, 설교를 듣고 나서 나는 달라졌다."고 말하게 만들어야 합니다. 5. 설교는 말씀, 복음, 또는 하나님의 뜻을 전하는 것입니다. 성경 메시지를 전하는 것입니다. 6. 전도 설교는 하나님에 대해 전하는 것이며, 하나님과 우상을 비교하여 우상의 공허함과 허무함과 쓸모 없음을 폭로하는 것입니다. 7. 율법을 전해야 합니다. 그리고 그 율법을 통해 자신이 죄인이라는 사실을 깨닫게 하여 그리스도에게 나아가게 해야 합니다. 8. 설교는 전도를

하나님의 뜻은 예수 그리스도를 믿어 영생에 이르고 언약에 신실하여 거룩하게 되는 것입니다. 거룩은 죄를 버리고 따뜻한 가정을 이루고 이웃을 사랑하는 것

위한 설교와 교육을 위한 설교, 그리고 교육적이면서도 실천적인 측면을 다루는 설교를 해야 합니다. 9. 신학에 토대를 둔 설교를 해야 합니다. 모든 유형의 설교는 반드시 신학적이어야 합니다. 인간에 대한 교리, 타락과 죄에 대한 교리, 죄에 진노하시는 하나님에 대한 교리를 다루지 않고서는 회개를 제대로 이야기 할 수 없습니다. 10. 설교자는 복음을 제시해야 하며 선포해야 합니다. 복음에 대해 설교하지 말고 복음을 설교해야 합니다. 복음 그 자체를 전하야지, 복음에 대해 전해서는 안 됩니다. 복음 그 자체가 설교자를 통해 회중에게 직접 제시되고 전달되어야 합니다. 11. 설교는 수필이 아닙니다. 수필은 읽기 위한 것이지만, 설교는 말하고 듣기 위해서입니다. 수필은 반복이 좋지 않지만, 설교는 반복해야 합니다. 12. 설교와 강의를 혼동해서는 안됩니다. 설교는 주제에서 출발하지 않습니다. 그런 면에서 설교는 언제나 강해로 작성되어야 합니다. 설교문의 주제나 교리는 본문과 문맥에서 나오는 것이며 본문과 문맥으로 예증되는 것입니다. 13. 그렇다고 단락을 나누고 구절마다 설명하는 것이 설교는 아닙니다. 설교문은 형식을 갖추고 있어야 합니다. (1) 본인이 택한 본문의 단락이나 구절을 주해합니다. (2) 그 자료를 명제나 대지, 또는 소재목으로 나누어야 합니다. (3) 메시지를 적용하면서 설교해야 합니다. (4) 모든 설교는 각각 완결된 독립체를 이루어야 합니다. 한 편의 설교문에는 예술적인 요소가 들어있어야 합니다. 위대한 설교자는 위대한 설교문을 준비한 사람들이었습니다. 14. 설교는 설교자의 전인격이 관련되어 있습니다. 15. 권위와 통제력을 가지고 회중과 예배 순서를 관장하려는 의식이 있어야 합니다. 설교자가 회중을 책임지고 통제해야 합니다. 16. 설교 행위를 할 때에는 자유롭게 해야 합니다. 17. 설교자는 진지함과 생동감이 있어야 합니다. 리처드 백스터 Richard Baxter"나는 다시 설교할 기회가 없는 듯이 설교했으며, 죽어 가는 자가 죽어 가는 자에게 하듯이 설교했다." 18. 설교자는 설교하는 내용에 대한 열심과 관심이 있어야 합니다. 언제나 자신이 말하는 내용에 사로잡혀 있다는 인상을 주어야 합니다. 설교자는 증인입니다. 행 1:8 "내 증인이 되리라" 19. 설교자는 뜨거움을 설교해야 합니다. 감동 받은 설교자는 반드시 뜨거워지게 되어 있습니다. 죠지 휫필드는 설교할 때마다 거의 매번 눈물을 흘렸던 것으로 보입니다. 로마서 6:17 "하나님께 감사하리로다. 너희가 본래 죄의 종이더니 너희에게 전하여 준바 교훈의 본을 마음으로 순종하여" 20. 간박한 마음으로 설교해야 합니다. 설교자는 영혼을 다루고 있습니다. 영원을 향해 나아가고 있는 순례자들을 다루고 있습니다. 인생의 삶과 죽음의 문제뿐 아니라 영원한 운명을 다루고 있는 것입니다. 이보다 더 간박한 일은 없습니다. 생의 한가운데에서 우리는 죽음과 마주하고 있습니다. 디모데후서 4:2 설교자는 "때를 얻든지 못 얻든지 항상" 간박하게 힘써야 합니다. 21. 설득력 있는 파토스(설득력 있는 정서적인 호소와 공감력)와 능력이 있어야 합니다. 능력이 없는 것은 설교가 아닙니다. 마태복음 9:36 주님은 무리가 "목자 없는 양" 같음을 보시고 "불쌍히"여기셨습니다. 고린도전서 2:4 "성령의 나타나심과 능력으로" 데살로니가전서 1:5 "이는 우리 복음이 너희에게 말로만 이른 것이 아니라 또한 능력과 성령과 큰 확신으로 된 것임이라" 22. 설교는 설교문과 설교 행위가 결합된 것입니다. 설교는 불붙은 신학입니다. 23. 설교는 하나님과 그분의 임재를 느끼게 해 주는 것입니다. 기도는 하나님의 임재를 경험하는 것으로 시작합니다. 예배도 마찬가지입니다. 24. 설교는 부름 받은 사람이 해야 하며, 모든 시간을 바쳐서 해야 합니다. 부업으로 할 수 있는 일이 아닙니다. 25. 설교자는 마음속에 구원의 길을 보여주고 싶고, 메시지를 전달하고 싶은 열망이 있습니다. 26. 설교 외에 다른 일은 전혀 할 수 없겠다는 압박감이 없다면 설교자로 부름 받은 것은 아닙니다. 찰스 스펄전 "만약 다른 일도 할 수 있다면 그 일을 하십시오, 목회를 하지 않아도 그럭저럭 지낼 만하다면 하지 마십시오." 27. 자신의 부족함에 대한 자각이 있어야 합니다. 하나님의 소명에 따르는 압도감과 압박감이 없는 사람은 설교하지 말아야 합니다. 고린도전서 2:3 "내가 너희 가운데 거할 때에 약하고 두려워하고 심히 떨었노라" 고린도후서 2:16 "누가 이 일을 감당하리요" 로마서 10:13-15 "누구든지 주의 이름을 부르는 자는 구원을 받으리라 그런즉 그들이 믿지 아니하는 이를 어찌 부르리요 듣지도 못한 이를 어찌 믿으리요 전파하는 자가 없이 어찌 들으리요 보내심을 받지 아니하였으면 어찌 전파하리요 기록된 바 아름답도다 좋은 소식을 전하는 자들의 발이여 함과 같으니라" 28. 인격이 높아야 합니다. 경건하고, 지혜로우며, 인내하고, 견딜 줄 알아야 합니다. 디모데후서 2:24 "주의 종은 마땅히 다투지 아니하고 모든 사람에 대하여 온유하며 가르치기를 잘하며 참으며" 29. 가르치는 능력이 있어야 합니다. 30. 언변이 있어야 합니다. 31. 내적 확인과 외적 확인을 거쳐야 합니다. 32. 삶에 대한 일반적인 지식과 경험을 어느 정도 갖추어야 합니다. 33. 일반적인 지적 훈련의 중요성이 있어야 합니다. 체계적이고 논리적인 사고를 하는 법을 알아야 합니다. 34. 성경과 성경 메시지에 대한 지식이 있어야 합니다. 35. 성경 신학의 핵심을 끌어내고 그것을 체계적으로 파악할 수 있어야 합니다. 36. 교회사를 연구하고 이단의 위험성에 대해 배우는 것이 중요합니다. 교회 역사에 나타난 위대한 부흥의 역사를 알아야 합니다. 37. 다른 설교자들, 경험 많은 최고의 설교자들의 설교를 많이 들어야 합니다. 18세의 거장들의 말씀을 들으십시오. 찰스 스펄전, 조지 휫필드, 조나단 에드워즈를 비롯한 거장의 설교집을 읽어야 합니다. 38. 하나님을 향한 사랑, 영혼을 향한 사랑, 진리에 대한 지식, 여러분 안에 계신 성령님. 이것이 설교자를 만들어 냅니다.(양우광 목사 정리, pp. 88-199)

입니다.221) 따뜻함은 하나님 안에 있는 자기 존재에 대한 감사와 기쁨에서 나옵니다. 따뜻함이 묻어나는 인생을 살아갈 때 하나님께서 영광을 받으십니다. 따뜻함이 없으면 멈추어 서야 합니다. 따뜻함이 없는데도 열심히 살아가면 여러 인생 힘들게 합니다. 따뜻함이 없는 것은 나를 이끌어가는 나쁜 것들이 있기 때문입니다. 나를 끌어가는 그것이 무엇인지 생각해 봐야 합니다. 그 나쁘다는 것이 흉측한 어떤 것이 아닙니다. 여기 현실이 전부라는 것, 과거의 상처가 나를 끌어가는 것, 그 돈이 나를 끌어가는 것입니다.

그러나, 하나님께서 이끌어 가시면 분명히 따뜻합니다. 그 여자의 후손, 그 메시아가 나를 끌어가면 따뜻해집니다. 하나님 아닌 다른 것들이 나를 끌어가면 따뜻해지는 것이 아니라 독해집니다. 하나님께 이끌려가야 나를 독하게 만들어가는 그것을 이겨낼 수 있습니다. 하나님께 이끌려가려면 하나님 안에서 나를 보아야 합니다. 성경에 기록된 대로 나를 봐야 합니다. 예수 그리스도의 십자가 피로 구원받은 존재로 보아야 합니다.

하나님께서는 아무것도 아쉬운 것이 없으신 신성으로 충만하고 영원한 존재이십니다. 그런데도 자신의 형상을 따라 인간을 창조하셔서 하나님의 영광을 드러내기를 기뻐하셨습니다. 하나님께서는 인간을 기계로 만들지 않으셨습니다. 칼빈이 창세기 1장 26절 주석에서 말하듯이 인간을 가장 존귀하게 여기셨습니다. 하나님께서는 그렇게 존귀한 존재로 인간을 만들기 위하여 의논하셨습니다. 삼위 하나님께서 의논하신 결과가 인간입니다. 인간을 창조하기 위해 삼위 하나님께서 서로 상의를 하셨다는 것은 얼마나 놀라운 사실입니까!222)

세상의 다른 피조물들은 "있으라고" 말씀하시자 있게 되었습니다. 창세기 1장 3절에 보면, 하나님께서 "빛이 있으라" 명령하시자 빛이 있게 되었습니다. 식물들

---

221) 3 하나님의 뜻은 이것이니 너희의 거룩함이라 곧 음란을 버리고 4 각각 거룩함과 존귀함으로 자기의 아내 취할 줄을 알고 5 하나님을 모르는 이방인과 같이 색욕을 좇지 말고 6 이 일에 분수를 넘어서 형제를 해하지 말라 이는 우리가 너희에게 미리 말하고 증거한 것과 같이 이 모든 일에 주께서 신원하여 주심이니라 7 하나님이 우리를 부르심은 부정케 하심이 아니요 거룩케 하심이니(살전 4:3-7) 3 하나님의 뜻은 이것이니 너희의 거룩함이라 곧 음란을 버리고 4 각각 거룩함과 존귀함으로 자기의 아내 취할 줄을 알고 5 하나님을 모르는 이방인과 같이 색욕을 좇지 말고 6 이 일에 분수를 넘어서 형제를 해하지 말라 이는 우리가 너희에게 미리 말하고 증거한 것과 같이 이 모든 일에 주께서 신원하여 주심이니라 7 하나님이 우리를 부르심은 부정케 하심이 아니요 거룩케 하심이니 8 그러므로 저버리는 자는 사람을 저버림이 아니요 너희에게 그의 성령을 주신 하나님을 저버림이니라(살전 4:3-8)

222) 존 칼빈, 창세기주석 1 (서울: 성서교재간행사, 1982), 69. "… 지금까지는 하나님께서 단지 명령하시는 분으로 소개되어 왔다. 그런데 하나님께서 가장 뛰어나고 놀라우신 역사를 이루시는 지금은 인간 창조에 대해 명령하시는 것이 아니라 상의하신다. 하나님께서는 여기에서도 하고자 하는 일을 말씀만으로 명령하실 수도 있었을 것이다. 그렇지만 하나님께서는 인간을 탁월하게 만들기 위해 상의하신 것이다. 말하자면 인간의 창조를 위해 의논하려고 하셨다는 것이다. 이것은 하나님께서 우리 인간을 가장 존귀하게 여기셨다는 증거이다. 모세는 이와 같이 말함으로써 우리를 감격시킨다. …"

은 어떻게 존재하게 되었습니까? 11절에서 이렇게 말합니다.

> 하나님이 가라사대 땅은 풀과 씨 맺는 채소와 각기 종류대로 씨 가진 열매 맺는 과목을 내라 하시매 그대로 되어(창 1:11)

하나님께서는 땅에게 명령하셨습니다. 풀, 채소, 나무를 내라고 명령하시자 존재하게 되었습니다. 동물은 어떻게 존재하게 되었습니까? 20절에서 이렇게 말합니다.

> 하나님이 가라사대 물들은 생물로 번성케 하라 땅 위 하늘의 궁창에는 새가 날으라 하시고 (창 1:20)

하나님께서는 물들에게 명령하셨습니다. 그러자 물속에는 생물들이 번성케 되었습니다. 하나님께서는 하늘의 궁창에게 명령하셨습니다. 그러자 새가 날게 되었습니다. 이 세상의 모든 존재들은 그렇게 하나님의 말씀 한 마디로 명령하시자 존재하게 되었습니다. 그러나 인간은 그렇게 말씀 한 마디로 명령하셔서 만들지 않으셨습니다. 삼위 하나님께서 의논하시고 만드셨습니다. 하나님의 말씀에 반응하는 존재로 만드셨습니다. 단추만 누르면 움직이는 기계로 만들지 않으셨습니다. 하나님께서 만드실 수 없어서 그렇게 안 만드신 것이 아니라 인격적으로 반응하는 인격체로 만들기를 원하셨기 때문입니다. 그것은 자발적인 순종으로 반응하여 하나님의 영광을 나타내기를 원하셨기 때문입니다. 그래서 존귀한 존재입니다.

우리의 상황이 아무리 힘들고 어려워도 예수 그리스도를 믿는 믿음 안에서 이런 존재적 관점을 확보할 때 우리에게는 기쁨이 충만하게 됩니다. 이 세상 어느 것으로도 제공받지 못하는 최고의 의미와 통일성을 부여받게 됩니다. '삼위 하나님께서 의논하셔서 나를 창조하셨다' 이것이 우리의 존재적 관점입니다. 이 존재적 관점에 아멘이 되어야 하고 감동이 되어야 하고 살아갈 힘이 생겨나는 것입니다. 우리는 하나님의 나에 대한 존재적 관점에 대해선 감동을 안 받습니다. 대신에 이런 것을 감동합니다. 어느 유명한 강사가 강의하면서 이런 말을 해요. 아주 오랜 만에 친구에게 전화해서 이야기 하다가 '너 추어탕 좋아하지?' 그 말에 감동한다는 거예요. '아직도 그걸 기억해주다니~' 그러면서 감동하는 겁니다. 그러면서 더 감동된 말을 하는 거예요. '야 나는 아직도 추어탕 먹을 때마다 네 생각해' 이 말에 더 감동해서 눈물이 쏟아지는 거예요.

성도도 사람인데 왜 그런 말에 감동을 안 받겠습니까? 그러나 성도는 그럼 감동과 비교할 수 없는 감동이 하나님의 말씀인 성경에 기록되어 있습니다. 우리는 저 실존주의자들처럼 그냥 내던져진 존재가 아닙니다. 그걸, 피투성이다 그럽니다. 인간 존재 자체에 대하여 하이데거가 한 말입니다. '자신이 선택하지도 만들지도 않은 세계에 자의(自意)와 상관없이 던져진 존재'라는 것을 느끼는 것입니다. 내가 세상에 내던져졌다는 그 피투성을 왜 느끼느냐 하면, 인생을 살아가면서 어느 순간 '왜 나는 여기서 이렇게 살고 있을까?', '언젠가는 죽을 인생인데, 산다는 것은 어떤 의미가 있을까?' 그런 불안을 내포한 물음이 누구에게나 다가오기 때문입니다. 그때 인간은 '왜 나는 여기에 존재하는가?'라는 불안으로부터 자신이 이 세상에 던져졌고, 여기에서 절대로 도망가지 못한다는 것(피투성)을 자각할 수밖에 없다고 하이데거가 말했습니다.223) 그래서 어쩌라고요? 네 힘으로 이겨내라고 합니다. 이길 힘이 있어야지요. 나에게 있는 의미와 통일성이 유한해서 끝났는데 어떻게 이겨내요. 결국은 죽으라는 얘기입니다. 결국은 신비주의로 갔습니다.224)

---

223) http://m.blog.naver.com/dmswo_/60058516253/ 하이데거 피투성/기투(2008.12.05), 〈일단 피투성을 지각할 때, 인간은 언젠가 자신이 죽게 될 것이며 이 세계를 강제로 떠날 수밖에 없음을 깨닫게 된다. 자신의 죽음을 예리하게 의식하는 것을 하이데거는 죽음에 대한 '선구적 각오성(覺悟性)'이라 불렀다. 이런 죽음에 대한 자각으로부터 자신의 삶의 의미를 한번 포착해서 재구성하는 시도가 시작된다. 이런 시도는 '기투(企投/Entwurf)'라고 불린다. 여기까지 정리하면, 세계 속에 자의와 상관없이 던져진 인간은 불안을 통해서 이런 상황을 지각하는 동시에 새로운 자신을 포착해내고 새로운 삶의 방식을 시작한다. 죽음의 자각을 통해서 인간은 자신을 새로운 가능성으로 던져 넣을 수 있게 되는 것이다. 인간은 불안을 통해 피투성에 직면하지만, 역으로 이런 상황 때문에 최초로 존재와 자유의 진정한 의미를 획득하게 된다. 여기서 처음의 소크라테스의 질문으로 돌아가 보자. 앞서의 패러독스에 대해 하이데거는, 진리를 알지 못하는 우리는 불안과 죽음의 자각을 통해서 진리에 대해 질문을 던지는 것이 가능하다고 답한 것이다.〉

224) 김동규, 철학의 모비딕 (서울: 문학동네, 2010). 〈나는 예술가의 특이한 존재방식을 해명하는 자리에서 하이데거의 생각, 특히 양심의 목소리에 관한 하이데거의 진술이 큰 도움을 줄 수 있다고 생각한다. 내가 전제하고 있는 동시에 밝혀보고자 하는 주제는, 예술가는 하이데거적 양심의 목소리, 즉 자기의 낯선 목소리를 듣는 자라고 요약할 수 있을 것이다. 물론 양심의 목소리, 참된 자신의 목소리를 듣는 자가 예술가에 한정되지는 않을 것이다. 특정 직업분야에 종사하는 사람만을 예술가라고 호칭할 경우, 이 주장은 성립할 수 없다. 그러나 하이데거적 의미에서 예술가와 양심이란 말을 새롭게 새긴다면, 우리의 주제는 그렇게 허황되지도, 무의미하지도 않을 것이다. … 여기서 기술이라 번역한 그리스 말 테크네는 어원상 예술의 뿌리가 되는 말이다. 그리고 창작이라 번역된 포이에시스는 이후 우리가 알고 있는 시(詩)라는 말로 정착된다. 창작, 또는 창조성이라는 의미의 포이에시스가 어떤 경로를 통해 좁은 의미의 언어예술이 되었는지는 알 길이 없다. 다만 시라는 말이 본래 창작이나 창조성을 뜻하는 말이었고, 그래서 시는 창조적인 예술의 본질로서 이해되며, 시인은 예술가를 총칭하는 이름으로 사용되었다고 추측할 수 있을 뿐이다. 플라톤은 테크네를 포이에시스에 귀속시킨다. 이전에는 없던 것을 제작하는 기술은 모두 일종의 창작이다. 여기서 테크네와 포이에시스 사이에는 어떠한 알력도 보이지 않는다. 모종의 연속성만을 볼 수 있을 뿐이다. 그러나 다른 곳에서 플라톤은 테크네와 포이에시스를 날카롭게 구분한다. 『이온』이라는 책에서 플라톤은 시인의 본성에 대해 말한다. 그의 주장을 요약하면, 시인은 테크네를 통해 시인이 되는 것이 아니라 신적 영감을 통해, 광기를 통해 시인이 된다. 시인은 신들의 헤르메스로서 신과 인간을 중재하는 전령이며, 신들의 목소리를 담고 있는 그의 말은 마치 자석에 연쇄적으로 붙어 있는 쇠붙이들처럼 그것을 낭송하는 음유시인에게, 또 청중들에게 전달된다. 이런 시인이 지은 시는 창작을 위한 전문적인 앎, 곧 테크네를 종종 말하기도 하지만 궁극적으로 그것만으로는 시가 될 수 없으며, 그것만으로는 불충분한 포이에시스로 남을 수밖에 없다. 여기서 포이에시스는 테크네를 초과하는 잉여의 부분에 대한 이름이다. 말하자면 『이온』에서 등장하는 포이에시스는 테크네만으로는

예수 그리스도를 구주로 믿는 믿음의 성도에게는 그런 불안이 없습니다. 불안이 생기는 것은 하나님과의 관계가 멀어졌기 때문입니다. 그리고 자기 욕망의 지배를 받는 삶을 살아가기 때문입니다. 현실이 전부다 인생이 아깝다 그 생각하면 불안해집니다. 아깝다고 생각하는 것은 남들처럼 누릴 것 다 누리고 죽고 싶기 때문입니다. 우리가 누리는 것은 하나님께서 예수 그리스도의 십자가 피로 구원하신 것이고, 언약 안으로 들이신 것이고, 여기 이 자리에서 거룩하고 경건하게 살아가는 것입니다. '너는 어떻게 그게 되나?' 그렇게 살아지는 것이 은혜입니다. 세상은요? 자기들이 좋아하는 대로 살아가는 것입니다. 인간이 죄로 타락했고 부패했다는 관점을 버리는 것입니다. 그 죄에서 구원받기를 그만두는 것입니다. 그리고 지극히 현상적인 것에 만족합니다. 그래서 오늘이 전부다 여기가 전부다 그렇게 말하는 것이 죄입니다. 이 시대는 자기 좋은 대로 자기 욕망을 어떻게 이루면서 살고 있을까요? 잊지 말기 바랍니다. 인간의 죄악은 인간의 욕망을 실현하기 위해 하나님의 이름을 써먹는다는 것입니다. 말은 기독교인데 이상사회를 말합니다. 말은 기독교인데 너무나 인간적인 예수를 말합니다. 죄와 타락은 너무나 인간적인 기독교로 가는 것입니다. 사람들로부터 박수 받는 기독교로 가는 것입니다.

그런 기독교로, 그런 성도로 가지 않으려면 십자가를 지고 자기를 부인하는 삶이 있어야만 합니다. 자기부인으로 가는 싸움은 하나님 이름 걸고 내 욕심 챙기지 않는 것입니다. 어렵습니다. 너무 너무 어렵습니다. 그래도 싸워가야 하는 길

설명할 수 없는 미지의 영역인 동시에 예술의 본령에 해당하는 영역을 가리킨다. 정리해보면, 모든 테크네는 그것이 없음에서 있음으로 옮겨가는 원인이 되는 한에서 포이에시스인 반면, 포이에시스는 테크네의 한계 너머를 뜻한다. 클라톤은 그것을 당시 관례대로 신적인 힘이라고 표현한다. 제작하는 어떤 힘으로는 어쩔 수 없는 그 너머를 신적인 힘으로 돌린다. 신적인 힘, 뮤즈의 소리를 담고 있는 포이에시스는 인간의 목소리로 제작되는 테크네의 음역을 단숨에 넘어서는 목소리다. 그래서 시인이 노래할 때면, 그는 신의 목소리를 대라해서 말하는 신들린 자로, 그 소리에 가청음역 밖에 있는 일상인의 눈에는 미친 자로 보일 수밖에 없다. 시인이 불멸의 존재인 신들의 목소리를 낸다고 하지만, 결국 시인도 역시 죽을 수밖에 없는 인간이다. 그래서 그의 목소리에는 언제나 인간의 목소리가 가미된다. 그의 노래는 신들과 인간들의 목소리가 어우러진 이중창일 수밖에 없다. 바꿔 말하자면, 시인은 신들의 헤르메스로서 신들의 목소리를 해석하는 자이고, 해석된 목소리를 다른 인간들에게 전달해주는 자이다. 이렇든 신과 인간 사이에 위치한 자가 바로 시인이다. … 신들과 인간들 사이에 존재하는 시인은 실상 하이데거에게 인간 본질을 구현하는 본래적 인간에 다름이 아니다. 하이데거가 보기에 (그리스적) 신들은 존재자 내부로 주시하는 존재 자체이고 인간은 그의 본질상 그리고 알레테이아(진리)의 본질에 적합하게 산을 말하는 자이며, 시인은 그런 신들을 탁월하게 노래하는 자이다. 시인은 인간 자신의 본질을 탁월하게 구현하는 자이자 동시에 존재 언어를 경청하고 화답하는 자이다. 그런데 존재의 목소리를 듣고 그것에 화답하는 것이 인간의 본질이라면, 시인은 인간 자신의 본래적 목소리를 듣는 자라고 할 수 있을 것이다. 이렇게 존재와 인간의 관계를 설정하면, 인간 자신의 본래적인 목소리는 존재의 목소리의 울림이 된다. 그렇다면 시인의 목소리는 본래적인 인간의 목소리이고 결국 존재언어의 반향이 된다. 전후기 하이데거 철학을 특징짓는 두 가지 소리, 즉 본래적인 자기 목소리와 존재의 소리는 연속선상에 있다. 특히 전기 하이데거의 양심의 목소리와 후기 하이데거의 존재언어는 매우 밀접한 관계가 있다. … 시인의 목소리는 신들과 인간들 사이의 틈에서 발생하는 울림이고, 인간 한계의 심연에서 울려오는 낯선 목소리다. …〉

입니다. 실패하고 쓰러질 때가 있어도 싸워가야 하는 싸움입니다. 오늘도 우리가 인간적인 예수를 말하고 인간적인 기독교를 말하고 있지 않는지 살펴야 합니다. 그러면서, 우리는 메이첸이 말하는 대로 교리에 근거한 삶을 살아야 합니다.

세 번째로, 이 모든 일에 더욱 더 중요한 것은 하나님께서 그 모든 것을 보고 계셨다는 사실입니다. 이것이 우리의 소망입니다. 하나님께서는 사람들이 마음에 어떻게 생각하는지 그들의 계획이 무엇인지 계속해서 지속적으로 지켜보고 계셨습니다. 사람들은 그것을 모릅니다. 하나님께서는 인간의 삶에 일어나는 모든 것들을 보십니다. 우리가 무엇을 목적하며 어떻게 살아가는지 보고 계십니다. 예수 그리스도를 믿는다고 하면서도 저 세상과 어떻게 다르게 살아가고 있는지 다 보고 계십니다.

노아시대나 우리 시대나, 우리는 얼마나 알게 모르게 죄를 짓고 살아가는지 모릅니다. 그런 우리를 예수 그리스도의 십자가 피로 구원하시고, 양자로 삼으시고 하나님의 나라를 기업으로 주시기를 기뻐하셨습니다.

하나님께서는 이사야 54장에서 이렇게 말씀하셨습니다.

> 9 이는 노아의 홍수에 비하리로다 내가 다시는 노아의 홍수로 땅 위에 범람치 않게 하리라 맹세한 것 같이 내가 다시는 너를 노하지 아니하며 다시는 너를 책망하지 아니하기로 맹세하였노니 10 산들은 떠나며 작은 산들은 옮길지라도 나의 인자는 네게서 떠나지 아니하며 화평케 하는 나의 언약은 옮기지 아니하리라 너를 긍휼히 여기는 여호와의 말이니라(사 54:9-10)

하나님이 이스라엘 백성을 책망하지 않고 용서하겠다는 것을 노아 언약에 빗대어 말하고 있는 것입니다. 하나님께서는 공의의 하나님이시기에 인간의 죄악들을 결코 용납하지 않는 분이십니다. 그러나 이스라엘의 범죄에도 불구하고 그들을 징벌하지 않겠다고 약속하십니다. 그것은 이사야 53장에서 오실 메시아께서 온 인류의 죄악으로 말미암아 십자가를 지시고 하나님의 나라를 세우겠다는 약속입니다. 인간의 죄악에도 불구하고 변함없이 언약에 신실하신 하나님께서는 예수 그리스도의 피로 자기 백성을 구원하시고 하나님의 나라를 이루어가십니다. 우리는 그 은혜와 긍휼을 입은 성도입니다. 예수 그리스도 안에 있는 우리의 존재를 확인하고 예수 그리스도께 이끌려 가기 바랍니다. 예수 그리스도를 더 알수록 더 따뜻해지고, 예수 그리스도의 말씀에 순종할수록 더 거룩하고 경건하게 살아가는 믿음의 백성들이 다 되기 바랍니다.

언약 19 노아언약 4

> 17 내가 홍수를 땅에 일으켜 무릇 생명의 기식 있는 육체를 천하에서 멸절하리니 땅에 있는 자가 다 죽으리라 18 그러나 너와는 내가 내 언약을 세우리니 너는 네 아들들과 네 아내와 네 자부들과 함께 그 방주로 들어가고 19 혈육 있는 모든 생물을 너는 각기 암 수 한 쌍씩 방주로 이끌어 들여 너와 함께 생명을 보존케 하되 20 새가 그 종류대로, 육축이 그 종류대로, 땅에 기는 모든 것이 그 종류대로, 각기 둘씩 네게로 나아오리니 그 생명을 보존케하라 21 너는 먹을 모든 식물을 네게로 가져다가 저축하라 이것이 너와 그들의 식물이 되리라(창 6:17-21)

언약 열아홉 번째 시간입니다. 노아 언약으로는 네 번째 시간입니다. 우리는 지난 시간에 노아 홍수가 임하기 전에 일어난 인간의 죄악에 대해서 살펴보았습니다. 그 때나 지금이나 하나님께서는 오래 참고 기다리시는 하나님이십니다. 성경은 이렇게 말합니다.

> 그들은 전에 노아의 날 방주 예비할 동안 하나님이 오래 참고 기다리실 때에 순종치 아니하던 자들이라 방주에서 물로 말미암아 구원을 얻은 자가 몇 명뿐이니 겨우 여덟 명이라 (벧전 3:20)

하나님께서는 인간의 죄악들이 극한으로 몰아쳐서 심판의 순간이 임박했음에도 불구하고, 은혜와 긍휼을 베푸시면서 그들이 악에서 돌이킬 수 있는 시간을 주셨습니다. 그러나 경건한 사람들을 찾아보기가 힘들어졌고 죄악은 더욱 왕성하고 죄의 수위는 더욱 대담해져 갔습니다. 그런 가운데 한 사람 노아를 택하여 부르시고 그런 죄악 된 세상에 하나님의 의를 전파하게 하셨습니다.

> 옛 세상을 용서치 아니하시고 오직 의를 전파하는 노아와 그 일곱 식구를 보존하시고 경건치 아니한 자들의 세상에 홍수를 내리셨으며(벧후 2:5)

그것은 마치 에녹이, 그가 살았던 불의한 시대에 예언했던 것을 기억나게 합니다.

> 14 아담의 칠세 손 에녹이 사람들에게 대하여도 예언하여 이르되 보라 주께서 그 수만의 거룩한 자와 함께 임하셨나니 15 이는 뭇사람을 심판하사 모든 경건치 않은 자의 경건치 않게 행한 모든 경건치 않은 일과 또 경건치 않은 죄인의 주께 거스려 한 모든 강퍅한 말을 인하여 저희를 정죄하려 하심이라 하였느니라(유 1:14-15)

에녹이 그 시대의 사람들에게 심판을 선언하면서 말한 것은 그 시대에는 경건이 사라졌다는 것입니다. 그것은 그들이 언약의 주 여호와께 하는 모든 강퍅한 말과 행동에서 드러났습니다. 사도 유다가 에녹 시대의 불경건한 죄악들을 말하면서 초대교회 시대의 거짓 교사에게 적용했습니다. 유다는 의도적으로 에녹을 말했습니다. 에녹시대에 심판을 받은 것은 경건치 않은 자의 말과 행위였습니다. 마찬가지로, 예수 그리스도의 심판이 사도 유다시대에 교회 안에 들어온 거짓 교사들의 말과 행위가 심판을 받을 것이라고 선포했습니다. 왜냐하면, 거짓 교사들의 말과 행위가 주 예수 그리스도를 거스르고 모욕했기 때문입니다.

이 유다서는 영지주의[225])에 대한 엄중한 경고의 말씀입니다. 유다서를 읽어보면 부들부들 떨리게 하는 말씀입니다. 12-13절을 읽으면 영지주의자들이 얼마나 심각한 해악을 끼쳤는지 생각해 볼 수 있습니다.

> 12 저희는 기탄없이 너희와 함께 먹으니 너희 애찬의 암초요 자기 몸만 기르는 목자요 바람에 불려가는 물 없는 구름이요 죽고 또 죽어 뿌리까지 뽑힌 열매 없는 가을 나무요 13 자기의 수치의 거품을 뿜는 바다의 거친 물결이요 영원히 예비 된 캄캄한 흑암에 돌아갈 유리하는 별들이라(유 1:12-13)

얼마나 떨리는 말씀입니까? 왜 영지주의자들이 이렇게 무시무시한 말씀을 들어야 하며, 왜 그렇게 심판을 받아야만 할까요? 영지주의자들은 예수 그리스도께서 죄인들의 구주가 되는 것을 부인하였기 때문입니다. 영지주의는 인간의 내면에 신성이 있다고 믿기 때문에 그 신성을 계발하면 된다고 생각합니다. 그들은 영은 거룩하고 육은 악하다고 믿기 때문에 예수 그리스도께서 육체로 오심을 믿

---

225) http://lake123172.tistory.com/entry/영지주의-그노시스즘-gnosticism/ 〈영지주의(그노시스즘: gnosticism, 2009.9.26.). 영지주의란 AD 1-3세기에 일어났던 헬라, 로마 세계에서 두드러졌던 철학적, 종교적 운동이다. 영지주의는 여러 전통 종교들로부터 영향을 받고 또 영향을 주었지만, 초대 기독교에 대해서 가장 심오한 영향을 미쳤다. 이 영지주의는 기독교의 이전에는 발견되어지지 않음으로 인하여, 기독교 이전부터 독자적으로 존재하던 종교는 아니라고 보여진다. 즉 기독교가 시작되면서, 그 당시에 존재했던 철학과 이방종교적 사상이 기독교와 접목하면서 발생한 혼합적 문화라고 할 수 있을 것이다. 영지주의라는 명칭은 헬라어 '그노스티코스'에서 유래했다. '그노시스'란 '비밀스러운 지식을 소유한 사람'을 의미한다. 즉 영지주의란 특별한 지식을 소유하여야만 구원을 받는다는 소위 접신론적(接神論的)인 운동을 말하며, 초대교회 당시에 있었던 최초의 기독교 이단이다. 영지주의 사상에 반대하며 비판하는 교부들의 책(이레나이우스, 하폴리투스, 터툴리안, 클레멘트, 오리겐 등)이 소개됨으로서 초대교회에 영지주의가 존재하였음을 알게 되었으며, 또 발견되는 영지주의 저작에 소개되어 있는 영지주의 현상은 신학, 윤리학, 의식 등과 복합적으로 관련되어 있기 때문에 엄격히 분류하기는 어렵다. 또 영지주의는 2세기 이후에는 서로 다른 다양한 형태로 분파되어 발전해 갔다. 그렇지만 대부분의 영지주의 분파들은 사도들의 가르침 - 즉 성경적인 교육이나 체험적 관찰이 아닌, 소위 주관적인 신적 계시라고 불리는 특별함에 의해 얻어지는 비밀스런 지식의 구속능력을 공통적으로 강조한 듯하며, 알레고리적인 성경해석과 헬라적 철학의 혼합사상, 육체를 죄악시하는 금욕주의, 혹은 이원론(악한 신과 선한 신의 공존, 혹은 하나님과 물질세계의 분리적인 대립)을 주장하였다. 학자들은 이러한 영지주의의 근원을 네 가지의 혼합적인 영향이라고 본다. 1) 헬라철학(프라톤주의, 스토아학파등) 2) 동방종교 3) 유대교 4) 기독교〉

지 아니합니다. 예수님께서 십자가에 못 박혀 죽으신 것은 단순히 환상일 뿐이라고 주장했습니다.226) 영지주의자들에게 예수는 영적인 안내자에 불과했습니다. 하나님의 언약을 어긴 범죄한 죄인이 아니라 인간 안에 신성이 있다고 믿기 때문에 그 신성을 계발해 주는 영적인 안내자가 필요했습니다. 그러나 예수 그리스도께서 구주가 되시는 것은 우리가 죄인이기 때문입니다. 우리가 죄인이라야 예수 그리스도께서 구세주가 되십니다.

왜 이렇게 설교를 해야 할까요? 이런 심판을 통해서 노아 언약의 중요한 의미를 알려주기 때문입니다. 그 의미란 노아 홍수 심판의 궁극적인 죄는 여호와 하나님을 주로 믿지 않았기 때문이라는 것입니다. 참된 경건이 사라졌습니다. 이것이 노아언약에 대한 빛을 비춰줍니다. 언약이 희미해지고 언약의 주가 의미가 없어져 버린 세상이 되었습니다. 우리는 죄라고 하면, 단순히 윤리·도덕적으로 얼마나 죄를 지었느냐? 로만 생각합니다. 그런 죄들 역시 당연히 죄입니다. 성경은 그보다 훨씬 더 근본적인 차원으로 죄를 말합니다. 여호와의 주되심을 버리고, 인간이 주가 되는 세상이 죄입니다.

사도 유다시대로 말하자면 영지주의자들이 죄를 지으면서도 '이건 육체가 한 것이거든, 내 영혼은 아무 상관이 없는 거야, 나는 죄를 지은 것이 아니란 말이지.' 그렇게 가증스럽게 말하는 더 근본적인 사상이 무엇인지를 말합니다. 다시 말해서, 영지주의의 신성한 내면아이가 무엇인가? 영지주의자들의 구상화가 무엇인가? 영지주의자들의 의미와 통일성은 무엇인가? 그것을 말합니다. 그 영지주의자들이 자기 안에 신성이 있다고 하면서, 예수 그리스도를 구주로 믿지 않았기 때문에 그와 같은 엄청난 심판의 경고를 했습니다. 영지주의 역시 인간이 주가 되고 그리스도는 하나의 본보기에 불과하기 때문에 심판이 임했습니다.

우리 시대는 어떻습니까? 오늘날 교회 안에는 예수 그리스도를 모범으로 말하는 자들이 너무너무 많습니다. '예수 그리스도를 본받는 것이 뭐가 잘못되었습니까?'라고 말할 수도 있을 겁니다. 우리가 그리스도의 성품을 본받고 그 안에서

---

226) http://www.gndaily.kr/news/articleView.html?idxno=18783/ 이한규, 교회사(20)-초대교회의 이단과 분파 운동. "영지주의자들은 인간이 육체라는 물질세계에 속박된 상태에서 해방되어서 영혼이 기원한 빛의 세계, 곧 초월적 세계로 돌아가는 것이 구원이라고 여겼고, 구원을 얻기 위해서는 비밀한 지식이 요구된다고 주장했다. 그리고 예수님을 이 세상에 영지를 전하기 위해 오신 천상이 계시자 정도로 여겼다. 또한 물질과 육체는 악하다는 신념에 따라 예수님의 인성(人性)을 인정하지 않았다. 일부 영지주의자들은 '예수님의 육체는 기적적으로 육체처럼 보였을 뿐이며, 예수님의 고난이나 죽음이나 부활은 실재적인 것이 아니다'는 가현설(假現說)을 주장했다. 그들의 사상은 이원론적 헬라 철학을 근간으로 하여 이집트와 페르시아, 동방의 신비 종교 사상을 혼합한 것으로, 2세기 내내 기독교에 심각한 위협이었다. 하나님의 창조, 그리스도의 성육신(成肉身)과 부활 등을 부인했기 때문이다."

자라가는 일은 맞는 말입니다. 그러나, 예수 그리스도께서 우리의 주가 되신다는 것을 소홀히 여기고 윤리·도덕적으로 흘러가면서, 오늘날 기독교 윤리가 아니라 윤리만 남게 되었습니다. 그러면서 저항합니다. 윤리를 말하면서 저항하고 투쟁하는 것을 가르치고 그렇게 배우고 있습니다. 그것이 지금 일어나고 있는 실제 상황입니다. 그런 모범으로 가는 고단수의 조작이 바로 영성입니다.

노아홍수 심판은 하나님의 심판입니다. 하나님의 심판은 하나님을 주로 여기지 않기 때문에 일어나는 심판입니다. 이것은 역사가 언제나 언약적으로 흐르고 있다는 것을 말해 줍니다. 언약적 맥락에서 역사를 보고 인생을 보아야 합니다. 그것은 세상이나 인생이나 '여호와가 주시다', '예수 그리스도가 주시다'라는 것을 고백해야 한다는 것을 말합니다. 그 고백이 살아 있을 때 우리를 살리고, 그 고백이 사라졌을 때 우리는 심판을 받아 멸망을 당합니다.

그런 까닭에 여호와의 심판은 언제나 거룩과 의가 있느냐? 없느냐? 로 판가름 납니다. 아브라함 시대에 소돔과 고모라가 멸망을 한 것은 의인 열 명이 없었기 때문입니다. 그것은 반드시 어떤 숫자적 개념이라기보다는 그 땅에 그만큼 하나님의 의를 구하고 나타내는 경건한 사람들이 없었다는 것을 의미합니다. 모든 시대, 모든 사람이 하나님을 언약의 주로 믿고 고백하고 인정하면 언제나 거룩과 의가 나타납니다. 그러나 하나님을 주로 여기지 않고 인간이 주가 되기 때문에 인간은 죄와 타락 속에 멸망을 받게 됩니다.

그렇게 하나님의 심판을 생각하면서 우리가 깊이 생각할 것은 하나님의 은혜와 하나님의 임재입니다. 하나님께서는 언약의 주를 버리고 거룩과 의가 없는 세상을 홍수로 심판하시면서 하나님께서 은혜의 상징들을 다 제거해 버리셨습니다. 노아 시대에 일어난 심판은 하나님을 예배하는 가시적인 상징들이 다 수장되고 상실되었다는 것을 말해 줍니다. 은혜와 생명의 상징으로 주어졌던 에덴동산도 쓸어버리시고 하나님과 교제할 수 있는 통로를 하나도 남겨두지 않으셨습니다.

창세기 3장 24절에 보면 아담과 하와의 범죄와 타락 이후에도 여호와의 임재의 상징이 어떤 장소에 있었다는 것을 알 수가 있습니다.

> 이같이 하나님이 그 사람을 쫓아내시고 에덴동산 동편에 그룹들과 두루 도는 화염검을 두어 생명나무의 길을 지키게 하시니라(창 3:24)

하나님께서는 에덴동산 동편에 "그룹들과 두루 도는 화염검을 두어 생명나무의 길을 지키게 하"셨습니다. 이 말은 타락 이후에도 하나님께서 여전히 하나님의 임재를 알고 확인하도록 사람들의 눈에 보이도록 어떤 장소에 두시고 보호하셨다는 것을 말합니다.

특별히 여기서 "화염검을 두어"라고 할 때에 '두어'라는 히브리어 단어는 '샤켄'(שכן)입니다. 샤켄이란 텐트에 사는 것입니다. 거주하는 것입니다. 샤켄이라는 단어는 출애굽기 25장 8절을 비롯해서 구약에서 83회나 사용되었습니다. 이 샤켄이 동사로서는 '거주하다'이지만, 명사 '샤켄'이 되면 '이웃', '같이 사는 사람'이 되고, '미슈칸'이 되면 성막이 되고, 하나님의 영광이 나타났을 때는 '쉐카이나'라 했습니다.227) 그것이 구름기둥, 불기둥으로 나타났습니다.

창세기 4장을 보면 아담 이후로부터 경건한 백성들은 하나님께 예배할 어떤 특별한 장소가 있었다는 것을 알 수가 있습니다.

> 3 세월이 지난 후에 가인은 땅의 소산으로 제물을 삼아 여호와께 드렸고 4 아벨은 자기도 양의 첫 새끼와 그 기름으로 드렸더니 여호와께서 아벨과 그 제물은 열납하셨으나(창 4:3-4)

이 말씀에서 가인과 아벨이 여호와께 제물을 가져왔다는 것은 하나님께서 지정하신 특별한 장소가 있었다는 것을 암시합니다. 하나님께서 아벨의 양의 첫 새끼와 그 기름을 받으신 것은 그의 믿음과 함께 그것이 구속사적 맥락에서 이해되어져야 합니다. 어린 양이 희생 되어져야 하고, 그 피를 흘리고, 그 기름이 태워져야 한다는 것은 창세기 3장에서 약속하신 여인의 후손, 곧 장차 오실 예수 그리스도를 예표하는 것이었습니다. 또한, 16절에서, "가인이 여호와의 앞을 떠"났다는 것은 여호와의 면전을 상징적으로 나타내었던 장소로부터 공식적으로 쫓겨났다는 것을 의미합니다.

옛언약에서는 성막, 구름기둥, 불기둥이 여호와의 임재를 나타내었으나 새언약에서는 예수 그리스도께서 오심으로 그 임재가 나타났습니다. 그것이 바로 임마누엘입니다. 요한복음 1장 14절에서 이렇게 말합니다.

> 말씀이 육신이 되어 우리 가운데 거하시매 우리가 그 영광을 보니 아버지의 독생자의 영광이요 은혜와 진리가 충만하더라(요 1:14)

---

227) 모세가 회막에 들어갈 수 없었으니 이는 구름이 회막 위에 덮이고 여호와의 영광이 성막에 충만함이었으며 (출 40:35)

우리 주 예수 그리스도께서 십자가에 죽으시고, 부활하시고, 승천하심으로 또 다른 보혜사이신 성령 하나님을 보내심으로 새언약 시대에는 임재의 방식이 가시적인 것이 아니라 성령님의 내주하심으로 주어졌습니다. 성령님께서는 우리에게 더욱 역사하셔서 죄를 죽이고 은혜를 살리는 두 가지 방식으로 역사하십니다. 이것이 새언약 시대를 살아가는 성도들이 누리는 하나님의 임재입니다.

그런데도 사람들은 '보여 달라', '들려 달라'고 야단이고 '보았다', '들었다'고 입만 열면 말합니다. 현대 교회의 성도들이 '보았다', '들었다'는 말들은 자기 최면이고 자기 암시입니다. 하나님의 어떤 특별하신 섭리를 부인하는 것은 아니지만 현대인들의 하나님 음성 듣기는 사실상 자기 음성 듣기를 하나님 음성 듣기로 포장한 것입니다.

그래서 언약을 바르게 알아야 합니다. 예수 그리스도를 구주로 믿고 새언약 시대를 살아가면 새언약의 방식대로 살아가야 합니다. 그런데 오늘날 성도들이 예수 그리스도를 구주로 믿는다고 하면서도 마치 옛언약 시대를 살아가고 있는 것처럼 옛언약의 방식대로 살아가려고 합니다. 자신이 새언약 시대를 살고 있는지 옛언약 시대를 살고 있는지 분간을 하지 못하고 살아갑니다. 우리는 하나님의 임재를 확인하고 누리는 방식이 다른 시대를 살고 있습니다. 이제는 어떤 특정한 장소, 특정한 민족만 누리지 않습니다. 성령님께서 내주하심으로 확인받고 누려갑니다. 예수 그리스도를 구주로 믿고 고백케 하시고 하나님의 말씀에 순종케 하십니다.

사도 바울이 로마서 8장에서 이렇게 말합니다.

> 16 성령이 친히 우리 영으로 더불어 우리가 하나님의 자녀인 것을 증거하시나니 17 자녀이면 또한 후사 곧 하나님의 후사요 그리스도와 함께 한 후사니 우리가 그와 함께 영광을 받기 위하여 고난도 함께 받아야 될 것이니라(롬 8:16-17)

성령 하나님께서 우리가 하나님의 자녀인 것을 증거 하십니다. 이것이 우리의 존재적 관점입니다. 이것이 우리가 하나님의 임재를 누리는 방식입니다. 이것이 은혜이고, 이것이 기적입니다. 이것을 넘어서 다른 방식으로 가면 안 됩니다. 세상의 실존주의자들은 인간이란 내던져진 존재라고 합니다. 그러면 '내던져지기 전에는 어떠했느냐?'고 물으면 답을 못합니다. 모릅니다. 샤르트르도 모르고 하이데거도 모릅니다. 모르니 답을 해 줄 수가 없습니다. 답도 모르면서 책을 쓰고 강의를 합니다.

우리는 어떤 사람들처럼 '참 나를 발견하기' 그렇게 자기를 발견하기 위해 명상하고 도 닦고 그럴 필요가 없습니다. 성령 하나님께서 믿음 주시고 하나님의 자녀라는 확신을 주시고 증거 해 주십니다. 하나님의 자녀가 얼마나 대단한 위치인가 하면, 하나님의 상속자이고 그리스도와 함께 하는 상속자라 합니다. 쉬운 말로 하나님께서 우리에게 주시려고 하는 것은 다 주신다는 뜻입니다.

그런데 그렇게 영광스러운 자리에 가기까지는 고난도 함께 받아야 합니다. 영광을 누리고 싶은데 고난은 싫어하면 그것은 성도로서 갈 길이 아니라는 겁니다. 우리가 사는 이 시대의 기독교는 영광이 성령집회에서 부르짖으면 만들어지고 예수님을 24시간 바라보면 나오는 줄로 압니다. 아닙니다. 고난을 좋아할 사람은 아무도 없습니다. 고생하고 싶은 사람 누가 있고 가난하게 살고 싶은 사람 누가 있습니까? 아무도 없습니다. 그러나 영광은 그 고난 속에서 만들어집니다. 그 고난 속에서 힘들어 할 때에도 우리를 그냥 내버려 두지 않으시고, 성령님께서 우리 안에 계시고 탄식하시면서 더욱 거룩과 경건으로 인도해 가고 계십니다.[228]

그 속에서 하나님께서는 우리로 하여금 '여호와가 주시다', '예수 그리스도가 주시다'를 고백하고 증거하며 살아가게 하십니다. 그것은 우리가 하나님을 예배하며 경배하는 것으로 직결됩니다. 그것은 노아가 홍수 후에 첫 번째로 행한 일에서 분명하게 나타났습니다.

> 노아가 여호와를 위하여 단을 쌓고 모든 정결한 짐승 중에서와 모든 정결한 새 중에서 취하여 번제로 단에 드렸더니(창 8:20)

노아는 홍수 직후에 여호와 하나님께 경배를 드렸습니다. 이 경배는 단순히 살아나서 감사하다는 것만이 아닙니다. 그것은 홍수 이전에 심판받아야 할 죄가 무엇인지 보여주고 심판 후에 회복되어야 할 것이 무엇인지를 보여주는 것입니다. 그것은 바로 '여호와가 주시다'라는 신앙과 고백이 경배로 나타난 것입니다. 경배는 언약의 주께 대한 복종이고, 그에 합당한 명예를 높여 드리는 것입니다. 그것은 인간의 죄악 됨과 무가치함을 인정하고 고백하는 것입니다. 그 언약의 규범을 따라 신실하게 살아감으로써 하나님의 형상됨을 나타내는 것입니다. 그 모든 것을 공적으로 표현한 것이 바로 경배입니다.

---

[228] 이와 같이 성령도 우리 연약함을 도우시나니 우리가 마땅히 빌 바를 알지 못하나 오직 성령이 말할 수 없는 탄식으로 우리를 위하여 친히 간구하시느니라(롬 8:26)

새언약 시대를 살아가는 우리는 예수 그리스도의 이름으로 나아와 하나님을 예배하며 성령님의 교통하심 가운데 말씀을 선포하고 들으며 기도와 찬양으로 경배를 드립니다. 그런 경배를 통해 삼위일체 하나님의 주되심을 공적으로 나타냅니다. 그것이 바로 언약의 진수(眞髓)입니다. 그래서 우리가 예배에 생명을 걸어야 합니다.

우리가 살아가는 이 현실에서 여호와 하나님의 주되심과 그 주되심을 공적으로 드러내는 예배를 어떻게 드리고 살아갈 수 있을까요? 참된 경건 속에 하나님의 임재를 누릴 때에 그렇게 예배하며 살아갈 수 있습니다.

현대인들은 거대한 도시 속에 살고 인터넷으로 연결된 지구촌에 살아가고 있습니다. 모든 사람은 그 집단 속에서 자기지위를 부여받고 살아갑니다. 그런 까닭에, 오늘날 '자아상'이나 '자존감'은 매우 강조되고 있고 자기 지위나 정체성이 무시되거나 상실되면 곧바로 우울증이라는 낯설지 않은 병명과 만나게 됩니다. 그런 상태에서 제일 사람의 마음을 파고드는 것이 불안입니다.

알랭 드 보통은 불안의 원인을 '사랑결핍', '속물근성', '기대', '능력주의', '불확실성'에 두었으며, 그 해법을 '철학', '예술', '정치', '기독교', '보헤미아'에서 찾았습니다.229) 그 원인과 해법을 굳이 일일이 다 말할 필요가 없습니다. 왜냐하면, 어느 하나를 말하면 결국 다 그 말이 그 말이기 때문입니다.

인간은 풍요로움을 갈망하며 그 속에서 살아왔기 때문에 욕망의 지배를 받고 살

---

229) http://blog.daum.net/hpjlove/7355443/ 〈불안의 감정 상태가 역사를 통해 변주돼 왔고, 그 극복의 방법이 시대별로 다채롭지만 변하지 않는 것은 '불안'과 함께 살아가야만 하는 인간적 조건과 숙명일테다. 중세시절 인간의 신분은 성직자, 귀족, 기사, 농민 등으로 정해져 있었다. 한번 정해진 계급은 변경이 불가했기에 지위에서 오는 불안은 크지 않았다. 사회적 지위가 한 인간을 평가하는 잣대로 가능한 것은 근대로 넘어오면서부터다. 평등의 개념이 전파되고, 자능과 능력이 우선시되는 능력주의 사회에 들어서자 부와 높은 지위를 얻지 못한 사람들은 스스로를 자책해야 할 처지에 놓이고 말았다. 현대 자본주의가 이윤추구를 최고의 가치로 삼게 되면서, '노동의 진정한 목적이 이제 인간이 아닌 돈'으로 바뀐다. 자본의 부속품으로 전락한 임금노동자는 상시적 구조조정의 상태에 놓이며, 지위에 대한 불안에 휩싸였다. … 알랭 드 보통은 불안으로부터 벗어나고자 하는 인간의 노력을 서술한다. 기원 전 그리스의 철학자들은 가진 것 없고, 사회적 직분도 없었지만 오직 이성의 힘에 따라 외부적 평가를 거부하고, 자신의 존재 가치를 증명했다. 소크라테스가 장터에서 모욕을 당한 것을 본 행인이 물었다. "그렇게 욕을 듣고도 괜찮습니까?" 소크라테스가 답한다. "안 괜찮으면? 당나귀가 나를 걷어찼다고 내가 화를 내야 옳겠소?" 예술은 속세의 가치평가와 반대의 길을 걷는다. 부자이고 품행이 단정한 것은 곧바로 좋은 사람이 아니다. 소설의 세계에서 덕은 물질적 부나 사회적 지위와 아무 관련이 없다. 버지니아 울프가 『자기만의 방』에서 밝힌 하나의 우울한 에피소드는 '정치적 불안'을 제거하는 과정에 힌트를 준다. 1920년대, 울프는 케임브리지 대학 도서관에 입장하려다 신사 차림의 문지기에게 다음과 같은 말을 듣는다. "칼리지의 펠로와 동행하거나 소개장을 가져오지 않으면 여자는 도서관에 입장할 수 없습니다" 이를 통해, 울프는 여자들의 평등한 권리와 고등교육을 박탈당한 현실을 고발하고 있다. 톨스토이가 성공한 작가이자 귀족으로서 사회적 지위를 벗고, 기독교에 귀의한 과정은 '죽음'에 대한 응시 덕분이다. 그가 『참회록』에서 밝힌 이야기에 따르면 죽음 앞에 자신이 이룬 모든 게 무가치하고 무의미한 것이었다. 기독교는 죽음의 경고(memento mori: 죽음을 기억하라)를 통해 삶의 불안을 일소한다. "모든 시대의 지배적 관념은 늘 지배계급의 관념이다"고 말했던 마르크스의 지적처럼 당대의 사회를 회피하고 자신들만의 라이프 스타일을 구축하고자 시도한 집단이 있었다. '보헤미안'이다. 그들이 회피하고자 한 것 또한 지배계급이 파생하는 '불안'이었다.〉

아갑니다. 인간의 욕망은 결코 채워지는 법이 없기 때문에 새로운 궁핍으로 몰아갑니다. 자기 욕망을 이루기 위해서는 돈이 필요하기 때문입니다. 루소는 그것을 해결하기 위한 두 가지 방안을 말했습니다. 첫 번째는 더 많은 돈을 주는 것이고 두 번째는 욕망을 억제하는 것입니다. 그런데 이미 풍요 속에 살아가는 것이 자기에게 익숙해져서 습관이 되고 삶이 되어버렸기 때문에 욕망을 자제할 수가 없습니다. 세상도 인간의 그 욕망을 계속해서 자극하여 상품을 구매하도록 합니다. 그런데 자신이 원하는 그런 욕망이 충족되지 않기 때문에 불안이 엄습해 옵니다. 오늘 큰돈을 투자해서 옷을 한 벌 샀는데, 매장을 나오자마자 자기 앞에 자기가 산 것보다 더 비싼 옷을 입고 가는 사람이 보이는 겁니다. 갑자기 마음이 허탈해지고 새로운 궁핍이 생겨납니다. 사람들은 그런 것이 싫고, 자본과 기업으로부터 지배받지 않으려고 탈주를 부르짖으며 '유목민(노마드)으로 살아라'고 외치면서 보헤미안적인 삶을 노래하기도 합니다.[230] 그러나 인생을 그렇게

---

[230] http://dreamnet21.tistory.com/35/ '호모 노마드'(2009.9.18.), 유목민의 시대가 올 것인가? 설교와 관련하여 세상이 유목민(노마드)에 대하여 어떻게 말하고 있는지 참고하여 알아 둘 필요가 있다. 〈프랑스의 석학인 자크 아탈리(Jacques Attali)가 쓴 「호모 노마드 Homo Nomad(유목하는 인간)」는 '정착민'과 '유목민'에 관한 흥미로운 이야기를 다루고 있습니다. 저자는 불, 화폐, 종교, 예술, 철학, 민주주의, 시장경제 등 인류 5000년의 문명은 정착민들이 아니라 유목민들이 건설했다고 주장합니다. 유럽의 훈족이나, 스키타이족, 몽골리아 등 세계 역사상에 나타난 유목민들의 문화들을 소개한 뒤, 21세기는 '유목민적 가치관'을 가진 새로운 인간들이 대거 출현하게 되어 있다고 전망했습니다. 유목민이란 '한 가지 가치관에 안주하지 않고 끊임없이 새로운 변화와 도전과 모험을 하면서 떠돌아다니는 사람', 그러한 인류형이라고 얘기합니다. 저자는 인류의 미래에는 세 가지 부류의 인간이 활동을 하게 될 것이라고 말했습니다. 1. 정착민: 근대 이후 우리 사회를 이끌어 왔던 직업군. 경찰, 군인, 법률가, 공무원, 교사, 의사, 은행원, 농민 등. 2. 비자발적 유목민: 어쩔 수 없이 떠돌이가 되는 사람들. 실직자, 노숙자, 외판원, 이주 노동자 등. 3. 자발적 유목민: 독립적이고 창의적이고 전문적인 직업군. 연구원, 예술가, 엔터테인먼트 종사자, 프리랜서, 운동선수, 레저 관광업 종사자 등. 우리나라는 전통적으로 사대부, 판검사, 은행원, 군인, 경찰 등 정착민들이 지배해 온 사회였습니다. 그러한 한국 사회에 민주화바람과 함께 유목민 바람이 거세게 불기 시작했습니다. 7, 80년대만 해도 고등학교 졸업생들에게 장래직업을 써내라고 하면 검사, 판사, 변호사, 의사, 교사 등의 정착형 직업이 대부분이었습니다. 그 중에 배우나 가수 같은 유목형 직업은 전교 몇 명 정도, 특수한 학생들이 지망을 했습니다. 그런데 지금의 고등학교 졸업반 학생들에게 장래 희망직업을 물으면 많은 수의 학생들이 탤런트, 가수, 모델, 패션디자이너, 영화감독, 영화배우, 게임프로그래머 등의 유목형 직업을 원한다고 합니다. 또 인터넷의 발달로 인해 디지털의 무한한 세계를 마음껏 떠돌며 새로운 문화와 가치를 창출해내는 '디지털유목민'은 세계에서도 첫 손을 꼽을 정도로 우수하고 그 숫자도 갈수록 늘어나고 있습니다. 요즘 급속히 팽창하고 있는 블로그스피어의 수많은 블로거들도 어떤 의미에서는 디지털 유목민이라고 할 수 있습니다.
독일의 경제학자이며 저널리스트인 홀름 프리베와 사샤 로보는 인류의 미래를 이끌어가는 새로운 인류형에 대해 「창조의 시대를 여는 자-디지털 보헤미안」이란 책에서 상세히 설명하고 있습니다. '자발적 유목민'들은 변화를 지향하며 창조적이며 자유롭습니다. 이들 중에는 부모 잘 만난 '팔자 좋은 유목민'도 있지만, 그들보다는 스스로의 능력으로 세계적인 정보 산업이나 엔터테인먼트 산업이나 과학계를 이끄는 빌 게이츠나 스티브 잡스나 스티븐 호킹과 같은 '위대한 유목민'들이 주축이 되어 있습니다. 전 세계적으로 이들의 숫자는 급증하고 있으며, 인류 문명의 창조자로서 이들의 역할은 갈수록 중요해지고 있습니다. 그런 한편, '비자발적 유목민'들 또한 급증하고 있습니다. 이들은 끊임없이 불안에 떨며 살기 때문에 '위태로운 유목민'이라고 할 수 있습니다. 대부분의 직장인들은 50대만 되면 자리에서 물러나고, 공무원도 예전처럼 정년을 보장받지 못합니다. 퇴직 연령이 점점 낮아지는 통에, 제아무리 능력 있는 정착민일지라도 언젠가는 직장을 잃고 비자발적 유목민이 되어 황무지를 떠돌게 되는 현실을 거부할 수 없게 되었습니다. 게다가 청년 실업률이 높아져 20대의 비자발적 유목민도 늘고 있습니다. 이렇듯 세대를 막론하고 유목민들이 늘고 있고, 누구든 언젠가는 유목민이 되고, 그들의 자녀들도 언젠가는 유목민으로 살아가게 되니 모든 사회적 삶 속에서 유목에 대한 준비를 하지 않으면 살아갈 수 없는 사회로 되어가고 있습니다.

살지 못하는 것을 뼈저리게 알고 있습니다. 그래서 알랭 드 보통은 불안에서 떠날 수 없는 것이 인간의 숙명이라고 선언했습니다.

하나님 없는 세상 사람이 느끼는 불안을 예수 그리스도를 믿는 성도도 느끼고 있습니다. 불안을 강요당하고 있습니다. 아무리 열심히 살아도 지금의 이 어려운 재정적 상황을 해결하기가 어렵기 때문입니다. 그렇다고 아무렇게나 살아갈 수 없습니다. 우리는 이런 불안을 강요받는 사회를 살아가면서 세상의 자본과 구조에 침몰되지 말아야만 합니다. 우리가 세상 것들로 인간의 욕망을 채우려고 하면 목말라 죽습니다. 왜냐하면, 인간의 욕망은 죄악에 오염되어 있으며 세상 것들은 유한한 의미만 제공하기 때문입니다.

그러면, 우리는 어떻게 살아가야 할까요? 우리는 끊임없이 예수 그리스도의 십자가 피 흘림을 통해 인간의 죄악성을 확인해야 합니다. 그 십자가 대속으로 우리가 하나님의 자녀가 된 그 새로운 존재적 관점을 기뻐해야 합니다. 그것을 날마다 말씀을 통하여 확인하고 누려가야 합니다. 성령님의 충만함을 구하면서 더욱 하나님의 은혜와 긍휼하심을 구해야만 합니다. 그렇게 경건을 지켜가야 합니다. 그렇게 하나님의 임재를 누려가야 합니다.

노아 홍수가 일어났던 그 시대나 지금 이 시대나 하나님의 요구하심은 동일하며 하나님의 백성들의 사명도 동일합니다. 그것은 우리의 마음을 다하고 생명을 다해서 '예수 그리스도가 주시다'라고 고백하면서 하나님을 경배하며 살아가는 것입니다. 비록 우리 각자가 남다른 고난과 질병과 고통 속에서 믿음의 시련을 당하며 살아간다고 할지라도 각자가 감당해야 할 믿음의 선한 싸움을 믿음으로 감당하면서 성령님의 위로로 승리하는 새언약의 백성들이 다 되기 바랍니다.

유목민의 증가는 정착민과의 갈등을 증폭시킵니다. 기존의 가치와 제도에 안주하고 안정적 사회시스템을 원하는 정착민들에게, 기존 질서에 대한 도전과 파괴를 통해 변화를 꿈꾸는 유목민들은 위협적인 존재이기 때문입니다. 그들은 개척적인 '유목정신'으로 무장되어 있고, 일탈과 파괴를 즐깁니다. 얼마 전까지만 해도 그런 사람들은 떠돌이, 괴짜, 광대, 집시, 보헤미안, 부랑자 취급을 받았지만 지금은 천재, 창조자, 개혁가로서 각광을 받고 있습니다. 유목정신이란 '현재 자기가 몸담고 있는 조직이나 직업이나 현재의 생활에 안주하지 않고 새로운 것을 찾아서 모험을 꿈꾸는 자, 그러한 것을 추구하는 정신'이라 할 수 있습니다. 그러한 유목정신의 핵심은 바로 '창조', '변화', '도전'입니다. 사회의 모든 분야에서 새로운 물결이 밀려와 엄청나게 새로운 도전에 봉착하고 있는 현대를 살아가기 위해서는 유목정신으로 무장하지 않으면 살아남을 수가 없습니다. 최근 우리나라가 다시 보수적 정착형 사회로 회귀하는 모양새가 보이기는 하지만, 정착형 사회에서 유목형 사회로 진화되어가는 세계 문명의 흐름을 거스를 수는 없을 거라고 봅니다. 이러한 변화에 맞춰 향후 '위대한 유목민'이 얼마나 배출되느냐 하는 과제는 한 국가의 경쟁력을 좌우하는 중요한 시금석이 될 것입니다. '위대한 유목민'들이 21세기의 시대정신을 정확히 포착하고, 변화와 도전과 창조의 세계를 펼쳐갈 때, '위태로운 유목민'들의 문제 또한 많은 부분 해결될 수 있을 것입니다.)

언약 20 노아언약 5

> 5 여호와께서 사람의 죄악이 세상에 관영함과 그 마음의 생각의 모든 계획이 항상 악할 뿐임을 보시고 6 땅 위에 사람 지으셨음을 한탄하사 마음에 근심하시고 7 가라사대 나의 창조한 사람을 내가 지면에서 쓸어버리되 사람으로부터 육축과 기는 것과 공중의 새까지 그리하리니 이는 내가 그것을 지었음을 한탄함이니라 하시니라 8 그러나 노아는 여호와께 은혜를 입었더라(창 6:5-8)

언약 스물 번째 시간입니다. 노아 언약으로는 다섯 번째 시간입니다.
노아 언약의 성경적 근거는 창세기 6장 18과 9장 1-17절입니다.

> 그러나 너와는 내가 내 언약을 세우리니 너는 네 아들들과 네 아내와 네 자부들과 함께 그 방주로 들어가고(창 6:18)

이 말씀에서 언약을 세운다는 히브리 단어 '헤킴'은 하나님께서 친히 전에 맹세하신 서약을 "유지하시는 것"을 시사합니다. 그 말은 하나님께서 이전에 인간과 언약을 하셨음을 의미합니다. 웬헴(Gordon J. Wenham)은 언약이 이미 시작되었다는 것을 전제로 하여 이 본문을 "내가 친히 확인하고자 한다"로 번역하였습니다. 이런 의미에서 하젤(Gerhard F. Hasel)은 노아와 맺은 하나님의 언약은 창세기 3장 15절에 나오는 아담과 맺은 언약의 갱신이라는 점을 함축적으로 시사한다고 보았습니다. 다시 말해서, 우리가 일반적으로 알고 있는 노아언약은 다만 보존언약으로만 알고 있는데 그것이 옳지 않다는 것입니다. 하나님께서 노아와 맺은 언약은 인간을 보존하여 하나님의 구속 약속이 실현되도록 하려는 것이었습니다. 노아언약은 하나님께서 창세기 3장 15절에서 주신 하나님의 구원 복음을 확인하고 반드시 시행하시겠다는 언약입니다.

그런 차원에서 오늘 설교의 핵심은 '그러면 왜 노아 시대에 심판이 임했는가?' 하는 것입니다. 하나님께서 노아를 방주에 들이기 전에 언약을 세우신다고 하셨을 때, 노아시대의 사람들이 왜 심판을 당했는가? 하는 것입니다. 오늘 읽은 성경에서 보았듯이, 사람의 죄악이 세상에 관영했기 때문입니다. 죄악이 관영했다는 것이 무슨 뜻일까요?

그 죄악들을 알기 위해서는 노아가 살았던 그 시대가 어떤 상태였는지 살펴보아야 합니다. 그러기 위해서는 노아로부터 시작해서 에녹까지 거슬러 올라가야만 합니다. 노아는 그의 아버지 라멕이 182세 때에 태어났습니다.[231] 노아의 아버지 라멕은 노아의 할아버지 므두셀라가 187세 때에 태어났습니다.232) 노아가 출생했을 때 노아의 할아버지인 므두셀라의 나이가 369세였습니다. 노아홍수는 노아가 600세 되던 해에 일어났습니다.233) 노아의 아버지 라멕은 홍수가 일어나기 5년 전에 죽었습니다.234) 969세를 살았던 노아의 할아버지 므두셀라는 노아 홍수가 일어났던 그 때까지 살아 있었습니다.

이 므두셀라의 아버지가 에녹입니다. 에녹과 므두셀라에 대해서 창세기 5장 21절부터 나옵니다.

> 21 에녹은 육십오 세에 므두셀라를 낳았고 22 므두셀라를 낳은 후 삼백 년을 하나님과 동행하며 자녀를 낳았으며 23 그가 삼백육십오 세를 향수하였더라 24 에녹이 하나님과 동행하더니 하나님이 그를 데려가시므로 세상에 있지 아니하였더라(창 5:21-24)

24절에 보면, 에녹이 하나님과 동행하였고 하나님께서 그를 데려가셨기 때문에 세상에 있지 않게 되었습니다. 에녹은 그 시대를 어떻게 살아갔을까요? 우리는 신약에서 에녹이 한 일을 알 수 있습니다. 신약에서 에녹에 대해 말해주는 3구절이 있습니다. 첫째는 누가복음의 족보에서 에녹이 나오고,235) 두 번째는 히브리서에서, 세 번째는 유다서에 나옵니다. 히브리서와 유다서를 보면 다음과 같습니다.

> 믿음으로 에녹은 죽음을 보지 않고 옮기웠으니 하나님이 저를 옮기심으로 다시 보이지 아니하니라 저는 옮기우기 전에 하나님을 기쁘시게 하는 자라 하는 증거를 받았느니라(히 11:5)
> 14 아담의 칠세 손 에녹이 사람들에게 대하여도 예언하여 이르되 보라 주께서 그 수만의 거룩한 자와 함께 임하셨나니 15 이는 뭇사람을 심판하사 모든 경건치 않은 자의 경건치 않게 행한 모든 경건치 않은 일과 또 경건치 않은 죄인의 주께 거슬려 한 모든 강퍅한 말을 인하여 저희를 정죄하려 하심이라 하였느니라 16 이 사람들은 원망하는 자며 불만을 토하는 자며 그 정욕대로 행하는 자라 그 입으로 자랑하는 말을 내며 이를 위하여 아첨하는 니라(유 1:14-16)

---

231) 28 라멕은 일백팔십이 세에 아들을 낳고 29 이름을 노아라 하여 가로되 여호와께서 땅을 저주하시므로 수고로이 일하는 우리를 이 아들이 안위하리라 하였더라(창 5:28-29)
232) 므두셀라는 일백팔십칠 세에 라멕을 낳았고(창 5:25)
233) 노아 육백 세 되던 해 이월 곧 그 달 십칠일이라 그 날에 큰 깊음의 샘들이 터지며 하늘의 창들이 열려(창 7:11)
234) 그는 칠백칠십칠 세를 향수하고 죽었더라(창 5:31), 5:28, 31; 7:11 참조하여 계산.
235) 그 이상은 므두셀라요 그 이상은 에녹이요 그 이상은 야렛이요 그 이상은 마할랄렐이요 그 이상은 가이난이요(눅 3:37)

먼저, 히브리서에서 에녹이 언급되고 그의 믿음을 말한다는 것은 에녹이 그 시대에 믿음의 시련과 고난을 겪었다는 것을 말합니다. 에녹이 하나님을 기쁘시게 하는 자라는 증거를 받았다는 것은 그 시대 속에서 여호와 신앙으로 고난을 받고 하나님의 백성답게 살아간 것을 말합니다. 그것은 에녹이 '여호와만이 하나님이시다'라는 것을 증거하고 살았다는 뜻입니다. 그 사실은 유다서가 말해 줍니다. 에녹은 여호와의 심판을 말하면서 그 심판의 근본적인 원인이 경건하지 않음이라고 말했습니다.

유다서를 잘 보면, 에녹이 말한 경건치 않음이 무엇인지 알 수 있습니다. 유다서가 말하는 경건치 않다는 것은 거짓 교사들과 그들을 따르는 무리들을 겨냥해서 하는 말입니다. 거짓 교사들의 행위와 말은 주되신 예수 그리스도를 부인하고 거스르며 모욕하는 사람들이었습니다. 그들은 타락한 이방 종교의 풍조를 따르면서 성적으로 문란했으며 발람처럼 돈 많은 성도들에게 아첨했습니다. 소위 그들 나름의 신비체험을 했다면서 신령한 척했으며 그 신령한 것을 빌미로 교회에 분열을 초래했습니다. 모세를 대적했던 고라처럼 하나님께서 세우신 교회의 지도자들을 대적하면서 하나님의 권위에 반발했습니다.

유다서가 말하는 죄악들이 바로 에녹이 말하는 경건치 않음입니다. 그 경건치 않음은 분명히 죄악이었고 하나님의 심판을 받기에 충분했습니다. 새언약 시대에 일어나는 그 죄악들이 에녹시대에도 일어났고 그래서 심판을 받아 멸망했습니다. 그런 경건치 않음, 그런 죄악들을 라멕이 보고 있었고 므두셀라가 보고 있었으며 에녹이 보고 있었고 노아가 보고 있었습니다. 노아홍수의 심판이 일어난 것은 그 시대에 여호와 신앙이 사라져가고 여호와를 경외하는 경건함이 없었기 때문입니다.

놀랍게도 여기 창세기 6장 5절에는 그런 죄악에 대한 좀 더 다른 면을 말해주고 있습니다. 왜냐하면 창세기 6장 5절에 나오는 죄악이라는 말은 조금 다른 의미가 사용되었기 때문입니다. 일반적으로 죄에 해당하는 히브리어 단어들로는 '하타', '아원', '페샤' 등이 있습니다. 주로 '하타'가 많이 사용되는데 '하타'는 하나님의 기준에 미달되는 것을 의미합니다. '아원'은 종종 '불법'(iniquity) 또는 '유죄, 죄, 범죄'(guilt)로 번역되고 하나님의 기준을 왜곡하거나 탈선하는 것을 말합니다. '페샤'는 '허물, 죄과, 위반, 범죄'(transgression) 혹은 '거역, 반항'(rebellion)으로 번역되고, 하나님의 기준이나 표명된 하나님의 뜻에 대항하는 인간의 거역(revolt)을 말합니다.

그러나 여기 창세기 6장 5절에서 '죄악'이라는 히브리어 '라아'이며 '깨뜨리다', '상하게 하다', '쓸모없게 하다'는 단어에서 파생된 말입니다. 도대체 무엇을 깨뜨리고 상하게 하고 쓸모없게 했다는 것일까요? 그것은 하나님께서 세우신 창조 질서를 깨뜨리고 하나님의 마음을 상하게 하고 하나님의 계획을 쓸모없게 만드는 인간의 모든 악한 행위를 말합니다.

그렇게 악행을 저지르는 사람의 마음이 어떠한 마음인지 이사야 선지자는 이렇게 말했습니다.

> 네가 네 악을 의지하고 스스로 이르기를 나를 보는 자가 없다 하나니 네 지혜와 네 지식이 너를 유혹하였음이니라 네 마음에 이르기를 나뿐이라 나 외에 다른 이가 없다 하였으므로 (사 47:10)

이 말씀은 여호와 하나님의 바벨론에 대한 심판의 말씀입니다. '바벨론이 죄악을 짓는 근본적인 마음이 무엇이냐?'고 할 때에 지혜와 지식이 많다면서 "나뿐이라 나 외에 다른 이가 없다"라고 말하더라는 것입니다. 첫 사람 아담의 범죄로부터 시작해서 노아 시대의 사람들이나 저 바벨론 사람들이나 심지어 오늘날에도 인간이 죄를 짓는 근본적인 마음은 '나밖에 없다'는 것입니다. 그것이 바로 실존주의입니다. 하나님께서 창조하신 나, 하나님께서 언약하신 나가 아니라는 겁니다. 나라는 존재는 그냥 이 세상에 내던져진 존재이고 내가 주인이고 내가 결단하고 선택해서 내 인생을 만들어가고 내 욕망을 따라 살아가면 그만이라고 생각합니다.

그렇게 자기 밖에 없다고 말하고 자기 욕망을 따라 살아가는 그런 것들은 언제나 하나님과 하나님의 계획을 정면으로 대항하고 쓸모없게 만들어 버립니다. 이 관영했다는 히브리어 '라바'는 '크다', '충분하다', '너무 많다'는 뜻입니다. 그것은 노아시대 사람들의 죄악이 일시적인 것이 아니라 깊이 뿌리를 내리고 있었고 그 죄악이 지속적이었다는 뜻입니다. 하나님과 하나님의 말씀과 계획을 계속해서 거스르고 의도적으로 깨뜨리고 있었습니다. 하나님을 향한 선한 마음이 없었습니다. 그런 죄악들이 노아 시대에 관영했습니다. 그래서 홍수심판으로 멸망을 당했습니다.

우리는 계속해서 홍수로 심판을 받은 그 이유들, 그 죄악들에 대해서 살펴보아야 합니다. 이어 나오는 창세기 6장 11절에는 이렇게 말했습니다.

때에 온 땅이 하나님 앞에 패괴하여 강포가 땅에 충만한지라(창 6:11)

여기서 충만하다는 히브리어 '티말레'는 '말레'(가득하다, 채우다)의 완료형으로 더 이상 채울 자리가 없어 밖으로 흘러넘칠 정도로 꽉 찬 것을 의미합니다. 6장 5절이나 11절은 타락한 이후에 나타나는 인간의 보편적 죄성을 증거 합니다. 칼빈은 인간의 허물이 최고의 절정에 이르렀고 전 세계가 죄악으로 완전히 팽배해 있었다고 주석했습니다.236) 하나님께서는 그런 죄악들을 보고 계셨습니다. 하나님께서 보셨다는 히브리적인 의미는 하나님과 하나님의 계획을 의도적으로 반역하고 깨뜨리는, 그런 인간의 행사들을 오랜 기간에 걸쳐 계속적으로 그리고 자세히 살펴보셨다는 뜻입니다.

하나님께서 보시는 세상의 죄악들이란 무엇을 말할까요? 세상에는 오직 나뿐이라고 소리치면서 하나님의 계획을 의도적으로 반역하고 깨뜨리는 인간들의 근본적인 죄악이 무엇일까요? 그것은 창세기 3장 15절에서 약속한 여자의 후손을 믿지 않는 죄입니다. 하나님께서 약속하신 여자의 후손이 오셔서 자기들을 구원하실 것이라는 소망을 버리는 것입니다. 여자의 후손, 그 메시아의 구원을 버리고 그 대신에 인간들이 자기 스스로 구원의 길로 간 것입니다. 이것이 바로 노아 시대 죄입니다.

그렇게 여자의 후손을 통한 언약의 회복과 구원을 버렸기 때문에 하나님을 기쁘시게 하기 보다는 인간의 욕망을 이루기 위해 살았습니다. 하나님의 은혜의 손길을 의지하지 않고 인간적인 수단으로 살아갔습니다. 그런 것들은 반드시 종교적인 형태로 드러나게 되어 있습니다. 우상은 그냥 생겨나는 것이 아닙니다. 우상은 인간의 욕망을 이루기 위해 그 욕망을 투사한 형태입니다. 하나님 없이 인간이 주가 되는 것입니다. 하나님의 권위를 인정하지 않고 인간이 권위를 가지

---

236) 존 칼빈, 창세기주석 1 (서울: 성서교재간행사, 1982), 221. 〈이를테면 하나님은 그렇게 성급하게 설득되어, 또는 조그만 원인 때문에 세상을 멸망시키는 분이 아니라는 사실이다. 그것은 '보시니'라는 말로 기나긴 계속된 인내를 암시해 주고 있으니 마치 하나님은 그들을 잘 관찰해 보시고 또한 오랫동안 심사숙고하신 후에 마지막으로 그들이 도저히 다시 회복될 수 없는 지경에 이르기 전까지는 인간들을 멸망시키겠다는 선고를 내리지 않으셨던 것이라고 그가 말한 것처럼 암시하고 있다. 또한 그 다음에 계속되는 것 역시 적잖은 강조를 하고 있으니 "사람의 죄악이 세상에 관영함을 보시고"라고 표현한 것이다. 그분은 아직 확대되지 않은 자들의 죄들은 용서해 주었을 수도 있었다. 만약 세상의 한쪽에서는 불신이 관영하고 있다면 다른 지역들에서는 아마 이 형벌에서 해방되었을지도 모른다. 그러나 지금은 허물이 최고의 절정에 이르렀을 때인지라 전 세계가 죄악으로 완전히 팽배해 있으며 그 결과로 하나님 보시기에 완전란 세상의 어느 구석에도 도저히 찾아 볼 수 없었던 것이다. 그것에 근거하여 생각해 보면 이제야말로 형벌이 내려질 시기이며 정말로 더 이상 지체할 수 없이 죄악이 무르익은 때라는 사실이다. 그리고 그 당시에 너무나도 엄청난 악으로 세상이 가득 차 있었으며 전 세계는 온통 그 죄악으로 덮여 있었다. 여기서 우리는 다음 사실을 깨달을 수 있으니 이 세상이 처음에 죄악의 오염으로 잠겨있을 때까지는 그것이 물의 홍수로 삼켜지지 않았다는 사실이다.〉

는 것입니다. 여자의 후손을 통한 하나님의 구원을 버리고 인간이 구원을 이루어 가려는 것입니다. 그리고 그런 모든 것들이 모아져서 우상숭배가 넘쳐나는 세상이 됩니다. 그렇게 자기 욕망을 이루기 위해 실존주의로 살아갔기 때문에 죄악이 충만했고 결국은 심판을 받아 멸망을 당하고 죽었습니다.

우리는 지금 노아 홍수로 심판을 받아 죽은 자들의 죄가 무엇인지를 살펴보고 있습니다. 성경이 죄라고 말하는 것은 윤리·도덕적으로 잘못된 것만을 말하는 것이 아닙니다. 그것은 근본적으로 예수 그리스도를 구세주로 믿지 않는 것입니다. 새언약 시대의 죄가 무엇입니까? 예수 그리스도를 믿지 않는 것입니다. 예수님을 죄에서 구원하실 그리스도로 메시아로 믿지 않는 것이 죄입니다. 옛언약 시대의 죄가 무엇입니까? 율법을 어긴 것입니까? 예. 그것도 죄입니다. 그러나 더 본질적인 죄가 무엇입니까? 옛언약 시대의 죄는 여자의 후손을 통한 구원을 믿지 않는 것입니다. 여자의 후손, 오실 메시아 그분이 누구십니까? 예수 그리스도이십니다. 죄는 예수 그리스도를 믿지 않는 것입니다. 옛언약 시대에나 새언약 시대에나 예수 그리스도를 믿지 않는 것이 죄입니다. 무엇을 잘못했고 무슨 악행을 저지른 것은 여자의 후손, 오실 메시아, 예수 그리스도를 믿지 않는 것에서 비롯되는 결과들입니다. 우리 시대의 죄도 에녹 시대, 노아 시대의 죄와 동일한 것입니다.

옛언약에서 '여호와가 주시다'라는 것을 부인했듯이 새언약 시대도 '예수 그리스도가 주시다'라는 사실을 부인합니다. 옛언약에서 여자의 후손이 오셔서 죄인들을 구원하신다는 그 구원의 소망을 믿지 않았듯이, 새언약에서 그 여자의 후손인 예수 그리스도께서 오셔서 죄인들을 구원하신다는 그 구원의 소망을 믿지 않는 것입니다. 지나간 세대나 지금이나 죄는 하나님 은혜의 구원을 믿지 않고 예수 그리스도의 구원을 믿지 않는 것입니다. 노아시대가 그 죄로 심판을 받았고 우리 시대가 그 죄로 심판을 받고 있고 또 받을 것입니다.

우리가 언약을 배워간다고 할 때 언약이 무엇을 말하는지 그 핵심을 분명하게 알아야 합니다. 언약은 여자의 후손인 메시아이신 예수 그리스도의 십자가 대속을 통해 이루는 하나님의 나라를 말합니다. 옛언약이나 새언약이나 여자의 후손, 그 메시아, 예수 그리스도의 구원과 하나님의 나라를 말합니다. 그것이 언약의 핵심입니다. 아담언약, 노아언약, 아브라함 언약 그렇게 계속해서 배워갈 때 언약이 말하는 그 핵심이 '여자의 후손인 메시아, 예수 그리스도를 통한 구원과 하나님의 나라'라는 것을 더 알아가고 배워가야 합니다. 그냥 단순히 하나님께서 아담과 언약하시고 노아와 언약하시고 아브라함과 언약하셨다는 것이 아닙니다. 옛언약이나 새언약이나 여자의 후손인 메시아, 예수 그리스도의 십자가 대속을 통한 구원을 말하지 않으면 의미가 없습니다.

하나님께서 홍수로 세상을 심판하신 것은 세상이 더 이상 여자의 후손을 통한 구원을 바라지 않고 인간 스스로 구원을 실현해 가는 인본주의 세상을 만들고 있었기 때문입니다. 그것은 세상이 이렇게 말하는 것과 똑같습니다. '우리는 더 이상 하나님 필요 없다', '아무리 기다려도 여자의 후손은 오지 않았다', '우리는 이미 성숙했고 우리가 우리를 구원할 수 있다' 그렇게 소리치고 살았습니다. 현대에 와서는 이렇게 말합니다. '하나님은 죽었다', '하나님께서 살아계신다면 이 세상의 부조리에 대해서 침묵하실 리가 없다', '하나님 없는 세상에서 성숙한 인간으로 살아야 한다' 그렇게 말하면서도 기독교 신앙이라고 말하고 있습니다. 이 시대의 기독교는 교회의 부조리를 폭로하는 기독교이고 세상의 부조리를 폭로하는 기독교가 되어 버렸습니다. 문제는 남은 폭로하면서 자기는 폭로하지 말라고 한다는 것입니다.

이것은 무엇을 말할까요? 노아 시대에나 우리 시대나 하나님을 말하고 예수 그리스도를 말할지라도 그렇게 말하는 이유는 인간의 현실을 해결하고 타인의 고통에 참여하는 의미로서의 하나님을 말할 뿐입니다. 저기에 십자가가 세워져 있고 누가 봐도 교회 건물이라는 것을 알 수 있습니다. 그러나 그들이 말하는 하나님은 인간을 위하는 하나님을 말하고 인간을 위하지 않는 하나님은 하나님이 아니라고 말하고 있습니다. 우리가 이런 고통 속에 있는데 하나님은 도와주지 않는다고 소리치고 있습니다. 인간이 고통을 당할 때 하나님 앞에 엎드리고 인간의 타락과 죄를 고백하지 않으면 더 극악하게 하나님을 저항하게 됩니다.

세상은 언제나 두 부류로 나누어집니다. 인간이 자기 욕망을 이루지 못하고 처절한 고통 속에서 살아가면서 '하나님은 없다', '인간이 주인이고 성숙한 인간이 스스로 만들어 가자'라고 말하는 사람들이 있습니다. 그렇게 똑같이 고통을 당하고 어려운 시절을 보내면서도 여전히 여호와 신앙으로 살고 여전히 예수 그리스도를 믿으며 하나님의 뜻을 구하며 여전히 언약에 신실하게 살아가는 사람들이 있습니다. 하나님께서는 그 두 부류의 사람들을 세밀하게 지켜보고 계십니다. 여호와 하나님께서 그 사람들을 마음에 담아두고 계십니다.

하나님께서는 그 심판의 때를 점점 실행해 가고 계십니다. 하나님께서 세상을 심판하신다는 것은 더 이상 그들에게 은혜를 내려 주지 않으시고 더 이상 그들을 받아주지 않으시겠다는 선언입니다. 하나님의 심판은 하나님의 의분(righteous indignation)을 통해 회개를 거절하시는 것입니다. 여자의 후손, 오실 메시아를 통한 구원을 거부했던 자들을 홍수로 멸망시켰듯이, 여자의 후손, 오신 메시아 예수 그리스도의 십자가 대속을 통한 구원을 거부한 자들은 언젠가는 멸망시킬 것입니다.

그러면 우리는 어떻게 살아가야 할까요? '하나님께서는 그렇게 죄 지은 인간들을 어떻게 회복하셨을까?'라는 질문과 동일합니다. 왜냐하면 우리는 아담의 원죄를 지니고 태어난 죄인들이기 때문입니다. 예수 그리스도를 고백한 믿음의 성도라 할지라도 실패하고 죄를 짓는 자들이기 때문입니다.

하박국 선지자는 이렇게 예언했습니다.

> 대저 물이 바다를 덮음 같이 여호와의 영광을 인정하는 것이 세상에 가득하리라(합 2:14)

바벨론이 심판을 당할 것이고 여호와께서 통치하시는 세상이 될 것이라고 예언했습니다. 여호와께서 통치하실 때에 세상 모든 열방이 여호와의 위력과 위엄을 느끼며 하나님을 아는 지식이 온 땅에 가득하게 될 것입니다. 그 말은 '여호와가 주시다', '여호와만이 하나님이시다', '여호와만이 우리의 구원이시다'라는 것을 인정하게 되고 충만하게 된다는 뜻입니다.

새언약 시대에 그 일이 어떻게 이루어졌을까요?

> 5 너희 안에 이 마음을 품으라 곧 그리스도 예수의 마음이니 6 그는 근본 하나님의 본체시나 하나님과 동등 됨을 취할 것으로 여기지 아니하시고 7 오히려 자기를 비어 종의 형체를 가져 사람들과 같이 되었고 8 사람의 모양으로 나타나셨으매 자기를 낮추시고 죽기까지 복종하셨으니 곧 십자가에 죽으심이라 9 이러므로 하나님이 그를 지극히 높여 모든 이름 위에 뛰어난 이름을 주사 10 하늘에 있는 자들과 땅에 있는 자들과 땅 아래 있는 자들로 모든 무릎을 예수의 이름에 꿇게 하시고 11 모든 입으로 예수 그리스도를 주라 시인하여 하나님 아버지께 영광을 돌리게 하셨느니라(빌 2:5-11)

우리 주 예수 그리스도께서 십자가에 피 흘려 죽으심으로 '여호와가 주시다', '여호와만이 하나님이시다', '여호와만이 우리의 구원이시다'라는 것을 인정하게 되고 충만하게 되는 것이 성취 되었습니다. 저 예루살렘에 왕으로 오시고 로마를 쳐부수고 이상국가를 세우는 것으로 성취되지 않았습니다. 여전히 예루살렘은 로마가 다스리고 있었고, 바리새인과 사두개인이 주름을 잡고 있었고, 병들고 가난한 자들과 억압받고 고통 받는 자들이 있었습니다.

그러면 예수 그리스도께서 십자가에 죽으심으로 하나님께서 영광을 받으셨다는 것은 무슨 말입니까? 하나님께서 창세기 3장 15절에서 약속하신 여자의 후손, 그 메시아, 예수 그리스도를 통해 자기 백성을 죄에서 구원하심으로 언약을 회복하시고 하나님의 나라를 완성하셨기 때문입니다. 하나님께서 십자가에 못 박혀 죽은 예수 그리스도를 지극히 높이시고 모든 이름 위에 뛰어난 이름을 주시고 천지의 모든 자들이 예수 그리스도의 이름에 무릎을 꿇게 하셨기 때문입니다. 하나님께서는 지금도 그렇게 역사하시고 지금도 영광을 받고 계십니다. 여기 이 예배 시간에 나아와 예수 그리스도의 이름을 높이고 그 이름에 무릎을 꿇은 자들을 통해서 하나님께서 영광을 받고 계십니다. 세상은 저 마지막 심판 때까지 예수 그리스도 앞에 무릎을 꿇지 않고 끝까지 자기 욕망을 위해 살아가며 가진 자는 억압하고 가지지 못한 자는 폭로, 저항, 투쟁을 외치고 삽니다. 그러나 우리는 현실의 고난과 아픔과 눈물 속에서도, '예수 그리스도가 주시다', '예수 그리스도만이 우리의 구원이시다'라고 고백하며 증거하며 믿음으로 살아갈 것입니다.

그러므로, 우리 마음의 고백은 이러해야 합니다.
내가 남들보다 더 아프게 살아갈지라도 이 믿음을 지켜갈 것입니다. 내가 남들보다 더 외롭게 살아갈지라도 예수 그리스도를 더욱 사랑함으로 이겨갈 것입니다. 내가 남들보다 더 가난하게 살아갈지라도 믿음에 부요한 자로 살아갈 것입니다. 내게 맡겨주신 영혼들을 위해 기도하며 내게 부탁하신 생명들을 위해 사랑의 수고를 아끼지 않을 것입니다. 왜냐하면, 예수 그리스도께서 십자가에 피 흘려 죽으심으로 나를 구원하셨기 때문입니다. 그 예수 그리스도께서 지금도 나를 위해 중보하고 계시기 때문입니다. 내 눈을 열어서 하나님의 영광을 보게 하시고 내 마음을 감동하셔서 더욱 언약에 신실하게 하시는 성령 하나님께서 내 안에 내주하고 계시기 때문입니다. 그 사랑, 그 은혜, 평생을 살아도 다 못 갚을 것입니다. 아버지 앞에 더 많이 엎드리고, 예수 그리스도를 더 많이 사랑하고, 더욱 성령님의 역사를 구하면서 믿음으로 살아가는 주의 백성들이 다 되기 바랍니다.

언약 21 노아언약 6

> 그러나 너와는 내가 내 언약을 세우리니 너는 네 아들들과 네 아내와 네 자부들과 함께 그 방주로 들어가고(창 6:18)17 내가 홍수를 땅에 일으켜 무릇 생명의 기식 있는 육체를 천하에서 멸절하리니 땅에 있는 자가 다 죽으리라 18 그러나 너와는 내가 내 언약을 세우리니 너는 네 아들들과 네 아내와 네 자부들과 함께 그 방주로 들어가고(창 6:17-18)

언약 스물한 번째 시간입니다. 노아 언약으로는 일곱 번째 시간입니다. 오늘은 노아홍수가 주는 세례의 의미에 대하여 살펴보도록 하겠습니다.[237] 왜, 노아홍수를 말하는데 세례의 의미로 말해야 할까요? 그것은 세례가 새언약의 표징이기 때문입니다. 옛언약의 표징은 할례였습니다. 그래서 할례를 받지 않으면 언약에서 끊어졌습니다.[238] 예수 그리스도를 믿어 세례를 받을 때 성부와 성자와 성령의 이름으로 세례를 받았습니다. 왜냐하면, 삼위일체 하나님께서 언약을 베풀어 주시는 분이시고 우리는 그 언약을 받는 자이기 때문입니다. 그렇다고 세례 그 자체가 구원을 주는 것이 아닙니다. 로마 가톨릭은 세례를 받을 때 인간의 죄를 직접적으로 용서받는다고 말하나, 개혁교회는 세례를 받으나 먼저 예수 그리스도를 믿고 그 약속을 믿을 것을 요구합니다. 사죄, 곧 죄 사함은 오직 예수 그리스도를 믿는 자만이 받습니다. 그러면 '세례는 왜 받느냐?'고 하면, 우리의 믿음을 확증하고 예수 그리스도께서 그의 피와 성령으로 우리를 씻으시고 죄 사함과 성령을 베푸신다는 것을 증언하는 엄숙한 선언이기 때문입니다.[239]

---

237) 아더 핑크, 하나님의 언약, 김의원 역 (서울: CLC, 2007), 94. "방주에서 노아가 홍수로부터 안전하게 보호된 것은 구원의 상징이었다. 이 말에 대해 우리는 성경의 권위를 가지고 있다. 베드로전서 3장 20-21절을 보라. 노아와 그의 아들들은 세상의 안식을 파괴했던 하나님의 진노로부터 구원받았고 이제 그들은 상징적인 부활의 땅으로 나아갔다. 그렇다. 그 땅은 하나님의 심판의 빗자루에 의해 깨끗이 쓸어버림을 당하고 있었고, 이제 그 땅의 역사에 있어서 새로운 출발을 하고 있었으며, 그 땅은 노아의 방주로부터 나왔을 때 구원된 가족에게 주어졌던 실제적으로 새로 창조된 땅이었다. 우리는 여기에서 현재의 상징은 앞서 있었던 상징이 실제를 바라보았던 것보다 더 높은 차원에서 실제들을 바라보고 있다는 사실을 나타내 주는 다른 요소를 발견할 수 있다. 그 요소는 성도의 유업이 간직되었던 새창조와 관련되어진다."
238) 할례를 받지 아니한 남자 곧 그 양피를 베지 아니한 자는 백성 중에서 끊어지리니 그가 내 언약을 배반하였음이니라(창 17:14) 십보라가 차돌을 취하여 그 아들의 양피를 베어 모세의 발 앞에 던지며 가로되 당신은 참으로 내게 피 남편이로다 하니(출 4:25)
239) 자카리아스 우르시누스, 하이델베르크 요리문답해설, 원광연 역 (서울: 크리스챤다이제스트, 2006), 581-582. 〈2. 세례의 목적은 무엇인가? 1. 세례의 주요 목적은 우리의 믿음의 확증이며, 혹은 그리스도께서 그의 피와 성령으로 우리를 씻으시며 죄 사함과 성령을 - 그는 우리를 중생시키고 영생에 이르도록 거룩하게 하신다 - 베푸신다는 것을 증언하는 엄숙한 선언이다. 혹은, 세례는 은혜의 약속을, 즉 우리의 칭의와 중생을 인치는 것이며, 세례를 받는 자들에게 이런 은사들을 베푸시며 또한 언제나 그것들을 베푸실 것이라는 하나님의 뜻을 선포하는 것이다. 하나님께서는 친히 사역자의 손을 통하여 우리에게 세례를 베푸시고, 우리에게 이러한 그의 뜻을 선포하시기 때문이다. 세례가 하나님께서 베푸신다고 약속하신바 우리의 구원에 관한 하나님의 뜻을 선포하고 확증하는 것이라는 사실은 다음과 같은 것들에서 분명히 드러난다: 1. 세례 시에 사용되는 문구에서. 그 문구에 따르면 우리는 성부와 성자와 성령의 이름으로 세례를 받는 것이다. 세례를 통해서 우리는 성부와 성자와 성령께 돌려

노아홍수를 세례와 연관해서 말하는 것은 베드로전서 3장 20-21절입니다.

> 20 그들은 전에 노아의 날 방주 예비할 동안 하나님이 오래 참고 기다리실 때에 순종치 아니하던 자들이라 방주에서 물로 말미암아 구원을 얻은 자가 몇 명뿐이니 겨우 여덟 명이라 21 물은 예수 그리스도의 부활하심으로 말미암아 이제 너희를 구원하는 표니 곧 세례라 육체의 더러운 것을 제하여 버림이 아니요 오직 선한 양심이 하나님을 향하여 찾아가는 것이라(벧전 3:20-21)

노아 홍수는 분명히 하나님의 심판이었습니다. 하나님께서는 세상을 심판하기 위하여 물을 사용하셨습니다. 그렇게 물은 죄악을 범한 인간을 심판하는 도구였습니다. 그런데 21절에서는 그 물이 세례라고 규정합니다. "예수 그리스도의 부활하심으로 말미암아 이제 너희를 구원하는 표"로써의 세례라고 말합니다. 왜 물이 세례를 말할까요? 죄의 종이었던 옛 사람이 예수 그리스도와 연합하여 함께 죽어 장사되고, 부활하신 예수 그리스도와 함께 새 사람으로 다시 산 것을 상징하기 때문입니다.[240] 세례는 예수 그리스도와 함께 죽고, 함께 사는 것입니다. 로마서 6장 4절과 골로새서 2장 12절에서 이렇게 말합니다.

지며, 그의 소유임이 선포되는 것이다. 2. 세례 의식에 덧붙여진 약속에서. "믿고 세례를 받는 사람은 구원을 얻을 것이요"(막 16:16). 그러므로 하나님께서는 믿고 세례를 받는 자들을 구원하시리라는 것을 이 전례를 통하여 선포하시는 것이다. 3. 세례를 구원을 베푸는 규례로 말씀하는 다른 성경 본문들에서. "일어나 주의 이름을 불러 세례를 받고 너의 죄를 씻으라"(행 22:16), "무릇 그리스도 예수와 합하여 세례를 받은 우리는 그의 죽으심과 합하여 세례를 받음으로 그와 함께 장사되었나니"(롬 6:3), "또 그 안에서 너희가 손으로 하지 아니한 할례를 받았으니 곧 육의 몸을 벗는 것이요 그리스도의 할례니라 너희가 세례로 그리스도와 함께 장사되고"(골 3:11-12), "우리를 구원하시되 오직 그의 긍휼하심을 따라 중생의 씻음과 성령의 새롭게 하심으로 하셨나니"(딛 3:5). 세례가 반복될 것이 아닌 이유가 이로써 분명해진다. 세례는 우리가 하나님의 사랑과 언약에 받아들여졌음을 나타내는 표인데, 그것은 회개하는 자들의 경우에는 언제나 확실하고 효용성이 남아 있기 때문이다. 그러므로 죄에 빠짐으로써 하나님의 사랑하심에 대해 감각을 상실한 사람이라 해도 세례를 다시 받을 필요는 없고 다만 죄에 대해 회개가 필요할 뿐이다. 중생이 한 개인에게 단 한 번 이외에는 발생하지 않는다는 것에서도 동일한 사실이 분명히 드러난다. 우리는 단 한 번 출생하며 또한 새로워지는 일도 단 한 번뿐이다. 한 번 그리스도께 진정 접붙임을 받으면, 절대로 완전히 버림받는 법이 없다. 그리스도께서는 "내게 오는 자는 내가 결코 내쫓지 아니하리라"(요 6:37)고 말씀하시기 때문이다. 그러므로 중생의 씻음인 세례는 단 한 번 받는 것으로 족하다. 특히 중생과 구원이 절대로 세례에 의존하지 않기 때문에도 그렇다. 만일 세례에 의존한다면, 우리가 죄를 지을 때마다 계속해서 다시 세례를 받아야 할 것이다. 게다가 세례가 할례를 대체시킨 것이라는 점도 한 가지 이유가 될 것이다. 할례가 한 개인에게 단 한 번밖에는 시행되지 않았으니, 세례도 마찬가지인 것이다.)

240) 4 그러므로 우리가 그의 죽으심과 합하여 세례를 받음으로 그와 함께 장사되었나니 이는 아버지의 영광으로 말미암아 그리스도를 죽은 자 가운데서 살리심과 같이 우리로 또한 새 생명 가운데서 행하게 하려 함이라 5 만일 우리가 그의 죽으심을 본받아 연합한 자가 되었으면 또한 그의 부활을 본받아 연합한 자가 되리라 6 우리가 알거니와 우리 옛 사람이 예수와 함께 십자가에 못 박힌 것은 죄의 몸이 멸하여 다시는 우리가 죄에게 종노릇하지 아니하려 함이니 7 이는 죽은 자가 죄에서 벗어나 의롭다 하심을 얻었음이니라 8 만일 우리가 그리스도와 함께 죽었으면 또한 그와 함께 살 줄을 믿노니 9 이는 그리스도께서 죽은 자 가운데서 사셨으매 다시 죽지 아니하시고 사망이 다시 그를 주장하지 못할 줄을 앎이로라 10 그의 죽으심은 죄에 대하여 단번에 죽으심이요 그의 살으심은 하나님께 대하여 살으심이니 11 이와 같이 너희도 너희 자신을 죄에 대하여는 죽은 자요 그리스도 예수 안에서 하나님을 대하여는 산 자로 여길지어다(롬 6:4-11) 너희가 세례로 그리스도와 함께 장사한 바 되고 또 죽은 자들 가운데서 그를 일으키신 하나님의 역사를 믿음으로 말미암아 그 안에서 함께 일으키심을 받았느니라(골 2:12)

> 그러므로 우리가 그의 죽으심과 합하여 세례를 받음으로 그와 함께 장사되었나니 이는 아버지의 영광으로 말미암아 그리스도를 죽은 자 가운데서 살리심과 같이 우리로 또한 새 생명 가운데서 행하게 하려 함이니라(롬 6:4)
> 너희가 세례로 그리스도와 함께 장사한 바 되고 또 죽은 자들 가운데서 그를 일으키신 하나님의 역사를 믿음으로 말미암아 그 안에서 함께 일으키심을 받았느니라(골 2:12)

로마서나 골로새서나 예수 그리스도를 구주로 믿은 성도는 그리스도와 함께 죽고 함께 살아났다고 말합니다. 그것이 가능하게 된 것은 예수 그리스도의 죽으심과 연합하여 세례를 받았기 때문입니다. 성령님께서 세례로 우리를 그리스도와 함께 연합하셨습니다.

그런 의미를 알고 우리는 오늘 말씀과 관련하여 이 세례를 생각해야 합니다. 그 말은, '사도 베드로가 베드로전서 3장 20-21절에서 노아 홍수를 말하면서 왜 세례를 말했느냐?' 하는 것입니다. 그것은 예수 그리스도를 구주로 믿은 성도들이 의를 위한 고난을 받는 사람들이기 때문입니다. 고난을 이겨내는 힘은 예수 그리스도와 연합된 우리의 존재적 관점에 있기 때문입니다. 그 존재적 관점, 예수 그리스도 안에서 주어진 그 정체성이 있기에 고난을 당하고 그 관계적 관점 안에서 그 당하는 고난을 이겨냅니다.

베드로전서 1장 7절은 이렇게 말합니다.

> 너희 믿음의 시련이 불로 연단하여도 없어질 금보다 더 귀하여 예수 그리스도의 나타나실 때에 칭찬과 영광과 존귀를 얻게 하려 함이라(벧전 1:7)

사도 베드로는 예수 그리스도를 믿는 그 믿음으로 인해 고난을 받고 시련을 당하고 있는 수많은 성도를 향해 말씀을 증거 했습니다. 그 어려운 상황 가운데서 베드로는 '거룩하게 살아라' 그렇게 권면했습니다.241) 왜냐하면, 그 구원은 인간이 만들어 낸 것이 아니기 때문입니다. 그러면 어떻게 주어졌습니까?

> 18 너희가 알거니와 너희 조상의 유전한 망령된 행실에서 구속된 것은 은이나 금 같이 없어질 것으로 한 것이 아니요 19 오직 흠 없고 점 없는 어린 양 같은 그리스도의 보배로운 피로 한 것이니라(벧전 1:18-19)

---

241) 15 오직 너희를 부르신 거룩한 자처럼 너희도 모든 행실에 거룩한 자가 되라 16 기록하였으되 내가 거룩하니 너희도 거룩할지어다 하셨느니라(벧전 1:15-16)

은이나 금으로 된 것이 아닙니다. "오직 흠 없고 점 없는 어린 양 같은 그리스도의 보배로운 피로" 구원을 받았습니다. 그래서 거룩하게 살아야 합니다. 살아가는 형편은 거룩이 안 되는 형편입니다. 믿음을 지키기도 어려운 형편인데도 거룩하게 살라고 합니다. 그러나, 믿음을 지켜가는 것이 거룩입니다. 믿음대로 살아가는 것이 믿음을 지켜가는 것이고 그렇게 지켜가야 거룩입니다. 성도된 존재적 관점이 거룩하기에 사명적 관점, 상황적 관점도 거룩합니다. 믿음은 거룩한데 사는 것은 거룩하기 쉽지 않습니다.

사도 베드로는 2장 11절부터 그 거룩에 대한 내용들을 말합니다. 말을 시작하면서 "사랑하는 자들아"라고 부릅니다. 이 말은 그냥 읽고 그냥 들으면 안 됩니다. 형식을 갖추기 위해서 교양 있게 한 말이 아닙니다. 예수 그리스도를 믿는 그 믿음으로 인해 박해를 받는 성도들의 고통을 알고 베드로 자신도 그 고통을 겪은 사람으로서 나오는 말입니다. 신학교를 갓 졸업한 신학도가 '사랑하는 자들아'라고 말하는 것과 주기철 목사님이나 손양원 목사님께서 '사랑하는 자들아'라고 말하는 것은 비교 불가한 신앙의 깊이가 있습니다.

신앙의 깊이라는 것이 그냥 풍겨지지 않습니다. 고난을 겪고 시련을 받으면서 만들어집니다. 고난도 시련도 우리가 원하는 것은 아닙니다. 그런데도 그런 일들이 우리에게 일어납니다. 그런 고난과 시련을 통해서 신앙이 연단되고 남아야 할 것들만 남고 보존되어야 할 것들만 보존이 됩니다. 남모르는 아픔이 있고 남모르는 눈물이 있습니다. 그것이 우리 마음에 오래오래 남아서 가슴이 시리고 작은 바람에도 눈물이 핑 돌게 합니다. 그 속에서 믿음이 보배가 되고 그 속에서 믿음이 꽃이 피고 열매를 맺습니다. 시련이 올 때 나의 모난 것이 드러나야 하고 나로부터 떨어져 나가야 합니다. 여전히 붙어 있으면 분노가 쌓이고 한이 맺히고 독해집니다.

우리는 보란 듯이 살면서 신앙의 깊이가 있기를 바랍니다. 그런 것은 없습니다. 조금 어려우면 한숨이 나오고 하나님이 멀게만 느껴집니다. 그것이 우리의 실상입니다. 그래도 이 신앙 부여잡고 가는 길이 성도의 길입니다. 거기에 가치를 두는 것이 참된 성도입니다.

사도 베드로는 참 어려운 말을 합니다. 3장 1절을 보면, "아내 된 자들아" 이렇게 시작합니다. 믿지 않는 남자와 결혼한 여성들에게 아내의 의무를 다하라고 권면했습니다. 왜냐하면, 아내가 살아가는 정결한 모습을 보고 그 남편이 구원을 얻게 하기 위함이었습니다. 참 어려운 일입니다. 그 고통은 참 말할 수 없이 힘든 일입니다. 그런데도 사도는 '갈라서라, 앞날이 구만리인데 그 고생하고 살 필요 없다, 그만두고 새 인생 새 출발 해라' 그렇게 말하지 않았습니다. 오히려 '사라 같이 살아라' 그렇게 권면했습니다. 사라가 자기 남편 아브라함을 보고 '주'라고 불렀듯이, 믿지 않는 남편에게 복종하라고 했습니다. 자기 살겠다고 아내를 누이라고 한 그 남편을 '주'라고 높였습니다. 왜냐하면, 그가 언약의 대표이기 때문입니다. 남편을 높이는 것이 언약의 주되신 하나님을 높이는 것이었기 때문입니다. 남편을 높이는 것이 언약의 주를 명예롭게 하는 일이었기 때문입니다. 남편 아브라함만 보면 높일 이유가 없습니다. 그러나 그 남편을 언약의 대표로 세우신 언약의 주되신 여호와 하나님께서 살아계시고 역사하시기 때문입니다. 7절에는 '남편 된 자들아'라고 하면서 아내를 어떻게 사랑해야 하는지 말했습니다. '귀하게 여기라'고 권면했습니다. 요즘에 와서 여성의 인격을 말하지 주후 1세기에 '아내를 귀하게 여겨라'고 말하는 것은 매우 대단한 말입니다. 그 당시는 그 당시라고 하더라도 우리가 사는 이 시대에도 '아내를 귀하게 여겨라'는 말은 너무 중요한 말입니다.

결혼해도 아내를 사랑한다는 것은 참 어려운 일입니다. 직장 다니면 직장에서 해야 할이 많고, 사업하면 사업한다고 해야 할 일이 많습니다. 우리네 정서에는 집에다 돈 벌어다 주면 그게 최선이고 최고인 것으로 여깁니다. 나머지는요? '여자가 다 알아서 해야지요' 그러고 살아가고 있습니다. 물론 요즘이야 많은 변화가 있지만, 그래도 '아내를 귀하게 여겨라'는 성경 말씀대로 순종하고 사는 것은 많이 요원합니다. 늙어서 따뜻한 밥 얻어먹고 싶으면 젊었을 때 아내를 귀하게 여겨야 합니다.

누가 그랬다잖아요. '저 여자들은 복도 많아. 남편들 일찍 죽어서 먹고 싶은 거 마음대로 먹고 가고 싶은데 마음대로 가고 놀고 싶으면 놀고, 저 인간은 언제 죽나?' 아내를 귀하게 여기는 남편, 남편을 주로 순종하는 그런 부부가 되어야 합니다. 그런 삶은 신앙의 박해를 받고 믿음의 시련을 겪으며 살아가는 그 현실 속에서 만들어 가라고 권면했습니다. 왜 그래야 할까요? 왜냐하면, 그것이 성도의 품격이기 때문입니다. 그것이 성도의 명예이기 때문입니다. 베드로전서 3장 8-12절을 읽겠습니다.

> 8 마지막으로 말하노니 너희가 다 마음을 같이 하여 체휼하며 형제를 사랑하며 불쌍히 여기며 겸손하며 9 악을 악으로, 욕을 욕으로 갚지 말고 도리어 복을 빌라 이를 위하여 너희가 부르심을 입었으니 이는 복을 유업으로 받게 하려 하심이라 10 그러므로 생명을 사랑하

고 좋은 날 보기를 원하는 자는 혀를 금하여 악한 말을 그치며 그 입술로 궤휼을 말하지 말고 11 악에서 떠나 선을 행하고 화평을 구하여 이를 좇으라 12 주의 눈은 의인을 향하시고 그의 귀는 저의 간구에 기울이시되 주의 낯은 악행하는 자들을 향하시느니라 하였느니라(벧전 3:8-12)

'왜 그렇게 살아야 하느냐?'고 하면, 9절에서, 복을 유업으로 받기 위함이고, 12절에서, 주의 눈이 의인을 향하고 계시기 때문입니다. 성도된 우리가 이 현실의 어려움 속에서도 믿음으로 살아가는 것은 이 땅의 복이 아니라 하나님께서 주실 복을 받을 자들이고 그렇게 믿음으로 살아가는 것을 보고 계시기 때문입니다. 그래서 품격을 지키고 살아가야 합니다. 그렇게 명예를 지키고 살아가야 합니다. 그래서 그 믿음이 변하지 않고 흔들리지 않아야 합니다. 그것은 체면이 아닙니다.

사도 베드로는 그것을 노아 홍수로 말하고, 세례로 말하면서 "오직 선한 양심이 하나님을 향하여 찾아가는 것이라"고 말했습니다. 왜 선한 양심일까요? 마음을 세상에 빼앗기지 않은 양심이기 때문입니다. 여자의 후손, 오실 그 메시아가 이루실 구원과 하나님의 나라를 소망하며 살았기 때문입니다. 현실은요? 그런 마음먹고 살면 손가락질 받고 욕 듣는 그런 현실이었습니다. 여자의 후손, 오실 메시아를 기다린 노아는 선한 양심으로 하나님의 말씀에 신실하게 살았습니다. 오신 메시아, 예수 그리스도를 믿은 성도들 역시 동일한 선한 양심으로 하나님의 말씀에 순종하고 살아가야 합니다.

사도 바울도 고린도전서 10장에서 세례를 말했습니다.

1 형제들아 너희가 알지 못하기를 내가 원치 아니하노니 우리 조상들이 다 구름 아래 있고 바다 가운데로 지나며 2 모세에게 속하여 다 구름과 바다에서 세례를 받고 3 다 같은 신령한 식물을 먹으며 4 다 같은 신령한 음료를 마셨으니 이는 저희를 따르는 신령한 반석으로부터 마셨으매 그 반석은 곧 그리스도시라(고전 10:1-4)

이스라엘 백성들은 홍해를 건너면서 지난 수백 년의 세월동안 종살이를 해왔던 애굽과는 분리되고 결별을 합니다. 홍해를 건너는데 그냥 건너는 것이 아니라 모세에게 속하여 구름과 바다에서 세례를 받고 건넙니다. 이스라엘이 왜 모세에게 속해야 할까요? 이스라엘은 저 세상 사람들과 다릅니다. 세상은 인간이 주체이고 인간이 주인이 되는 나라이고 인간이 중심이 되는 나라입니다. 그러나 이스라엘은 하나님께서 주가 되시고 하나님이 중심이 되는 나라입니다. 그것을 어떻게 계시하시느냐 면 언약으로 계시하셨습니다. 언약은 모든 이스라엘 백성과 맺지만 그 언약의 대표가 있습니다. 그 옛날 홍해를 건너야 하는 이스라엘 백성들의 언약대표는 모세입니다. 그래서 모세에게 속해야 합니다. 모세가 안 가면 못 갑니다. 모세가 가야 이스라엘이 갈 수 있습니다. 그것도 그냥 못 갑니다. 전에 애굽에 종살이 한 것은 이스라엘이 속하지 말아야 할 곳에 속해 있었습니다. 하나님의 백성들이 이방 나라의 종이 되었고 바로의 종이 되었습니다. 그 종살이에서 구원해 내십니다. 구원해 내시나 그냥 이스라엘 백성을 애굽에서 건져 내시는 것이 아니라 모세에게 속하게 하십니다. 이스라엘을 대표하는 자가 모세이기 때문입니다. 이스라엘을 대표하는 자가 바로가 아니라 모세입니다. 그 모세에게 속하여 구름과 바다에서 세례를 받았습니다.

> 12 몸은 하나인데 많은 지체가 있고 몸의 지체가 많으나 한 몸임과 같이 그리스도도 그러하니라 13 우리가 유대인이나 헬라인이나 종이나 자유자나 다 한 성령으로 세례를 받아 한 몸이 되었고 또 다 한 성령을 마시게 하셨느니라(고전 12:12-13)

13절에서 한 성령으로 세례를 받았다는 것은 예수 그리스도의 몸으로 보내는 세례를 말합니다.[242] 세례를 받음으로 우리는 사탄의 종된 자리에서 벗어나 예수 그리스도의 성도로 새롭게 소속이 바뀌어졌습니다. 우리가 스스로 구원을 얻을 수 있는 것이 아니라 예수 그리스도께 속해야 합니다. 종에서 벗어나 자유자가 되는 것은 예수 그리스도의 십자가 대속으로만 가능합니다. 그리스도와 연합되어야 합니다. 그리스도가 죽을 때 함께 죽고, 그리스도께서 살아나실 때 함께 살아나야 합니다. 그것은 오직 성령 하나님께서 그렇게 되도록 역사하십니다.

사도 바울은 왜 세례를 말했을까요? 고린도전서 10장 1-4절 앞에 보면 사도 바울이 복음을 증거 하기 위하여. 얼마나 애쓰며 살았는지를 알 수 있습니다. 그리고 10장 5절부터는 홍해를 건너온 사람들 중에 많은 사람이 우상숭배하고 간음하고 원망하다가 광야에서 멸망을 받아 죽었다고 말합니다. 그러면서 11-13절에서 이렇게 말했습니다.

> 11 저희에게 당한 이런 일이 거울이 되고 또한 말세를 만난 우리의 경계로 기록하였느니라 12 그런즉 선 줄로 생각하는 자는 넘어질까 조심하라 13 사람이 감당할 시험 밖에는 너희에게 당한 것이 없나니 오직 하나님은 미쁘사 너희가 감당치 못할 시험 당함을 허락지 아

---

242) For we were all baptized by one Spirit into one body--whether Jews or Greeks, slave or free--and we were all given the one Spirit to drink.(1Co 12:13, NIV)

니하시고 시험 당할 즈음에 또한 피할 길을 내사 너희로 능히 감당하게 하시느니라(고전 10:11-13)

홍해를 건너온 사람들, 모세와 함께 세례를 받은 그 사람들도 시험을 만났듯이, 우리도 그 시험을 만납니다. 그렇게 시험을 만났을 때, 그 때 그 사람들처럼 죄 짓지 말아야 합니다. 누구나 시험을 만납니다. 아무도 그 시험에서 면제를 받는 사람이 없고 예외가 없습니다. 한 발만 나가면 죄 짓는 자리로 갑니다. 사람들이 뭐라고 하면서 그리로 가던가요? '신앙이 별 거가. 하나님이 있으면 이런 고통에 우리를 버려두신다는 말인가? 왜 우리 자식을 죽게 하고 왜 우리 가족에 고통을 주시나?' 그렇게 말하면서 세상이 가는 길로 갑니다. 세상이 가는 길로 간다는 것은 마치 여기가 전부인 것처럼, 이 현실이 전부인 것처럼 여기고 살아갑니다. 우리는 어떻게 살아가야 하나요? 똑같이 고통을 받고 시련을 당하지만 우리는 그 험한 세월 속에서 하나님의 백성다움으로 갑니다. 내 욕망에 지배를 받지 않는 것입니다. 하나님의 때를 기다릴 줄 알고 인내하며 살아갑니다. 기다리면 돈이 생기고 땅이 생기는 것이 아니라 그런 것들이 있든지 없든지 오직 하나님의 언약에 신실하게 살아가기를 기도하며 순종하며 살아갑니다. 광야가 전부가 아니라 저 가나안에서 언약백성으로 살아야 했듯이 우리도 여기 이 세상이 전부가 아니라 저 영원한 하나님의 나라에 참예할 자들이기 때문입니다. 요즘은 이런 말을 하면 현실도피주의자라고 합니다. 우리는 그 소리를 듣고도 가야 합니다. 왜냐하면 그 소리가 진리가 아니라 하나님의 말씀이 진리이기 때문입니다. 로마서 6장에서 이렇게 성경은 이렇게 말합니다.

무릇 그리스도 예수와 합하여 세례를 받은 우리는 그의 죽으심과 합하여 세례 받은 줄을 알지 못하느뇨(롬 6:3)
너희 자신을 종으로 드려 누구에게 순종하든지 그 순종함을 받는 자의 종이 되는 줄을 너희가 알지 못하느냐 혹은 죄의 종으로 사망에 이르고 혹은 순종의 종으로 의에 이르느니라 (롬 6:16)

로마서 5장에서 칭의의 놀라움에 대해 말했습니다. 그러니 이런 생각이 드는 겁니다. '예수 그리스도를 믿고 세례를 받은 자들은 죄짓고 살고 아무렇게나 살아도 되겠네?' 성경이 뭐라고 합니까? "그럴 수 없느니라" 왜요? 우리는 죄에 대하여 죽은 자들이기 때문입니다. '죄에 대하여 죽었다'는 것은 이제는 완전히 새로운 영토로 옮겨졌다는 뜻입니다. 죽었다는 헬라어 부정과거 사상은 영단 번에 이루어졌다는 것을 말합니다. 다시는 그리로 갈 수가 없습니다. 우리는 더 이상 죄의 영토에 살지 않습니다. 우리는 의의 나라 영의 영토에서 살고 있습니다. 그래서 우리는 아무렇게나 살 수가 없습니다. 우리의 신분이 완전히 새로워졌기 때문입니다.243) 그래서 거룩하게 살라고 명령합니다(롬 6:19).

신앙 생활하기 쉬운 사람이 어디 있습니까? 아무도 없습니다. 걱정 근심 없이

---

243) 로이드존스, 로마서강해 Ⅲ, 서문 강 역 (서울: 기독교문서선교회, 2004), 42-45. 〈사도 바울은 빌립보서 3:20에서 그리스도인들에 대하여 같은 방식으로 말하고 있습니다. '우리의 시민권은 하늘에 있느니라.' 그는 우리의 시민권이 하늘에 있게 될 것이라고 하지 않고, 지금 하늘에 있다고 말합니다. 우리는 땅에 살고 있지만 우리의 시민권은 하늘에 있습니다. "아 그러나 어떻게 땅에서 영국 시민인데 우리가 하늘의 시민권을 가지고 있다고 말할 수 있습니까?"라고 말하는 아들이 있을지 모르겠습니다. 그러나 그것이 성경이 말하는 것입니다. 여러분이 그리스도인이라면 여러분은 참으로 지금 하늘의 시민이라고 말합니다. 우리는 이 세상에 있는 '하늘의 식민'입니다. 우리의 시민권은 하늘에 있지 여기에 있지 않습니다. 이 시민권에 변동이 일어난 것입니다. 에베소서 2:19에서 동일한 것을 발견할 것입니다.: "그러므로 이제부터 너희가 외인도 아니요, 손도 아니요, 오직 성도들과 동일한 시민이요, 하나님의 권속이라"-다시 같은 변동이 있습니다. 다른 말로 해서 우리의 신분이 완전히 변화되었다는 것입니다. 우리는 영단 번(ones and forever)에 우리의 나라를 바꾸었습니다. 우리는 더 이상 죄의 영토에 있지 않으며 죄의 권세의 지배를 받지 않으며 조종을 받지 않으며, 죄가 더 이상 우리의 운명을 좌우하지 못합니다. 또한 만일 여러분이 다르게 표현하기를 원한다면, 우리가 그리스도인이 되기 전에 아담과 연합해 있었으며, 아담에게 속해 있었고, 그의 타락한 자손이었습니다. 그리고 아담의 죄와 행위의 모든 것이 우리에게 전가되었습니다. 우리는 아담 안에 있었습니다. 그러나 이제 더 이상 아담 안에 있지 않습니다. 우리는 이제 그리스도 안에 있습니다. 우리는 아담에게서 벗어나서 그리스도 안으로 옮겨졌습니다. 이 세상에 살고 있는 사람들은 누구나 두 가능성만을 가지고 있었습니다. '아담 안에' 있든지, 아니면 '그리스도 안에' 있든지 둘 중의 하나입니다. 로마서 5:12에서 21절의 메시지는 바로 그것입니다. 인류를 두 부류로 나눌 수밖에 없습니다. 우리는 여기에도, 저기에도 같이 있을 수 없습니다. 동시에 둘 다 겸할 수도 없는 것입니다. 만일 여러분이 그리스도 안에 있다면 여러분은 아담 안에 있는 것이 아닙니다. 사도는 바로 그 점을 말하고 있습니다. 우리는 죄에 대하여 죽었으며, 죄의 영토, 죄의 통치와 왕노릇에 대하여 죽은 자들입니다. 그러나 나는 거기에서만 끝날 수는 없습니다. 그것은 모두 사실입니다만 그것은 소극적인 것입니다. 그리고 나는 적극적이 되어야겠습니다. 왜냐하면 사도의 논증이 역시 적극적이기 때문입니다. 우리는 죄의 왕노릇에 대하여 죽었을 뿐만 아니라, 은혜의 왕노릇에 들어갔습니다. 그리고 그 모든 것은 권세의 차원에서의 의미입니다. 다른 말로 해서 사도의 말은 여기서 우리가 죄를 용서받기만 한 것이 아니라는 것입니다. 그리스도인은 죄 사함을 받는 사람일 뿐더러 더 훌륭한 삶을 살기로 결심한 사람이요, 더 훌륭한 삶을 살고 싶어 하는 사람만이 아니라는 것입니다. 그리스도인에게는 그 이상이 해당된다는 것입니다. 그 세력은 어떤 확실한 결과들을 산출할 것을 보장할 만큼 강력하다고 사도는 말하고 있습니다. 죄의 통치는 결과를 산출합니다. 모든 이에게 죽음을 가져다줍니다. 그리고 모든 아들이 죄짓게 하고 모든 이를 넘어뜨립니다. 그러나 은혜의 통치는 무한정하게 더욱 강능이 있습니다. "죄가 넘친 곳에 은혜는 더욱 넘쳤느니라." 만일 죄의 권세와 지배가 어떤 결과를 산출할 것을 보증한다면, 은혜의 통치와 왕노릇의 반대의 결과들을 훨씬 더 확실하게 보증(guaratntees)합니다. 무엇이 보증됩니까? 예, 나의 온전하고 최종적인 구원이 절대적으로 확실함을 보증한다는 것입니다. 내가 죄의 통치에 대하여 죽은 것만이 아닙니다. 은혜의 왕노릇에 대하여 살아난 것입니다. 은혜는 거대한 세력입니다. 그리스도인으로서 여러분은, 여러분 자신을 감히 어떤 결심을 하고 이것저것 하기 원하는 사람 정도로만 생각하지 마십시오. 결코 아닙니다! 만일 여러분이 그리스도인이라면, 모든 은혜의 왕노릇의 모든 관능(dynamic)이 여러분에게 임한 것이며, 여러분 안에서만 역사하고 있으며 완전에 이르게 해줄 것입니다. 그것은 여러분의 것입니다. 사도는 구원의 확실성을 나타내고 싶어 견딜 수 없었습니다. 1절의 질문-"은혜를 더하게 하려고죄에 거하겠느뇨?"라는 질문이 그처럼 과상한 것이 되는 까닭은 바로 그래서입니다. 은혜의 모든 목표는 죄와 죄의 역사와, 죄에 속한 모든 것을 파괴하려는 것입니다. 그러므로 그런 상상은 불가능한 것입니다. 우리는 죄를 파괴하는 권세 아래에 있습니다. 그러므로 어떻게 우리가 죄에 감히 계속 거할 수 있겠습니까? 여러분은 이 논증을 아십니까? 꼼짝없는 이치입니다. 그러나 다르게 상상하게 되면 그 어떤 논증도 필연적인 귀결에 이를 수 없게 만듭니다. 사도가 그것을 이렇게 진술하고 있는 셈입니다. "아담과 죄와 죄의 통치에 대하여 죽은 우리인데 어떻게 거기서 더 살겠느냐?" '살다'는 말은 분명히 중요합니다. 그것은 계속 거주한다는 말입니다. 사도는-우리의 입장에서 우리가 은혜의 통치와 왕노릇 아래 있다는 사실을 바라보면서-우리가 죄에 계속 거주한다든지 죄의 삶이 우리의 삶이어야 한다는 것을 불가능하다고 역설하고 있습니다. …〉

거룩하게 살 수 있는 사람이 어디 있습니까? 아무도 없습니다. 아무도 없는데도, 세상을 둘러보면 나 말고 다른 사람들은 다 행복하게 잘 사는 거 같아 보입니다. 다른 사람들을 보면서 속으로 하는 말이 무엇입니까? '참 저 집사님은 복도 많아.' 평생 예수님을 믿어도 무엇이 복인 줄을 모릅니다. 그런 분들이 꼭 이런 소리 합니다. '목사님, 그런 소리는요, 돈 없고 빽 없는 사람들이나 하는 소리에요' 아무리 하나님께서 여호와를 경외하는 것이 복이라고 말해도 소용이 없습니다. 아무리 예수님께서 '심령이 가난한 자가 복 있는 사람이다' 그렇게 말씀하셔도 의미가 없습니다. 성령님께서 아무리 감동을 주셔도 그건 아니라고 생각합니다. 마음도 생각도 세상적인 기준으로 보고 계산합니다.

돈 고생~ 참 너무너무 큰 고생입니다. 울고 웃는 거 돈 때문인 걸 누가 모르겠습니까~ 그러나 우리가 세상사는 동안에 돈 때문에 고생을 하고 서러움을 당하고 고통을 받고 살아도 성도는 그것으로 전부가 아니라는 것을 알고 사는 사람들입니다. 우리는 세례를 받음으로 저 사탄의 나라에서 예수 그리스도의 나라로 옮겨진 사람들입니다. 죄의 종노릇 하던 자리에서 의의 종노릇하는 거룩한 하나님의 백성들이 되었습니다. 그래서 믿음으로 살아가려고 생명을 겁니다. 돈 고생을 해도 믿음으로 살고 질병으로 고통을 당해도 믿음으로 사는 것입니다. 그래서 이런 거예요. "죽도록 충성하라" 성도의 심장에는 이 말씀이 콱 새겨져 있어야 합니다. 다음에 누가 교회에 뭘 하나 하고 싶으면 저 교회 문에다가 "죽도록 충성하라"(계 2:10) 그런 돌기둥을 하나 세우세요. 죽도록 충성하라는 것은 '믿음을 지키기 위해 생명을 걸어라'는 뜻입니다. 그 옛날, 노아가 죽도록 충성했듯이 예수 그리스도와 함께 세례를 받은 우리도 죽도록 충성하다가 하나님의 나라에 넉넉히 들어가는 믿음의 성도들이 다 되기 바랍니다.

언약 22 노아언약 7

5 여호와께서 사람의 죄악이 세상에 관영함과 그 마음의 생각의 모든 계획이 항상 악할 뿐임을 보시고 6 땅 위에 사람 지으셨음을 한탄하사 마음에 근심하시고 7 가라사대 나의 창조한 사람을 내가 지면에서 쓸어버리되 사람으로부터 육축과 기는 것과 공중의 새까지 그리하리니 이는 내가 그것을 지었음을 한탄함이니라 하시니라 8 그러나 노아는 여호와께 은혜를 입었더라(창 6:5-8)

언약 스물두 번째 시간입니다. 노아 언약으로는 일곱 번째 시간입니다. 오늘 설교의 주제는 8절 말씀에 나오는 대로 노아가 여호와께 받은 은혜입니다. 노아가 여호와 하나님으로부터 받은 은혜는 첫 사람 아담이 범죄 했을 때 상실한 복을 회복 받는 복입니다. 아담이 죄를 지었을 때 창조주 하나님의 복과 은혜를 상실했으며 피조물에 대한 통치권도 상실했습니다. 그 복된 자리에서 쫓겨났습니다. 이제 하나님께서는 노아에게 은혜를 주심으로서 인간의 행위가 아니라 믿음으로 의의 상속자가 되어서 하나님의 통치를 실행하는 자로 화복시켜 주셨습니다. 하나님께서 노아에게 은혜를 주셔서 그렇게 회복시키시는 이유는 아담에게 주어졌던 그 복을 회복하여 하나님의 영원하신 목적을 이루기 위함입니다. 그 목적은 죄와 사망에서 구원을 받아 하나님의 은혜의 빛을 발하여 하나님을 영화롭게 하는 것입니다.[244]

하나님께서는 우리를 사랑하십니다. 하나님께서는 우리를 구원하기 위하여 예수

---

[244] 아더 핑크, 하나님의 언약, 김의원 역 (서울: CLC, 2007), 95-96. 〈… 그러나 여기에서 우리는 피조물의 책임과 인간의 공적들에 근거해서가 아니라 신적 은혜의 근거 위에서-왜냐하면 노아는 "여호와께 은혜를 입었기" 때문에(창 6:8)-잃어버린 유산을 되찾은 사람을 본다. 즉 유산회복은 피조물의 행위의 근거 위에서 이루어진 것이 아니라 하나님의 중심을 만족시켰던 그 희생의 탁월성에 근거 위에서 이루어졌다. 결과적으로, 새로운 세상의 상속권이 노아와 그의 씨에게 주어졌던 것은 믿음의 자녀 자격으로서 주어졌다. "인간은 이제 노아의 인격으로 인하여 세상에서 더 높은 위치에 올라선다. 그러나 단순한 인간으로서 이 위치에 올라서는 것이 아니라 믿음 위에 서 있는 하나님의 자녀로서 올라서는 것이다. 하나님께서는 노아의 믿음을 보시고 이제 노아를 악의 오염으로부터 정화되고 구출된 인류의 두 번째 머리며 땅의 상속자가 되도록 하기 위해 옛 세상의 전반적인 파괴 중에서 그를 구원하셨다. 히브리서에 기록된 대로 그는 믿음에 의해서 의의 상속자-적절히 의에 속한 모든 상속자, 즉 의 자체의 상속자일 뿐 아니라, 하나님의 목적 속에서 소유하도록 정해졌던 세상의 상속자-로 지정되었다. 그러므로 새로운 창조가 있었고 새로운 머리가 새창조 위에 통치권을 행사하기 위해 왔다면 아담에게 주어진 근원적인 축복과 선물은 사실상 노아와 그의 가족에게서 갱신되었다. 창세기 9장 1-3절을 보라. 여기에서 믿음의 의는 하나님의 은혜로 주어진 것으로 근원적으로 자연의 의에 부여 되었던 그 축복-단순한 축복뿐만이 아니라 세상의 통치권과 상속권을 가진 축복-을 직접 받은 것이다"(P. Fairbairn). "그러나 먼저는 신령한 자가 아니요 육 있는 자요 그 다음에 신령한 자니라"(고전 15:46). 이 말씀은 직접적으로 성도의 지체들을 언급하고 있을 뿐 아니라 하나님의 영원한 목적을 나타내시는 하나님의 방법들 안에 있는 근본적인 원칙들을 선언하고 있다. 하나님의 은혜는 그것이 인간의 죄와 파멸의 어두운 배경으로부터 빛을 발할 때까지는 은혜로써 명백히 나타날 수 없다. 그러므로 아담과의 행위언약이 노아와의 은혜언약에 선행되어야만 한다는 사실은 필수적이다. 첫 사람의 실패는 둘째 사람-노아의 이름과 노아에 관한 노아 아버지의 예언적 말씀이 명백히 선언됨으로써 노아가 분명히 예표 했었던 사람-의 승리를 위한 길을 열었고 적절한 토양을 제공했다. 이 사실이 더욱 명백하게 이해되어졌을 때 노아언약의 더 깊은 의미를 파악하기가 더욱 쉬울 것이다.〉

님을 십자가에 못 박아 죽게 하셨습니다. 예수님께서 십자가에 피 흘려 죽으심으로 우리의 죗값을 대신 치르셨기에 우리는 구원받은 백성이 되었습니다. 부활하신 예수님은 성령 하나님을 보내셔서 오늘 우리로 이 구원을 깨닫게 하시고 이 구원의 은혜를 더 깊이 더 많이 더 충만하게 하십니다. 이 은혜는 세상 끝날까지 함께 하는 은혜입니다. 이렇게 놀라운 우리 하나님 아버지의 은혜와 복을 누리며 찬송하며 살아가는 것이 믿음의 성도들이 받은 복입니다.

이런 이야기가 있습니다. 하루는 돼지가 우리를 뒤적거리는데 홍시 하나가 옆에 툭 떨어졌습니다. 너무 맛있었습니다. 또 먹고 싶어서 우리를 온통 다 뒤집어 팠습니다. 주인이 그걸 보더니 몽둥이로 돼지를 죽도록 때렸습니다. 돼지는 너무 아파서 드러누워 하늘을 보며 끙끙 앓았습니다. 그때 돼지 얼굴에 홍시 하나가 철퍼덕 떨어졌습니다. 돼지가 그 홍시를 먹으면서 이렇게 중얼거렸습니다. '아, 홍시는 하늘에서 떨어지는 것이네.'

돼지도 홍시를 먹으면서 깨닫는 것이 있는데, 그보다 더 잘난 사람이라고 하면서 하나님의 은혜를 깨닫지 못하고 사는 것은 가슴 아픈 일입니다. 은혜는 하나님이 주시는 선물입니다. 그 은혜는 예수 그리스도를 통하여 주십니다. 우리는 하나님의 은혜가 없으면 살 수 없습니다. 그 은혜가 풍성해야 인생이 풍성합니다. 우리의 능력으로는 아무것도 할 수 없습니다. 그것을 빨리 깨닫는 인생이 복된 인생입니다.

어떤 사람들은 이 은혜를 깨닫게 하여도 저버리고 딴 길로 갑니다. 아무리 좋은 길을 보여주어도 하나님의 길을 선택하지 않습니다. 하나님께서 이렇게도 해보고 저렇게도 인도하시면서 돌아오라고 말씀하셔도 저버리고 딴 길로 갑니다. 예수님께서는 천국비유에서 그런 자들은 길가에 뿌려진 씨앗이고 흙이 얇은 돌밭에 떨어진 씨앗이며 가시떨기 위에 떨어진 씨앗입니다. 오직 좋은 땅에 떨어진 씨앗만이 그 은혜를 받아 누리고 백 배, 육십 배, 삼십 배의 결실을 맺습니다. 좋은 땅은 우리가 만들어서 좋은 땅이 된 것이 아니라 성령님께서 좋은 땅으로 만드신 땅이라서 좋은 땅입니다. 예수님께서는 니고데모에게 이렇게 말씀하셨습니다.

> 3 예수께서 대답하여 가라사대 진실로 진실로 네게 이르노니 사람이 거듭나지 아니하면 하나님 나라를 볼 수 없느니라 4 니고데모가 가로되 사람이 늙으면 어떻게 날 수 있삽나이까 두 번째 모태에 들어갔다가 날 수 있삽나이까 5 예수께서 대답하시되 진실로 진실로 네게 이르노니 사람이 물과 성령으로 나지 아니하면 하나님 나라에 들어갈 수 없느니라 6 육으

로 난 것은 육이요 성령으로 난 것은 영이니 7 내가 네게 거듭나야 하겠다 하는 말을 기이히 여기지 말라 8 바람이 임의로 불매 네가 그 소리를 들어도 어디서 오며 어디로 가는지 알지 못하나니 성령으로 난 사람은 다 이러하니라(요 3:3-8)

성령님의 그 임의로 역사하심을 따라 거듭나게 됩니다. 우리의 의지가 아니라 성령 하나님의 의지로 거듭납니다. 성부께서 택한 자들을 성령께서 부르십니다. 그 부르심에 돌아온 자들이 예수님을 믿는 성도들입니다. 예수 그리스도를 믿은 성도는 세상살이가 아무리 힘들어도 거룩하게 살고 싶어 합니다. 세상이 아무리 죄로 가득해 갈지라도 예수 믿는 성도는 진실하게 살고 싶어 합니다. 왜냐하면, 예수 그리스도를 믿는 성도들 속에는 하나님의 말씀이 있기 때문입니다. 그 속에 성령 하나님께서 함께 하시기 때문입니다.

본문 5절에 의하면 노아 시대는 오래 참으시는 하나님께서 이제 더 이상 참으실 수 없을 정도로 죄악이 차고 넘쳤습니다. 외부적인 행동만이 아니라 그 근원이 되는 내면생각까지 전적으로 부패하였습니다. 또 본문 11절은 노아 시대에 대해 이렇게 표현합니다. "때에 온 땅이 하나님 앞에 패괴하여 강포가 땅에 충만한지라"고 말했습니다. 여기서 '패괴하다'라는 말은 쉽게 말해 '부패하다'라는 뜻입니다. '강포'라는 단어는 '폭력'을 의미합니다. 말씀은 노아 시대의 모든 사람이 부패하였으며 그 땅에 폭력이 가득하였습니다. 노아 당시 모든 사람은 한결 같이 죄악 된 삶을 살았으며, 그러한 현상은 습관적으로 계속 되어졌습니다. 이렇게 죄악의 정도가 절정에 달한 그 시대의 사람들을 보시며 하나님께서는 사람 지으셨음을 한탄하사 마음에 근심하셨습니다. 하나님께서는 인간의 죄로 인해 실망하고 마음 아파하셨습니다.

오늘날에도 부패와 폭력은 날이 갈수록 심해지고 있습니다. 아무 일 없는 듯이 살아가는듯해도 사회와 가정이 무너져가고 있습니다. 여성의 전화 39%가 폭력에 대한 전화입니다. 아이들도 점점 폭력적으로 되어가고 대담해져가고 있습니다. 어떤 나라의 어떤 중학생은 사람을 죽여 놓고도 버젓이 학교에 다녔습니다. '묻지마' 범죄가 갈수록 늘어가고 있습니다. 그렇게 범죄가 늘어나는 요즘 세상을 풍자해서 하는 이야기가 있습니다.

어느 감옥에서 면회 날이 되었습니다. 죄수들의 가족이나 친지들이 맛있는 것을 사가지고 와서 위로하고 있었습니다. 그런데 유독 한 사람이 고개를 수그리고 시무룩하게 앉아 있었습니다. 보다 못한 한 사람이 물었습니다. "아니 왜 다른 사람들은 다 가족이나 친지들이 면회를 와서 좋아하는데 왜 아저씨는 그렇게 앉아 있습니까?" 그러자 그 사람이, "왜 난들 가족이 없겠어요. 그 사람들이 다 여기 와 있으니 그것이 문제지요."

사람들의 죄가 최악의 상태에 이르게 되자 하나님은 더 이상 참으실 수 없으셨습니다. 그래서 하나님은 물로, 홍수로 전 인류를 심판하기로 결정하셨습니다. 모두가 죄로 인해 죽게 되었습니다. 그 죄의 근본은 여자의 후손, 그 메시아를 소망하지 않고 인간의 욕망으로 사는 것입니다.

이런 때에 모세는 8절 말씀에서 우리에게 다시 한 번 소망의 말씀을 줍니다. 8절을 보시면, "그러나 노아는 여호와께 은혜를 입었더라" 모든 인류가 죽음을 맞이하게 된 그 때에 노아는 하나님께 은혜를 입었습니다. 노아가 받은 그 은혜는 그 여자의 후손, 그 메시아가 오셔서 죄에서 구원하실 것을 끝까지 믿고 소망하는 것입니다. 인간이 노력하고 투쟁하면 만들어지는 그런 구원이 아니었습니다. 인간 안에서 만들어내는 구원이 아니라 하나님으로부터 주시는 구원입니다. 노아가 받은 은혜는 구원의 은혜라는 것을 말해 줍니다. 저 애굽의 바로의 손에서 구원을 받은 것이나 노아가 구원을 받은 것이나 전적으로 하나님의 은혜로 구원을 받은 것이라는 사실을 말해 줍니다.

모세는 광야 이스라엘 백성들에게 세상 죄악 가운데서 하나님의 백성으로 살아가기 위해서 무엇이 필요한지 말씀해 주었습니다. 모세는 온 세상이 죄악 가운데 있을지라도 하나님의 은혜를 입은 백성으로서, 하나님의 구원받은 백성으로 살아가야하는 존재가 이스라엘 백성들이라는 것을 말해 주었습니다. 저 애굽에서 나온 것이 너희들의 능력으로 된 것이 아니고 저 홍해를 지나 이 광야를 지나는 것도 너희들의 힘으로 갈 수 있는 것이 아니라 오직 하나님의 은혜로 되는 일이라는 것을 말해 주었습니다.

사람의 이목구비 중에서 어느 것 하나 소홀히 할 것이 없습니다. 그 중에서도 눈은 너무나 소중합니다. 예수님께서도 눈은 몸의 등불이라고 마태복음 6장 22절에서 말씀하셨습니다.[245] 눈이 밝아야 몸이 건강하고, 눈이 온전해야 세상을 사는 이치를 깨닫습니다. 사람의 몸도 마음도 이 눈 속에 있습니다. 눈을 통해 몸의 건강도 알 수 있고 눈을 통해 마음의 상태도 알 수 있습니다. 대한민국 육군 이등병의 눈빛은 60만 촉광으로 빛난다고 말합니다. 사랑하면 그 눈빛이 다릅니다. 그래서, 사랑은 눈으로 한다고 했습니다. 눈만 보아도 그 마음을 알 수 있는 사람, 그런 사람들이 함께 살면 그것만큼 행복한 세상도 없습니다. 열심히

---

[245] 눈은 몸의 등불이니 그러므로 네 눈이 성하면 온 몸이 밝을 것이요(마 6:22)

사는 사람의 눈빛과 백수의 눈빛은 다르게 되어 있습니다.
백수에 대해서 누가 이렇게 시를 지었습니다.

> 있는 것은 체력이요 없는 것은 능력이니
> 늘어나는 것은 한숨이요 줄어드는 것은 돈 이구나
> 기댄 것은 방바닥이요 보이는 것은 천장이니
> 들리는 것은 구박이요 느끼는 것은 허탈감이로구나
> 먹는 것은 나이요 남는 것은 시간이니 펼친 것은 교차요 거는 것은 전화로다
> 혹시나 한 것은 기대감이요 역시나 한 것은 허망함이니
> 오는 것은 연체료요 가는 것은 돈 이로다
> 죽은 것은 핸드폰이요 산 것은 바테리니 어이타 이내몸 어찌 살아갈까나...,

이러니 백수의 눈이 밝을 수가 없습니다. 눈이 좋아야 하는 것은 그냥 겉으로 드러난 두 개의 눈만이 아닙니다. 두개의 눈이 빛나는 것은 마음의 눈이 밝기 때문에 빛나는 것입니다. 마음의 눈이 어두우면 눈이 있어도 소경이 됩니다. 두 눈을 더욱 빛나게 하는 것은 믿음의 눈이요, 사랑의 눈입니다. 믿음의 눈이 있어야 빛나게 됩니다. 사랑의 눈이 있어야 빛나게 됩니다.

노아는 이 믿음의 눈을 가지고 있었고, 사랑의 눈을 가지고 있었습니다. "그러나 노아는 여호와께 은혜를 입었더라"(창 6:8)고 말씀했습니다. 이 말씀을 원문대로 번역하자면, "노아는 여호와의 눈 안에 있는 은혜를(사랑을) 발견하였다"고 되어 있습니다. 그러나, 이 말씀을 인간 중심적인 생각으로 보아서는 안 됩니다. 그렇게 이해해서도 안 됩니다. 이 말씀은 노아가 무슨 특별한 재주가 있거나, 남다른 의로운 행함이 있어서 여호와의 은혜를 발견하였다는 의미가 아닙니다.

왜냐하면, 이 은혜에 해당하는 히브리어는 정당한 근거나 공로가 없다는 것을 뜻하며,[246] 아무런 값도 지불하지 않고서 거저 주는 것을 의미하기 때문입니다.[247] 그와 같은 은혜는 여호와께서 예수 그리스도 안에서 택하신 자들에게 베푸신 특별한 은총을 가리킵니다.[248] 그러므로, 이 8절 말씀에서는 여호와 하나님께서 노아에게 은혜를 나타내셨다는 것은 하나님께서 노아에게 어떤 근거나

---

[246] 무리하게 나의 원수된 자로 나를 인하여 기뻐하지 못하게 하시며 무고히 나를 미워하는 자로 눈짓하지 못하게 하소서(시 35:19) 무고히 나를 미워하는 자가 내 머리털보다 많고 무리히 내 원수가 되어 나를 끊으려 하는 자가 강하였으니 내가 취치 아니한 것도 물어 주게 되었나이다(시 69:4) 너희가 그 행동과 소위를 볼 때에 그들로 인하여 위로를 받고 내가 예루살렘에서 행한 모든 일이 무고히 한 것이 아닌 줄 을 알리라 나 주 여호와의 말이니라(겔 14:23)
[247] 이 세 가지를 시행하지 아니하면 그는 속전을 내지 않고 거저 나가게 할 것이니라(출 21:11)
[248] 찰스 스펄전, 설교의 황제 스펄전의 시편 강해 4권(하), 안효선 역 (서울: 생명의말씀사, 2014). 찰스 드 쾨틀로건(Charesde Coetlegon, A.M., The Portraiture of the Christian Penitent, 1775).

공로가 없음에도 불구하고 노아를 구원하기로 택하시고 그가 자신의 죗값을 지불할 수 없음에도 불구하고 노아에게 거저 은혜를 주셨다는 의미입니다. 다시 말해서, 하나님께서 노아로 하여금 공로와 대가 없이 여호와를 알게 하시고 믿게 하시고 그 말씀대로 순종하며 살아가게 하셨다는 뜻입니다.

이 의미를 더 보충하고, 의미를 더 알기 위해서 우리는 마라아에게 나타난 천사의 음성에서 들을 수가 있습니다. 가브리엘 천사가 그녀에게 이렇게 말합니다.

> 그에게 들어가 가로되 은혜를 받은 자여 평안할지어다 주께서 너와 함께 하시도다 하니(눅 1:28)

여기에 나오는 이 "은혜를 받은 자여"라는 말씀이 오늘 본문에 나오는 "노아는 여호와께 은혜를 입었더라"는 말씀과 같은 말씀입니다. 가브리엘 천사가 마리아에게 "은혜를 받은 자여"라는 말은 "은혜를 발견하였다"고 번역됩니다. 이것이 하나님의 은혜입니다.

노아나 마리아나 두 사람이 능동적으로 여호와의 은혜를 발견한 것이 아닙니다. 인간이 잘나서 제 능력이 탁월해서 발견하는 것이 아닙니다. 여호와께서 그들에게 오셔서 그들로 하여금 그 은혜를 발견하도록 하셨습니다. 할렐루야! 이것이 여호와의 은혜입니다. 이 찾아오시는 은혜, 찾아 오셔서 그 은혜를 발견하도록 하시는 은혜, 이것이 여호와의 은혜입니다. 굳이 말을 붙이자면 수동적이며 능동적인 은혜라고 할 수 있습니다. 이 은혜는 여호와께서 주시는 은혜입니다. 여호와께서 전적으로 그 택한 자에게 주시는 은혜입니다.

사람은 누구나 할 것 없이 별 차이 날 것 없는 인생입니다. 조금 더 알고 덜 알 뿐이요, 조금 더 가졌고 조금 덜 가졌을 뿐이지 더할 것도 없고 덜할 것도 없는 인생입니다. 이 사람이나 저 사람이나 특별할 것이 없습니다. 배우기 전에는 모르고, 알고 난 뒤에도 더 많이 배워야하는 것이 인생입니다. 그러기에 진정으로 배운 사람은 겸손할 줄 알고 진정으로 가진 사람은 무엇이 더 가치 있는지 그것을 알게 됩니다. 지식을 어중간하게 아는 그 사람이 떠벌리고 다니고, 어중간한 부자가 광내고 다니는 것입니다. 알면 알수록 자신의 부족함이 보이고 가지면 가질수록 인생의 진정한 소유가 무엇인지 보이기 때문에 고개 숙이고 겸손하지 않을 수 없습니다.

노아라고 해서 특별한 사람이 아니었습니다. 노아도 우리와 똑같은 사람입니다. 노아도 우리도 첫 사람 아담의 죄성을 그대로 물려받은 죄인입니다. 노아가 이미 성경에 구원받은 사람이라고 해서 그가 처음부터 특별한 사람이 아니었습니다. 주님을 위해서 살아가려고 하는 오늘, 우리와 같은 사람이었습니다. 하나님께서 성경 속의 어떤 믿음의 인물을 말할 때 매우 특별한 인물이라고 먼저 전제하고 말씀을 시작하지 않습니다. 노아시대의 사람들은 원천적으로 잘못된 사람들이라고 시작하지 않습니다. 노아를 제외한 모든 사람은 죄성을 가지고 태어났고 죄를 지어서 멸망 받아야 할 그런 사람이었다고 선언하고 시작하지 않습니다. 노아만 하나님을 알고, 노아 시대의 사람들이 하나님을 몰랐던 것이 아닙니다. 그 시대의 사람들이 하나님 없이 살았던 것도 아닙니다. 그렇게 죄를 짓고 살았던 사람이나 노아나 한결같은 사람이요, 같은 인성을 가지고 태어난 사람이었습니다.

야고보 사도는 기도에 대한 본을 말하면서 엘리야를 두고 이렇게 말했습니다.

> 17 엘리야는 우리와 성정이 같은 사람이로되 저가 비 오지 않기를 간절히 기도한즉 삼 년 육 개월 동안 땅에 비가 아니오고 18 다시 기도한즉 하늘이 비를 주고 땅이 열매를 내었느니라(약 5:17-18)

"엘리야는 우리와 성정이 같은 사람이로되"라는 말씀은 엘리야도 다른 일반 사람과 마찬가지로 동일한 인간의 성품을 지니고 있고 그도 웃을 줄 알고, 그도 울고 살 때가 있으며 그도 즐거워할 때가 있는가 하면, 그도 괴로워서 죽고 싶을 때가 있었던 사람이었습니다. 엘리야가 위대한 선지자로서 초능력적인 자질을 소유하여 비를 그치고 내리게 하는 역사를 행한 것이 아닙니다. 엘리야는 다른 사람들이 가지지 못한 특별한 능력이 있었던 사람이 아닙니다. 그도 역시 평범한 사람과 동일하게 괴로움과 고통을 느끼는 인간입니다. 야고보 사도가 엘리야를 말한 것은 죄를 회개하여 용서함을 받은 자가 의인이고 그 의인은 엘리야와 같이 기도의 응답을 받을 수 있다는 것을 말해 주기 위함이었습니다. 그러므로 오늘 우리도 하나님의 구원받은 백성으로서 예수님의 이름으로 하나님께 기도하면 응답해 주십니다.

노아도 엘리야도 우리와 똑같은 사람입니다. 노아뿐 아니라 노아가 살았던 그 당시의 주의 백성들도 역시 우리와 같은 하나님의 백성임을 기억해야 합니다. 노아는 선천적으로 어떤 특별한 재질을 가지고 태어난 사람이 아닙니다. 노아라는 사람 속에는 죄라는 것이 전혀 들어올 수 없는 특수 방어벽이 있는 사람이 아니었습니다. 아무리 세상이 죄악으로 넘쳐 난다고해도 노아는 그런 것들과 전혀 상관이 없는 "순수한 사람"이 아니었습니다. 재료로 말하자면, 노아는 무슨 "무공해 원석"으로 만든 천연제품이 아니었습니다.

또한, 이 말씀은 노아는 죄와 전혀 상관없는 안전한 장소에서 살았다는 말씀이 아닙니다. 노아는 세상 사람들과 "분리"되어서 사람들이 죄짓고 사는 것을 안 보고 살 수 있는 장소에서 살지 않았습니다. 그렇다고 죄 짓는 곳마다 열심히 쫓아다니면서 구경했다는 것도 아닙니다. 노아가 살았던 세상 어느 곳에 가든지 죄악의 환경, 불경건한 환경이었습니다. 그야말로 하나님의 것이 아닌 것들로 오염된 세상 속에 살았습니다.

오늘 우리가 경건하게 산다고 하지만, 여전히 죄악 된 세상에 살고 있듯이 노아도 그랬습니다. 벽보에 이상한 그림이 붙어 있고, 인터넷에 온갖 음란물로 더럽혀지고, 아이들이 쉽게 탈선의 길로 들어서고, 마약중독이 갈수록 늘어나고, 입에 올리기 힘든 끔찍한 범죄들이 일어나고 있는 우리의 현실만큼이나 여전히 노아세대에서도 그런 죄악들이 득세했습니다. 노아가 사는 땅에 그 어디를 가더라도 죄악으로부터 보호받는 "안전지대"는 없었습니다. 죄가 죄를 인정하는 "안전지대"는 있었지만, 성경이 말하는 것처럼, "죄로 심히 죄 되게 하는" 그런 안전지대는 있었지만, 죄로부터 의롭게 살 수 있는 "안전지대"는 없었습니다.

그러나 노아에게는 하나님의 그 찾아오시는 은혜, 그 은혜를 발견하도록 하는 은혜가 임했습니다. 그 은혜를 받은 사람이 바로 노아였습니다. 이 죄악 된 세상에서 이 은혜를 받기 바랍니다. 죄로부터 안전지대가 없는 이 세상 가운데서 하나님께서 우리를 긍휼히 여기셔서 택하시고 부르셨습니다. 이것이 하나님의 은혜입니다.

하나님의 은혜는 무엇입니까? 하나님의 은혜는 우리의 능력으로 살지 않는 것입니다! 서울 온 대학생이 돈이 떨어져서 고향 계신 아버지께 편지를 보냈습니다. "아버지 죄송합니다. 집안 사정이 어려운 줄 알면서도 염치없이 다시 글을 올립니다. 아무리 아껴 써도 물가가 많이 올라가서 생활비가 턱없이 모자랍니다. 죄송한 마음으로 글을 올리오니 돈을 조금만 더 부쳐주십시오" 그리고 다시 머리를 잘 쓴다고 써서, 다른 편지를 보냈습니다. 이렇게 편지를 보내면 아버지가 돈을 안 보내주시고는 못 배기실거야 생각하고 말입니다. "아버지, 돈 부쳐달라는 게 정말 염치없는 짓인 것 같아서 우체통에 달려갔더니 이미 편지를 화수해 가 버린 뒤였습니다. 아버님 정말 죄송합니다. 편지를 띄운 것을 후회합니다. 이 아들을 용서하십시오." 그랬더니, 두 번째 편지가 간 후, 얼마 후에 고향계신 아버지로부터 편지가 왔습니다. "걱정마라, 아들아, 네 편지 못 받아 보았다"
세상 어느 아버지가 자식이 힘들어 하는데 그냥 있을 아버지가 어디 있겠습니까? 객지에서 자녀들이 고생한다고 하면 잠을 못자고 괴로워하는 것이 부모입니다. 하나님은 우리를 더 잘 아시고 우리를 도와주시는 하나님이십니다. 그것을 은혜라고 합니다. 우리의 능력이나 우리의 지혜로 살도록 버려두지 않으시고 우리에게 찾아오셔서 은혜 베푸시는 하나님이십니다.

예수님의 제자들은 주님과 함께 살면서 변화되고 새롭게 되었습니다. 그들 중에 어부가 있었지만 더 이상 어부가 아니었습니다. 그들 중에 세리가 있었지만 더 이상 세리가 아니었습니다. 그들이 그렇게 새사람이 되었을 때, 예수님을 따르는 제자들이 나중에 가서야 깨달은 아주 중요한 사실이었습니다. 그것은 바로 "하나님의 은혜"로 모든 것이 가능하다는 사실이었습니다.

예수님께서 십자가에서 돌아가신 후, 각자 돌아가고 베드로와 그 친구들도 다시 고기잡이를 하고 있을 그 때에 주님께서는 찾아 오셨습니다. 주님께서 찾아 오셨을 때 그들은 밤새도록 아무 것도 잡지 못했습니다. 그러나 그가 한 음성을 듣고 그물을 배 오른편에 던졌을 때 백 쉰 세 마리를 잡았습니다. 베드로는 완전히 무릎을 꿇었습니다. 완전히 항복했습니다. 그제야 그 마음속에 무엇이 중요한지 깨닫게 됩니다. 하나님의 은혜 없이는 아무것도 이루어질 수 없다는 것을 깨닫게 됩니다. 주님이 찾아오시지 않는다면, 주님이 함께 계시지 않는다면 우리가 아무리 밤낮으로 고생해도 아무 소용이 없구나 하는 것을 깨달았습니다. 제자는 자기 힘으로 감당하는 것이 아니라, 하나님의 은혜로 감당하는 줄 그제야 깨닫게 되었습니다.

누가복음 24장 44절 이후에 주님은 엠마오로 가는 제자들에게 찾아오셨습니다. 사건의 의미를 모르는 제자들에게 말씀을 풀어주시고 깨닫게 해 주셨습니다. 그들이 그 말씀을 들었을 때, 그들의 심령이 뜨거워졌습니다. 그들은 눈이 열렸습니다. 그들은 주님을 의식했습니다. 예수님께서는 주님을 영영 떠나도록 그들을 버려두지 아니하셨습니다. 예수님께서는 그 절망한 제자들에게 찾아가셨습니다. 그들을 새롭게 변화시키셨습니다.

하나님께서는 아담의 죄 가운데로 찾아오셨습니다. 하나님께서 찾아오셨을 때 죄에서 벗어나 새로운 길을 주셨습니다. 하나님께서는 야곱의 고난 속에 찾아가셨습니다. 하나님께서는 요셉의 고난 속에도 함께 하셨습니다. 그 고난 속으로 하나님께서 찾아오셨을 때 그들의 고난은 고난이 아니었습니다. 예수님은 베로의 실패 속에도 찾아오셨습니다. 예수님은 오네시모에게도 찾아가셨습니다. 예수님께서 그 실패 속에 찾아가셨을 때 그들의 실패는 실패가 아니었습니다.

우리의 죄 가운데 주님이 찾아오십니다. 고난 속에 주님이 찾아오십니다. 우리의 실패 속에도 주님이 찾아오십니다. 우리의 죄 속에 주님이 찾아 오셔서 우리로 하여금 하나님의 은혜를 발견하게 하십니다. 우리의 고난 속에 예수님이 찾아 오셔서 우리로 외롭지 않게 하십니다. 우리의 실패 속에 주님이 찾아오실 때 우리로 절망하지 않게 하십니다.

그러므로 우리가 어떤 죄 가운데라도 어떤 고난 가운데서라도 어떤 실패 가운데서라도 주님의 이 찾아오시는 은혜로 말미암아 하나님을 더 깊이 알아가고 하나님의 은혜의 바다에 더 깊이 잠기게 되는 것입니다. 그 은혜로 말미암아 죄를 버리고 거룩과 경건으로 살아가게 됩니다.

노아에게 임한 은혜가 오늘 우리에게 있습니다. 우리는 노아보다 더 큰 은혜를 받았습니다. 우리가 받은 은혜는 노아보다 모자라지 않습니다. 예수님께서 우리에게 찾아 오셨습니다. 십자가에 못 박혀 죽으셨고 부활하셨습니다. 성령을 보증으로 주시고 우리와 함께 하십니다. 우리가 이 세상 가운데서 이 은혜를 입은 것은 사실 노아가 발견한 은혜보다 훨씬 위대한 것입니다. 우리는 노아가 깨달은 것보다 더 놀라운 것을 깨달았고, 우리는 노아가 하나님의 비밀에 대해 알았던 것보다 훨씬 더 많이 알고 있습니다. 우리가 받은 이 은혜는 예수 그리스도의 십자가 은혜입니다. 주님의 살 찢으시고 피 흘리신 그 고난의 은혜입니다.

우리가 받은 이 은혜는 성령의 역사입니다. 우리가 받은 이 은혜는 말씀을 통해서 옵니다. 우리에게 주시는 하나님의 은혜는 지금도 찾아오시고 역사하고 계십니다. 그러므로 우리는 우리 자신에게나 우리의 기도대상자들에게나 이와 같은 은혜, 찾아오시는 은혜, 그 찾아오신 은혜를 발견하도록 역사하시는 은혜가 계속해서 임하도록 기도해야 합니다. 찾아오시는 하나님의 은혜, 그 찾아오신 은혜를 발견하게 하시는 하나님의 은혜가 충만함으로 이 세상을 이기고 이 세상을 변화시켜 나가는 믿음의 성도들이 다 되기 바랍니다.

언약 23 노아언약 8

> 8 하나님이 노아와 그와 함께 한 아들들에게 일러 가라사대 9 내가 내 언약을 너희와 너희 후손과 10 너희와 함께 한 모든 생물 곧 너희와 함께 한 새와 육축과 땅의 모든 생물에게 세우리니 방주에서 나온 모든 것 곧 땅의 모든 짐승에게니라 11 내가 너희와 언약을 세우리니 다시는 모든 생물을 홍수로 멸하지 아니할 것이라 땅을 침몰할 홍수가 다시 있지 아니하리라 12 하나님이 가라사대 내가 나와 너희와 및 너희와 함께 하는 모든 생물 사이에 영세까지 세우는 언약의 증거는 이것이라 13 내가 내 무지개를 구름 속에 두었나니 이것이 나의 세상과의 언약의 증거니라 14 내가 구름으로 땅을 덮을 때에 무지개가 구름 속에 나타나면 15 내가 나와 너희 및 혈기 있는 모든 생물 사이의 내 언약을 기억하리니 다시는 물이 모든 혈기 있는 자를 멸하는 홍수가 되지 아니할지라 16 무지개가 구름 사이에 있으리니 내가 보고 나 하나님과 땅의 무릇 혈기 있는 모든 생물 사이에 된 영원한 언약을 기억하리라 17 하나님이 노아에게 또 이르시되 내가 나와 땅에 있는 모든 생물 사이에 세운 언약의 증거가 이것이라 하셨더라(창 9:8-17)

언약 스물세 번째 시간입니다. 노아 언약으로는 여덟 번째 시간입니다. 오늘 설교는 "왜 여호와께서 말세까지 땅을 보호하셔서 땅이 홍수에 의해 다시는 파괴되지 않을 것이라는 약속을 하셨는가?"를 살펴보는 것입니다. 그것은 교회 때문입니다.249)

하나님께서는 홍수 후에 노아와 언약을 세우셨습니다. 11절 말씀대로, "다시는 모든 생물을 홍수로 멸하지 아니할 것이라"고 약속하셨습니다. 그 언약의 증거로 하나님이 무지개를 구름 속에 두었다고 하셨습니다. 하나님께서 그렇게 언약하신 것은 영세까지 세우는 언약이라고 말씀하셨습니다. 하나님께서는 진노 중에서도 하나님의 은혜로운 목적을 증거 하시면서 노아언약을 말씀하셨습니다.

노아 언약의 영원성에 대하여 이사야서에서 이렇게 말합니다.

> 5 이는 너를 지으신 자는 네 남편이시라 그 이름은 만군의 여호와시며 네 구속자는 이스라엘의 거룩한 자시라 온 세상의 하나님이라 칭함을 받으실 것이며 6 여호와께서 너를 부르시되 마치 버림을 입어 마음에 근심하는 아내 곧 소시에 아내 되었다가 버림을 입은 자에게 함 같이 하실 것임이니라 네 하나님의 말씀이니라 7 내가 잠시 너를 버렸으나 큰 긍휼

---

249) 아더 핑크, 하나님의 언약, 김의원 역 (서울: CLC, 2007), 103-104. 〈왜 하나님께서 말세까지 땅을 보호하셔서 땅이 홍수에 의해 다시는 파괴되지 않을 것이라는 약속을 하셨는가? 그것은 교회 때문이다. 왜냐하면 선택자들의 충만한 숫자가 모든 곳으로부터 모여들어 그리스도의 지체 속으로 (명백하게) 인도될 때에야 세상은 끝이 올 것이기 때문이다. 노언약은 영원한 언약이(이사야 54장에서 결과 된 화해에 근거했기 때문에 "평화언약"이라 불리워졌다)며 명백한 관계를 가지며 노아언약이 교회와 특별한 관계를 가진다는 사실은 이사야 선지자가 이사야 54장에서 노아언약에 관해 언급하고 있다는 사실로부터 풍부한 증거를 갖는다. 이사야 54:9에서 "이는(즉, 영원한 자비로 너를 긍휼히 여기리라) 노아 홍수에 비하리로다 내가 다시는 노아의 홍수로 땅위에 범람치 않게 하리라 명세한 것같이 내가 다시는 너-교회-를 노하지 아니하기로 맹세하였기 때문이다"라고 말하고 있다.〉

로 너를 모을 것이요 8 내가 넘치는 진노로 내 얼굴을 네게서 잠시 가리웠으나 영원한 자비로 너를 긍휼히 여기리라 네 구속자 여호와의 말이니라 9 이는 노아의 홍수에 비하리로다 내가 다시는 노아의 홍수로 땅 위에 범람치 않게 하리라 맹세한 것 같이 내가 다시는 너를 노하지 아니하며 다시는 너를 책망하지 아니하기로 맹세하였노니 10 산들은 떠나며 작은 산들은 옮길지라도 나의 인자는 네게서 떠나지 아니하며 화평케 하는 나의 언약은 옮기지 아니하리라 너를 긍휼히 여기는 여호와의 말이니라(사 54:5-10)

칼빈은 이사야서의 이 말씀을 이렇게 주석했습니다.

> 이사야가 의미하는 바는 이 재앙이 대홍수와 같을 것이요. 따라서 하나님께서는 단 한 번의 홍수로 만족하고 다시는 홍수를 일으키지 않을 예정이듯이, 말하자면 교회의 파괴는 이번 한 번으로 만족히 여기고 다시는 그 모습이 손상되게 내버려 두지 않으시라는 것이다. 그러므로 나는 유다의 황폐화가 하나님께서는 '노아의 날에 있었던 대홍수와 같으리라'는 식으로 설명해야 옳을 것으로 생각한다.250)

이스라엘이나 유다나 다 하나님의 백성입니다. 이스라엘은 이스라엘대로 유다는 유다대로 구속사적인 맥락에서 다 하나님의 교회입니다.251) 하나님께서는 그 배역한 교회를 심판하셨습니다. 그것은 교회를 파괴하는 것입니다. 그럼에도 불구하고 이사야 선지자는 미래 시대의 교회에 하나님의 자비를 선포했습니다. 하나님께서 유다의 배역으로 인내하셨으나 그들을 이방나라에 포로로 잡혀가게 하셨고, 그럼에도 불구하고 하나님께서 주의 백성에게 그 은혜를 베푸실 것을 약속하셨습니다. 그렇게 하실 것을 노아와 함께 언약하시고 맹세하신 그 사실도 말씀해 주셨습니다. 궁극적으로 선명하게 말하자면 하나님의 언약, 하나님의 그 신실하심이 바라보는 그 주된 목적과 대상이 교회이고, 그 교회를 위해 은혜를 베풀어 주신다는 뜻입니다.

---

250) 존 칼빈, 이사야주석 4 (서울: 성서교재간행사, 1982), 149-150. "그 까닭은 그 당시 하나님께서 이후로는 다시는 바벨론 포로기간 중에 교회를 파괴하셨던 것처럼 교회를 파괴하지 않을 것이기 때문이다. 사실 그 후로 혼란스런 사태가 따랐을지라도 교회는 마침내 그리스도께서 육신을 입고 나타나 복음의 씨앗이 온 세상에 퍼져 열방으로부터 하나님께 자녀들을 모을 때까지 여전히 형태와 이름을 어느 정도 보전했다. 한마디로 여호와께서는 자신의 진노를 억제하시고 자신의 백성에게 그처럼 가혹하게 처벌하지 않으시리라고 약속한다. 여기에 대해서 그 후로도 교회가 아주 심각한 재난을 받았다는 점에서 이 서약은 성취되지 않았거나, 아니면 이것은 선지자가 의미한 바가 아니라고 결론지어 반론을 제기하는 사람도 있을 것이다. 나의 대답은 이렇다 교회가 바벨론 포로기간에 심한 재난을 당한 것은 사실이지만 그것 때문에 교회의 모습이 완전히 파괴된 것은 아니었다. 다시 말해서 안티오쿠스와 그 외 다른 독재자들이 교회에 무시무시한 재앙을 가져왔으며, 그 후로도 바울이 예고한 배교행위가 일어났으며(살후 2:3; 딤전 4:1)) 모든 것이 수많은 미신행위로 더럽혀졌으며 그 결과 그리스도인의 이름이 거의 매장되었던 것은 사실이었다. 그럼에도 그것이 매우 흉하기는 했으나 교회의 형태는 어느 정도 남아 있었으며 기독교의 남은 자들이 대홍수 후에 몇 명이나마 존재하지 않을 수 없을 정도로 그 건물이 황폐했던 것은 아니며, 따라서 이 맹세는 충분한 효력을 발휘했다."
251) 시내 산에서 말하던 그 천사와 및 우리 조상들과 함께 광야 교회에 있었고 또 생명의 도를 받아 우리에게 주던 자가 이 사람이라(행 7:38)

하나님께서 홍수로 세상의 죄악을 심판하셨으나 노아와 그 가족들을 살려주셨듯이, 하나님께서 저 배역한 이스라엘 백성들을 심판하시고 포로로 보내시나 다시 돌이키게 하는 은혜를 베푸시는 것은 그 시대의 그 심판만이 아닙니다. 노아홍수는 노아시대의 심판만을 말하는 것이 아니며 유다의 바벨론 포로가 유다 시대의 심판만을 겨냥하는 것이 아닙니다. '그러면 뭐냐?'라고 말할 때에, 그것은 창세기 3장 15절의 그 여자의 후손, 그 메시아, 예수 그리스도의 십자가 구속을 통하여 구원받게 될 하나님의 백성들, 곧 교회 때문이라는 겁니다.

이사야 55장 3절에 가면 영원한 언약을 다시 말합니다.

> 너희는 귀를 기울이고 내게 나아와 들으라 그리하면 너희 영혼이 살리라 내가 너희에게 영원한 언약을 세우리니 곧 다윗에게 허락한 확실한 은혜니라(사 55:3)

이 말씀을 칼빈이 이렇게 주석했습니다.

> 이것은 하나님께서 과거에 그의 백성과 계약하지 않았던 것에 대해 새로운 것을 약속하신 것이 아니라, 다만 그 언약에 대한 갱신과 확증으로써 유대인들로 하여금 하나님의 언약이 오랜 유랑 때문에 무효화한 것으로 생각하는 일이 없게 하고 있을 뿐이다. 사실 그들이 약속받은 땅에서 추방되고 할례 이외엔 성전, 제사 "언약"에 대한 어떠한 표적도 갖지 못한 때 어느 누가 당시 그 언약이 그들과 끝난 것으로 생각하지 않았겠는가? 그러므로 이사야 선지자는 그 백성의 수준에 맞도록 이러한 표현법을 써서 그들로 하여금 하나님께서 조상들과 맺은 언약이 가변적이거나 일시적인 것이 아니라 확고부동하고 영원한 것이라는 점을 깨닫게 한다. 이것이 또한 "다윗에게 허락한 확실한 은혜"라는 표현의 의미이다. 그러나 이 표현을 통해서 밝히는 것은 그것이 값없는 은혜의 언약이라는 점이다. 사실 그것은 바로 하나님의 절대적인 선하심에 그 기초를 둔다.252)

유대인들의 처지에서 보면 이제 소망이 없습니다. 자신들을 지켜줄 만한 것이 아무것도 없습니다. 언약의 땅에서 추방당하고 성전도 제사도 다 사라졌습니다. 하나님의 언약 백성으로 남다른 존재적 관점을 가지고 있었는데 다 무너졌습니다. 유다 백성들이 절망한 것은 그런 외적인 수단들이 자기들을 하나님의 백성으로, 교회로 그 정체성을 지켜가게 해 주는 것이고 하나님의 임재가 그런 외적인 수단을 통해 나타나고 있다고 생각했기 때문입니다. 유다 백성들로서는 고통

---

252) 존 칼빈, 이사야주석 4 (서울: 성서교재간행사, 1982), 166-167. 〈그러므로 성경에서 "언약"이라는 말이 나올 때마다 동시에 "은혜"라는 말을 상기해야 한다. 그는 이 양자를 "다윗에게 허락한 확실한 은혜"로 부름으로써 자신이 그 언약을 신실히 지킬 것이라고 선언할 뿐만 아니라 그분은 신실하고 한결같은 만큼 마치 자기 언약을 파기한 것처럼 거짓된 것으로 비난받을 수 없다는 점과 오히려 유대인들이 언약 파기자이며 배신자요(그들이 반역했으므로) 자신은 언약이나 약속을 취소할 수 없다는 점을 간접적으로 말한다.〉

스러운 절망입니다. 하나님께서 함께하시는 임재의 외적인 표징들이 사라졌다는 것은 유다 사람들에게는 죽는 것처럼 힘든 것입니다.
그렇게 소망 없이 절망적으로 살아가야 하는 유다 백성들에게 이사야 선지자가 선포합니다. '아니다. 그런 외적인 수단들이 사라졌을지라도 여호와 하나님께서는 자기 백성들, 그 교회를 지키시고 보존해 가신다. 왜냐하면 하나님께서는 그 언약을 영원히 지켜가는 분이시고 그 언약을 이루시는 분이기 때문이다.'라고 증거 했습니다.
왜 이사야 선지자가 그렇게 선포했을까요? 이사야 55장 1-2절 말씀을 보겠습니다.

> 1 너희 목마른 자들아 물로 나아오라 돈 없는 자도 오라 너희는 와서 사 먹되 돈 없이 값없이 와서 포도주와 젖을 사라 2 너희가 어찌하여 양식 아닌 것을 위하여 은을 달아 주며 배부르게 못할 것을 위하여 수고하느냐 나를 청종하라 그리하면 너희가 좋은 것을 먹을 것이며 너희 마음이 기름진 것으로 즐거움을 얻으리라(사 55:1-2)

많은 사람이 이 말씀을 종종 술이나 담배 피우지 말라고 권면하기 위해 사용하지만, 원래는 그런 의미가 아닙니다. 그 원래 뜻은 이 백성들이 하나님을 찾는다고 하면서도 하나님께서 원하시는 방법이 아니라 자신들이 노력하고 시도하는 모든 것을 말합니다. 오직 하나님의 말씀대로 가야 하는데 거기에 인간적인 사족을 다는 겁니다. 결국, 이 말씀은 3절과 연결되어서 하나님의 말씀에 순종하지 않으면 구원의 소망이 없다는 뜻으로 말했습니다.
이것이 무엇을 말할까요? 하나님의 백성들은 하나님의 말씀의 효력을 믿고 그대로 순종하고 살아가야 한다는 뜻입니다. 저 외적인 수단인 성전을 의지하고 그 성전이 무슨 효력이 있는 것처럼 종교적 열심을 바칠 것이 아니라 하나님과 맺은 언약대로 충성하고 살아야 합니다. 이렇게 말하면, 예수님을 믿는 성도라고 하면서도 얼마나 답답해합니까? 마음에 이런 생각이 들잖아요. '또 저 소리 하시네', '너무 비현실적이다', '목사는 인생을 몰라' 그러는 거예요.
왜 그런 생각을 할까요? 우리는 너무 실존적으로 신앙생활을 하고 있기 때문입니다. 우리는 너무 심리학적으로 신앙생활을 하고 있기 때문입니다. 우리는 너무 자기중심적이고 너무 현실적으로 살아가면서도 기독교 신앙인이라고 말하고 있습니다. '우리가 이렇게 힘들게 살아가는데 그렇게 말씀하세요? 이 고통 속에 살고 이 눈물 속에 사는데 하나님의 말씀만 믿고 순종하고 살라고요? 이 부조리이 억압을 그냥 보고만 있으라고요? 하나님의 정의, 우리가 만들어 낼 겁니다. 하나님의 나라, 우리가 이루고야 말겠습니다. 하나님의 공의를 물같이 하나님의 정의를 하수같이 흐르게 할 것입니다.' 그렇게 말하고 그렇게 이루어보겠다고 살아가는 것이 기독교인이라고 생각합니다. 하나님의 임재의 상징이 다 파괴되어 버린 상황에서 유다 백성들이 자신들의 절망적인 상황을 새롭게 해 보려고 하는 그 모습이나 오늘날 현대기독교인들이 하는 일이나 그 내용상으로는 동일한 것입니다.

하나님께서 왜 심판하셨고 왜 포로로 잡혀가게 하시고 왜 성전을 파괴하시고 왜 제사를 없애버리셨는지 그 이유를 모른 겁니다. 몰라서 모를까요? 아는데 모른다고 할까요? 열왕기 상하를 보면 안타까움을 느낄 때가 많습니다. 성경을 읽어 보면, '하나님만 믿고 살아가면 될 건데 왜 그렇게 안사나?' 그런 마음이 드는 거예요. 그런데 하나님의 말씀대로 안 살아가는 겁니다. 왜 안 살아갔을까요? 그 이유는 딱 한 가지입니다. '하나님의 말씀대로 살면 우리는 다 죽어요.' 그 심정이기 때문입니다. 그 죽는 것이 겁나서 왕이 우상숭배도 하고 거짓 선지자들의 말을 들었고 결국에는, 백성들도 바벨론에 끌려갔습니다. 그런데도 그걸 모르는 겁니다. 우리는요? 우리는 어떻게 생각할까요?

그래서 이사야 선지자가 55장 8-13절에서 이렇게 선포합니다.

> 8 여호와의 말씀에 내 생각은 너희 생각과 다르며 내 길은 너희 길과 달라서 9 하늘이 땅보다 높음 같이 내 길은 너희 길보다 높으며 내 생각은 너희 생각보다 높으니라 10 비와 눈이 하늘에서 내려서는 다시 그리로 가지 않고 토지를 적시어서 싹이 나게 하며 열매가 맺게 하여 파종하는 자에게 종자를 주며 먹는 자에게 양식을 줌과 같이 11 내 입에서 나가는 말도 헛되이 내게로 돌아오지 아니하고 나의 뜻을 이루며 나의 명하여 보낸 일에 형통하리라 12 너희는 기쁨으로 나아가며 평안히 인도함을 받을 것이요 산들과 작은 산들이 너희 앞에서 노래를 발하고 들의 모든 나무가 손바닥을 칠 것이며 13 잣나무는 가시나무를 대신하여 나며 화석류는 질려를 대신하여 날 것이라 이것이 여호와의 명예가 되며 영영한 표징이 되어 끊어지지 아니하리라 하시니라(사 55:8-13)

하나님의 생각이 너희 생각과 다르고 하늘이 땅 보다 높음 같이 하나님의 길은 너희 길보다 높으며 너희 생각보다 높다고 하십니다. 그것을 무엇으로 말씀하시는가 하면, 비와 눈을 비유로 말씀하십니다. 비와 눈이 내려서 하는 일을 보라는 겁니다. 비와 눈이 내려서 땅을 적시고 싹이 나게 하고 열매를 맺게 하고 양식을 줍니다. 비와 눈이 내리는 것이 뭐 대단해 보이지 않습니다. 나는 지금 밥상에 밥이 있어야 하고 내 주머니에 돈이 있어야 하는데 저 비가 내리는 거 하고 눈이 내리는 거 하고는 아무런 상관이 없어 보이는 겁니다. 세상이 부조리하고 엉터리로 살아가는데 비가 내리고 눈이 내려도 그 무슨 해결책이라고는 생각이 들지 않습니다. 우리는 뭘 원하느냐면, 저 비가 내리자마자 내 밥상에 밥이 탁 있어야 한다는 거예요.

하나님께서는 비와 눈이 내리는 것보다 하나님의 말씀이 더 효력 있게 역사한다고 말씀하셨습니다. 하나님께서 공연히 말씀하시거나 약속을 남발하는 분이 아니십니다.[253] 하나님께서는 그 말씀하신 것을 시행하는 분이십니다. 그래서 어쩌라고요? 저 비가 내 밥상에 밥이 왜 안 되느냐고 구시렁대지 말라는 겁니다. '하나님의 말씀이 지금 바로 내 밥상 위에 밥이 안 되느냐?'고 원망하지 말라는 겁니다. 저 비가 내려서 식물도 살고 동물도 살고 농부도 살고 어부도 살고 쌀 도매상도 살고 소매상도 살고, 그리고 아내가 수고해서 밥상에 밥이 놓입니다. 내가 지금 기도하는데, 하나님께서 은혜로 역사하시고 내가 말씀대로 살아감으로써 그 은혜와 말씀이 나를 변화시키고 이 사람 저 사람을 살리는 것으로 하나님께서 역사해 가시더라는 겁니다.

지금 유다 백성들이 성전이 파괴되고 포로로 잡혀가서 죽을 고생을 하는데 무엇을 하고 살아야 하느냐고 하면, 회개하고 하나님의 말씀대로 살라고 말씀합니다. 이런 문제 저런 문제가 많고 고생되고 죽을 것만 같은 상황이라서, '하나님이 하나님이시라면 이게 뭐에요?'라는 마음을 가지지 말고 지금 그 자리에서 하나님을 경외하고 예배하고 그 말씀대로 살아가라고 하십니다.

왜 그렇게 살아가야 할까요? 하나님께서는 그 말씀하신 것을 반드시 이루시기 때문입니다. 우리가 원하는 대로 이뤄지는 것이 아니라 하나님께서 원하시는 대로 이루십니다. 우리가 이 세상의 부조리, 이 세상의 고통을 해결하기 위해서 인간적인 방법으로 해결한다고 해서 하나님의 뜻대로 이루어진다고 생각하지 말라는 겁니다. 그렇다고 이 말을 오해해서 아무것도 하지 말고 예배만 드리라는 유치한 수준으로 오해하지 않으실 줄 압니다. 우리는 각자 자기 자리에서 맡겨 주신 것들을 최선을 다해 감당해 가야 합니다. 그러나 그 감당이라는 것을 오해해서 내가 애쓰고 노력해서 하나님의 나라를 만들어 내고 하나님의 뜻을 우리가 성취할 수 있는 것처럼 오해하지 말아야 합니다.

---

[253] 존 칼빈, 이사야주석 4 (서울: 성서교재간행사, 1982), 176. "그는 일상생활의 체험에서 아주 적절한 것을 비유로 사용한다. 만약 우리가 땅을 적시고 풍요하게 하는 비가 얼마나 큰 효능을 발휘하는지를 안다면 하나님께서 그의 말씀을 통해 제시하는 효력은 더욱더 크다. 비는 일시적이요, 내리지 않기도 쉽지만 말씀은 영원하고 변하지 않으며 비처럼 사리질 수도 없다."

사람들이 하나님을 믿는다고 하면서도 자기 뜻대로 다 되어야 하고 그것도 속히 이루어져야 한다고 생각합니다. 우리는 기도의 응답을 받아도 지금 당장 받아야 한다고 생각합니다. 지금 당장 주시는 것도 있습니다. 그러나, 하나님께서는 우리의 생각보다 비교할 수 없이 높으시고 우리의 길보다 비교할 수 없이 탁월하게 높으십니다. 우리는 하나님의 말씀과 그 일하심에 의문을 가지고 원망을 하지만, 성경은 언제나 우리가 하나님의 말씀대로 살고 있지 않다고 말씀합니다. 하나님의 말씀대로 가고 있지 않으면서 하나님의 말씀이 효력이 없다고 말합니다.

저 유다는 정치력으로 동맹을 맺어서 나라의 위기를 극복해 보려고 했습니다. 나라의 위기가 온 것은 여호와 하나님의 언약대로 살기보다는 우상을 숭배하고 죄악을 저질렀기 때문입니다. 그 근본적인 죄악에 대해서 회개하지 아니하고 더 죄악 된 길로 가면서, '하나님이 계시면 이럴 수가 있느냐?', '하나님의 말씀은 도움이 안 된다'고 말했습니다.

유다의 회복은 우상숭배를 버리고 회개하는 것이고, 자기들의 욕망대로 살아가는 것이 아니라 하나님께서 명령하신 대로 살아가야 이루어집니다. 그 명령하신 대로 살다가 죽어도 걱정될 것도 두려워할 것도 없어야 합니다. 장렬하게 죽는 것이 다 잘하는 것이라고 말하는 것은 아닙니다. 사도 바울도 여기서 막히면 저리로 가서 복음을 전했습니다. 문제는 무엇입니까? 우리의 욕망이 앞서면 죄를 짓는 것입니다. 그러나 하나님의 언약에 충성하면 거룩과 경건의 열매를 맺습니다. 그렇게 하기 위하여, 하나님께서는 다시는 물로 멸망시키지 않겠다고 약속하시고, 계속해서 자기 백성들을 부르시고, 예수 그리스도를 구주로 영접하게 하시고, 성령님의 역사 속에 믿음을 지키고 말씀에 순종하게 하십니다.

자기 백성된 성도들의 영원한 안전을 보증하는 이유가 거기에 있습니다. 여자의 후손, 그 메시아를 통해 자기 백성을 구원하신 그 교회를 이루어 가시는 하나님이십니다. 노아와 그 가족들의 안전만을 보장하신 것이 아니라 오고 오는 세대에 자기 백성을 불러 교회를 이루게 하기 위해 하나님께서 더 이상 물로 멸망시키지 않으십니다. 홍수 후에 하나님께서 노아의 번제를 받으시고 말씀하시면서 21-22절에서 또 이렇게 말씀하셨습니다.

> 21 여호와께서 그 향기를 흠향하시고 그 중심에 이르시되 내가 다시는 사람으로 인하여 땅을 저주하지 아니하리니 이는 사람의 마음의 계획하는 바가 어려서부터 악함이라 내가 전에 행한 것 같이 모든 생물을 멸하지 아니하리니 22 땅이 있을 동안에는 심음과 거둠과 추위와 더위와 여름과 겨울과 낮과 밤이 쉬지 아니하리라(창 8:21-22)

아더 핑크는 이렇게 주석했습니다.

> 땅이 있을 동안에는 심음과 결실이 계속되리라는 약속은 언약의 내부 핵심으로써 성도들이 땅에 남아 있는 한 하나님께서 "예수 그리스도의 영광 중에 그 부요하심에 따라" 모든 성도들의 필요를 공급하신다는 신적 보증을 포함하고 있다. 그러나 축복들이 노아와 그의 가족들이 부활되고 새로 창조된 땅에 도착한 후에 약속되어졌다는 사실은 신자의 지위가 더 이상 육체 가운데 있지 않다는 축복된 진리를 예표하고 있다.254)

하나님께서는 홍수 이후에 예수 그리스도의 풍성하심으로 자기 백성들의 필요를 공급하십니다. 그러나 성도들에게 그렇게 공급하시고 복을 주신다고 하실지라도 그것이 이 세상에서 잘 먹고 잘 사는 것으로 제공되는 것이 아닙니다. 왜냐하면 "사람의 마음의 계획하는 바가 어려서부터 악"하기 때문입니다. 인간의 마음이 급격하게 부패하였으며 죄의 전염성이 너무나 치명적이기 때문입니다.255) 그 죄로 인해서 홍수가 일어났고 그 죄로 인해서 이 세상은 "심음과 거둠과 추위와 더위와 여름과 겨울과 낮과 밤이 쉬지" 않게 되었습니다.256)

그런 변화가 "땅이 있을 동안"이라고 말씀하셨습니다. 그러면, 땅이 없게 되는 날이 있다는 것을 내포하고 있습니다. 그 말씀의 더 중요한 의미는 하나님의 백성 된 우리의 존재와 삶의 의미가 이 땅의 것으로 주어지지 않다는 것입니다.

그러므로, 노아 홍수를 생각하며 저 무지개를 바라볼 때마다 세 가지를 분명하게 붙들어야 합니다. 첫 번째는 언약에 신실하신 하나님이십니다. 하나님께서는

---

254) 아더 핑크, 하나님의 언약, 김의원 역 (서울: CLC, 2007), 105.
255) 존 칼빈, 창세기주석 1 (서울: 성서교재간행사, 1982), 263-264. "그리고 '어려서부터'라고 첨가된 말은 인간들이 날 때부터 악하다는 사실을 더 분명하게 선언하고 있다. 다음의 사실을 제시하려고 하는 것이니 그들의 사고가 형성되기 시작하는 나이가 되면 즉시로 마음이 급격하게 부패되어 버린다는 사실이다. 철학자들은 여기서 하나님께서 자연에다 전가시키고 계시는 것을 습관화함으로 자신들의 무리를 폭로시키고 있다. 그리고 다음의 사실을 생각해 봐도 전혀 의심의 여지가 없으니 우리가 우리 자신들에게 즐거운 일이나 아첨하는 일에 탐닉한 나머지 죄의 전염성이 얼마나 치명적이라는 사실과 우리의 모든 감성에 어떤 타락성이 침투해 있는지를 모르고 있는 것이다. 그러므로 우리는 하나님의 심판에 묵종(黙從)해야 될 것이며 하나님의 심판은 인간이 철저하게 죄의 노예가 되어서 인간은 절대로 건전한 것이나 정직한 것을 내놓을 수가 없다고 선언하고 계신다. 그러나 동시에 우리가 기억해야 될 것은 최초의 인간의 잘못으로 죄가 기원된 것에 대하여 절대로 그 책임을 하나님께 돌려서는 안 된다는 사실이다. 이 최초의 인간의 결점으로 창조의 질서가 전복된 것이다. 그리고 더 나아가서는 인간이 이런 구속을 구실로 하여 절대로 죄의식과 정죄에서 감면될 수 없다는 것이다. 왜냐하면 모든 사람들이 악으로 무작정 돌진하고 있지만 어떤 외래적인 위력에 의하여 억지로 하는 것이 절대로 아니기 때문이다. 그들은 오직 그들의 마음의 직접적인 성향에 의하여 그렇게 하고 있기 때문에 절대로 평계할 수가 없다. 그리고 마지막으로는 자진해서 죄를 짓고 있는 것이므로 평계가 불가능하다."
256) 존 칼빈, 창세기주석 1 (서울: 성서교재간행사, 1982), 264-265. "… 세상의 질서는 우리들의 사악들로 인하여 정말로 흐트려져 버렸다. 그래서 이 세상의 여러 가지 작용들이나 동작들이 불규칙하게 되어 버렸던 것이다. …"

그 여자의 후손, 그 메시아를 통해 하나님의 나라를 이루시려고 자기 백성을 불러 교회로 삼는 하나님이십니다. 두 번째는 우리가 여기 이 땅에 살아가는 동안에 환란을 당하고 고난 속에 살아가면서도 예수 그리스도 안에서 그의 풍성하심을 따라 공급받고 살아간다는 사실입니다. 세 번째는 그런 공급을 받고 살지라도 우리는 이 세상의 것이 아니라 하나님의 나라를 소망하며 살아가야할 존재들이라는 사실입니다. 그래서 어떻게 살라고요?
사도 베드로는 믿음의 성도들에게 이렇게 권면했습니다.

> 6 이로 말미암아 그 때 세상은 물의 넘침으로 멸망하였으되 7 이제 하늘과 땅은 그 동일한 말씀으로 불사르기 위하여 간수하신 바 되어 경건치 아니한 사람들의 심판과 멸망의 날까지 보존하여 두신 것이니라(벧후 3:6-7)

원래는 3절부터 읽어야 하는 말씀입니다. 마지막 때를 말하면서 하나님을 경멸하고 모독하는 자들이, 세상은 옛날이나 지금이나 변한 것이 없이 그대로 있다고 하면서 그런 불경건한 자들이 계속해서 하나님을 멸시하고 자기 마음대로 살아갈 것이라고 말했습니다. 그러나 하나님께서 노아 홍수로 세상을 멸하셨으나 여전히 하늘과 땅을 보존하여 두시는 것은 오래 참으시고 아무도 멸망치 않고 다 회개하기를 원하시기 때문입니다.[257] 그러나 언젠가 예수 그리스도께서 도적같이 오실 것입니다. 다시 오실 그 날, 주의 날을 바라보며 우리는 어떻게 살아가야 할까요? 사도 베드로는 이렇게 말했습니다.

> 11 이 모든 것이 이렇게 풀어지리니 너희가 어떠한 사람이 되어야 마땅하뇨 거룩한 행실과 경건함으로 12 하나님의 날이 임하기를 바라보고 간절히 사모하라 그 날에 하늘이 불에 타서 풀어지고 체질이 뜨거운 불에 녹아지려니와 13 우리는 그의 약속대로 의의 거하는 바 새 하늘과 새 땅을 바라보도다 14 그러므로 사랑하는 자들아 너희가 이것을 바라보니 주 앞에서 점도 없고 흠도 없이 평강 가운데서 나타나기를 힘쓰라 15 또 우리 주의 오래 참

---

[257] 6 이로 말미암아 그 때 세상은 물의 넘침으로 멸망하였으되 7 이제 하늘과 땅은 그 동일한 말씀으로 불사르기 위하여 간수하신 바 되어 경건치 아니한 사람들의 심판과 멸망의 날까지 보존하여 두신 것이니라 8 사랑하는 자들아 주께는 하루가 천 년 같고 천 년이 하루 같은 이 한 가지를 잊지 말라 9 주의 약속은 어떤 이의 더디다고 생각하는 것 같이 더딘 것이 아니라 오직 너희를 대하여 오래 참으사 아무도 멸망치 않고 다 회개하기에 이르기를 원하시느니라(벧후 3:6-9)
매튜 풀, 청교도 성경주석 야고보서-요한계시록주석, 정충하 역 (서울: 크리스챤다이제스트, 2016), 187. "다 회개하기에 이르기를: 그가 택하신 모든 사람들. 그는 마침내 그들 모두를 취하실 것이며, 그때까지 심판 날을 연기하실 것이다. 혹은 이것은 하나님의 은밀하며 효과적인 부르심이 아니라, 그의 계시된 의지(意志)를 의미하는 것일 수도 있다. 다시 말해서, 하나님은 남녀노소를 불문하고 모든 사람을 복음을 듣고 회개하도록 부르신다. 하나님은 복음을 듣고 회개하는 것을 모든 사람의 의무로 삼으셨으며, 그것을 구원의 길로 정하셨다. 그리고 모든 사람으로 하여금 그와 같은 방법으로 구원을 찾도록 명하셨다. 그리고 하나님은 그들의 회개 위에서 그들을 받으시고 구원하신다. "하나님은 모든 사람이 구원을 받으며 진리를 아는 데에 이르기를 원하시느니라"(딤전 2:4).)

으심이 구원이 될 줄로 여기라 우리 사랑하는 형제 바울도 그 받은 지혜대로 너희에게 이 같이 썼고(벧후 3:11-15)

하나님께서 세상의 불경건한 자들이 아무리 하나님을 멸시하고 자기 욕망대로 살아갈지라도 믿는 주의 성도들은 거룩한 행실과 경건함으로 살아가야 합니다. 하나님의 날이 임하기를 간절히 사모하며 살아가야 합니다. 그렇게 살아가도록 하나님께서 우리를 향하여 오래 참고 계십니다. 그 오래 참으심이 없으면 누가 구원을 얻겠습니까? 하나님의 그 오래 참으시는 은혜로 지나간 날을 살았습니다. 하나님의 그 오래 참으시는 은혜로 오늘을 살고 있습니다. 하나님의 그 오래 참으시는 은혜로 남은 날들을 믿음으로 살아갈 것입니다.

우리를 여기 남겨두시는 것도, 저 세상의 멸망을 연기시키는 것도, 하나님의 백성으로 거룩하고 경건하게 살아가도록 하기 위함입니다. 하나님께서 나에게 오래 참으셨듯이, 내 앞에 있는 영혼들을 향해서도 오래 참아야 합니다. 하나님께서 나 같은 사람도 부르시고 사랑하셨듯이, 내 앞에 있는 영혼들을 사랑하고 살아야 합니다. 하나님께서 나를 그냥 모른 채 지나가지 않으셨습니다. 예수 그리스도께서 저 십자가의 사랑으로 붙드셨습니다. 그냥 살다가 죽어도 왜 죽는 줄도 모르고 죽었을 건데 내 얼굴을 보시고 내 마음을 아셨습니다.

하나님께서 나를 그냥 스쳐지나가지 않으셨듯이, 하루를 살아도 저 영혼들을 그냥 모른 채 지나가지 마세요. '저 인간은 내 인생에 없는 거야' 그러지 마시고, 파내고 싶고 도려내고 싶은 저 인간을 위해 오늘도 눈물로 기도하며 가야 합니다. 그 기도 속에 내가 만들어져 가고 그 눈물 속에 보배로운 성도로 만들어져 갑니다. 그 기도, 그 눈물도 없이, '나만 오롯이 가리라' 그런 마음으로 살지 말아야 합니다. 기도와 눈물이 있어야 그 인간이 나를 보면 믿음이 보입니다. 기도와 눈물이 있어야 그 영혼이 나를 보면 사랑이 보입니다. 기도와 눈물이 있어야 그 인간이 나를 보면 그냥 스쳐지나갈 수 없는 그리스도의 영혼이 되는 겁니다. 그렇게 하시려고 저 하늘과 땅을 홍수로 멸하지 않으시고 여전히 보존하시고 우리를 여기 이곳에 두신 이유입니다. 더 많이 하나님의 눈에 있는 사랑을 더 많이 알아가는 성도, 더 많이 하나님의 눈에 있는 은혜를 누려가는 성도로 살면서 주님 오실 그 날까지 하나님의 임재 속에 충만한 삶을 살아가는 믿음의 성도들이 다 되기 바랍니다.

언약 24 노아언약 9

> 20 노아가 여호와를 위하여 단을 쌓고 모든 정결한 짐승 중에서와 모든 정결한 새 중에서 취하여 번제로 단에 드렸더니 21 여호와께서 그 향기를 흠향하시고 그 중심에 이르시되 내가 다시는 사람으로 인하여 땅을 저주하지 아니하리니 이는 사람의 마음의 계획하는 바가 어려서부터 악함이라 내가 전에 행한 것 같이 모든 생물을 멸하지 아니하리니 22 땅이 있을 동안에는 심음과 거둠과 추위와 더위와 여름과 겨울과 낮과 밤이 쉬지 아니하리라(창 8:20-22)

언약 스물네 번째 시간입니다. 노아 언약으로는 아홉 번째 시간입니다. 노아 언약을 배우며 세상을 멸망시킨 홍수를 언약적 관점으로 보는 근본적인 이유는 노아가 그리스도의 모형이기 때문입니다. 노아가 그리스도의 모형이 되는 이유를 세 가지로 말할 수 있습니다.

첫째, 부패했던 땅으로부터의 저주를 제거하고, 마음의 고통과 이마의 땀방울을 가지고 땅을 경작하여 그 소산을 먹어야했던 사람들에게 안식의 제공자이기 때문입니다(창 5:29; 마 11:28). 둘째로 "다시는 저주가 없을" 새 땅의 상속자이기 때문입니다(창 8:21; 계 22:2). 셋째, 그의 손에 의해 만물이 구원을 얻었던 자이기 때문입니다(창 9:2; 요 17:2; 히 1:2). 노아와 그의 아들들 (혹은 후손들)은 교회의 모형입니다. 모형이라고 해서 상징적이었다는 것만이 아닙니다. 그들은 실제로 교회였고 교회로서 존재했습니다. 노아와 그 자녀들은 하나님의 언약의 복을 받았습니다(창 9:1; 엡 1:3). 그들은 하나님을 위하여 왕과 제사장이 되었습니다.[258] 그들은 하나님의 약속으로 세상을 통치했으며 그 믿음의 후손들에 의하여 통치가 계속 되어졌습니다.[259] 노아와 그 후손들은 생육하고 번성하도록 명령받고 복을 받았습니다.[260] 그 모든 것은 하나님의 영광을 나타내기 위한 선한 일이었으며, 여호와 하나님과 맺은 언약에 배타적 충성을 다할 때 이루어지는 일이었습니다.

여호와께서는 그 일들을 우리에게 이루어 가도록 은혜를 베푸십니다. 그 은혜는 특별한 것이 아니라 매우 자연스럽게 일상으로 주십니다. 우리는 신앙이 좋으면 지금의 현실을 벗어나는 것이라고 생각합니다. 신앙이 좋으면 남들이 안 받는 것을 받는 것이고 신앙이 좋으면 고난을 받아도 특별한 방법으로 고난에서 건져

---

[258] 그 아버지 하나님을 위하여 우리를 나라와 제사장으로 삼으신 그에게 영광과 능력이 세세토록 있기를 원하노라 아멘
[259] 참으면 또한 함께 왕 노릇 할 것이요 우리가 주를 부인하면 주도 우리를 부인하실 것이라(딤후 2:12)
[260] 너희는 생육하고 번성하며 땅에 편만하여 그 중에서 번성하라 하셨더라(창 9:7)

내 주시는 것이라고 생각합니다. 그런 영향으로 인해 기독교 신앙으로 살아가면서도 일상의 가치를 무시합니다. 이것은 현대영성이 말하는 '일상의 영성'을 말하는 것이 아닙니다. 현대의 일상의 영성은 매우 범신론적입니다.

그런 비성경적인 영성과 달리, 우리는 언약적으로 생각해야 합니다. 지금 주어진 것들이 우리 각자에게 주신 최고의 복입니다. 신앙이 좋아지면 지금이 가장 복된 자리라는 것을 알아가는 것입니다. 신앙이 좋아지면 지금 이 자리를 벗어나서 저 자리로 가는 것이 아닙니다. 얼마나 살만한가? 얼마나 어려운가? 그것이 전부가 아닙니다. 신앙이 좋아지면, '내가 있는 이 자리에서 얼마나 언약에 신실하게 살아가는가?' 그 중심으로 살아가는 것입니다.

하나님께서 홍수 이후에 노아에게 주신 것은 무엇이었을까요?

> 땅이 있을 동안에는 심음과 거둠과 추위와 더위와 여름과 겨울과 낮과 밤이 쉬지 아니하리라(창 8:22)

하나님께서는 홍수 이후에 있을 인간의 노동과 기후 변화에 대하여 말씀하셨습니다. 그 두 가지는 무려 4천 년 전에 주셨으나 지금까지 계속해서 지켜져 오고 있습니다. 하나님께서 창세기 3장 25절에서 약속하신 그 여자의 후손, 그 메시아를 통한 구원을 주시고 성취하시려고 인간에게 주신 것은 처음 아담에게 주신 것과 동일한 것은 아닐지라도 아담에게 주신 명령을 수행할 수 있는 환경이었습니다. 노아와 그의 자손들이 생육하고 번성할 수 있는 여건을 허락해 주셨습니다.

그렇게 허락해 주심으로 두 가지를 알게 하셨습니다. 첫째는, 하나님만이 생명을 주는 분이시며, 둘째는, 그렇게 생명을 받은 인간이 하나님 앞에 언약적 의무를 수행하고 살아가야 한다는 것입니다. 노아와 그의 자녀들이 하나님으로부터 생명을 얻고 번성하여 그 씨를 이어가는 것은 세상의 방식대로 인간의 힘을 기름으로써 이 세상에 이상적인 나라를 인간의 힘으로 이루어보겠다는 것이 아닙니다. 그것은 오직 여자의 후손, 그 메시아가 오시기 전까지 메시아의 구원을 소망하며 언약에 충성된 삶을 살아가기 위함입니다. 언약은 옛날 옛적 시대에만 유효한 것이 아니라 오늘 우리에게도 유효합니다. 언약은 모든 시대, 모든 주의 백성들에게 주어진 명령이었습니다. 노아에게 말씀하신 그 언약의 말씀이 지금 말씀하시는 것처럼 우리에게 주어지는 것이 언약입니다. 다만 우리는 노아언약만 보는 것이 아니라 예수 그리스도의 새언약 안에서 보고 그 말씀을 받습니다.

노아 홍수 이후에 노아에게 특별한 것을 주지 않으셨습니다. 회복된 땅, 회복된 자연세계를 주셨습니다. 노아가 기도하면 집이 그냥 생기고 노아가 기도하면 식탁에 먹을 것이 생기고 노아가 기도하면 농사도 안 지어도 되는 세상이 아니었습니다. 이 말을 오해해서 하나님의 특별하신 역사가 없다는 것으로 생각해서는 안 됩니다. 하나님께서는 자기 백성들의 기도를 들으시고 응답해 주시고 우리가 가히 헤아릴 수 없는 방식으로 역사해 주시는 하나님이십니다. 그것은 특별한 방식입니다. 특별이라 했듯이, 모든 일에 일어나는 일이 아닙니다. 왜, 모든 일에 그런 특별한 일이 일어나지 않을까요? 먼저는, 하나님께서 의도하시는 일이 아니기 때문이며, 우리의 죄악성 때문입니다. 그리고 그것이 하나님께서 자기 백성을 양육하는 방식이기 때문입니다.

첫 번째로, 하나님께서 의도하시는 일이 무엇일까요? 그것은 언약 백성의 신실함입니다. 그것은 다만 '언약을 잘 지키면 된다'는 것이 아닙니다. 언약을 지킨다는 것은 창세기 3장 15절에서 약속하신 그 여자의 후손, 그 메시아의 구원을 소망하며 언약을 지켜가는 것입니다. 하나님께서 살아계시고 자기 백성들을 향한 구원과 언약을 반드시 성취하시는 분이라는 것을 믿고 사는 것입니다. 언약을 자기 힘으로 스스로 지켜낸다는 것이 언약의 본질이 아닙니다. 아무렇게나 살면서 죄짓고 살아도 메시아는 오신다는 마음으로 사는 것이 아닙니다. 여호와 하나님을 경외하고 그 여자의 후손, 그 메시아가 오셔서 죄와 사망에서 구원하실 것을 소망하며 언약의 의무를 지켜가는 것입니다. 그렇게 살아갈 때 여호와가 우리 하나님이 되시고 우리는 여호와의 백성이 되는 것이 언약의 본질입니다.

두 번째로, 우리의 죄악성 때문이라는 것은 무엇을 말할까요? 우리가 아무리 그 언약을 지켜갈지라도 첫 사람 아담의 타락으로 인해 우리의 본성이 죄로 오염되었기 때문에 여호와의 언약에 충성하기보다 우리의 죄악 된 욕망에 이끌려갈 때가 많다는 우리의 실체를 말합니다. 우리의 그런 죄악성으로 인해 죄악으로 빠지는 것이 인간입니다. 그러나 그 속에서 참된 주의 언약 백성들은 신앙의 싸움이 일어나고 죄악으로 만연된 세상 속에서 언약 백성으로 신실하게 살아가도록 하나님께서 특별한 역사를 베푸십니다. 그런 특별함이 분명히 있을지라도, 하나님께서 노아와 그 자손에게 베풀어 주신 것은 아무것도 안 하고 자동적으로 죄를 이기고, 자동적으로 언약에 신실해지고, 자동적으로 거룩해지는 특별한 것을 주지 않으셨습니다.

세 번째로, 하나님의 양육방식이란 무엇일까요? 그것은 일상에서 언약에 신실하게 살아가는 것입니다. 그렇게 살아가도록 하나님께서 노아와 그 후손들에게 무엇을 주셨을까요? 하나님께서는 노아와 그 후손들이 하나님과 맺은 언약에 신실하게 살아가는 일에 부족함이 없도록 근본적인 기반을 제공하셨습니다. 하나님께서는 그 백성들과 언약하시고 그 언약을 통하여 부여하신 의무들을 성실히 수행해 가도록 하셨습니다. 그렇게 언약적 의무를 성실히 수행해 가도록 주신 것들이 사실은 하나님의 특별하심입니다. 우리가 생각하기에 특별한 것이 특별이 아니라 오늘 우리가 하나님의 언약에 충성하고 살아가도록 자연세계를 여전히 붙드시고 역사하시는 그것이 특별한 것입니다. 충성이라고 해서 어떤 영적으로 탁월한 사람만의 열심과 능력이라고 생각해서는 안 됩니다. 만점을 받아야하고 남들이 혀를 내두를 정도로 대단한 일을 해야 하는 것이 아닙니다. 죄와 싸워가는 일에 실패하고 죄를 지을 때도 있으나 여전히 자기 죄를 회개하고 하나님을 의지하며 그 말씀대로 살아가는 것이 충성입니다.

그런 까닭에, 언약 백성된 우리는 하나님의 특별하심에 대한 생각이 달라져야만 합니다. 하나님의 특별하심을 제일 쉽게 몰아가는 것 중에 하나가 귀신론입니다. 어떤 근거를 제시하든지 간에 귀신론으로 가면 한국교회 성도들은 넋을 잃습니다. 귀신이 없다는 것이 아닙니다. 그 귀신이, 죽은 사람이 구천에 떠돈다는 그런 귀신이 아닙니다. 하나님께 반역한 천사들이 있다는 것이지, 미신에서 말하는 그런 귀신이 아닙니다.

가정에 어려움이 생기고 질병에 걸리고 대소 간에 문제가 생겼을 때 '귀신이 그랬다'고 말하고 귀신 쫓아낸다고 여러 방법을 사용합니다. 귀신을 쫓아내는 목사는 신령한 사람이 되고 능력의 종으로 존경받습니다. 말도 반말을 하고 목소리도 약간 달라집니다. 결국, 귀신 쫓아내기 위해 그 목사에게 이끌려 가게 됩니다. 그 설교를 듣는 사람들을 가만히 보면 나름 배운 사람들인데도 그런 설교에 빠져드는 것을 보면, '저것이 과연 기독교 신앙인가?' 하는 생각을 하게 됩니다. 배운 사람일수록 귀신론에 더 잘 넘어갑니다. 우리는 그리 생각 안 합니다. 배운 사람은 그런 것과는 거리가 멀다고 생각합니다. 그런데 더 잘 넘어갑니다. 왜냐하면, 마음이 더 허하기 때문입니다. 자기 마음을 지키고 자기 존재를 확인할 것이 없기 때문입니다. 그런 것에 미혹되어 살면서 자기 삶에 책임지는 삶을 살아가지 않습니다. 모든 책임은 귀신에게 떠넘기고 살아갑니다.

참고로, 우리가 알아야 할 것은 귀신론이나 영성이나 사실은 같은 겁니다. 우리는 '귀신론' 그러면 이상하게 보이고, '영성'그러면 고상하고 탁월한 것이라고 생각합니다. 아닙니다. 영성은 귀신론에다 설탕을 바른 겁니다. 설탕 바른 영성이라 생각하지만 사실은 귀신론에 먹혀들어 가는 것입니다. 어떤 사람들은 '영성목회'라고 말합니다. 정말 너무 모르는 소리입니다. 그것은 영성목회가 아니라 '귀신목회'를 하는 겁니다. 영성은 반드시 영적인 안내자를 만나야 합니다. 그 영적인 안내자는 귀신입니다. 그 귀신과 대화하는 것이 영성의 핵심입니다. 그런 실체를 말해주는 사람이 없습니다. 모르고 영성목회에 빠지는 사람들이 더 많습니다. 그런 목회자들도 안타깝고 그런 목회자의 말에 빠져 들어가는 성도들도 불쌍합니다.

다시 본론으로 돌아와서 하나님의 특별하심에 대해 계속 살펴보겠습니다. 하나님의 특별하심에 대한 생각이 달라져야 한다는 것은 하나님께서는 자기 백성을 위하여 언제나 최고의 것을 선물로 주고 계시다는 사실입니다. 우리는 그 최고의 선물을 오로지 기적으로만 생각하기 때문에 문제입니다. 하나님의 기적이 분명히 있습니다. 그러나 우리는 그 기적 외에 다른 평범한 일에 대해서는 하나님의 선물이 아니라고 생각하는 것이 문제입니다.

살아가보면 돈 많고 편한 것이 다 좋은 것이 아니라는 것을 알게 됩니다. 신앙도 아무 걱정 근심 없는 신앙이 좋은 것이 아니라는 것을 알게 됩니다. 거룩은 죄와 싸워가야 만들어집니다. 경건은 이 고난 속에 하나님 앞에 엎드릴 줄 아는 것으로부터 시작됩니다. 안 되면 부모 탓하고 남 탓하는 것은 못난 겁니다. 어려움 속에서 만들어지는 것이 성화입니다. 부러운 것은 얼굴이 번들해지고 목에 힘이 들어가는 것이 아닙니다. 부러운 것은 말씀으로 열심히 싸워가는 것이고 믿음으로 열심히 달려가는 것입니다. 하나님의 은혜를 구하며 열심히 싸워가면서 하나님의 은혜로 열심히 달려가는 그것이 재산이고 그것이 기적입니다.

일상을 벗어난 것이 기적이 아닙니다. 기적도 하나님의 섭리이며 일상도 하나님의 섭리입니다. 기적도 하나님의 손길이며 일상도 하나님의 손길입니다. 기적이 일상을 벗어난 것이라는 생각은 하나님의 통치와 섭리의 관점으로 이해하는 것이 아니라 세상의 종교와 영성의 관점으로 보는 것입니다. 왜냐하면, 세상이 말하는 기적은 도약으로 이루어지는 것이기 때문입니다. 그것이 바알의 벼락이고 플라톤의 영감이고[261] 하이데거의 시적 영감입니다.[262] 원래 시적 영감이란 '시

---

261) http://www.gaeksuk.com/atl/view.asp?a_id=480/ 〈플라톤의 영감: 플라톤의 유명한 '시인(여기서 시인은 음악가이기도 하다) 추방론'도 이러한 사회적, 논리적 맥락 속에 있다. 그가 자신의 공화국에서 시인을 추방하려 한 것은 역설적이지만 그조차도 인정하지 않을 수 없었던 시나 음악의 탁월한 매력 탓이었다. 고귀한 신분이 아닌

적 광기'입니다. 왜냐하면 그 광기는 접신으로부터 주어지기 때문입니다. 인간이 죄악 돼서 일상을 강조하면 마르크스주의로 가고, 일상의 영성으로 가고, 범신론으로 가고, 종교다원주의로 가고, 뉴에이지로 갑니다. 기적, 초월성을 강조하면 신비주의 영성으로 가고 뉴에이지로 갑니다. 결국 같은 자리에서 만납니다. 왜

시인이 그토록 아름답고 매력적인 활동을 해낼 수 있다는 게 그로서는 합리적으로 설명하기 어려웠을 것이다(당시 시인의 지위가 미술가보다는 높았다고 하나 비천한 신분인 것은 마찬가지였다). 설명할 수 있는 길은 단 한 가지인데, 시와 노래를 부르는 시인이 무언가에 홀려 있다고 보는 것, 쉽게 말해 그가 제정신이 아니라고 보는 것이다. 고대 그리스의 종교적 행사에서 사제가 접신(接神)의 상태가 되는 것을 '엔토우시아스모스(enthousiasmos)'라고 했는데, 이러한 종교적 상태를 가리키는 말이 그것에 수반되는 음악이나 춤, 그리고 시에 적용되면서 '시적 광기(furor poeticus)'로 불리게 된다. 후에 이 말이 라틴어 'inspirare'로 옮겨지면서 영어로는 '시적 영감(poetic inspiration)'으로 번역되어 지금까지 쓰이고 있는 것이다. 요컨대, 플라톤은 시인들의 노래가 신으로부터 얻은 영감에서 비롯된 것으로 사실상 시인들 자신의 창조물이 아니라고 보았다. 그것은 접신과 광기의 산물일 뿐 합리적인 이성에 의한 추론의 산물이 아니었던 것이다. 결국 기하학과 수학에 입각한 합리적 사유를 추구한 플라톤에게 '무언가에 홀린 채로' 시를 짓고 노래를 부르는 것은 위험한 활동으로 간주될 수밖에 없었다. 역으로 말하자면, 플라톤에게 시와 음악은 가까이 두고 있으면 안 될 만큼 '치명적으로' 아름다웠던 셈이다.
아리스토텔레스의 시학: 플라톤의 이 같은 생각에 그의 제자 가운데 한 명이 반론을 제기했다. 아리스토텔레스가 자신의 저서 '시학(詩學, Poetics)'을 통해 플라톤에 대적한 기본 논리는 단순하다. '시작(詩作)도 논리적일 수 있다'는 것, 곧 '시적 광기'나 '시적 영감'을 전제할 것 없이 합리적 사유에 의해 시를 지을 수 있는 시작의 규칙이 있다는 것이다. 시의 강력한 정서적 흡인력조차 그는 유명한 카타르시스(katharsis, 비극을 통한 감정적 배설과 정서적 순화) 이론을 통해 합리적 윤리적 설명의 구도 속으로 포용하게 된다. 아리스토텔레스의 '시학'이 서구 예술사와 고전주의 미학에 이론적으로 기여한바 매우 크지만, 그의 논의는 사실상 일부 서사시나 비극에 제한적으로 적용될 수 있는 것이었으며, 근대에 이르기까지 시나 음악에 대한 실제적 의미를 대변해온 것은 오히려 플라톤적 사유였다. 시와 음악의 착상은 알 수 없는 무언가에 사로잡힌 채 이루어지는 것이라는 플라톤적 생각이 좀 더 일반인의 상식에 가까웠다는 뜻이다. 시와 음악이 그와 같은 영감의 산물이 아니라 합리적 사유의 산물이라는 아리스토텔레스의 설명은 특히 음악이 촉발하는 정서적 매력을 적절하게 설명해주기 어려웠고, 무엇보다 음악가의 비천한 신분과도 어울리지 않았다.
칸트와 낭만주의적 천재: 요약컨대, 음악과 결부되는 '영감'이라는 단어는 음악이 가진 설명하기 어려운 매력과 음악가의 낮은 사회적 신분 사이의 불균형한 관계 속에서 배태된 미학적 용어라고 할 수 있다. 따라서 플라톤적 의미에서 긍정적인 의미를 갖기 어려웠던 음악가의 영감이 오늘날과 같은 긍정적 의미를 갖기 위해서는 음악가의 신분이 혁신적으로 향상되는 사회적 조건이 갖추어져야 했다. 이러한 조건은 17세기부터 19세기에 이르기까지 시민계급에 의해 지속적으로 추진된 계몽주의 운동과 크고 작은 시민혁명에 의해 비로소 충족되기 시작했다. 주로 시민계급에 속했던 음악가들은 이 시기에 점진적으로 사회적 지위 향상을 이루어낸 것이다. 결국 19세기 이후 베토벤으로 대표되는 한층 높아진 지위의 음악가들을 대상으로 영감이라는 단어는 극적인 의미 변화를 갖게 된다. 여기서 영감은 18세기 말 계몽주의 철학자 칸트에 의해 제시된 낭만주의적 천재(Genie, genius) 개념과 행복하게 조우한다. 칸트에게 있어서 영감은 더 이상 플라톤적 의미에서 제정신을 잃은 음악가의 비합리적인 광기를 의미하는 것이 아니다. 선택 받은 재능(천재)을 가진 이가 이 세계의 논리적 질서를 넘어선 초월적, 미적 형식을 그려내기 위해 발휘하는 합리적, 윤리적 직관의 힘, 그것이 영감인 것이다. 플라톤과 아리스토텔레스는 이렇듯 칸트에 의해 계몽주의적으로 종합된다. 재해석된 영감론으로서의 칸트의 천재론은 19세기 낭만주의 음악가들의 어깨에 날개를 달아주었다. 베토벤에서부터 슈베르트와 슈만, 그리고 베를리오즈, 리스트, 바그너, 말러에 이르기까지 음악가들은 이제 저마다의 음악적 영감을 통해 세계의 심원을 통찰하며 세계 밖의 세계를 자신의 음풍경(音風景)으로 포착해 내는 명실상부한 천재들로 간주되었다. 수평적 연대와 영감에 찬 음악 공동체 하지만 나에게는 칸트에 의해 천재로 등극한 음악가의 영감 또한 본질적으로 플라톤의 영감과 다르지 않은 것처럼 보인다. 예컨대 김동인의 소설 '광염소나타'에 등장하는 작곡가의 광기는 낭만주의적 천재 개념과 플라톤적 영감론의 그로테스크한(그러나 필연적인) 결합이다.
262) 김동규, 철학의 모비딕 (경기: 문학동네, 2013), 130. 〈반신으로 시인은 신들과 인간들 사이에 존재하는 "사이존재"다(GA39, 228). 시인에 대한 이 규정은 매우 중요한 의미를 갖는다. 우리는 보통 사이의 양쪽 항이 확실하게 알려져 있고 양자를 매개하고 절충하는 것으로서 '사이'를 설정한다. 그러나 하이데거가 보기에, 횔덜린이 시인(반신)을 노래한 것은 그저 신들과 인간들을 매개하려는 목적에서도 아니며, 한갓 사이의 자의식 때문도 아니다. 그는 "떠나버린 신"과 여전히 물음으로 남는 "우리"에 대한 규정을 하기 위해서 시인을 시작(詩作)했던 것이다.〉

그렇게 될까요? 거기에는 언약이 없기 때문입니다. 그래서 언약을 잘 배워야 합니다.

하나님께서는 자연법칙을 부여하시고 자연 세계를 운행해 가십니다. 그 운행하심이 하나님의 기적이고 하나님의 섭리이고 하나님의 손길입니다. 회의주의자들은 결국, 하나님의 일하심이 없다고 말합니다. 왜 그렇게 말할까요? 자신들이 바라는 기적이 일어나지 않기 때문입니다. 그러나 하나님의 기적은 계속해서 일어나고 있습니다. 하나님께서 노아에게 "땅이 있을 동안에는 심음과 거둠과 추위와 더위와 여름과 겨울과 낮과 밤이 쉬지 아니"한다고 말씀하신 것은 자연 세계가 그냥 자동적으로만 돌아가는 자동기계라는 것이 아니라 하나님께서 계속해서 일하신다는 뜻입니다. 그리고 다시는 홍수로 물을 심판하지 않겠다고 말씀하심으로 이 자연 세계가 유지되는 것이 우연이 아니라 하나님의 역사라는 뜻입니다. 하나님의 선하심으로 이 세계가 움직여지고 보존되고 있습니다. 세상이 악해지고 오염되는 것은 인간의 죄악이고 욕망 때문입니다. 하나님의 역사는 하나님의 선하심을 펼치시고 공급하시는 역사입니다. 그 역사가 저 자연 세계에만 있는 것이 아니라 우리의 일상에도 일어나고 있습니다.

그런 까닭에, 하나님의 역사는 하나님의 신성한 맹세이며 자기백성을 위하여 자신을 언약으로 묶으시는 것입니다. 그것이 '언약적 구속'(covenantal binding)입니다. 하나님께서 자기 백성을 위한 '언약적 구속' 입니다. 그 언약적 구속력으로 자연 세계를 움직여 가시고 그 언약적 구속력으로 자기백성을 구원으로 인도해 가십니다. 그 언약적 구속력이 세상에 매몰되지 않게 하고 그 언약적 구속력이 죄와 욕망의 종이 되지 않게 합니다. 우리가 무슨 별다른 능력이 있어서 세상을 이겨가고 우리가 별다른 선함이 있어서 죄악을 이겨가는 것이 아닙니다. 성도는 하나님의 그 언약적 구속 안에서 하나님의 풍성한 은혜와 긍휼하심을 보는 사람들입니다. 그렇게 하나님의 능력과 선하심을 경험하고 살아가도록 하나님께서는 물로 세상을 멸망치 않으시고 오실 메시야를 소망하며 언약에 신실하도록 자연 세계를 보존해 가십니다. 그것이 기적이고 그것이 일상입니다.

그 언약적 구속이 있기에 우리는 불안에 떨지 않습니다. 세상이 불안한 것은 죽음이 다가오고 있고 죽음이 불시에 닥치기 때문입니다. 세상은 그 죽음에 대해 근본적인 불안을 가지고 있습니다. 그러나 성도는 하나님의 약속으로 불안하지 않습니다. 세상이 물로 심판을 받고 인간들이 죽었다는 사실은 노아에게 보통 일이 아닙니다. 홍수로 세상이 멸망을 받은 것은 언제 다시 그런 일이 재현될지 모르는 일이었습니다. 그러나 하나님께서는 그런 일이 다시없을 것이라고 약속해 주심으로 인간과 자연세계에 샬롬을 주셨습니다. 그것이 바로 하나님께서 인간과 세계에 주시는 안전기지(secure base)입니다. 인간은 안전기지가 주어질 때 위로가 있고 평안이 있습니다. 그것은 철학자가 말하고 심리학자가 말하는 실존적인 안전기지가 아닙니다.

성경은 하나님의 언약적 구속으로 말합니다. 히브리서에서 이렇게 말합니다.

> 이는 하나님이 거짓말을 하실 수 없는 이 두 가지 변치 못할 사실을 인하여 앞에 있는 소망을 얻으려고 피하여 가는 우리로 큰 안위를 받게 하려 하심이라(히 6:18)

두 가지 변치 못할 사실, 하나님께서 말씀하시고 맹세하시는 일은 변함이 없습니다. 변함없다는 것은 하나님께서 가장 완전하신 분이라는 뜻입니다. 만일 어떤 사람이 자기의 말이나 맹세를 어긴다면 그 사람은 그의 말이나 맹세를 지킬 능력이 부족하다는 의미가 됩니다. 그러나 하나님께서는 하나님의 말씀과 그 하신 맹세를 이루시는 분이기 때문에 하나님의 권능과 선하심과 신실하심을 완전하게 이루십니다. 히브리서가 말하는 그런 모든 말씀과 맹세는 우리 구원의 소망이신 예수 그리스도를 말합니다. 예수 그리스도가 영원하시기에 우리의 구원이 영원합니다. 왜냐하면, 우리는 이 세상의 돈과 지식으로 구원 받은 것이 아니라 점 없고 흠 없는 어린양이신 예수 그리스도의 십자가 피로 말미암아 구원을 얻었기 때문입니다. 예수 그리스도께서 우리의 대제사장이 되셔서 휘장 안으로 먼저 들어가셨기에 그리로 앞서 가신 예수 그리스도를 따라 믿음으로 우리도 들어갔습니다.263) 언약적 구속이 하나님의 백성들에게 안전기지가 되었듯이 그 언약적 구속자이신 예수 그리스도께서 오셔서 십자가에 피 흘려 죽으심으로, 대속하심으로 우리에게 안전 기지를 제공하셨습니다. 그것은 영원한 안전입니다. 그런 까닭에, 영원한 위로가 됩니다. 실수하고 잘못해도 용납해주고 사랑해주는 부모가 있고 관계가 있는 자녀는 행복합니다. 달려가다가 넘어졌는데 봐줄 사람이 없으면 울지 않습니다. 그래서 마음이 외롭고 상처가 됩니다. 자녀에게 안전기지는

---

263) 존 브라운, 히브리서주석, 김유배 역 (서울: 아가페출판사, 1988), 379-381. 〈이처럼 예수가 예비자로서 "휘장 안에 들어가신다는 것"은 사도가 언급하고 있는 고대 예언의 주요한 주제이다. 이것은 예수 자신의 중보자적 특성으로 인해 하늘의 영광을 소유하는 것에 대한 소개이다. "내가 네 원수로 발등상이 되게 하기까지 너는 내 우편에 앉았으라", "여호와는 맹세하고 변치 아니하시리라 이르시기를 너는 멜기세덱의 반차를 좇아 영원한 제사장이라 하셨더라" 따라서 사도가 우리 주님의 제사장직의 탁월성을 중점적으로 나타내 보일 목적으로, 오랫동안 지엽적인 것을 다룬 후에 이 주제를 다시 다루는 것은 당연하다. 그리고 이 제사장의 참 뜻에 대한 예증은 맹세로써 그것을 확증한 것이 "약속의 후사"들에게 얼마나 큰 위로를 주는가를 더욱 더 분명히 보여 줄 것이다.〉

부모이듯이, 하나님께서는 구원하시고 언약한 자기 백성들의 영원한 피난처가 되시고 영원한 안전기지가 되십니다. 예수 그리스도께서는 보혜사 성령님을 보내셔서 우리 안에 거하심으로 예수 그리스도의 안전기지에 보증이 되셨습니다. 그것이 하나님의 임재입니다.

옛언약의 노아에게는 다시는 홍수로 세상을 멸하지 않으시겠다는 그 말씀과 무지개로 위로를 받고 샬롬을 누렸습니다. 그것은 새언약의 예수 그리스도의 모형입니다. 노아가 누렸던 그 위로, 그 샬롬보다 우리는 더 풍성한 위로, 더 충만한 샬롬을 누려갑니다. 왜냐하면, 이제는 모형이 아니라 실체로 오신 예수 그리스도를 십자가 대속으로 누리는 위로이며 샬롬이기 때문입니다. 얼마나 오래살고 얼마나 배부르게 사느냐? 가 중요한 것이 아닙니다. 예수 그리스도 안에서 이 샬롬을 누리고 사는 것이 중요합니다.

여호와 하나님께서 자기 백성을 위해 언약적으로 묶이셨듯이 언약의 백성들 역시 언약적으로 여호와 하나님께 묶여야만 합니다. 그것이 언약입니다. 언약은 쌍방적 의무를 지기 때문입니다. 여호와만 일하시는 것이 아니라 언약을 맺은 백성들도 일해야 합니다. 왜냐하면, 첫 번째로 하나님께서 자기 백성이 거룩하기를 원하시기 때문이며 두 번째로는, 죄악을 폐기하신 것이 아니기 때문입니다.264) 노아홍수 이후로 세상은 죄악의 고통이 경감되거나 땅이 더 비옥해지지 않았습니다. 그것은 이제 땅이 새로운 국면에 처했다는 것을 의미합니다. 그 새로운 국면이란 인간의 죄악이 그대로 있고 세상은 공허하고 더 악해질 것이지만 하나님께서 그 임재의 상징으로 보여주시는 무지개를 통해서 그의 백성들이 하나님의 영원한 언약 안에 머무르고 하나님과 교제하고 살아야 한다는 뜻입니다.265) 이것이 하나님께서 자기 백성을 양육해 가시는 언약적 양육 방식입니다. 세월이 흐르고 시대가 변해도 하나님의 양육방식은 동일합니다.

기독교는 무당종교가 아닙니다. 기독교는 샤머니즘이 아닙니다. 우리는 살아계시고 영원하시고 인격적인 하나님을 믿습니다. 그 하나님께서 우리를 죄와 사망에서 구원하기 위하여 예수 그리스도를 보내시고 십자가에 피 흘려 죽으심으로 대

---

264) 존 칼빈, 창세기주석 (서울: 성서교재간행사, 1982), 262. "더욱이 하나님은 여기서 세상 끝날까지 인간의 성품이 어떻게 될지라도 모든 인류의 전체가 그들의 타락과 죄악성 때문에 확실히 정죄 하에 있다는 것을 천명하고 계신다. 여기서 그 선고는 단지 부패된 도덕성만을 가리키는 것이 아니라 그들의 죄성이 내적인 죄악이라고 언급되고 있으며 거기서 나는 것은 오직 악한 것만이 솟아나고 있다는 것을 가리킨다."

265) 아더 핑크, 하나님의 언약, 김의원 역 (서울: CLC, 2007), 109. "구름 속에서 하나님의 무지개는 일반적으로 인간들에게 주시는 보증이었을 뿐 아니라, 하나님께서 선택된 싹들 즉 믿음의 자녀들과 맺으셨던 언약의 확증된 표였다. 우리의 눈들뿐만 아니라 하나님의 눈 역시 무지개를 보고 있다는 사실을 아는 것은 복되다."

속하시고 새언약을 이루신 것을 믿습니다. 부활 승천하신 주 예수 그리스도께서 보혜사 성령님을 보내셔서 영원히 하나님의 백성된 것을 증거 하시고 보증하고 계심을 믿습니다. 그것이 신앙이고 그것이 언약 신앙입니다. 노아에게는 하나님의 능력과 그 선하심과 임재를 언약하시고 무지개를 보여주심으로 확증하셨습니다. 우리에게는 성령님의 내주하심으로 우리에게 더욱 확실하게 확증해 주셨습니다. 하나님의 말씀과 기도로 거룩하여지는 것이 새언약 시대의 방식입니다.[266] 언약 없이 인생의 특별함을 원하면 도약의 방식을 따르게 됩니다. 오늘의 고통과 시련을 귀신 탓으로 돌리고 영성으로 해결하려고 합니다. 현대 기독교가 영성에 빠지고 영성의 목회자를 좇아가는 것은 언약의 방식으로 사는 것이 아닙니다. 언약적 구속, 언약으로 하나 된 방식이 아닙니다. 하나님께서는 언약하심으로 자기 백성과 언약으로 묶으셨습니다. 그것이 언약적 구속입니다.

그렇게 언약으로 묶으셔서 자기 백성이 일상에서 언약에 충성하기를 원하십니다. 일상에 충성하도록 기적을 주십니다. 기적을 위해 일상을 주지 않으십니다. 그러나 인간은 죄악 돼서 기적을 경험하면 자신이 특별한 능력의 종인 줄로 착각합니다. 다시 열심을 내면 기적을 경험할 것이라고 생각합니다. 기적을 경험하고도 일상에서 언약적 구속, 언약적 묶임, 언약적 충성이 없으면 그 기적의 본질을 모르는 것입니다.

기적을 경험했다고 마이크 들고 간증하러 다닐 것이 아니라, '기적을 경험한 사람이 얼마나 따뜻한 사람인가?'를 이웃에게 나타내야 합니다. '네 옆에만 있으면 내가 살아나는 거 같아' 그래야 합니다. 왜 살아날까요? 예수님을 믿는 사람은 구원과 언약 안에서 의미와 통일성을 공급받기 때문입니다. 왜 살아날까요? 그렇게 의미와 통일성을 공급받은 성도는 자기 앞에 있는 영혼들을 위해 살아가기 때문입니다. '나는 뭔데요?' 그런 마음이 드는 것이 인간입니다. 자식이 알아주겠습니까? 남편이 알아주고, 아내가 알아주겠습니까? 알아주면 좋은 일입니다. 그러나 알아주지 않아도, 못 알아주어도 하나님의 눈 안에 있는 나, 하나님의 그 눈 안에 있는 은혜로 감당해 가고 즐거워하고 찬송하며 이겨가는 것이 성도입니다.

우리가 언약에 구속되면 될수록 따뜻한 사람이 됩니다. 우리가 언약에서 벗어나면 날수록 더 독한 사람이 됩니다. 언약에 구속될수록 하나님의 선하심을 맛보기 때문에 따뜻해집니다. 언약에서 벗어나면 우리의 죄악 된 욕망의 포로가 되

---

266) 하나님의 말씀과 기도로 거룩하여짐이니라(딤전 4:5)

기 때문에 독해집니다. 하나님께서는 언약적 구속으로 하나님의 능력과 선하심을 충만하게 나타내고 계십니다. 기적은 그 언약적 구속을 극적인 방식으로 알게 하시는 방식입니다. 우리에게 일상으로, 기적으로 역사하시는 하나님이십니다. 우리를 예수 그리스도의 십자가 피로써 새언약에 묶으신 하나님께 감사하며 하나님의 은혜와 사랑을 더 많이 경험하며 하나님의 선하심을 더 많이 맛보면서 더 거룩하고 경건한 믿음의 성도로 살아가기 바랍니다.

언약 25 아브라함언약 1

20 노아가 농업을 시작하여 포도나무를 심었더니 21 포도주를 마시고 취하여 그 장막 안에서 벌거벗은지라 22 가나안의 아비 함이 그 아비의 하체를 보고 밖으로 나가서 두 형제에게 고하매 23 셈과 야벳이 옷을 취하여 자기들의 어깨에 메고 뒷걸음쳐 들어가서 아비의 하체에 덮었으며 그들이 얼굴을 돌이키고 그 아비의 하체를 보지 아니하였더라 24 노아가 술이 깨어 그 작은 아들이 자기에게 행한 일을 알고 25 이에 가로되 가나안은 저주를 받아 그 형제의 종들의 종이 되기를 원하노라 26 또 가로되 셈의 하나님 여호와를 찬송하리로다 가나안은 셈의 종이 되고 27 하나님이 야벳을 창대케하사 셈의 장막에 거하게 하시고 가나안은 그의 종이 되게 하시기를 원하노라 하였더라(창 9:20-27)

언약 스물다섯 번째 시간입니다. 아브라함 언약으로는 첫 번째 시간입니다. 우리는 아브라함 언약을 통해서도 언약적 방식, 영적인 방식을 배워가야 합니다. 이제부터 아브라함 언약을 시작합니다. 아브라함 언약은 "선택적 은혜언약"이라 부릅니다. 왜냐하면 하나님께서 아브라함을 선택하시고 갈대아 우르에서 불러내시고 일방적으로 언약을 맺어주셨기 때문입니다. 아브라함은 "하나님의 벗"이라 불렀습니다(약 2:23). 마태복음 1장에서 보았듯이, 예수 그리스도께서는 자신의 칭호들 중의 하나를 "아브라함의 자손"이라 하셨습니다.[267] 아브라함은 이스라엘이라는 국가를 싹 틔운 인물이었으며, 로마서 4장 11절에서 말하듯이 그는 "믿는 모든 자들의 조상"이 되었습니다(롬 4:11). 그런 까닭에 아브라함 언약을 배워가는 것은 아브라함의 역사만 생각하는 것이 아니라 아브라함과 관련된 사건들을 함께 주의를 기울여서 생각해 가는 것이 필수적입니다.

하나님께서 노아와 언약을 맺으신 그 때로부터 아브라함을 부르실 때까지 자그마치 300년 이상의 긴 세월이 흘렀습니다. 아브라함 언약을 이해하기 위해서는 그 기간에 일어난 일들을 두 가지 맥락에서 살펴볼 수 있습니다. 오늘은 첫 번째로 창세기 9장 25-27에 나오는 노아의 예언으로, 먼저 셈에 관한 말씀입니다.

25 이에 가로되 가나안은 저주를 받아 그 형제의 종들의 종이 되기를 원하노라 26 또 가로되 셈의 하나님 여호와를 찬송하리로다 가나안은 셈의 종이 되고 27 하나님이 야벳을 창대케하사 셈의 장막에 거하게 하시고 가나안은 그의 종이 되게 하시기를 원하노라 하였더라(창 9:25-27)

노아는 홍수 후에 포도주를 마시고 취하여 그 장막 안에서 벌거벗었을 때, 함은

---

[267] 아브라함과 다윗의 자손 예수 그리스도의 세계라(마 1:1)

그 아비의 하체를 보고 밖으로 나가서 두 형제에게 고했습니다. 셈과 야벳이 옷을 취해서 자기들의 어깨에 메고 뒷걸음 쳐들어가서 그 아비의 하체를 덮었으며 그들의 얼굴을 돌이키고 그 아비의 하체를 보지 않았습니다(창 9:20-23). 술이 깨고 나서 노아는 그 아들들이 행한 일을 듣고서 함에게는 저주를 말하고 셈과 야벳에게는 복을 선포했습니다. 특히, 셈에게 내린 복은 하나님의 은혜의 목적이 나타납니다. 그것은 창세기 3장 15절의 그 여자의 후손을 통한 구속을 말합니다. 그것을, 26절에는 "셈의 하나님 여호와를 찬송하리로다"라고 말합니다.
"셈의 하나님"이라고 말하는 것은 성경전체에서 특정한 인물의 하나님이라고 처음 소개되는 것입니다. 그리고 셈의 하나님을 "여호와 하나님"이라고 말합니다. 전에부터 배워왔듯이, 성경에서 하나님이라고만 말하지 아니하고 "여호와 하나님"이라고 말할 때는 언약의 하나님을 말합니다. 언약 관계 속에서 구속의 역사를 이루어 가시는 하나님이십니다. 여호와 하나님이라고 말하면, '첫째는 언약의 하나님이시고 둘째는 구속의 하나님이시다' 그렇게 이해하면 됩니다. 언약이 그냥 우리와 약속하신 하나님만이 아니라 그 약속은 우리를 죄와 사망에서 구원해 내기 위하여 창세기 3장 15절에서 말하는 그 여자의 후손, 그 메시아를 통해 구속하시고 구원하시는 하나님이시라는 뜻입니다.
'하나님께서 언약하셨다'라고 배우면서, '십계명을 주시고 율법들을 주셨으니 그 규범을 지키느냐? 마느냐?'를 생각하면서 불안에 떠는 것이 언약을 배우는 것이 아닙니다. 언약이란 우리 삶의 프레임이 완전히 바뀌는 것입니다. 이 세상을 살아가는 이유와 목적이 달라지는 것입니다. 하나님의 백성들은 이 세상에서 인간의 욕망을 실현할 이상국가를 세우는 것이 아닙니다. '언약, 그러면, '율법을 지키느냐? 마느냐?' 그것을 먼저 생각할 것이 아니라는 겁니다. 그 여자의 후손, 그 메시아가 오셔서 우리 죄를 위하여 피 흘려 죽으시고 구원하신다는 것을 먼저 생각해야 합니다. 그리고 그 메시아를 믿고 소망하며 살아가는 자들이 언약 백성들입니다.
이렇게 언약을 말하면 우리는 마음에 어떤 생각을 하느냐 하면, '그래 가지고는 세상을 못살아갑니다' 그렇게 생각합니다. 그렇게 생각하기 때문에, 아무리 언약을 가르쳐도 마음에 와 닿지 않고 사람이 변하지 않습니다. 그 마음을 안 버리고 살면 기독교 신앙으로 사는 것이 아닙니다. 언약을 배우는데 자기 생각과 충돌이 안 되면 둘 중의 하나입니다. 언약을 가르치는 사람이 엉터리로 가르치거나 아니면 언약을 배우는 사람이 엉터리로 배우고 있거나 둘 중의 하나입니다.

노아 언약 다음에 아브라함 언약을 배우면서 왜 셈의 하나님 여호와를 굳이 말해야 할까요? 그것은 노아시대에도 그랬고 셈의 시대에도 그랬고 세상이 가는 길, 세상이 엉터리로 살아가는 그 길과는 다른 길로 갔기 때문입니다. 오고 오는 세대의 모든 주의 백성이 가는 길이 저 세상과 다른 길로 가는 길이었기 때문에 언약의 길입니다. '인간이 노력해서 이 땅에 이상국가를 만들어보자'는 것이 아니라 '그 여자의 후손을 통해 구속하시는 나라, 그 나라를 소망하며 살아가리라' 그것이 세상과 다른 언약의 길입니다.

언약이라 하면서도 그 언약을 우리의 현실과는 아무런 상관없는 것처럼 생각하면 하나님께서 우리를 인도해 가시고자 하시는 대로 갈 수 없습니다. 신앙이 재미없다는 것은 다 그런 이유입니다. 내가 생각하고 내가 바라는 일은 내 마음대로 하면서, 신앙생활이 재미있기를 바란다는 것은 지금 가는 길이 무슨 길인지를 모르는 것입니다. 말이야 기독교 신앙이고 찬송을 하고 예배를 드리지만, 언약 그러면 도대체 무슨 소리를 하는 것인지 들리지 않고 무슨 뜬구름 잡는 것처럼 이해되지 않습니다.

언약이란 우리의 존재가 하나님과의 관계 속에서 파악되는 것입니다. 우리 하나님은 인간이 자기 욕망을 이루기 위해 투사한 우상이 아닙니다. 도약의 결과물의 신이 아닙니다. 하나님과의 관계 속에 파악된다는 것은 인간이 죄인이라는 것을 인정하고 고백하면서 그 죄에서 구원하실 그 여자의 후손, 그 메시아의 구속을 소망하며 그 메시아를 통해서 은혜와 복을 받는 것입니다. 그것이 언약입니다. 언약의 하나님이 아니면 우리 하나님이 아니고, 언약이 없으면 우리도 의미가 없습니다. 이것이 세상의 실존주의와 틀린 것입니다. 실존주의는 우리라는 존재가 세상에 내던져진 존재라고 말합니다. 그 이전에는 어떠했는지도 모르고 세상에 내던져진 존재가 누구이며 무엇을 하고 살아야 하는지도 모릅니다.

그러나 성경은 그렇게 말하지 않습니다. 하나님께서 인간을 창조하시고 이 땅에 내던져 놓지 않으셨습니다. 하나님께서는 아담과 언약하시고 아담에게 생육하고 번성하라고 명령하셨습니다. 하나님과의 관계적 관점이 주어졌고, 인간이라는 존재적 관점이 주어졌습니다. 그것을 밝히 보여주는 것이 언약입니다. 그래서 언약이 중요합니다. 하나님과의 관계적 관점에서 우리의 존재가 확보되지 않으면 허탈해서 죽기 때문입니다. 세상은 언약이 없습니다. 세상은 도약밖에 없습니다. 툭 내던져진 존재, 피투성의 존재, 그것밖에 없으니 자기 존재를 알 수가 없습니다. 그러나 자기 선택과 결단으로 살아갑니다.

열심히 공부를 하고 열심히 직장을 다니고 자기 사업을 한다고 생각해 보세요. 사회 활동을 하는데, 내가 누구인지도 모르고 공부를 하고 직장을 다니고 사업을 한다는 것은 그렇게 해야 할 이유도 모르고 사는 짐승과 다를 바 없습니다. 오늘 열심히 공부하고 내일 또 공부해야 하는데, 무슨 힘이 나서 공부를 합니까? 오늘 열심히 직장에서 일하고 내일 다시 출근해서 일해야 하는데, 무슨 힘으로 가서 일을 합니까? 세상은 그 힘이 생겨나지 않습니다. 그래서 '어디 하나에 미쳐서' 살라고 합니다. 그것이 세상이 살기 위해 도약하는 방식입니다. 그런데 진짜로 미치면 사람들이 '미쳐도 곱게 미쳐라'고 말합니다. 미치는데 곱게 미치는 인간이 있고 더럽게 미치는 인간이 있습니까? 곱게 미쳐도 광기고 더럽게 미쳐도 광기입니다.

그러나 우리 하나님은 언약의 하나님이시기에 우리에게 관심을 갖고 계시고 우리를 이끌어 가는 하나님이십니다. 그 하나님께서 우리와 함께 하십니다. 문제는 하나님의 그 이끄심이 없다고 말하는 것입니다. 왜 하나님의 이끄심이 없다고 생각할까요? 그것은 언약적 이끄심으로 생각하지 않기 때문입니다. 우리는 언약적 이끄심이 아니라 현실적 이끄심을 원합니다. 현실적 이끄심이란 인간의 욕망을 채워주는 것입니다. 내가 원하는 대로 이끌어주고 채워주는 그런 하나님을 원하기 때문에 언약의 하나님을 원하지 않고 평생 예수님을 믿어도 의미가 없습니다.

왜 노아가 셈의 하나님을 여호와 하나님이라고 말하겠습니까? 그것이 하나님의 속성에 일치되는 것이기 때문입니다. 그것이 하나님의 언약에 일치되기 때문입니다. 인간적으로 말하자면 함이 훨씬 더 인간적입니다. 술 취한 인간의 모습 그대로를 말하는 것이 인간적인 것입니다. '세상 사람들이 다 죄로 심판받아 죽을 때 노아와 그 가족들만 살아남았는데 노아도 별 수 없는 죄인이더라. 그런 노아는 하나님께서 왜 안 죽이셨나?' 그렇게 말하는 것이 훨씬 더 인간적이지 않겠습니까? 그 말은 잘 들어보면 노아를 욕하는 것이 아니라 하나님을 욕하는 겁니다. 홍수로 죽은 인간들이나 저 노아나 똑같은 인간인데 하나님께서 잘못하셨다는 것입니다.

하나님께서는 그런 인간적인 함에게 복을 내리지 않으시고 셈과 야벳에게 복을 내리셨습니다. 그리고 셈의 하나님을 여호와 하나님이라고 찬송한 것은 그 인간적인 것, 언제나 죄를 지을 수밖에 없는 인간의 죄 됨을 가리고 덮음으로써 구원하는 하나님이시기 때문입니다. 그런 하나님을 오고 오는 세대에 나타내려고 하시기 때문입니다. 셈과 야벳이 잘나서가 아니라 셈과 야벳의 그 행함이 하나님의 속성에 일치되기 때문입니다.

하나님께서 장차 그 여자의 후손을 통해 구원하실 것인데 그 여자의 후손, 그 메시아가 오시기 전이나 후나 '하나님 그분은 이러이러한 분이시다'라는 것을 나타내려고 하시기 때문입니다. '너희들도 그런 하나님의 속성에 어울리는 삶을 살아가는 백성들이 되어야 한다'라는 것을 나타내려고 하시기 때문입니다. 그것이 언약이다. 그것이 생명이다. 그것이 복이다. 그것이 능력이다. 그것이 하나님의 나라다. 그렇게 선포하시면서, '죄에서 구원하실 그 여자의 후손, 오실 그 메시아를 소망하며 살아가도록 역사하는 분이 여호와 하나님이시다'는 겁니다.

함이 그 아비를 '보았다'는 단어(라아)는 단순히 쳐다보았다는 것만이 아니라 즐기며 조롱하며 보았다는 뜻입니다. 그리고 함이 형제들에게 '고했다'(나가드)는 단어도 '배반하다, 재미로 해설하다, 누설하다'라는 뜻으로, 그 아비의 부끄러움을 나쁜 의도로 말했습니다. 그렇게 노아를 보고 또 죄짓는 사람이 아니라 노아를 보고 하나님의 속성을 드러내는 사람으로 사는 것입니다. '우리와 언약하신 하나님은 이런 분이시다', '우리를 구원하신 예수 그리스도는 이런 분이시다'를 나타내는 사람으로 사는 것입니다. 그런 사람들이 성도이고 그런 것이 성도의 삶입니다.

노아가 술에 취하고 벌거벗은 것처럼 인간은 어제 구원받아도 오늘 죄를 짓는 인간입니다. 그러나 그 인간을 버리지 아니하시고 그 죄를 덮으시고 구원하는 하나님이십니다. 그렇게 구원하는 하나님이 언약의 하나님, 여호와 하나님이십니다. 그런 언약의 하나님의 속성과 일치되는 삶을 살아가도록 하나님께서 자기 백성을 이끌어 가십니다. 또한, 하나님의 이끄심을 보는 사람은 그렇게 여호와 하나님의 속성을 알고 고백하고 가는 그 사람입니다. 그 여자의 후손, 그 메시아를 통해 우리를 죄와 사망에서 구원하시는 하나님으로 믿고 살아가는 그 사람이 하나님의 이끄심을 봅니다.

그렇게 믿고 그렇게 살지 않으면 기독교 신앙이 아니라 순전히 망상입니다. 망상이라 하니 너무 놀라셨습니까? 놀랄 만도 하실 겁니다. 망상(妄想)이란 사전적인 의미로는 '이치에 맞지 아니한 망령된 생각을 함. 또는 그 생각'을 말합니다. 근거 없는 주관적인 신념이기 때문에 몽상이라고도 하고 상상, 공상 이라고도 합니다. 그런 망상적인 신앙을 가지고 있습니다. 그만큼 우리는 성경의 하나님이 아니라 우리가 만들어낸 하나님을 믿습니다. 우리가 만들어낸 하나님이란 인간의 욕망을 이루어주는 하나님입니다. 그런 하나님은 고난도 없고 슬픔도 없고 상처도 없게 해 주는 하나님입니다. 그것은 여호와 하나님이 아닙니다. 우리의 하나님이시려면 반드시 언약의 하나님, 여호와 하나님이셔야만 합니다. 죄 아래 있고, 상처받고 상처 주고, 고통 받고 살아가는 이 세상에서 죄인을 구원하시어 하나님의 속성에 일치되는 삶을 살아가게 함으로 영광을 받으시는 하나님이십니다.

영성에서는 여호와 하나님이라 하지 않습니다. 그냥 하나님이라 하고 아니면 하느님이라 합니다. 오늘날 거의 대부분의 기독교는 언약의 하나님이 아니라 그냥 하나님 혹은 하느님으로 가는 경우가 더 많습니다. 인간의 욕망이라고 해서 반드시 잘 먹고 잘 사는 것만이 아닙니다. 인간의 억울함을 풀어주는 하나님이라야 합니다. 그들의 하나님은 '썸씽'(something)입니다. 그 억울함을 풀어주는 '썸씽'이면 됩니다. 그러나 그 억울함을 몰라주면 하나님도 탄핵해야 한다고 말하는 목사도 있습니다.

성경이 증거하고 우리가 믿는 하나님은 언약의 하나님이십니다. 그래서 여호와 하나님이십니다. 여호와 하나님은 그의 자유로운 은혜 속으로 이끄시는 인격적인 하나님이십니다. 하나님께서 '인격'이라는 말이 아니라 했습니다. 하나님께서는 신성한 존재이시니 신격이십니다. 그런데 하나님을 인격적이라 하는 것은 우리가 믿는 하나님은 에너지, 기가 아니라는 뜻입니다. 인격이란 시작이 있고 계획이 있고 목적이 있다는 뜻입니다. 하나님의 주권으로 하나님의 계획과 목적을 이루어가시나 우리와 소통하시는 하나님이십니다.

세상은 그렇지 않습니다. 세상이 말하는 신은 도약하여 만들어낸 신입니다. 저 달을 신으로 만들고 저 해를 신으로 만들었습니다. 두려운 대상을 신으로 만들고 빌면 복을 받을 것으로 생각합니다. 그리고 자기가 원하는 욕망을 형상화해서 우상으로 만들었습니다. 그 우상에 신성을 부여한 것은 인간입니다. 그래야 영원성이 보장되기 때문입니다. 그것은 인간이 억지로 그렇게 부여한 것이지 그 우상은 신성하지도 않고 영원하지도 않습니다. 그 우상은 말도 못하고 듣지도 못합니다. 그러나 우리 여호와 하나님은 처음부터 신성한 하나님이시고 영원하시고 살아계시고 인격적인 하나님이십니다. 우리가 기도할 때 듣는 분이시고 응답하시는 분이십니다. '왜 기도가 응답이 안 되느냐?'고 생각하는 것은 여호와 하나님으로 알고 기도하는 것이 아니라 인간의 욕망을 이루어주는 신으로 알고 우상에게 빌듯이 빌기 때문입니다.

성경이 우리에게 알려주는 여호와 하나님은 인격적인 분이시며 그 인격적이신 하나님께서 하나님의 나라를 이루기 위해 구속을 실행해 가시는 분이라는 사실입니다. 성경이 셈을 말하며 '셈의 하나님 여호와를 찬송하라'는 것은 셈 개인에게만 의미가 있는 것이 아니라 셈은 인류의 구별된 머리였습니다.268) 셈 개인이나 셈의 후손들이 복을 받고 사는 것은 세상이 가는 길처럼 인간의 욕망을 실현하는 것이 아니라 언약의 하나님, 그 여호와 하나님께서 그 여자의 후손을 통해 자기 백성을 구원하실 것을 믿으며 사는 것입니다. 그 여호와 하나님께서 그 약속을 잊지 않으시고 자기 백성과 온 인류에게 '여호와가 주시다'라는 것을 증거하시면서 '여호와가 택하여 부르신 자기 백성들을 통하여 하나님의 나라, 하나님의 왕국을 세우시고 이루어 가신다'는 것을 확인하고 살아가는 것입니다.

언약의 하나님이 아니면 구속의 하나님이 아닙니다. 그 여자의 후손, 메시아가 필요 없는 하나님이 되어 버리고 인간의 고통과 상처와 눈물에 응답이 없는 하나님은 죽은 하나님이 되어 버립니다. 그러니 하나님도 탄핵의 대상이 되어 버립니다. 그 메시아가 십자가에 피 흘려 죽으심으로 인간을 죄와 사망에서 구원하는 하나님이 아니라 인간의 고통을 해결해 주는 존재가 되어야만 하는 그런 메시아, 그런 종교는 지극히 인간적인 메시아, 너무나 인간적인 종교입니다.

하나님께서는 결코 인간의 고통을 모른 체하지 않으시나 인간이 정해놓은 프레임에 갇혀 있는 하나님이 아니십니다. 언약의 하나님을 벗어나서 구하는 것은 헛된 것입니다. 우리가 아무리 정당하다고 우겨도 그것은 함의 폭로와 같습니다. 함이 그 아버지의 죄상을 폭로했듯이 폭로하는 것이 인간적이기 때문입니다.

그러나 폭로하는 사람은 폭로당하는 자의 거룩을 소유하지 못합니다. 함이 노아의 거룩을 소유하지 못하는 것은 함이 여호와 하나님의 거룩을 품고 행동하지 않았기 때문입니다. 오로지 인간적인 눈으로 보고 인간적인 생각으로 판단하고 폭로했기 때문입니다. 폭로는 기도가 아닙니다. 우리의 기도는 폭로가 많습니다. 우리는 열심히 하나님께 기도한다고 하지만 폭로하고 있습니다. 그런 폭로는 기도가 아니라 기만입니다.

'하나님 저 세상이 부조리합니다.', '하나님, 저 인간이 악질입니다' 그렇게 세상을 폭로하고 인간을 폭로하면서 자신은 선한 것처럼 감추어 버립니다. 폭로하면서 가면을 씁니다. 세상을 폭로하면서 자기도 폭로 당해야 하는데, 세상을 폭로하면서 자기는 치장해 버립니다. 인간들을 폭로하면서 자기도 폭로 당해야 하는

---

268) 아더 핑크, 하나님의 언약, 김의원 역 (서울: CLC, 2007), 115. "구속제도들에 관한 계시는 셈의 특별한 분깃이어야 했다-함에게 선언되었던 저주와 날카로운 대조 속에서 셈은 단순히 개인이 아니었고 인류의 구별된 부분의 머리였다. 그 계시는 하나님께서 가장 밀접한 관계를 유지해야 했던 인류의 구별된 부분과 관계가 있다. 즉, 그 계시는 구속제도들이 향유해야 했던 영적인 특징-언약관계, 성직의 친밀성-이었다"

데, 인간들을 폭로하면서 자기는 변장을 해 버립니다. 폭로하는 그 사람이 영웅이 되어 버립니다. 다음 시간에 살펴보겠지만 그 사람이 니므롯입니다.

인간의 폭로는 거기서 그치지 않습니다. 인간의 폭로는 '하나님 폭로'로 까지 갑니다. '내가 이런 상처를 받을 때 하나님은 무엇을 하셨습니까?' 그러면서 하나님은 상처를 주는 하나님이고 무능한 하나님이라고 폭로합니다. '내가 이렇게 힘들게 살고 질병에 걸리고 고통을 당하는데 하나님은 무엇을 하고 계십니까?'라고 말하면서 하나님은 죽은 하나님이라고 폭로합니다. 그렇게 하나님을 폭로하면서 자신은 아무런 죄도 없고 문제될 것도 없는 거룩한 존재인 것처럼 하나님 위에 자신을 올려놓습니다. 상석에 계신 하나님을 밀쳐내고 말석으로 끌어내리고 그 상석에 군림하면서 하나님을 심문합니다. 그것이 오늘날 현대 기독교입니다. 그래놓고도 하나님을 찬송합니다. 그 하나님은 언약의 하나님이 아니라 인간적인 하나님, 너무나 인간적인 하나님에 불과합니다.

그렇게 폭로하는 인간은 소망이 없고 절망밖에 없습니다. 그렇게 하나님을 폭로하는 인간은 심판밖에 없습니다. 그렇게 절망과 심판 밖에 없는 인간이 살아나는 유일한 길은 셈의 하나님 여호와를 찬양하는 것입니다. 인간의 욕망을 위해 만들어 놓은 하나님을 찬양하는 것이 아니라 그 여자의 후손을 통해, 그 메시아를 통해 구원하시는 하나님을 찬양해야 합니다. 그것은 하나님께서 야벳을 창대케 하시고, 야벳을 셈의 장막에 거하게 하셔야 되는 일입니다. 그것은 하나님께서 그렇게 정하셨습니다.

노아의 예언에서, 두 번째 중요한 것은 야벳에 관한 말씀입니다. 야벳이 셈의 장막에 거하는 것이 야벳의 영적인 축복이며 야벳의 영적인 특권이었습니다. 왜냐하면, 야벳이 셈의 장막에 거할 때 하나님의 보호를 누리기 때문입니다. 장막이라는 것은 하나님의 임재를 의미합니다. 셈의 장막에 하나님께서 임재하시기 때문에 야벳은 다른 장막이 아니라 셈의 장막에 거해야 그 영적인 복과 특권을 누릴 수가 있었습니다. 셈에게 주어진 영적인 복과 특권은 셈 계통에만 한정된 것이 아니라 셈의 장막에 함께 거하는 자들이 누리는 복과 특권이었습니다.269)

---

269) 아더 핑크, 하나님의 언약, 김의원 역 (서울: CLC, 2007), 116. 〈그러나 우리는 이제 창세기 9장 27절의 후반부에 더 많은 관심을 갖고 있다. 즉, 후반부에서 "야벳은 셈의 장막에 거하게 될 것이다"라고 말하고 있다. 야벳은 셈의 고상한 영적 특권 속에서 교제하는 것을 기쁘게 생각했다. 야벳은 신의 보호를 받았으며, 셈에게 배타적인 축복은 아니지만 야벳만이 누리는 축복을 가지고 있었다. 이 예언을 신약의 빛에 비추어 볼 때 우리는 셈의 계통을 통해서 은혜의 선물들과 구원의 축복이 더욱 직접적으로 넘쳐나게 되었다는 사실을 알게 된다. 그러나 이 선물들과 축복들이 셈 계통에만 한정된 것이 아니었으므로 야벳 계통도 그들의 몫을 소유할 수 있었다. 셈족이 첫 번째로 그 선물들과 축복들을 소유할 수 있었지만 야벳의 후손들 또한 그 축복들을 소유하는데 참여할 수 있었다.〉

셈의 자손들이 여호와의 언약 성취를 고대하며 그 언약의 복을 구하며 살아가는 것처럼, 야벳의 후손들도 셈의 하나님 여호와를 찬송하며 그 언약에 충성할 때 셈과 그 자손들에게 주신 은혜를 공유할 수 있었습니다. 그것은 영적인 복과 영적인 특권을 누리는 방법이며, 나아가서 하나님의 은혜의 속성을 말합니다. 언약의 속성이고 복의 속성입니다. 하나님의 은혜는 하나님의 언약을 통하여 주어지고 그 언약은 그 여자의 후손, 그 메시아의 구원을 통해 주어지는 복입니다. 그것이 바로 '셈의 하나님 여호와를 찬송한다'는 뜻입니다. 영적 특권을 누리고 영적인 복을 누리는 것입니다. 은혜를 공유하고 은혜를 확장하는 것입니다. 그것이 언약 백성의 삶의 방식입니다. 그것이 언약 백성의 고상함입니다. 은혜공유, 은혜확장입니다. 그러면, 우리는 어찌 살까요? 은혜저장, 은혜차단으로 사는 것은 아닌가요?

신약성경에서 그 은혜의 공유와 확장을 예수님께서는 이렇게 말씀하셨습니다.

> 너희는 알지 못하는 것을 예배하고 우리는 아는 것을 예배하노니 이는 구원이 유대인에게서 남이니라(요 4:22)
> 그러므로 내가 말하노니 저희가 넘어지기까지 실족하였느뇨 그럴 수 없느니라 저희의 넘어짐으로 구원이 이방인에게 이르러 이스라엘로 시기나게 함이니라(롬 11:11)

예수님께서는 왜 구원이 유대인에게서 난다고 말씀하셨을까요? 하나님께서 옛적에 유대인에게 구원의 통상적인 방편인 하나님의 말씀을 맡기셨기 때문입니다.270) 하나님께 대한 순수한 지식이 유대인에게 주어졌고, 그 지식이 유대인에게서 온 세계로 흘러 나갔습니다.271) 그리하여 구원이 유대인에게서 나지만, 이방인도 그 구원의 참여자가 되었습니다. 셈의 자손들, 그 유대인들이 뿌리가 되고 줄기가 되었고 이방인들은 접붙여졌습니다. 예수님의 이 말씀은 죄책과 죄의 오염과 형벌로부터 구원하시는 예수 그리스도의 구속사역을 말씀하시는 것이며, 그 구속사역을 기초로 자기 백성들에게 주시는 모든 영적은사의 총화를 말씀하신 것입니다.272)

다시 말해서, 예수 그리스도의 십자가 구속사역으로 유대인들과 이방인들이 구원을 받게 되는 것은 노아가 창세기 9장 27절에서, "하나님이 야벳을 창대케 하사 셈의 장막에 거하게 하시고"라는 말씀과 동일하게 하나님의 언약과 구원 역

---

270) 매튜 풀, 청교도 성경주석 요한복음, 박문재 역 (서울: 크리스챤다이제스트, 2015), 101.
271) 존 칼빈, 요한복음주석1 (서울: 성서교재간행사, 1982), 144.
272) 윌렴 핸드릭슨, 요한복음주석1, 문창수 역 (서울: 아가페출판사, 1988), 226.

사의 본질적인 흐름을 말한 것입니다. 그 본질적 흐름이란 언약의 대표자에게 참예함으로써 구원의 은혜와 복을 얻는 것입니다. 그래서 신약에서는 예수 그리스도와의 연합을 말하고 예수 그리스도와 세례를 받았다고 말합니다. 그것이 노아의 아들 셈의 장막에 거하는 야벳으로 나타났으며, 그것이 창세기 12장에 오면 하나님께서는 아브라함에게 "땅의 모든 족속이 너를 인하여 복을 얻을 것이니라"라고 말씀하셨습니다. 이것이 아브라함 언약의 중심 약속입니다. 창세기 3장 15절의 그 여자의 후손을 통해 구원하신 하나님의 구속사의 진행이 아브라함에게 와서 더 구체적으로 진전되고 갱신되고 발전되어 나타났습니다.[273)]

이렇게 언약의 본질적인 흐름, 언약의 대표자에게 참예하고 연합함으로써 그 여자의 후손, 오실 그 메시아를 소망하며 언약에 배타적 충성을 다하며 살아가는 것이 옛언약의 백성들의 삶이었습니다. 오늘 새언약의 백성들도 언약의 대표자이신 예수 그리스도께 참예하고 연합함으로써 구원을 받아 새언약에 배타적 충성을 다하며 살아가야 합니다. 셈을 통하여 여호와 하나님께서 어떤 분인지를 나타내셨듯이, 예수 그리스도의 피로 구원받은 주의 백성들은 예수 그리스도께서 어떤 분인지를 드러내고 살아가야 합니다. 하나님께서는 언제나 그렇게 언약적 방식으로 역사해 가십니다. 창세전에 우리를 택하여 부르시고, 예수 그리스도의 십자가 피로써 구원하시어 하나님의 거룩하심을 나타내도록 우리에게 역사하십니다. 거룩이 나타나려면 은혜공유, 은혜확장으로 살아야 합니다.

인간적인 욕망을 이루기 위해 살면 언약으로부터 멀어지고 하나님의 거룩으로부터 멀어집니다. 거룩은 거룩한 인격성으로 나타납니다. 여호와의 거룩한 인격성이란 시내산 아래에서 금송아지를 숭배하며 종교적 도약으로 나아갔던 이스라엘 백성들을 진멸하지 않으심에서 나타났습니다. 그때에 하나님의 거룩한 인격성을 이렇게 공포하셨습니다.

> 여호와께서 그의 앞으로 지나시며 반포하시되 여호와로라 여호와로라 자비롭고 은혜롭고 노하기를 더디하고 인자와 진실이 많은 하나님이로라(출 34:6)

예수 그리스도의 구원과 언약 안에 있는 자들에게는 예수 그리스도의 거룩한 인격성이 나타납니다. 자비롭고 은혜로워야 합니다. 그냥 모른 체하고 살아도 되고, 자기인생 살다가 죽어도 내 책임 아닌데 그런 인생이 불쌍하고, 그런 인생을 보

---

273) 김성주, 언약 구속사와 하나님의 나라 (서울: 남은자, 2007), 67.

들어 주고 싶고, 그런 인생이 사랑스럽고, 사랑하고 살아가야 하는 거예요. 만일, 우리 안에 거룩한 인격성이 나타나지 않고 있다면 우리는 인간적인 욕망에 사로잡혀 있다는 반증입니다. 우리는 예수 그리스도의 거룩한 인격성보다는 더러운 죄악성이 드러날 때가 많습니다. 그때마다 우리는 자기를 부인하고 자기 십자가를 지고 싸워가야만 합니다.274) 왜냐하면, 예수 그리스도만이 우리의 구원의 길이요 진리요 생명이기 때문입니다.275) 우리는 예수 그리스도와 연합된 자로서 '예수 그리스도가 주시다'라고 고백하면서 우리 주 예수 그리스도께 죽도록 충성하면서 구원의 은혜와 복을 누려 가야할 자들입니다. 우리는 예수 그리스도의 그 구원과 복을 공유하고 확장시켜 나가면서 하나님의 영광을 나타내며 살아가야 할 거룩한 주의 백성들입니다. 이 은혜와 복을 충만하게 누리는 주의 백성들이 다 되기 바랍니다.

---

274) https://youtu.be/qAXmCd5Xpks/ 라은성 교수님 중생이란 무엇인가? 〈이것이 mind+heart=영 입니다. 우리는 영이 어디에 있는지는 모릅니다. 영이 떠나면 육은 송장이 되어 버립니다. 이 영이 어디에 있는지 모르기 때문에 영의 기능을 가지고 알 수밖에 없습니다. 영의 기능이 있습니다. 영은 생각합니다. 그래서 우리는 영을 둘로 보는 겁니다. 마인드와 심정, 뭐라고 번역해도 상관은 없습니다만은, 마인드에 있는 기능은 두 가지 기능이 있는데, 지성(아는 것), 오성(옳고 그름을 판단하는 것), 그 다음에 나타나는 것이 이성(추론하는 것), 그 대표적인 것이 지성입니다. 마인드를 대표하는 것입니다. 그래서 IQ가 좋은 사람이 등장합니다. 그 다음에 의지가 여기 있습니다. 미리 좋다고 해서 사람이 의지가 있는 것이 아닙니다. 그 다음에 감성이 여기 있습니다. 행동의 주체는 어디에서 나오느냐? 사람이 아무리 배웠다고 해서 행동을 합니까? 알고 판단하는 사람이 제대로 행동으로 나오는 것이 아닙니다. 행동의 주체는 의지입니다. 감성은 가장 저급한 것이라 하지만 충동이며 언제든지 변합니다. 하나님께서 중생을 시킵니다. 거듭남입니다. 하나님께서 우리를 중생시키실 때 무엇을 변화시키실까요? 하트(heart)에 있는 의지만 변화시킵니다. 그러면 나머지는 여전히 부패한 가운데 있습니다. 의지가 변했다는 말이 무엇일까요? 하나님의 의를 향하게끔 되어 있다는 뜻입니다. 지금까지는 하나님의 의는 관심이 없어요. 하나님을 향한 추구가 생겨납니다. 하나님을 향한 나의 심정이 움직이기 시작합니다. 나도 모르는 사이에 그 자리에 가고 싶습니다. '너 왜 앉아 있어?', '그냥 앉아 있고 싶어. 몰라 교회 가고 싶어' 의지는 하나님의 의를 향하여 변했으나 나머지는 여전히 누구를 향하여 있느냐? 이기심을 향하여 있는 거예요. 이것이 힘든 거예요. 이 이기심으로 향하여 (의지 외에) 모든 것들이 향하여 있습니다. 모든 것들이 이기심으로 차중되어 있으니까, 이 때부터 참되게 중생을 했다면 하나님의 자녀이고 세례를 받았다고 하면 하나님을 의를 향하는 것과 자신의 이기심을 향한 싸움을 시작하는데, 이것을 가리켜 우리는 '자기부인'이라고 말합니다. 그래서 자기를 쳐 복종시켜야 합니다. 하나님을 향한 이 심정에서 일어난 것을 지성도 오성도 바꾸어 가야 하는데, 이것을 성령만이 하십니다. 성령께서는 반드시 도구를 사용하는데 말씀입니다. 간증을 들어서 감성을 흥분되어 사람이 행동하는 것이 아닙니다. 이것은 언제든지 바뀝니다. 항상 성령이 나에게 의지를 의를 향하여 나가도록 바꾸어 놓은 다음 그 다음부터 하나님의 말씀을 지성에 담아야 나타는 사물과 사람들과 사건들을 바라보면서 올바로 판단하고 그 말씀에 근거하여 나는 추론하면서 어떻게 살아야 할 것이고 어떻게 행동한 것인지 이 말씀을 근거로 판단하겠지만 판단한다고 해서 내가 행동을 하느냐? 그게 말씀이 옳아, 그래도 행동이 안 됩니다. 그것은 성령만이 언제 어떻게 역사하는지 모르지만 성령이 역사하는 거 밖에 없습니다. 사람들은 이 역사를 체험할 때 은혜를 받았다고 말합니다. 그래서 하나님이 어떻게 하면 내 의지를 다시 굳세게 하셔서 하나님의 이 뜻을 아는 지식을 주셨으니 이대로 말씀대로 살게 해 주십시오, 아무리 외쳐도 하나님께서 은혜를 안 주시지는 못하는 겁니다. 그러면 언제 줍니까? 나는 모릅니다. 그럼 하나는 압니다. 하나님의 말씀을 가지고 성령이 역사하시니 이 말씀을 순전하게 선포하는 일을 교회에서 목사가 해야 한다. 인간이 할 수 있는 것은 이것밖에 없습니다. 그러면 성령이 언제 이성에 지성에 담겨 있는 하나님의 말씀을 의지에 붙게 합니까? 성령이 하십니다. 길거리에 걸어가다가도 운전하다가도 성령이 갑자기 라마인드(remind)시키셔서 운전하면서 갑자기 울게 된다. 하나님께서 내 심정을 라마인드(remind) 시키십니다. 이것이 중생이다.〉

275) 예수께서 가라사대 내가 곧 길이요 진리요 생명이니 나로 말미암지 않고는 아버지께로 올 자가 없느니라(요 14:6)

언약 26 아브라함언약 2

> 8 구스가 또 니므롯을 낳았으니 그는 세상에 처음 영걸이라 9 그가 여호와 앞에서 특이한 사냥꾼이 되었으므로 속담에 이르기를 아무는 여호와 앞에 니므롯 같은 특이한 사냥꾼이로다 하더라(창 10:8-9)

언약 스물여섯 번째 시간입니다. 아브라함 언약으로는 두 번째 시간입니다. 아브라함 언약을 배워가면서 아브라함의 역사와 관련된 사건들을 생각해야 한다고 했습니다. 지난주에는 셈과 야벳을 생각했습니다. 이번 주에는 니므롯을 살펴보려고 합니다. 니므롯은 노아언약과 아브라함 언약 사이에 일어난 중요한 사건의 핵심적인 인물입니다. 그 중요한 사건이란 창세기 11장에 나오는 바벨탑 건설과 파괴입니다. 이 바벨탑 사건은 우리가 지금 배우고 있는 언약과 무관한 일이 아닙니다. 언약과 무관하지 않다는 것은 인간이라는 존재의 본성에 관련되어 있다는 뜻입니다. 셈과 야벳이 하나님의 속성을 증거 했다면, 니므롯은 하나님의 속성에 반역한 사람입니다.

바벨탑 사건은, '인간의 본성이란 이런 것이구나?'를 말해주는 사건입니다. 바벨탑 사건은 인간의 죄악 된 본성이 결코 변화되지 않으며 홍수로 세상이 멸망당하기 이전이나 그 이후로 똑같다는 것을 말해줍니다. 그렇게 홍수로 세상이 심판을 받아 사람들이 죽어갔는데도 인간의 그 악한 성향은 살아남은 그 사람들 속에 여전히 남아 있고 그 악한 성향은 홍수 이전보다 오히려 더 심해졌습니다. 그런 의미에서 언약이란 언제나 인간의 죄악과 그 악한 성향들이 여전히 존재하고 활동하고 있다는 것을 깊이 인식해야 한다는 것을 알려주고 있습니다. 타락한 인간의 중심에는 죄악이 너무나도 강력하게 깊이 뿌리 내리고 있어서 세상에 있는 그 어떤 것으로도 정복할 수가 없다는 것을 말해 줍니다. 홍수 이후에 죄악이 감소되어진 것이 아니라 더 심해졌습니다. 그 대표적인 것이 우상숭배입니다. 우상숭배는 더 심해졌고, 더 신속하고 널리 확산되었습니다. 성경은 그 현상에 대하여 이렇게 말합니다.

> 21 하나님을 알되 하나님으로 영화롭게도 아니하며 감사치도 아니하고 오히려 그 생각이 허망하여지며 미련한 마음이 어두워졌나니 22 스스로 지혜 있다 하나 우준하게 되어 23 썩어지지 아니하는 하나님의 영광을 썩어질 사람과 금수와 버러지 형상의 우상으로 바꾸었느니라(롬 1:21-23)

이런 현상들은 사도 바울이 복음을 전했던 그 시대에 한정된 것이 아니라 하나님 없이 살아가는 모든 세대의 모든 사람들 속에 나타나는 현상입니다. 인간의 죄악과 타락은 경감되지 않습니다. 외적으로 아무리 도시가 잘 정비되어 보이고 높은 빌딩이 세워질지라도 전혀 변화가 없습니다. 세상과 역사가 발전한다고 말하면서 세상이 포장되면 될수록 오히려 죄악은 더 강해지고 더 악해질 뿐입니다. 홍수 이후에 사람들이 늘어나고 이전과는 다른 사회가 형성이 되자 인간은 악한 야심이 생겨났습니다. 그 악한 야심이란 이 세상에 하나님 없는 이상적인 국가를 건설하려는 야망입니다. 그 이상 국가는 하나님의 인내로 하나님의 심판이 즉각적으로 실행되지 않는 것을 생각하지 아니하고, '인간이 무슨 짓을 하더라도 멋진 신세계를 만들면 되겠구나' 하는 생각으로 갔습니다. 4세기가 지나가도 세상이 그대로이니 하나님을 두려워하는 마음이 점점 무디어져 갔습니다.

그 흐름을 조장하고 실제적인 반역으로 나아간 세력은 함의 자손들입니다. 함이 구스를 낳고 구스가 여러 아들을 낳았는데 그중에 니므롯을 낳았습니다. 그 니므롯을 두고 성경은 "그는 세상에 처음 영걸이라"고 말했습니다. 신적 저주를 받은 그 결과가 그렇게 나타났습니다. 노아의 저주가 그냥 해 본 소리이고 맞으면 맞는 것이고 틀리면 틀린 것이 아니라 언약의 대표자로서 저주한 그 저주가 실행되고 이루어진 것이 니므롯입니다.

그 니므롯을 세상에 처음 영걸이라고 말합니다. 영걸이라는 히브리어 '기보르'는 '폭력으로 통치하는 자', '폭군'을 뜻합니다. 그리고 니므롯이라는 이름이 '반역자'라는 뜻입니다. 창세기 10장 9절에서, 니므롯이 '여호와 앞에서 특이한 사냥꾼이었다'고 말합니다. 이 말씀에서 '여호와 앞에서'라는 말은 좋은 뜻이 아닙니다. 그것은 여호와 하나님을 대항한다는 뜻입니다. 니므롯은 하나님을 대항하며 자신의 힘으로 사람들을 폭력으로 통치하는 폭군이었습니다.

아더 핑크는 니므롯을 두고 '인간 사냥꾼'이라고 해석했습니다. 니므롯을 말하면서 '강한'이라는 단어가 네 번 이상이나 사용되는 것은 그냥 단순히 힘센 영웅이 아니라고 봅니다. 역대상 1장 10절에 보면 니므롯을 이렇게 말합니다.

> 구스가 또 니므롯을 낳았으니 세상에 처음 영걸한 자며(대상 1:10)

이 말씀을 찰데(Chaldee)는 다음과 같이 의역했습니다.

> 구스는 니므롯을 낳았는데 그로부터 악이 팽배하기 시작했다. 왜냐하면 그는 무죄한 피를 흘

렸고 여호와께 반역했기 때문이었다.276)

니므롯이 그렇게 여호와께 반역하면서 나라를 세웠는데, 그 시작이 바벨이었습니다.277) 이 바벨이라는 이름이 의미심장한 말입니다. '바벨'이라는 말은 원래 '하나님의 문'이라는 뜻이었습니다. 그러나 하나님의 심판 이후로는 '혼란'이라는 뜻이 됩니다. 그런 바벨의 뜻은 니므롯이 자기 힘을 가지고 다만 강력한 전제군주가 되었다는 것을 말하는 것이 아니라는 겁니다. 니므롯은 자신이 통치하는 나라에 언약의 하나님이 아닌 다른 신을 섬겼습니다. 그것은 우상숭배입니다.

니므롯은 새롭게 우상을 만들어내고 그 우상을 통해 신적인 명예를 자신에게 돌리도록 했습니다. 자신이 가진 힘으로 폭력을 행사하면서 신적인 명예까지 자신이 누리는 사람이 니므롯이었습니다. 성경은 그런 자를 바로 적그리스도라 합니다. 니므롯은 적그리스도의 원형이 되었습니다.278) 니므롯이 적그리스도의 원형이 되었다는 것은 창세기 11장 1-4절에서 말하는 것처럼(창 11:1-4), 세계제국을 건설함으로써 자신이 신으로 군림하는 자가 되려고 했다는 뜻입니다.

그것은 하나님께서 아담과 노아에게 언약하시면서 주신 "생육하고 번성하여 땅에 충만하라"는 명령에 반대되는 것이었습니다. 왜냐하면 니므롯과 그 추종자들은 "우리 이름을 내고 온 지면에서 흩어짐을 면하자"라고 주창했기 때문입니다. 니므롯이 그의 세계 제국이라는 야망을 성취하기 위해서는 두 가지가 필요했습니다. 첫 번째는 그 연합의 중심이 되는 성의 본부가 필요했으며, 두 번째는 자신의 동료들과 추종자들을 고무시키기 위한 동기가 필요했습니다. 니므롯이 그 동기로서 "우리 이름을 내고 온 지면에서 흩어짐을 면하자"라고 말했지만 그런 것만으로는 사람들을 하나로 뭉칠 수가 없었습니다. 니므롯은 사람들을 그의 손 아래 두기 위해 '대(tower)'를 만들었는데 그 대는 우상숭배를 기반으로 한 신적인 권위와 명예를 내세웠습니다.

그러나, 니므롯의 계획은 한 순간에 박살났습니다. 왜냐하면, 하나님께서 니므롯의 계획과 그 하는 일을 보시고 그 무모한 계획들을 무산시켜 버리고 언어를 혼잡하게 하시고 온 지면에 흩어버리셨기 때문입니다. 니므롯이 한 일은 그 여자의 후손이 오셔서 자기 백성을 죄와 사망에서 구원하시고 이루시는 하나님의 나

---

276) 아더 핑크, 하나님의 언약, 김의원 역 (서울: CLC, 2007), 120.
277) 그의 나라는 시날 땅의 바벨과 에렉과 악갓과 갈레에서 시작되었으며(창 10:10)
278) 아더 핑크, 하나님의 언약, 김의원 역 (서울: CLC, 2007), 120. "이처럼 니므롯은 적그리스도의 험악하고도 현저한 전형이었다."

라와는 정반대였기 때문입니다. 그렇게 세상이 다시 심판을 받아 흩어지고 난 다음에 하나님께서 다시 새롭게 역사를 시작하십니다. 그 새로운 역사를 시작하시려고 하나님께서 아브라함을 택하여 부르십니다.

그러면 니므롯과 아브라함은 무슨 의미가 있을까요? 왜 하나님께서는 니므롯이 만드는 이상 국가를 지원하지 않으시고 아브라함을 부르셔서 하나님의 나라를 만들어 가실까요? 그것은 이 세상이 우연히 만들어진 것이 아니라 하나님께서 그의 말씀으로 창조하셨기 때문이며, 하나님께서는 하나님 언약 안에서 자유를 누리며 샬롬을 누리는 나라를 만들기 원하시기 때문입니다. 그러나, 죄악으로 타락한 인간은 하나님과 맺은 언약을 벗어나서 자유를 누리려고 합니다. 그 대표적인 사람이 니므롯이고, 그 니므롯은 반항과 투쟁으로 자유를 누리려고 했습니다. 어느 시대 어느 인간들이라도 그러하듯이, 니므롯이 내세우는 명분은 '인간의 자유' 입니다. 인간의 자유를 부르짖으면서 폭력을 정당화합니다. 그런 면에서 니므롯이나 샤르트르나 같은 사람이고[279] 니므롯이나 마르크스나 같은 사람

---

[279] 존 D. 카푸토, HOW TO READ 사르트르, 변광배 역 (서울: 웅진지식하우스, 2015). 〈아울러 그는 1900년대의 프롤레타리아와 그 당시의 프롤레타리아 사이에 어느 정도 차이가 있는지를 보여준다. 가령 당시에는 '숙련된 엘리트 노동자들의 독재'를 입에 올릴 수 있을 정도로 차이가 있다는 것이다. 숙련 노동자는 총파업에서 무기한으로 생산을 정지할 수 있다. 하지만 부분적으로 보면 같은 이유로 숙련 노동자는 비숙련 노동자들 위에 자리를 잡게 된다. 그 결과 노동자 계급 내에서 분열이 나타나고, 분열된 노동자들은 근본적으로 서로 다른 가치 체계와 관련을 맺는다. 또한 분열 상태는 반(半) 숙련 노동자의 출현으로 인해 더 복잡해진다. 반숙련 노동자는 기계의 산물이자 기계를 사용하는 자에게 기계 자체가 부과하는 의무의 종합이기도 하다. 이런 상황을 더 분명하게 할 목적으로 사르트르는 세 종류의 휴머니즘을 도입하며, 그렇게 함으로써 ≪변증법적 이성 비판≫에 포함될 토대를 마련하고자 한다. 첫 번째 형태인 고전적 휴머니즘(사르트르는 이것을 '부의 휴머니즘'이라고 부른다)에 따르면, 부르주아들은 노동자들을 인간으로 인정한다. 물론 그렇다고 해서 부르주아들이 기꺼이 노동자들을 더 높게 취급하는 것은 아니다. 실제로 노동자들이 언젠가 자기들에게 복수를 할지도 모른다는 두려움이 부르주아들로 하여금 노동자들을 더 가혹하게 다루는 토대를 제공한다. 이런 식으로 고전적인 휴머니즘은 특히 반숙련 노동자들 노동자들과 반대로 나아가는 일종의 계급적 인종차별의 토대를 형성한다. 그렇게 해서 두 번째로 노동의 휴머니즘이 자리 잡게 된다. 사르트르는 이 휴머니즘을 모호한 것으로 본다. 왜냐하면 두 번째 휴머니즘은 사회 전체를 통해 이루어지는 도구들의 배분을 결정하는 조건들에 대해서는 맹목적이기 때문이다. 따라 노동의 휴머니즘은 아직 모든 사람들을 위한 휴머니즘이 아니다. 모든 사람들을 위한 휴머니즘은 비로소 세 번째 종류의 휴머니즘, 즉 필요의 휴머니즘과 더불어 자리 잡는다. 이 필요의 휴머니즘은 단지 모든 사람들이 살기에 충분한 것을 갖는 것을 보장하는 방향으로 나아가게 된다. 이 세 번째 휴머니즘의 토대에는 다음과 같은 인식이 자리 잡고 있다. 많은 사람들이 생명을 잃을 수도 있기 때문에 우리 인간들 앞에 놓여 있는 과제는, 사회의 부를 더 공평하게 배분하고, 그렇게 함으로써 더 많은 사람들이 부자들의 삶의 스타일을 나누어 가질 수 있도록 하는 데 있지 않다는 인식이 그것이다. 그런데 실제로 바로 이것이 중간계급이 되려고 하는 자들이 가지고 있는 견해다. 이와는 달리 우리 인간들 앞에 놓여 있는 과제는 오히려 역사상 처음으로 권력과 부의 간격이 너무 크고 분열된 세계에서 아직까지 실현될 수 없는 바로 그 휴머니티의 토대 위에서 '인간'이 된다는 것이 무엇인가를 생각해내는 데 있는 것이다. 정확히 이런 관점에서 폭력은 더 나은 사회나 혹은 개선된 사회에 이르는 수단이 아니라 그 자체로 긍정적인 휴머니즘의 수단이 되는 것이다. 해방적 기능을 가진 폭력은 벌써 행동하는 휴머니즘이다. 이런 견해는 특히 1961년에 쓰인 파농의 ≪대지의 저주받은 자들≫을 위한 사르트르의 유명한 서문에 그대로 포함되어 있다. 숙련 노동자들과 프롤레타리아 사이에 놓여 있는 거리를 설명하기 위해 이들은 이해관계로는 하나로 통일되어 있으나, 필요의 노동의 휴머니즘에 속한다는 사실로 인해 숙련된 노동자들은 프롤레타리아와 완전히 갈려 있다-사르트르는 '부끄러움'이라는 개념에 의존한다. 그는 『존재와 무』에서 한 예를 들어 이 개념을 아주 설득력 있게 설명한 바 있다. 그가 든 예는 누군가가 열쇠 구멍을 통해 방 안을 들여다보고 있는 동안 복도에서 나는 발자국 소리를

입니다.280) 샤르트르의 친구였던 레몽 아롱은 샤르트르를 '폭력의 사도'라고 규

듣고 다른 사람에게 그 장면을 들켰다고 생각하는 예다. 이때 엿보는 자는 관찰하는 자가 아니라 관찰당한 자가 된다. 관찰당한 자는 주체의 위치에 있다가 대상의 위치로 전락한다. 사르트르의 용어를 빌리자면, 대자존재가 즉 자존재가 되는 것이다. 이 예를 통해 그는 일반적으로 시선이 갖는 힘을 인정한다. 타인과의 구체적 관계를 설명하면서 사르트르는 시선을 통해 자기를 사로잡은 적이 있던 누군가에 대해 정체성을 부여하는 방식을 강조한다. 우리는 『유대인 문제에 관한 성찰』에 대한 논의에서 이것을 이미 살펴본 적이 있다. 반유대주의자가 유대인을 만들어내는 것은 바로 그의 시선을 통해서였던 것이다. 그리고 이런 구조는 이미 『존재와 무』에서 다루어진 바 있다. 여기에서 사르트르는 부르주아의 시선에 의해 노동자로 규정되는 노동자의 예를 들고 있다.〉
280) http://m.blog.yes24.com/k2guitarist/post/6273385/ 『메를로 퐁티의 휴머니즘과 폭력』. 〈인간이 그것을 알기 전에 이미 그것을 알고 있다는 것과 그 범주에서 대다수 사람들이 보편적인 인식 안에서 알고 있다는 것에서 더우 심한 편견과 오해가 생긴다. 그런 점은 정치적인 영역에서는 더 크게 빛을 발휘하게 된다. 이 책에서 다루는 내용은 폭력이다. 폭력은 분명 타인에 대해 일정한 육체적, 정신적, 소유적인 부분을 훼손 내지 피해를 주는 행위이다. 더구나 폭력의 강도가 강해지면 생명과 존재에 대한 위기감으로 다가온다. 이 폭력에 대한 가치와 존재 그리고 거기에 대한 정의, 이 모든 것이 과연 옳고 그런지 혹은 아닌가라는 의문을 주게 된다. 메를로 퐁티가 러시아혁명에 대한 글을 적으면서 기존 차르왕조가 폭력적인 행위 즉 군중억압과 무력사용은 폭력에 의한 정치적 방법이다. 오직 국가만이 폭력의 정당화를 할 수 있다는 말처럼 대다수 민주주의 국가 이전 봉건적인 국가에서는 국가적인 권력은 곧 군주와 군주를 기반으로 하는 세력에 대한 정치권력 합리화이므로 국가의 정치적 권력은 하나의 정당성을 가졌다. 하지만 권력의 집중은 부패하게 되어있고, 부패된 권력은 결국 폭력을 부르게 되기 마련이다. 러시아혁명은 폭력으로 물든 차르왕권에 대해 러시아 농민과 노동자, 그리고 군인과 여성이란 하위조직이 부패하고 지나친 횡포로 인해 그들의 차르를 내몰았다. 폭력에 대항하는 혁명이라고 하나 사실 그 혁명조차도 폭력이라는 정당성을 가지게 되었다. 혹은 그런 폭력에 대항하여 폭력을 남용한 혁명가도 이후 다른 사람들에 의해 폭력적인 행위를 당한다. 그렇다면 누가 평화와 정의를 위한 자라고 말할 수 있겠는가? 이 책에서는 "가치, 도덕적, 순수성, 내적 인간에 대한 허세적인 숭배는 폭력, 증오, 환상과 은밀한 유사성이 있다"라고 되어 있다. 어떻게 본다면 기존 체계에 대한 문제에 대한 반발은 역사적인 주체 당사자에게 당연한 권리이겠지만, 한편 다르게 생각하면 그것에 대한 반항 역시 기존 체계와 더불어 또 다른 문제가 일어나지 않겠는가? 라는 의문을 던진다. 이전에 가라타니 고진의 도서에서는 경제적, 정치적으로 후진국이고 그것이 타국의 지배를 받는 나라가 독립을 하려고 하면 많은 문제가 발생하는데, 그 이유는 예를 들어 식민지국에서 독립운동을 하는 조직은 진보적인 존재이고, 그것을 방해하는 존재는 극단적 인종주의 내지 국가주의적 보수에 가까운 존재에 가까울 것이다. 그런데 만약 진보적인 독립 운동가들이 나라를 되찾으면 그들은 진보노선이 아니라 보수노선 특히 민족주의적인 노선을 걷는다고 한다. 그 이유는 그들이 이제 막 세운 국가는 매우 정치적으로 경제적으로 사회적으로 불안하기 때문이다. 불안에 의해 건국한 나라는 결국 내외적으로 위험하기 때문에 다소 강압적인 전체주의적인 정치가 발현할 수 있을 것 같았다. 러시아혁명까지의 그 투쟁이 역사는 분명 민주주의적이지 못하고 정치적, 사회적, 경제적 불안을 초래한 차르의 퇴진은 분명 옳은 일이다. 그렇지만 그 이후의 길이 문제였던 것이다. 당시 세계는 군국주의와 더불어 식민지 개척을 위하여 끊임없이 세계분쟁이 일어났다. 영국, 프랑스, 미국 등과 같은 서구국가들은 대량생산된 공업품들을 팔고, 값싼 원자재가 필요했다. 따라서 그들에게 경제적 식민지는 필수였다. 그런 점에서 땅이 넓고 정치적으로 불안한 러시아는 분명 위기의 국가였을 것이다. 1905년 러일전쟁에서 패배한 경험과 제1차 세계대전에서 다른 국가 강대국들의 손실을 막기 위한 총알받이로 출전하였던 러시아군으로서는 아마도 통제라는 수단이 필요했는지 모른다. 스탈린 체제에 들어서면서 러시아혁명의 혁명가들은 점차 숙청되어가고, 소비에트연방은 노동자와 농민을 위한 즉 프롤레타리아 독재로 가고 있었으나, 오히려 그렇게 프롤레타리아 독재라는 이름이 오히려 프롤레타리아를 억압했다. 또한 자본주의에 반하는 공산주의라도 경제적인 조건은 필요했다. 그리고 러시아 혁명의 지도자 중의 하나인 트로츠키는 숙청당하기 전에 그런 점을 고려하여 농업을 육성하려고 했다. 또한 다른 지도자 역시 식량을 위한 농업과 무역이라는 것을 인정했다. 오히려 마르크스주의였던 트로츠키가 우파적인 정책으로 부농에게 농업을 유지할 것을 권했고, 이에 반대하던 세력은 집단화를 요구했다. 아마 소비에트연방의 가장 큰 실수는 인간은 모두 이상주의적인 존재가 아니라 개인주의적인 존재가 가깝다는 점을 망각했는지도 모른다. 사실 러시아혁명은 이상주의적인 가치에 의해 일어난 것이 아니라 현실적인 생존에 달린 문제였다. 이것에 따라 생각하면 노동자와 농민이라는 대중, 즉 프롤레타리아의 존재에 대한 강력한 의지는 분명히 따르고 이에 이들을 제대로 인지시키고 각자의 존재를 알도록 하는 것이 지식인들의 의무다. 하지만 문제는 인간이란 자신의 이성을 키우기보다는 이미 이성이 있다고 생각하는 편이 더욱 쉽고 편하고 흔하다는 점이다. 이런 점들은 집단주의적인 사고로 전환되어 이른바 파시스트적인 관념으로 발전한다. 군중심리로 통한 파시즘은 비이성적인 사고와 관념이 그것 자체 합리적 이성과 관념으로 변모되어 폭력적이 하나의 미적인 가치로 변하는 순간 즉 광기가 보편적 가치가 되는 순간 파시즘이란 큰 위기가 다가온다. 소비에트연방에서 추구하던 그 혁명은 한번으로 끝나는 것이 아니라 한번으로 끝났기에 실패한 혁명이 되었다. 사실 루이 알튀세르가 만들어가고 싶은 마르크스주의란 관념적인 부분과 유물론적인 부

정했습니다.281)

오늘 말씀의 핵심은 '투쟁과 반항으로 자유를 누릴 것인가?' 아니면, '하나님의 언약에 신실함으로 자유를 누릴 것인가?'하는 것입니다. 세상은 그 자유를 누리기 위해서 폭력을 정당화 합니다. 자유를 누리기 위해 폭력을 사용하는 것을 정당화하고 합리화 합니다. 세상이 그렇게 폭력으로 투쟁과 반항으로 자유를 누리려고 할 때에 그 세세세한 면을 다 살필 수는 없지만 우선 다섯 가지로 생각해 볼 수가 있습니다.

첫 번째로 우리가 반드시 기억해야 하는 것은 세상은 죄악 되고 하나님의 의가 없다는 사실입니다.

세상이 어떤 세상입니까? 세상은 언제나 죄악 됩니다. 그 문화도 죄악 되고 그 정치도 죄악 됩니다. 일반은총을 강조하는 사람들이 들으면 기겁할 소리지만 문화가 죄악 되다는 것을 부인할 수는 없습니다. 그런 죄악 된 세상에서 인간이라는 존재와 인간이 살아가는 모든 일에 대한 정당성은 정치적 질서가 부여합니다. 거기에는 폭력이 반드시 발생하고 폭력이 정당화 됩니다. 그런 까닭에 세상 정치에는 하나님의 의가 없습니다. 이 죄악 된 세상에서 하나님의 말씀, 곧 하나님의 법치로 정당성을 부여한다는 것은 너무나도 순진하고 가소로운 생각입니다. 기독교인들마저도 세상 정치에서 하나님의 의를 부르짖는 것은 세상에 대한 환상을 가지고 있기 때문입니다. "이 나라에 새 정권이 임하고 교회에는 성령의 권능이 임해야 이 땅이 평안하리라"라고 설교합니다.282) 예전에는 신학교 교수

분이 끊임없이 서로를 비판하고 존재함으로 그 경향을 찾아 발전을 하는 것이 옳기 때문이다. 지금 세계는 공산주의는 없어지고, 그나마 남은 북한마저 공산주의국가 아닌 그저 스탈린주의를 모방한 국가자본주의에 불과하다. 국가자본주의도 매우 아깝고 아쉬운지 가라타니 고진은 북한 독재체계를 이씨 조선의 연장이라고 한다. 이미 20세기로 넘어오면서 끝나버린 봉건국가가 아직도 살아있다는 점이다. 그래도 그들은 자신을 유토피아적 망상으로 인간 중심이라 하지만, 그 뒤에는 언제나 그것을 합당하게 보이게 하는 폭력만이 존재한다. 물론 그런 폭력적인 부분은 반드시 저런 허황된 유토피아(사실은 디스토피아에 가까우냐)에만 존재하는 것은 아니다. 테러리즘이 일어나는 현대사회 국제무대도 마찬가지이다. 테러의 발달은 무엇인가? 테러를 가하는 존재가 소수약자라면 반드시 그 소수약자에 대한 폭력적인 수단이 가해졌을 것이다. 그리고 그 수단에 의해 테러리즘을 일으킨 존재로 인해 피해를 입은 국가나 조직들은 테러리즘에 대항하는 반테러리즘으로 종지부를 찍을 것이다. 하지만 그 자체도 테러리즘과 별반 차이 없는 폭력이란 점에서 이데올로기를 합리화하는 정치적 행위에는 반드시 폭력을 수반하는 것은 어쩔 수 없는 일인 것인가 싶다.)

281) 임상훈, 20세기 사상 지도 (서울: 부키, 2012). "역사의 형성 주체가 인간이라는 사르트르의 주장은 구조주의를 대표하는 레비스트로스의 강력한 비판의 대상이 되었다. 폭력 개념을 바탕으로 한 사르트르의 구조적, 역사적 인간학 정립의 시도는 그의 친구였던 레몽 아롱으로부터 통렬한 비판을 받았다. 아롱은 사르트르를 '폭력의 사도로 규정했다. 게다가 인류의 역사를 폭력의 역사로 규정하고 있는 사르트르의 주장은 또 한 명의 친구이자 맞수였던 알베르 카뮈의 강한 반대에 부딪히기도 했다. 그리고 『도덕을 위한 노트』에서 시도되고 있는 사르트르의 도덕론 역시, 과연 그것이 그의 존재론, 특히 갈등으로 점철될 수밖에 없다고 한 인간들 사이의 관계와 어떻게 양립 가능한지의 문제 역시 해결되지 않고 있다."

님이 무슨 말씀을 하시면 일반 사람들보다 무엇인가 깊이가 있고 생각이 다르다고 여겨졌습니다. 그러나 오늘날은 일반 성도들보다 못하는 경우가 많습니다. 왜 그렇게 될까요? 이 세상에 하나님의 나라, 이상 국가를 만들려고 하기 때문입니다.

두 번째로, 죄악 된 세상은 하나님의 의가 아니라 인간의 욕망에 따라 움직인다는 사실입니다.
정치적 질서라는 것은 오로지 자기들의 이권에 따라 조직되고 재편되어지고 줄서기를 하는 것이 현실이라는 뜻입니다. 거기에는 하나님의 법치가 통하지 않고 세상의 법치도 소용이 없습니다. 하나님의 법이나 세상의 법이 무용지물이라는 뜻이 아닙니다. 세상이 움직여지는 실제적인 동인은 법치가 아니라는 겁니다. 세상을 움직이는 것은 밥그릇입니다. 얼마나 나를 잘 먹고 잘살게 해 줄 거냐? 얼마나 나를 행복하게 해 줄 것인가? 그렇게 해 주겠다는 사람, 그렇게 해 주겠다는 나라에 자기존재를 던집니다.
세상이 니므롯을 원하고, 니므롯이 세상을 원하는 것은 서로가 필요하고 서로가 원하는 관계이기 때문입니다. 사람들이 원하는 영웅은 먹을 것을 해결해 주고 안전망을 제공해 주는 영웅입니다. 마태복음 14장 13-21절에 나오는 오병이어 사건에서 사람들이 원했던 메시아는 죄와 사망에서 구원해 주는 메시아가 아니라 먹을 것을 해결해 주고 정치적으로 해방시켜 주는 메시아라는 것을 분명하게 확인할 수 있습니다.

세 번째로, 폭력을 정당화하기 위해 종교를 동원합니다.
세상은 니므롯을 통해 자신들의 생존을 보장받는 것으로부터 시작해서 인간의 욕망을 실현시켜줄 정치적 조직과 질서를 형성합니다. 그러나 그것만으로는 인간을 움직이는 동력을 만들어내지 못합니다. 사람들은 영웅을 원하면서 그 영웅이 어떤 신적인 존재이기를 원합니다. 그 영웅은 자신을 신성화하든지 아니면 신성화한 우상, 신성화한 종교에 불을 지핍니다. 그러면서 자신들이 하는 행동을 신적인 것이라고 말합니다. 사람들은 역사의 어떤 혁명적인 사건을 인간이 한

---

282) https://www.facebook.com/danielydpark?fref=ts/ 박영돈교수 페이스북 타임라인(2017.5.4.). 〈우리 교회는 내일부터 일박 이일 연휴기간에 수련회를 갖는다. 설교제목은 "성령이 임하면 권능을 받고"이다. 이 나라에 새 정권이 임하고 교회에는 성령의 권능이 임해야 이 땅이 평안하리라는 취지로 이 말씀을 전한다. 참여한 모든 이들에게 성령의 권능이 임하기를 기도한다.〉

것이라고 말하지 않고 신적인 것이라고 말합니다. 예를 들어, 프랑스 대혁명 때 바스티유(Bastille) 감옥을 향해 돌진해 가는 민중들이 그렇게 융화집단으로 형성한 순간을 '묵시록적 순간'이라 불렀습니다. 세상은 언제나 그렇게 돌아가고 그렇게 신적으로 둔갑시킵니다.

그렇게 하기 전에 먼저, 폭력이 정당화 됩니다. 물론, 저 니므롯이 살았던 시대와 현대를 살아가는 이 시대와는 많은 차이가 있습니다. 그러나, 그 차이에도 불구하고 사람들의 마음이 움직여지는 역학283)이나 메커니즘(mechanism)284)은 같습니다. 옛날보다 더 죄를 많이 짓고 옛날보다 더 악하게 죄를 짓는 것이 인간입니다.

폭력은 자신의 체계를 정당화하기 위해 사용되어집니다. 권력의 유지를 위해 폭력을 사용하고 그것을 더 안정적으로 유지하기 위해 종교성이 동원됩니다. 자신들의 권력을 유지하기 위해 종교를 동원하여 미화합니다. 기독교만 권력에 아부했던 것이 아니라 다른 종교도 똑같습니다. 그렇게 폭력이 동원되어지기 때문에 합법성은 성립되지 않습니다. 폭력은 법과 반대로 가면서 체제 유지에 동원됩니다.

네 번째로, 폭력은 법을 바꿉니다.

법이라는 것은 상황에 따라 종속되어집니다. 그리고 어떤 압력이 작용하느냐에 따라 변하는 것이 법입니다. 그래서 법이란 사실 매우 유동적입니다. 세상을 살아가는 사람들에게는 법보다 인간의 욕망이 먼저입니다. 이 현실 세계를 살아간다는 것은 욕망의 지배를 받고 사는 것입니다. 그 욕망을 이루고 지배체계를 정당화 하는데 법이 방해가 되고 걸림돌이 되면 법을 바꾸어 버립니다. 오늘날에는 그런 일이 더 많이 일어나고 있습니다. 수시로 법이 바뀐다는 것은 그만큼 누군가가 권력을 쥐고 있다는 것이고 그 권력을 쥐고 있는 사람이 그 권력을 유지하기 위해서 법을 바꾸는 것입니다.

---

283) 부분을 이루는 요소가 서로 의존적 관계를 가지고 서로 제약하는 현상.
284) 다음 지식에서, "메커니즘(mechanism) ['기계 장치'라는 뜻에서] 1. 틀에 박힌 생각 또는 기계적인 처리. 2. 어떤 사물의 구조, 또는 그것의 작용 원리. 예를 들어 경제용어사전에 보면, 예 1) 가격메커니즘: 상품가격은 살 사람과 팔 사람 즉, 수요 및 공급 관계에 의하여 결정된다. 공급이 수요보다 상대적으로 크면 가격이 내리고, 반대로 수요가 공급보다 크면 가격은 오른다. 따라서 가격이 비싸면 수요가 줄고 공급은 늘어나게 돼 가격을 통해 수급이 균형을 이룬다고 할 수 있다. 이같은 조정기능을 가격 메커니즘이라고 한다. 예 2) 시장 메커니즘: 판매자와 공급자가 거래하는 곳이 시장이다. 시장에서 어느 정도의 거래가 이루어지는가는 상품시장(실물시장)에서는 가격, 자금시장(금융시장)에서는 금리가 중요한 역할을 수행한다. 가격과 금리가 상승하면 수요가 감소하고 공급이 늘며 그 결과 수요가 너무 위축되고 공급과잉이 되면 반대로 가격과 금리가 낮아진다. 이러한 가격이나 금리를 매개로 하여 탄력적인 움직임으로 수급이 유연하게 조정되는 구조를 시장메커니즘이라 부른다."

세상이 니므롯을 지도자로 세우듯이, 일반적인 사람들은 자기들의 권리를 지켜줄 사람을 지도자로 뽑습니다. 그러면서도 자신들은 법적인 정당성, 법적인 합법성이 지켜지고 이루어진다고 생각하지만 사실은 정치권력의 큰 손들의 선전과 호소에 의해 결정된 것들입니다. 왜냐하면 현대 사회는 정보에 의해 움직이고 기술로 움직여지기 때문입니다. 그 정보와 기술은 누군가가 조작하고 누군가가 편집한 정보일 가능성이 매우 높기 때문입니다. 우리는 우리가 판단하고 행동한다고 생각하지만 그것 역시 어떤 것에 의해 걸러진(filtering) 정보일 가능성이 매우 높다는 것을 인정하지 않을 사람은 거의 없습니다.

실제로 어떤 사건이 일어나면 그 사건의 실제와 신문이나 방송에서 보도되는 내용과는 너무나도 차이가 있는 경우가 많습니다. 그런 일을 경험해 본 사람들은 신문, 방송을 보면 싫증이 납니다. 실제와 다르게 보도되는 이유는 그 사건을 보는 관점이 너무도 다르기 때문입니다. 그래서 사람들은 뉴스에 속아 넘어갑니다. 그래서 정치적인 성찰을 할 수가 없습니다. 일반 사람들은 자기들도 모르게 정치게임 속으로 말려 들어가게 됩니다.

사람들을 착각하게 하고 사람들이 착각하는 것은 정치에 참여하면 세상이 의미 있고 가치 있는 세상이 될 것이라는 생각입니다. 정치를 나 몰라라 하면서 살아가라는 것이 아닙니다. 정치를 통해서 세상을 그렇게 만들 수 있다고 생각하는 것이 착각이라는 것을 알아야 한다는 것입니다.

다섯 번째로, 폭력은 가치를 해체합니다.

힘이 커질수록 가치들은 해체됩니다. 인간의 욕망을 이루기 위해서 폭력으로 법을 뜯어 고치듯이, 폭력과 법이 모순되는 것처럼 힘과 가치에도 모순이 상존합니다. 사람들은 가치에 대해 얼마나 이상적인지 모릅니다. 이상적이다 못해 환상적입니다. 특히 예수님을 믿는 성도들이 쉽게 그 착각에 빠집니다. 정의로운 사회, 자유가 보장되는 세상, 진실이 통하는 관계를 말하고 원합니다. 그런 것을 이룰 수 있다고 생각하고 정치에 관심을 기울이고 뛰어드는 사람들이 많습니다. 그런 마음을 가지고 정치에 기웃거리면서 힘을 키우고 세력을 만들고 조직화해야 한다고 생각합니다. 그러나 그것만큼 순진한 생각이 없습니다. 그것은 정말 완전한 착각입니다.

죄악 된 인간이 살아가는 세상에서 가치란 인간들이 살아가는 현실이 모호할 때에만 그런 모호한 상황에서만 가치들이 유의미할 뿐입니다. 다시 말해, 긴장 속에 있을 때에만 가치가 있고 그 가치를 부르짖습니다. 그러나 어느 한쪽의 힘이 세어져서 권력을 장악하게 되면 가치는 사라져 버립니다.

> 그것은 칼 마르크스와 반대로 마르크스주의자들이 굴복했던 신화이다. 마르크스 자신은 가치들을 제거해야 한다고 주장했다. 그러나 인간은 가치들 없이 살 수 없기에 거기에 이르지 못했다. 인간은 가치들을 재발명하고, 인간이 정치화될 때는, 그는 국가적 차원에서 가치들의 결합을 구성한다. 그러나 국가의 힘의 증가는 결국 이 가치들의 의미를 지우고, 가치들이 그어 놓은 경계들을 지운다. 국가에 힘이 주어지면, 더 이상 정의와 부정, 진실과 허위, 선과 악 사이에는 가능한 경계가 없다. 진정한 경계는 가능성과 불가능성의 경계이다. 그리고 국가는 자신에게 가능하게 된 것을 하고, 그것이 선결적으로 정의와 진실이 된다.285)

어떤 사람이 나와서 정의, 자유, 선 이런 가치들을 내세울 때는 아직 그 사람이 권력을 잡지 않은 것을 말하는 것이고, 사람들을 자기편으로 만들기 위해서 선동을 하고 있다는 것을 알아차려야 합니다. 그것이 현실 정치세계의 실제적인 모습입니다. 그런데 대부분의 사람들은 그것을 그 사람의 진실이라고 생각하고 그 사람의 인격이라고 생각하고 그 사람에게 지지를 보내고 열렬히 추종하게 됩니다. 대개는 그런 실체를 보는 사람은 드뭅니다. 그래서 또 자기 손에 장을 지진다고 말합니다. 그러나 그래 놓고도 또 그 소리를 하고 또 그 소리를 합니다. 그래도 그 실체를 모르고 한탄하며 살아갑니다.

사람들이 왜 그렇게 살아갈까요? 그것은, 첫 번째 항목에서 말했듯이, 정치에 대해 환상을 가지기 때문입니다. 문제는 기독교인들마저도 그런 환상을 가진다는 것입니다. 그것도 하나님의 이름으로 환상을 가집니다. 예수 그리스도를 평생 믿어도 이 세상에 하나님의 나라가 이루어질 것으로 생각하고 저 대통령이 아니라 이 대통령을 세우면 자유가 주어지고 보장될 것이라 생각하고 살아갑니다. 그것이 안 된다는 것을 역사가 말해주어도 여전히 환상을 가집니다. 그래서 맹목적이라고 말합니다. 앞뒤 가릴 것 없이 이데올로기에 빠져서 자기가 죽어가는 줄을 모릅니다.

---

285) 자크 엘륄, 정치적 착각, 하태환 역 (대전: 대장간, 2011), 119. 우리가 자크 엘륄을 말할 때에 엘륄의 구원관을 반드시 기억해야만 한다. "자끄 엘륄은 실제로 보편구원을 믿는다. 그는 교리학적으로 이것이 진리라고 주장하지는 않는다. 하지만, 그는 이 원칙이 하나님의 조건 없는 사랑과 유일하게 양립될 수 있기 때문에 이를 믿는다. 만일 하나님이 사랑이시라면, 그의 피조물 중의 하나를 사랑하는 것을 그칠 수 있겠는가? 그의 아들까지 주실 정도로 사랑하는 자신의 피조물들을 지옥에 보내는 것은 불가능하다." 프레데릭 호농, 자끄 엘륄 대화의 사상, 임형권 역 (서울: 대장간, 2011), 117.

우리는 정말 예수 그리스도를 믿고 하나님의 언약과 구원 안에서 자유와 샬롬을 누리려고 하고 있을까요? 아니면 이 세상에서 투쟁과 반항을 통해서 자유와 샬롬을 누리려고 하고 있을까요? 우리가 하나님을 말하는 것이 정말 성경이 말하는 하나님일까요? 아니면 우리의 욕망을 위해서 신성한 존재가 필요하기 때문에 기독교를 택하고 종교적 열성을 부리고 하나님이라고 부르고 있지는 않을까요? 성경은 너무나 정확하게 말합니다.

> 하나님의 나라는 먹는 것과 마시는 것이 아니요 오직 성령 안에서 의와 평강과 희락이라 (롬 14:17)

사도 바울은 음식으로 인해서 형제들에게 폐를 끼쳐서는 안 된다고 말하면서 자신의 자유가 다른 사람에게 고통을 주어서는 안 되며 그것은 사랑에 어긋나는 것이라고 말했습니다. 연약한 양심이 상처를 입는다는 것은 그리스도의 피 값이 허비되는 것이기 때문입니다. 그 말은 우리 각자가 보기에 제아무리 못난 형제라 할지라도 그 형제는 그리스도의 피에 의해 구속된 자로서 가치가 있다는 뜻입니다. 자기 배를 채우기 위해서 다른 형제가 파멸된다는 것은 있을 수가 없는 일입니다.

그러면서 17절에서 "하나님의 나라는 먹는 것과 마시는 것이 아니요 오직 성령 안에서 의와 평강과 희락이라"(롬 14:17)고 말했습니다. 사도 바울이 이렇게 하나님의 나라를 음식과 대조하는 것은 그리스도의 나라가 영적인 것으로 이루어져 있다는 것을 말하기 위함입니다.[286] 성령 안에서 의와 평강과 희락이 주어지

---

[286] 존 칼빈, 로마서주석 (서울: 성서교재간행사, 1982), 428-429. 〈17절 : "하나님의 나라는 먹는 것과 마시는 것이 아니요" 바울은 여기서 하나님의 나라는 이런 데 있는 것이 아니기 때문에 우리의 자유를 함부로 사용했다가 손해를 보는 일이 없도록 삼갈 것을 가르치고 있다. 어떤 손해가 오든, 하나님 나라를 세우거나 보존하는 일과 관련되는 임무만은 결코 생략해서는 안 된다. 우리가 사랑을 위해서 음식을 삼가함으로써 하나님께 불명예를 돌리고, 그리스도의 나라에 해를 입히며, 경건성에 누를 끼치는 일을 삼가는 것이 바람직하다면, 우리는 음식 때문에 교회를 소란하게 하는 자들을 용납할 수 없는 것이다. 바울은 고린도전서에서 유사한 논리를 사용하면서, "음식은 배를 위해 있고 배는 음식을 위해 있으나 하나님께서는 양자를 무로 돌리실 것이요, 몸은 음란이 아니라 주를 위한 것이요 주는 몸을 위한 것이다"(고전 6:13)라는 말을 하고 있다. 그리고 또, "음식이 우리를 하나님께 추천하지 않을 것이다. 곧, 우리가 먹지 않는다 해서 그만큼 더 나빠지는 것도 아니요, 우리가 먹는다 해서 그만큼 더 좋아지는 것도 아니다"(고전 8:8)라는 말을 하고 있다. 바울이 이것을 통해서 우리에게 보여주고자 하는 것은 먹고 마시는 것은, 그것이 복음의 진로를 훼방하는 원인이 되기에는 너무 가치가 없다는 점이다. "오직 성령 안에서 의와 평강과 희락이라" 바울이 그의 이론을 전개하면서 이것을 음식과 대조하는 것은 그리스도의 나라를 형성하는 모든 요소를 열거하려는 뜻에서가 아니라 그것이 영적인 것들로 이루어지고 있다는 점을 보여주려는 뜻에서이다. 하지만 그는 복음의 의미를 단 몇 마디에 종합하고 있으니, 그것은, 우리 안에 거하는 설명을 통해서 정신적으로 선을 깨닫고 하나님과의 평화를 누리며 양심의 진정한 기쁨을 소유하는 것이다. 앞에서 지적했듯이 그는 이 몇 가지 속성을 자신의 현재 이론에 적용하고 있다. 참된 의에 참여자가 된 사람들은 더없이 탁월하고 측량할 수 없는 축복, 곧 양심의 고요한 기쁨을 누리기 마련이다. 하나님과 평화를 누리고 있는 자가 무엇을 더 바라겠는가? '평강'과 '희락'을 연관시킴으로써 그는 이 영적 기쁨의 형태를 표현하고 있는 것으로 보인다. 왜냐하면 버림받은 자들이

는 것이 하나님 나라의 본질적인 요소입니다. 세상은 성령 안에서 의와 평강과 희락이 주어질 수 없습니다. 그래서 세상문화에는 하나님의 의가 없습니다. 하나님의 의는 하나님의 언약에 배타적 충성을 다 할 때 주어집니다. 하나님의 평강, 하나님의 샬롬은 그 언약에 배타적 충성을 다하며 살아가는 그 백성이 언약에 순종함으로 하나님을 경험할 때 주어집니다. 희락은 그런 경험을 한 사람이 하나님과 관계적 관점에서 충만함을 누릴 때 주어집니다.

그래서 시편 기자는 이렇게 말합니다.

> 1 여호와께 감사하라 저는 선하시며 그 인자하심이 영원함이로다 2 이제 이스라엘은 말하기를 그 인자하심이 영원하다 할지로다 3 이제 아론의 집은 말하기를 그 인자하심이 영원하다 할지로다 4 이제 여호와를 경외하는 자는 말하기를 그 인자하심이 영원하다 할지로다 5 내가 고통 중에 여호와께 부르짖었더니 여호와께서 답하시고 나를 광활한 곳에 세우셨도다 6 여호와는 내 편이시라 내게 두려움이 없나니 사람이 내게 어찌할꼬(시 118:1-6)

하나님의 은혜에 대해 전혀 감각이 없고 진리에 무지한 자들은 하나님을 찬송할 수 없습니다. 하나님의 인자하심을 맛보기 전에는 하나님을 찬송할 수가 없습니다. 시편 118편은 하나님께서 자신을 기적적으로 구원해 주신 것을 기뻐하며 찬양했습니다. 이것은 다만 하나님의 기적인 구원만이 찬송거리라는 것이 아닙니다. 그것은 어떤 환난과 고통 속에서도 연약하지 말고 여호와 하나님을 의지하고 살아가야 한다는 것을 상기시켜주는 말씀입니다. 왜냐하면, 그런 고통의 순간에도 여호와의 인자하심은 우리를 떠나가지 않으며 결코 실패하지 않기 때문입니다.[287] 그렇게 살아가는 것이 이 불의하고 폭력이 난무한 세상에서 믿음의 길로 언약의 길로 끝까지 달려가는 성도의 삶입니다. 우리는 언제나 "여호와는 내 편이시라 내게 두려움이 없나니 사람이 내게 어찌할꼬"라고 고백하면서 하나님

제 아무리 제 멋대로 나돌며, 들떠 있다 하더라도 우리의 양심은 하나님께서 그것과 화해하고 있으며 호의롭다는 점을 느낄 때만 기뻐하고 즐거워하기 때문이다. 오직 이 평화만이 참 기쁨을 제공한다. 바울이 이 큰 은사들을 언급한 것은 성령께서 이것들의 주인공이 라는 점 을 밝히려는 의도에서였지만 이 대목에서는 성령과 외적인 축복들에 대한 대조를 암시하고 있으며 그렇게 함으로써 우리로 하여금 우리가 하나님 나라에 속하는 모든 은사들, 음식의 사용과 무관하게, 누릴 수 있다는 점을 깨닫게 하고 있다.〉

287) 존 칼빈, 시편주석4 (서울: 성서교재간행사, 1982), 474. "5절. 내가 고통 중에 여호와께 부르짖었더니 : 우리는 여기서 앞에서 말했던 교리가 특별히 다윗에게 적용된 것과 더불어 모든 교회의 기름이 부연되고 있음을 볼 수 있다. 하나님께서는 교회의 공적인 축복을 위하여 다윗을 붙드사 섭리하셨다. 다윗은 자신을 본받아 성도들에게 환난의 날에도 연약해지지 말아야 할 것을 보여준다. 다윗은 하나님의 인자하심이 선포되는 순간 사람들의 마음에 일기 쉬운 다음과 같은 반론을 예상하고 있었던 것 같다. '하나님은 어찌해서 자기 종들의 극심한 압제와 고통을 당하도록 허락하시는가?' 그러므로 다윗은 하나님의 인자하심은 결코 실패하지 않기 때문에 우리는 기도 중에서 모든 고난에 대한 위로와 해결을 얻게 된다고 그들에게 상기시켜 주었다. 또한 다윗이 기도하여 구원을 받았다고 말한 때가 고통을 당하던 때였다고 하는 것은 심한 환난을 당할 때 가장 기도를 드리기에 적절한 때임을 가르쳐 준다."

의 방식대로 살아가기를 열망하며 살아가야 합니다. 그렇게 살아가야 참되고 진정한 자유를 누리고 살아갈 수 있습니다.

우리는 불의한 세상에서 폭력이 난무하는 세상을 살아가고 있습니다. 우리가 믿음으로 살아가기에는 너무나도 힘든 시대입니다. 그러나 우리는 이런 시대를 살아가면서 니므롯을 원해서는 안 됩니다. 우리의 욕망을 실현시켜줄 니므롯을 영웅으로 메시아로 치켜세우지 말아야 합니다. 그런 일에 동원되면 폭력이 정당화되고 하나님 나라의 영적인 요소들은 무시되어져 버립니다.

우리의 메시아는 예수 그리스도뿐입니다. 우리의 메시아는 저 십자가에 피 흘려 죽으심으로 자기 백성을 죄에서 구원하려고 오셨습니다. 우리는 이 세상과 세상의 문화를 접하면서 살아가지만 그 세상의 문화를 변혁시켜 하나님의 나라가 이루어질 것이라는 환상을 가지지 말아야 합니다. 세상과 세상정치에 환상을 가지면 니므롯을 원하게 됩니다. 인간의 자유를 부르짖으면서 폭력을 정당화하고 법과 가치를 무너뜨리고 종교를 동원해 더 권력을 장악하려고 합니다.

그런 세계에서 하나님의 부름을 받은 사람이 아브라함입니다. 그런 세계에서 예수 그리스도를 믿어 성도가 된 사람들이 우리입니다. 하나님의 백성 된 우리는 세상의 방식으로 자유를 쟁취하는 사람들이 아닙니다. 세상은 폭력을 동원하여 투쟁과 반항으로 자유를 가지려고 합니다. 성경은 그런 것들이 육체의 일이라고 말합니다(갈 5:16-21). 성도는 예수 그리스도의 십자가 피로 구원받고 그 언약에 배타적 충성을 다함으로 자유를 누리는 사람입니다. 성경은 그것을 성령으로 행하는 것이라고 말하고 그렇게 성령으로 행하면 성령의 열매를 맺는다고 말합니다(갈 5:22-26). '우리 믿음의 싸움을 이 세상에서 다 보상받지 못할지라도 우리의 메시아는 저 인간 누가 아니라 오직 예수 그리스도다, 그 안에서 성령을 좇아 행할 때 주어지는 성령의 열매를 맺고 이 믿음의 길을 가야할 자들이다. 그것이 우리다. 그것이 성도다'라는 이 믿음을 굳게 붙들고 이 신앙을, 이 언약을 끝까지 붙들고 감당해 가는 언약의 백성들이 되기 바랍니다.

언약 27 아브라함언약 3

1 대제사장이 가로되 이것이 사실이냐 2 스데반이 가로되 여러분 부형들이여 들으소서 우리 조상 아브라함이 하란에 있기 전 메소보다미아에 있을 때에 영광의 하나님이 그에게 보여 3 가라사대 네 고향과 친척을 떠나 내가 네게 보일 땅으로 가라 하시니 4 아브라함이 갈대아 사람의 땅을 떠나 하란에 거하다가 그 아비가 죽으매 하나님이 그를 거기서 너희 시방 거하는 이 땅으로 옮기셨느니라 (행 7:1-4)

언약 스물일곱 번째 시간입니다. 아브라함 언약으로는 세 번째 시간입니다. 지난 시간까지 노아와 니므롯을 살펴보았습니다. 그 두 사람이 중요한 이유는 하나님께서 아브라함을 부르시고 언약하는 일에 있어서 중요한 의미가 있기 때문입니다. 노아와 그 후손들이나 더 극악했던 니므롯이나 인간의 죄성은 감소되지 않고 여전하더라는 것을 보여주는 사람들입니다. 그 죄악은 하나님을 대항하고 반역하는 바벨탑을 쌓았고 하나님께서는 그들의 언어를 혼잡하게 하셔서 지면에 흩어지게 하셨습니다. 학자들은 노아는 홍수 후에 350년을 더 살았기 때문에 바벨탑 사건과 하나님의 심판을 보고 갔을 것이라고 말합니다.

오늘은 언약을 더 이해하려고 합니다. 첫 번째는 부르심으로 무엇을 나타내시는 가 하는 것입니다. 하나님께서는 바벨에서 심판을 내리신 이후에도 하나님의 구원역사를 이루시는 일을 중단하지 않으셨습니다. 그것은 하나님께서 인간의 죄악에도 불구하고 언약에 얼마나 신실하신 분인가를 증거 하는 일이며, 자기백성을 구원하기로 창세전에 계획하셨던 것을 이루시는 하나님의 의지의 실현이었습니다. 그 구원의 역사를 이루기 위하여 하나님께서는 가장 적절한 때를 기다리셨습니다. 그 때라는 것은 하나님의 영광을 드러내기에 가장 합당한 때를 말합니다. 어떤 외부의 간섭 없이 오직 하나님께서 그의 절대적인 주권으로 정하시고 실행하십니다.

하나님께서 택하신 자기백성을 구원하려고 이루어 가시는 역사를 우리는 다 알수가 없습니다. 우리는 그 하나님의 역사를 호기심으로 생각할 것이 아니라 하나님의 놀라운 방법을 찬송해야 함이 마땅합니다.

> 하나님의 종 모세의 노래, 어린 양의 노래를 불러 가로되 주 하나님 곧 전능하신이시여 하시는 일이 크고 기이하시도다 만국의 왕이시여 주의 길이 의롭고 참되시도다 (계 15:3)

우리 하나님은 전능하십니다. 전능하신 하나님께서 우리를 위하여 행하시는 가장 큰 일이 어린 양 예수 그리스도의 십자가 피로 우리 죄를 사하시고 그의 의를 덧입혀 주셔서 구원하신 일입니다. 전능하신 하나님께서 먹을 것을 주시고 돈 주시는 것으로 전능하신 능력을 주셨다면 사람들이 얼마나 하나님을 찬양했을까요? 이렇게 힘들게 살지 않아도 되고, 이렇게 아프게 살지 않아도 되고, 어제도 오늘도 뼈 빠지게 살아갈 필요도 없게 말입니다. 살아가는 것이 힘들고 어려우니까, '하나님의 능력은 왜 그런 일에만 나타나고 지금 이렇게 힘들어 죽을 일에는 도와주시지 않는가?'하고 구시렁댑니다.

우리는 그리고 살 때가 얼마나 많습니까? 살아도 살아도 살만한 날이 없어요. 기도를 해도, '하나님 남들은 저리 웃으면서 사는데 나는 뭐에요?', 성경을 읽어도, '하나님 그거는 맞는데요, 왜 나는 이래야 해요?' 그러는 거예요. 누구도 예외가 없습니다. 신앙생활은 '전능하신 하나님의 능력이 왜 구원으로만 나타나고 왜 이 고통과 질병 속에는 안 나타나시는가?' 그것이 해결되어야 됩니다. 하나님께서 나의 고통과 질병과 상처와 눈물 속에 어떻게 역사하시고 어떤 의미가 있는지, 그것이 해결되어야 사는 맛이 있고 가는 길이 달라지고 인생이 따뜻해집니다. 그 해결이라는 것이 평생 가야할 것도 있고 아무리 알려고 해도 알 수 없는 것이 있습니다.

사실 살아보면 모르는 게 더 났습니다. 안다고 더 달라질 것이 없어요. 하나님의 그 역사와 의미가 없다는 것이 아니라 안다고 살아내고 모른다고 서러울 것도 없습니다. 사실은 믿음만큼 가는 것이고 아는 만큼 고마운 것입니다. 알아도 감사하고 몰라도 감사하게 되는 것이 신앙입니다. 왜냐하면 그 때는 모르는 거예요. 세월이 지나보면 하나님 앞에 막 부끄러운 거예요. 죄송한 마음에 눈물 밖에 안 나오는 거예요. 지금은 모르는 겁니다. 이 땅을 떠나 하나님의 나라에 가야 아는 것이 훨씬 더 많습니다. 아...!, 그때는 정말 어떻게 얼굴을 들고 살려나 몰라요. 지금도 부끄러워서 눈물밖에 안 나오잖아요. 그래도 그걸 다 씻어내시고 영광의 찬송을 부르게 하실 줄 믿습니다.

우리 하나님은 빨간펜 선생님이 아닙니다. 맞으면 동그라미, 틀리면 줄 치는 하나님이 아니십니다. '하나님의 눈에는 무엇이 있을까?' 그것을 알아가는 것이 신앙입니다. '저 사람 눈에는 무엇이 있을까?' 그게 보이는 것이 신앙입니다. 그걸 어떻게 알아가게 하실까요? 그 전능하신 능력으로 우리에게 돈을 주시고 쌀을 주셔서 알게 하지 않더라는 거예요. 그러면 무엇으로요? 예수 그리스도를 십자가에 못 박혀 죽게 하시고 그 피로 속죄하시어 구원하시고 언약하심으로 알게 하십니다. 그렇게 알게 하십니다. 그렇게 알아가게 하십니다. 그렇게 알아가게 하셔서 못난 거 털어내게 하시고 죄악 된 거 멀어지게 하시고 끊어내게 하십니다. 그 선택된 사람들이 우리입니다.

그렇게 하시려고 하나님께서는 하나님의 때에 일하십니다. '왜 지금이 아니에요?' 그렇게 시위하지 말고, '하나님 눈에는 뭐가 있나요?' 그렇게 물어야 합니다. 하나님께서 일하시는 그 역사는 사람을 선택하심으로 시작하십니다. 그 선택된 사람이 아브라함입니다.

그 선택을 살펴보기 전에 우리가 알아야 하는 한 가지가 있습니다. 그것은 바로 하나님의 신실하심입니다. 바벨에서의 심판으로 세상은 엄청난 변화가 일어났습니다. 바벨의 반란과 죄악들은 다시 홍수로 멸망 받을 사건이었습니다. 그러나 하나님께서는 그렇게 하지 않으셨습니다. 왜냐하면, 다시는 물로 세상을 심판하지 않겠다고 약속하셨기 때문입니다(창 9:15). 다시 심판 받아 죽어야 하는데 그렇게 하지 않으시고 흩어버리십니다. 하나님께서는 그 약속을 지키셨습니다. 형언할 수 없이 마음 아프셨으나 물로 심판하여 멸망시키지 않으시고 각각의 언어로 흩어버리셨습니다. 그래서 우리는 오늘날 이렇게 언어가 많은 것을 보고서, 첫 번째는 하나님의 심판이라는 것을 알아야 하며, 두 번째는 하나님의 신실하심이라는 것을 알아야 합니다.

그 심판의 시기가 지나고 하나님께서는 그 구원역사를 이루기 위하여 한 사람을 선택하셨습니다. 그 선택은 하나님의 은혜를 증명하는 일이었으며 하나님의 무한한 지혜를 나타내는 일이었습니다. 하나님의 일하심은 천지를 개벽하고 세상이 놀랄 일로 시작되지 않았습니다. 왜냐하면, 그 선택은 세상의 방식대로 이루어지고 종교적 도약으로 이루어지는 일이 아니었기 때문입니다. 선택은 전적으로 하나님의 하나님 되심이 드러나야 했기 때문입니다. 그 선택을 보면 하나님도 보이는 선택이어야 했기 때문입니다. 그 선택을 받은 사람 아브라함이 중요한 것이 아니라 아브라함을 선택하신 하나님이 어떤 분이신가? 그것이 보이는 겁니다. 그리고 그 선택하신 하나님을 믿고 살아가면 아브라함의 눈에도 노아가 보았던 그 하나님 눈 안에 있는 그 은혜가 보이는 겁니다.

예수 그리스도 안에서 우리를 선택하신 하나님이십니다. 그 하나님께서 창세전에 우리를 선택하심으로 하나님의 하나님 되심을 드러내십니다. 나를 드러내려고 하면 인생이 괴롭습니다. 답이 없는 고난이 너무 많고 서럽고 가슴 아픈 일들이 너무 많기 때문입니다. '왜 나에요?', '하나님, 왜 나에요?' 그렇게 눈물 흐리다가 속만 타들어갑니다.
예수께서 길 가실 때에 날 때부터 소경 된 사람을 보셨습니다. 예수님께서 그 소경을 특별히 보시니, 그 때에 제자들이 예수님께 물었습니다.

> 제자들이 물어 가로되 랍비여 이 사람이 소경으로 난 것이 뉘 죄로 인함이오니이까 자기오니이까 그 부모오니이까(요 9:2)

예수님께서 이렇게 말씀하셨습니다.

> 예수께서 대답하시되 이 사람이나 그 부모가 죄를 범한 것이 아니라 그에게서 하나님의 하시는 일을 나타내고자 하심이니라(요 9:3)

그 소경의 죄도 아니고 그 부모의 죄도 아니라고 말씀하셨습니다. 그리고, "그에게서 하나님의 하시는 일을 나타내고자 하심이니라"고 말씀하셨습니다. 이렇게 성경을 말해주고 설교를 하면, '에이, 그래도 예수님께서 그 소경을 고치셨잖아요. 나는 예수님을 믿었는데도 안 고쳐 주시고 나는 죽으라고 이 고생하고 살아야 하잖아요, 내 말이 틀렸어요?' 틀렸을까요? 안 틀렸을까요? 어떤 강사가 꼭 물어보면 답을 주고 물어보잖아요, 답은 무엇일까요? 우리는 늘 그게 불만입니다. '왜 나만 이 모양으로 살아야 하나?' 그 생각이 믿음으로 살아가는 길을 막습니다.
그러면, 그 소경을 통해 "하나님의 하시는 일"이 무엇일까요? '그 소경이 눈을 뜨고 난 뒤에 잘 먹고 잘 살았더라.' 그것이 "하나님의 하시는 일"일까요? 눈 뜬 거 대단한 기적이요 사실입니다. 그래서요? 무엇이 "하나님의 하시는 일"일까요? 그것은 죄인들을 구원하시는 그 여자의 후손, 그 메시아, 그 예수 그리스도께서 오셨다는 것을 증거 하는 것입니다. 이웃 사람들이 묻습니다. '누가 네 눈을 뜨게 했느냐?' '예수가 그랬습니다.' 바리새인들이 묻습니다. '누가 네 눈을 뜨게 했느냐?' '내 눈에 진흙을 바른 사람입니다' 유대인들이 와서 그 부모에게 묻습니다. '누가 네 아들의 눈을 뜨게 했느냐?' '내 아들에게 물어보이소, 와 자꾸 나한테 물어봅니까?' 유대인들이 아들을 불러 묻습니다. '누가 네 눈을 뜨게 했느냐?' '당신들도 그의 제자가 되려고요?' 그러자 욕을 한 트럭 얻어먹었습니다. 그 아들이 말합니다. '세상이 생긴 이후로 소경을 눈 뜨게 했다는 거 들어보셨어요?' 예수님께서 그 아들을 만나셨습니다. 예수님께서는 '누가 네 눈을 뜨게 했느냐?' 그렇게 묻지 않으셨습니다. "네가 인자를 믿느냐?" 아들이 말합니다. "주여 그가 누구시오니이까? 내가 믿고자 하나이다." 예수님께서는 이렇게 말씀하셨습니다.

예수께서 가라사대 네가 그를 보았거니와 지금 너와 말하는 자가 그이니라 (요 9:37)

아..! 이렇게 멋지게 말씀하시다니~ 너무 멋있잖아요! "네가 그를 보았거니와 지금 너와 말하는 자가 그이니라" 얼마나 소경을 배려하고 얼마나 소경에게 따뜻하게 말씀하십니까~ 소경이 바로 믿고 고백합니다. "주여 내가 믿나이다" 이것이 "하나님의 하시는 일"입니다. 그 소경을 통해 예수 그리스도를 증거 하는 일이 하나님의 하시는 일입니다. 우리는요? 우리도 똑같습니다. 우리도 이 세상을 살아가면서 "예수님이 그리스도시다" 그것을 증거 하다가 가면 우리를 통해 하나님의 하시는 일을 하는 것입니다.

무엇이 불만이세요? 무엇이 마음에 안 드세요? 왜 이 모습이냐고요? 그건 아무도 모릅니다. 오직 하나님만 아십니다. 하나님께서 여기로 부르시고 하나님께서 이 자리에 두셔서, '예수님이 그리스도시다' 그걸 증거하고 살도록 하셨습니다. 그걸 증거 하도록 우리에게 무슨 남다른 것을 주시는 것이 아니라 하나님 아버지의 은혜를 보게 하시고 알게 하십니다. 우리의 눈도 노아가 보았던 하나님의 눈 안에 있는 그 은혜를 보게 하시고, 아브라함이 보았던 하나님의 눈 안에 있는 그 은혜를 보기를 원하십니다. 그래야 구시렁대면서도 주를 따라가고, 눈물 닦으면서도 자기를 부인하고 자기십자가를 지고 가게 됩니다.

옛날에 이런 복음송을 많이 불렀습니다.

낮엔 해처럼 밤엔 달처럼 그렇게 살 순 없을까
욕심도 없이 어둔 세상 비추어 온전히 남을 위해 살듯이
나의 일생에 꿈이 있다면 이 땅에 빛과 소금되어
가난한 영혼 지친 영혼을 주님께 인도하고픈데
나의 욕심이 나의 못난 자아가 언제나 커다란 짐 되어
나를 짓눌러 맘을 곤고케하니 예수여 나를 도와 주소서
베드로처럼 바울처럼 그렇게 살순 없을까
남을 위하여 당신들의 온몸을 온전히 버리셨던 것처럼
주의 사랑은 베푸는 사랑 값없이 거저 주는 사랑
그러나 나는 주는 것 보다 받는 것 더욱 좋아하니
나의 입술은 주님 닮은 듯하나 내 맘은 아직도 추하여
받을 사랑만 계수하고 있으니 예수여 나를 도와주소서

베드로처럼 바울처럼 그렇게 살고 싶다면서요? 베드로는 어떻게 살다가 죽었고, 바울은 어떻게 살다가 죽었습니까? 십자가에 거꾸로 죽어가도, '예수는 그리스도다' 그 말하고 주님 품에 갔습니다. 맞아 죽은 줄 알고 던져 버렸는데, 그리고도 살아나서 하는 말이 '예수는 그리스도' 그 말하고 하나님 나라에 갔습니다. 빛과 소금 되는 것은 누릴 거 다 누리고는 안 되는 겁니다. 주님 닮는 것은 주님께서 가신 길을 가야 닮는 겁니다. 우리는 누릴 거 다 누리면서 베드로처럼 바울처럼 예수님처럼 살고 싶어 합니다. 누리거나 못 누리거나 '예수는 그리스도다' 그 한 가지 증거하고 살다가 가는 사람이 성도입니다.

이렇게 설교하면, 믿음 없는 사람들이나 세상 사람들이 뭐라고 말하던가요? '세상 살기 힘드니까 괜히 천국 지어내 가지고 위안 삼아 사는 거지' 그렇게 말합니다. 그러면 세상 사람들은 어떻게 살아갈까요? 대표적인 예로 쇼펜하우어라는 사람이 있습니다.

쇼펜하우어는 지금의 폴란드 발트해 연안의 항만도시인 그타니스크에서 태어났습니다. 그의 아버지는 성공한 사업가였고 어머니는 유명한 예술가였습니다. 사업가와 예술가여서 그런지 부모들의 불화로 방황하며 어린 시절을 보냈습니다. 아버지는 쇼펜하우어가 자신의 뒤를 이어 사업가가 되기를 바라며 유명한 사립학교에 보냈습니다. 아버지는 상업공부를 하라고 했지만 쇼펜하우어는 의학을 선택하고 철학에 관심을 보였습니다. 그가 철학을 통해 답을 얻고자 했던 것은 '삶의 진정한 의미가 무엇인가?' 하는 것이었습니다.

쇼펜하우어가 살았던 그 시대에는 금욕주의가 퍼져 있었습니다. 철학자들은 인간의 삶은 고통과 번뇌로 가득 차 있으니 욕망을 절제하고 정적인 태도를 유지해야 궁극적인 휴머니즘을 이룰 수 있다고 말했습니다. 쇼펜하우어는 그 소리가 달갑지 않습니다. 그는 서양철학을 버리고 불교서적에 집중하고 자기 집안에 불상을 갖다놓고 수행을 했습니다.288) 쇼펜하우어는 기독교를 비판하면서 "괴테

---

288) http://www.hyunbulnews.com/news/articleView.html?idxno=280926/ "쇼펜하우어는 특히 붓다와 예수의 자기희생을 의지부정의 모범 사례라고 평가하였다. 이 점에서 그리스도의 십자가 희생은 대승불교의 보살사상과 일치한다. 이 사상의 원형은 베단타인데, 우파니샤드에서 "너는 그것이다"라고 기술한 것, 즉 아트만과 브라만의 일치(梵我一如) 상태를 뜻한다. 의지철학은 베단타와 불교의 조화를 구축하고 있다. 이로써 쇼펜하우어는 기독교, 힌두교, 불교 등의 종교에서 사랑, 연민, 동정, 정적주의, 금욕주의, 신성성 등과 같은 수행적 지향성과 모든 성인들의 실천을 자신의 철학, 즉 고유사상으로 이론화했다고 자부하였다. … 쇼펜하우어의 고유사상에서는 가아와 진아, 속제와 진제의 구분이 무의미하다. 그것들은 본질적으로 동일한 의지의 서로 다른 표상들이기 때문이다. 쇼펜하우어는 인식 주체로서의 영혼이 윤회하는 것이 아니라, 의지만이 윤회한다고 보았다. 어떤 것이 죽더라도 의지는 그대로 존속하는 것이다. 의지는 새로운 탄생과 더불어 새로운 지성과 새로운 존재를 갖는다. 이것은 엄밀한 의미에서 윤회가 아닌 재생이다. 그리하여 쇼펜하우어는 이 새로운 탄생을 불멸의 의지 자체에 도달하려는 갈망의

나 섹스피어처럼 위대한 정신을 가지고 있는 사람이 종교의 교리를 그대로 믿기를 바라는 것은 마치, 거인이 난장이의 구두를 신기를 바라는 것과 같다"고 말했다고 합니다. 그의 집에는 수많은 사람들과 친구들이 드나들었지만 그는 사람들을 믿지 못하여 그의 유일한 친구가 되어준 것은 자기가 기르는 개였다고 합니다. 쇼펜하우어의 영향을 받은 사람들이 레프 톨스토이(Lev Tolstoi), 헤르만 헤세(Herman Hesse), 표도르 도스토예프스키(Fyodor Dostoyevsky), 프리드리히 니체(Fredrich Nietzche), 지그문트 프로이트(Sigmund Freud), 리하르트 바그너(Richard Wagner) 등입니다.

세상이 기독교를 욕하고 '우리는 그렇게 안 산다'고 큰소리치지만 사실은 알고 보면 종교적 도약을 감행하고 살아갑니다. 왜 그런 종교적 도약을 하겠습니까? 인간이 주인이 되고 싶기 때문입니다. 자기 밖에서 자기를 통치하고 구원하시는 하나님이 계시다는 것이 싫기 때문입니다. 기독교는 싫다고 하면서 다른 종교로 가는 것은 그런 세상의 종교들은 인간적인 너무나 인간적인 종교이기 때문입니다. 예수 그리스도께서 구원해 주시는 것이 아니라 자기가 스스로 노력해서 만들어내는 구원이기 때문입니다.

이 현실에서, 이 일상에서 믿음으로 사는 것이 '왜 싫으냐?'하면, 이 고생하면서 그리스도를 나타내는 것은 무엇인가 잘못되었다는 생각을 하기 때문입니다. 문제는 '그리스도를 증거하고 사느냐?', '나를 과시하고 사느냐?' 하는 것입니다.

두 번째 국면은, '하나님의 선택과 부르심으로 나타나고 주어지는 관계가 무엇인가?' 하는 것입니다.

아브라함의 부르심은 바벨의 심판 후에 일어났습니다. 그래서 창세기 11장과 12장과의 관계가 매우 중요합니다. 그 심판으로 인간의 죄악과 인간의 무가치함이 드러났습니다. 인간이 자기 스스로를 구원해 가는 것이 아니라 그 여자의 후손, 그 메시아를 통해 구원하시는 역사를 이어가야 했기 때문입니다. 심판 후에 주어진 부르심은 하나님의 무한하신 은혜였습니다. 그 은혜는 인간의 사악함과 전적인 무가치함이 드러나고 난 뒤에 주어졌습니다. 그것이 은혜의 방식입니다. 인간의 전적부패가 드러나야 은혜가 임합니다. 성령님께서 우리를 구원하실 때에 우리 안에 있는 죄를 깨닫게 하시고 죄의 비참함을 알게 하시고 회개케 하십니다.

표현으로 읽었다. 그러나 그와 같은 존재의 의지긍정은 고통을 초래한다. 이처럼 여러 형태의 탄생을 통하여 정제된 삶은 오직 의지의 절대부정의 방식으로만 자기완성에 도달하는 것이다."

은혜가 임했다는 것은 죄가 드러나는 것입니다. 은혜를 더 많이 받았다는 것은 자기 죄가 더 많이 보이는 것입니다. 은혜를 더 많이 누린다는 것은 그 죄에서 벗어나 언약에 신실하게 살아가는 것입니다. 그것은 구원과 언약 안에 살아가는 성도의 영적인 방식입니다. 그 영적인 방식이라는 것이 무슨 신비롭고 특별난 것으로만 생각하지 말아야 합니다. 그 영적인 방식이란 언제나 언약적 관계 속에 주어지는 영적인 방식입니다. 영적인 방식은 영적인 관계 속에서 이루어집니다.

그 영적인 관계, 그 언약적 관계는 무엇일까요? 그것은 하나님께서 택하신 아브라함을 친구로 부르신 것입니다. 하나님의 주권적 은혜와 긍휼로 아브라함을 부르시고 대우하셨습니다. 그 대우는 하나님께서 아브라함을 친구로 부르신 것입니다.

> 이에 경에 이른 바 아브라함이 하나님을 믿으니 이것을 의로 여기셨다는 말씀이 응하였고 그는 하나님의 벗이라 칭함을 받았나니(약 2:23)

역대하 20장 7절에 보면, "주의 벗 아브라함의 자손"이라 했습니다. 이것이 하나님의 선택이고 하나님의 구원이고 하나님의 언약입니다. 우리는 언약 그러면 너무 경직되어 있습니다. 세상의 종교와 다르다고 말하면서도 그 생각하는 것이나 신앙생활에 있어서나 더 다른 것이 별로 없습니다. '야고보서' 그러면 먼저 '행함이 있는 믿음' 그 생각부터 하잖아요. 그런데 야고보 사도는 창세기 15장 6절 말씀을 기억하며, "아브라함이 하나님을 믿으니 이것을 의로 여기셨다"고 말했습니다. 그리고 "그는 하나님의 벗이라 칭함을 받"다고 말했습니다.289) 그 믿음, 그 관계가 행함으로 나타난 것입니다. '믿음은 행함을 낳는다'고 막 압박하고 강

---

289) 존 칼빈, 신약성서주석 4 (서울: 성서교재간행사, 1982), 335-336. 〈아브라함이 의롭다고 인정받게 된 것은 그의 행위를 그렇게 보았기 때문이었다는 점을 입증하려는 사람은, 야고보가 성경을 왜곡하고 있다는 식으로 나올 수밖에 없을 것이다. 그들이 제 아무리 왜곡하더라도 원인보다 결과를 앞 서게 할 수는 없을 것이다. 여기에 모세오경에서 한 귀절이 인용되고 있다(창 15:6). 모세가거기서 기록하는 의의 전가는—그들이 주장하는 대로—아브라함이 의롭다는 인정을 받은 행동보다 30년의 차이가 있다. 분명히 이삭이 태어나기 15년 전에 아브라함의 신앙이 의로 여겨졌는데 이것을 가리켜 그의 제사의 결과라고 부를 수는 없다. 아브라함이 그의 아든 이삭을 제물로 드렸기 때문에 하나님 앞에서 의로운 것으로 인정받았다고 핑계 대는 사람들은 이제 더 이상 변명할 수 없을 것이다. 왜냐하면 성경이 아브라함이 의롭게 되었다고 선언할 때 이삭은 아직 태어나기 전이었기 때문이다. 그러므로 이 선언은 장차에 대한 것을 내다보고 한 말이라는 결론을 내릴 수밖에 없다. 야고보는 그 결가에 대해서 뭐라고 말하는가? 그는 아브라함을 의롭게 만든 이 신앙이, 곧 비활동적이거나 사라지지 않고, 오히려 (히 11:8에 있는 대로) 하나님께 순종하게 만든 이 신앙이 도대체 무엇인가를 보여주고자 했다. 곧 이어서 나오는 결론은 바로 이런 의미이다. 사람은 신앙만으로 곧 하나님께 대한 유치하고 헛된 의식만으로 의롭다 함을 받는 것이 아니다. 그는 행위로 의롭다 함을 받는다. 곧 그의 의는 그것의 열매로 말미암아 알려지고 인정받는다.〉

요하는 것이 아닙니다. 아무렇게나 살아도 된다는 것이 아니라 하나님과의 관계적 관점이 새로운 존재적 관점을 부여하고 새로운 행동을 만들어 냅니다.
하나님께서 아브라함을 부르시고, '너 오늘부터 세상의 종교들처럼 열심히 빌어라'고 말씀하지 않으셨습니다. '오늘부터 나하고 친구하자' 이런 거는 세상 종교는 없어요. 어떻게 하나님과 인간이 친구가 되요. 세상은 이런 걸 말 못해요. 신(神), 그러면 감히 인간이 상종할 수 없는 존재라고 생각하거든요. 하나님께서 예수 그리스도의 십자가 피로 우리를 구원하시고 '오늘부터 똑바로 안 하면 국물도 없어' 그러시는 분이 아니라는 거예요. 그러면 사람들이 묻습니다. '그러면, 신명기 28장은 무엇입니까? 순종하면 복을 받고 불순종하면 저주를 받는다고 하잖아요?' 그것은 무슨 뜻일까요? 생명을 얻고 복을 받는 길은 여호와 하나님 한 분 밖에 없다는 겁니다. 그러니 여호와 외에 다른 우상에게 가지 말라는 겁니다. 무엇을 보라고요? 여호와의 눈 안에 있는 은혜를 보라는 거예요. 노아가 그 은혜를 보았고, 아브라함이 그 은혜를 보았듯이, 여호와의 눈 안에 있는 그 은혜를 보는 친구입니다. 벌벌 떨고 겁먹지 마세요. '너는 오늘부터 나하고 친구야'
요한복음에 가면 예수님께서 그 제자들에게 친구라고 말씀하셨습니다.

> 이 말씀을 하신 후에 또 가라사대 우리 친구 나사로가 잠들었도다 그러나 내가 깨우러 가노라(요 11:11)
> 이제부터는 너희를 종이라 하지 아니하리니 종은 주인의 하는 것을 알지 못함이라 너희를 친구라 하였노니 내가 내 아버지께 들은 것을 다 너희에게 알게 하였음이니라(요 15:15)

종이라 부르지 않고 친구라 하셨습니다. 친구의 의미가 무엇이냐 할 때, 종은 주인의 하는 것을 모르지만, 예수님께서는 성부께로부터 들은 것을 다 알게 해 주셨다는 의미에서 친구입니다. 하나님께서 아브라함에게도 그리 말씀하셨습니다.

> 여호와께서 가라사대 나의 하려는 것을 아브라함에게 숨기겠느냐(창 18:17)

소돔 고모라가 멸망할 것을 아브라함에게 숨기지 아니하시고 말씀해 주셨습니다. 하나님께서 아브라함을 믿으시고 아브라함이 하나님을 믿기 때문입니다. 하나님께서 무슨 일을 하실지라도 하나님께서 그 영광을 위하여 그 구속의 역사를 이루시기 위하여 가장 적절한 때에 가장 합당한 방법으로 일하시는 것을 믿기 때문입니다. 언약의 부요함이 여기에 있습니다.
우리는 이미 성경을 통하여 하나님께서 하시려는 그 일을 알고 있습니다. 음성을 들려 달라고 할 필요 없고 보아야할 필요도 없습니다. 주신 말씀에 충성하면 됩니다. 왜 그래야 할까요? 하나님의 전능하심, 하나님의 지혜가 우리에게 나타났기 때문입니다. 저 아브라함을 택하시고 부르셨듯이, 예수 그리스도 안에서 우리를 택하시고 구원하시고 언약하시고 성령님께서 내주하시고 역사하시고 말씀을 주신 것으로 나타났습니다.

우리는 아브라함보다 훨씬 더 귀하고 복된 자리에 와 있습니다. 하나님께서 우리를 믿으시듯이 하나님을 믿고 의지하고 살아가기 바랍니다. 이 고난 많고 눈물 나는 세상 가운데서 예수 그리스도를 증거 하다가 아버지 나라에 가기 바랍니다. 누가 알아주나 안 알아주나 그 생각에 매이지 말고 여호와의 눈 안에 있는 은혜를 발견하고 살아야 합니다. 예수 그리스도의 십자가 피 흘림으로 주신 그 은혜를 더 알아가며 살아가야 합니다. 성령 하나님께서 더 충만케 하시고 더 말씀에 은혜 주셔서 이 언약에 죽도록 충성하며 살아가는 믿음의 성도들이 다 되기 바랍니다.

언약 28 아브라함언약 4

1 대제사장이 가로되 이것이 사실이냐 2 스데반이 가로되 여러분 부형들이여 들으소서 우리 조상 아브라함이 하란에 있기 전 메소보다미아에 있을 때에 영광의 하나님이 그에게 보여 3 가라사대 네 고향과 친척을 떠나 내가 네게 보일 땅으로 가라 하시니 4 아브라함이 갈대아 사람의 땅을 떠나 하란에 거하다가 그 아비가 죽으매 하나님이 그를 거기서 너희 시방 거하는 이 땅으로 옮기셨느니라(행 7:1-4)

언약 스물여덟 번째 시간입니다. 아브라함 언약으로는 네 번째 시간입니다. 지난 시간까지 아브라함 언약을 이해하기 위해 노아와 니므롯을 살펴보았으며, 아브라함을 선택하신 하나님이 어떤 분이신지를 살펴보았습니다. 하나님께서는 아브라함을 부르셨습니다. 하나님께서 아브라함을 부르셨다는 이 사실이 너무나도 중요합니다. 기독교 신앙과 세상과는 근본적으로 틀립니다. 하나님의 예정, 선택, 섭리, 구원, 성화, 영화, 하나님의 나라, 이런 모든 일은 하나님의 주권으로 이루어집니다. 세상은 완전히 틀립니다. 세상은, 말은 비슷하게 흉내 낼지라도 도약으로 이루어지는 것입니다. 기독교와 세상을 섞은 사람들도 도약합니다. 근본적으로 인간이 주체로 나서서 만들어가는 종교입니다. 그 종교라는 것은 인간의 욕망을 이루는 것이기 때문에 니체290)처럼 끝없는 반복, 영원 회귀로 가야 합니다.291)

---

290) 『차라투스트라는 이렇게 말했다』 (제3부, "환영과 수수께끼에 대하여", 258-259). "이 순간이라는 길에서 하나의 길고 긴, 영원한 골목길이 뒤로 내달리고 있다. 우리 뒤에는 하나의 영원이 놓여 있다. 만물 가운데서 달릴 줄 아는 것이라면 이미 언젠가 이 골목길을 달렸을 것이 아닌가? 만물 가운데서 일어날 수 있는 것이라면 이미 언젠가 일어났고, 행해졌고, 지나가버렸을 것이 아닌가? 그리고 만약 모든 것이 이미 존재했었다면, 난쟁이여, 이 순간을 어떻게 보는가? 이 길 또한 이미 존재했었음에 틀림없지 않은가? 이 순간이 앞으로 일어날 모든 사물들을 자기 자신에게 끌어당기는 방식에 따라 모든 사물은 이처럼 견고하게 연결되어 있는 것이 아닌가? 이렇게 하여, 자기 자신까지도? 만물 가운데서 달릴 줄 아는 것이라면 언젠가 이 기나긴 골목길 저 쪽으로 달리지 않을 수 없기 때문이다! 그리고 달빛 속에서 느릿느릿 기어가고 있는 이 거미와 저 달빛 자체, 함께 속삭이며, 영원한 사물에 대해 속삭이며 성문으로 나 있는 이 길에 앉아 있는 나와 너, 우리 모두는 이미 존재했었음이 분명하지 않은가? 그리고 되돌아와 우리 앞에 있는 또 다른 골목길, 그 길고도 소름끼치는 골목길을 달려가야 하지 않은가. 우리들도 영원히 되돌아올 수밖에 없지 않은가?"

291) 위키피디아사전에서, 영원 회귀(永遠回歸, 독일어: ewig wiederkehren)또는 같은 것의 영원 회귀(Ewige Wiederkunft des Gleichen)는 니체 철학에서 볼 수 있는 근본사상의 하나로 "똑같은 것이 그대로의 형태로 영원에 돌아가는 것(回歸)이 삶의 실상(實相)이다"라는 생각이다. 모든 생성(生成)을 한 원환(円環) 안에서의 되풀이로 보는 이 사상에서는 모든 점이 바로 중심점(中心點)이 되기 때문에 현재의 이 순간이 영원한 과거와 미래를 응축(凝縮)시킨 영원적 의미를 지니는 것이 되며, 이리하여 현재의 모든 순간, 현실의 이 대지(大地) 위의 삶 자체가 그대로 영원한 가치로 이어져 힘차게 긍정되어 간다는 것이다. 니체의 후기 사상의 근간을 이루는 사상이며, '차라투스트라는 이렇게 말했다'에서 처음 제창되었다. … 그러나, '역사의 종말'을 쓴 프랜시스 후쿠야마들에게 비판되듯이, 축적하고 있는 지식이나 역사가, 근대화라는 불가역인 방향성을 가지고 있는 것은 사회과학적인 사실이며, 영원 회귀의 사상은 인류 역사적인 스탠스에서 보면 잘못이다. 역사는 반복하고 있는 것 같고, 변증법적으로 발전하고 있는 것이다. 또, 자연과학적 관점에 서면, 1. 세계는 엔트로피 증대의 법칙에 의해 항상 확산다양화해 나가므로 유사한 상황이 재현되어도 전혀 같은 상황이 재현될 것은 없다는 열역학 목표 견해나, 2. 유한의 계에 무한의 시간을 주어도 반복이 일어난다고 할 수 없는 것을 발견한 혼돈 이론, 혹은, 3. 본질적으로 불확정성을 내포하는 양

전에도 종교라는 말에 대해서 생각을 했었습니다. 종교라는 말을 한자로 보면 '종'은 마루 종(宗)자입니다. '집 면'(宀)과 '보일 시'(示)가 합쳐져 있습니다. '집 면'이란 사방이 지붕으로 덮어 씌워져 있다는 말인데, 이것은 집 안에 신주를 펼쳐놓은 것을 뜻합니다. '보일 시'란 본래 의미는 신위(神位), 곧 '귀신이 된 위패'를 모셔서 배열해 놓은 곳이라는 뜻입니다. 조상의 신위를 모셔놓은 곳을 '종묘(宗廟)' 혹은 '조묘(祖廟)'라고 합니다.292) 가르칠 교(敎)자는 그 부수가 '둥글월 문'이라 하지만, '치다', '때리다', '채찍질하다'라고 해서 '칠 복'(攵)입니다. 회초리로 쳐서 가르쳐 배우게 한다는 뜻입니다. '칠 복'(攵) 앞에 있는 글자는 효도 효(孝)자가 아니고, 인도할 교, 받을 효, 사귈 효라 해서 스승이 제자들에게 부모와 같은 마음으로 본을 보여 인도하라는 뜻입니다. 결국 종교라는 것은 누군가의 모범이 있는 것이고, 그 모범이 되는 사람이 죽고 난 뒤에 그를 신성화해서 그것을 체계화해서 아주 철저하게 가르쳐 지키게 하는 것입니다. 그래서 세상종교란 자력구원이라 합니다. 인간의 주권, 인간의 자유의지의 실현입니다.

'왜 이렇게 한자를 생각하느냐?' 하면, 인간이 만든 종교의 차원에서 언약을 이해하지 말아야 하기 때문입니다. 언약을 배운다고 하면서, 인간이 만들어 내는 어떤 체계로 생각해서는 안 됩니다. 지금 우리가 아브라함 언약을 배워갈 때에 아브라함이 죽고 난 뒤에 누가 이런 체계를 만들고 종교를 만들어 낸 것이 아닙니다. 모세가 만들고 모세가 체계화 시킨 것이 아닙니다. '왜 아니냐?' 하면 인간의 종교에서는, 인간의 체계에서는 이런 언약이 나올 수 없기 때문입니다. '왜 인간의 체계에서 나올 수 없느냐?' 하면, 언약은 광기가 아니기 때문입니다. 조금씩 더 배워가겠지만, '언약은 광기가 아니다'라는 말이 잘 이해되어져야 합니다. 그러면, '광기가 아니면 뭐냐?'라고 하면, 언약은 인간이라는 존재를 고양시키는 것이 아니라, 예수 그리스도가 구속하시고 성령님께서 그의 은혜를 죄인들에게 효과적으로 적용하심으로 구원 받으며 그로 인하여 성부 하나님께서 영광을 받으시는 은혜의 복음이기 때문입니다. 그것이 창세기 3장 15절, 그 여자의 후손, 그 메시아가 오셔서 이루시는 구원이라 했습니다. 그 구원을 받은 사람들은 그 여자의 후손, 그 메시아의 속성에 일치된 삶을 살아가게 됩니다.

자론 등, 특히 물리학에 의해서 영원 회귀를 부정하는 것이 가능하다. 또, 니체의 능동적 허무주의는 나치스에 베르사유 체제 타파라는 정치적 목적으로 이용되어 결과적으로 유럽에 파멸적인 전재를 주었다. 전후, 신좌익의 젊은이들의 사이에서도 유행해, 그들의 찰나적이고, 맹동적인 폭력 행위를 부추겼다. 절대적인 선악뿐만이 아니라, 상대적인 선악조차 존재하지 않는다는 것은, 모든 만행이나 흉행도 모두 용서된다는 위험사상에 용이하게 직결된다.〉

292) 중국문화와 한자에서.

그렇게 성령님께서 회심을 일으키시는 그 영적인 방식과 내용들은 예수 그리스도를 떠나서는 어떤 것들도 받아 누릴 수가 없기 때문입니다.293) 삼위 하나님께서 이루시는 구원이고 삼위 하나님의 속성에 어울리는 삶을 살아가는 것이 구원이고 언약입니다. 세상의 종교는 인간의 존재를 계발시키고 인간의 욕망에 어울리는 삶을 살아가는 것이라고 가르치고 훈련하고 도약하는 체계입니다. 아무리 기독교적인 용어를 사용해도 굿판을 벌리면 기독교가 아닙니다. 기독교 신문에 나오고 기독교방송에 나와도 인간 안에 있는 것을 조장하면 무당 짓을 하는 것입니다. 무당이라는 것이, 알고 흔드는 무당이 있고 모르고 흔드는 무당이 있습니다. 자기가 하는 짓을 알고 하는 무당 짓인지, 모르고 하는 무당 짓인지 분간을 못하는 사람들이 갈수록 늘어가고 있습니다.

세상의 종교는 인간이 열심히 노력하면 된다고 가르치지만 성경은 인간이 아무리 노력해도 안 된다고 선포합니다. 하나님께서 택하시고 하나님께서 부르십니다. 그것을 선포하고 증거 하는 것이 언약입니다. 하나님께서 구원하시고 하나님께서 거룩하게 하십니다. 우리는 아무것도 안 해도 된다는 것이 아니라 하나님께서 이루어 가시는 것을 고백하고 찬양하고 영광을 돌리게 되는 거룩한 역사라는 뜻입니다.

그 부르심이 얼마나 위대한지 지난 설교에서 말했습니다. 하나님께서는 아브라함을 부르시되 벗으로 친구로 부르셨습니다. '벗이다', '친구다'라는 것은 스토리가 있는 겁니다. 일방적인 관계가 아니라 서로가 서로를 아끼고 사랑하고 소통하고 공감하고 시간이 지나갈수록 서로를 알아가면서 하나가 되어 가는 관계입니다. 그것이 아브라함 언약입니다. 우리는 언약이라 하면 어떻게 생각한다고요? '지켰느냐?', '안 지켰느냐?' 그것이 머리에 입력되어 있습니다. 그리 가면, 자기 의로 가는 겁니다. 언약이라는 것은 연합을 가르치는 것입니다.

'무슨 연합이냐?' 하면 함께 스토리를 만들어 가는 연합입니다. 무슨 스토리요? 하나님께서 우리에게 그 무한하신 영광과 능력으로 우리를 죄와 사망에서 구원

---

293) 존 플라벨, 은혜의방식, 서문 강 역 (서울: 청교도신앙사, 2011), 28-29. "그러나, 하나님께서 계획하시고 그리스도께서 성취하신 구속의 섭리는 반드시 성령님의 역사하심을 전제합니다. 성령께서 우리 영혼에 하나님의 구원의 섭리를 적용하시지 않으면 우리는 결코 구원받을 수 없습니다. 하나님께서 영원 전부터 우리를 구원하시기 위한 충분하고 완전한 계획을 세우셨습니다. 그리고 그리스도께서 낮아지시고 고난당하심으로 그 뜻을 완전하게 이루셨습니다. 하나님의 뜻을 따라 우리의 구원을 이루시기 위해 친히 철저하고 완벽한 공로가 되신 것입니다. 구원을 위한 모든 계획은 그대로 성취되었습니다. 우리의 구원을 위해 그 어떤 것도 더해져야 할 필요가 없게 된 것입니다. 하지만 구속이 가진 최종적인 목표를 이루기 위해서는 필요한 모든 구원의 친화적 요인들(social causes)이 수반되어야 합니다. 그 모든 요인들이 유기적으로 작용하지 않는 한, 구속의 궁극적인 효과는 일어나지 않습니다. 우리 속에 성령의 역사가 있어야 합니다. 성령께서 성부와 성자의 이름과 권위로 오신 성령께서 모든 택함과 구속의 열매들을 우리 영혼에 적용하셔야 하는 것입니다."

해 내시고 거룩하게 만들어 가시는 그 하나님을 알아가도록 경험해가는 스토리입니다. 우리는 믿음을 무슨 면허증이나 자격증으로 생각해요. 운전면허증이 있느냐? 없느냐? 로 생각합니다. 구원은 우리의 존재적 관점이 완전히 새로워지는 것입니다. 우리를 죄에서 구원하신다는 것은 우리가 죄인이라는 존재적 관점이고 그 죄인이라는 존재적 관점이 예수 그리스도의 대속과 의로 의인이 되는 것입니다. 그리고 언약으로 묶으셔서 그리스도와 연합하셨습니다. 그것이 세례라고 했습니다. 면허증, 자격증이 아니라 결혼을 한 것입니다. 그래서 성경이 그리스도를 신랑으로, 성도를 신부로 표현합니다.

> 31 이러므로 사람이 부모를 떠나 그 아내와 합하여 그 둘이 한 육체가 될지니 32 이 비밀이 크도다 내가 그리스도와 교회에 대하여 말하노라(엡 5:31-32)
> 등불 빛이 결코 다시 네 가운데서 비취지 아니하고 신랑과 신부의 음성이 결코 다시 네 가운데서 들리지 아니하리로다 너의 상고들은 땅의 왕족들이라 네 복술을 인하여 만국이 미혹되었도다(계 18:23)

언약은 하나님과 연합된 자기 백성들과 스토리를 만들어 가는 것입니다. 하나님의 사랑을 알고 그 은혜를 알고 그 속성대로, 살아가는 스토리를 만들어 가는 것입니다. 그래서 성막이란 하나님과 함께 거하는 장소, '샤켄'이고 그래서 구름기둥, 불기둥으로 하나님의 임재가 있는 쉐키나입니다. 그렇게 하나님의 임재가 우리 눈에 가시적으로 나타나는 것을 '쉐키나의 영광'이라 합니다. 그렇게 하나님과 함께 사는 것이 구원이고 언약입니다. 그러나 하나님의 영광이 떠나고 없으면 '이가봇'이 되는 것입니다. 죽어서 가는 저 천국만이 아니라 우리에게 오신 하나님, 그 거룩하신 하나님과 함께 살면서 하나님의 거룩하신 속성대로 살아내는 것입니다. 현실은요? 그게 안 됩니다. 왜냐하면, 인간이 죄로 인해 타락하고 죄에 오염되었기 때문입니다. 그 안 되는 죄악 된 현실 속에서 하나님의 거룩한 속성을 담아내는 거룩한 백성으로 살아내려고 자기를 부인하고 자기 십자가를 지고 가는 것입니다. 왜 그래야 해요? 예수 그리스도를 구주로 믿는 성도들이니까요, 그리스도와 연합된 자들이니까요! '어떻게 그게 되나?' 그게 되는 것이 성도입니다. 백퍼센트 다 살아내는 사람만이 합격이라는 것이 아니라 그리스도와 연합된 자는 이미 하나님의 구원과 언약 안에 있기에 그렇게 살아가는 자들입니다. 그렇게 하나님의 속성을 담아내기 위해 살아가면서 그리스도와 함께 스토리를 만들어가는 사람들이 성도입니다. 그렇게 하나님의 계명을 지키는 것이 기쁨이 되고 즐거움이 되고 생명이 됩니다. 왜냐하면, 그렇게 살아가는 것이 하나님께서 원래 우리를 창조하신 그 목적에 가장 합당하기 때문입니다. 그렇게 살아가는 것이 우리에게 가장 충만한 의미와 통일성을 제공하기 때문입니다.
그것을 새언약 시대에 예수님께서 이렇게 말씀하셨습니다.

> 그 날에는 내가 아버지 안에, 너희가 내 안에, 내가 너희 안에 있는 것을 너희가 알리라(요 14:20)

그리스도께서 우리 안에 계시고 우리가 그리스도 안에 있다는 것을 아는 것은 오직 성령님의 역사입니다. 성령님께서 우리에게 역사하셔서 우리가 그리스도와 연합된 존재라는 그 존재적 관점을 끊임없이 확인시켜 가십니다.294) 왜냐하면, 궁극적인 변화는 그리스도와의 관계적 관점에서 주어지기 때문입니다. 우리가 그리스도 안에 있음으로 해서 우리가 새로운 존재가 되었고 새로운 변화가 일어나는 것이 언약입니다. 그렇게 삼위 하나님과 언약적으로 하나가 된 것을 확인한 자들은 21절에서 말하듯이 그리스도의 계명을 지키는 자들입니다. 관계, 존재, 사명이 언제나 이렇게 맞물려서 일어납니다. 성경이 예수 그리스도를 믿는 우리에게 확인시켜 주는 것은 연합된 관계, 연합된 존재, 연합된 사명입니다. 연합된 사명이라는 것은 우리의 행함이 우리의 의지의 결과로 되는 것이 아니라 하나님의 역사로 된다는 뜻입니다.

우리가 누구인지 우리 스스로 확인시켜 가는 것이 아닙니다. 세상은 끝까지 '나는 누구인가?' 그것을 확인하기 위해 자기 안에서 끌어내고 끌어올립니다. 그 세상과 섞인 것이 기독교 영성이라는 것입니다. 영성 앞에 기독교라는 말이 붙어 있지만, 그것은 순전히 눈속임에 불과합니다.

사도 바울은 그 하나 됨을 고린도전서 13장에서 이렇게 말했습니다.

---

294) 존 칼빈, 신약성서주석 3 (서울: 성서교재간행사, 1982), 496. 〈20절. 그 날에는 …, 많은 사람들은 이것을 오순절 날로 본다. 그러나 이것은 그리스도께서 그의 영적 능력을 제시하는 시간부터 최종적인 부활까지를 하루로 계산할 때 이 동안의 끊임이 없는 과정을 지시한다. 그들이 그때부터 알기 시작한 것은 사실이지만 성령께서 아직 그들에게 그처럼 강력하게 작용한 것은 아니었으므로 그 능력은, 말하자면 연약하고 초보적인 것이었다. 이 귀절의 의도는 우리가 쓸데없는 사변을 통해서 우리와 그와의 성스럽고 신비한 연합, 그리고 그와 아버지와의 연합이 무엇인가를 알 수 있는 것이 아니고 그것을 알 수 있는 유일한 길은 그가 성령의 은밀한 효력을 통해서 그의 생명을 우리에게 쏟아 주실 때만 가능하다는 점이다. 그리고 이것이 앞서 말한 대로, 산상의 체험이다. 아라우스파 사람들은 이 증거른 악용해서 그리스도께서는 오직 참여와 은혜를 통해서만(only by participation and grace) 하나님이시라는 점을 증명한다고 떠들어 댄다. 그러나 이런 헛소리를 반박하는 문제는 간단하다. 그리스도께서는 그의 영원한 본질에 대해서만 말씀하고 있는 것이 아니라 그 안에서 나타났던 신령한 능력을 천거하고 있다. 아버지께서 아들 속에 모든 충만한 축복을 두셨듯이 아들은 자신을 완전히 우리에게 주셨다. 우리가 "그 안에 있다"는 말씀은 우리가 그의 몸에 덧붙여진 가운데 그의 모든 의와 모든 축복에의 참여자가 되기 때문이다. 그리고 그가 우리 안에 계신다는 말씀은 그가 그의 영적 효력을 통해서 우리의 생명의 주(主)이신 원인이 되심을 명백하게 보여 주시고 있기 때문이다.〉

> 우리가 이제는 거울로 보는 것 같이 희미하나 그 때에는 얼굴과 얼굴을 대하여 볼 것이요 이제는 내가 부분적으로 아나 그 때에는 주께서 나를 아신 것 같이 내가 온전히 알리라(고전 13:12)

사도 바울이 말하려는 것은 우리가 그리스도와 신비스럽게 연합되어 있다는 것입니다. 그 연합된 사실을 아는 것은 쓸데없는 사변을 통해서가 아니라 예수 그리스도의 말씀을 통해서 확실하게 알 수 있습니다. 왜냐하면, 우리가 예수 그리스도의 말씀으로부터 깨닫게 되는 하나님에 관한 지식은 확실한 것이며 참된 것이기 때문입니다.295)

이사야 41장 8절에서 이스라엘을 말하면서 이렇게 말했습니다.

> 그러나 나의 종 너 이스라엘아 나의 택한 야곱아 나의 벗 아브라함의 자손아(사 41:8)

"벗"이라는 말의 어원에 대해서는 학자들 간의 견해가 조금씩 차이가 있습니다. 토마스(D. W. Thomas)는 '심하게 숨쉬다', '흥분되다'라는 뜻을 가진 아랍어 '하바'(habba)에서 유래한 것으로 말합니다. 혹은 드라이버(G. R. Driver)나 히르쉬버그(H. H. Hirschberg)는 '피부', '가죽'을 의미하는 아랍어 '아하브'에서 유래한 것으로 봅니다. 이 두 가지 단어가 말하는 것은 벗이라는 이 말이 매우 다정하고 애정 어린 느낌과 경험을 내포하고 있는 단어라는 것을 말해 줍니다. 칠십인경에서 이 말을 '아가파오'로 번역했는데, '무엇에 만족하다'는 뜻입니다.296) 그 말은 내적인 애정(an inner affection)을 의미합니다. 이사야서에서 이 말을 사용하는 것은 하나님께서 이스라엘을 지극히 사랑하시고 기뻐하셔서 포로에서 돌이키시고 예루살렘으로 돌아오게 하시고 하나님 자신과 자기백성 이스라엘과의 올바른 관계로 회복시키겠다는 그런 하나님의 강렬한 마음을 나타내는 의미로 사용했습니다. 자기 백성을 너무너무 사랑하시는 하나님의 마음이 담겨진 말이 '벗'이라는 단어입니다.

하나님께서 자기백성을 얼마나 좋아하시고 사랑하시는지 스바냐297)에서는 이렇

---

295) 존 칼빈, 고린도전서주석 (서울: 성서교재간행사, 1982), 383.
296) G. Johannes Botterweck·Helmer Ringgren, Theological Dictionary of the Old Testament, vol. I, John T. Willis Tran., (Grand Rapids, Michigan, 1997), 102.
297) 스바냐는 영적으로 어두운 므낫세 시대에 태어나 요시야 시대에 활동한 선지자다. 그 때는 앗시리아의 전성기가 끝나갈 무렵이었다.

게 표현됩니다.

> 너의 하나님 여호와가 너의 가운데 계시니 그는 구원을 베푸실 전능자시라 그가 너로 인하여 기쁨을 이기지 못하여 하시며 너를 잠잠히 사랑하시며 너로 인하여 즐거이 부르며 기뻐하시리라 하리라(습 3:17)

여호와 하나님께서 자기 백성을 구원하시는데 그 백성으로 인해서 기쁨을 이기지 못하신다 하십니다. 자기백성을 보고 즐거이 노래하며 기뻐하신답니다. 사랑하시는데 잠잠히 사랑하신답니다. '잠잠히'라는 말이 표현하기가 아주 어렵습니다.298) 이 사랑을 표현하자면 이런 것입니다. '보고 있어도 보고 싶은 사람', 다시 말해서 최고로 만족스러운 사랑의 상태를 말합니다. 하나님께서 자기백성을 너무나 좋아하시고 너무나 사랑하셔서 너무나 만족스러워하신다는 뜻입니다.299) 스바냐 3장 17절을 히브리어로 보면, '하나님이 너희 가운데 계신다', '그가 너를 사랑하신다', '그가 네 안에서 안식하신다', '그가 너를 기뻐하신다', '그가 너를 노래한다' 이런 말들이 분리되어 있지 않고 하나로 묶어서 발음하도록 되어 있습니다. 여호와 하나님께서 그렇게 하시는 까닭은 자기백성을 존재 그 자체로 사랑하시고 언약의 백성으로 살아가도록 다시 회복하실 것이기 때문입니다.
하나님께서 아브라함을 그렇게 벗으로 부르셨습니다. 이 한 문장에서 가장 중요한 것은 하나님이시고 그 다음은 부르셨다는 것이며 그 다음은 아브라함을 친구로 부르셨다는 것입니다. 세상종교는 그 부르심이라는 것이 안 됩니다. 없습니다. 세상은 소위 '영감', '신탁'이라는 것을 말합니다. '벼락같은 영감', '벼락같은 신탁'이라고 합니다. 그런데 그 벼락이 누구로부터 왔는지 어디서 왔는지를 알지

---

298) 우리 말 성경에서 '잠잠히'는 히브리어로 '야하리쉬'다. 이 말의 기본형은 '하라쉬'이며, 학자에 따라 다게 해석한다. 1) '새로운 일을 행하실 것이라', 2) '그가 그의 사랑 안에서 새로운 일을 행하실 것이라', 3) '안식하실 것이라'로 번역하여 '그가 그의 사랑 안에서 안식하실 것이라'고 번역한다. BibleHub과 내사랑하는 책은 'rest'로 번역했다. BDB와 BibleHub Strong's Concordance : 'he will renew his love', see especially BuhlZAW see 1885,
299) 존 칼빈, 구약성서주석 29 (서울: 성서교재간행사, 1982), 304. "스바냐 선지자는 똑같은 것을 좀 더 명백히 다시 확인하고 제시한다. 너를 잠잠히 사랑하시며. '하라쉬'의 올바른 의미는 '침묵을 지키거나, 고요하게 있다'라는 뜻이지만, 여기에서는 '쉬다'라는 뜻이다. 곧 '하나님이 만족하시다'라는 뜻인데, 프랑스어로는 Il prendra tout son contentement이다. 그 요지는 다음과 같다. 곧 하나님께서는 고요하고 정답게 교회를 사랑하는 것보다 원하시는 것이 없다. 내가 이미 말한 것처럼 이 감정은 엄격한 의미에서 정확하게 하나님에 대한 것으로 제시된 것은 아니다. 우리가 알고 있는 것처럼 하나님께서는 자신이 기뻐하시는 것은 무엇이든지 곧 성취하실 수 있기 때문이다. 그러나 하나님께서는 사람들의 특징을 취하신다. 하나님께서 우리에게 그와 같이 정답게 말씀하지 아니하신다면 우리를 얼마나 사랑하시는가를 온전히 보여줄 수 없기 때문이다. 그러므로 하나님께서는 그 사랑 안에서 휴식을 누리실 것이다. 곧 '하나님이 너를 사랑하실 때에 그것은 하나님의 가장 큰 기쁨이 되고 즐거움이 될 것이다. 남편이 자기에게 가장 정다운 아내를 사랑할 때처럼 하나님도 자신의 사랑 안에서 휴식을 누리실 것이다'라는 뜻이다. 이어서 선지자는 너로 인하여 즐거이 부르며 기뻐하시리라고 말한다.

못합니다. 그 벼락같은 영감이 구원을 주거나 인격을 변화시키는 것이 아닙니다. 그 벼락은 사람을 광기로 몰아갑니다. 맨 정신으로는 글을 쓰지 못하고 맨 정신으로는 인생을 살지 못합니다. 그 광기는 귀신에게 끌려 다니는 광기가 됩니다. 세상 사람들은 그것을 신적 광기라고 합니다. 일반적인 사람들이 말하는 것과 다른 것을 말하는데 거기에 무엇인가 다른 것이 있으니까 그것은 분명히 광기, 미친 것이 있는데, 그것을 '미쳤다', '광기다' 그렇게 말하면 미친 그 인간이나 안 미친 인간이나 결국은 다 미친 범주에 들어가 버리니, '신적광기'다 그렇게 말합니다. 플라톤은 광기를 신의 축복이자 신과 통하는 능력이라고 말했습니다. 그래서 신적 영감이라 했습니다. 플라톤은 그 신적 영감을 이데아의 세계로 상승하는 에로스와 동등한 역할을 한다고 보았습니다.300) 광기가 신의 축복이라면 세상 모든 사람이 다 광기를 받아야하지 않겠습니까? 이런 광기를 데카르트는 『제1성찰』에서 '심술궂은 악령'이라고 말했습니다.

> 심술궂은 악마의 영원히 위협적인 힘이 잊히게 되는 것은 코기토에 의해 계시되는 진리가 마침내 심술궂은 악마의 그림자를 완전히 없애기 때문이 아니다. 실존과 외부세계의 진실에 이르기까지 이 위험은 데카르트의 성찰과정을 굽어볼 것이다.

데카르트 그러면, 17세기 초기의 가장 중요한 철학자이며, '근대 철학의 아버지' 혹은 '근대성의 아버지'라고 불리는 사람입니다. 근대의 가장 중요한 특징을 말할 때, 그중에 대표적인 것이 각 개인을 주체로 확립했다는 것입니다. 소위 중세의 신(神) 중심주의에서 근대의 인간중심주의로 넘어왔다고 말합니다. 그래서 이성이 주인이 된 시대를 말한 것으로 생각하지만 사실은 이성과 광기가 언제나 맞물려 있습니다. 데카르트는 그 광기를 '심술궂은 악령'이라고 말하면서 인간이 진리를 찾아가는 그 과정에 이성과 광기가 같이 있다는 것을 말한 것입니다.

---

300) 노영덕, 플로티노스의 미학과 예술의 존재론적 지위 (서울: 한국학술정보, 2008). 〈플라톤에 의하면 서정시, 서사시 할 것 없이 모든 걸작은 절대로 기교로 되는 것이 아니라 모두 영감을 받아, 신의 힘으로 되는 것이다. 그리고 이 때 시인이란 기술, 지식이 뛰어난 사람이 아니라, 신으로부터 영감을 받은 사람이다. 그래서 "영감을 받아, 제정신이 아니고 정신이 더 이상 그에게 있지 않을 때까지 시인은 아무런 창조도 할 수 없"으며 "뮤즈의 제단 위에 앉을 때 비로소 시인은 샘처럼 자유로운 분출이 가능"해진다. 이러한 주장은 『파이드러스』에서도 계속된다. 한편, 플라톤의 마니아(Mania), 즉 광기 개념은 그의 영감이론을 보다 분명한 형태로 만들어 준다. 마니아는 주로 『파이드러스』에서 다루어지고 있는데 여기서 플라톤은 광기를 신으로부터의 축복으로 간주한다. 그리고 그것을 4가지로 나눈다. 바로 아폴론으로부터의 예언적 광기, 디오니소스로부터의 종교적 광기, 뮤즈로부터의 시적 광기 그리고 아프로디테와 에로스부터의 미와 사랑의 광기이다. 이것은 모두 정신적 질병으로서의 광기가 아니라 신적인 것과 관련되는 광기이다. 플라톤에게 있어 광기는 신의 축복이자 신과 통하는 능력이다. 그래서 그것은 신적 영감과 같다. 곧, 영감은 광기의 형태를 띠는 것이다. 이렇게 플라톤은 신으로부터의 영감을 신의 축복인 광기와 동일시한다.〉

미셸 푸코가 "광기를 비이성의 자유로운 지평 위에 다시 위치시켜야 한다"라고 말하면서 광기를 창조력의 발휘라고 말하면, 왜 사람들은 다 그렇게 미치기를 원하지 않을까요? 플라톤이 말하는 광기는 인간의 의지를 벗어난 광기입니다. 내 의지로 만들어 내는 광기가 아니라 신이 외부에서 주는 광기라고 말했습니다. 이 신적인 광기가 상기의 수단이고 이데아의 세계로 가는 수단이 됩니다. 플라톤이나 푸코나 그들이 신적인 광기, 신적으로 미친 것은 다른 말로 하자면, 인간의 생명력이 발휘되는 것은 이성적인 것이 아니라는 말입니다. 인간이 생명력을 발휘하려면 다 미쳐야 한다는 것입니다.

좀 더 우리 시대와 가까운 사람이야기를 해 보겠습니다. 에르빈 슈뢰딩거라는 사람이 있습니다. 독일어로 원래 이름을 말하자면, 에르빈 루돌프 요제프 알렉산더 슈뢰딩거(Erwin Rudolf Josef Alexander Schrödinger, 1887-1961)입니다. 슈뢰딩거 방정식을 비롯한 양자 역학에 대한 기여로 유명한 오스트리아의 물리학자입니다. 슈뢰딩거 방정식으로 1933년 노벨 물리학상을 수상했습니다. 그는 또한 슈뢰딩거의 고양이라는 유명한 사고 실험을 제안하였습니다. 슈뢰딩거는 자신의 삶을 일기로 기록하며 살았던 사람입니다. 아주 어렸을 적부터 쓴 자신의 일기장에 「사라지는 것들」이라고 제목을 붙였습니다. 1925년 크리스마스 휴가에서 파동방정식의 영감을 얻었습니다. 소위 과학혁명이라고 일컫는 파동역학이 탄생하는 순간이었습니다. 사람들은 슈뢰딩거가 파동방정식의 영감을 얻은 것을 벼락같은 영감이라고 말합니다.

그러나 정작 슈뢰딩거의 마음을 괴롭히는 것은 파동역학이 아니었습니다. 그것은 '나는 누구인가?'였습니다. 슈뢰딩거가 평생을 고민하고 추구한 것은 '인간이라는 존재의 근원이 무엇인가?' 하는 것이었습니다. 그는 자신의 사유를 『생명이란 무엇인가?』에 쏟아냈습니다. 이 책은 슈뢰딩거가 죽기 두 달 전에 나온 책입니다. 슈뢰딩거는 어디에서 그 답을 찾았을까요? 그는 인도의 베단타 철학을 신봉했으며 기본적으로는 무신론자였습니다. 슈뢰딩거는 자신의 과학적 연구가 인간 존재 속에 본래 내재한 신성(神性)을 탐구하는 고독한 길이라고 생각했습니다. 그는 자신의 일기 「사라지는 것들」에서 "열반은 순수하고 행복한 앎의 상태이다."라고 기록했습니다.[301] 자기 스스로 진리를 깨우쳐서 궁극적인 진리를

---

301) 에르빈 슈뢰딩거, 생명이란 무엇인가? 서인석, 황상익 역 (서울: 한울, 2011). 책에 나오는 슈뢰딩거의 말들 중에서. 〈인도 사상에서는 초기의 위대한 우파니샤드로부터 '아트만=브라만'이라는 인식, 즉 개인 자아는 만능의, 세상 모든 것을 포용하는 영원한 자아와 같다는 인식은 결코 불경스러운 것이 아니고 세상 사물에 대한 가장 깊은

찾는 것이 신에 이르는 길이라고 여긴 것입니다. 그렇게 진리를 찾아 신성에 이르려고 했던 슈뢰딩거에게는 부인 안니 외에 숱한 여자들이 있었습니다. 안니는 신혼 초부터 남편 슈뢰딩거의 바람기에 절망했습니다. 슈뢰딩거의 천재성, 그 벼락같은 영감을 소유한 사람이었으나 그 벼락같은 영감이 어디에서 왔는지? 나라는 존재는 누구인가? 그런 고민은 결국 자기 안에 신성으로 가고, 슈뢰딩거의 삶은 정상적인 가정을 이루고 살아가지 못했습니다.302)

하나님께서 아브라함을 부르시는 것은 벼락같은 영감이 아닙니다. 아브라함이 어느 날 갑자기 벼락같은 영감을 얻어서 여호와 하나님을 알게 된 것이 아닙니다. 내가 누구인지를 고민하고 그 답을 찾으려고 애쓰고 몸부림치다가 어느 날 갑자기 벼락을 맞은 것이 아닙니다. 하나님께서 아브라함을 부르셨고 아브라함은 자기를 부르신 분이 여호와 하나님이심을 알고 교제하고 소통합니다. 그리고 스토리를 엮어가면서 인격적인 항복이 일어납니다. 그것이 언약입니다.

마이클 호튼이 『천국 가는 순례자를 위한 조직신학』에서 말하는 드라마입니다. 그가 말하는 드라마란 창조에서 완성까지 그리스도의 구원역사를 핵심 줄거리로 하는 '큰 이야기'를 말합니다. 마이클 호튼은 『언약적 관점에서 본 개혁주의 조직신학』을 다 쓸 무렵에 이 책을 쓰기 시작했습니다. 그는 우리가 하나님을 알

통찰력의 진수를 나타내는 것이라고 여겨졌다. … 우리 각자는 그것을 '나'라고 부른다. "그러면 대체 이 '나'는 무엇인가?" 내가 생각하기에 여러분은 그것이 경험과 기억이라는 게게 자료의 모임, 다시 말해 그러한 자료들을 모아 놓은 캔버스일 뿐이라는 사실을 알게 될 것이다.〉
302) http://www.kias.re.kr/etc_img/bbs_file/KN_2008_37/KN_2008_37_34.pdf/ 윤지강, 고독한 황야의 이리, 에르빈 슈뢰딩거. 〈슈뢰딩거는 숱한 여인들과 사랑을 나누면서도 부인인 안니와의 결혼생활을 일생동안 유지했다. 안니는 슈뢰딩거와는 지적으로 전혀 어울리지 않는 여자였다. 그녀는 신혼 초에는 남편의 바람기에 절망했지만, 과학자로서의 그를 진정으로 존경했기 때문에 평생 그의 곁에서 참된 내조를 했다. 어느 여인도 그를 잡아둘 수 없었고 그를 갇들일 수 없었다. 에르빈 슈뢰딩거, 그는 한 마리 고독한 황야의 이리였다. 그의 불꽃같은 천재성과 독창성은 자신을 제도나 모럴 속에 안주시키는 것을 절대적으로 거부했다. 오직 단 한 여자, 펠리시 크라우스만이 그의 삶에 지대한 영향을 끼쳤다. 펠리시 크라우스는 집안끼리 알고 지내던 귀족가문의 말로 슈뢰딩거가 어릴 때부터 보아오던 어린 소녀였다. 하지만 펠리시가 매혹적인 눈동자에 날렵한 몸매의 발랄한 처녀로 성장했을 때 슈뢰딩거는 걷잡을 수 없는 사랑의 열정에 빠지고 말았다. 하지만 그때 그는 25세의 가난한 대학강사에 불과했다. 크라우스 남작부인은 무신론자에다 가난한 학자인 슈뢰딩거에게 절대 딸을 시집보낼 수 없었다. 슈뢰딩거는 펠리시와의 결혼을 위해 가난한 학자의 길을 포기하고 가업家業을 물려받을 것까지 심각하게 고민했지만 남작부인은 두 사람을 강제로 떼어놓았고 딸을 귀족가문의 장교와 결혼시켜버렸다. 이 일은 자존심 강한 청년 슈뢰딩거에게 깊은 굴욕감과 상처를 안겨주었다. 그가 자신보다 한참이나 지위가 떨어지는 안니를 배우자로 선택한 것도 이때의 상처에 대한 보상심리였으리라. 원하지 않는 결혼을 한 펠리시의 삶 역시 순탄치는 않았던 것 같다. 그녀의 남편은 사업에 실패해 빈털터리가 되었고 펠리시는 홀로 남겨지게 되었다. 하지만 그 후 두 사람이 재회의 만남을 가졌다는 기록은 보이지 않는다. 펠리시는 일생 동안 슈뢰딩거를 지켜보았고 그의 70회 생일날에 다음과 같은 시를 보내왔다. "내 생각에 첫 닭이 울 때 우리의 어린 시절 막 떠난 듯하네, 내 생각에 우리 젊은 날의 만용과 행복 이후 겨우 한 순간이 지난 듯하네." 영혼을 다해 사랑했던 연인의 시를 받은 70살의 에르빈 슈뢰딩거는 무슨 생각을 했을까. 다만 쓸쓸한 회한의 미소를 지었을까, 아니면 생이 하나의 슬픈 희극에 불과한 것임을 탄식했을까. 그의 금빛 머리카락은 하얗게 퇴색되었고 노안에는 주름이 가득하지만 그의 심장만은 여전히 스물 몇 살, 그 때의 열정과 고통으로 아프게 찢겨졌을 것이다.〉

아가는 여행에서 우리를 인도하는 네 개의 좌표가 있다고 말하면서, 1) 드라마 2) 교리 3) 송영 4) 제자도라고 말합니다.303) 마이클 호튼이 '드라마'라고 하는 것은 그리스도를 믿는 우리가 순례자이기 때문입니다. 그것은 '여행 중에 있는 사람들'을 의미합니다. 이 세상과 다가올 세상에서 삶에 대한 의미를 찾아 여행하는 사람들입니다. 그것은 언제나 하나님께서 누구시고 하나님께서 우리를 위해 무엇을 행하셨으며 하나님과 우리와의 관계 속에서 알아가는 것입니다.

이것이 무엇을 의미할까요? 그리스도의 구원의 역사가 핵심이 되는 드라마가 아니면 우리는 이 땅을 살아가는 순례자가 아니고 이 땅에 이상 국가를 세우려고 하는 욕망의 노예라는 것을 의미합니다. 인간은 그 욕망을 정당화하기 위해서 우상을 만들고 종교를 만들어 냅니다. 그런 욕망의 노예들은 자기 안에서 자기 존재의 의미를 발견하려고 합니다. 그리고 자기를 신성화 하려고 합니다. 칼 융은 그것을 신성한 내면아이로 규정하고 구상화를 통해 영적인 안내자와 만나 신성화를 이루었다고 보았습니다. 그것을 말해 주는 것이 『RED BOOK』입니다. 더 자세한 것은 저의 책 『내적치유와 내면아이』, 『내적치유와 구상화』를 읽어 보기 바랍니다.

'그러면 기독교는 뭐냐?'라고 하면, 그것은 예수 그리스도의 드라마, 그 구속의 드라마 속에서 하나님 그분을 알아가고, 알수록 인격적인 항복이 되고 찬송이 흘러나오고 그리스도의 속성에 어울리는 그의 제자로서의 삶을 살아가는 것입니다. 그것이 언약의 드라마, 구원의 드라마입니다. 우리는 그 구속의 드라마에서 참되고 영원한 의미와 통일성을 공급받습니다.

예수 그리스도를 믿는다고 하면서, '아직도 내가 누구인가?', '나는 어떤 존재인가?'를 고민하고 있다면 그것은 성경적인 방식으로 가고 있는 것이 아닙니다. 그것은 여전히 실존적인 방식으로 가고 있는 것입니다. 여전히 자기 존재가 누구인지 알기 위해 명상하면서 답을 찾고 있다면 그것은 예수 그리스도를 믿은 것이 아니라 자기 안에 신성을 찾아가고 있는 것입니다. 실제로 교회 안에는 그렇

---

303) 마이클 호튼, 천국 가는 순례자를 위한 조직신학, 박홍규 역 (서울: 부흥과개혁사, 2015), 13-14. "우리의 모든 믿음과 실천은 성경의 드라마, 곧 창조에서 완성까지 알파요 오메가요 처음과 나중이신 그리스도를 역사의 줄거리로 하는 '큰 이야기'에서 나온다. 그리고 이렇게 펼쳐지는 드라마의 요동치는 동사들에서 하나님은 안정된 명사들, 곧 교리들을 제시하신다. 하나님이 역사에서 행하신 것에서 우리는 하나님이 누구시며, 하나님의 형상으로 피조함을 입고 타락하고 구속받고 회복되고 그리스도와 연합되어 영화롭게 되는 것이 무엇을 의미하는지 배우게 된다. 성부가 자신의 아들 안에서 자신의 영으로 자신의 교회를 창조하시기 때문에 우리는 이 언약의 공동체가 무엇이며, 이 언약의 공동체에 속하는 것이 무슨 뜻이고, 그리스도 안에서 우리에게 어떤 미래가 약속되어 있으며, 이 모든 것을 생각할 때 우리가 이곳에서 지금 어떻게 살아야 할지 깨닫게 된다. 드라마와 교리는 우리를 자극하여 찬양하고 예배하도록, 곧 송영을 드리게 한다. 그리고 이 세 가지 좌표는 우리에게 제자들로서 세상에서 사는 새로운 방식을 제시한다."

게 살아가는 사람들이 너무너무 많습니다. 자기 안에서 자기를 발견하려는 것은 구원과 언약에서 벗어난 것입니다. 삼위 하나님께서 택하시고 부르시고 구원하시고 의롭다하시고 영화롭게 하시는 그 구원 역사 속에서 자기 존재를 확인받고 살아야 합니다. 수많은 영성 프로그램과 심리학은 자기 안에서 자기 존재를 확인해 가는 인간적인 방법입니다. 이것이 분간이 안 되면 신앙생활은 진전이 없습니다.

기독교는 자기 열심을 바쳐 자기가 자기를 확인해가는 종교가 아닙니다. 여호와 하나님께서 아브라함을 부르셨다는 것, 그리고 벗으로 부르셨다는 것은 세상의 모든 종교가 아무리 공을 들여 빌어도 미치도록 빌어도 대답이 없는 종교였는데, 어느 날 하나님께서 아브라함을 부르셨습니다. 온 세상에 우상들이 널려 있고 거기에 제사장들이 있고 사람들이 거기에 돈을 갖다 바치고 재물을 바치고 온갖 치성을 바치는데도 아무 소리가 없었습니다. 그런데 어느 날, 하나님께서 부르셨습니다. 아브라함에게 말씀이 들렸습니다. 아브라함이 무슨 종교적인 정성을 바치고 철학적인 고민을 한 결과로 들려진 음성이 아니라 하나님께서 그 주권으로 부르셨습니다.

> 여호와께서 아브람에게 이르시되 너는 너의 본토 친척 아비 집을 떠나 내가 네게 지시할 땅으로 가라(창 12:1)

상상할 수도 없는 일이 일어났습니다. 이것은 설명이 안 되는 일입니다. 설명이 안 된다는 말은 아브라함이 지금까지 보아왔던 모든 종교들은 하루아침에 다 끝이 나버리는 사건입니다. 세상을 주름잡던 그런 종교들, 그 종교지도자들은 죽은 종교이고 죽은 지도자들이 되어 버렸습니다. 아브라함은 아브라함 시대의 멘탈리티에 지배를 받는 사람입니다. 우리는 우리 시대의 멘탈리티에 지배를 받고 삽니다. 그런데 그 멘탈리티가 박살이 나는 겁니다. 무엇 때문에요? 하나님의 음성이 들렸기 때문입니다. 하나님께서 아브라함을 부르셨기 때문입니다. 더 이상 예전의 방식대로 살아갈 수 없습니다. 그 말씀, 그 부르심이 아브라함을 새롭게 시작하게 했습니다.

우리는요? 우리는 아브라함이 들었던 그 부르심을 다시 들어야 하는 것이 아닙니다. 우리는 아브라함보다 더 큰 부르심이 있었기 때문입니다. 아브라함이 들었던 그 말씀, 그 음성을 우리도 똑같이 들어야 한다는 것은 성경이 말하는 그 구속의 드라마, 그 언약의 드라마를 모르는 것입니다. 예수님께서 요한복음 8장에서 이렇게 말씀하셨습니다.

> 너희 조상 아브라함은 나의 때 볼 것을 즐거워하다가 보고 기뻐하였느니라(요 8:56)

지금은 새언약의 시대입니다. 새언약은 예수 그리스도의 십자가 대속으로 우리에게 주신 새로운 시대입니다. 우리를 부르신 그 부르심은 성령 하나님께서 효력 있게 부르신 부르심입니다. 그 부르심은 내용면에 있어서는 아브라함이 부름 받은 그 부르심과 동일하지만, 그 역사에 있어서는 아브라함보다 더 위대한 것입니다. 왜냐하면, 아브라함은 옛언약의 사람이지만 우리는 새언약의 백성들이기 때문입니다. 그러니, 음성을 들려달라고 하지 말고, 예수 그리스도를 믿은 그것으로 기뻐하고 즐거워하기 바랍니다.

중요한 것은, '예수 그리스도를 믿은 그 사실이 우리의 인생을 어떻게 바꾸고 있느냐?'하는 것입니다. '아브라함처럼 불러주시고 지시해주시면 뭐든지 하겠습니다.' 그러지 마세요. 아브라함이 부름을 받은 것보다 우리가 더 큰 은혜로 부름을 받았습니다. 그게 귀에 안 들린다고 아니라고 아니라고 부인하지 마세요. 예수 그리스도께서 십자가에 피 흘려 죽으시고 부활 승천하시고 보내주신 보혜사 성령님께서 우리를 부르신 위대한 부르심입니다. 우리는 아브라함보다 더 목숨을 걸어야할 이유가 거기에 있습니다. 아브라함보다 못한 것을 주신 것이 없습니다. 아브라함보다 부족하게 주신 것이 없습니다. 아브라함보다 더 좋은 것을 주셨습니다. 아브라함보다 더 넉넉하게 주셨습니다. 그걸 알아가는 것이 구속의 드라마, 언약의 드라마입니다.

아브라함을 부르셔서 구속의 드라마를 진행해 가셨던 하나님, 그 여자의 후손, 그 메시아의 오심을 이어가게 하신 하나님, 그 하나님께서 오늘 우리와 함께 하십니다. 오신 메시아, 예수 그리스도께서 보혜사 성령님을 보내셔서 구속의 드라마, 언약의 스토리를 계속해서 이어 가고 계십니다. 힘들고 고생되고 아프고 눈물 나는 세상입니다. 그것을 이겨내고 송영이 흘러나오는 것은 하나님께서 우리를 예수 그리스도의 십자가 피로 부르시고, 너무너무 즐거워하시고, 너무너무 기뻐하시고, 너무너무 만족해하신다는 사실입니다. 하나님께서 늘 말씀하십니다. '네 앞에 내가 있다', '세상 끝 날까지 너와 함께 하고 있다', '내가 너를 기뻐한다', '내가 너를 즐거워한다', '내가 너를 사랑한다' 그 사랑을 예수 그리스도의 십자가 피 흘림으로 나타내셨습니다. 그 은혜를 아는 사도 바울이 이렇게 고백했습니다.

> 미쁘다 모든 사람이 받을 만한 이 말이여 그리스도 예수께서 죄인을 구원하시려고 세상에 임하셨다 하였도다 죄인 중에 내가 괴수니라(딤전 1:15)

나 같은 죄인을 구하려 세상에 오시고, 십자가에 피 흘려 죽으셨습니다. 그래서 어쩌라고요? '내가 너를 기뻐하듯이 너도 나를 기뻐해라', '내가 너를 즐거워하듯이 너도 나를 즐거워해라', '내가 너를 사랑하듯이 너도 나를 사랑해라' 이 아픔 속에도 기뻐하고, 이 고난 속에도 즐거워하고, 이 질병 속에서도 사랑하면서 아버지 하나님 그 손에 붙들려서 아버지 나라에 영광스럽게 들어가는 믿음의 성도들이 다 되기 바랍니다.

언약 29 아브라함언약 5

1 대제사장이 가로되 이것이 사실이냐 2 스데반이 가로되 여러분 부형들이여 들으소서 우리 조상 아브라함이 하란에 있기 전 메소보다미아에 있을 때에 영광의 하나님이 그에게 보여 3 가라사대 네 고향과 친척을 떠나 내가 네게 보일 땅으로 가라 하시니 4 아브라함이 갈대아 사람의 땅을 떠나 하란에 거하다가 그 아비가 죽으매 하나님이 그를 거기서 너희 시방 거하는 이 땅으로 옮기셨느니라(행 7:1-4)

언약 스물아홉 번째 시간입니다. 아브라함 언약으로는 다섯 번째 시간입니다. 지난 시간까지 아브라함 언약을 이해하기 위해 노아와 니므롯을 살펴보았으며 아브라함을 선택하신 하나님이 어떤 분이신지를 살펴보았습니다. 하나님께서는 아브라함을 부르셨다는 그 사실이 너무나도 중요하다고 강조했습니다. 지금 우리가 삼위 하나님의 언약을 배워가면서 중요하게 알아가야 하고 헷갈리지 말아야 하는 것은 '성경이 말하는 삼위 하나님인가?' 아니면, '인간이 실존적으로 만들어 낸 신이냐?'라는 중대한 본질에 관한 것입니다. 예수 그리스도를 구주로 믿고 그 언약의 백성으로 살아간다고 할 때 이 중요한 것을 분명하게 알아야 합니다. 왜 그것이 그렇게 중요하냐면, '삼위일체 하나님을 믿느냐?', 아니면 '우상을 섬기느냐?'의 실제적인 문제이기 때문입니다. 그리고 그 부분이 안 되면 현대 영성의 흐름에 빠져들어 가기 때문입니다.

어느 시대에나 그렇지만, 특히 현대 기독교는 실존적 기독교로 변질되고 있습니다. 아브라함의 하나님은 썸씽이 아닙니다. 아브라함을 부르신 하나님은 아브라함이 자기 열심을 바쳐서 도약으로 만들어 낸 썸씽(something)이 아닙니다.[304] 썸씽이란 인간이 자기 열심으로 만들어 낸 신입니다. 실존적으로 접근하면 '썸

---

304) http://news.kmib.co.kr/article/view.asp?arcid=0004564055/ 이어령, 믿음을 말하다(2011.1.23.). 〈우리는 왜 예수 그리스도를 믿어야 하는가〉에 대해 물었다. 그는 오랜 시간동안 입었던 지성의 무거운 갑옷을 벗고 영성의 세계로 들어왔다. 무엇이 그를 새로운 세계로 인도했는가. "굳이 예수님이라는 이름을 붙이지 말고 그냥 '썸씽(Something)'이라고 불러 보세요. 그런 썸씽은 누구나 다 가지고 있는 겁니다. 종교까지 가지 않더라도 과학자나 공부 좀 한 사람들도 이 세계에는 '위대한 썸씽(Great Something)'이 있다고 생각합니다. 형상화(formulate) 되는 것, 디자인 되는 어떤 것이 있다는 말입니다. 무언가 제 힘 이상의 것이 발휘되었을 때, 그것을 '위대한 썸씽', 혹은 신으로 부르는 것입니다. 사람들은 불가능한 것이 이뤄질 때에 우연이라고 말합니다. 그런데 누가 천만번 로또에 당첨됐다고 해 보세요. 그게 우연이겠습니까. 인생에는, 우주에는 한 사람이 천만번 로또에 당첨된 것보다 더 어려운 일들이 일어나고 있습니다. 우주를 디자인한 사람이 있다고 생각하지 않을 수 없습니다. 내가 세례 받은 것, 신자가 된 것도 모두 그 위대한 썸씽의 계획 하에서 이뤄진 것입니다. 나에게 그 위대한 썸씽은 하나님이십니다." 이 전 장관이 '지성에서 영성으로' 들어가게 될 때의 상황을 '플런지(Plunge·빨려 들어간다'라는 단어로 설명한다. 그에게 플런지는 믿음의 단계에서 아주 중요한 용어다. "지성에서 영성으로의 전환을 위해서는 던져지고 적셔져야 합니다. 소금에 저는 것과 같이 예수님께 푹 절여져야 합니다. 겉절이는 겉만 소금이 배인 김치입니다. 속은 그대로 이면서 겉만 영성에 발을 담근 겉절이와 같은 신앙인들이 적지 않습니다. 물론 나도 대표적입니다. 예수 그리스도와의 위대하고 진정한 만남을 위해서는 자기를 던져야 합니다. 푹 적셔야 합니다."〉

쌩'입니다. 성경은 그것을 '우상'이라 합니다. 우상이라는 단어가 성경에서 레위기 26장 1절에 나오고 뒤이어서 출애굽기 20장 4절에서 나옵니다. 이 두 구절을 영어성경 NASB에서는 "너 자신을 위하여 우상들을 만들지 말라"고 번역했습니다.305) 물론 한글 성경에서도 "너를 위하여"라고 번역되어 있지만 좀 더 NASB가 좀 더 직설적인 번역입니다. 셈족 언어에서 우상이라는 히브리어 단어는 나무나 돌을 새겨 파서 만든 것을 말합니다. 우리가 쉽게 이해하자면 아이콘을 만드는 것입니다. 자기를 위해서 나무나 돌에 형상을 파서, 그 아이콘을 만들어서 신성화해 버린 것입니다. 돌이나 나무에 형상을 파서 만들어 신성화 했다는 것은 내가 주인이라는 공식적인 선언을 해 버린 것입니다. 우상이란 인생의 주인도 세상의 주인도 여호와 하나님이 아니라는 것이고, 이 형상, 이 우상을 만든 나 자신이 주인이고 나 자신이 하나님이라는 선포입니다.

그러면, 사람들이 왜 그런 우상들을 만들까요? 현대에 와서는 보드리야르가 말한 '시뮬라크르'를 통해 알 수 있습니다. 원래 시뮬라크르는 신의 소상(塑像)이나 화상(畵像)을 말했습니다. 보드리야르가 말하려고 하는 것은 현대의 소비사회는 자신의 욕구를 만족시키기 위해 사물들을 소비하는 것이 아니라, 자신의 신분을 상승시키기 위해 사물을 소비하더라는 것입니다. 현대의 소비사회에서 사물이 기호가 되고 차이의 원리에 의해서 인간은 사물을 소비한다고 말했습니다. 예를 들자면 이런 겁니다. 옆집에서 어느 날 소나타를 샀습니다. 그러자, 기분이 나빠서 잘 타고 다니던 소나타를 팔아버리고 그랜저를 샀습니다. 그러자 옆집에서 소나타를 팔아 버리고 아우디를 샀습니다. 그랜저 타는 아저씨가 그랜저 팔아버리고 BMW를 샀습니다. '내가 너하고 동급을 타고 다닐 수 있겠냐?' 그래서 더 비싼 차를 구매하더라는 것입니다.

그렇게 자기를 차별화 하는 이 기호, 이 시뮬라크르가 현실이 되고, 현실이 시뮬라크르가 되어 버렸습니다. 세상에는 인생을 살아가야할 참된 가치가 사라져 버렸습니다. 그렇게 인간이 살아가야 할 가치들이 사라지고 나니 인간들이 살아가는 세상은 '나는 너와 다르다'라는 차이를 나타내기를 즐기는 유희만 난무하게 되었습니다. 보드리야르는 이런 사회를 '시뮬레이션 사회'라고 말했습니다. 성경이 말하는 그 우상이 바로 보드리야르가 말하는 기호, 시뮬라크르이고, 그렇게

---

305) G. Johannes Botterweck · Helmer Ringgren, Theological Dictionary of the Old Testament, vol. I, John T. Willis Tran., (Grand Rapids, Michigan, 1997), 33. You shall not make for yourselves idols, nor shall you set up for yourselves an image or a [sacred] pillar, nor shall you place a figured stone in your land to bow down to it; for I am the LORD your God(레 26:1). "You shall not make for yourself an idol, or any likeness of what is in heaven above or on the earth beneath or in the water under the earth(출 20:4).

다른 사람들과 차이를 나타내기 위해 상품을 구매하고 즐기는 시뮬레이션 사회가 바로 '우상사회'입니다. 결국 우상이라는 것은 자기 잘남을 드러내는 것입니다. 인간이 그렇게 자기 잘남에 신성함을 부여하고 싶어 합니다. 신성하지 않으면 영원한 의미와 통일성을 부여받지 못하기 때문입니다. 오직 신에게만 속한 속성, 오직 성경이 말하는 하나님에게만 속한 그 참되고 영원한 속성들을 인간의 것으로 만드는 것이 우상숭배입니다. 그래서 우상숭배가 죄입니다.

자기가 도약해서 만들어 낸 신, 자기가 믿는 산을 '썸씽'이라 하는 사람은 성경의 역사적 사건들을 신화라고 말합니다.306) 신화는 음양의 순환체계로 갑니다.307) 지극히 인간적인 생각으로 만들어 낸 체계입니다. 인간이 경험적으로 관

---

306) 이어령, 이어령의 보자기 인문학, 《왜냐하면 롤랑 바르트의 증언대로 물건을 넣기 위한 용기인 노아의 방주는 배라기보다는 물 위에 떠 있는 긴 상자이자 세계를 운반하는 커다란 트렁크였기 때문이다. 이 신화가 지시하고 있는 것은 '서양적인 것', '근대적인 것'의 세계를 보여주는 드라마이다.", "방주의 신화는 근대 산업문명의 구석구석까지 실현되어 있지만 피리를 불며 하늘을 날고 있는 옷 신화는 이런 유치한 상태로 멈춰 있는 것이다."》 참고로 생각해 보면, 이어령 씨의 『지성에서 영성으로』라는 책이 2013년 11월에 출판되었으며, 이어령의 『이어령의 보자기 인문학』은 2015년 10월에 출판된 책이다. 2012년 『지성과 영성의 만남』에서 이어령 씨는 영성을 이렇게 정의했다. 〈비유로밖에 말할 수 없는 게, 아직 내가 영성을 보지도 못했고 내게 영성이 있는 것인지도 잘 모르는 상태에서 지성에서 점핑하려 하기 때문인데, 간단하게 이렇게 말할 수 있습니다. 여기 물이 있는데 물이 확 엎질러졌어요. 그러면 대부분의 아이들은 빨리 휴지를 가져와서 닦습니다. 죄의식도 있고 자기 실수도 있고 야단맞을 수도 있으니까 증거를 빨리 없애려는 거죠. 막 닦습니다. 지성이 이런 거예요. 자기 실수를 어떻게 소거하고 깨끗하게 하고 원위치로 돌아오게 하나 생각하고 행동하는 거죠. 그런데 물이 엎질러지면 "양"하고 우는 애가 있어요. 때리지도 않았는데 야단도 안 쳤는데, 물은 자기가 엎질러 놓고 겁나서 우는 거예요. 이게 감성입니다. 그러니까 지성은 일이 벌어졌을 때 해결 능력도 있고 실제로 해결하기도 하는데, 감성이라는 것은 큰일 났다고 하는 것을 표현하는 것입니다. 같은 행동을 하고서, 하나는 해결하는 것이고 하나는 자기가 놓인 상태를 호소하는 거예요. 그러면 어머니가 와서 "괜찮아? 안 다쳤니?" 하면서 대신 닦아 줘요. 감성과 지성, 어느 쪽이 좋은 것인지는 몰라. 대신 닦아 주지만 하여튼 해결이 되죠. 영성이라는 것은 이런 것이 아닙니다. 엎질러진 것, 현세에서 일어난 현상에 대해 닦거나 울거나 두 가지밖에 없는데, 영성은 엎질러진 물을 가지고 그림도 그리고 지도도 만들고, 실수한 것 잘못한 것과 전연 관계없이 넘어서 다른 행동을 하는 거예요. 영성은 점핑하는 거예요. 다른 세상으로 가는 것이죠. 현실에서 물이 엎질러지고 지저분해지고 하는 것 자체를 지성과 감성은 절대 인정하지 못하는 거예요. 그런데 영성은 그런 인간의 원죄라든지 잘못을 포지티브하게, 물의 온도와 관계없이 막 물을 튀기듯이 가지고 논다는 얘기죠. 이쯤 되어야 영성이거든요. 인과因果를 벗어나는 거예요. 그런데 우리는 얽매여 있기 때문에 내가 저지른 일에 대한 결과만 가지려 하지, 저질러진 원인에서 결과까지를 뛰어넘지 못해요. 해결을 넘어서 자기가 새로운 원안을 만들어 내는 그것을 자는 영성이라고 생각합니다. …8강 〈종교〉에서〉(자료출처 교보문고 도서안내에서). 참고로 그의 신화에 대한 개념은 그의 이전 책인, 『이어령의 삼국유사 이야기』에서 엿볼 수 있다. 2007년 기사이기에 그가 회심했다고 말하는 그 이전의 시기이겠지만, 다음의 한경기사 자료를 참고하기 바란다. 〈한국의 희랍신화 못지않은 '한국의 神 이야기'··'이어령의 삼국유사 이야기' 출간(2007.01.05) 이어령 성결대 석좌교수는 "희랍신화를 읽거나 심지어 식민지 교실에서 일본 신화를 들을 때도 왜 우리에게는 그런 신들의 이야기가 없는가 불만이었는데 삼국유사를 알고부터 그 한을 풀었다"고 말했다. '이어령의 삼국유사 이야기'(서정시학)는 삼국유사를 쓴 일연 탄생 800주년을 맞아 이 교수가 지난 50년간 풀어낸 삼국유사 이야기를 신화론의 관점에서 집대성한 것. 1960년대부터 지난해까지 삼국유사와 관련한 그의 글을 한 데 묶었다. 구성은 이 교수와 이찬강 시인의 대담 형식으로 돼 있다. 이 시인이 '영원한 한국인의 정체', '신화에 숨겨진 생성의 비밀' 등 다섯 가지 주제에 맞춰 질문을 던지고 이 교수는 '한국인의 정신적 고향', '우주적 언술,차용가', '대나무의 문화코드' 등 그동안의 저작에 실린 삼국유사 담론을 재구성해 답하는 식이다. 자연스러운 대화체 문장이어서 젊은 세대도 쉽게 이해할 수 있다. 이 시인은 "이어령 선생은 지난 50년 동안 그의 언어바다에서 삼국유사라는 언어의 맷돌을 돌려 신화의 소곰을 풀어냈다"며 "선생의 삼국유사 담론은 퍼내도 퍼내도 새로 채워지는 한국 문화에너지의 화수분"이라고 말했다.〉
307) 이어령, 내 인생의 책 이어령 편(2014년), 〈또 하나 강조하고 싶은 것은 소월의 시에서는 모순적인 것들이 대립하지 않고 한데 통일돼 있다는 점이다. '진달래꽃'에는 지극한 사랑의 기쁨과 이별의 아픔이 역설적으로 통합

찰해 보니 세상은 돌고 도는 세상이더라는 겁니다. 그렇게 돌고 도는 세상을 어떤 신이 주관하고 있다고 생각하는 것, 그것이 '썸씽'이고 우상입니다. 가나안의 대표적인 우상들이 바알, 아스다롯, 아세라입니다. 그것이 가나안의 '썸씽'입니다. 그런 종교는 계절의 순환과 관련되어 있습니다. 계절의 순환과 관련되는 종교는 윤리, 도덕적 타락이 일어납니다.308) 우리는 우상이라고 하면 남의 일로만 생각하고 다른 종교에서만 일어난다고 생각합니다. 그러나 인간적인 경험으로 가면 우상으로 갑니다. 인간적인 경험으로 보면 여호와가 싫습니다. 인간의 경험이란 언제나 밥그릇과 직접적으로 연관되어 있습니다. 이 밥그릇을 내가 채우리라 생각하면 여호와가 싫어집니다. 여호와가 싫으면 우상으로 갑니다. 이스라엘 백성들이 우상을 섬긴 이유는 이 일상에서 끊임없이 하나님의 속성을 닮아내는 삶을 살아야 하기 때문입니다. 그래서 이 백성들은 싫습니다. 왜냐하면, 자기 마음대로 살고 싶고 자기 욕망대로 살고 싶기 때문입니다. 자기 욕망대로 사는 것은 죄악 된 속성대로 사는 것이고, 그것은 여호와의 언약에 정면으로 반대되는 것입니다.

우리가 이런 모든 사실을 생각할 때에, 아브라함 언약을 배우면서 반드시 배우고 알아가야 하는 것은, 만일 아브라함의 하나님이 썸씽이면 구원도 언약도 없다는 사실입니다. 아브라함의 하나님이 썸씽이라면, '아브라함이 의로 여김을 받았다', '아브라함과 언약하셨다'는 그런 내용이 있을 필요가 없습니다. 왜냐하면, 성경이 말하는 언약이란 하나님께서 자기 백성을 죄에서 구원하실 메시아, 그

돼 있다. 한국인들의 상상력과 어법은 항상 대립하는 것을 융합시킨다. 서구의 이항대립적 사고와 다르다. 이런 것이 소월의 마음의 집이고 사상의 집이고 시의 집이다. 한국인의 문화적 원형이고 내 문학의 기점이다. … 『삼국유사』를 읽어보면 역사를 움직이는 동학은 증오나 갈등이 아니라 어울림과 순환이다. 순환론은 동양의 특색이다. 동양에서는 정치적인 혁명이 아니라 자연 자체의 거대한 순환이 바로 혁명이다.〉

308) 홍석용, 우상숭배(2017). 〈… 하나님에 대한 신앙과 가나안 우상에 대한 신앙의 근본적인 차이는 시간, 역사, 이 세상에 대한 현격한 시각 차이입니다. … 성경이 가르치는 영원한 생명, 영원한 삶은 이 세상, 이 시간과 역사를 초월하는 방식으로 이루어지는 것이 아니라 이 시간과 역사 안에서, 이 세상 안에서 이 시간과 역사, 세상을 감당하는 것으로 이루어집니다. 그러기에 신자로서 이 세상을 살 때, 이 세상에서의 삶이 아무리 괴롭고 힘겨울지라도, 고난과 환난의 연속이라 할지라도 그것은 탈출해야 할, 벗어 던져버려야 할 무의미한 것이 아니라 오히려 하나님의 뜻을 찾고 하나님의 성품을 닮아갈 수 있는 계시의 수단입니다. 그러므로 우리는 이 세상과 이 시간, 역사를 감당해 나갑니다. 그러나 가나안 종교는 이와는 반대로 이 세상, 이 시간과 역사 속에서 겪는 고통과 고난을 감당케 하는 것이 아니라 오히려 털어내는, 벗어나게 하는, 탈출시키는 장치를 가지고 있습니다. … 가나안 종교의 대표적인 신들이 바알, 아스다롯, 아세라 등입니다. 이들은 주로 농경사회의 풍요로움을 관장하는 신들입니다. 바알과 아스다롯은 자연의 신입니다. 자연의 특징이 무엇입니까? 순환, 반복입니다. 봄이 지나면 여름이 오고, 여름이 지나면 가을이 오고, 가을이 지나면 겨울이 오고 … 주기적인 반복입니다. … 이러한 자연의 신이 가나안의 신들입니다. … 가나안 종교 축제의 주된 특징이 일상사의 질서를 일시적으로 '혼돈'의 상태로 만드는 것입니다. … 가나안 종교 축제 때 벌어지는 혼돈의 상태, 일상사의 관계가 해제된 무질서의 상태는 바로 세상이 창조되기 전의 '혼돈'의 상태를 묘사하는 것입니다. 그리고 가나안 사람들이 이 혼돈의 상태를 통해서 의도했던 것은 세상이 창조되기 전의 혼돈의 상태로 돌아가서 다시 한번 그들의 신인 바알이 우주 만물을 새롭게 창조할 수 있는 계기를 마련하는 것입니다. …〉

여자의 후손으로 구원하시는 분이라는 것을 알리고 실제로 그것을 구속역사로 이루는 것을 말하기 때문입니다. 그 구속의 역사로 구원 받고 언약을 맺은 주의 백성들은 하나님의 거룩한 인격성, 그 거룩한 속성을 나타내며 살아가는 자들이기 때문입니다. 그것이 언약입니다. 구원과 언약은 살아계시고 무한하시고 영원하시고 인격적이신 하나님이시기에 아브라함에게 주어졌고 우리에게도 주어졌습니다. 썸씽이면 그런 언급조차도 필요가 없습니다.

아브라함의 하나님이 썸씽이었더라면 아브라함 역시 자기 시대의 모든 종교들이 그러했듯이 자기 욕망을 이루기 위해 살아갔을 것입니다. 아브라함의 하나님이 아브라함의 도약으로 만들어진 썸씽이라면 다른 종교에서 그러했듯이 자기 욕망을 이루기 위하여 자기 자식을 불구덩이에 던져 넣었을 것입니다.

인문학을 공부하는 사람들이 좋아하는 그리스의 신들은 어떨까요? 성경의 하나님과 그리스 신들은 근본적으로 틀립니다. 왜냐하면, 그리스의 신들이란 인간적인 필요에 맞춘 신들이기 때입니다. 삼면이 바다로 둘러싸인 자연 환경 속에서 바다는 그들에게 무한한 힘이 있는 존재이고 영원한 어떤 존재였습니다. 바다는 전능하고 영원한 대상이었습니다. 그리스인들은 그 바다에 신성을 부여하고 의인화했습니다. 그 바다에 이름을 붙여서 '포세이돈'이라 했습니다.309) 바다를 비롯해서 전쟁도, 이성도 그들이 이 세상을 살아가면서 원하는 것들은 다 신으로 만들고 이름을 붙였습니다. 성경은 하나님께서 자신의 형상을 따라 인간을 창조하셨다고 말하나 그리스인들은 인간의 형상으로 신을 만들었습니다. 인간을 위해서 신을 만들었습니다.310) 그러니 거기에는 구원과 언약이 있을 필요가 없습

---

309) http://ko.mythology.wikia.com/wiki/포세이돈 "포세이돈(그리스어: Ποσειδῶν)은 그리스 신화에 나오는 바다·지진·돌풍의 신이다. 로마 신화의 넵투누스(라틴어: Neptūnus)에 해당한다. '땅의 주(主)'라는 뜻. 제우스(Zeus)의 형제이자 산중에 2인자로서 바다와 물의 신으로 시간의 신 크로노스와 풍요의 여신 레아의 아들이다. 로마 신화의 넵투누스(Neptunus)에 해당하며 올림푸스 12신 중 하나이다. '바다를 뒤흔드는' 자로 그의 무기인 삼지창 트라이아나(Triaina)를 휘둘러 암석을 분쇄하고, 폭풍우를 일으키고, 해안을 흔드는 지진의 신이다. 또한, 말(馬)을 창조한 경마의 수호신이기도 하다. 평소에 그는 파도 위를 흰 말이 끄는 황금 갈퀴와 놋쇠 바퀴의 수레를 타고 해령(海靈)을 데리고 바다를 달렸으므로 마신(馬神)이라고도 일컬었다. 제우스를 도와 타탄족을 정복한 뒤 바다를 지배하게 되었다."

310) 스타븐 버트먼, 그리스 신전에서 인간의 길을 묻다, 이마누 역 (서울: 예문, 2011), 16-17. "신의 지침, 인간의 지침 : 고대 세계의 여러 민족이 그랬듯 그리스인들은 신을 단일하고 유일한 존재가 아닌, 각각 자기만의 영역과 개성을 소유한 개별적인 힘의 집단이라고 생각했다. 그리스 신들이 『구약성서』의 하나님과 다른 것은 이같은 특성 때문이다. 하지만 그리스의 신은 또 다른 중대한 점에서 하나님에 대한 성서의 개념과 구별된다. 즉, 그리스의 신들은 결코 인간보다 도덕적으로 우월한 존재가 아니었던 것이다. 그들은 성경의 하나님처럼 인간에게 높은 도덕적 기준을 요구하거나 인간에게 도덕적인 지침(십계명이나 산상수훈 같은)을 제시하지 않았다. 성경과 그리스 신화를 비교해본다면 그리스인은 물론, 그들의 신마저 성경의 모든 계명을 어겼다는 사실에 흠칫 놀랄 것이다. 이를테면 남의 것을 탐내고, 훔치고, 거짓말하고, 부모에게 불경하고, 간통을 저지르고, 살해하는 신이 있다. 간단히 말해 그리스의 신은강점은 물론 약점을 통해 인간적인 모습을 보여준다. 이 같은 비난을 피상적으로 읽는다면 고대 그리스인들이비도덕적이며 그들의 신도인간 못지않은 '죄인'(sinner)이라고 생각할 것이다. 그러나 이는 결코

니다. 구원과 언약 대신에 투쟁이 있을 뿐입니다.311) 세상은 인간의 잠재력을 실현하는 것이 삶의 행복이기 때문에 언약이 없습니다.

언약을 배워가면서 언약의 하나님과 실존주의의 썸씽이 무엇이 틀린지를 분명하게 알아야 합니다. 오늘날 현대 기독교가 영성으로 가고 썸씽으로 가는 이유는 실존주의 기독교가 되어가고 있기 때문입니다. 왜냐하면, 하나님께서 자신의 고통스런 현실에 응답을 안 해 주신다고 생각하기 때문입니다. 왜 그들은 하나님께서 자신들의 기도에 응답을 안 해 주신다고 생각할까요? 그것은 자신들이 바라는 일과 방식대로 응답해 주시지 않기 때문입니다. 내가 고생하는데 그 고생 때문에 기도하면 '길동아~ 뭘 도와줄까?' 그렇게 나타나야 하나님으로 인정해 주겠다는 겁니다. 내가 이런 상처를 받았는데 그 상처 때문에 인생이 안 되고 죽을 맛인데, '길동아~ 내가 그 상처 치유해 줄게' 그렇게 나타나서 치유를 해 줘야 하나님으로 인정해 주겠다는 겁니다. 내가 이렇게 아픈데, 아파서 죽어 가고 있는데 그 아픈 것 때문에 기도하면 '길동아~ 내가 낫게 해 주고 고쳐 줄게' 그렇게 해 주면 하나님으로 인정해 주겠다는 겁니다. 실존적 기독교란 현실적인 기독교가 되는 것입니다. 현실의 문제를 해결해 주는 기독교입니다.

눈을 돌려서 세상을 보세요. 세상은 다 그렇게 살아가잖아요. 그렇게 안 사는 사람이 이상한 거예요. '야, 네가 그렇게 기도하고 헌금을 바친다고 하나님께서 너에게 밥을 주더냐? 돈을 주더냐?' 그럽니다. 그래서요? '그렇게 살지 말고 네가

진실이 아니다. 실제로 그리스인들은 우주에서 인간이 차지하는 도덕적인 위치를 이해하고, 자유 공명정대하고 합법적인 사회를 건설하는 일에 열정적으로 헌신했다. 사실 (세계 최고인) 그리스 철학자들은 이 도덕적인 탐구에 일생을 바쳤다. 그 과정에서 '신의 말'이 아닌 자신들이 독특한 인간의 속성이라고 생각했던 요소, 즉 '이성의 힘'을 지침으로 삼았을 뿐이다. 이처럼 인간의 입장에서 도덕을 인식하고 실천적 진리를 탐구한 끝에 그들은 더욱 고상한 존재가 될 수 있었다."

311) 그리스 신화 (서울: 계몽사, 2016), 122-124. 〈어느 날 페르세우스는 사모스 섬의 풀밭에서 낮잠을 자다가 이상한 꿈을 꾸었습니다. 숲 쪽에서 한 귀부인이 걸어오는데, 키가 크고 동그스름한 회색 눈에 기품이 넘쳐흐르는 우아한 미인이었습니다. 머리에는 투구를 쓰고, 손에는 창을 들고, 어깨에는 구리로 만든 방패를 걸치고 있었습니다. 귀부인은 가까이 오더니, 페르세우스를 바라보며 우뚝 섰습니다. 마음을 속속들이 꿰뚫어 보는 듯한 눈이었습니다. "페르세우스, 내 심부름을 해 주겠니?" "당신은 누구십니까? 어떻게 제 이름을 아십니까?" "나는 아테네 여신이다. 세상 남자들의 마음을 모조리 알고 있지, 나는 대장부다운 마음과 비겁한 마음을 금세 알아볼 수 있어. 비겁한 사나이는 목장의 양처럼 편안하게 살찌고 외양간의 소처럼 노력하지 않고 먹다가, 마침내 죽음이 오면 저승으로 떨어져 그 이름조차 사라지고 마는 거야. 내가 바라는 것은 그런 사나이가 아니야. 피와 눈물이 있고, 인간 이상으로 영혼의 기쁨을 맛볼 수 있는 마음을 가진 사람이야. 그 사람에게는 고통과 슬픔, 실망이 있을지라도 그 눈은 언제나 올림포스 산을 바라보고 있지. 그는 모든 슬픔을 참고 견디며, 항상 희망을 잃지 않아. 그런 사람에게 더욱 큰 힘을 주고 싶은 것이 내 마음이야. 그런 사람이야말로 용사라는 말을 듣고, 신의 아들로서 참된 행복을 누리게 되는 거야. 이 용사는 신과 사람의 적인 괴물과 싸우며, 위험과 투쟁과 고통의 길로 나가게 되지. 언제 죽을지 모르는 괴로운 책임이야. 그러나 용감한 투쟁을 얼마 동안 하고나면 시끄럽고 복잡한 인간 세상을 떠나, 죽지 않는 신의 세계로 올라가서 영원한 행복을 맛보는 거야." 여신은 이렇게 말하며, 페르세우스의 손을 잡고 대답을 재촉하는 것이었습니다. "페르세우스, 그대는 비겁한 인생을 마치고 싶은가, 아니면 인간 이상의 고통과 기쁨을 맛보고 싶은가?" 페르세우스는 꿈속에서 대답하였습니다. "양이나 소처럼 편안히 살다가 자취 없이 사라지기보다는, 차라리 죽을 때까지 고생하며 싸우다가 꽃잎처럼 떨어지겠습니다."〉

인생을 열심히 일해서 잘 먹고 잘 살고 그렇게 살다가 힘들면 가서 도와 달라고 그래라' 그렇게 말합니다. 신앙생활을 열심히 한다고 달라지던가요? 열심히 기도하고 열심히 성경 읽고 열심히 믿음으로 사는 사람이나 안 그런 사람이나 별 차이도 없는 것 같아 보입니다. 어떤 사람은 그렇게 안사는 사람보다 더 못합니다. 그러니 하도 답답하고 갑갑해서, '야, 너는 왜 그리 사냐?' 그럽니다. 열심히 신앙생활 한다고 눈에 띄게 달라지는 것이 없어 보입니다. 무슨 기적이 있고 남다른 능력이 있고 그래야 하는데 그게 없는 겁니다. 하나님께서 '나 여기 있다' 그렇게 말씀해 주시지도 않습니다.

수백 년의 세월이 지나도 그대로입니다. 죄 짓는 인간들이 더 잘 먹고 잘 살고, 믿음으로 사는 사람들은 더 고생하고 죽을 고생을 하고 사는 것을 봅니다. 그래서 어떻게 하던가요? '우리가 노력하자', '우리가 만들자' 그렇게 되었습니다. 실존주의 신앙이 별 다른 거 아닙니다. '이런 고통스런 현실인데도 하나님께서 응답을 안 해 주시니까 내가 노력해 만들어 보자' 그것이 실존주의 신앙입니다. 예수님을 믿는 사람이 갑자기 그렇게 말하면 이상하니까, '성령이 임하시면 하나님의 나라가 됩니다' 그렇게 말합니다. 교리, 성령, 누구보다도 많이 말합니다. 알고 보면 실존적인 거예요. 그분들은 입만 열면 성령, 영성을 말합니다.

하나님께서 분명히 성령님의 영감으로 기록된 말씀을 주셨는데도, 그 말씀이 진리인지 아닌지는 내가 판단하고 내가 선택해야 한다는 것입니다. 그것이 바로 요즘 유행하는 '하나님의 음성 듣기'이고 '영성일기'이고, '비채 명상'이고 '내려놓음'이고 '더 내려놓음'이고 '관상기도'입니다.

왜 그렇다고요? 하나님께서 지금 나의 이 현실에 딱 맞는 답을 주시지 않더라는 겁니다. 딱 맞는 답을 주시는 하나님이라야 하나님이라는 겁니다. '내가 별스러운 걸 달라고 합니까?', '내가 주를 위해 평생을 살아왔는데 이거 하나 안 들어주세요?' 그러면서 속으로는 무엇이라고 하나요? '하나님이 하나님이시라면 이러시면 안 되는 거잖아요?' 그렇게 구시렁대는 겁니다. 그런 하나님이란 알라딘의 램프를 문지르면 나와서, '네 주인님, 무엇을 도와드릴까요?'라고 대답하는 지니(genie)를 부르는 겁니다.

대표적으로 '소녀시대'가 부른 '소원을 말해봐'라는 노래입니다.

> 소원을 말해봐 니 마음속에 있는 작은 꿈을 말해봐
> 니 머리에 있는 이상형을 그려봐
> 그리고 나를 봐 난 너의 Genie야 꿈이야 Genie야

> 드림카를 타고 달려봐 넌 내 옆자리에 앉아 그저 내 이끌림 속에 모두 던져
> 가슴 벅차 터져버려도 바람결에 날려버려도 지금 이 순간 세상은 너의 것
> 그래요 난 널 사랑해 언제나 믿어 꿈도 열정도 다 주고 싶어
> 난 그대 소원을 이뤄주고 싶은 (싶은) 행운의 여신
> 소원을 말해봐 (I'm Genie for you boy)
> 소원을 말해봐 (I'm Genie for your wish)
> 소원을 말해봐 (I'm Genie for your dream)
> 내게만 말해봐 (I'm Genie for your world)

1절 가사를 보면 지니가 마음속에 모든 꿈과 소원을 이루어 준다고 말합니다. 머릿속에 이상형을 그리면 지니가 꿈을 이루어준다고 말합니다. 노래 중에 보면, "그저 내 이끌림 속에 모두 던져"라는 가사가 있습니다. 주체가 내가 아니라 지니가 주체입니다. 시작은 내 욕망이었지만 그 욕망을 실현하려고 하다 보니 결국은 지니의 욕망대로 내가 이끌려 가는 것입니다. 지니를 행운의 여신이라 합니다. 그냥 흘려듣는 말 같지만, 세상 종교와 문화에는 여신이 다산과 풍요를 주는 신입니다. 그 행운의 여신이 나를 사랑한답니다. 언제나 믿어 준답니다. 그리고 꿈도 열정도 다 준답니다. 이런 신이 어디 있습니까?

2절은 인간의 현실을 더 적나라하게 말합니다.

> 소원을 말해봐 지루한 날들이 넌 지겹지 않니
> 평범한 생활에 넌 묻혀버렸니 이제 그만 깨어나
> 넌 나의 Superstar shining star superstar
> 심장 소리 같은 떨림의 Harley[312]에 네 몸을 맡겨봐 이제 이 세상은 오직 너의 무대
> 환호 소리 같은 파도가 내 가슴엔 너의 체온이 나는 너의 길 영원한 Biggest fan

'왜 소원을 말해야 하느냐?' 하면 세상사는 것이 지루하고 지겹기 때문입니다. 너는 광대이고 세상은 너의 무대이니 평범한 생활을 깨고 일어나라고 합니다. 지니는 피에로같이 광대처럼 살아가라고 합니다.

우리는 어떻게 살아갈까요? 우리는 하나님의 응답, 하나님의 기적, 하나님의 역사, 이런 하나님의 개입하심에 대하여 성경적인 방식, 언약적 방식과는 무관하게

---

312) 나무위키, "Harlequin : 이탈리아어 '아를레키노'(Arlecchino)의 영어식 명칭. 프랑스어로는 아를르캥(Arlequin)이라 불린다. 이태리 즉흥 희극 코메디아 델라르테(Commedia dell'arte)에 등장하는 울긋불긋한 색깔의 다이아몬드 무늬가 들어간 옷을 입은 광대 캐릭터를 뜻하며 한국에서 자주 사용되는 용어인 '피에로'와 비슷한 의미이다. 여기에서 파생되어 불그스름한 무늬가 있는 사물을 묘사하는 데 쓰이기도 한다. 우리가 흔히 떠올리는 서양 광대는 할리퀸의 이미지들이 대부분이다. '퀸'이라는 부분이 아무래도 여왕을 뜻하는 영어 'Queen'이 연상되는 데다 배트맨 시리즈에 등장하는 할리 퀸이 상당한 인지도를 얻어 보통 할리퀸 하면 여성 광대를 떠올리는 현상이 부쩍 늘었다. 하지만 할리퀸의 퀸은 여왕이 아니며 따라서 남성도 충분히 쓸 수 있다."

살아가면서도 기독교 신앙이라고 생각합니다. 우리는 언약의 트랙을 달리는 성도입니다. 지극히 평범한 삶입니다. 그 트랙이 지루하게 느껴지는 것은 은혜가 식어진 것이고 세상을 엿보기 때문입니다. 트랙을 열심히 돌아야 합니다. 그 트랙을 벗어나는 탈주를 꿈꾸지 말기 바랍니다. 우리가 생각하지 못하는 하나님의 응답이 있고 우리가 이해하지 못하는 하나님의 기적이 있고 우리보다 더 우리를 위하시는 하나님의 역사가 있습니다. 그것이 우리가 바라는 방식대로 되어야 한다고 성경이 말하지 않습니다. 우리가 바라는 방식대로 되어야 한다는 것이 실존주의 기독교입니다. 그런 기독교의 하나님은 위대한 썸씽이 되어 버립니다.

이스라엘의 역사를 보면, 하나님의 말씀이 가장 많이 임한 때는 이스라엘이 가장 범죄 했을 때입니다. 가장 악했을 때 선지자들이 가장 많았습니다. 하나님께서 보내신 선지자도 많았고 하나님께서 보내지 않은 거짓 선지자는 훨씬 더 많았습니다. 아합 왕과 이세벨 시대에 갈멜산의 영적 전투는 850대 1일이었습니다.313) 경상도 말로 그런 거짓 선지자가 천지베까리였습니다. 하나님께서 보내지 않고 권력에 아부하는 가짜 선지자들이 득세하고 흘러 넘쳤습니다. 그러고 보면, 요즘 하나님의 음성을 많이 듣는다고 하는데 그 사람들이 어떤 사람들인지 궁금합니다.

이 고난 많은 세상에서, '하나님의 응답이 없다', '하나님의 말씀이 없다' 그렇게 여겨질 때 우리는 어떻게 살아가야 할까요? 첫째는 미혹되지 말아야 합니다. 예수님께서 그런 미혹이 일어날 것을 말씀하시면서 이렇게 말씀하셨습니다.

> 그 때에 사람이 너희에게 말하되 보라 그리스도가 여기 있다 혹 저기 있다 하여도 믿지 말라(마 24:23)

"보라 그리스도가 여기 있다"는 말에 왜 넘어 갈까요? '여기 있다'하는 그 사람이 현실에 답을 주기 때문입니다. 자기 욕망에 이끌리고 자기 현실의 불안에 견디지를 못하기 때문입니다. 하나님께서는 응답해 주시지 않으니까 신령한 종을 찾아갑니다. 답답하니 여기저기 뛰어다니겠지만 그런 것이 아무 소용없다는 것을 일찍 깨달아야 허송세월 안 하고 주머니 안 털리고 삽니다.

두 번째로 중요한 것은 '우리의 부르심이 무엇인가?'를 분명히 알아야 합니다. 우리의 관계, 존재, 그것을 똑바로 알아야 합니다. 하나님께서 아브라함을 부르

---

313) 그런즉 보내어 온 이스라엘과 이세벨의 상에서 먹는 바알의 선지자 사백오십 인과 아세라의 선지자 사백 인을 갈멜 산으로 모아 내게로 나오게 하소서(왕상 18:19)

실 때, 그도 역시 우상 숭배자 중의 한 사람이었습니다. 온 세상 사람이 다 죄로 오염되고 부패했는데 아브라함만 오롯이 신앙으로 살았던 사람이 아닙니다. 아브라함은 경건한 사람이 아니었습니다. 모든 사람이 살아가는 삶의 방식에, 그 삶의 목적에 예외적인 영역에 속한 사람이 아니었습니다. 그러나 하나님께서 부르셨고, 그 부르심 속에 자기 존재를 확인받고 살아갔습니다. 여호수아 24장 2절에서 이렇게 말합니다.

> 여호수아가 모든 백성에게 이르되 이스라엘 하나님 여호와의 말씀에 옛적에 너희 조상들 곧 아브라함의 아비, 나홀의 아비 데라가 강 저편에 거하여 다른 신들을 섬겼으나(수 24:2)

이 말씀을 하는 이유는 '아브라함이 그 아비 나홀과 나홀의 아비 데라가 섬기던 우상을 섬겼던 그런 죄인이었다.'는 것을 말하기 위함만이 아닙니다. 더 중요한 이유는 '아브라함을 부르신 분이 여호와 하나님이시다'라는 사실입니다. 아브라함은 선택을 받을 아무런 자격도 갖추지 못한 사람이었습니다. 어느 누가 나서서 우리는 선택받지 못할지라도 아브라함은 선택받을만한 사람이라고 추천할 그런 사람이 아니었습니다. 아니면, '아브라함이 선택 받았으면 우리도 선택 받아야지요' 그럴 사람이 아니었습니다. 핵심은 '아브라함이 얼마나 우상을 섬겼느냐?'가 아니라 '하나님께서 아브라함을 선택하셨다'는 사실이고 '하나님께서 아브라함을 부르셨다'는 사실입니다. 선택은 은혜의 결과입니다.

여호수아 시대의 이스라엘 백성들이 가나안의 우상을 섬기고 배도의 길로 들어서고 있었습니다. 여호수아는 그들에게 여호와 하나님의 구원역사를 말해주면서 하나님의 부르심과 은혜로 여기까지 왔다고 말해 주었습니다. 너희들의 하나님, 너희들의 존재, 그것을 바르게 하지 않으면 심판받고 죽는다는 것을 말했습니다. 로마서 11장 5절에서 이렇게 말합니다.

> 그런즉 이와 같이 이제도 은혜로 택하심을 따라 남은 자가 있느니라(롬 11:5)

택하심은 사람의 눈으로 보기와는 다르다는 겁니다. 그 택함에는 다 끝난 것 같고 다 죽은 것 같은데 하나님께서 남겨 두신 백성들이 있더라는 겁니다. 왜냐하면, 선택은 선택받은 자의 가치에 달려있지 않기 때문입니다. 과거의 일로나 현재의 일로나 다가올 미래의 일로도 결정되지 않습니다. 이미 구원 받은 성도들도 불안해하고 걱정할 일이 없습니다. 내가 예수 그리스도를 구주로 믿고 있다면 하나님의 선택 속에 있는 것이고 하나님께서 나의 가치를 보고 나를 택하신 것이 아니라는 것입니다. 그러면 가치는 어디에 있습니까? 가치는 우리에게 없습니다. 가치는 예수 그리스도의 십자가 대속에 있습니다. 내 가치로 보자면 구원은 어림도 없습니다. 그러나 예수 그리스도께서 십자가에 피 흘려 죽으심으로 우리 죄를 속죄하시고 그의 의를 우리에게 덧입혀 주셨기에 우리도 가치가 있습니다.

사탄은 어떻게 공격해 올까요? 우리의 가치가 선택과 구원과 언약에 합당한지 저울을 달아보게 합니다. 특히나 우리의 행위를 정죄합니다. 지나 간 날의 잘못들, 상처들, 지금의 문제들, 오늘의 죄악들, 심지어 지금의 질병과 고통들도 내가 가치가 없기 때문에 받는 형벌이라고 여기게 만듭니다. 그래서 불안하게 만들고 그래서 절망으로 곤두박질치게 만듭니다. 성경은 우리를 그렇게 몰아가지 않습니다. 왜냐하면, 우리는 우리의 가치로 선택받은 것이 아니기 때문입니다. 성경이 우리에게 일관되게 말하는 선택은 여호와 하나님의 주권적 기쁨으로 주어졌다는 사실입니다.

> 1 의를 좇으며 여호와를 찾아 구하는 너희는 나를 들을지어다 너희를 떠낸 반석과 너희를 파낸 우묵한 구덩이를 생각하여 보라 2 너희 조상 아브라함과 너희를 생산한 사라를 생각하여 보라 아브라함이 혈혈단신으로 있을 때에 내가 부르고 그에게 복을 주어 창성케 하였느니라 (사 51:1-2)

하나님께서 이스라엘 백성들에게 이 말씀을 하시는 이유는 이스라엘이 하나님의 고귀하고 특별한 은혜로 선택된 하나님의 백성들이라는 것을 알게 해 주기 위함입니다. 이스라엘은 이제 희망이 없었기 때문입니다. 그러나 하나님께서는 그들이 비록 소수가 남게 될지라도 그들을 다시 번성케 하실 것이라고 새로운 소망을 주기 위해 이 말씀을 하셨습니다. 그리고 너희들이 구할 것은, '지금의 이 절망적인 상황에서 어떻게 살아날 것인가?'가 아니라 '지금의 이 상황 가운데서도 의를 좇으며 여호와를 찾고 구하며 여호와의 말씀을 듣는 것이다'라고 말씀하셨습니다. '그 상처, 그 고통 속에서도 그 길을 가는 것이 성도다', '성도이기에 거룩으로 가는 것이다' 그것을 확인시켜 주기 위해 아브라함을 말씀하셨습니다.

2절에서 여호와 하나님께서는 "너희 조상 아브라함과 너희를 생산한 사라를 생각하여 보라 아브라함이 혈혈단신으로 있을 때에 내가 부르고 그에게 복을 주어 창성케 하였느니라"고 말씀하셨습니다. 우리나라 성경번역이 얼마나 절절하게 번역해 놓았는지 보세요. "혈혈단신으로 있을 때"라고 했습니다. 혈혈단신(孑孑單身)이란 '의지(依支)할 곳 없는 외로운 홀몸'이라는 뜻입니다. 의지할 곳이 없다는 것이 얼마나 사람을 힘들게 하는지 모릅니다. 사람을 제일 힘들게 하는 것이 외로운 겁니다. 돈도 사람을 비참하게 만들고 고통스럽게 하지만 사람이 외롭다는 것은 돈이 있어도 해결이 안 되는 겁니다. '돈도 없고 사람도 없다' 그게 제일 비참한 겁니다.

하나님께서 아브라함을 부르셨을 때, 아무도 아브라함과 함께 한 사람이 없었습니다. 조카 롯이 있었지만 그가 얼마나 아브라함을 생각했는지는 모르는 일입니다. 사라 역시 불임이었습니다. 아브라함에게는 아무런 소망이 없었습니다. 인간적인 가능성이라고는 아무것도 없었습니다. 그랬던 아브라함이었으나 하나님께서는 그의 자녀들을 무수하게 번성케 하셨으며 풍요롭게 하셨습니다.[314]

여호와 하나님께서 이스라엘 백성들에게 무엇을 말씀하셨을까요? 여호와는 변덕스러운 분이 아니라는 것을 말씀하셨습니다. 여호와는 이스라엘의 가치를 보고 선택한 것이 아니라고 말씀하셨습니다. 지나간 과거에도 가치가 있어서 선택한 것이 아니었고 지금도 가치가 있어서 그 선택을 붙들고 계신 것이 아니라고 말씀하셨습니다. 그러면 무엇으로 선택하시고 무엇으로 그 선택을 유지시켜 나가실까요? 그것은 여호와 하나님의 주권적 기쁨으로 선택하시고 그 주권적 기쁨으로 선택을 유지시켜 가십니다.

이것이 아브라함에게 영원한 의미와 통일성을 주고 영원한 안전감을 제공합니다. 그로 인해 아브라함은 영원한 자유를 누리게 됩니다. 그 자유로 인해 불안해하지 않습니다. 그런 자유로 인해, 나중에, 롯과 헤어질 때에도 롯이 그 어떤 선택을 할지라도 하나님의 그 주권적 기쁨으로 자신을 인도해 주실 것을 믿었으며 불안해하지 않았습니다.

하나님의 주권적 기쁨이라는 것은 우리 자신이 가치 있기 때문에 기쁨이 채워지는 존재라는 뜻이 아닙니다. 하나님께서는 전능하신 분이시기에 무한히 충만한 분이십니다. 하나님 외에 다른 어떤 존재로 인해서 채워질 필요가 없는 존재이

---

[314] 존 칼빈, 구약성서주석 15 (서울: 성서교재간행사, 1982), 75-76. "이 위로가 유대인들에게 얼마나 필요했던가 하는 점에 대해서는 앞에서 내가 언급하기도 했지만 역사가 분명히 비참하고 불행했던 것으로 선언하는 그들의 상황으로부터 우리는 그 필요성을 쉽게 알 수 있다. 오늘날 교회의 혼란된 상황에 처해 있는 우리 역시 우리의 순자가 적다해서 낙심하는 일이 없고 하나님께서 우리가 예기할 수 없는 방법으로 자기 교회를 증대시켜 주실 것을 소망하기 위해서는 이러한 위로는 우리에게도 매우 필요한 것이다. 우리는 하나님께서 자기 교회를 의외의 방법으로 증대시켜 주실 것에 대한 매우 명백하고도 두드러진 증거를 그가 지극히 노쇠한 지경에 이르기까지 외롭고 자녀가 없었던 아브라함의 후손을 증대시켜 준 축복에서 보게 된다. 이 약속은 유대인뿐만 아니라 다른 민족에게도 관련된 것이요, 바로 이런 이유에서 그는 더 이상 아브람이 아니라 아브라함으로 불려졌다(창 17:5)"

십니다. 그렇게 영원토록 무한히 충만하신 하나님께서 기쁨으로 우리를 인도하신다는 것은 우리를 여호와 하나님의 충만함에 참예케 함으로 여호와 하나님으로부터 기쁨을 받아 누리기를 원하신다는 뜻입니다.

우리는 구원과 언약의 위대함과 부요함과 풍성함과 충만함을 너무너무 가치 없게 여깁니다. 가치 없게 여기는 이유는 지금 당장 하나님께서 나의 현실적 필요에 응답을 안 해 주시기 때문이라고 말합니다. 그래서 무엇이라고 하나요? '지금 힘들어 죽겠는데 무슨 기도를 해요?', '나보고 성경을 읽으라고요?', '그런다고 뭐가 달라지나요?' 지금 힘들어 죽겠는데도 기도를 해야 하고, 지금 마음이 불안한데도 성경을 읽어야 합니다. 그래야 정신 똑바로 차리고 엉뚱한 인생을 안 살게 됩니다. 그래야 신앙이 무엇인지, 왜 구원하셨는지, 왜 언약적으로 살아야 하는지를 알아가게 됩니다. 언약적으로 살지 않으면서 언약의 하나님을 구하는 것은 우물에 가서 숭늉을 찾는 것보다 더 한 것입니다. 일의 순서도 없이 성급하게 덤빈다고 해서 응답이 오고 문제가 해결이 되는 것은 아닙니다. 우리 눈으로 보기에 일이 해결되는 것 같아 보이고 하나님의 음성이 들린다고 말하면서 살지 마세요. 그것은 거의 대부분이 자기 착각이고 망상입니다.

우리는 지금 당장 응답이 안 올지라도 여호와의 말씀에 배타적 충성을 다하고 살아가는 백성들입니다. 우리는 지금 당장 문제가 해결이 안 되어도 언약의 주를 기뻐하며 살아가는 백성들입니다. 왜냐하면, 우리는 그 문제를 통하여 더 구원을 알아가며 그 고난을 통해서 더 언약을 누려가기 때문입니다. 구원 받고 언약으로 살아가는 자들은 '이 언약의 규범을 얼마나 내 삶에 녹여내느냐?'의 싸움입니다. 나를 드러내고 나를 높이는 것이 아니라 주 예수 그리스도를 높이는 것입니다.

'음성이 들리느냐?', '문제가 해결 되느냐?'의 싸움이 아닙니다. '음성이 들린다', '문제가 해결이 된다'는 것은 결국 우리의 관계와 존재와 사명을 확인받고 싶은 것으로 귀결이 되는 일입니다. '음성이 들렸다는 것'은 '나라는 존재가 이렇게 하나님으로부터 인정받는 존재구나' 그거잖아요. 그렇게 음성을 들어서 확인하는 것은 성경적이지 않습니다. 그 음성이란 그저 자기도취에 불과합니다. 지금, 이 고난을 해결할 묘책을 알려 준다고 해서 내가 좋아진다는 보장은 없습니다.

부자가 삼대를 못 간다는 것은 아버지 덕에 누리는 호사가 자기를 더 안일하고 방탕하게 몰아가기 때문입니다. 진짜 부자는 그 자녀에게 돈보다 더 중요한 것이 무엇인지 가르치고 배우게 합니다. 하나님께서 침묵하실 때는 우리가 고통

받는 것보다 더 고통스러워하시는 이유가 있습니다. 하나님께서 응답하지 않으시는 것은 우리가 눈물 흘리는 것보다 더 아파하시는 이유가 있습니다. 중요한 것은 하나님께서 창세전에 예수 그리스도 안에서 우리를 택하시고 부르셨다는 것입니다. 그리고 지금도 보혜사 성령님께서 우리와 함께 하시고 이 언약에 충성함으로 샬롬을 누려가게 하신다는 사실입니다.

응답이 없는 것은 그것이 우리에게 은혜이기 때문에 응답해 주지 않으시는 것이고 해결이 안 되는 것은 그것이 우리에게 연단이기 때문에 해결이 안 되는 것입니다. 그런 것이 없으면 우리는 사생자라는 히브리서 저자의 경고를 잊지 말아야 합니다. 호사가 별것입니까? 오늘도 하나님 아버지 앞에 눈물로 감사하며 찬송하며 예배하고 기도하고 성경 읽고 그 말씀대로 살고파서 엎드리는 것이 호사입니다. 이 호사, 이 영화, 주님 오실 그때까지 더 많이 누리기를 기도하면서 하나님의 주권적 선택으로 부름 받고 구원받은 사실을 기뻐하며 믿음으로 살아가는 언약의 백성들이 다 되기 바랍니다.

언약 30 아브라함언약 6

> 1 여호와께서 아브람에게 이르시되 너는 너의 본토 친척 아비 집을 떠나 내가 네게 지시할 땅으로 가라 2 내가 너로 큰 민족을 이루고 네게 복을 주어 네 이름을 창대케 하리니 너는 복의 근원이 될지라 3 너를 축복하는 자에게는 내가 복을 내리고 너를 저주하는 자에게는 내가 저주하리니 땅의 모든 족속이 너를 인하여 복을 얻을 것이니라 하신지라 4 이에 아브람이 여호와의 말씀을 좇아갔고 롯도 그와 함께 갔으며 아브람이 하란을 떠날 때에 그 나이 칠십오 세였더라(창 12:1-4)

언약 서른 번째 시간입니다. 아브라함 언약으로는 여섯 번째 시간입니다. 우리 모두는 예수 그리스도를 구주로 믿고 구원받은 성도들입니다. 성도는 믿음 그 이후로 하나님의 나라와 의를 구하며 살아가는 자들입니다. 이 현실에서 믿음을 지켜 간다는 것은 쉬운 것 같아 보이지만 실제로는 매우 어려운 일입니다. 젊었을 때는 개혁주의 신앙을 부르짖지만 세월이 지나가면 변질이 됩니다. 변질은 세상 그 어떤 것보다 더 역겨운 일입니다. 왜냐하면, 말은 그럴듯하게 기독교 신앙을 말하는 것 같아 보이지만 실제로는 기독교가 아닌 것이고 기독교라 할지라도 너무 세상 것을 많이 섞어서 그 소리가 기독교인지 그 소리가 선불교인지 알아차리지 못하게 하기 때문입니다. 그 추악한 일을 하는 사람들이 기독교 영성의 대가들이라고 추앙을 받습니다. 어느 시대나 그래왔습니다.

신앙의 변질로 가지 않기 위해서는 구원과 언약에 충실한 신앙이라야 합니다. 그렇게 충실하기 위해서 첫 번째로 '하나님께서 아브라함을 부르셨다'는 것이 역사적 사실이며 그것이 성경적 신앙이라는 사실을 똑바로 알고 믿어야 합니다. 부르심 하나로 왜 이렇게 오래 설교를 하는지 그 이유를 알아야 합니다. 오늘날 조금 학자연하고 조금 영성이 있다는 사람들은 창세기의 사건들을 신화로 보고 해석합니다. 그때에는 인간의 심리를 어떻게 설명할 길이 없어서 그렇게 말할 수밖에 없었다고 말합니다. 성경에 기록된 그대로 '이것이 하나님의 말씀이고 실제로 일어난 역사다' 그렇게 믿으면, 속으로 '무식한 것들' 그렇게 생각합니다. 그렇게 생각하는 것이 유식한 기독교인으로 되어 버렸습니다.

그런 목사, 그런 교수가 이 나라에 너무너무 많습니다. 그런 외국의 목사, 그런 외국의 교수들한테 배워오니 그 사람들이 무슨 다른 말을 하겠습니까? 그런데도, 그런 사람들이 유명해지고 존경받는 기독교계가 되어 있습니다. 그렇게 되는 것은 성도들도 그것을 분별할 실력이 없기 때문입니다.

그렇게 별스럽게 '분별할 실력' 이렇게 말 안 해도, 사람들이 은혜만 되면 된다고 생각을 합니다. '외국의 어느 목사는 창세기를 실제 사건이라고 안 믿고 신화라고 말해요.' 그렇게 말하면, '그게 뭐 어때서요?' 그렇게 말합니다. 눈 하나 깜짝 안 합니다. 창세기를 신화라고 말하는 사람이나, '그게 뭐 어때서요?' 말하면서 눈 하나 깜짝 안 하는 그 사람이나 무엇이 다릅니까? 제가 지금 먼 나라 이웃 나라 이야기하는 줄 아십니까? 천만에요. 지금 이 나라에서 일어나는 일을 말하고 있습니다.

이 설교를 들어도 자기 듣고 싶은 것만 듣기 때문에 설교에서 무엇을 말하려고 하는지 알아듣지를 못합니다. 왜냐하면, 자기의 선지식이 있기 때문입니다. '목사가 뭘 모른다'고 생각합니다. 목사보다 자신이 알아도 더 안다고 생각합니다. 목사가 다 안다고 말 하려는 것이 아니라 성경의 진리가 바르게 선포되어야 하고 성경의 진리대로 바르게 알아듣고 믿어야 한다는 것을 말하기 위함입니다.

목사가 목사생각을 전하는 것이 설교가 아닙니다. 설교는 하나님의 말씀을 전하는 것입니다. 목사가 부족해 보일 수 있습니다. 그러나 목사가 전하는 말씀 자체가 부족한 것이 아닙니다. 왜냐하면, 하나님의 말씀이기 때문입니다.

성경은 신화가 아니라 역사입니다. 실제로 일어난 일입니다. 성경을 신화라고 말하는 이유는 이 세상이 전부이기 때문입니다. 그것이 실존적인 기독교로 가는 지름길입니다. 성경이 신화이면 우리의 믿음은 헛것입니다. 사도 바울이 이렇게 말했습니다.

> 만일 그리스도 안에서 우리가 바라는 것이 다만 이 세상의 삶뿐이면 모든 사람 가운데 우리가 더욱 불쌍한 자이리라(고전 15:19)

이 말씀에서 우리가 그리스도 안에서 바라는 것은 부활입니다. 이 부활이 없으면 이 세상의 삶뿐이고, 그렇다면 우리는 세상에서 가장 불쌍한 자들이 되고 맙니다. 왜냐하면 허상을 믿었기 때문입니다. 그야말로 환상 속에서 살았다는 것 밖에 안 되는 것으로 드러나기 때문입니다.

성경이 얼마나 분명하고 확실하게 표현하는가를 눈여겨보아야 합니다. 사도행전 7장에서 이렇게 말합니다.

> 2 스데반이 가로되 여러분 부형들이여 들으소서 우리 조상 아브라함이 하란에 있기 전 메소보다미아에 있을 때에 영광의 하나님이 그에게 보여 3 가라사대 네 고향과 친척을 떠나 내가 네게 보일 땅으로 가라 하시니(행 7:2-3)

영광의 하나님이 아브라함에게 보여 졌습니다. 아브라함이 살아왔던 시대에 있었던 모든 종교에서 말해 줄 수 없는 일이었습니다. 아브라함에게 하나님의 영광, 그 쉐키나(Shekinah)가 보여 졌습니다. 나타났습니다. 그런 은혜를 성경은 이렇게 묘사합니다.

> 나는 나를 구하지 아니하던 자에게 물음을 받았으며 나를 찾지 아니하던 자에게 찾아냄이 되었으며 내 이름을 부르지 아니하던 나라에게 내가 여기 있노라 내가 여기 있노라 하였노라(사 65:1)

이사야 선지자는 이스라엘 백성들이 가진 자만심을 깨고 그들이 택함을 받았던 것이나 이방인들이 부름을 받는 것이 전적으로 여호와의 주권과 은혜임을 말했습니다.315) 아브라함이 여호와 하나님을 찾지 않았습니다. 여호와가 누구인지

---

315) 존 칼빈, 구약성서주석 15 이사야서주석 4 (서울: 성서교재간행사, 1983), 374-375. 1절. 나는 … 내가 여기 있노라 하였노라. 선지자는 여기에서 다른 가르침으로 넘어간다. 곧 그는 하나님께서 유대인들을 배척하고 내쫓을 만한 충분한 이유가 있었다는 점을 보여준다. 그것은 그들에게 자신들의 잘못된 길에서 돌이켜 올바른 길로 들어서라는 충고와 경고가 아무 소용이 없었기 때문이다. 그러나 그들로 하여금 주의 언약이 그 이유 때문에 무효가 되는 것으로 생각하는 일이 없도록 하려는 뜻에서 그는 과거에 백성이 아니던 다른 백성을 갖게 될 것이요, 과거에 자신이 알려지지 않던 곳에서 그의 이름이 알려지고 칭송을 받을 것이라는 점을 덧붙인다. 유대인들은 이것을 가증스러운 말로 돌렸으며 만약에 그런 혜택이 아브라함의 후손이 아닌 다른 백성들에게 확대된다면 그것은 주께서 아브라함과 맺은 언약(창 17:7)과 일치하지 않는 것으로 여겼다. 그러나 선지자의 의도는 하나님께서 아브라함의 후손에게 속박된 것으로 상상하는 못된 자만심을 벗겨 버리는데 있었다. 여호와와 그들 사이에는 절대적인 조건이 있었는데 그들이 이것을 어긴 이상 그들은 계약 파기자와 배신자의 입장에서 그 계약의 모든 혜택을 박탈당할 수밖에 없었다. 그리고 이 약속은 아브라함이나 그의 후손에게만이 아니라 믿음을 통해서 그의 가문으로 입양될 모든 사람을 상대로 맺어진 것이다. 선지자의 의도를 보다 더 충분히 이해하려면 그 배척의 원인이 설명되는 2절부터 시작하는 것이 편리할 것 같다.
나를 구하지 아니하던 자에게 : 선지자는 하나님께서 '요청하지 않은 자들'에게 자신을 드러내셨다는 말로써 이방인들이 하나님의 은혜 속에 내정되었다는 것과 그들에게 하나님께서 그 은혜를 내리도록 하는 무슨 공로나 탁월한 점이 전혀 없었다는 점을 보여준다. 이것은 앞에서 인용한절, 곧 모세가 그들을 "우준한 민족"으로 부르는 절과 잘 어울린다(신 32:21). 따라서 그는 주께서 자신의 은총으로 인류를 감싸 주기 이전의 상태가 어떠한지를 묘사한다. 이는 그들은 주의 이름을 부르지도, 그를 찾지도, 그에 대해선 생각하지도 않기 때문이다. 우리는 우리에게 하늘나라와 문을 여는 열쇠라고 말할 수 있는 부르심의 확실성을 더 간곡히 하려면 본 절을 면밀히 검토할 필요가 있다. 이 부르심의 확실성이야말로 우리의 마음에 평화와 안식을 가져다주는 방천이 아닐 수 없으며, 만약 그러한 증거가 아니었던들 우리는 안절부절 할 수밖에 없을 것이다. 그러므로 우리가 하나님의 부르심을 입고 그의 백성으로 여겨지게 된 것은 우연한 일이나 갑작스러운 '일이 아니라 오래 전부터 여러 절에서 예언된 그대로다. 바울은 본 절에서 이방인들의 부르심을 강력히 변호하면서 이사야 선지자가 자기 시대의 상황에 필요한 이상으로 분명하고 큰 소리로 말한 점을 들어 그가 이방인들의 소명에 대해서 담대히 확증하고 외치는 것으로 언급한다. 그러므로 우리의 부르심은 그 사건이 일어나기 훨씬 이전부터 하나님의 영원한 계획에 따른 것이다.
내가 여기 있노라 내가 여기 있노라 : 이사야 선지자는 이 말을 반복함으로써 하나님께서 그처럼 친근한 방법으로 이방 민족들에게 자신을 드러내셨기 때문에 그가 그들 가운데서 거하시는 점에 대해서 그들이 추호도 의심치 않는다는 점을 더욱더 강조한다. 사실 이런 변화는 믿기 어려운 것이었던 만큼 크게 강조할 필요가 있었다. 선지자의 의도는 하나님의 예기치 않은 은혜를 칭송하는데 있었지만 여전히 신기하게 들리기는 마찬가지였을 것이다. 이 의미를 요약하면, '주께서 자신을 이방인들에게 드러내시고 그들이 아브라함의 거룩한 가문에 합쳐질 때 이 세상에 교회가 있을 터인데, 이것은 유대인들이 쫓겨난 뒤의 일이 될 것이다'와 같은 내용이다. 우리가볼 수 있듯이 선지자가 여기에서 예언하는 모든 내용은 복음을 통해서 성취되었다. 이 복음을 통해서 주께서는 실제로 자신을 이방민족들에게 제시하고 드러내셨다. 그러므로 이 복음의 음성이 우리의 귀에 들릴 때마다. 또는 우리가 주의 말씀을 기록할 때마다 그가 우리 가까이 계시면서 자신을 말씀하시기 때문에 우리가 그를 친근하게 알 수 있고 담대하

그가 알고서 탐구하여 이르게 된 결과가 아니었습니다. 왜냐하면, 모든 사람이 여호와를 버리고 죄악 가운데 거하고 있었기 때문입니다. 바벨탑 사건에 관여되지 않은 사람들이 없었습니다. 그들은 니므롯을 중심으로 이 땅에 이상적인 나라를 세우려고 했습니다. 하나님 없는 이상 국가입니다.

> 깨닫는 자도 없고 하나님을 찾는 자도 없고(롬 3:11)

오늘날 현대 기독교도 별다를 것이 없습니다. 하나님을 말하지만 실상은 하나님의 이름은 도용된 것에 불과하고 실제로는 인간의 나라, 인간이 원하는 이상 국가를 세우려고 합니다. 그래서 하나님을 찾지 않습니다. 살만하고 커피 한 잔 우아하게 마시면 되는 세상, 날 좋으면 바람 쐬러 다니고, 연휴가 생기면 해외여행 어디로 갈까 생각하는 그런 세상만 되면 되는 나라입니다.

놀러가지 말라는 것도 아니고 여행 다니지 말라는 것도 아닙니다. 문제는 그렇게 살면서 성경 볼 시간도 없고 기도하기 위해 무릎 꿇고 엎드릴 시간도 없고 눈물이 마르는 것입니다. 이 땅의 것이 전부가 되고, 이 땅의 것에 영혼을 빼앗깁니다. 이 땅에서 여유자적하게 살다가 천국가려고 합니다. 영적인 애통함이 없고 누가 무슨 일을 당해도 '나만 아니면 돼'하는 마음이 되어 버린 것입니다. 그것이 꼭 무슨 사건 사고라야 한다는 것이 아니라 내 영혼이 하나님을 갈망하지 않고 저 죽어가는 영혼들을 향해서도 무덤덤해지는 것입니다.

그런 일에 누구도 예외가 없습니다. 모든 사람이 그런 세상을 살고 싶어 합니다. 남다른 사람이 있다고요? 네. 있습니다. 그것은 전적으로 하나님의 은혜입니다. 우리에게도 하나님의 은혜가 없다는 것이 아니라 살만한데도 정신 똑바로 차리고 더 많이 성경 읽고 더 많이 영적으로 갈망하고 더 많이 엎드리고 더 많이 눈물 흘리며 주를 사모하는 것은 은혜로 되는 일이라는 뜻입니다. 은혜로 되는 일인 줄 알면 사는 게 달라야 해요. 은혜로 되었다고 말하면서도 사는 것은 예수님을 믿을 때나 안 믿을 때나 똑같으면 그 은혜는 무슨 은혜에요?

아브라함의 시대도 사는 것은 똑같습니다. 아브라함은 무슨 신선처럼 구름 타고 다닌 사람이 아닙니다. 그냥 세상의 여느 사람들처럼 똑같이 이 세상이 전부이고 실존적으로 살고 인간의 욕망을 이루기 위해 살아가고 있는데, 어느 날 하나님께서 그 영광의 하나님께서 아브라함을 부르셨습니다. 우리도 세상의 여느 사

고 확실한 확신을 갖고 그의 이름을 부를 수 있다는 점을 알아야겠다.

람들과 똑같이 살아가고 있는데, 어느 날 영광의 하나님께서 우리를 부르셨습니다.

우리에게 나타난 영광의 하나님, 그 하나님의 임재의 쉐키나는 무엇입니까? 성령 하나님께서 우리에게 예수 그리스도의 복음을 들려주시고 감동을 주시고 믿게 하시고 예수 그리스도를 고백하게 하신 것입니다. 우리에게 주어진 그 쉐키나는 아브라함에게 나타난 쉐키나와 그 본질에 있어서는 동일하나 그 경륜의 방식만 다를 뿐입니다. 우리에게 주어진 쉐키나는 아브라함에게 주어진 쉐키나보다 더 영광스럽고 구체적이고 실제적인 쉐키나입니다. 왜냐하면, 아브라함에게 나타난 그 쉐키나는 예수 그리스도를 희미하게 바라보게 하는 것이었지만 우리에게 주어진 쉐키나는 예수 그리스도를 확실하게 믿고 증거 하는 쉐키나이기 때문입니다.

그런데도 오늘날 수많은 사람들이 영성에 빠져갑니다. 영성에 빠져가는 것은 우리에게 주어진 그 영광스러운 쉐키나를 무시하는 것입니다. 우리에게 주어진 쉐키나는 성자 하나님이신 예수 그리스도께서 십자가에 죽으시고 부활하심으로 보내주신 보혜사 성령 하나님이십니다. 그 성령 하나님의 임재로 주어지는 쉐키나입니다. 그런데 그 쉐키나를 버리고 하나님의 음성을 들으려고 하는 것은 삼위 하나님의 구속의 은혜를 짓밟는 것입니다. 그것이 얼마나 무서운 일인지를 모르는 것입니다. 하나님께서 자기 백성을 위해 최고를 주셨는데, '우리는 그게 아니에요, 우리는 직접 하나님의 음성을 들어야 해요' 그 소리를 하고 있으니 예수 그리스도의 대속을 외면하고 성령님의 역사를 무시하는 얼마나 교만한 일이겠습니까?

성경은 우리에게 이렇게 말합니다.

> 16 모든 성경은 하나님의 감동으로 된 것으로 교훈과 책망과 바르게 함과 의로 교육하기에 유익하니 17 이는 하나님의 사람으로 온전케 하며 모든 선한 일을 행하기에 온전케 하려 함이니라(딤후 3:16-17)

모든 성경은 하나님의 감동으로 기록된 것입니다. 우리에게 주어진 쉐키나는 우리 안에 내주하는 성령 하나님의 역사이며 그 성령 하나님께서 우리에게 성경을 주셨습니다. 성령 하나님의 감동으로 주신 성경을 버리고 더 나은 어떤 것으로 나아가는 자들은 성경을 주신 하나님을 무시하는 자들입니다. 기록된 성경 밖으로 넘어가려고 하지 말기 바랍니다. 성경이 가라는 만큼 가고 성경이 멈추라 하는 데서 멈추어야 합니다. 음성을 들으려고 하는 사람들은 자기 삶에서 영적인 의무를 회피하려는 사람들입니다.

이것은 우리가 두 번째로 살펴보려는 것과 매우 연관된 것입니다. '하나님께서 아브라함을 부르신 사건이 왜 실제로 일어난 사건이고, 하나님께서 우리를 부르신 사건이 왜 실제로 일어난 사건인가를 말하는 것이 왜 중요하느냐?' 하는 것입니다. 하나님의 그 부르심이 실제적이라야 우리의 존재와 사명이 실제적인 것이기 때문입니다. 우리를 부르신 부르심이 실제로 일어난 사실이 아니면 우리의 존재적 관점과 사명적 관점은 엉터리가 됩니다. 그야말로 의미 없는 일을 하고 살아가는 것이 되어 버립니다. 그러나, 그 부르심이 실제이고 사실이기에 우리에게 주어진 존재적 관점이 사실이고 우리에게 주어진 사명적 관점이 사실입니다. 의미와 통일성의 관점에서 말하자면, 관계적 관점이 사실이기에 존재적 관점이 사실이고 사명적 관점이 사실입니다. 예수 그리스도 안에서 우리를 부르셨다는 것이 관계적 관점입니다. 하나님이 없으면 아무것도 없습니다. 그 부르심이 사실이기에, '우리가 하나님의 백성이다', '하나님의 자녀다'라는 존재적 관점이 사실입니다. 그 부르심이 사실이기에, '네 이웃을 네 몸과 같이 사랑하라'는 그 사명적 관점이 사실입니다. 이 세상이 전부인 사람들은 하나님 사랑, 이웃 사랑이 결코 안 됩니다.

예수 그리스도 안에서 부르신 그 부르심이 실제적이라야 우리의 믿음도 실제이고 우리의 부활도 실제이고 우리에게 허락한 저 천국도 실제입니다. 그 부르심이 사실이 아니면 아무것도 아닙니다. 그야말로 'nothing'입니다.

'그 모든 것이 실제로 일어난 역사적 사실이라는 것이 왜 중요하느냐?' 그것을 아는 것이 중요합니다. 그것은 '하나님의 그 부르심은 절대적 순종을 요구 한다'는 사실입니다. 신적교제는 신적순종을 요구합니다. 이 말은 우리의 순종이 신적인 특성을 가지고 있다는 뜻이 아니라, 하나님의 부르심은 하나님께 대한 순종을 하게 된다는 뜻입니다. 왜냐하면, 그것이 실제적으로 일어난 일이기 때문입니다. 그것이 구원이고 그것이 언약입니다. 세상은요? 여기가 전부이니까 인간의 욕망을 이루기 위해 살아갑니다. 하나님의 뜻이 아니라 자기 뜻대로 삽니다. 이 차이를 알아야 합니다.

하나님께서 아브라함을 부르신 사건은 아브라함에게 실제적으로 일어난 사건입니다. 하나님께서 성령 하나님 안에서 우리를 부르신 사건은 우리에게 실제적으로 일어난 사건입니다. 그것이 실제적으로 일어난 사건이기 때문에 순종이 일어납니다. 그것이 계시역사의 발전이라고 했습니다. 우리는 지금 아브라함 시대에 살고 있지 않습니다. 우리는 새언약 시대를 살아가고 있고 다시 오실 예수 그리스도를 대망하며 살아가고 있습니다.

예수 그리스도께서 성육신 하여 오셔서 자기 백성을 죄에서 구원하기 위하여 십자가에 피 흘려 죽으시고 부활하시고 승천하시고 보혜사 성령님을 보내신 새언약 시대를 살아가고 있기에 그 언약의 말씀에 대한 순종이 일어납니다. 우리는 새언약의 시대를 사는 사람이지 새도약의 시대를 사는 사람들이 아닙니다. 도약은 하나님의 음성을 들으려고 하는 것입니다. 순종하며 살지 않고 음성을 들으려고 하는 것은 예수 그리스도를 믿은 것이 실재적 사건이 아니라는 것과 유사합니다. 예수 그리스도를 믿었다면, 그 말씀에 순종하는 그것이 신앙입니다. 내 욕망, 내 의지, 내 뜻을 버리고 하나님의 말씀대로 하나님의 뜻대로 사는 것입니다.

이것이 중요합니다. 새언약인지 새도약인지, 정신을 못 차리는 겁니다.

성경이 무엇이라고 말합니까? 이사야 선지자가 이렇게 말합니다.

> 2 말일에 여호와의 전의 산이 모든 산꼭대기에 굳게 설 것이요 모든 작은 산 위에 뛰어나리니 만방이 그리로 모여들 것이라 3 많은 백성이 가며 이르기를 오라 우리가 여호와의 산에 오르며 야곱의 하나님의 전에 이르자 그가 그 도로 우리에게 가르치실 것이라 우리가 그 길로 행하리라 하리니 이는 율법이 시온에서부터 나올 것이요 여호와의 말씀이 예루살렘에서부터 나올 것임이니라(사 2:2-3)

말일에, 메시아가 오시는 그 날에, 새 언약 시대에, 바벨탑 사건으로 흩어졌던 사람들 중에서 하나님께서 택하신 그 백성들이 시온 산으로 물밀 듯이 몰려올 것입니다. 그 사람들이 왜 시온 산으로 몰려오겠습니까? 시온에는 여호와의 말씀이 있기 때문입니다. 하나님의 전에서 무엇이 일어납니까? 여호와의 말씀을 우리에게 가르쳐 주십니다. 그리고 우리가 그 말씀의 길로 행합니다. 이것이 언약신앙입니다. 이것이 새언약 시대에 일어날 일이라고 이사야 선지자가 말했습니다. 그것이 지금 우리에게 일어나고 있습니다. B.C. 760년경에 태어나서 활동했던 이사야 선지자입니다. 지금으로부터 2천 760년 전에 예언했던 그 말씀이 지금 우리에게 일어나고 있습니다. 그런데 우리는 그 예언의 성취가 부족하다고 말하고 그것으로는 안 된다고 말하고 있습니다. 여호와 하나님께서 예언하시고 여호와 하나님께서 성취하신 것이 불만족스러우면 그 사람은 누구의 백성입니까?

여호와 하나님께서 아브라함을 실제적으로 부르셨기 때문에 그 말씀에 순종했습니다. 실제적 부르심이라야 절대적 확신이 있고 그 절대적 확신이 있어야 여호와 하나님의 말씀에 대한 전적인 순종이 일어납니다. 실제적 부르심이라야 절대적 권위가 있고 절대적 권위가 있어야 은혜가 신적인 효력으로 나타납니다. 하나님께서 살아계심이 사실이고 하나님의 그 부르심이 사실이기 때문에 앞으로 나아갈 수가 있습니다. 그것이 바로 믿음으로 나아가는 것입니다. 그것이 바로 언약으로 살아가는 것입니다.

우리는 새언약 시대에 살고 있기 때문에 예수 그리스도를 구주로 믿게 된 것이 아브라함보다 더 큰 부르심이라는 것을 알아야 합니다. 아브라함을 부르신 것이나 우리를 부르신 것이나 그 선택과 부르심은 그 내용에 있어서는 동일합니다. 이렇게 생각해 보세요. 무전기만하게 큰 핸드폰 사용하는 게 좋아요?, 최신 갤럭시폰나 아이폰 사용하는 게 좋아요?. 아니 최신 갤럭시폰 사용하는 사람이 그렇게 큰 무전기 사 달라고 하면 이상하지 않아요? 또 저기 한 사람이 꼭 이런 말해요. '도청 안 되게 하려고 그러지요' 그렇게 말 안 통하는 소리 하지 말고요, 비행기 타고 가면서 '짚신 신고 한양 가던 시절이 좋았지' 그러고 있는 거예요. 걸어가면 걸어가는 맛이 있지요. 쉽게 말하는 것이 더 어려워요.

우리가 아브라함보다 모자라지 않습니다. 그런데도 아브라함보다 믿음이 부족합니다. 왜 그럴까요? 우리는 성경을 읽으면서도 아브라함보다 우리의 부르심이 더 모자란다고 생각하고 부족하다고 생각하기 때문입니다. 이런 부르심 말고 더 나은 어떤 것들이 있어야 한다고 생각합니다. 나는 아브라함보다 더 못 사는 거 같고, 나는 아브라함보다 더 상처받고 사는 거 같습니다. '아브라함이 내 고생한 걸 알겠나?' 싶습니다. '아브라함이 아무리 고생해도 나만큼 고생했겠나?' 싶은 겁니다.

그렇게 생각하니까, 삶을 살아내지 않습니다. 그 삶을 언약적으로 살아가지 않습니다. 끊임없이 부족하다고 생각하는 겁니다. 무엇인가 신비스러운 것이 있어야 영적인 성도라고 생각합니다. 하나님의 음성을 들어야 한다고 생각합니다. 아닙니다. 우리에게 필요한 것은 성령님께서 예수 그리스도 안에서 다 주셨습니다. 그 증거가 무엇입니까? 예수 그리스도를 구주로 믿고 고백하는 것입니다. 그건 세상 무엇으로도 못 만들어 내는 것입니다. 아무리 돈이 많아도 예수님 믿을 수 없고 아무리 지식이 많아도 예수님 믿을 수가 없습니다. 돈 없으면 됩니까? 지식이 없으면 됩니까? 세상 것들이 아무리 많아도, 아무리 없어도 예수님을 구주로 믿는 것은 안 됩니다. 그러면 어떻게 가능합니다.

> 예수께서 그들을 보시며 이르시되 사람으로는 할 수 없으되 하나님으로는 그렇지 아니하니 하나님으로서는 다 하실 수 있느니라(막 10:27)

이 말씀은 '구원론의 대강령'이라 합니다. 구원은 사람이 만들어 낼 수 없고 오직 하나님께서 그 은혜로 주신다는 뜻입니다. 사람이 아무리 노력하고 수양할지라도 할 수 없는 일을 하나님께서는 그 지혜와 능력으로 이루십니다. 부자도 가난한 자도 스스로 구원하지는 못하나 오직 하나님만이 구원하십니다.
그래서 우리에게 생명이 있고 그래서 우리에게 평안이 있습니다. 그래서 우리 안에서 날마다 죄와 싸워가는 싸움이 있습니다. 우리 안에 그리스도의 영이 계시기 때문에 그 싸움이 있습니다. 성령 하나님께서 우리 안에 계시기에 더 거룩하게 살기를 소원하며 더 경건하기를 간절히 기도하며 살아갑니다.316)
성경이 무엇이라고 말합니까?

> 너희 조상 아브라함은 나의 때 볼 것을 즐거워하다가 보고 기뻐하였느니라(요 8:56)

칼빈은 예수님의 이 말씀을 이렇게 말했습니다.

> 아브라함이 평생토록 가졌던 단 한 가지 목적은 나의 나라가 번성하는 것을 보는 것이었다. 그는 내가 없을 때 나를 사모했지만 너희는 내가 있을 때 나를 배척했다.317)

아브라함이 그렇게 바라고 소망했던 것은 약속하신 그 여자의 후손, 그 메시야가 오셔서 예수 그리스도의 나라가 번성하는 것이었습니다. 그 때 그 아브라함은 예수 그리스도께서 나타나지 않으셨을 때에도 그런 믿음을 가졌습니다. 그러나 눈앞에 그 여자의 후손, 그 메시아가 오시자 유대인들은 그 메시아를 거부했습니다. 우리는요? 우리는 안 그러고 있을까요? 예수 그리스도를 믿는다고 하면서도 지금 받은 이것으로는 부족하다고 말하고, 무엇을 더 들어야 한다고 말하

---

316) 5 육신을 좇는 자는 육신의 일을, 영을 좇는 자는 영의 일을 생각하나니 6 육신의 생각은 사망이요 영의 생각은 생명과 평안이니라 7 육신의 생각은 하나님과 원수가 되나니 이는 하나님의 법에 굴복치 아니할 뿐 아니라 할 수도 없음이라 8 육신에 있는 자들은 하나님을 기쁘시게 할 수 없느니라 9 만일 너희 속에 하나님의 영이 거하시면 너희가 육신에 있지 아니하고 영에 있나니 누구든지 그리스도의 영이 없으면 그리스도의 사람이 아니라(롬 8:5-9)
317) 존 칼빈, 신약성서주석 3 요한복음주석 (서울: 성서교재간행사, 1982), 327.

고, 보아야 한다고 말하고 있습니다. 그 때 그 유대인들이나 지금의 기독교인들이나 별다르게 차이나는 것이 아닙니다. 우리는 예수님을 십자가에 못 박아 죽인 유대인들만 나쁜 인간들이라고 말하면서 정작 자기 자신이 그러고 사는 줄을 모릅니다. 그것이 인간의 죄악성입니다. 로마서 8장에서 이렇게 말합니다.

> 자기 아들을 아끼지 아니하시고 우리 모든 사람을 위하여 내어 주신 이가 어찌 그 아들과 함께 모든 것을 우리에게 은사로 주지 아니하시겠느뇨(롬 8:32)

'자기 아들을 아끼지 아니하시고 주셨다'는 것은 예수 그리스도께서 십자가에 피 흘려 죽으심으로 주셨다는 뜻입니다. 그 말은 하나님의 사랑은 측량할 수 없는 사랑이라는 의미입니다. 그보다 더 큰 사랑은 없습니다. 그것이 아가페의 사랑입니다. 그 크신 사랑으로 우리에게 주신 것이 무엇입니까? 11절에서 이렇게 말합니다.

> 예수를 죽은 자 가운데서 살리신 이의 영이 너희 안에 거하시면 그리스도 예수를 죽은 자 가운데서 살리신 이가 너희 안에 거하시는 그의 영으로 말미암아 너희 죽을 몸도 살리시리라(롬 8:11)

칼빈은 이 말씀의 의미를 이렇게 말했습니다.

> 만일 그리스도께서 하나님의 영의 능력으로 말미암아 살아나셨다고 하면, 그리고 그 성령이 영원한 능력을 보유하고 있다면, 그 성령이 또한 우리 안에서 그 능력을 행사하실 것이다[318]

그러면서, 칼빈은 "교회의 온 몸에 속한 능력의 실례가 그리스도라는 분에게 나타났다는 것을 인정하고 있다"라고 주석했습니다. 사도 바울은 하나님께서는 그의 영으로 말미암아 예수 그리스도를 살리셨고 그 영을 또한 우리에게도 주셨다고 말했습니다.[319] 그렇게 성령 하나님을 우리에게 주시고 우리 안에 내주하시기 때문에 우리가 예수 그리스도를 믿고 구주로 고백하게 되었습니다. 이것은 아브라함을 부르신 그 사건보다 더 영광스러운 사건입니다. 결코 아브라함보다 못하지 않습니다. 더 위대하고 더 풍성합니다. 그래서 이 고난을 감당하고 믿음

---

318) 존 칼빈, 신약성서주석 7 로마서주석 (서울: 성서교재간행사, 1982), 245. "우리가 하나님의 부성애를 철저하게 확신함으로 해서, 아무런 두려움 없이 그 사랑을 계속적으로 자랑할 수 있게 되는 것이 우리에게는 아주 중요한 것이기 때문에, 바울은 우리에게 베풀어진 하나님의 은총을 확증하기 위해서 하나님이 우리를 화목케 하시려고 치루신 대가를 언급하고 있다. 하나님 아버지께서 우리를 구원하시기 위해서 자기 아들을 아무 조저함도 없이 주신 것은 그의 측량할 수 없는 사랑을 잘 입증해 준다."
319) 존 칼빈, 신약성서주석 7 로마서주석 (서울: 성서교재간행사, 1982), 245.

의 싸움을 싸워가는 것입니다.

그런데 우리는 이 영광스러운 부르심을 가볍게 보고 가치 없게 여깁니다. 주신 것을 가치 없게 여기면서 그 주신 것 말고 다른 것을 달라고 합니다. 가장 최고의 것을 주셨는데 그건 아니라고 합니다. 고집을 피우고 우길 일이 아닙니다. 우리는 종교성으로 가지 않습니다. 종교성으로 가면 뭔가 더 다른 것으로 계속 업그레이드가 되어야 합니다. 구원과 언약신앙이기에 예수 그리스도가 우리 구원의 유일한 구세주이고 성경만으로 충분합니다.

성경만으로 불충분하고 무엇인가 더 있어야 한다고 말하면서 음성을 들어야 하고 보아야 한다고 생각하는 것은 기독교 신앙에 세상 종교가 혼합된 것입니다. 그것이 정말 무서운 것이라는 것을 알아야만 합니다. 그렇게 한 발씩 한 발씩 영성으로 가면서 무당종교가 되어가는 것입니다. 무당종교라 하니 놀라시겠지만 기독교와 무당종교는 멀지 않습니다. 한 끗 차이입니다. '기독교냐? 아니냐?'는 별스럽게 대단한 것이 아니라 한 끗 차이입니다. 그래서 이단도 많고 영성으로 가고 선불교로 가는 것입니다.

실제적인 사건이 아니면 어떻게 될까요? 그것은 모험이 됩니다. 신앙이 모험이 됩니다. 그것이 바로 실존적 신앙입니다. 참된 기독교 신앙이나 실존적 신앙이나 별 차이가 없어 보입니다. 얼핏 보아서는 별 차이가 없습니다. 이 부분은 다음에 살펴보겠습니다. 성경의 사건들을 신화로 믿는 사람들이 더 대우받듯이, 실존적 신앙으로 가는 사람들이 더 깊은 신앙인처럼 보입니다.

그러나, 우리는 성경대로 가야 합니다. 우리도 다 부족하고 연약하지만 그래도 성경대로 바르게 가려고 하나님 앞에 기도하고 엎드려야 합니다. 그렇게 기도 없이, 엎드림 없이 어떻게 이 길을 가겠습니까? 여호와 하나님께서 아브라함을 실제로 부르셨고 우리도 실제로 부르셨습니다. 그것은 역사적인 사실입니다. 아브라함이 갔던 길을 우리도 걸어가고 있습니다. 하나님의 은혜로 부르셨고 하나님께서 우리를 긍휼히 여겨주셔서 오늘도 하나님을 아버지라 부르고 의지하고 붙들고 가고 있습니다. 힘들면 더 부르짖으라고 우리를 부르는 것이요, 눈물 나면 아버지를 더 찾으라는 손길이요, 고통스러우면 이 땅이 아니라 저 천국에 소망을 두라고 이끄시는 뜻인 줄 알고, 예수 그리스도 안에서 우리를 부르신 그 부르심의 소망을 더 많이 알아가고 알아갈수록 감사하고 기뻐하면서 찬송하면서 이 길을 끝까지 주 안에서 감당해 가는 믿음의 성도들이 다 되기 바랍니다.

언약 31 아브라함언약 7

22 유대인은 표적을 구하고 헬라인은 지혜를 찾으나 23 우리는 십자가에 못 박힌 그리스도를 전하니 유대인에게는 거리끼는 것이요 이방인에게는 미련한 것이로되 24 오직 부르심을 입은 자들에게는 유대인이나 헬라인이나 그리스도는 하나님의 능력이요 하나님의 지혜니라 25 하나님의 미련한 것이 사람보다 지혜 있고 하나님의 약한 것이 사람보다 강하니라 26 형제들아 너희를 부르심을 보라 육체를 따라 지혜 있는 자가 많지 아니하며 능한 자가 많지 아니하며 문벌 좋은 자가 많지 아니하도다 27 그러나 하나님께서 세상의 미련한 것들을 택하사 지혜 있는 자들을 부끄럽게 하려 하시고 세상의 약한 것들을 택하사 강한 것들을 부끄럽게 하려 하시며 28 하나님께서 세상의 천한 것들과 멸시 받는 것들과 없는 것들을 택하사 있는 것들을 폐하려 하시나니 29 이는 아무 육체라도 하나님 앞에서 자랑하지 못하게 하려 하심이라(고전 1:22-29)

언약 서른한 번째 시간입니다. 아브라함 언약으로는 일곱 번째 시간입니다. 우리는 지금 언약을 배워가면서 하나님께서 아브라함을 부르신 사건의 중요성을 배워가고 새언약 시대의 성도들이 얼마나 더 풍성한 백성들인지를 알아가고 있습니다.

과거에는 주로 기복신앙으로 교회를 이끌어 갔습니다. 이 시대는 기복신앙으로 안 됩니다. 그 사실을 목사들도 알고 성도들도 압니다. 그러면 오늘날은 어떻게 교회를 끌어갈까요? 그 대안이 영성입니다. 현대영성은 거의 실존적 도약입니다. 그 영성의 중요한 핵심이 바로 하나님의 음성듣기입니다. 도약이 무엇인지 모르는 것이 문제입니다.

오늘날 많은 성도들이 예수 그리스도를 구주로 믿는다고 하면서 하나님의 음성을 들어야 한다고 생각하는 사람들이 너무 많은 것이 아니라 거의 대부분입니다. 왜냐하면 소위 유명한 목사님들이 그렇게 가르치기 때문입니다. 이제 제가 읽으려고 하는 글은 유기성 목사가 2012년 12월 7일에 자신의 페이스북 타임라인에 쓴 글입니다. 좀 길지만 글 전체를 다 읽겠습니다. 왜냐하면, 제가 글을 다 말하지 않고 일부만 읽어 주어서 성도들로 하여금 오해케 할 수 있다고 생각하실 분들이 있기 때문이며, 지금 이 글이 이 나라 기독교 신앙의 현주소를 말해주기 때문입니다.

하나님의 음성을 똑똑히 들으라
1. 어제 목사 밴드 시간에 저와 모든 목사들에게 주신 말씀이 "하나님의 음성을 똑똑히 들으라" 였습니다.
2. 큐티 본문 중 욥 37:2에서 엘리후가 욥과 친구들에게 던진 도전이었습니다.
욥은 그동안 자신이 믿고 있었던 하나님이라는 틀 안에 갇힌 채 탄식만 하고 있었고, 욥의 친구들은 자기들이 연구하여 알고 있는 하나님을 근거로 욥에게 회개하라고 다그치기만 했습니다.
누구도 '지금 이 시간' 말씀하시는 하나님의 음성을 똑똑히 듣지 못하였다'는 말입니다.
3. 대통령 선거일이 눈앞에 다가왔는데, 자신이 지지하는 후보를 공개적으로 밝히는 성도들이 있습니다. 참 용감하다고 생각됩니다.
그런데 하나님의 응답은 똑똑히 받았는지 궁금합니다. 하나님께서 혹 다른 후보에게 투표하라 하시지는 않을까요? 그럴 가능성은 전혀 없는 것일까요?
4. 장로님 한 분이 메일을 보내주신 적이 있습니다. 그 교회 담임목사를 새로 모시게 되었는데, 두 목사님이 경합을 하게 되어 마지막 투표가 있는 날, 새벽기도회 시간에 자신이 지지하는 목사님이 표를 많이 얻게 해 달라고 기도하는 데, "네가 원하는 목사가 안 되더라도 감사하겠느냐?" 하는 마음이 강하게 들더랍니다. 숨이 탁 막히더랍니다. 자신이 지지하는 목사가 안 되는 것인가? 하는 불길한 생각이 들더랍니다.
5. 한참을 고민하다가 주님께 대답을 하였답니다. "예, 주님이 결정하시는 것이지요!" 그랬더니 또 물으시더랍니다. "네가 원하는 목사에게 하는 것처럼 그를 섬기고 사랑할 수 있겠느냐?" 순간, "그건 안 된다"고 생각되더랍니다.
그러나 기도하면서 눈물로 고백하게 되었답니다. "그러할지라도 그 목사님을 사랑하고 섬기겠습니다"
6. 지금이야 말로 개인생활, 가정, 교회에서 하나님의 음성을 똑똑히 들어야 할 때입니다. 하나님의 음성을 듣는 자가 지도자입니다. 잔 다아크는 프랑스가 위기에 처해 있을 때 소녀였지만 하나님의 음성을 들었습니다. 그 때부터 그녀가 역사의 중심에 섰습니다.
7. 한번은 "하나님께서는 왜 음성을 똑똑히 들려주시지 않으시는 것일까?" 하는 생각을 하였습니다. 그 때 제 마음에 질문이 생겼습니다. "나는 정말 하나님의 음성을 듣기 원하는가?" 곰곰이 생각해 보니 "당연하지!" 하고 대답할 수 없었습니다.
8. 솔직히 하나님의 뜻을 몰라서 하나님의 뜻대로 살지 않은 것이 아니라고 깨달아졌기 때문입니다. 이미 알고 있는 하나님의 뜻도 순종하지 못하면서 하나님의 음성을 들으려고 한다는 것이 너무 부끄러웠습니다.
9. 출 20:18 뭇 백성이 우레와 번개와 나팔 소리와 산의 연기를 본지라 그들이 볼 때에 떨며 멀리 서서 :19 모세에게 이르되 당신이 우리에게 말씀하소서 우리가 들으리이다 하나님이 우리에게 말씀하시지 말게 하소서 우리가 죽을까 하나이다
이것이 우리의 감추어진 마음인지 모릅니다.
10. 어제 저녁 저희 교회에서 기도 24365 완주예배가 열렸습니다.
'하나님의 나라와 기도 완성을 위하여 24시간 365일 기도하라' 하시는 주님의 음성을 듣고 지난 10년 동안 순종한 사람들입니다.
그들을 보니 특별 새벽기도회 정도에 '힘들다 어렵다' 말하는 것이 부끄러워졌습니다.
11. 그러나 어떻게 10년 동안이나 24시간 365일 계속 기도할 수 있었을까요?
어제 김용의 선교사님은 24시간 365일 기도하였으나 돌아온 것은 좌절이었다고 했습니다. 우리가 기도하기에 너무 연약해서가 아니라 우리가 기도를 너무 싫어하고 기도에 적대적인 반 기도의 사람이라는 사실을 발견하였다는 것입니다.
우리가 존재적으로 기도를 싫어하는 자들임을 알고 절망하였답니다.
12. 그러나 절망하였지만 이 기도를 포기할 수 없었다고 했습니다
이미 복음을 알고 십자가의 영광을 보고나니, '자신들이 할 수도 없었지만 그렇다고 할 수 없다고도 할 수도 없다'고 했습니다.
오직 생명이 되신 주님만을 바라보며 나아가야 했고 결국 자신들이 할 수 없는 그때부터 주님

은 역사하셨다고 했습니다.
그렇게 10년이 지난 후 진심으로 "주님이 하셨습니다" 고백을 하게 되었다고 했습니다.
13. 저는 어제 주님의 음성을 듣고 순종하는 것이 얼마나 놀라운 결실을 맺는가를 보며 감격하였습니다.
하나님의 음성을 똑똑히 듣는 열쇠는 우리의 순종입니다.
15. "24 시간 예수님을 바라보라!"
세미한 음성이었지만 계속해서 주신 주님의 음성이었습니다.
물 위를 걷는 것 같았지만 순종하였을 때, 주 예수님과의 친밀함의 문이 열렸습니다320)

이 글을 분석해 가면 큐티의 위험성을 알게 되고 하나님의 음성을 듣는다는 것이 얼마나 피상적인 성경해석에서 나오는 것인지를 알게 됩니다. 첫 번째로, 유기성 목사는 엘리후가 욥과 욥의 친구들과의 대화를 말하면서 누구도 하나님의 음성을 듣지 못하였다고 말했습니다. 큐티 본문인 욥기 37장 2절 말씀은 이렇습니다.

> 하나님의 음성 곧 그 입에서 나오는 소리를 들으라 들으라(욥 37:2)321)

우리 한글 성경에는 "하나님의 음성"이 먼저 나오지만 히브리어 성경으로는 "들으라 들으라"가 먼저 나옵니다. 이렇게 같은 단어를 두 번이나 반복하여 사용된 것은 하나님의 음성을 '항상 듣는다'(시 6:9)는 뜻이 있고, 또한 '세심하게 듣는다'(13:17)는 뜻이 내포된 것입니다. 한글 성경에는 "하나님의 음성"이라 했지만 히브리어로는 "그의 음성의"입니다. 그러면 그의 음성이란 무엇일까요? 그것은 일차적으로 3절에서 우리 한글 성경으로는 "그 소리"라고 했지만 히브리어로는 "천둥소리"(רגז)를 가리킵니다.

그러면, 엘리후가 자연 현상인 천둥소리를 하나님의 음성으로 들었을까요? 하늘에 먹구름이 깔리고 천둥이 내리칠 때, 그 소리를 하나님의 음성을 들었을까요? 그러면 2절에서 원어로 보았듯이, 천둥소리가 계속해서 내리쳤고 그런 천둥소리를 하나님의 음성으로 해석해서 들었을까요? 그럴 수는 없습니다. 왜냐하면 욥기 전체에서 드러나듯이, 하나님께서는 욥과 그 친구들이 알아들을 수 있는 언어로 말씀하셨기 때문입니다. 그렇다면, 엘리후는 왜 천둥소리를 하나님의 소리

---

320) https://www.facebook.com/pastor.yookisung/posts/345669302197732/ 유기성 목사의 페이스북 타임라인(2012.12.07).
321) Listen closely to the thunder of His voice, And the rumbling that goes out from His mouth.(욥 37:2, NASB)

라고 말했을까요? 그것은 엘리후가 그 천둥소리를 사람들에게 하나님의 위대하심과 그분의 존재를 상기시키는 역할을 한다는 의미로 말했기 때문입니다 (Rawlinson).322)

크리스토퍼 애쉬는 37장 1-13절을 이렇게 해석했습니다.

> 이 단락에서도 폭풍에 대한 생생하고 극적인 묘사가 계속된다. 그러나 여기서 주제는 이것이 하나님이 말씀하시는 방식이라는 것이다. 이것은 "하나님의 음성 … 그의 입에서 나오는 소리"(2절). 이것은 "[그의] 음성 … 그의 위엄 찬소리 … 그 음성이 들릴 때" 나는 소리다(4절). 이것은 하나님의 "놀라운 음성"이 내는 천둥이다(5절). 이것은 하나님이 눈과 폭우에게 "명하시는" 방법이다(6절). 이것은 "하나님의 입김"이다(10절) 이러한 현상들을 통해, 폭풍은 "하나님이 명하신 모든 것을 … 이룬다"(12절 새번역).323)

애쉬는 무엇을 말하려고 할까요? 하나님께서 말씀하시고 이루시는 방식이 저 자연계에게 명하는 방식이며 그것이 자연현상에 나타나서 그렇게 말씀하신 그대로 다 이루신다는 뜻입니다. 세상 모든 일이 하나님의 통제 아래에 있고 하나님께서 그의 목적을 이루시려고 행하신다는 의미입니다. 하나님께서 저 천둥소리를 통해 말씀하시어 그 목적을 이루사듯이, 욥에게 일어난 일도 우리로서는 다 이해하지 못하지만 욥에게 이루실 어떤 목적이 있다는 것을 의미합니다.

엘리후는 결국 욥에게 무엇을 말했을까요? 욥기 37장 14-18절에서 엘리후는 욥에게 계속해서 말했습니다. '깨달으라'(understand)(14절), '아느냐?'(15절), '아느냐?'(16절), '아느냐?'(17절), '할 수 있느냐?'(18절)고 말했습니다.324) 무엇을 깨

---

322) 호크마 주석에서.
323) 크리스토퍼 애쉬, 욥기, 전의우 역 (서울: 한국성서유니온선교회, 2014), 512-513. 〈여기서도, 어쩌면 훨씬 강한 어조로, 감탄을 불러일으키는 현상이 제시된다("이로 말미암아 내 마음이 떨며", 1절). 엘리후는 욥에게 하나님의 이 "음성"을 "똑똑히 들으라"(2절, 문자적으로 "들어라! 들어라!")고 말한다. 이것은 하나님에게서, "천하"에서 나와 "땅 끝까지" 미치는 속박되지 않는 공개적인 말씀이다(3절). 이것은 속박되지 않는 음성이고(4절), 헤아릴 수 없는 음성이며(5절), "눈"과 폭우를 내리는 음성이다(6절). 하나님이 이렇게 행동하실 때, 사람과 짐승 모두 정상적인 행동을 그쳐야 한다(7, 8절). 이것은 "얼음"을 얼게 하고 "번개"를 일으키는 이상한 음성이다(10-11절). 그러나 12-13절이 분명히 말하듯이, 여기에도 목적이 있다. 이해할 수 없는 이 모든 거친 현상이, 폭풍 구름이 "하나님의 명을 따라서" 목적을 갖고-"하나님이 명하신 모든 것을 이 땅 위의 어디에서든지 이루려고"-"빙글빙글 돈다"(허리케인이나 토네이도를 떠올려 보라, 공동번역, 12절). 삶에서 일어나는 거친 일들은 하나님의 거친 일들이며, 그 모든 거침은 하나님의 통제 아래 있다. 이것들을 통해, 하나님은 "교정"(ESV, 13절)-징계(36:8-15에서처럼) 또는 심판-하시거나 "땅"에 복을 내리시거나 사람들에게 "긍휼"을 베푸신다. 36:31의 폭풍이 어떤 사람에게는 심판을 또 어떤 사람에게는 양식을 주듯이, 이 폭풍도 어떤 사람에게는 고통스럽지만 꼭 필요한 교정이며, 또 어떤 사람에게는 하나님의 사랑의 단순한 표현이다. 이 모든 것에서, 엘리후는 욥에게서 겸손한 경이감을 불러일으키길 원하며, 하나님만이 자신의 우주적 능력으로 최종적인 우주적 정의라는 자신의 목적을 성취하실 수 있음을 욥이 깨달길 원한다. 그래서 엘리후는 마지막으로 욥에게 호소한다.〉
324) 14 욥이여 이것을 듣고 가만히 서서 하나님의 기묘하신 일을 궁구하라 15 하나님이 어떻게 이런 것들에게 명하여셔서 그 구름의 번개 빛으로 번쩍번쩍하게 하시는지 네가 아느냐 16 구름의 평평하게 뜬 것과 지혜가 온전하신 자의 기묘한 일을 네가 아느냐 17 남풍으로 하여 땅이 고요할 때에 네 의복이 따뜻한 까닭을 네가 아느냐

달으라는 것일까요? 열심히 공부해서 스스로 하나님의 진리를 깨달으라는 것일까요? 아닙니다. 엘리후는 욥에게 질문을 던지면서 욥이 지식의 한계와 능력의 한계를 깨닫게 하고, 알게 하고, 그의 능력의 한계를 알게 해주려고 했습니다. 엘리후는 욥에게 하나님께서 하시는 일을 이해할 수 없으므로 하나님의 주권적 지혜 앞에 엎드리는 것이 훨씬 지혜롭다고 말해주었습니다. 엘리후는 고난당하는 욥에게 그렇게 "위엄이 넘치는 하나님 앞에 겸손히 엎드려 경배하라"고 말했습니다. 이것이 욥기 37장이 말하려는 의미입니다.325) 그래서 큐티는 위험하고, 그래서 유기성 목사가 말하는 그런 하나님의 음성 듣기는 없습니다.

두 번째로, 이어서 대통령 선거를 말하고, 그 다음 세 번째로, 어느 교회 장로님이 담임목사 청빙을 앞두고 하나님과 대화했다는 그 교회 장로님의 이메일을 소개했습니다. 주님이 물으시고 장로는 대답했다는 것입니다. 만일 이런 것이 하나님의 음성이라면 매우 잘못된 생각입니다. 그것은 하나님의 음성이 아닙니다. 그것은 순전히 장로의 개인적인 자기반성이고 양심의 소리입니다. 좀 더 좋게 말하자면 자기회개입니다. 자기 양심에 찔린 것입니다. 오늘날 이런 방식으로 하나님의 음성을 듣는다고 말하고 자기 자신도 하나님께 말했다고 말합니다. 그리고

---

18 내가 능히 그와 함께 하여 부은 거울 같은 견고한 궁창을 펼 수 있느냐(욥 37:14-18) 14 "Listen to this, O Job, Stand and consider the wonders of God. 15 "Do you know how God establishes them, And makes the lightning of His cloud to shine? 16 "Do you know about the layers of the thick clouds, The wonders of one perfect in knowledge, 17 You whose garments are hot, When the land is still because of the south wind? 18 "Can you, with Him, spread out the skies, Strong as a molten mirror?(NASB, 욥 37:14-18)

325) 크리스토퍼 애쉬, 욥기, 전의우 역 (서울: 한국성서유니온선교회, 2014), 514-515. 〈지금까지는 경외심으로 가득하지만 일반적인 묘사였다. 엘리후는 누구든지 듣고 있는 사람에게 말하며 "누가 능히 깨달으랴?"와 같은 질문을 던졌다(36:29). 그러나 이제 갑자기 매우 개인적인 어조로 바뀐다. "욥이여 이것들 듣고 … [그대는] 깨달으라 … 그대가 아느냐 … 그대는 아느냐 … 그대는 할 수 있느냐"(14, 15, 16, 17, 18절). 이러한 진리들은 개인적인 반응을 요구한다. 하나님의 말씀을 바싹 예상하면서, 엘리후는 욥에게 질문을 던지며 욥의 지식의 한계("그대가 아느냐 …")와 능력의 한계("그대는 … 할 수 있느냐")를 알게 하려 한다. "가만히 서서 … 깨달으라"고, 불평과 탄식을 그치고 "하나님의 오묘한 일"-이 문맥에서는 하나님이 자신의 우주적 정의를 행하려고 자신의 우주적 힘을 사용하시는 것을 의미한다-을 오래 골똘히 생각해 보라고 요구한다(14절) 15, 16절에서, 엘리후는 욥에게, 하나님이 우주에서 가장 혼란스럽고 예측 불가능한 현상, 곧 날씨를 어떻게 다스리시는지 이해할 수 있냐고 묻는다. 하나님은 구름과 번개에게 명하시는데, 하나님이 어떻게 그렇게 하시는가? 하나님께 "완전한 지식"이 있으므로 하나님만이 아시는데(16절), 하나님은 "온전한 지식을 가진 이"의 말씀을 엘리후에게 주셨다(36:4). 17절에서, 엘리후는 욥에게 바람이 건조한 남쪽 사막에서 불어와 숨 막힐 듯이 뜨거운 날들을, 무엇을 입든 간에 열기 때문에 숨기조차 어려운 날들을 상기시킨다. 예수님의 동시대 사람들도 이런 현상을 알았다. "남풍이 부는 것을 보면 말하기를 심히 더우리라 하나니"(눅 12:55). 욥은 날씨를 경험하는 게 무엇인지 알지만 날씨를 다스리지는 못한다는 게 핵심으로 보인다. 하늘이 머리 위의 놋 거울처럼 건조하고 뜨거우며 숨 막힐 듯하지만, 비가 올 가망도 없고 곡물이 자랄 희망도 없는 날들이 있다. 신명기에 따르면, 이런 날은 "머리 위의 하늘은 놋이 되는" 저주받은 날이다(신 28:30). 욥은 이런 비극을 겪는다는 게 무엇인지 알지만, 이런 비극을 제어하지 못한다. 이런 하나님의 신비롭고 경외로운 위대함을 염두에 두고, 엘리후는 19, 20절에서 욥에게 경고한다. 욥은 지식이 완전하시고 욥은 "아둔하기" 때문에 욥이 하나님을 거슬러 "아뢸" 수 있다고 생각하는 것은 주제넘고 위험하다(19절) 그러므로 하나님께 "제가 당신과 말하고 싶고, 당신에게 도전하고 싶습니다"라는 메시지를 보내는 것은 "삼켜지길" 바라는 것과 같다(20b절). 하나님의 주권적 지혜 앞에 엎드리는 것이 훨씬 지혜롭다.〉

구역예배나 다른 모임에서도 각자가 들은 하나님의 음성을 나누고 있습니다. '양심의 소리'는 하나님의 음성이 아닙니다. 양심의 소리는 무엇인가 자기 마음에 죄책감이 들고 찔리는 것이 있으니 자기 마음에 다가오는 것입니다. 그것이 하나님의 음성이면 이 세상 모든 사람이 하나님의 음성을 듣는 것이라고 말해도 무슨 말을 하겠습니까?

네 번째로, 유기성 목사가 그 다음에 말하는 것이, 잔 다르크가 하나님의 음성을 들었다고 말하지만 그 부분에서는 아직도 논란이 많습니다.326) 설령, 잔 다르크가 하나님의 음성을 들었다고 그 시대의 모든 사람이 하나님음성을 들은 것이 아닙니다. 잔 다르크가 하나님의 음성을 들었다면 그것은 특별한 역사입니다. 특수를 보편화 시켜서는 안 됩니다.

그리고, 다섯 번째로, 출애굽기 20장 18-19절을 말했습니다.

> 18 뭇 백성이 우뢰와 번개와 나팔소리와 산의 연기를 본지라 그들이 볼 때에 떨며 멀리 서서 19 모세에게 이르되 당신이 우리에게 말씀하소서 우리가 들으리이다 하나님이 우리에게 말씀하시지 말게 하소서 우리가 죽을까 하나이다(출 20:18-19)

이스라엘 백성들이 우레와 번개와 나팔소리와 산의 연기를 보고 떨면서, 하나님의 음성을 들으니 우리가 죽을 것 같으니까 하나님께서 우리에게 말씀하지 마시고 모세에게 말하면 우리가 듣겠다고 말했습니다. 하나님의 음성을 들으면 죽을까봐 두려워서 하나님의 음성을 안 들으려고 하는 것이 '우리의 감추어진 마음인지 모르겠다'고 유기성 목사는 말한 것입니다. 과연 성경이 그런 뜻으로 말했을까요? 여호와의 영광이 산 전체에 충만하고 하나님의 지존하신 위엄 앞에 이스라엘 백성들은 자신들이 감히 하나님의 음성을 들을 수 없는 비참한 존재라는

---

326) http://cafe.godpeople.com/jeruel/ 〈잔다르크와 하나님의 뜻(2002.04.30.)〉: 뤽 배송은 잔다르크의 그러한 신념에 대해 의문을 표시합니다. "과연 잔다르크가 하나님의 음성을 듣고, 하나님으로부터 소명을 받은 것인가?" 뤽 배송의 답은 어정쩡합니다. 그러나 흑백논리로 대답하라고 하면, no에 가까운 쪽입니다. 뤽 배송은 잔다르크의 동기를, 언니의 잔인한 죽음, 나아가 영국의 야만적인 행위에 대한 복수적인 관점에서 영화를 전개해 갑니다. 그리고 잔다르크의 극도한 심리적 불안증세를 영화의 곳곳에서 보여줌으로써 신의 대리자로서의 모습과의 괴리를 부각합니다. 그러면서 뤽 배송은 잔다르크가 결정적으로 자신이 신으로부터 택함을 받았다고 확신하게 된 장면 - 누워있는 잔다르크 옆에 놓여 있는 칼 - 에 대한 재해석을 시도합니다. 잔다르크는 자신의 옆에 있는 칼을 보면서 신이 자신에게 프랑스를 구원하라고 부르신 것으로 해석합니다. 그러나 뤽 배송은 그것의 오류를 지적합니다. 즉, 하나의 우연이라는 것입니다. 지나가는 병사가 흘릴 수도 있고, 치열한 전쟁 중에 칼이 날아갈 수도 있고,.. 다양한 가능성을 뤽 배송은 제시합니다. 뤽 배송은 잔다르크의 마음속에 있는 분노, 적개심이 자신의 옆에 떨어져 있는 칼에 대한 새로운 의미를 부여했다는 뉘앙스를 청중에게 은근히 제시합니다. 저는 이러한 뤽 배송의 재해석에 대해 왈가불가 하고 싶지는 않습니다. 다만 저는 뤽 배송의 재해석을 통해 하나님의 뜻을 발견하는 데 있어, 우리가 범할 수 있는 하나의 오류를 보게 됩니다. 우리들이 하나님의 뜻이라고 주장할 때, 우리들 역시 잔다르크의 오류(뤽 배송적 관점에서)에 빠지지는 않는지.. 다양한 해석이 가능한 상황에서, 내 안에 있는 선입견, 분노, 생각에 의해 나 자신을 정당화하는 해석을 하고 있지는 않는지... 하나님의 뜻은 내 생각에 의해 좌우되어서는 안 됩니다.)

것을 통감하고 모세에게 자신들의 중개자가 되어 달라고 부탁한 것입니다. 왜냐하면, 모세가 하나님과 이스라엘 백성들 사이에 언약의 대표자였기 때문입니다. 이것이 성경 본래의 뜻입니다. 그러니 하나님음성을 들어야 한다는 유기성 목사의 말은 잘못된 것입니다.

유기성 목사는 이런 기초위에서 '24365완주예배'를 드렸다고 했습니다. '24365'는 '24시간 365일 기도하라'는 것입니다. 그런 기도를 10년이나 해 왔다고 말했습니다. 그것이 주님의 음성을 듣고 순종한 결과라고 했습니다. 유기성 목사는 "24시간 예수님을 바라보라!"는 주님의 음성을 계속해서 들었답니다. 수많은 목회자와 성도들이 10년이나 참여하고 있습니다. 너무 너무 안타깝습니다. 무늬만 기독교입니다. 왜 그럴까요? 성경대로 안가기 때문입니다. 성경은 유기성 목사가 생각하는 것처럼 하나님의 음성을 들어야 한다고 말하지 않습니다. 우리의 믿음과 신앙생활의 근거는 성경이어야 합니다. 기독교 신앙은 성경을 벗어나면 안 됩니다. 우리의 삶은 지극히 언약 적이어야 합니다.

우리는 지금 언약을 배우고 있습니다. 아브라함 언약을 배우면서 하나님의 부르심이 오늘 우리에게는 어떻게 주어지고 있는지를 배우고 있습니다. 왜 하나님께서는 아브라함처럼 우리를 안 부르실까요? 하나님의 부르심, 그것은 전적으로 하나님의 주권적인 역사로 이루어지는 일입니다. 하나님께서는 그 하시는 일에 있어서 특별하심이 있습니다. 우리가 헤아리지 못하는 방법으로 일하십니다. 그래서 '초월적인 역사'라 합니다. 인간의 이성을 초월해서 일하십니다. 인과율로는 도저히 설명이 안 됩니다.

하나님에게 있어서는 초월적인 역사나 일반적인 역사나 다 하나님의 역사입니다. 분명히 하나님의 특별하신 역사가 있음에도 불구하고 우리에게 행하시는 거의 대부분의 일들은 하나님의 일반적인 역사로 그 하시고자 하는 일을 이루어가십니다. 하나님의 세계는 질서의 세계이며 그 질서는 하나님의 영광을 나타내는 세계이기 때문입니다. 그렇다고 가장 평범한 것이 좋다는 식이 아니라 하나님께서 구원하고 언약하여 이루시는 그 방식과 질서대로 움직여질 때에 가장 기쁘고 즐거워하며 풍성함을 누리고 살아가게 됩니다.

그런 까닭에 성도는 하나님께서 자기 백성을 부르는 방식과 양육해 가시는 방식을 알아야 합니다. 사도 바울은 하나님께서 자기 백성을 부르시는 방식에 대해 이렇게 말했습니다.

> 하나님의 지혜에 있어서는 이 세상이 자기 지혜로 하나님을 알지 못하는 고로 하나님께서 전도의 미련한 것으로 믿는 자들을 구원하시기를 기뻐하셨도다(고전 1:21)

하나님께서는 가장 지혜로우신 분이십니다. 그렇게 가장 지혜로우신 하나님께서 자기 백성들을 구원하십니다. "전도의 미련한 것으로" 구원하는 방식입니다. 그 '전도의 미련한 방식'에 대해 매튜 풀은 이렇게 주석했습니다.
하나님께서는 세상 사람들이 "미련한 것"으로 여기는 "전도"를 구원의 방편으로 정하셔서, 전도를 통한 복음의 계시를 믿고 거기에 계시된 그리스도를 영접하는 모든 자들을 영생과 구원으로 인도하시는 것을 기뻐하셨다.327)
하나님께서는 그렇게 전도의 미련한 방법으로 자기 백성들을 구원해 가시는데, 거기에 반대하는 사람들이 있습니다. 그들이 누구일까요? 그들은 유대인들이고 헬라인들입니다. 22절에서 이렇게 말합니다.

> 유대인은 표적을 구하고 헬라인은 지혜를 찾으나(고전 1:22)

유대인들이 표적을 구하는 일이나 헬라인들이 지혜를 찾는 일은 한 번만 그렇게 구하고 찾고 그만 둔 것이 아니라 계속해서 구하고 계속해서 찾았다는 뜻입니다. 세상의 방식은 언제나 그렇습니다. 인간이 끊임없이 찾아 발견해 가는 방식입니다. 그것이 에로스적 영성이고, 아래로부터의 영성이고, 일상의 영성이고, 선불교의 영성이고, 관상기도의 영성입니다. 그것이 도약이고 그것이 광기입니다. 성경에서 말하는 것과는 완전히 반대입니다. 성경은 삼위 하나님께서 우리에게 주시는 구원이고 언약이기에 우리는 우리 스스로가 만들어가는 구원과 언약이 아닙니다. 우리가 감당해야 할 영적인 의무가 없다는 말이 아닙니다. 인간이 죄로 인해 전적으로 타락한 존재들이기 때문에 우리 스스로가 구원과 언약을 만들어 낼 수 없다는 뜻입니다. 그러면 성경은 무엇이라고 말합니까?

> 23 우리는 십자가에 못 박힌 그리스도를 전하니 유대인에게는 거리끼는 것이요 이방인에게는 미련한 것이로되 24 오직 부르심을 입은 자들에게는 유대인이나 헬라인이나 그리스도는 하나님의 능력이요 하나님의 지혜니라(고전 1:23-24)

전도의 미련한 그 방식에서 전하는 내용이 무엇인지 말해줍니다. 그것은 바로 십자가에 못 박힌 예수 그리스도를 전하는 것입니다.328) 그것이 유대인에게는

---

327) 매튜 풀, 청교도 성경주석 고린도전후서, 박문재 역 (서울: 크리스챤다이제스트, 2015), 21.

거리끼는 것이고 이방인에게는 미련해 보입니다. 왜 유대인에게는 거리끼는 것이고, 왜 걸려 넘어지는 것이고, 왜 장애물일까요? 유대인들이 바라는 그리스도는 십자가에 못 박혀 죽는 그리스도가 아니었기 때문입니다. 유대인들이 바라는 그리스도는 이스라엘을 저 로마로부터 구해주고 이스라엘을 회복해서 만국에 그 영광을 드러내게 해 주는 영광스러운 왕이어야 했기 때문입니다. 그런데, 메시아가 죄인이 되어 십자가에 못 박혀 죽었다는 것은 유대인들이 받아들일 수 없는 일이었습니다. 예수님께서 참으로 그리스도였다면 십자가에서 내려와서 메시아인 것을 증명해 보이면 믿겠다고 했습니다. 그러나 예수님께서는 십자가에 피 흘려 죽으셨습니다.329) 그 사실을 증거 하는데, 하늘에서 음성을 들려주시는 것이 아니라 전도의 미련한 방법으로 증거 하십니다. 전도하는 사람이 어떤 사람들입니까?

> 형제들아 너희를 부르심을 보라 육체를 따라 지혜 있는 자가 많지 아니하며 능한 자가 많지 아니하며 문벌 좋은 자가 많지 아니하도다(고전 1:26)

나에게 복음을 전한 전도자, 그 목사가 인간적으로 보면 뭐 그리 대단할 것이 없다는 것입니다. 그런데 하나님께서 그 별것 없는 그 목사를 세우셔서 '예수님이 그리스도다', '예수 그리스도를 믿어야 영생을 얻는다'고 증거해 가십니다. 그 전도 소리를 듣고 예수님을 구세주로 그리스도로 믿습니다. 하나님께서 왜 그렇게 하실까요? 29절에서 이렇게 말합니다.

> 이는 아무 육체라도 하나님 앞에서 자랑하지 못하게 하려 하심이라(고전 1:29)

하나님 앞에 아무도 자랑하지 못하게 하기 위해 그리 하신답니다. 그것이 무슨 말일까요? 구원은 전적으로 하나님의 은혜로 받는다는 뜻입니다. 구원은 우리 안에서 나온 것이 아니라는 겁니다. 그러니, 십자가에 못 박히신 그리스도는 유

---

328) '십자가에 못 박힌'에 해당하는 헬라어 '에스타우로메논'은 완료 수동태 분사형으로 그리스도께서 단 한번 십자가에 못 박혔음을 가리키고 지금도 그 대속적인 효과가 계속되고 있음을 보여준다.
329) 저가 남은 구원하였으되 자기는 구원할 수 없도다 저가 이스라엘의 왕이로다 지금 십자가에서 내려올지어다 그러면 우리가 믿겠노라(마 27:42) 32 이스라엘의 왕 그리스도가 지금 십자가에서 내려와 우리로 보고 믿게 할지어다 하며 함께 십자가에 못박힌 자들도 예수를 욕하더라 33 제육시가 되매 온 땅에 어두움이 임하여 제구시까지 계속되더니 34 제구시에 예수께서 크게 소리지르시되 엘리 엘리 라마 사박다니 하시니 이를 번역하면 나의 하나님, 나의 하나님, 어찌하여 나를 버리셨나이까 하는 뜻이라 35 곁에 섰던 자 중 어떤 이들이 듣고 가로되 보라 엘리야를 부른다 하고 36 한 사람이 달려가서 해융에 신포도주를 머금게 하여 갈대에 꿰어 마시우고 가로되 가만 두어라 엘리야가 와서 저를 내려 주나 보자 하더라(막 15:32-36)

대인들에게는 걸림돌만 될 뿐입니다330)

그러면, 이방인에게는 왜 미련한 것일까요? 당시에 이방인들을 대표하는 헬라인들과 로마인들은 십자가의 형벌을 가장 비천한 죄인들이나 받는 것으로 인식했기 때문입니다. 십자가에 못 박혀 죽은 비천한 죄인이 구세주가 된다는 것은 저 헬라인들이나 이방인들의 뇌구조로는 전혀 수용이 안 됩니다. 특히나 인간의 육체를 무시하는 헬라인들의 관점에서 보면 신이 육신을 입었다는 것은 이해 불가능한 것입니다. 그런 까닭에 예수 그리스도를 거부할 수밖에 없었습니다.

그런데, 놀랍게도 전도의 미련한 방식으로 예수 그리스도의 십자가를 증거 하는데, 예수 그리스도를 믿는 사람들이 있는 겁니다. 세상에 어떻게 그런 일이 있을 수 있습니까? 인간의 머리로는 인간의 지혜로는 안 되는 겁니다. 그런데, 믿는 사람이 생깁니다. 그렇게 믿은 사람들 중에 우리도 포함되어 있습니다. 어떻게 그렇게 됩니까? 그것이 하나님의 지혜입니다. 그것이 하나님의 능력입니다.

그러면, 어떤 사람들은 이렇게 말할 것입니다. '목사님, 그건 전도에만 그런 거잖아요' 그런 말을 할 겁니다. 과연 그럴까요? 성경은 무엇이라고 말할까요?

> 28 너희는 자기를 위하여 또는 온 양떼를 위하여 삼가라 성령이 저들 가운데 너희로 감독자를 삼고 하나님이 자기 피로 사신 교회를 치게 하셨느니라 29 내가 떠난 후에 흉악한 이리가 너희에게 들어와서 그 양떼를 아끼지 아니하며 30 또한 너희 중에서도 제자들을 끌어 자기를 좇게 하려고 어그러진 말을 하는 사람들이 일어날 줄을 내가 아노니 31 그러므로 너희가 일깨어 내가 삼 년이나 밤낮 쉬지 않고 눈물로 각 사람을 훈계하던 것을 기억하라 32 지금 내가 너희를 주와 및 그 은혜의 말씀께 부탁하노니 그 말씀이 너희를 능히 든든히 세우사 거룩케 하심을 입은 모든 자 가운데 기업이 있게 하시리라(행 20:28-32)

사도 바울이 밀레도에서 에베소로 사람을 보내 교회 장로들을 청하고, 그들에게 한 말 중에 이 말들이 있습니다. 이제 떠나가면 흉악한 이리가 교회 안으로 들어올 것이라고 말하면서, 사도 바울이 삼 년이나 밤낮 쉬지 않고 눈물로 각 사람을 훈계한 그 사실을 기억하라고 했습니다. 누구처럼 삼 년 동안 성령집회하지 않았습니다. 바울이 능력이 없는 사도가 아니었습니다. 그런데도 삼 년이나 밤낮 쉬지 않고 눈물로 말씀을 가르쳤습니다. 그리고 헤어지면서도 오직 "주와 및 그 은혜의 말씀께 부탁"했습니다. '능력 받아라', '불 받아라', '하나님의 음성을 들으라', '24시간 예수님을 바라보라' 그렇게 안했습니다.

---

330) 기록된 바 보라 내가 부딪히는 돌과 거치는 반석을 시온에 두노니 저를 믿는 자는 부끄러움을 당치 아니하리라 함과 같으니라(롬 9:33) 또한 부딪히는 돌과 거치는 반석이 되었다 하나라 저희가 말씀을 순종치 아니하므로 넘어지나니 이는 저희를 이렇게 정하신 것이라(벧전 2:8)

디모데에게도 말했습니다.

> 5 하나님의 말씀과 기도로 거룩하여짐이니라 6 네가 이것으로 형제를 깨우치면 그리스도 예수의 선한 일꾼이 되어 믿음의 말씀과 네가 좇는 선한 교훈으로 양육을 받으리라(딤전 4:5-6)

말씀과 기도로 거룩해진다고 권하면서 디모데 자신도 형제들에게도 믿음의 말씀과 선한 교훈으로 양육을 받아야 한다고 말했습니다. 그 시대에도 영성을 부르짖는 영지주의가 매우 강했습니다.[331]
그리고 디모데후서 3장 15-17절에서 이렇게 말했습니다.

> 15 또 네가 어려서부터 성경을 알았나니 성경은 능히 너로 하여금 그리스도 예수 안에 있는 믿음으로 말미암아 구원에 이르는 지혜가 있게 하느니라 16 모든 성경은 하나님의 감동으로 된 것으로 교훈과 책망과 바르게 함과 의로 교육하기에 유익하니 17 이는 하나님의 사람으로 온전케 하며 모든 선한 일을 행하기에 온전케 하려 함이니라(딤후 3:15-17)

성경은 예수 그리스도를 믿음에 이르게 하고 구원에 이르는 지혜가 있습니다. 모든 성경은 하나님의 감동으로 된 것입니다. 그러기에 교훈과 책망과 바르게 함과 의로 교육하기에 유익합니다. 말씀에 연단된 사람이라야 온전한 하나님의 사람이 되며 모든 선한 일을 행하기에 온전케 됩니다. 사도 바울은 이제 자신에게 마지막 순간이 다가오는 것을 알았습니다. 그때에도 성경책을 가져오라고 했습니다.[332] 죽을 때에도 성경을 품고 죽어가기를 원했습니다.
다른데 마음을 두지 말기 바랍니다. 영성으로 가면 영적인 안내자를 만나 접신하게 됩니다. 하나님의 말씀인 이 성경말씀에 마음을 두고 이 말씀에 연단을 받기를 바랍니다. 목사가 얼마나 능력 있기를 바랍니까? 신앙생활 잘못하고 있는 겁니다. 목사에게 이 성경말씀을 잘 가르쳐 주기를 바라야 합니다. 그래야 성도들이 살아납니다. 다른 것은 아무렇게나 해도 된다는 것이 아닙니다. 가장 쉬운 것이 가장 어렵습니다. 성도는 말씀에 은혜받기를 사모하고, 목사는 그런 성도들

---

331) 디모데야 네게 부탁한 것을 지키고 거짓되이 일컫는 지식(knowledge)의 망령되고 허한 말과 변론을 피하라(딤전 6:20) 신화와 끝없는 족보에 착념치 말게 하려 함이라 이런 것은 믿음 안에 있는 하나님의 경륜을 이룸보다 도리어 변론을 내는 것이라(딤전 1:4) 망령되고 허탄한 신화를 버리고 오직 경건에 이르기를 연습하라(딤전 4:7) 진리에 관하여는 저희가 그릇되었도다 부활이 이미 지나갔다 하므로 어떤 사람들의 믿음을 무너뜨리느니라(딤후 2:18)
332) 네가 올 때에 내가 드로아 가보의 집에 둔 겉옷을 가지고 오고 또 책은 특별히 가죽 종이에 쓴 것을 가져오라(딤후 4:13)

을 위해 기도하며 열심히 준비해야 합니다. 말씀에 충성된 목사를 만나는 것이 성도들의 복입니다. 하나님 음성을 들으려고 하지 말고 이 성경 말씀대로 순종하면서 언약에 충성함으로 하나님의 영광을 나타내는 믿음의 성도들이 다 되기 바랍니다.

언약 32 아브라함언약 8

13 하나님이 아브라함에게 약속하실 때에 가리켜 맹세할 자가 자기보다 더 큰 이가 없으므로 자기를 가리켜 맹세하여 14 가라사대 내가 반드시 너를 복주고 복주며 너를 번성케 하고 번성케 하리라 하셨더니 15 저가 이같이 오래 참아 약속을 받았느니라 16 사람들은 자기보다 더 큰 자를 가리켜 맹세하나니 맹세는 저희 모든 다투는 일에 최후 확정이니라 17 하나님은 약속을 기업으로 받는 자들에게 그 뜻이 변치 아니함을 충분히 나타내시려고 그 일에 맹세로 보증하셨나니 18 이는 하나님이 거짓말을 하실 수 없는 이 두 가지 변치 못할 사실을 인하여 앞에 있는 소망을 얻으려고 피하여 가는 우리로 큰 안위를 받게 하려 하심이라 19 우리가 이 소망이 있는 것은 영혼의 닻 같아서 튼튼하고 견고하여 휘장 안에 들어가나니 20 그리로 앞서 가신 예수께서 멜기세덱의 반차를 좇아 영원히 대제사장이 되어 우리를 위하여 들어가셨느니라(히 6:13-20)

언약 서른두 번째 시간입니다. 아브라함 언약으로는 여덟 번째 시간입니다. 오늘 설교 핵심은 하나님의 부르심이 실제가 아니면 모험으로 간다는 것입니다. 아브라함 언약은 아브라함 시대에만 유효한 것이 아닙니다. 새언약 시대를 살아가는 주의 백성들에게도 신앙의 실체가 무엇인지를 정확하게 알려주는 유효한 사건입니다. 우리는 다만 그 때와는 다른 환경 속에 살아가고 있을 뿐입니다. 시대와 민족의 특성이 조금씩 다를 뿐이지 실제로 그 내용으로 말하자면 별다를 것 없이 살아가는 인생들입니다. 그것은 언제나 인간이 유의미하게 살아가고 싶어 하는 존재라는 것이며 인간이 자기 욕망을 이루기 위해 살아가더라는 것입니다.
하나님께서는 그런 죄인들이 회개하고 돌아오기를 부르시고 역사하고 계십니다. 그러나 인간은 하나님의 그 부르심을 거절하고 무시하고 거부합니다. 그럼에도 불구하고 하나님께서는 언제나 은혜롭게 부르십니다.

> 사람들아 내가 너희를 부르며 내가 인자들에게 소리를 높이노라(잠 8:4)

하나님께서는 죄인들을 계속해서 부르시고 그 목소리를 발하십니다. 그 부르심은 인간이 자기 힘으로 구원에 이를 수 없다는 것을 선언하는 것이며 죄인을 구원하는 중보자를 통해서만 구원 받을 수 있다는 복음의 선포입니다. 하나님의 부르심은 바알의 벼락이 아닙니다. 어느 날 나에게 내리꽂힌 벼락같은 영감이 아닙니다. 무엇인가를 깨달았기는 깨달았는데 그 출처와 근거를 알 수 없는 묘한 어떤 것이 아닙니다. 하나님의 부르심은 그 부르신 분이 누구인지 분명하게 아는 부르심입니다. 그리고 그 부르신 분, 그 하나님을 알아가는 부르심입니다. 하하나님의 부르심은 인격체로 살아가는 한 인간을 부르는 것이며, 그 인간을 죄에서 구원하여 믿음으로 살아가도록 하는 부르심입니다. 우리 안에 어떤 가능성을 계발하여 구원에 이르는 부르심이 아니라 전적으로 하나님의 은혜와 능력으로만 구원하는 부르심입니다.

그렇게 하나님께서 아무리 부를지라도 많은 사람들이 그 부르심을 거절했습니다.

> 내가 부를지라도 너희가 듣기 싫어하였고 내가 손을 펼지라도 돌아보는 자가 없었고(잠 1:24)
> 다 일치하게 사양하여 하나는 가로되 나는 밭을 샀으매 불가불 나가 보아야 하겠으니 청컨대 나를 용서하도록 하라 하고(눅 14:18)

사람들은 그 죄악 된 본성에 이끌려서 하나님의 부르심을 듣기 싫어했으며 거절했습니다. 그러나, 하나님의 그 부르심에 실제적인 응답이 일어나는 사람들이 있었습니다. 그 응답을 한 자신들이 남다르거나 능력이 있어서가 아니라 하나님께서 그들의 마음을 열어 그 말씀이 들리게 하시고 그 영을 살려내셨기 때문에 가능한 일입니다. 그렇게 하나님의 부르심을 듣고 그리스도를 믿은 자들에게 일어난 결과에 대하여 성경은 이렇게 증거 합니다.

> 또 미리 정하신 그들을 또한 부르시고 부르신 그들을 또한 의롭다 하시고 의롭다 하신 그들을 또한 영화롭게 하셨느니라(롬 8:30)
> 오직 너희는 택하신 족속이요 왕 같은 제사장들이요 거룩한 나라요 그의 소유된 백성이니 이는 너희를 어두운 데서 불러내어 그의 기이한 빛에 들어가게 하신 자의 아름다운 덕을 선전하게 하려 하심이라(벧전 2:9)

하나님의 부르심은 구원의 영원성이 보장된 부르심입니다. 하나님의 부르심은 후회가 없는 부르심입니다.333) 그런 까닭에, 그 부르심은 결과가 실제로 일어나는 부르심입니다. 왜냐하면, 그 부르심은 하나님의 특별하신 부르심이기 때문입니다. 일반적 부르심은 거절이 일어날 수 있으나 특별한 부르심은 인간이 거부할 수 없는 불가항력적인 은혜이기 때문입니다.

이 불가항력적인 은혜에 대하여 도르트 신조는 넷째 교리에서 이렇게 고백합니다.

---

333) 하나님은 인생이 아니시니 식언치 않으시고 인자가 아니시니 후회가 없으시도다 어찌 그 말씀하신 바를 행치 않으시며 하신 말씀을 실행치 않으시랴(민 23:19)

11항 하나님께서 회심을 일으키시는 방법
하나님께서 택자들 안에서 당신의 선하신 기쁨대로 행하시고 다음과 같은 방식으로 그들 안에서 참된 회심을 일으키십니다. 하나님께서는 택자들에게 복음이 설교되고, 성령에 의해 그들의 지성에 능력 있게 비추어져서 그들이 하나님의 성령의 일을 올바르게 이해하고 분변할 수 있도록 돌보십니다(히 6:4-5; 고전 2:10-14). 중생하게 하시는 동일한 성령의 효력 있는 사역에 의해서 하나님께서는 사람의 가장 깊은 곳에 침투하십니다. 하나님께서 닫힌 마음을 여시고 굳어진 마음을 부드럽게 하시고 할례 받지 못한 마음에 할례를 베푸시어 그의 의지에 새로운 자질들을 주입시키십니다(히 4:12; 행 16:14; 신 30:6; 겔 11:19; 겔 36:26). 하나님께서는 죽어있던 의지를 살리시고, 나쁜 의지를 선하게 만드시며, 하기 싫어하는 의지를 기꺼이 하는 마음으로 바꾸시고, 완고한 의지를 순종하는 마음으로 만드십니다. 하나님께서 의지를 변화시키시고 강하게 하사 좋은 나무처럼 그 의지가 선행의 열매를 맺을 수 있게 하십니다(마 7:18).

에드윈 팔마는 불가항력적 은혜를 다음과 같이 말했습니다.

> 불가항력적이란 하나님께서 어떤 사람을 구원하기로 택하실 때 그리고 성령을 보내시사 그들을 사랑받기 싫어하는 자리에서부터 변화시킬 때 아무도 하나님을 대적할 수가 없음을 의미한다. 하나님은 불가항력적인 분이시다. 하나님은 자기가 하려고 하신 바를 행하고야 마신다.[334]

불가항력적이란 자기가 원하지도 않는데 억지로 믿음을 강요하는 것이 아닙니다. 강요와 억압으로 믿음을 발생케 하는 것이 아닙니다. 억지로 믿게 하고 억지로 천국 가는 것이 아닙니다. 성령 하나님께서 죄인에게 역사하시면 창조함을 받은 그 원래의 목적대로 하나님의 영광을 위해 순종하며 살아가는 자로 변화가 됩니다. 왜냐하면, 그것이 창조된 그 본래의 모습에 가장 충실하기 때문입니다. 자기 존재 본래의 모습으로 원래의 본성으로 회복되어 본래적 사명을 다하며 살아가도록 하는 것이 불가항력적 은혜입니다. 하나님으로부터 자기 존재에 참되고 영원한 의미와 통일성을 부여받기에 강요와 억압이 아니라 자유와 평안을 누리게 되는 것이 불가항력적 은혜입니다.

아브라함 언약을 배워가면서 새언약 시대에 하나님의 부르심의 방식이 옛언약 시대의 아브라함을 부르신 방식대로 똑같이 하나님의 음성을 들어야 하는 것이 아니라고 했습니다. 새언약 시대에 하나님께서 그 기쁘신 뜻대로 그 택하신 백성을 부르는 방식은 택자들에게 복음이 설교되는 것입니다. 그 복음 설교에 성령님께서 역사하십니다. 박윤선 박사는 『성경신학』(p. 18) 에서 이렇게 말했습

---

334) 에드윈 h. 팔마, 칼빈주의5대교리, 박일민 역 (서울: 성광문화사, 2010), 99.

니다.

모든 계시의 사실들은 온 인류를 위하여 마침내 기록된 말씀 곧 성경으로 전승(傳承)된다. 루쏘(Rousseau)는, 하나님의 계시가 각 개인에게 매번 직접 임하지 않는 까닭에 무엇인가 하는 의문을 발표하였다. 그러나 그는, 계시가 무엇인지를 바로 알지 못하였기 때문에 그런 헛된 의문을 가졌던 것이다. 계시의 내용이 역사적 사실 곧, 그리스도께서 중심이 되어 있기 때문이다. 그의 육신이 되심, 그의 수난과 죽으심, 그의 다시 사심과 승천하심은, 모두가 일정한 장소와 시간에 속하는 역사적 사실이니 만큼, 그것을 전하는데도 역시 역사적 전승을 경유하지 않을 수 없다. 역사적 전승만이 계시 전달의 유일한 방법이다. 헤르만 바빙크는 말하되, "사람은 세상에 올 때 아무 것도 가지고 온 게 없다(딤전 6:7) 고로 그는 전적으로 무엇에 있어서나 그를 둘러싸고 있는 세상에서 배우게 된다"라고 하였다.

죄로 죽은 영혼이 살아나는 것은 예수 그리스도의 복음이 선포될 때에 일어납니다. 그것이 바로 하나님의 유효적인 부르심이며 그 결과입니다. 복음을 들을 때 그의 굳은 마음이 녹아지고 완고한 마음과 의지가 부드러워지고 녹아지고 꺾이고 이해력이 밝아지며 하나님을 향한 의지로 새로워지며 거룩한 열정이 솟아오릅니다. 이것은 하나님의 초자연적인 역사입니다. 복음을 들을 때, 아무리 교만한 바리새인이라도 티끌같이 겸손해집니다. 독한 마음으로 가득한 반역이 복종으로 변화되며 이 세상 쾌락을 사랑하던 사람이 하나님을 사랑하는 사람으로 바뀌게 됩니다. 그 변화가 자기 영혼에 일어났을 때, 사도행전 16장 30절에서 간수가 말했던 것처럼, "내가 어떻게 하여야 구원을 얻으리까"라고 말하게 됩니다.[335]

오직 하나님의 은혜로, 오직 하나님의 말씀으로 사람이 변화됩니다. 성령님께서 죄인의 심령에 역사하실 때, 영적으로 죽은 자들이 예수 그리스도의 복음을 듣고 살아나게 됩니다. 그는 이제 영적으로 듣고 영적으로 보고 영적으로 이해하게 됩니다. 그렇게 하나님의 은혜로 부르심을 받은 사람이 아브라함입니다. 하나님께서 갈대아 우르에서 아브라함에게 나타나시고 부르셨을 때 복종이 일어난 것은 그 부르심이 효과적으로 나타난 결과입니다. 그런 까닭에 히브리서에서는 이렇게 말했습니다.

믿음으로 아브라함은 부르심을 받았을 때에 순종하여 장래 기업으로 받을 땅에 나갈새 갈 바를 알지 못하고 나갔으며(히 11:8)

---

[335] 저희를 데리고 나가 가로되 선생들아 내가 어떻게 하여야 구원을 얻으리이까 하거늘(행 16:30)

진정한 부르심이 진정한 순종을 낳습니다. 하나님께서 아브라함에게 역사하시고 그 불가항력적인 은혜가 아브라함에게 주어졌기 때문에 아브라함이 순종했습니다. 이것은 세상이 생각할 수도 없는 일입니다. 아무리 설명하려고 해도 설명할 수가 없습니다. 하나님의 부르심은 아브라함이 원해서 된 것이 아닙니다. 우리가 예수 그리스도를 믿게 된 것은 우리가 원해서 된 것이 아닙니다. 우리에게 그 원함이 있었다면 그것은 하나님께서 우리 영혼에 역사하시는 결과로 나타난 것입니다. 우리 영혼에 일어나는 모든 작용과 효과는 우리가 만들어 내지 못합니다. 영혼은 가장 고상한 것을 원하며 가장 거룩한 것을 열망합니다. 그러나 죄 아래 놓인 인간이 스스로 그렇게 되는 것이 아니라 하나님께서 여전히 은혜를 베푸시기 때문입니다.

여호와 하나님께서 아브라함을 부르신 사건이 실제 사건이며 우리를 부르신 사건도 실제 사건입니다. 실제적 사건이기 때문에 실제적 효과가 일어났습니다. 실제 사건이 아니면 인간은 모험을 선택하게 됩니다. 하나님을 믿는 믿음이 없으면 신앙이라는 이름으로 모험을 감행합니다. 현대 기독교는 말은 기독교 신앙이라 하지만, 명목상으로만 기독교이고 실제로는 실존주의의 기독교로 변질되어 가고 있습니다. 신앙이 실존적이게 되면 모험이 됩니다. 거기에 인간의 죄악성이 그대로 나타납니다. 신앙이 실존적으로 변질되는 이유는 현실적인 문제에 하나님의 즉각적인 응답이 없기 때문입니다. 그 현실 문제를 인간이 해결하려는 것이 실존주의이고, 그것이 인본주의입니다. 그렇게 인간이 자기 스스로 결단하고 선택하여 채우려고 아무리 발버둥을 쳐도 그 허함을 채우지 못하니까 영성으로 도약하는 것이 실존적 도약입니다. 실존적 도약은 실존적 모험입니다. 모험이란 위험을 무릅쓰고 어떤 일을 하는 것입니다. 결과가 어찌될지 모르고 행동하는 것입니다.

그런 실존적 모험의 대명사인 인물이 폴 투르니에(Paul Tournier, 1898-1986)입니다. 그는 스위스 제네바의 내과 의사이자 정신의학자였습니다. 그는 어려서부터 자폐성향이 있었는데 만남들을 통해 자신의 자폐성향을 극복하고 제네바 대학과 파리 대학에서 의학을 전공했습니다. 기술적인 의학만이 존재하던 시기에 의사와 환자가 인격적으로 만남으로써 의술과 인간 이해, 종교가 결합해야만 전인적 치유가 가능하다는 '인격 의학'을 주창하여 수많은 환자가 자신들의 문제를 해결하도록 도왔으며, 현대 심리학과 기독교를 통합시키는데 크게 공헌했다고 여겨지는 유명한 사람입니다. 폴 투르니에의 영향을 받은 사람이 기독교 상담학자 게리 콜린스입니다. 투르니에는 의학과 기독교와 심리학을 통합하여 말하려고 했습니다.

투르니에의 책 중에 『모험으로 사는 인생』이라는 책이 있습니다. 그는 종교적이거나 어떤 형태로나 사람들이 어떤 새로운 변화가 일어나는 것은 그것이 하나의 새로운 모험이기 때문이라고 말합니다. 그는 이렇게 말했습니다.

> 내가 여기서 강조하고 싶은 것은 어느 교회, 어느 종교에 속하든지 세상의 모든 개종자에게는 공통적인 정신이 있다는 것이다. 이들은 영적 생활에서 혁명과 같은 체험을 했기 때문에 혁명적인 정신을 지니지만, 신앙적 환경에서 자랐기 때문에 믿게 된 신앙인들은 순응적인 경향을 띤다. 모든 개종자는 의례적인 종교에서 모험적인 종교로 개종한 것이다. 나는 이러한 정신에 대한 강한 유대감을 느낀다.[336]

이 말이 무슨 뜻일까요? 투르니에가 말하는 영적생활, 종교는 인간의 종교성일 뿐이며 예수 그리스도의 유일성을 말하는 기독교가 아닙니다.

한국의 기독교 혹은 기독교 상담학에서는 투르니에를 기독교상담학자라고 소개하는 사람들이 많습니다.[337] 사람들이 투르니에를 '보편주의자'라고 말하는 이유는 그가 어느 종교나 상관이 없이 '모험'으로 인생을 해석하기 때문입니다. 예를 들어서, 어느 날 개신교 집안에서 자란 아들이 가톨릭 서적을 통해 영적인 갈급함이 채워졌는데 가톨릭 사제와 종교예식을 통해 그 아들이 이전에 경험하지 못한 종교적인 측면을 보고 어떤 새로운 모험에 진입한 것이라고 말하기 때문입니다. '참된 종교냐? 아니냐?' 그것이 중요한 것이 아니라, '인간에게 모험이 주어졌느냐? 아니냐?' 그것으로 중요하다고 말합니다.[338]

---

336) 폴 투르니에, 모험으로 사는 인생, 정동섭·박민영 역 (서울: IVP, 2009), 48.
337) Paul Tournier, Healing of Persons. Customer Reviews(Christopher R. Vailon May 27, 2015). "This is a Christian mystical approach to body, soul and mind healing combining both a pragmatical and spiritual analysis. It is written by a Dr. Paul Tournier a catholic christian writer who finds as a doctor that a spiritual and psychological perspective must be used for complete patient healing.. As Jung is to Psychology so is Dr. Paul Tournier to medical science. It is a refreshing and encouraging book to read that is well written with feeling."
338) 폴 투르니에, 모험으로 사는 인생, 정동섭·박민영 역 (서울: IVP, 2009), 47. "예를 들어, 한 개신교도가 엄격하고 청교도적인 가정에서 자라난다. 그는 아버지의 독선적인 태도 때문에 많이 괴로워한다. 더구나 아버지는 늘 신앙을 끌어대 자기의 전횡을 정당화한다. 그는 끊임없이 하나님에 대해 이야기하고 도덕의 영역에서 그분의 명령에 대해 늘어놓지만, 자기가 아내와 아이들을 불행하게 만들고 있다는 사실을 알지 못한다. 드디어 아들은 아버지의 권위와 아버지가 자기에게 심어 놓은 엄격한 가르침을 거부할 시기를 맞이한다. 그래도 아들은 종교적인 향수를 간직하고 있다. 아버지는 많은 실수를 저질렀지만 아들에게 채워지지 않는 영적 갈급함을 일깨워 준 것이다. 가톨릭 서적을 통해서, 경건미가 절로 우러나는 가톨릭 사제와 우연히 나누게 된 대화에서, 아름다움과 신비로움

그래서 모든 개종자에게 '공통적인 정신'이 있다고 말하면서, 그것은 의례적인 종교에서 모험적인 종교로 개종한다는 것이라고 말했습니다. 투르니에는 사람이 무신론자가 되는 것도 마르크스주의를 따르는 것도 '놀라운 모험'이라고 말했습니다. 그것이 정신분석이든지, 자연력 숭배나 신지학자, 반전주의, 우주과학이나 그 어떤 것이라도 자기 삶에 의미를 주고 심리적인 동질성을 느끼면 되고 모험을 주면 되는 것입니다. 인간 안에는 어떤 맹목적인 힘이 있는데, 그것이 모험에 대한 본능이고 자기가 헌신할만한 가치가 있는 것에 자신을 바치는 사람이 복 있는 사람이라고 말했습니다. 플라톤의 에로스가 스피노자에게는 코나투스339)이

으로 가득 찬 종교 예식을 통해서 그는 어린 시절에 배웠던 것과는 전혀 다른 종교의 측면을 보게 된다. 즉, 종교는 자신을 있는 그대로 받아 주시는 하나님과 화목하는 것이고, 교회가 베풀어 주는 은혜이며, 가톨릭 회가 유지해 온 성체라는 것이다. 이 젊은이의 암담하고 반항적인 삶은 개종과 함께 바뀐다. 그는 놀라운 모험, 하나님의 은혜라는 모험에 진입한 것이다."

339) http://saycrid.tistory.com/entry/철학-라이더를-위한-개념어-사전-코나투스-/ 〈편위와 가장 관련이 깊은 또 다른 개념으로 코나투스conatus가 있다. 편위가 극미한 원자의 차원에서 성립하는 것이라면 코나투스는 복합체의 차원에서 성립한다고 보아야 한다. 오늘날 코나투스는 주로 스피노자가 이야기한 것으로 알려져 있지만 사실 이 개념은 그보다 오래되었다. 코나투스는 정신이 대상을 향해 운동해가는 것을 설명하는 개념으로 쓰이기도 했다. 그러다가 데카르트가 등장하면서 코나투스는 존재하는 것들이 갖는 일체의 목적론적인 지향을 제거하는 데 활용되기도 했다. 데카르트는 신이 우주를 창조할 때 일체의 것들을 운동의 상태로 창조했는데, 계속 운동하고자 하는 것이 바로 코나투스라고 했다. 케타르트는 코나투스를 물리적인 관성으로 보았던 것이다. 그런데 스피노자에 이르러 코나투스는 존재하는 일체의 것들이 자신의 존재를 유지, 강화하고자 하는 경향을 지칭하게 되었다. 자신의 존재를 유지한다는 것은 데카르트가 말한 기계론적인 관성과 유사하고 자신의 존재를 강화한다는 것은 아리스토텔레스가 말한 완전태를 향한 목적론적인 사유와 일정하게 일치한다. 그리고 보면 스피노자의 운동론은 기계론과 목적론을 묘하게 결합한 것이라 할 수 있다. 스피노자는 일체의 운동들이 신적인 본질에 의거해서 결정되는 것으로 보았다. 그렇게 되면 자유의지는 근본적으로 없다고 할 수밖에 없을 것인데, 하나의 존재가 자신의 코나투스에 의거해서 운동할 때 자유의지가 발동된다고 말할 수 있다고 했다. 이때 코나투스는 목적론적인 측면의 코나투스라고 해야 한다. 하지만 목적론적인 측면의 코나투스가 그 자체로 기계론적인 측면의 코나투스이기 때문에 그저 단순하게 목적론적인지 아니면 기계론적인 딱 잘라 말할 수는 없다. 스피노자가 존재하는 것들은 코나투스적인 본성을 지닌다고 말한 것은 원자가 편위라고 하는 자기 나름의 내적인 힘을 지니고 있다고 말하는 것과 대단히 유사하다. 그래서 본성에 의한 행동을 필연적, 객관적 인과성에 의거한 행동이라고 해야 할지, 아니면 의지적, 주관적 동기부여의 인과성에 의거한 행동이라고 해야 하지 종잡을 수 없게 된다. 우리는 편위를 '본성 아닌 본성' 혹은 '본성을 넘어선 본성'이라고 했다. 그런데 코나투스를 이와 유사한 것으로 볼 수 있는가 하는 문제가 등장한다. 스피노자가 말하는 코나투스는 우리가 현존자라고 부르는 양태에 대해 적용하는 것이다. 스피노자에게 양태는 그 의미상 원자라기보다 복합체에 해당한다. 복합체는 질적인 본성을 갖는다. 그 질적인 본성을 최대한 완전하게 만들고자 하는 것이 해당 양태의 코나투스다. 편위는 본성을 넘어선 근원적인 힘이라고 했다. 이 편위의 위력은 코나투스를 위험에 빠트릴 수 있다. 하나의 양태가 끝끝내 자신이고자 하는 것은 자기동일성을 유지하고자 하는 강렬한 힘을 발휘한다는 것이 편위라고 한다면 편위는 코나투스에게는 대단히 위협적이다. 그런데 영원히 자기 동일적인 본성을 지닌 것, 예컨대 플라톤의 이데아 같은 것이 그렇게 영원히 자기 자신을 유지하고자 하는 힘의 바탕이 바로 코나투스에 있다고 하게 되면 '영원히 자기 동일적인 보성을 지닌 것'이라는 개념은 코나투스라는 개념에 의해 근본적으로 파괴되고 만다. 왜냐하면 코나투스는 항상 다른 것들과의 투쟁적인 관계를 전제로 하기 때문이다. 이런 점을 염두에 두면 코나투스는 편위와 같은 편에 서게 된다. 일체의 것들을 역동적으로 하는, 쉽게 말하면 일체의 것들을 생명적으로 하는 것이 바로 코나투스다. 그렇기 때문에 스피노자의 코나투스를 베르그송의 '엘랑 비탈' (생명의 약동)과 비견해서 말하기도 한다. 우리는 이따금 자성, 대타성 그리고 자성과 대타성의 상호 교환적인 관계를 언급했다. 자성은 어떤 것이 다른 것이 아니라 바로 그것임을 의미하고, 대타성은 어떤 것이 다른 것들과 맺는 관계에 따라 달라진다는 것을 의미한다. 어떤 것이 자성 없이는 대타성을 가질 수 없고, 대타성이지 않고는 진정한 의미의 자성을 갖지 못한다고 했다. 이때 자성은 자기가 아닌 것들과 관계해서 영향을 받으면서도 끝내 자기 자신이고자 한다. 이를 정확하게 나타내는 개념이 바로 코나투스다.〉

고, 투르니에게는 맹목적인 힘입니다. 실제적인 부르심, 참된 회심이 없는 자는 인간의 내면에 신성을 부여하고 그것을 계발합니다. 그것이 실존적 도약입니다. 투르니에의 모험은 실존적 도약입니다.

이렇게 말하면서도, 그의 책들에는 하나님, 예수 그리스도, 성경, 기독교 등 온갖 기독교적인 용어를 사용하기 때문에 사람들이 분별 해내지 못하고 좋게만 받아들입니다. 그렇지만, 프로이트를 비롯해서 파블로프, 칼 융의 심리학으로 말하며, '모든 교회'라 하면서 '가톨릭 운동'이나 '복음주의 학회'라는 말을 사용하는 것은 단순한 오류가 아니라는 것을 보여줍니다.340) 투르니에가 말하는 모험이라는 말의 실체는 다음과 같은 말에서 나타납니다.

> 키에르케고르는 이것을 예민하게 인식하고 있다. "내게 정말 부족한 것은 '내가 무엇을 해야 할지'를 분명히 하는 것이다. … 문제는 나 자신을 이해하고 하나님이 정말 '내게' 무엇을 하기를 바라시는지 아는 것이며, '내게' 참된 진리를 찾고 '내가' 생명을 걸 수 있는 사상을 찾는 일이다. 이 중대한 문제를 해결하기 위해서는, 조언이나 종교적인 교리를 이용해서 매끄러운 답변을 해주는 사람이 아닌, 우리가 하는 말을 귀 기울여 주고 이해하며 우리와 공감할 수 있는 사람을 찾아야 한다. 이것이 다름 아닌 의사의 역할이다.341)

투르니에의 말을 잘 보세요. 조언이나 종교적 교리로 답변을 하지 말라는 겁니다. 그 말은 '하나님께서 이렇게 말씀하셨다'라는 직접적인 가르침은 싫다는 뜻입니다. 그러면 어떻게 하느냐하면, 참된 진리를 찾는 것도 '내'가 하고, 생명을 걸만한 사상을 찾는 것도 '내'가 하는 겁니다. 그러면, '필요한 것은 무엇이냐?' 고 하면, 내가 하는 말을 들어주고 이해해 주고 공감해주는 사람이면 된다는 겁니다. 그것이 의사의 역할이라고 합니다. 의사가 말을 들어주어서 병을 낫게 하는 의사도 있지만 대부분의 의사는 환자의 아픈 것을 약으로 치료하고 수술을 해서 치료합니다. 그러나 투르니에게 필요한 의사는 내 말을 들어주고 공감해주는 의사만 필요합니다. 왜냐하면 진리를 찾고 생명을 걸 사상을 찾는 그 모든 것이 나의 결단과 선택에 달려 있기 때문입니다.

우리가 더욱 눈여겨 볼 것은 투르니에가 그런 말을 하기 위해 실존주의의 선구자인 키르케고르의 말을 인용하고 있다는 사실입니다. 하나님께서 진리라고 해서 그것을 맹목적으로 믿는 것이 아니라 의심해야 하고 그것이 진리가 되고 안 되고는 나의 주체적 결단으로 이루어진다는 것입니다.342) 그렇게 자기가 만들어

---

340) 폴 투르니에, 모험으로 사는 인생, 정동섭·박민영 역 (서울: IVP, 2009), 351.
341) 같은 책, 272.

가는 것이 키르케고르에게는 단독자343)이고 투르니에게는 모험입니다. 이것이 바로 실존주의자들의 실체입니다. 내가 만들어 가는 것입니다. '하나님께서 이렇게 말씀하셨다' 이것은 싫고 그것이 하나님의 말씀인지 아닌지 내가 경험해 보고 내가 판단하고 내가 결정하겠다는 것입니다. 아무리 기독교 용어를 많이 사용하고 성경에 있는 말을 아무리 많이 인용할지라도 중요한 것은 인간이 진리를 찾고 인간이 의미와 통일성을 만들어 내겠다는 것입니다.

이렇게, 투르니에를 말하는 것은 이미 기독교인들 중에 많은 사람이 투르니에를 수용하고, 그렇게 가르치고, 그렇게 배우고, 자신들도 그렇게 살아가고 있기 때문입니다. 똑같이 예수 그리스도를 믿고 살아가는 것 같으나 실제로는 그 믿음의 주체가 하나님께 있는 것이 아니라 인간에게 있습니다. 세상은 믿음의 주체가 인간에게 있습니다. 기독교는요? 성경은요? 믿음의 주체가 하나님께 있습니다. 믿음의 주체가 인간에게 있으면 이단으로 정죄했습니다.

그러나 오늘날은 그렇게 말하지 않습니다. 왜냐하면, 많은 사람들이 혼합된 복음에 익숙하기 때문이며, 그것을 분별할 실력이 없기 때문입니다. 교리로 믿음의 주체가 인간에게 있다고 말하면 이단이 되지만 인문학으로 특히 심리학으로 믿음의 주체가 인간에게 있는 것으로 말하면 이단으로 정죄 받는 것이 아니라 훨씬 더 유명해지고 존경을 받습니다. 이 위험한 일들이 이미 교회 안에서 일어나고 있습니다.

펠라기우스나 아르미니우스는 이단으로 정죄 받았지만 프로이트나 칼 융은 교회 안에서 존경받고 있습니다. 펠라기우스나 아르미니우스는 이단이라고 말하는 그 목사님이 프로이트나 칼 융을 말합니다. 펠라기우스나 아르미니우스보다 프로이트나 칼 융은 더 위험합니다. 그러나 그것이 용납이 되는 것이 이 시대의 교회이고, 그 사람들을 더 배우고 더 높이는 사람들이 성도들이고 이 시대의 목회자들입니다. 그것이 분별이 안 되도록 신학교에서 가르쳤기 때문입니다.

그래서 우리가 아브라함 언약을 배워가면서 계속해서 실존주의적 기독교인이 되어서는 안 된다고 짚고 또 짚어가는 이유가 여기에 있습니다. 예수 그리스도를 믿은 것은 우리의 의지, 우리의 결단, 우리의 선택으로 된 것이 아닙니다. 우리

---

342) 표재명, 키에르케고어의 단독자 개념 (서울: 서광사, 1992), 106. 〈그러므로 자신의 영원한 행복에 대한 무한한 관심을 갖는 단독자가 없는 진리는 무력한 것이 되고 만다. 그리스도교에 진리가 있다면, 그것은 단독자 안에 있는 것이다. "단독의 주체에 엄청난 무게를 두는 것이 바로 그리스도교이며, 그리스도교는 오직 그 사람, 그 사람, 그 사람하고만 관계하며 그리하여 각 사람에게 따로따로 관계하려고 한다. 그러므로 1800년의 실적을 가지고 단독자를 그리스도교로 꾀어 들이거나 불안하게 만드는 것은 이 1800년을 비그리스도교적으로 쓰는 것이다."

343) 키르케고르의 실존적 3단계에서, 지성적, 윤리적 자아를 넘어서는 종교적 단계의 자아를 말한다.

가 믿고 싶어서 믿은 것이 아닙니다. 예수 그리스도를 믿게 된 그 시작이 사람마다 다 다르지만 그 믿음을 주신 분은 오직 하나님이십니다. 현실이 어렵고 상황이 힘들어도 '우리가 만들어내자' 그래서는 안 됩니다.

왜 이런 것을 말해야 합니까? 그렇게 알아가지 않으면 저 유명한 사람이 하는 말이, 내 앞에서 설교하는 저 목사가 하는 말이, 무슨 말인지 분별하지 않으면 자신도 모르게 그런 실존주의적 기독교에 휩쓸려 가기 때문입니다. 그만큼 무서운 세상이 되었습니다. 그만큼 무서운 교회가 되었습니다.

하나님께서 아브라함을 부르셨다는 이 사건이 역사적 사실이기에 아브라함은 하나님의 말씀을 믿었고 순종했습니다. 하나님의 말씀을 믿었기 때문에 의롭다 함을 받았습니다. 그래서 믿음의 조상이 되었습니다.344) 하나님의 부르심이 실제로 일어난 역사적 사건이 아니면 도약이 일어나고 모험을 감행합니다. 왜냐하면, 하나님의 그 부르심을 믿지 아니하고 자기가 자기 스스로 결단하고 선택하여서 의미와 가치를 만들려고 하기 때문입니다.

그러나, 히브리서는 아브라함을 무엇이라고 말하고 있습니까? 히브리서 11장 17-19절에 나오는 아브라함의 시험은 나중에 살펴볼 것입니다. 먼저 오늘 읽은 말씀, 히브리서 6장 13-20절에서 무엇이라고 말하는지 알아야 합니다. 매튜 풀은 이렇게 주석했습니다.

> 사도는 아브라함을 비롯한 믿음의 선조들은 "믿음과 오래 참음으로 말미암아" 약속들을 유업으로 받았는데, 하나님께서는 그들에게 약속을 하실 때에 "맹세"로써 약속을 하심으로써, 자신의 약속들이 확실함을 보여 주셨다는 것이다. 자기가 하신 약속을 얼마든지 지키실 능력이 있으신 전능하신 하나님께서는 믿는 자들의 조상인 아브라함에게, 그의 "자손"인 구속주이신 그리스도를 통하여 육신이고 영적인 복을 그에게 주시겠다고 약속하시고서, 그리스도의 모형으로서 이삭을 그에게 주셨고, 아브라함이 자기 아들 이삭을 하나님께 제물로 바치고자 하였을 때, 그의 믿음을 확인하시고서는 그 약속을 맹세로써 확증해 주셨다.345)

하나님께서 아브라함에게 약속하여 맹세하실 때, 하나님께서는 하나님 자신보다 더 큰 이가 없기 때문에 하나님 자신을 걸고 맹세하셨습니다. 그리하여 하나님께서 아브라함에게 약속하신 것을 반드시 이루시겠다는 확실한 의지를 보여주셨

---

344) 11 저가 할례의 표를 받은 것은 무할례시에 믿음으로 된 의를 인친 것이니 이는 무할례자로서 믿는 모든 자의 조상이 되어 저희로 의로 여기심을 얻게 하려 하심이라 12 또한 할례자의 조상이 되었나니 곧 할례 받을 자에게뿐 아니라 우리 조상 아브라함의 무할례시에 가졌던 믿음의 자취를 좇는 자들에게도니라 13 아브라함이나 그 후손에게 세상의 후사가 되리라고 하신 언약은 율법으로 말미암은 것이 아니요 오직 믿음의 의로 말미암은 것이니라(롬 4:11-13)
345) 매튜 풀, 청교도 성경주석20, 박문재 역 (서울: 크리스챤다이제스트, 2015), 361.

습니다. 그것은 오실 메시아, 그 그리스도를 통해 주어질 복을 그 아들, 이삭을 통해 주시고, 그 아들을 제물로 바치게 함으로써 아브라함의 믿음을 확인하시고 약속을 맹세로 확증해 주셨습니다.

그러면, 아브라함이 어떻게 그렇게 하나님을 믿고 오실 메시아를 소망하고 그 아들을 제물로 바칠 수가 있었겠습니까? 그것은 하나님께서 아브라함을 부르신 것이 역사적 사실이기 때문입니다. 아브라함이 자기가 생각하고 만들어 낸 믿음이 아니라 하나님께서 부르시고, 그 말씀, 그 약속을 믿도록 믿음을 주셨기 때문입니다. 그래서 순종하여 갈대아 우르를 떠났고, 그래서 순종하여 그 아들, 이삭을 제물로 바치려고 했습니다. 하나님의 부르심이 순종을 낳습니다. 하나님께서 주신 믿음이 순종을 낳습니다. 하나님의 부르심과 믿음이 삶을 변화시킵니다. 그것만이 인간을 죄에서 건져내고 의와 거룩으로 살아가게 하는 유일한 근거입니다.

우리는 어떻게 생각하고 살아갈까요? 우리는 우리를 부르신 것과 믿음을 주신 것을 얼마나 소중하게 여기고 있을까요? 우리는 하나님께서 주신 것이 아니라 우리가 알아내야 하고 우리가 선택해야 하고 우리가 들어야 하고 보아야 하는 것으로 생각합니다. 이 현실의 아픔과 고통이 해결되어야 하고 새로운 변화가 주어져야 하나님을 믿겠다고 합니다. 과연 그것이 성경이 말하는 믿음일까요? 헷갈리지 말기 바랍니다.

아브라함의 생애에 일어난 변화, 그 급진적인 변화처럼 우리의 생애에도 일어났습니다. 아브라함에게 말씀하신 것이나 우리에게 말씀하신 것이나 그 내용상으로는 차이가 없습니다. 그 약속의 내용, 그 믿음의 내용이 다르지 않습니다. 아브라함은 오실 그리스도를 믿었으나 우리는 오신 그리스도를 믿습니다. 우리는 훨씬 더 복된 자리에 있습니다. 그러면 우리는 아브라함보다 더 나은 삶의 변화가 있을까요? 그럼, 왜 안 될까요? '하나님께서 왜 나를 안 도와주시나?' 하는 마음이 있고, '내가 믿음으로 살고 주를 위해 사는데 왜 이런 어려움이 일어나는가?' 하고 생각하기 때문입니다.

지금도 우리 삶에서 일어나고 있는 변화가 하나님의 은혜로 역사하고 있음을 믿으시기 바랍니다. 죄에서 구원하기 위해 예수 그리스도께서 십자가에 피 흘려 죽으시고 부활하셨다는 그리스도의 복음 듣는 것을 가장 귀하게 여기길 바랍니다. 그것이 우리 삶의 변화의 근거입니다. 아브라함이 자기를 부르신 그 부르심 속에 순종했으며 자기에게 약속해 주신 그 약속을 믿고 순종한 것이 아브라함의 삶의 변화의 유일한 근거였듯이 우리도 그래야 합니다. 예수 그리스도께서 성령님의 역사로 우리를 부르신 그 부르심 속에 순종해야 합니다. 예수 그리스도께서 우리에게 약속하신 그 약속을 믿고 순종해야 합니다. 그렇게 부르심과 약속 속에 순종이 있고 변화가 있습니다.

왜 변화가 일어날까요? 예수 그리스도를 믿어 영생을 얻었고 예수 그리스도의 구원과 언약으로 삶의 영원한 의미와 통일성이 우리에게 주어지기 때문입니다. 우리가 만들어내는 것은 유한한 의미와 통일성에 불과합니다. 그것은 언제나 절망으로 우리를 끌고 가고 허하게 만듭니다. 우리의 존재가 무엇인지 우리가 어떻게 살아야 하는지 하나님과의 관계 속에서, 어떻게요? 부르심과 약속에서, 구원과 언약에서 주어지기 때문에 마음이 불안하지 않고 든든하게 살아갈 수 있습니다. 그것은 폴 투르니에처럼 '모험으로 사는 인생'이 아니라 '믿음으로 사는 성도'입니다. 하나님께서 우리를 의미 있는 존재로 불러주셨기 때문에 의미가 있는 존재가 되었다는 것이 믿음입니다. 세상의 모든 치유 프로그램의 핵심은 정체성입니다. 자기 존재를 인정받고 확인하는 것입니다. 그러나 인간이 인간을 의미 있게 만들 수 없습니다. 공감, 이해, 그런 것은 수평적인 해결책이고 인간적인 해결책에 불과합니다. 내가 너를 알고 너도 나를 아는데 어떻게 의미 있게 할 수가 없습니다. 세상은 결단코 공급해 주지 못합니다.

다시 한 번 확인하기 바랍니다. 하나님의 그 부르심, 그 믿음, 그 구원, 그 언약, 어떻게 우리에게 주어졌습니까?

> 이는 우리 복음이 말로만 너희에게 이른 것이 아니라 오직 능력과 성령과 큰 확신으로 된 것이니 우리가 너희 가운데서 너희를 위하여 어떠한 사람이 된 것은 너희 아는 바와 같으니라(살전 1:5)

이 말씀은 사도가 복음을 증거할 때에 성령님께서 복음을 듣는 자들의 마음에 강력하게 역사하셨다는 의미입니다.346) 전도자가 복음을 증거 함으로 믿게 되었습니다. 그리스도의 복음을 증거할 때 성령님께서 역사하셨기 때문입니다. 그것이 우리에게도 일어났습니다. 그래서 순종의 역사가 일어납니다. 자기를 부인하고 거룩하게 살아가는 일이 일어납니다. 고난을 기쁜 마음으로 인내로써 감당해 가는 자들이 됩니다.

사도는 다시 2장 13절에서 이렇게 말했습니다.

---

346) 매튜 풀, 청교도 성경주석19, 박문재 역 (서울: 크리스챤다이제스트, 2015), 391.

> 이러므로 우리가 하나님께 쉬지 않고 감사함은 너희가 우리에게 들은 바 하나님의 말씀을 받을 때에 사람의 말로 아니하고 하나님의 말씀으로 받음이니 진실로 그러하다 이 말씀이 또한 너희 믿는 자 속에서 역사하느니라(살전 2:13)

데살로니가 성도들에게 엄청난 변화가 일어났습니다. 1장 7절에 보면 마게도냐와 아가야에 있는 사람들에게까지 그 소문이 퍼졌습니다. 그 이유는 어디에 있었을까요? "하나님의 말씀을 받을 때에 사람의 말로 아니하고 하나님의 말씀으로 받"았기 때문입니다. 그렇게 하나님의 말씀으로 받을 때에 그 말씀이 데살로니가 성도들의 마음에 역사했습니다. 하나님의 말씀만이 우리의 삶을 변화시킵니다. 그 말씀이 우리의 존재를 의미 있게 하고, 그 말씀이 우리를 하나님과 연결하기 때문입니다.

설교를 우습게 생각하면 우리의 삶에는 변화가 없습니다. 왜냐하면 인간의 말로 생각하기 때문입니다. 인간의 말은 영원한 의미와 통일성을 제공하지 않습니다. 하나님의 말씀으로 받아야 내 영혼에 분명하게 효과적으로 작용합니다.[347] 그 말씀이 우리 영혼을 찔러 쪼개고, 그 말씀이 우리의 실체를 드러나게 하기 때문입니다.

예수 그리스도를 믿게 된 것을 가장 귀하게 여겨야 합니다. 우리에게 주신 이 말씀에 생명을 걸고 살아야 합니다. 변화는 믿음과 말씀으로 일어납니다. 성령 하나님께서 믿음을 주시고 말씀으로 역사하시기 때문입니다. 우리는 살아도 살아도 이 어려운 인생길을 살아가야 하고, 가도 가도 끝도 없는 것 같은 막막하고 답답한 길을 가야 합니다. 그 인생길을 살아내고, 그 길을 걸어갈 수 있는 것은 예수 그리스도의 복음 안에서 하나님과 우리의 관계가 변화되었기 때문입니다. 그 믿음 안에서 우리의 존재가 새로운 존재로 변화되었기 때문에[348] 순종하며 사는 것입니다. 그렇게 순종하면서 하나님을 찬송하면서 믿음으로 살아가는 주의 성도들이 다 되기 바랍니다.

---

347) 12 하나님의 말씀은 살았고 운동력이 있어 좌우에 날선 어떤 검보다도 예리하여 혼과 영과 및 관절과 골수를 찔러 쪼개기까지 하며 또 마음의 생각과 뜻을 감찰하나니 13 지으신 것이 하나라도 그 앞에 나타나지 않음이 없고 오직 만물이 우리를 상관하시는 자의 눈앞에 벌거벗은 것 같이 드러나느니라(히 4:12-13)
348) 그런즉 누구든지 그리스도 안에 있으면 새로운 피조물이라 이전 것은 지나갔으니 보라 새 것이 되었도다(고후 5:17)

언약 33 아브라함언약 9

> 27 데라의 후예는 이러하니라 데라는 아브람과 나홀과 하란을 낳았고 하란은 롯을 낳았으며 28 하란은 그 아비 데라보다 먼저 본토 갈대아 우르에서 죽었더라 29 아브람과 나홀이 장가들었으니 아브람의 아내 이름은 사래며 나홀의 아내 이름은 밀가니 하란의 딸이요 하란은 밀가의 아비며 또 이스가의 아비더라 30 사래는 잉태하지 못하므로 자식이 없었더라 31 데라가 그 아들 아브람과 하란의 아들 그 손자 롯과 그 자부 아브람의 아내 사래를 데리고 갈대아 우르에서 떠나 가나안 땅으로 가고자 하더니 하란에 이르러 거기 거하였으며 32 데라는 이백오 세를 향수하고 하란에서 죽었더라(창 11:27-32)

언약 서른세 번째 시간입니다. 아브라함 언약으로는 아홉 번째 시간입니다. 오늘은 기독교 신앙이 구원과 언약을 벗어나 현실성을 추구해서는 안 된다는 것을 말하고, 우리의 방향성이 무엇이 되어야하는가를 살펴보려고 합니다. 하나님께서 아브라함을 부르셨을 때 아브라함이 육적으로도 완전히 새로운 사람이 된 것이 아닙니다. 아브라함이 하나님의 부르심을 받고 거듭났을 때, 그것은 하나님의 선한 사역의 시작이었습니다. 아브라함에게 새로운 성품이 부여되었으나 그의 옛 성품이 사라진 것은 아니었습니다. 아브라함이 천상으로 들려진 존재가 아니라 여전히 이 땅에서 죄악 된 속성을 가진 자로서 삶을 살아가야하는 존재였습니다. 그런 아브라함에게는 두 가지 원칙이 존재하기 때문에 계속적으로 싸움이 일어나는 삶이었습니다. 하나님을 믿고 살아가는 자들에게는 그런 싸움이 있습니다. 왜냐하면, 이제는 성령의 지배 아래 있기 때문입니다.

> 16 내가 이르노니 너희는 성령을 좇아 행하라 그리하면 육체의 욕심을 이루지 아니하리라 17 육체의 소욕은 성령을 거스리고 성령의 소욕은 육체를 거스리나니 이 둘이 서로 대적함으로 너희의 원하는 것을 하지 못하게 하려 함이니라 18 너희가 만일 성령의 인도하시는 바가 되면 율법 아래 있지 아니하리라(갈 5:16-18)

사도 바울은 갈라디아 성도들에게 참된 성도들이라면 투쟁하지 않고는 살아갈 수 없다는 사실을 말했습니다. 왜냐하면 육체, 곧 죄악 된 인간의 본성이 우리 안에 남아 있기 때문입니다.[349] 예수 그리스도를 믿었다고 해서 인간의 그 죄악

---

[349] 앤서니 후크마, 개혁주의 인간론, 이용중 역 (서울: 부흥과개혁사, 2012), 158. 신자들은 분명 부활 이전의 이 세상에서 사는 동안에는 여전히 '내주하는 죄' 또는 '육신'과 싸워야 한다. ☞ 각주 10번. 〈이런 의미에서의 '육신'은 '옛 자아'나 '옛 사람'과 동일한 것으로 여겨서는 안 된다. 존 머리의 다음과 같은 통찰력 있는 논평에 주목해 보라. "'옛 사람'이라는 말은 '죄'와 '육신'의 경우에서와 똑같은 종류의 용례로는 사용되지 않는다. '옛 사람'이란 육신과 죄의 지배를 받는 통일된 인격체를 지칭하는 말이다. 바울은 진실로 자기 자신, 자기 자아를 죄와 … 그리고 그 다음에는 의와도 동일시 하지만 … 전자를 자신의 '옛 자아', 후자를 자신의 '새로운 자아'라고 부르지는 않는다. 마찬가지로 바울은 자신 안에 있는 '죄'와 '육신'을 '옛 사람'이라고 부르지 않는다."(Principles of Conduct,

된 본성이 완전히 사라진 것이 아닙니다.350) 그렇다고 우리가 일부분은 육신 안에 있고 일부분은 성령 안에 있다고 생각해서는 안 됩니다. 우리는 분명히 성령님의 지배 아래 있는 자들입니다. 우리의 싸움은 지는 싸움이 아니라 이미 승리가 확실하게 보장된 미래가 있는 싸움입니다.351)

아브라함에게도 그 싸움이 있었습니다. 아브라함은 하나님의 명령에 순종했으나 그 순종이 처음부터 제대로 된 것이 아니었습니다. 하나님께서는 아브라함에게 보일 땅으로 가라고 명령하셨으나,352) 창세기 11장에 보면 그 명령에 실패하는 모습이 보입니다.353)

> 데라가 그 아들 아브람과 하란의 아들 그 손자 롯과 그 자부 아브람의 아내 사래를 데리고 갈대아 우르에서 떠나 가나안 땅으로 가고자 하더니 하란에 이르러 거기 거하였으며(창 11:31)

---

p. 218n, 7).〉

350) 존 칼빈, 고린도전서주석 (서울: 성서교재간행사, 1982), 634. "그가 의미하는 것은 비록 하나님의 아들들이 육의 짐을 무겁게 지고 있는 한, 오히려 많은 죄에 순복하지 않으면 안 되지만 그렇다고 완전히 죄의 노예가 되거나 거기에 빠져 버리지 않고 그것을 배격하려고 노력한다는 것이다. 영적인 사람도 육신의 정욕과 그 자극으로부터 완전히 벗어났다고는 할 수 없고 다만 육신의 정욕이 그를 지배하면서 그 욕심을 완전히 이루도록 하지는 않는다."

351) 앤서니 후크마, 개혁주의 인간론, 이용중 역 (서울: 부흥과개혁사, 2012), 158-159. 〈확실히 바울은 여기서 그리스도인의 삶을 성령과 육신 사이의 영속적인 싸움을 포함하는 것으로 묘사하고 있다. 그러나 바울은 결코 신자들이 이 싸움에 관여할 때 언제나 질 것이고 언제나 육신에 무너질 것임을 암시하고 있는 것이 아니다. 오히려 이 구절의 분위기는 격려의 분위기다. 계속 성령을 따라 행하거나 살면 계속해서 육신의 정욕이나 악한 욕심을 이루지 않을 것이다. 이 구절은 위협이 아닌 약속을 담고 있다. 하나를 행하면 다른 하나를 행하지 않게 될 것이다. 그래서 바울은 패배를 예상하지 말고 승리를 확신하면서 그 싸움에 뛰어들라고 말하고 있는 것이다. 성령의 힘으로 육신에 대해 '아니요'라고 말할 수 있기 때문이다. 여기서 우리는 또다시 그리스도인의 자아상은 긍정적인 것이 되어야 함을 알 수 있다.〉

352) 가라사대 네 고향과 친척을 떠나 내가 네게 보일 땅으로 가라 하시니(행 7:3)

353) 존 칼빈은 다르게 본다. 나는 칼빈의 관점으로 설교하는 것도 좋다고 생각하지만, 이 설교에서는 일반적 설교에서 벗어나지 않으면서 설교를 하고 있다. 존 칼빈, 구약성서주석 1 (서울: 성서교재간행사, 1983), 319. "그리고 모세가 우선권을 데라에게 할애해 주고 있는 것은 마치 아브람이 하나님의 명령 하에서보다는 데라의 후원과 지시 하에서 길을 떠난 것처럼 된 설명이 전혀 이 추리에 장애가 되지 않는다. 왜냐하면 이 사실은 아버지의 이름에 부여하는 영예이기 때문이다. 아브람이 자기 아버지가 하나님의 부르심에 기꺼이 순종하는 것을 보았을 때에 자기 아버지에게 그 보답으로 더욱 더 순종하게 되었을 것이라고 나는 믿는다. 그러므로 데라가 자기 아들을 데리고 갔다는 사실은 아버지의 권위에 귀속되고 있는 것이다. 아브람이 자기의 고향 땅에서 한 발자국을 떼어놓기 전에 하나님의 부름을 받았다는 사실은 너무도 분명하게 나타난 것이기 때문에 도저히 부인할 수가 없을 것이다. 우리는 그의 아버지가 하나님의 부름을 받았다는 기록은 읽지 못했다. 그러므로 이렇게도 추측할 수가 있으니 하나님의 말씀이 데라의 아들의 관계로 말미암아 그에게 알려진 것이라고 생각할 수도 있을 것이다. 그것은 아브람의 출발에 관하여 하나님이 그에게 하신 명령은 그 사실을 자기 아버지에게 알리는 것을 금지하지 않았기 때문이며 그가 떠나는 유일한 이유는 그가 모든 인간적인 의무들 보다는 하나님의 명령을 더 귀하게 여기고 좋아했기 때문이라는 사실을 자기 아버지에게 알렸을 것이다. 진실로 다음 두 가지 일들이 전혀 논란이 되지 않으며 모세가 하고 있는 말 가운데서도 찾아볼 수가 있는 것이다. 즉 아브람은 데라가 그의 고향을 떠나기 전에 벌써 하나님 소명을 받았다는 사실이다. 그리고 다음에는 데라가 가나안 땅으로 들어가는 것 외에 다른 목적이나 계획이 전혀 없었다는 사실이다. 말하자면 자기 아들의 여행의 동반자로 기꺼이 따라 나선 것이다."

아브라함은 갈대아를 떠나기는 했습니다. 그의 본토는 갈대아 우르였습니다. 우르는 수메르인들이 난나신을 숭배하는 중심지였습니다. 니므롯이 주도한 하나님 없는 이상국가를 위해 세운 바벨탑의 맨 꼭대기에 이 난나신에게 봉헌하는 신전이 있었습니다. 그러나 그의 친척을 떠난 것이 아니었습니다. 그의 아버지와 조카가 동행하고 있었습니다. 놀랍게도 '데라'라는 이름의 뜻이 '지체하다'(delay, station)라는 뜻입니다. 여호수아 24장 2절에 보면, 데라는 강 저쪽, 곧 갈대아 우르에 거주하면서 우상을 섬겼던 사람입니다. 데라는 셈의 후손이었는데도 불구하고 우상숭배하고 우상장사를 하는 비참한 처지에 이른 사람이었습니다. 영적으로 보면 비참한 것이지만 그 시대의 흐름으로 보면 제일 수지맞는 장사였습니다. 그런 삶을 살아가는 상황에서 하나님께서 데라의 아들 아브람을 부르시자 모든 것을 청산하고 하나님의 말씀대로 갈대아 우르를 떠나 가나안으로 가려고 했으나 하란에서 한동안 머물렀습니다(창 11:32, 12:4-5). 하란은 무역로, 교차점이라는 뜻입니다. 하란은 티그리스 강과 지중해를 연결하는 '고산'과 '갈그미스' 사이의 중간에 위치하여 통상로의 교차점이 되었고 교역의 도시로 번창했습니다.354) 그 하란에 발목이 잡혔습니다. 이것이 인간의 죄성이고 이것이 인간의 연약함입니다.

하나님께서는 그런 인간의 죄성과 연약함을 아시지만 강요와 억압으로 이끌어가지 않으십니다. 그렇게 순종이 지체되는 일들을 통해서 하나님께서는 자기 백성을 훈련하시고 연단해 가십니다. 그 내용이 무엇일까요? 하나님의 백성으로 하나님의 부르심에 순종하는 일은 쉬운 일이 아니라는 것을 알게 하시고, 하나님의 부르심으로 거듭난 자들은 이 세상에서 그런 싸움을 반드시 감당해 가야 한다는 사실을 가르쳐 주십니다. 새로운 관계 속에서 주어진 새로운 존재적 관점이 새로운 사명으로 살게 한다는 것입니다.

하나님의 부름을 받았다고 해서 일사천리로 일이 해결되어지는 것이 아닙니다. 분명히 가야 하는 길이고 가야만 하는 길인데도 불구하고 그렇게 순종하며 나아가지 못하게 하는 방해 요소들이 산재해 있습니다. 그런 요소들이 아브라함에게도 있었고 우리에게도 있습니다. 여기에서 중요한 갈림길이 생겨납니다. '다시 현실에 안주하느냐?', '그 방해물이 있음에도 불구하고 하나님의 부르심을 기억하며 나아가느냐?'의 갈림길이 있습니다. 현실에 안주한다고 해서 믿음을 저버리는 경우도 있지만, 예수 그리스도를 믿는다고 말하면서도 지극히 현실적인 기독

---

354) 하란과 간네와 에덴과 스바와 앗수르와 길맛의 장사들도 너의 장사들이라(겔 27:23)

교인이 되는 경우가 더 많습니다. 지나간 시절에는 그 현실성을, 현실적인 기독교를, 실존적인 기독교를, 좀 점잖게 표현했다면 이제는 좀 더 대담하게 말하는 시대가 되었습니다. 그 대담함이 이 기독교 안에서 어떻게 나타나고 있을까요? 그 대담함의 대표적인 사람 중의 한 사람이 김관성 목사입니다. 김관성 목사는 이렇게 말했습니다.

> 다만 내가 그런 것을 통과하면서 교회가 현실성이 있어야 되겠다고 생각하게 됐다. 예를 들어 우리 교회 가족으로 등록된 사람이 돈이 없어 지금 울고 있는데, 돈 없다는 사람에게 돈을 줘야지 "기도하자" 이러면 안 되는 거잖나. 이렇게 하는 것은 신앙의 변명거리를 만드는 것이라고 생각되더라. 이제 내가 개척하고 몸담고 있는 교회 안에서는 '돈 때문에 자기 존엄이 무너지는 사람을 만들면 안 되겠다' 하는 것이 지역 교회를 맡고 있는 내 목회적 비전의 가장 큰 핵심이다.355)

이분의 설교를 들어보면, '신앙의 원칙대로 살아야 한다'고 얼마나 큰소리로 외치는지 모릅니다. '세상과 타협하지 말고 살아야 한다'고 말합니다. 놀랍게도 이분은 뉴스엔조이의 다른 인터뷰 기사에서 "예수 복음과 한국의 우파적 사고 공존될 수 없다"고 말하면서 다음과 같이 말했습니다.

> 그는 기독교의 진리가 불신자들의 사상과 삶에도 있다고 말했다. 그는 "여러 평전을 통해 사람들의 사상과 삶을 보면서 느꼈던 것은 소위 기독교만의 진리라고 이야기하는 주제들이 안 믿는 사람들 세계에도 있다는 것"이라면서 "예를 들면 '성도의 성화, 우리가 점점 거룩해져 간다는 것, 안 믿는 사람 세계에도 있는 개념이다. '고난이 여러분을 성숙하게 한다'라 말하는데 안 믿는 사람에게도 똑같이 있는 삶의 사이클이다. 이런 데서 충격을 많이 받았다"고도 했다. 김 목사는 "내가 하나님 말씀이랍시고 이야기하는 것이, 보니까 하나님 말씀이 아니야. 내가 보수적인 신학 틀이나 보수적인 신앙적 사고방식에서 조금 알을 깨고 나온 계기였다"면서 "내가 고민하고 관심을 가지던 주제들이 안 믿는 사람 세계에도 있는 거다"고 했다. 그는 "그리스도의 유일성에 구원이 있다는 사고방식을 양보할 수는 없지만, 타 종교나 문학책에서나 사상가들이 말하는 내용을 마치 우리들만의 발견인 것처럼, 우리만 깨닫고 있는 것처럼 주장하는 내용이 눈에 들어오더라. 그러면서 내 독서가 신앙 서적이나 신학 서적에 머물러 있지 않을 수 있었던 것 같다"고 말했다.

김관성 목사의 근본적인 문제점이 어디에 있는지를 잘 보여주는 말입니다. 김관성 목사는 기복신앙, 대형교회에 대해서는 매우 비판을 합니다. 그러면서도 "기독교의 진리가 불신자들의 사상과 삶에도 있다"고 말한다는 것은 매우 위험한

---

355) http://www.newsnjoy.or.kr/news/articleView.html?idxno=210002/ "하나님 열심히 믿어도 '안 되는 인생' 있더라" 김관성 목사 독서 여정(2017.03.31.).

발언입니다. 그는 여러 평전을 통해서 '기독교만의 진리가 안 믿는 세계에도 있다'고 말했습니다. 성도의 성화가 안 믿는 사람의 세계에도 있다는 겁니다. 고난이 성숙하게 한다는 것이 안 믿는 사람들에게도 있더라는 겁니다. 그런 책을 보면서 충격을 받았답니다.

이 목사님이 말하는 그 평전이라는 것이 『문익환 평전』, 『리영희 평전』인데, 평전 중에서 제일 재미있게 읽었다고 말하면서 "문 목사를 움직이는 분은 하나님이더라"고 말했습니다.356) 그러면서 윤동주, 장준하를 말합니다. 결국 그가 말하는 흐름은 어디에서 많이 듣던 말과 별반 다르지 않습니다. 이것이 바로 현대 기독교의 현실입니다. 참고적으로 먼저 말하자면, 좌파나 우파나 다 좌파라는 것을 알아야 합니다. 왜 다 좌파인가? 하면 좌파나 우파나 인간의 욕망을 실현하는 방식만 다를 뿐이기 때문입니다. 기독교가 그것을 볼 줄 모르면 아무런 의미가 없습니다. 하나님 없는 세상은 다 그렇게 인간의 욕망을 위해 살아가는 것뿐 입니다.

현실의 어려움이 우리에게는 분명히 있습니다. 그리고 예수 그리스도를 믿고 믿음으로 살아가려고 하면 세상 사람들이 만나는 어려움보다 더 큰 어려움에 직면하게 됩니다. 그 어려움에 직면했을 때 어떻게 반응하느냐? 가 중요합니다. 그 어려움 때문에 신앙이 현실적이게 되면 형태적으로는 기독교 신앙인 것 같지만 실제로는 성경의 본질과는 멀어지게 됩니다.

이 목사님이 말하듯이, "현실에 대해 체계적인 답"을 원하고, "설교를 하면서도 명확하게 답을 주는 메시지"를 원하게 됩니다. 그 이유에 대해서 그 목사님은 이렇게 말했습니다.

> 그리고 내가 보니까, 신앙이 좋은 사람도 경제적으로 어려운 상황에 완전 내몰리니까 거의 무너지더라. 이 자본주의 땅에서 경제적으로 기본적인 자기 존엄을 지키지 못하는 사람 중에서 소위 신실하다, 예수 제대로 믿는다 평가받는 사람은 거의 없더라. 그렇게 살 수가 없다. 여기서 오는 혼란들. 도대체 복음이라는 것이 뭔가. 예수만이 소망이고 대안이라는데, 대안 아닌데 뭐. 결국 여기서 이렇게 살다가 버티다가 죽어서 우리 주님 만나면 내 눈에 흐르는 눈물을 닦아 주는 것이 기독교의 전부인가 하는 생각도 들었다.357)

고민하는 것은 나쁘지 않습니다. '복음이 무엇이고, 대안은 무엇인가?' 그렇게 누

---

356) http://frontierstimes.com/sns-스타-목사-김관성-예수-복음과-한국의-우파적-사고/ 'SNS 스타 목사' 김관성 "예수 복음과 한국의 우파적 사고 공존될 수 없다"
357) http://www.newsnjoy.or.kr/news/articleView.html?idxno=210002/ "하나님 열심히 믿어도 '안 되는 인생' 있더라" 김관성 목사 독서 여정(2017.03.31.).

구나 한 번쯤은 고민하는 과제입니다. 문제는 김관성 목사가, "교회가 현실성이 있어야 되겠다고 생각하게" 된 것입니다. 그 현실성이라는 것은 돈 없어서 신앙 좋은 사람들도 무너지는 것이고, 경제적으로 안 되면서 예수 잘 믿는다고 평가 받는 사람 거의 없더라는 겁니다. 그래서 하는 말이, "돈 없다는 사람에게 돈을 줘야지 '기도하자' 이러면 안" 된다는 겁니다. 그러면, 돈 없는 성도들이 김관성 목사에게 가면 다 해결될까요? 상식적으로도 안 맞는 소리입니다.

우리도 돈 고생하고 다른 사람들이 돈고생 하는 것을 봅니다. 우리는 어려운 사람들을 보면 도와주어야 하고 우리가 할 수 있는 대로 사랑을 베풀어야 합니다. 사도 요한이 말했듯이, 궁핍한 형제를 보고도 도와줄 마음을 닫으면 하나님의 사랑이 있다고 말할 수 없습니다.[358] 그렇다고, '우리의 이 기독교 신앙이 현실성이 있어야 한다'고 생각하면 기독교는 무너지는 겁니다.

우리가 예수 그리스도의 구원과 언약에 신실하게 살아가는 일이 힘들고 어려워도 우리의 신앙이 현실적이어서는 안 됩니다. 우리가 아브라함 언약을 살펴보면서 계속해서, '기독교 신앙이 실존적이어서는 안 된다', '기독교 신앙이 현실적이어서는 안 된다'라고 말한 것을 기억하기 바랍니다. 그렇다고 우리가 이 현실을 무시하고 살아가는 것이 결코 아닙니다.

그러면, 성경은 무엇이라고 말할까요? 전도서를 보면, 얼마나 현실의 부조리가 있었는지를 말합니다. 어떤 사람에게는 재물과 부요를 주시지만,[359] 어떤 사람에게는 일평생 수고하고 많은 근심이 있고 질병과 분노가 그에게 있는 것을 보았습니다.[360] 전도자는 그런 모든 것들이 다 헛되고 헛되다고 말했습니다. 또, 왜 그런 일들이 생기는 것일까? 아무리 고민하고 연구해보아도 알 수가 없고 다 하나님의 손 안에 있는 것이지 사람이 어떻게 할 수가 없다고 말했습니다. 그런 모든 일에 대한 전도서의 결론이 무엇입니까?

> 13 일의 결국을 다 들었으니 하나님을 경외하고 그 명령을 지킬지어다 이것이 사람의 본분이니라 14 하나님은 모든 행위와 모든 은밀한 일을 선악 간에 심판하시리라 (전 12:13-14)

전도자는 자신이 보고 경험했고 고민했던 모든 것을 말했습니다. 그리고 그 결

---

[358] 누가 이 세상 재물을 가지고 형제의 궁핍함을 보고도 도와 줄 마음을 막으면 하나님의 사랑이 어찌 그 속에 거할까 보냐 (요일 3:17)
[359] 어떤 사람에게든지 하나님이 재물과 부요를 주사 능히 누리게 하시며 분복을 받아 수고함으로 즐거워하게 하신 것은 하나님의 선물이라 (전 5:19)
[360] 일평생을 어두운 데서 먹으며 번뇌와 병과 분노가 저에게 있느니라 (전 5:17)

론으로 인간의 본분을 말했습니다. 그 본분이란, "하나님을 경외하고 그 명령을 지킬지어다"입니다. '네가 이 현실의 부조리와 투쟁해라'가 아닙니다. 하나님을 경외하고 그 명령을 지키는 것으로부터 인간은 여기에서 벗어날 수가 없습니다. 벗어나면 탈주하면 죽습니다. 그것이 인간의 한계입니다. 그 한계를 모르면 멸망하게 됩니다.

자크 엘륄이 『존재의 이유』에서 마지막에 이렇게 말했습니다.

> 인간의 유한성이라는 경계석은 옮길 수 없다. 인간에게 가장 중요한 것은 영원한 하나님을 경외하는 것이다.361)

자크 엘륄의 사상을 다 수용하는 것은 아닙니다. 한때 마르크스주의에 빠졌던 사람이었으나 여러 비판서들을 낸 엘륄도 이렇게 인간의 유한성을 말하고 인간에게 가장 중요한 것은 영원한 하나님을 경외하는 것이라고 말했습니다. 그리고 전도서를 묵상하면서 내놓은 책인 『존재의 이유』에서 인간의 본질에 대해서는 분명하게 말했습니다. 전도서만 그렇게 결론을 말할까요? 예수 그리스도께서 유대인의 현실성을 해결해 주셨더라면 십자가에 못 박혀 죽지 않으셨습니다. 십자가에 못 박혀 죽기는커녕 자신들이 기다리던 메시아로 인정하고 왕으로 높였을 것입니다. 사도 베드로가 베드로후서 3장에서 이렇게 말했습니다.

> 12 하나님의 날이 임하기를 바라보고 간절히 사모하라 그 날에 하늘이 불에 타서 풀어지고 체질이 뜨거운 불에 녹아지려니와 13 우리는 그의 약속대로 의의 거하는 바 새 하늘과 새 땅을 바라보도다 14 그러므로 사랑하는 자들아 너희가 이것을 바라보나니 주 앞에서 점도 없고 흠도 없이 평강 가운데서 나타나기를 힘쓰라 15 또 우리 주 오래 참으심이 구원이 될 줄로 여기라 우리 사랑하는 형제 바울도 그 받은 지혜대로 너희에게 이같이 썼고 16 또 그 모든 편지에도 이런 일에 관하여 말하였으되 그 중에 알기 어려운 것이 더러 있으니 무식한 자들과 굳세지 못한 자들이 다른 성경과 같이 그것도 억지로 풀다가 스스로 멸망에 이르느니라 17 그러므로 사랑하는 자들아 너희가 이것을 미리 알았은즉 무법한 자들의 미혹에 이끌려 너희 굳센 데서 떨어질까 삼가라 18 오직 우리 주 곧 구주 예수 그리스도의 은혜와 저를 아는 지식에서 자라가라 영광이 이제와 영원한 날까지 저에게 있을지어다(벧후 3:12-18)

사도 베드로는 왜 이 말을 했을까요? 말세가 되면 조롱하는 자들이 정욕대로 행하면서 "주께서 강림하신다는 약속이 어디 있느냐?"라고 말하면서, '세상은 그대

---

361) 자끄 엘륄, 존재의 이유, 김차수 역 (대전: 대장간, 2016), 384.

로야, 현실성 없는 그런 신소리 하지마'라고 말하면서 조롱하기 때문입니다. 그 말이 오늘날로 말하자면, 실존주의 기독교가 되는 것이고 현실성이 있는 기독교가 되는 것입니다.

사도 베드로 시대에도 '저 하나님의 나라를 사모하고 예수 그리스도께서 다시 오셔서 우리에게 구원을 주실 것을 보고 인내하고 살아가야 한다.'는 그 말을 아주 우습게 여기고 경멸하고 조롱하는 사람들이 있었습니다. 왜 그랬을까요? 그 때에도 돈 때문에 고생하고, 그 때에도 죽으라고 고생해도 그 고통에서 벗어나지 못하는 사람들이 너무너무 많기 때문입니다. 돈만 있으면 눈물 흘릴 일이 없고 돈만 있으면 신분상승이 되고 돈만 있으면 모든 것이 해결되는 세상이었기 때문입니다.

그러나 사도는 13절에서, 분명하고 확실하게 말했습니다. "우리는 그의 약속대로 의의 거하는 바 새 하늘과 새 땅을 바라보도다"라고 말했습니다. 그렇게 새 하늘과 새 땅을 바라보기 때문에 거룩하게 경건하게 살기를 애쓰며 살았습니다. 김관성 목사의 말대로라면 사도 베드로는 너무 비현실적인 사도에 불과합니다. 비현실적이라는 것이 무슨 뜻일까요? 그것은 종교라는 이름으로 사기 치고 있다는 말입니다. 예수 그리스도의 종인 사도 베드로가 종교라는 이름으로 사기를 쳤을까요? 아닙니다. 정신을 차려야 합니다.

기독교 신앙은 예수 그리스도의 구원과 언약에 충실해야만 합니다. 구원과 언약에서 벗어나는 것은 한 끗 차이밖에 나지 않습니다. 구원과 언약은 현실을 도피하지 않습니다. 그러나 현실적이어서는 안 됩니다. 현실적이게 되면 인본주의의 숙주가 되어 버립니다. 숙주란 '기생 생물에게 영양을 공급하는 생물'을 말합니다. 결국은 인본주의에 지배를 받고 인본주의에 의해서 멸망을 당하게 되어 있습니다. 그것은 역사가 증명해 주는 일입니다. 기독교인이 하는 일이 인본주의의 숙주가 되는 일이라면 길을 잘못 가고 있는 것입니다.

그러면 우리는 어떻게 살아야 하겠습니까? 오늘날, 현실의 부조리를 보고 인간의 죄악을 말해야 하며, 그 죄악에서 구원하실 분은 오직 예수 그리스도 밖에 없다는 것을 믿고 고백하고 증거하고 살아야만 합니다. 하나님께서 모든 것을 선하게 지으셨으나 인간이 죄를 지어 타락했기 때문에 일어난 일들입니다.

    나의 깨달은 것이 이것이라 곧 하나님이 사람을 정직하게 지으셨으나 사람은 많은 꾀를 낸 것이니라(전 7:29)

현실의 부조리는 자본주의 때문이 아니라 인간의 죄악 때문이고 인간이 그 죄로 부패했기 때문에 만들어진 결과들입니다. '자본주의 타도'를 외칠 것이 아니라 '인간은 죄인이다'를 외쳐야 합니다. 그 죄에서 구원받는 길은 자기 죄를 회개하고 예수 그리스도를 구주로 믿는 길 밖에 없다고 외쳐야 합니다. 왜냐하면 세상의 부조리를 만들어내는 근본적인 원인은 인간이 죄인이기 때문입니다.

그렇다고 자본주의가 다 옳다는 것이 아닙니다. 샤르트르가 왜 공산주의와 손을 잡았겠습니까? 인간을 실존적으로 파악하고 인간의 욕망을 실현하려고 했기 때문입니다. 그것이 인간이 주체가 되고 인간이 바라는 이상적인 국가이기 때문입니다.[362] 우리가 이 땅에서 부조리를 보고 사랑과 긍휼을 베풀어야 하나 이 땅에 이상국가를 세우려고 해서는 안 됩니다. 우리는 소망을 장차 예수 그리스도께서 오셔서 주실 하나님의 나라에 두어야 합니다.

그렇게 하나님의 나라를 소망하며 살아가려면 예수 그리스도의 십자가 구원과 언약 안에 살아가야 합니다. 우리에게 중요한 것은 예수 그리스도 안에서 주어진 우리의 존재적 관점입니다. 그 존재적 관점이 영원하기 때문에 우리의 생명이 부요하고 풍성해집니다. 그 영원한 존재, 그 영원한 생명을 아는 것은 우리가 예수 그리스도를 구주로 믿고 고백하고 하나님을 아버지라고 부르게 된 것입니다. 이제는 진리를 기뻐하고 행하는 것입니다. 현대 교회의 문제는 그 영원성을 말씀이 아니라 느낌으로 누리려고 하고 하는 것입니다. 직접 듣고 직접 보고 알려고 하는 것입니다. 성경은 이렇게 말합니다.

> 1 그러므로 이제 그리스도 예수 안에 있는 자에게는 결코 정죄함이 없나니 2 이는 그리스도 예수 안에 있는 생명의 성령의 법이 죄와 사망의 법에서 너를 해방하였음이라 3 율법이 육신으로 말미암아 연약하여 할 수 없는 그것을 하나님은 하시나니 곧 죄를 인하여 자기 아들을 죄 있는 육신의 모양으로 보내어 육신에 죄를 정하사 4 육신을 좇지 않고 그 영을 좇아 행하는 우리에게 율법의 요구를 이루어지게 하려 하심이니라 5 육신을 좇는 자는 육신의 일을, 영을 좇는 자는 영의 일을 생각하나니 6 육신의 생각은 사망이요 영의 생각은

---

[362] http://www.pressian.com/news/article.html?no=66687/ "反공산주의자는 개다" 외친 사르트르에게 카뮈는‥(2011.08.12.). 〈사르트르는 늘 견지해 오던 철저한 반자본주의적인 입장을 바탕으로 특히 한국전쟁이 일어난 이후인 1952년에 이르러 공산주의적인 대의명분에 동의를 천명하면서 "반(反)공산주의자는 개다"라는 극적인 표현을 하기에 이르렀다. 그 결과 사르트르는 1954년 12월 불소친선협회의 부회장으로 선출되면서, 소련과 중국에 찬사를 보내기도 했다. 카뮈가 현실주의에서 개인적 도덕주의로 돌아선 반면, 사르트르는 개인적 도덕주의에서 사회적 현실주의로 돌아선 것이다. 급기야 1956년에 프랑스의 식민지였던 알제리에서 민족해방전선을 중심으로 독립전쟁을 일으켰을 때, 카뮈는 프랑스 국가 아래에서 두 민족이 동등한 입장으로 살아갈 수 있는 화해를 주장하면서 알제리가 추구하는 민족의 독립을 열정적인 문구에 불과하다고 주장한 반면, 사르트르는 알제리의 민족해방전선의 폭력적인 독립 운동을 적극적으로 지지하면서 알제리에서 자행되는 프랑스인들의 폭력에 종지부를 찍어야 한다고 주장했다.〉

생명과 평안이니라 7 육신의 생각은 하나님과 원수가 되나니 이는 하나님의 법에 굴복치 아니할 뿐 아니라 할 수도 없음이라 8 육신에 있는 자들은 하나님을 기쁘시게 할 수 없느니라 9 만일 너희 속에 하나님의 영이 거하시면 너희가 육신에 있지 아니하고 영에 있나니 누구든지 그리스도의 영이 없으면 그리스도의 사람이 아니라(롬 8:1-9)

로이드존스가 말했듯이, 로마서 8장 전체의 목적은 로마서 8장 1절의 의도를 입증하는 것입니다. 그리하여 예수 그리스도 안에 있는 자는 누구든지 절대적으로 확실하게 구원을 받는다는 것을 보여주는 것입니다. 그것을 어떻게 확증하고 보여줄 수 있을까요? '성령 하나님께서 내주하는 자는 누구든지 절대적으로 확실하게 구원을 받는다'는 사실입니다. 어떤 특별한 체험을 한 사람에게만 해당되는 것이 아닙니다. 모든 그리스도인, 모든 성도에게 해당됩니다. 옛날에는 '제2의 축복'이라 했고, 오늘날에는 '성령세례'라고 말하면서 그런 축복을 받아야 하고 그렇게 성령세례를 계속해서 받아야만 한다고 말하는 사람들이 있습니다. 예수 그리스도를 믿을 때 우리는 세례를 받았습니다. 그 이후로는 성령 충만의 문제이지 성령세례를 다시 받는 것이 아닙니다. 그러나 오늘날은 너무나 많은 사람들이 사역을 위해서는 성령세례를 다시, 계속해서 받아야 한다고 말하면서 거기에서 헤어나지 못하고 있습니다. 허구한 날 능력의 종만 따라다니면서 돈과 시간을 허비하고 있습니다.

이 말씀에서 중요한 것은 무엇입니까? 그리스도인과 비그리스도인을 대조시키고 비교함으로써, 이제 예수 그리스도를 구주로 믿은 성도들은 성령 하나님의 지배 아래 있다는 것입니다. 세상은 타락한 인간성의 지배를 받지만, 성도는 이제 새로운 본성의 지배 아래 있습니다. 자연인은 영적으로 죽은 상태입니다. 우리는 이 세상에 내던져진 실존이 아닙니다. 임마누엘을 받는 존재입니다. 영원한 임마누엘, 그 영원성이 주어지는 생명, 그 영원성이 보장된 생명으로 살아갑니다.

우리도 전에는 허물과 죄로 죽은 죄인들이었으나, 이제는 예수 그리스도의 십자가 대속으로 죄사함을 받고 그 의를 덧입어 하나님의 백성이 된 성도들입니다. 다시는 죄와 사망의 지배를 받지 않습니다. 예수 그리스도께서 죄와 사망을 정복하시고 우리에게 영원한 의를 주셨기 때문입니다. 이것이 우리의 존재적 관점입니다. 이 존재적 관점을 믿음으로, 말씀으로 붙들고 살도록 성령 하나님께서 끊임없이 역사하고 계십니다. 우리는 예수 그리스도와 연합되었기 때문입니다.

세상 사람들은 하나님 없는 삶을 살아가는 사람들입니다. 인간 존재의 기원도 말할 수 없고 오늘 왜, 이런 일들 속에 사는지 왜, 내일을 살아가야하는지 대답해 줄 수 없습니다. 그렇기 때문에 현실적이어야 합니다. 그래서 '현재를 살아라', '카르페 디엠'(Carpe diem)을 외치고 살아야 합니다. 이 현실이 전부이기 때문입니다. 그 실존주의와 기독교가 합쳐지면, '기독교가 현실성이 있어야 한다'고 말합니다. 그것이 바로 기독교 신앙의 변질입니다.

그러나 예수 그리스도를 믿은 성도들은 새로 지음을 받은 생명이며 거듭난 사람들입니다. 성령 하나님께서는 우리를 그리스도와 연합시키셨습니다. 이제부터는 하나님과의 관계를 제일 우선시 하며 자기 영혼을 주께 드리기를 힘쓰면서 살아가게 됩니다. 그것이 바로 우리 마음을 다하고 목숨을 다하고 뜻을 다 하여 주 하나님을 사랑하고 내 이웃을 내 자신과 같이 사랑하라는 온 율법과 선지자의 강령입니다(마 22:35-40). 그렇게 살아갈 수 있는 것은 여기 이 현실이 전부가 아니라, 하나님께서 살아계시고, 예수 그리스도의 십자가 피로 우리를 구원하셨고, 성령 하나님께서 우리 안에 내주하시기 때문입니다. 그것이 실제로 일어난 사실이기 때문입니다. 세상은 그것이 없기 때문에 현실이 전부라고 외치는 것입니다. 아무리 외쳐도 안 되기 때문에 도약합니다. 그것이 영성입니다.

현실의 부조리를 보면서 인간의 죄인 됨을 보는 사람이 성도입니다. 현실의 부조리를 보면서 예수 그리스도의 복음을 전하고 사랑과 긍휼을 베푸는 사람이 성도입니다. 현실의 부조리를 보면서 이 땅의 이상국가가 아니라 우리 주 예수 그리스도께서 주실 영원한 하나님의 나라를 소망하며 사는 사람이 성도입니다. 우리의 고달픔과 눈물 속에서도 이 현실에 매몰되지 않고 예수 그리스도의 십자가 피로 구원 받은 하나님의 백성답게[363] 믿음으로 살아가는 성도들이 다 되기 바랍니다.

---

[363] 안상혁, 언약신학 쟁점으로 읽는다 (경기: 영음사, 2016), 266-268. 〈튜레틴은 상기한 차이점(자연언약과 은혜언약)을 상술한 후, 특히 칭의론의 핵심 주제인 전가(imputation) 교리의 중요성을 크게 부각한다. 그리스도의 공로[의]는 은혜 언약 안에서 그를 믿는 택자들에게 전가된다(*Inst*, 12.12.22). 따라서 은혜 언약 안에서 신자가 의롭게 되는 것은 사람의 공로적 의가 아닌 (전가된) 그리스도의 의에 철저히 근거한 것이다. 은혜 언약의 복음을 제대로 이해하기 위해서 우리는 이것을 혼동하지 않아야 한다고 튜레틴은 조언한다(*Inst*, 12.3.6). 이와 동시에 튜레틴은 그리스도의 의가 우리에게 전가된 사실이 은혜 언약의 쌍방적 성격을 무효로 하는 것이 결코 아니라고 강조한다. 은혜 언약에는 하나님의 약속과 더불어 사람의 순종과 의무가 요구된다. 마치 타락 전의 상태에도 믿음의 자리가 있었던 것과 마찬가지로 은혜 언약의 시대에서도 순종이 확고하게 뿌리내리고 있는 것이다(*Inst*, 12.3.1-17). 은혜 언약 안에서 하나님은 분명히 "우리의 하나님"이 되시겠다고 선언하셨다. 그런데 이는 곧 우리가 하나님의 백성답게 살아야 할 의무를 암시하는 것이라고 튜레틴은 설명한다(*Inst*, 12.12.6). 이러한 의무는 첫째, 우리가 세상으로부터 구별되어 오직 하나님만을 예배하고 섬길 의무를 포함한다. 주지하다시피 하나님을 예배하는 것과 그의 말씀대로 순종하는 것은 불가분리의 관계이다. 둘째, 믿음과 회개-혹은 성화에 대한 열망-의 의무가 있다. 이것이야말로 언약 백성에게 요구되는 두 가지 주요한 의무라고 튜레틴은 확신한다. 전자가 하나님의 약속을 붙잡는 것이라면 후자는 그것을 성취하는 것이라고 표현할 수 있다(*Inst*, 12.3.26-29).〉

언약 34 아브라함언약 10

> 1 여호와께서 아브람에게 이르시되 너는 너의 본토 친척 아비 집을 떠나 내가 네게 지시할 땅으로 가라 2 내가 너로 큰 민족을 이루고 네게 복을 주어 네 이름을 창대케 하리니 너는 복의 근원이 될지라 3 너를 축복하는 자에게는 내가 복을 내리고 너를 저주하는 자에게는 내가 저주하리니 땅의 모든 족속이 너를 인하여 복을 얻을 것이니라 하신지라 4 이에 아브람이 여호와의 말씀을 좇아갔고 롯도 그와 함께 갔으며 아브람이 하란을 떠날 때에 그 나이 칠십오 세였더라(창 12:1-4)

언약 서른네 번째 시간입니다. 아브라함 언약으로는 열 번째 시간입니다. 오늘 읽은 말씀의 내용은 일반적으로 자손, 땅, 왕권, 열국이 받는 복이라는 네 가지 요소로 말합니다. 복이라고 말하고 아브라함을 말할 때, 하나님께서 아브라함에게 복을 주시고, 또 아브라함이 축복하는 자에게는 복을 주시고, 저주하는 자에게는 저주하는, 그런 것으로 생각합니다. 그 말이 성경에 있는 말이니 틀린 말은 아닙니다. 그러나 그 복의 내용과 실체를 말하자면, 우리는 사실 성경과는 너무 멀리 떨어져 있을 때가 많습니다. 창세기 12장 1-4절 말씀이 우리가 늘 들어왔던 그런 복이 아니라 정말 아브라함에게 주신 복이 무엇인가? 그것을 알게 되기를 바랍니다.

먼저 우리가 알아야 할 것은, 하나님께서 아브라함에게 복을 주신다는 것은 상호관계의 결속에 대한 표현입니다. 그 결속은 하나님의 계획을 위한 결속입니다. 그것은 15장의 횃불언약으로 확고하게 형성이 됩니다. 그 맥락에서 본다면 12장의 복에 대한 약속은 언약을 결속하는 복입니다. 창세기 12장은 아브람 언약의 실제적인 내용입니다. 아브라함이 다만 잘 먹고 잘 살게 되는 그런 복이 아니라 아브라함을 통하여 하나님의 구속의 계획을 이루시는 복입니다. 그 복의 핵심은 '하나님께서 함께 하신다'입니다. 하나님께서 부르신 자기 백성과 함께 하신다는 것을 알게 하시고 그렇게 하심으로 하나님께서 살아계시고 역사하신다는 것을 나타내십니다. 그것은 자동적으로 그렇게 되는 것이 아니라 하나님을 전적으로 신뢰하며 하나님의 말씀을 순종할 때에 주어지고 유지될 수 있었습니다. 그것이 언약의 복입니다.[364]

---

[364] W. J. 둠브렐, 언약과 창조, 최우성 역 (서울: 크리스챤서적, 1994), 108. 〈12:2의 전반부에서 하나님은 아브람을 축복하고 있는데 여기서 축복의 개념은 민족성과 명성을 결부시키고 있다. … 구약의 축복은 그 매개자가 이따금 인간 대행자일 때가 있긴 하지만 궁극적으로는 하나님으로부터 유래하는 것이다(창 27:27-29 참조). 이러한 상황에서 우리가 이 문제를 고찰해 보면 개인적, 민족적 또는 자연영역상의 축복이란 상호관계의 결속에 대한 표현이며 도 이러한 결속에 의하여, 하나님의 계획을 완성시킬 수 없는 자연적 또는 개인적 능력이 촉진된다는 점을 구약성경은 입증하고 있다고 주장할 수 있는 것이다. … 생명력, 즉 생명의 지속과 이론 인한 후손에 대한 약속

여호와 하나님께서 아브라함에게 주신 복은 단순히 잘 먹고 잘 사는 복이 아니었습니다. 만일 그런 복이었다면 여호와께서 굳이 아브라함을 부르시고 잘 먹고 잘 살던 갈대아 우르를 떠나게 할 필요가 없었을 것입니다. 세상이 가는 길이나 하나님의 부르심을 받은 사람이나 같은 길이라면 그렇게 따로 부르실 이유가 있을까요? 아니 근본적으로 따져서 아브라함이 늘 눈으로 보고 생활 속에 당연히 그렇게 숭배하고 살아왔던 그 우상과 아무런 차이가 없는 그런 신이라면 그 신이 여호와라면 아브라함이 굳이 본토, 친척, 아비의 집을 떠나야할 필요가 있을까요?

사람은 살아가면서 자기를 끌고 갈 힘이 필요합니다. 생존을 해야 하고 그 생존을 넘어서 삶의 의미가 부여되어야 합니다. 그 삶의 의미에 대해 어떤 사람들은 진정한 삶의 즐거움을 좇는 사람이라고 말합니다. 그 삶의 즐거움이라는 것은 각자마다 다르게 규정될 수 있을 것입니다. 그러나, 그 즐거움이라는 것이 결국은 어디로 가느냐면 어떤 외부의 간섭과 억압 없이 자기만의 삶을 살아가는 주체가 되는 것입니다.

사람이란 존재가 살아보면 그렇잖아요? 자기를 둘러싸고 있는 부모로부터 시작해서 조직과 사회와 국가가 자기를 규제하고 있고 제어해 가고 있는 현실을 보는 것입니다. 그런 외부의 손길로부터 벗어나서 자기만의 삶을 추구하고 싶어 합니다. 그러나 살아보면 어느 인간도 그럴 수가 없다는 것을 뼈저리게 인식하게 됩니다. 배운 사람이나 못 배운 사람이나 그 사실을 다 인정합니다. 그 잘난 철학자라도 안 되기 때문에 명상과 영성으로 갑니다.

오늘날은 혁명을 말하는 사람들이 영성을 함께 말하고 있습니다. 혁명은 자기 밖의 적과 싸우는 것이라고 말하고 영성은 자기 안의 적과 싸우는 것이라고 말합니다.

세상의 문제를 해결하려고 하는 사람들은 놀랍게도 예수님을 말하면서 혁명의 정당성을 말합니다. 그들이 말하는 예수는 죄에서 구원하시는 예수 그리스도가 아니라 사회의 부조리에 항거하는 역사적인 예수입니다. 오늘날 소위 혁명과 영성을 말하는 김규항은 『예수전』에서 이렇게 말했습니다.

> 기도든 명상이든, 하루에 30분도 나를 되돌아보는 시간을 갖지 않는 혁명가가 만들 새로운 세상은 위험하며, 혁명을 도외시하는 영성가가 얻을 수 있는 건 제 심리적 평온뿐이다.365)

예만 국한시킨다는 것은 축복에 대한 성경적 개념을 잘못 이해한 것이 되고 만다. 여기서 축복이란 것은 본질적으로 민족 개념을 담고 있으며 이는 자손뿐만 아니라 영토개념을 함께 내포한 것이다.〉

김규항을 통해서 시대가 어떻게 변해 가고 있는지 볼 수 있어야 합니다. 여전히 혁명만 외치는 사람들이 있지만 김규항은 그런 흐름과는 다른 길을 가고 있습니다. '그 길이 맞다'는 것이 아니라 우리가 늘 생각해 온 사회의 부조리와 그에 맞서는 실존주의적 삶, 그리고 그 실존주의적인 삶으로 안 되기 때문에 영성으로 도약하게 된다는 것을 보여주는 한 사람이라는 것을 볼 수 있어야 한다는 뜻입니다. '저 부르주아 세력들, 저 자본가들을 무너뜨리자' 그것만으로는 안 되더라는 것입니다. 자기 안에 자기와의 싸움이 있어야 한다는 겁니다. 자기와의 싸움을 위해서 명상을 하든지 자기를 돌아보든지 30분 정도는 그런 시간을 가져야 한다는 것입니다.

이것은 아주 중요한 변화입니다. 예수 그리스도를 믿는 우리는 좌파도 아니고 우파도 아닙니다. 우리가 보아야 하는 것은 좌파나 우파나 그들이 가지는 정치적인 이상과 신념과 목표들이 결국 동일한 것이고 그들의 싸움은 자신들의 지분을 더 확보하는 것뿐이고 그 지분을 확보하고 유지하기 위해 영성으로 도약하더라는 것입니다.

이 세상에 수많은 인물들이 지나갔지만, 그런 혁명과 영성을 이상적으로 실현한 사람으로 예수를 말합니다. 김규항도 마찬가지입니다. 김규항은 자신이 예수에 천착하는 이유는 예수가 혁명성과 영성의 결합을 보여주기 때문이라고 말했습니다. 혁명을 말하는 김규항은 세상의 부조리에 저항하고 양극화 현상에 대해 반대하면서 다음과 같이 말했습니다.

> 우리 눈앞에 일어나는 수많은 불의와 학살과 기아와 참상은 그가 자행하거나 아니면 적어도 그의 묵인 아래 일어나고 있는 셈이다. 양식을 가진 사람이라면 그런 하느님을 인정할 수 없을 것이다. 실제로 세속적인 탐욕에 초탈하여 진지하고 근원적인 것에 관심을 갖는, 누구보다 종교적일 수 있는 많은 사람들이 바로 그런 이유에서 무신론을 선택한다. 오히려 세속적인 욕망과 이기심에 가득한 사람들이 신의 존재를 강팍하게 주장하며 주님 주님 부르짖곤 한다. 과연 하느님은 이런 정신적 참극을 벌이게 하는 그런 존재일까?366)

세상의 부조리에 항거한다는 것은 아무나 못하는 일입니다. 그러나, 그런 부조리에 저항하면서 결국은 인간의 욕망을 실현하기 위해 믿음의 본질은 완전히 삭제해 버립니다. 그 삭제의 방식은 언제나 동일합니다.

---

365) 김규항, 예수전 (서울: 돌베게, 2009), 123.
366) 김규항, 예수전 (서울: 돌베게, 2009), 201.

김규항은 우리가 아는 예수는 교리가 만들어낸 가짜일 뿐이라고 말했습니다. 지배자들이 자신들의 권력을 유지시키기 위해 정치적으로 만들어낸 예수의 교리가 바탕이 되었고 그것이 오늘에 이르렀다고 말했습니다. 그러면 김규항이 말하는 예수는 어떤 예수일까요? 2,000여 년 전 로마의 압박 속에서 가난하고 고통스런 삶을 살았던 민중의 편에 서서 그들이 새로운 세계를 꿈꾸도록 인도하는 예수에 불과합니다.

김규항을 대표로 하는 많은 사람들이 하는 말은 무엇입니까? 사회의 빈곤이나 기아는 식량이나 재화가 모자라서 생긴 것이 아니라 고루 정당하지 못한 분배의 결과라고 말합니다. 그 말이 틀린 것은 아닙니다. 힘을 가진 소수가 지나치게 많이 갖고 많이 먹기 때문에 힘없는 다수는 모자라고 배고픈 것이 사실입니다. 그래서 김규항은 "무소유의 추구, 자발적 가난의 추구는 하느님 나라의 가장 기본적인 태도다" 그렇게 말합니다. 자본주의 구조 안에서는 나눔의 사상을 구현한다는 것은 불가능하다고 말했습니다.

> 자본주의는 예수의 이웃 사랑과 적대적인 사회체제이며, 그 자본주의 체제를 넘어서려는 사회주의 기본 정신이 예수의 이웃 사랑에 닿아 있다는 건 분명하다. 예수의 이웃 사랑은 '사회주의를 반대하는 어떤 것'이 아니라 '사회주의를 넘어서는 어떤 것'이다. 진정한 기독교인은 '선량한 자본주의자'가 아니라 '특별한 사회주의자'인 것이다.367)

자본주의 구조 안에서는 이웃 사랑이 안 되기 때문에 결국 사회주의, 특별한 사회주의로 가야 한다는 겁니다. 사회주의에서 예수 그리스도께서 말씀하신 그런 이웃 사랑이 실현될 수 있을까요? 아니, 지나간 역사와 지금의 현실에서 그렇게 실현되고 있는 사회주의 국가가 있을까요? 우리가 잘 알듯이 사회주의는 공산주의를 실현하기 위한 시작단계에 불과합니다.368) 이것은 단순히, '자본주의가 옳

---

367) http://www.kyobobook.co.kr/product/detailViewKor.laf?ejkGb=KOR&mallGb=KOR&barcode=9788971993354&orderClick=LEA&Kc= 김규항, 예수전.
368) 네이버지식사전에서, 〈자본주의는 개인의 자본과 자유를 최고의 가치로 삼고 사회주의는 사회의 조화와 평등을 가치로 삼는다. 다시말해 자본주의는 평등보다 자유를 더 중시하고 사회주의는 자유보다 평등을 더 중시한다. 자본주의와 사회주의의 가장 근본적이고 큰 차이는 사유재산을 인정하느냐 금지하느냐는 점이다. 사유재산이란 말 그대로 개인이 갖는 재산이다. 사회주의에서 살펴볼 점은 사유재산의 대상이 생산수단에 한정된다는 점이다. 우리가 일상생활에서 사용하는 물품들인 음식, 옷, 가구, 가전제품, 자동차는 개인이 가질 수 있다. 그러나 어떤 물건을 만들어낼 때 노동의 대상이나 도구가 되는 생산수단은 개인이 가질 수 없다. 다시 말해서 농지에 대한 경작권은 가질 수 있어도 소유권은 가질 수 없으며 공장을 세워 그 건물은 사고 팔 수 있어도 공장이 들어선 땅은 사고 팔 수 없다는 뜻이다. 따라서 사회주의는 지주와 자본가들이 없어지고 농민과 노동자들이 중심이 되는 사회를 추구한다. 다시 말해 육체노동을 중시하는 배경이다. 사회주의와 공산주의의 차이점 : 공산주의는 목표나 결과이며 사회주의는 과정이나 수단이다. 다시 말해 공산주의는 사회주의가 지향하는 마지막 단계이며 사회주의는 공산주의를 실현하기 위한 시작 단계이다. 사회주의는 노동의 양과 질에 따라서 대가나 보상 또는 분배나 결과가 결

으냐?', '사회주의가 옳으냐?'를 살펴보려는 것이 아닙니다. 우리는 인간이 부조리를 직면할 때 무엇을 선택하고 어떤 길로 가게 되는지 그것을 보아야 합니다. 왜 아브라함 언약을 살펴보면서 김규항의 이런 말을 생각해야 할까요? 아브라함 시대에도 역시 그런 부조리와 인간의 욕망을 실현하려는 이상이 동일하게 있었기 때문입니다. 지금 우리가 살아가는 이 현실에서 인간의 욕망대로 살고 인간이 주체가 되어 인간이 선택하고 결단하고 살아가는 실존주의적인 삶을 살아가려면 우리도 김규항처럼 말하고 김규항처럼 살아야 합니다.

그러나, 그렇게 안 됩니다. 왜냐하면 김규항을 비롯한 모든 인간이 죄인이기 때문입니다. 내가 억압 받을 때에는 억압에 저항하지만 내가 억압할 수 있는 자리에 가면 더 억압하는 것이 인간이기 때문입니다. 내가 부조리의 피해를 받을 때에는 그 부조리에 저항하지만, 내가 그 자리에 가면 더 부조리를 저지르고 정당화하는 것이 인간이기 때문입니다. 그것을 이 역사 속에서 경험하면서도 그 실체는 쏙 빼버리고 말합니다. 이상사회로 가기 위한 과도기라고 하면서 억압하고 부조리를 행하여 폭력을 정당화 합니다.

아브라함은요? 아브라함이 살았던 시대, 그 도시에서 그렇게 생존하고 삶의 의미를 부여하는 것은 우상들이었습니다. 지금 우리가 생각하는 것처럼 그런 신이 아니고 신이 삶에 매우 깊이 관여하고 있다고 믿고 살아가던 그런 시대였습니다. 신이 인간을 지배한다고 생각하는 그런 시대였습니다. 그것은 저 바벨탑 사건으로부터도 연결되어 있습니다. 바벨탑 사건의 정확한 연대는 성경에 나와 있지 않습니다. 그러나 일반적으로 그 연대를 노아의 5대손 벨렉 때에 세상이 나뉘었다는 말씀에 근거하여 그 때를 바벨탑 사건이 일어난 때라고 봅니다.369) 벨렉의 출생연도가 B.C. 2357년이고, 아브라함의 출생연대를 B.C. 2166년으로 봅니다. 아브라함의 입장에서 보면 191년 전에 일어난 일입니다. 바벨탑 사건이 일어나고 거의 200년이라는 세월이 흘렀습니다. 그 세월이 흐르는 동안에 세상은 우상천지가 되고 말았습니다.

세상이 우상천지가 되었다는 의미가 무엇일까요? 그것은 인간이 하나님 없이 인

정된다. 이렇기 때문에 더 힘들고 위험한 일에 종사하는 사람이 생활비를 더 많이 받는다.
369) http://www.hisark.com/이집트가-먼저-바벨탑이-먼저/ 〈성경에 의하면 바벨탑 사건의 정확한 연대가 기록되지는 않았지만 그 사건은 노아홍수와 아브라함 사이에 있었고 노아의 5대손 벨렉 때 세상(the earth)이 나뉘었다는 흥미로운 코멘트가 있다. 유대교와 기독교는 역사적으로 이 때를 바벨탑 사건이 있었던 해로 설명하고 있다. 그 이유는 벨렉은 창세기 10장의 족보 중앙에 위치해 있고 계속된 창세기 11장은 바벨탑 사건을 설명하는 "온 땅의 언어가 하나요 말이 하나였더라"로 이어지기 때문이다. 벨렉 때 바벨탑 사건이 발생 했다면, 벨렉은 노아홍수 후 101년 후에 태어났고 239세를 살았기 때문에 바벨 사건은 노아홍수 후 292년에 태어난 노아의 10세 손 아브라함과 노아의 중간인 BC 2200 년 경(노아홍수 후 약 100 여 년 후)에 일어났을 가능성이 높다.〉

간의 욕망을 실현하기 위한 세상이 되었다는 뜻입니다. 우상은 고고학적 자료가 말하듯이, 원래 바벨탑의 정상에는 달의 신인 난나신[370] 을 섬기는 제단을 만들 었다는데서 알게 됩니다. 그런 탑들을 '찌그랏'(Ziggrat)이라고 불렀습니다.[371] 놀랍게도, 갈대아 우르는 달의 신 '난나'(Nanna)의 도시였습니다. 이 수메르의 종교가 수메르를 지배하고 있었습니다. 왜냐하면 수메르는 '엔'(En)이라는 성직자들이 지배하는 신정정치체제였기 때문입니다. 그런데 어느 날 루갈(Lu-gal; 인간 + 큰)이라는 군사적인 왕이 나타나서 성직자 지배의 틀을 깨어버렸습니다.[372] 수메르 문명이 가장 왕성했던 때가 B.C. 3000년으로 보면서 역사학자들은 통상적으로 이 1000년의 기간을 크게 초기 왕조 시대(2900?-2350? BC), 아카드 왕조 시대(2350?-2150? BC), 우르 제3왕조 시대(2150?-2000? BC)의 세 시대로 구분합니다. 연대를 보면 아브라함 시대도 수메르가 번창했던 시대에 속

---

370) http://ko.mythology.wikia.com/wiki/난나/ "난나(Nanna)는 메소포타미아 종교에서 달의 신(月神)이다. 태양신인 샤마시(수메르어로는 우투)의 아버지였고, 몇몇 신화에서는 금성의 여신인 이슈타르(수메르어로는 이난나)의 아버지이다. 엔릴의 장자 난나는 수메르 최고의 도시국가 우르(UR 도시라는 뜻)에 대한 지배권을 부여받았다. 엔릴에게서 난나가 생겨나고, 난나에서 우투(태양)와 이난나(사랑과 미)가 생겨났다고 한다. 이에 대하여 바빌로니아에서는 안이 아누가 되고, 난나는 신, 우투는 샤마슈, 엔키는 에아에 대응된다."

371) http://b2b.mekia.net/previewEPUB/BK0000144487/OEBPS/68382.html/ 〈수메르 최강의 도시국가로 알려진 우르는 흥망성쇠를 3번이나 반복한다. 기원전 2640년경 왕조가 시작되어 170여 년간 지속되다 기원전 2463년 라가시에게 멸망당한다. 그 뒤 기원전 2400년경 우르 제2왕조가 시작되지만 116년후 북쪽의 아카드족에게 멸망당한다. 아카드족은 셈족계열로 분류된다. 아카드 제국은 기원전 2159년 구티인들에게 멸망당한다. 아카드 제국 멸망 후 우르의 영웅 '우르남무'가 기원전 2111년 우르 제3왕조를 세운다. 수메르 문명이 가장 융성했던 때가 바로 이 시기인 기원전 제3천년기로, 역사학자들은 통상적으로 이 1000년의 기간을 크게 초기 왕조시대(2900?~2350? BC), 아카드 왕조시대(2350?~2150? BC), 우르 제3 왕조시대(2150?~2000? BC)의 세 시대로 구분한다. 수메르 최강의 도시국가로 알려진 우르는 아브라함이 출생한 고향으로 성경에는 '갈대아 우르'라고 기록되어 있다. 우르가 최강의 도시국가로 불리는 이유 중 하나는 그 들이 남긴 유적과 유물에 있을 것이다. 그 들이 남긴 거대한 지구라트와 황금투구, 황금소머리 하프, 황금보검, 청동제 화살과 꽃병 술잔, 황금의 나뭇잎과 장미로 장식된 왕비의 관(冠), 도미노 게임판과 패, 주사위 등등 찬란했던 고대왕국의 모습이 쉽게 그려진다. 우리가 수메르 문명의 것이라고 사진을 통해 보는 대부분의 유물들이 우르의 것이다. 제3왕조 초대 우르남무는 도시의 성벽을 재건하고 궁전과 월신(月神) 난나를 위하여 웅대한 지구라트를 건설하였다. 또한 우르남무의 법전은 후일 함무라비 법전의 모태가 되었다. 당시 우르는 운하로 연결된 항구도시로 국제교역이 발달해 있었다. 다수의 점토판이 발견되어 당시의 경제생활과 교역활동을 전해준다. 그러나 이 왕조도 5대 107년 간 계속되다가, 엘람인의 침입으로 멸망하였다. 우르는 훗날 퇴적작용으로 강이 물줄기를 바꾸는 바람에 내륙이 되어 버려졌다.〉

372) https://ko.wikipedia.org/wiki/수메르_종교/ 〈수메르의 도시 국가들에서 원래의 신전은 소규모였는데 높이 올린 1실(室)의 구조로 되어 있었다. 초기 왕조 시대에, 신전들은 높이 올린 테라스와 여러 개의 실(室)이 있는 구조로 발전하였다. 수메르 문명의 말기에는 메소포타미아의 종교적 중심지, 즉 신전으로 지구라트가 가장 선호되었다. 신전들은 루갈(Lu-gal: 인간 + 큰)이라고 칭해진 군사적인 왕이 나타나는 기원전 2500년경까지 수메르의 문화적·종교적·정치적 중심지의 역할을 했다. 이 때 이후로는 정치적·군사적 지도력의 중심지가 신전이 아닌 별도의 궁전에 있는 경우가 더 많아졌다. 성직자 : 정치적·군사적 왕을 뜻하는 루갈이 나타나기 전에는 수메르의 도시 국가들의 정치체제는 엔(En)의 집단, 즉 일군의 대사제들이 지배하는 신정정치 체제였다. 성직자들은 해당 도시 국가의 문화적·종교적 전통들이 계속 이어지도록 하는 역할을 하였고 하늘과 땅의 힘들과 인간 사이를 중재하는 매개자로 여겨졌다. 성직자들은 모든 시간을 신전에 거주하면서 보냈는데, 대규모 관개 시설의 행정적 처리 등을 비롯한, 문명의 지속과 유지에 필요한 해당 도시 국가의 행정을 담당하였다. 의식 : 우르 제3왕조(2150?~2000? BC) 시대 동안, 수메르 도시 국가 라가시에는 "애도를 바치는 62명의 사제"(62 lamentation priests)가 있었으며 180명의 성악가들과 악기 연주자들이 이 사제들과 함께 의식에 참여하였다고 한다.〉

하면서도 그 마지막에 속합니다.

아브라함 시대의 부조리?
그런 시대 속에 살아갔던 아브라함 시대에는 부조리가 없었을까요? 부조리가 없는 시대는 없습니다. 위키피디아 사전은 다음과 같이 그 시대를 말합니다.

> 수메르 마지막은 엘람인의 침략과, 이바-신 지배 하(기원전 2004년)에서의 약탈로, 이후 수메르는 다시 아모리족의 지배를 받게 된다(이 때 청동기시대로 접어들게 되었다). 기원전 20세기~18세기의 아모리족 도시국가는 수메르의 왕명 목록에 '이신 왕조로 기록되어 있고, 기원전 1730년 함무라비왕의 바빌로니아로 넘어간다. 이 시기는 토양의 염분 증가로 인해 남부 이라크 지방에서 북부 지방으로 인구이동이 일어난 시기와 대체로 일치한다. 토양 염분 증가 문제는 아주 심각한 문제로 떠올랐다. 경작된 토지에 배수가 잘 되지 않은 상황에서 건조한 기후로 인해 수분이 증발되면서 토양 속에 염분이 축적되었고, 결국 수확량이 줄어들게 되었다. 아카드 왕조와 우르 제3왕조 동안 밀보다 염분에 더 강한 보리를 경작하기도 했으나 그것으로는 역부족이었다. 기원전 2100년-1700년 사이 인구는 거의 5분의 3으로 줄어들었다.373)

그러니 그런 힘난한 시대에 얼마나 부조리가 더 많았겠습니까? 아브라함이 부름을 받은 그 시기는 너무나도 어렵고 힘든 시대였습니다. 나라가 쇠퇴해 가고 사람들은 먹고 살기 힘든 시대였습니다. 분명히 아브라함이 살았던 우르는 발달된 도시였습니다. 우르는 수메르 문명의 중심지였습니다. 그러나 이제는 빛을 잃어가는 도시였고 새로운 시대를 맞이하고 있었습니다. 우상으로 가득했던 도시 우르는 새로운 지배자가 새로운 권력으로 통치하는 그런 시대였습니다.

여호와 하나님께서 그런 격동의 시대를 살아가고 있는 사람들 중에 한 사람, 아브라함을 부르셨습니다. 아브라함을 부르신 여호와 하나님은 그 시대의 차고 넘쳤던 그런 우상들과는 완전히 달랐습니다. 풍요와 다산을 위해서 빌고 빌었던 그런 신이 아니었습니다. 아브라함에게 찾아오시고 말씀하신 하나님이셨습니다. 아브라함은 그 격량의 시대에 하나님의 부르심을 받았고 하란에서 긴 세월을 지체하다가 다시 부르심을 받습니다. 그리고 아브라함에게 오늘 읽은 말씀대로 약속의 말씀을 주셨습니다.

이 말씀에서, 우리가 눈여겨보아야 할 말씀은 2절 말씀에서 '큰 민족'입니다. 왜냐하면, 아브라함에게 주신 복은 개인적인 복을 넘어서 세상에 대한 최종적인 복을 목적으로 하기 때문입니다. 여호와께서 아브라함에게 주신 복은 바벨탑의

---

373) https://ko.wikipedia.org/wiki/수메르

이상, 다시 말해서, 하나님 없는 이상국가를 건설하려는 그 죄악 된 욕망과 대조적으로 주신 복입니다. 결론적으로, 하나님의 통치가 임하는 세상이 되는 것입니다.

왜 바벨탑의 이상국가 개념과 틀릴까요? 그것은 2절에서 사용된 '민족'이라는 단어 때문입니다. 히브리어로 '고이'입니다. 이 단어는 흔히 사용되는 단어가 아닙니다. 이 '고이'라는 단어는 이스라엘의 장래와 연관된 의미로 사용되는 단어입니다. 구약에서 이 '고이'라는 말이 사용될 때에는 이스라엘을 제외한 세계 공동체를 가리킬 때 사용되는 말입니다. 만일 이 말이 이스라엘을 가리킬 때는 그 의미가 달랐습니다. 아브라함과의 약속이 반영되지 않을 때 사용되면, 경멸적인 의미로 사용되었습니다. 예를 들면 다음과 같습니다.

> 그들은 모략이 없는 국민이라 그 중에 지식이 없도다(신 32:28)
> 여호와께서 이스라엘에게 진노하여 이르시되 이 백성이 내가 그 열조와 세운 언약을 어기고 나의 목소리를 청종치 아니하였은즉(삿 2:20)
> 슬프다 범죄한 나라요 허물진 백성이요 행악의 종자요 행위가 부패한 자식이로다 그들이 여호와를 버리며 이스라엘의 거룩한 자를 만홀히 여겨 멀리하고 물러갔도다(사 1:4)
> 이스라엘 자손이 다시 여호와의 목전에 악을 행하여 바알들과 아스다롯과 아람의 신들과 시돈의 신들과 모압의 신들과 암몬 자손의 신들과 블레셋 사람의 신들을 섬기고 여호와를 버려 그를 섬기지 아니하므로(삿 10:6)
> 나 여호와가 이르노라 내가 어찌 이 일들을 인하여 벌하지 아니하겠으며 내 마음이 이런 나라에 보수하지 않겠느냐(렘 5:9)

이와 달리, 이스라엘에게 적용될 때에는 '캄'이라는 단어를 사용했고, '백성'이라고 번역했습니다. 이 단어는 이스라엘의 선택으로 말미암아 세워진 하나님과 이스라엘과의 긴밀한 관계를 유효적절하게 나타내는 용어였습니다. 그러나, '고이'라는 말은 이스라엘이 정치적인 단위로 등장하게 될 것을 미리 약속해 주시는 단어입니다.[374]

다시 말해서, 창세기 12장 이전에 나오는 하나님 없는 타락한 세상을 화복시키겠다는 하나님의 의지의 실현을 말하는 것이 바로 아브라함에게 주신 복의 약속입니다. 하나님께서 그 말씀으로 세상을 창조하셨으나, 죄로 말미암아 타락하고 그 원래 계획하셨던 하나님의 통치에서 벗어나 인간이 신이 되어서 인간이 이상

---

[374] W. J. 둠브렐, 언약과 창조, 최우성 역 (서울: 크리스챤서적, 1994), 108. "구약 성경에서 '고이'라는 이 낱말은 지리적인 배경을 가지고 있고 또 윤리적, 사회적 또는 문화적 요인들을 소유하고 있어 그 범위를 규정시킬 수 있는 정치집단을 기술할 때 흔히 사용되는 용어이다. 이 문맥에서 이와 같은 통치적인 의미를 지닌 용어가 사용된 이유는 이스라엘이 훗날 정치체계를 갖출 것을 암시했기 때문이라고 흔히 생각되는 것이다."

국가를 만들려고 하는 그런 세상을 깨뜨리시고 하나님께서 주가 되시고 하나님께서 통치하시는 그런 나라를 건설하시겠다는 뜻입니다. 그 청사진을 이제 아브라함을 불러 아브라함에게 보이시고 반드시 실현해 가시겠다고 말씀하신 것이 창세기 12장 1-4절의 말씀입니다.
하나님께서는 창조의 목적대로 하나님의 영광을 나타내시는 것을 중단하지 않으십니다. 자기 백성을 구속하시어 그 영광을 받으시려고 결코 포기하지 않으십니다. 그렇게 하시려고 하나님께서 다스리는 나라를 만드십니다. 그것이 구속의 목적입니다. 하나님께서 인간을 하나님의 형상으로 회복하시고 하나님의 언약을 수행하시고 그 세계를 지배함으로써 하나님의 통치 영역이 수립되는 것을 목표합니다.
오늘날 많은 사람이 문화변혁을 말합니다. 그러나 현대 기독교가 말하는 문화변혁은 영역주권사상과 좌파적 사상이 연결이 되고 혼합 되어서 저 세상이 하나님의 통치하는 영역이 되어야 한다고 생각합니다. 이상적인 나라를 세우려고 합니다. 이것이 오늘날 현대 기독교의 문제입니다. 한 개인이 예수 그리스도를 믿어 구원을 받아 거듭나지 아니하면 하나님의 통치 영역을 말한다는 것은 의미가 없습니다.
저 세상을 변화시키기 위해 우리가 노력하고 애써야 하지만, 그렇다고 그 문화가 그 나라가 구속이 되는 것이 아닙니다. 하나님의 나라가 되는 것이 아닙니다. 정치에 참여할 수 있고 경제활동을 하고 사회, 문화, 예술 활동을 할 수 있습니다. 그런 활동을 통해서 예수 그리스도를 증거 합니다. 그러나, 모든 사람들이 예수 그리스도를 구주로 믿지 않습니다. 요한계시록이 말하듯이 세상은 교회를 핍박하고 결국, 멸망을 당합니다. 우리가 아무리 애써도 세상은 교회를 핍박하는 바벨론이지 거룩한 성 예루살렘이 될 수가 없습니다.
하나님께서 온 세상이 우상을 숭배하고 자기 욕망을 위해 살아가는 그런 세상에 부조리가 만연하고 세상이 어찌 될지 모르는 격동의 시기 가운데 살아가는 사람들 중에 한 사람 아브라함을 부르셔서 그 아브라함 개인에게만 복을 주시는 것이 아니라 그를 통하여 하나님의 통치가 실현되는 세상을 만드시는 것이 구속의 목적입니다. 다시 말해서, 구속의 목적은 하나님의 통치, 하나님의 지배가 임하는 정치적인 집단입니다. 그것이 요한계시록 21-22장에 나타나는 새 예루살렘입니다. 개인의 구속이 없는 하나님의 지배를 말하는 것은 인간이 욕망하는 이상적인 정치집단이며 인간이 욕망하는 이상국가입니다.

그러나 하나님께서 아브라함에게 민족을 주신다는 것은 아브라함에게 주신 약속을 근거로 한 민족이 세워지고, 그 민족이 하나님의 통치가 실현되어지는 신적 통치의 상징으로써 나타나고 저 마지막에 하나님께서 완성하실 그 세계에서 온전히 하나님의 통치가 이루어질 것이라는 뜻입니다. 바벨탑 사건으로 여러 민족으로 흩어지고 분리되는 일이 일어났습니다. 창세기 10장에 보면 여러 민족으로 나누어진 것을 보게 됩니다. 그 민족들 중에서 한 사람을 부르시고 그 한 사람 아브라함을 통해서 하나님의 통치가 실현되어지는 민족을 이루실 것임을 약속해 주셨습니다. 이것이 아브라함에게 주신 복의 실체입니다. 그래서 하나님께서 아브라함을 믿음의 조상으로 세우셨습니다.

그렇게 하나님의 통치가 새언약 시대에 와서 어떻게 이루어졌습니까? 유대인들만이 아니라 이방인에게까지 확대되었습니다. 그래서 성경 로마서에서 이렇게 말합니다.

> 대저 표면적 유대인이 유대인이 아니요 표면적 육신의 할례가 할례가 아니라(롬 2:28)
> 하나님은 홀로 유대인의 하나님뿐이시뇨 또 이방인의 하나님은 아니시뇨 진실로 이방인의 하나님도 되시느니라(롬 3:29)
> 너희는 유대인이나 헬라인이나 종이나 자주자나 남자나 여자 없이 다 그리스도 예수 안에서 하나이니라(갈 3:28)
> 거기는 헬라인과 유대인이나 할례당과 무할례당이나 야인이나 스구디아인이나 종이나 자유인이 분별이 있을 수 없나니 오직 그리스도는 만유시요 만유 안에 계시니라(골 3:11)

유대인의 개념이 달라졌습니다. 혈통적 유대인이 유대인이 아니라 예수 그리스도를 믿은 자들이 유대인입니다. 이것이 우리가 마태복음 첫 시간에 말했던 변혁입니다. 그 변혁이 무엇입니까? 유대인들이 그렇게 기다리고 기다리던 그 메시아가 예수님이고 그 메시아가 왕으로 오셨는데, 그 왕은 이 세상 나라의 왕이 아니며, 이 세상의 방식도 아니며, 영적인 실체인 하나님 나라를 통치하는 왕이 되는 것이 변혁입니다. 메시아가 이 세상에 이상국가를 세우기 위해 오시지 않고 자기 백성을 죄에서 구원하여 하나님의 자녀로 삼으셔서 하나님의 통치, 하나님의 지배가 이루어지는 나라입니다. 그 나라의 백성들은 임마누엘을 누립니다. 누가 그 임마누엘, 하나님의 통치를 누립니까? 예수 그리스도를 구주로 믿은 사람들만이 누립니다. 성경은 이렇게 말합니다.

> 30 할례자도 믿음으로 말미암아 또는 무할례자도 믿음으로 말미암아 의롭다 하실 하나님은 한 분이시니라 31 그런즉 우리가 믿음으로 말미암아 율법을 폐하느뇨 그럴 수 없느니라 도

리어 율법을 굳게 세우느니라(롬 3:30-31)

믿음으로 의롭다함을 받은 그 사람, 하나님께서 의롭다 하는 그 사람이 하나님의 지배 속에 샬롬을 누립니다. 세상의 부조리를 해결하기 위해 투쟁하는 그런 사람이 아닙니다. 세상의 부조리를 위해 투쟁한다는 것은 상당한 용기가 필요합니다. 그러나, 그 투쟁이 죄인을 거듭나게 하는 투쟁이 아니면 아무런 의미가 없습니다. 왜냐하면 그것은 저 바벨탑 사건처럼 인간의 욕망을 위한 이상국가, 하나님 없는 이상국가를 건설하려고 하기 때문입니다.

그런 까닭에, 성경은 먼저 하나님의 창조를 말하고 그 창조세계가 하나님의 통치 속에 있다고 선포하는 창세기로 시작하고 그 하나님의 통치가 온전히 실현되는 요한계시록으로 결론 납니다. 그 위대한 구속사에, 하나님께서 아브라함을 부르심으로 그 계획하신 구속역사를 어떻게 펼쳐나가실 것인지를 말씀해 주신 것이 창세기 12장 1-4절입니다. 그런 까닭에, 성경 로마서는 4장 전체를 아브라함의 믿음에 대해 말합니다. 그리고 결론을 이렇게 맺었습니다.

> 23 저에게 의로 여기셨다 기록된 것은 아브라함만 위한 것이 아니요 24 의로 여기심을 받을 우리도 위함이니 곧 예수 우리 주를 죽은 자 가운데서 살리신 이를 믿는 자니라 25 예수는 우리 범죄함을 위하여 내어줌이 되고 또한 우리를 의롭다 하심을 위하여 살아나셨느니라(롬 4:23-25)

이제는 예수 그리스도를 믿는 그 사람이 의롭다함을 받습니다. 아브라함이 믿음으로 의로 여기심을 받은 것처럼 이방인들도 예수 그리스도를 믿음으로 의롭다 함을 받습니다. 이것이 바로 창세기 12장 1-4절에서 말하는 아브라함이 받을 복이었습니다. 예수 그리스도를 믿음으로 하나님의 통치를 받는 하나님의 나라, 하나님의 정치집단이 이루어지는 것입니다. 그것을 고린도전서에서는 이렇게 말했습니다.

> 우리가 유대인이나 헬라인이나 종이나 자유자나 다 한 성령으로 세례를 받아 한 몸이 되었고 또 다 한 성령을 마시게 하셨느니라(고전 12:13)

이제는 유대인이나 헬라인이나 종이나 자유자나 차별이 없습니다. 한 성령으로 세례를 받았고 한 몸이 되었습니다. 한 성령을 마셨습니다. 우리가 다 예수 그리스도의 능력으로 거듭난 사람들이 되었고 예수 그리스도로부터 생명력을 공급받고 있다는 뜻입니다.375) 그리하여 하나님의 통치를 받고 있고 임마누엘의 복을 누리고 있습니다. 이것이 하나님께서 구속의 목적을 이루어가시면서 역사하는 하나님의 정치집단입니다.

그러므로, 우리가 생존의 고달픔 속에 살아갈지라도 혁명이 우선이 아니라 거듭남이 우선되어야 합니다. 부조리를 없애고 인간의 욕망을 실현할 이상국가를 세우는 것이 아니라 죄인들이 중생하여 하나님의 통치를 받는 것이 우선되어야 합니다. 하나님의 통치는 예수 그리스도를 믿어 하나님의 언약에 순종하는 것으로 나타납니다. 구원과 언약이 없는 좌파도 우파도 이 세상에 이상국가를 세울 수 없습니다. 인간이 죄인이라는 사실을 알아야 하며 하나님 앞에 자기 죄를 회개하고 주 예수 그리스도를 믿어야 합니다. 그 길 외에는 인간이 인간답게 살아갈 길이 없습니다.

우리는 자본주의에 매몰되어 신앙의 가치를 훼손해서도 안 되며 인간의 부조리를 해소하기 위해 사회주의, 공산주의로 가서도 안 됩니다. 어떤 사상도, 어떤 이념도, 어떤 주의도 인간을 근본적으로 변화시키지 못하기 때문입니다. 하나님의 은혜로 죄인이 거듭나야만 하나님의 나라를 볼 수 있습니다. 그래서 복음을 외쳐야 합니다. 살아 있는 동안에, 이 복음 전하며 이 복음을 따라 사는 것이 아브라함의 복을 누리는 길입니다. 왜냐하면, 오직 예수 그리스도 안에 거듭난 사람들만이 하나님의 통치를 누리기 때문입니다. 예수 그리스도를 믿는 자만이 인간이 그렇게 갈망하는 참된 자유를 누릴 수 있기 때문입니다. 참된 자유는 죄에서 해방되어 의의 종이 되어야만 가능하기 때문입니다.376)

예수 그리스도를 믿은 자들은 이미 아브라함의 복을 누리고 있는 자들입니다.

---

375) 존 칼빈, 고린도전서주석 (서울: 성서교재간행사, 1982), 362-363. 〈그러므로 그는 '우리가 같은 성령을 마셨다'라는 뜻을 나타내는 것이 아니라, 오히려 우리가 마시도록 되어진 그리스도의 성령의 능력에 의한 것이라는 사실을 다시 한 번 지적하고 있는 것이다. 그리고, 그가 여기서 세례에 대하여 말하고 있는지, 아니면 주님의 성찬에 대하여 말하고 있는지는 분명하지가 않다. 나는 오히려 그가 마시는 것에 대하여 말하고 있기 때문에 성찬에 대하여 언급하고 있는 것으로 생각하며 그가 기호에 대한 비유를 암시하려고 하였다(ad signi anaalogiam)는 점을 조금도 의심치 않는다. 마시는 것은 분명히 세례와는 전혀 관계가 없다. 그러나 잔이 성찬의 절반에 해당된다 할지라도 그것은 어떤 난제의 원인이 되지 않는다. 왜냐하면 그것은 성례에 대하여 말할 때 성경에서 제유법을 말하는 데 아주 공통적으로 사용되고 있기 때문이다. 제10장에서 그는 잔에 대한일체의 언급이 없이 떡만을 언급하고 있다. 그러므로 그 의미는, 우리가 잔을 나누는 것은 같은 성령을 우리가 마시려는 데 그 목적이 있다는 것을 나타내고 있다. 잔을 마시는데서 우리는 그리스도와 함께 살기 위하여 생명력을 주는 그리스도의 피를 마시고 있는 것이며, 그가 성령으로 우리 안에 계실 때 참으로 그런 역사가 일어나는 것이다. 한걸음 더 나아가 그 성령은 한 분이시다. 그러므로 바울은 믿는 사람들이 그리스도의 세례를 받기 시작하였을 때, 그들은 이미 가자가 통일을 이루기 위한 열심으로 가득 차 있으며, 그후 그들이 성찬을 받을 때, 그들은 모두 동시에 같은 잔을 마심으로 중생하였기 때문에, 한걸음씩 다시 인도하심을 받게 된다고 가르치고 있다.〉

376) 죄에게서 해방되어 의에게 종이 되었느니라(롬 6:18) 그 바라는 것은 피조물도 썩어짐의 종노릇한 데서 해방되어 하나님의 자녀들의 영광의 자유에 이르는 것이니라(롬 8:21)

구속의 목적인 하나님의 통치를 받아 누리고 있기 때문입니다. '그게 이거예요?' 그러지 마세요. 그러면요? 하나님의 통치를 받는다는 것은 우리에게 싸움이 있는 거예요. 우리의 싸움은 이 세상의 혈과 육에 관한 싸움이 아닙니다. 믿음의 싸움입니다. 언약의 싸움입니다. 이 혼란스러운 시대를 살아가면서 하나님께서 맡기신 가정과 삶을 감당해 가며 더욱 하나님의 언약에 배타적 충성을 다함으로 하나님의 통치 속에서 예수 그리스도의 생명력을 누림으로 의미와 통일성을 충만하게 누려가는 믿음의 성도들이 다 되기를 바랍니다.

언약 35 아브라함언약 11

> 1 이 후에 여호와의 말씀이 이상 중에 아브람에게 임하여 가라사대 아브람아 두려워 말라 나는 너의 방패요 너의 지극히 큰 상급이니라 2 아브람이 가로되 주 여호와여 무엇을 내게 주시려나이까 나는 무자하오니 나의 상속자는 이 다메섹 엘리에셀이니이다 3 아브람이 또 가로되 주께서 내게 씨를 아니주셨으니 내 집에서 길리운 자가 나의 후사가 될 것이니이다 4 여호와의 말씀이 그에게 임하여 가라사대 그 사람은 너의 후사가 아니라 네 몸에서 날 자가 네 후사가 되리라 하시고 5 그를 이끌고 밖으로 나가 가라사대 하늘을 우러러 뭇별을 셀 수 있나 보라 또 그에게 이르시되 네 자손이 이와 같으리라 6 아브람이 여호와를 믿으니 여호와께서 이를 그의 의로 여기시고(창 15:1-6)

언약 서른다섯 번째 시간입니다. 아브라함 언약으로는 열한 번째 시간입니다. 15장에 이르기 전까지 여러 사건들이 있었습니다. 아브라함은 애굽으로 내려갔다가 자기 아내를 누이라고 속이기도 했으며, 롯이 아브라함을 떠났으며, 그 롯을 구하기 위해 기도하고 구출한 후에 멜기세덱의 축복을 받았습니다. 그리고 여기 15장에 와서 여호와께서 아브라함과 언약을 세우십니다.

창세기 15장 말씀은 구속역사에 있어서나 계시역사에 있어서 매우 중요한 의미를 가지고 있습니다. 첫 번째는 15장 6절에서 말하는 아브라함을 의롭게 여기신 일이며, 두 번째는, 15장 18절에서 가나안 땅을 선물로 주신다는 약속입니다.

여호와께서는 먼저 아브라함에게 이렇게 말씀하셨습니다.

> 이 후에 여호와의 말씀이 이상 중에 아브람에게 임하여 가라사대 아브람아 두려워 말라 나는 너의 방패요 너의 지극히 큰 상급이니라(창 15:1)

1절에 보면, "여호와의 말씀이 이상 중에 아브람에게 임하"였다고 했습니다. "이상"이란 '환상'(vision)을 말합니다. 이 단어는 구약에서 4번 사용되었습니다. 여기 창세기 15장 1절에서 가장 먼저 사용되었고, 민수기에서 발람의 발언에서 두 번 사용되었으며,[377] 에스겔 선지자가 거짓선지자들을 경고할 때[378] 사용되었습니다. 그러므로 여호와께서 이상 중에 아브라함에게 나타나셔서 말씀하신 것은 선지자적인 계시의 의미라는 것을 알 수 있습니다.

---

[377] 하나님의 말씀을 듣는 자, 전능자의 이상을 보는 자, 엎드려서 눈을 뜬 자가 말하기를(민 24:4) 하나님의 말씀을 듣는 자가 말하며 지극히 높으신 자의 지식을 아는 자, 전능자의 이상을 보는 자, 엎드려서 눈을 뜬 자가 말하기를(민 24:16)

[378] 너희가 말하기는 여호와의 말씀이라 하여도 내가 말한 것이 아닌즉 어찌 허탄한 묵시를 보며 거짓된 점괘를 말한 것이 아니냐(겔 13:7)

여호와께로부터 처음 부르심을 받고 난 이후로 돌이켜 보면 아브라함은 힘난한 세월을 보냈습니다. 차라리 갈대아 우르에 있었더라면 이런 어려운 일들을 겪지 않았을 것입니다. 그러나 여호와를 믿었고 그 말씀을 의지하고 여기까지 왔습니다. 그런 세월 속에 아브라함의 나이는 한 살 두 살 먹어가고 아브라함에게는 아들이 없는 현실이었습니다. 누가 봐도 그런 아브라함에게 여호와의 약속대로 무엇이 이루어져 가고 있다고 볼 수 있는 현실이 아니었습니다. 15장 2절에는 아브라함의 현실적인 상태와 반응이 나옵니다.

> 아브람이 가로되 주 여호와여 무엇을 내게 주시려나이까 나는 무자하오니 나의 상속자는 이 다메섹 엘리에셀이니이다(창 15:2)

아브라함은 자기 가문, 자기 기업의 미래에 대해서는 불확실한 상태에 있었습니다. 하나님께서 장차 아브라함을 통하여 이루실 하나님의 통치를 받을 정치집단에 대해서 약속을 받았으나 현실적으로는 엘리에셀이 자신의 상속자였습니다. 이것은 이미 엘리에셀이 아브라함에게 입양된 상태라는 것을 말해 줍니다. 엘리에셀은 아브라함의 종이었습니다. 고대 근동에서 종이 입양되는 관례는 광범위하게 퍼져있던 관습이었습니다. 그것이 가통을 유지하기 위한 수단이었습니다. 종이 입양 되면 그 보답으로 아침인사를 올리고 노부모를 공양한다는 조건으로 가족의 유산을 물려받았습니다.

아브라함은 그 당시의 사람이었습니다. 그 당시의 멘탈리티 속에 살아갔던 사람입니다. 여호와께서 자신을 부르셨고 약속을 주셨으나 자신이 할 수 있는 최선의 길은 자신의 종 엘리에셀을 입양하여 가문이 이어지도록 하는 일이었습니다. 이런 현실적 상황에서 여호와 하나님께서는 아브라함의 생각을 완전히 깨뜨리시고 언약하십니다. 현실적 상황이라고 했습니다. 실존적 상황이 아닙니다. 실존적이라 하면 인간이 그냥 세상에 내던져 있으니까 하나님께서 인간과 세상을 창조하시고 이 상황 속에도 역사하신다는 것이 없습니다. 현실적이라고 말한 것은 지금 아브라함이 살아가고 있는 상황이 우연이 아니라 하나님께서 역사하시고 그 뜻을 이루어가고 있는 역사의 현장이라는 것을 말합니다. 그 말이나 그 말이나 비슷한 것 같아도 실존이란 하나님 없이 사는 인간을 말합니다.

많은 기독교인이 '실존주의'라는 말은 기독교와 안 맞는다고 말하면서도 '실존'이라는 말은 맞다고 말하면서 실존이라는 말을 사용하기를 주저하지 않습니다. 실존이라는 말은 실제로 거기에 존재한다는 것입니다. 문제는 그 존재하는 것, '나는 누구인가?'를 알아 가는데, 나 스스로 나를 알아가는 것이 실존입니다.379) 하나님 없이 나를 알아가는 것이 실존입니다. 이 교회에서 이 강단에서 설교하면서도 실존이라 하고 성경을 가르치면서도 실존이라고 합니다. 그러나 그것은 성경적인 용어가 아닙니다. 예수님을 믿는 성도는 용어 자체가 달라야 합니다.

실존적이란 인간승리를 말하고 인본주의를 말합니다. 근래에 와서 사람들의 마음을 사로잡고 있는 것 중에 하나가 '웰다잉'이란 것입니다. 글 그대로 하면 '좋은 죽음'입니다. 그 '좋은 죽음', '잘 죽는다'는 것은 자기 생명이 얼마 남지 않은 사람이 생명 연장을 거부하고 죽기 전에 차라리 자기가 하고 싶은 것을 하고 죽는 것입니다. 죽기 전에 자신이 하고 싶은 것을 하고 죽는다는데 무슨 할 말이 있겠습니까? 그러나, 사람이 죽기 전에 자전거 대회에 출전하고, 내가 죽거들랑 관도 짜지 말고 수의도 입히지 말고 탑도 세우지 말라고 하면서 죽는 것이 뭐 그리 대단한 일이냐는 겁니다. 그것이 왜 기독교인들이 본받아야 할 표상이 되어야 하느냐는 것입니다.

세상 사람들이야 그런 일에 대해서 무슨 성인 취급하며 호들갑을 떤다 치더라도, 왜 예수님을 믿는 사람들이 그런 일에 열광하느냐는 것입니다. 성도라 하면서도 세상의 종교인들 소설가들 정치가들, 기독교와 아무런 상관도 없는 사람들의 그 마지막 죽음이 이랬느니 저랬느니 하면서 그렇게 살아야 할 무슨 지표라도 되는 듯이 말합니다. 세상은 그것이 전부이기 때문에 그렇게 말하는 것뿐이고 그렇게밖에 이름을 낼 것이 없는 사람들입니다. 결국 그들이 말하려고 하는 것은 인간승리입니다. 질병을 맞서고, 고통에 맞서 싸우고, 운명에 저항하는 인간이라는 것을 보여주는 것입니다. 암 선고 받고 자전거 대회에 나가서 우승을 하고, 세계여행을 하고…, 그런 것들은 기독교인의 소망이 아닙니다.

기독교는 인간승리를 보여주는 종교가 아닙니다. '죽을 때 욕심 없이 죽었더라', '죽을 때 자기 하고 싶은 거 하고 죽었더라' 그런 거 보여주는 것이 아닙니다. 죽을 때에도 나 당당하게 죽었고, 나 청렴하게 살다 죽었고, 그런 걸 드러내는 것이 기독교 아닙니다. 청렴하게 살고 가난하게 사는 거 좋은 일입니다. 그러나

---

379) 조광제, 철학라이더를 위한 개념어사전 (서울: 생각정원, 2012), 280-281. "그런데 실존이라는 말은 하이데거 특유의 개념이다. 이는 하이데거가 전통적인 의미의 현존을 그 나름으로 특별한 방식으로 뜻을 바꾼 것이다. 하이데거는 인간을 '현존재(Dasein)라고 부른다. 이 말도 하이데거가 전통적인 의미를 자기 나름으로 바꾼 것이다. 그리고 그는 '현존재의 존재'를 일컬어 실존이라고 한다. 하이데거는 현존재인 우리 인간은 각기 자신의 존재에 대해 물음을 던진다고 한다. 예컨대 '도대체 나는 어떤 존재인가?'하고서 끊임없이 자신에 대해 물음을 던진다고 한다. 그런 가운데 자신의 존재를 확보하고자 노력하는 것이 인간이라는 것이다. 자신의 존재, 즉 실존을 제대로 확보하거나 확보할 수 있는 태도와 그에 따른 도정을 거쳐갈 때 그런 태도를 '본래적(eigentlich)이라고 한다. 그러니까 실존 개념은 본래적인 태도와 직결되어 있는 것이다."

그것이 우리가 추구하고 소망하고 가야할 방향성도 아니고 목적도 아닙니다. 열심히 일하고 돈 벌어서 가난한 사람 도와주고 어려운 사람 도와주고 사세요. '내가 얼마나 깨끗하게 살았느냐?'로 말하지 말고, '나로 인해 얼마나 많은 사람이 예수 그리스도를 믿고 생명을 얻었느냐?'로 말해야 합니다. 가난, 청렴? 좋은 말이지요. 그러나, 우리 대부분의 사람들은 힘들고 어렵게 삽니다. 힘들고 어렵게 사는 사람들에게 가난, 청렴을 요구하면 심장마비로 죽으라는 거나 마찬가지입니다. 내가 프라이드 타고 다닌다고 다른 사람들도 다 프라이드 타고 다니라고 은근히 강요하는 것은 잘 하는 것이 아닙니다. 프라이드 타면 윤리적이고 벤츠 타면 타락이 아닙니다.

이 세상에서 이상적인 인간을 표본으로 내세우고 인간이 다 그렇게 살 수 있다고 말하는 것은 인간의 죄악입니다. 이 세상에서 완전한 인간으로 살 수 있는 것처럼 조장하는 것은 인간의 속임수입니다. 어떤 사람은 자신이 소형차 타고 다니면서 그렇게 살지 않은 사람들을 은근히 욕합니다. 소형차는 뭐 하려고 타고 다닙니까? 자전거를 타고 다니시지, 걸어 다니시지. 소형차를 왜 타고 다닙니까? 그것이 무슨 자랑거리입니까? '소형차 타고 다니나, 대형차 타고 다니나' 그것이 중요한 것이 아니라 성경대로 똑바로 사는 것이 중요합니다. 내가 소형차 타고 다닌다고 다른 사람들 보고 다 소형차 타라고 강요 아닌 강요를 하는 것은 잘하는 일이 아닙니다. 그분은 소형차 타고 다녀도 다른 것으로 충족이 되지만 다른 사람들은 그렇지 않습니다.

기독교라는 이름으로 인간 승리를 만들어가는 사람이 사실은 가장 위험한 사람입니다. 다른 어떤 것보다 위험합니다. '나는 하면 되더라. 너는 왜 안 되냐?' 그것은 성경으로 사는 것도 아니고 믿음으로 사는 것도 아닙니다. 왜 아브라함 언약을 말하면서 하나님의 부르심을 말하고, 실존주의를 말하는지, 그 이유가 여기에 있습니다. 교회 와서 예배드리고 은혜 받았다고 하면서 다른 사람을 쳐다보면서 '야, 너는 왜 그리 사냐?', '여태 뭐 하고 살았길래 그 모양이야?' 그 말하는 그 사람이 바리새인인 줄을 모르는 겁니다. 그 사람이 실존주의자입니다. 하나님 이름으로 실존주의자로 사는 겁니다.

그러면, 아브라함이 의롭다 함을 받은 것은 무엇이 다릅니까? 아브라함이 실존주의자로 산 것이 아니라서 의로운 것입니다. 아브라함은 2-3절에서 이렇게 말했습니다.

2 아브람이 가로되 주 여호와여 무엇을 내게 주시려나이까 나는 무자하오니 나의 상속자는 이 다메섹 엘리에셀이니이다 3 아브람이 또 가로되 주께서 내게 씨를 아니주셨으니 내 집에서 길리운 자가 나의 후사가 될 것이니이다(창 15:2-3)

주 여호와께서 아브라함의 기업을 물려받을 아들을 주지 않으셨기 때문에 아브라함은 엘리에셀이 자기의 후사가 될 것이라고 생각하고 있었습니다. 그러나 하나님께서는 그렇게 하지 않겠다고 하셨습니다.

4 여호와의 말씀이 그에게 임하여 가라사대 그 사람은 너의 후사가 아니라 네 몸에서 날 자가 네 후사가 되리라 하시고 5 그를 이끌고 밖으로 나가 가라사대 하늘을 우러러 뭇별을 셀 수 있나 보라 또 그에게 이르시되 네 자손이 이와 같으리라(창 15:4-5)

여호와께서는 아브라함에게 말씀하셨습니다. 저 수많은 별들을 셀 수 없듯이 아브라함의 자손이 그렇게 될 것이라고 말씀하셨습니다. 히브리어 성경에 보면, "보라"(behold)는 단어가 있습니다.[380] '보라'라는 말은 창세기 1장 29절에서 가장 먼저 사용되었는데, 그 말씀에서 보듯이 하나님께서 하신 그 모든 창조의 결과물을 인간을 위하여 허락하시는 것을 강조하기 위하여 '보라'라고 말씀하셨습니다.[381] 창세기 1장 31절에 보면, 한글 성경에는 "보시기에 심히 좋았더라"고 되어 있지만, 4절, 10절, 12절, 18절과 다르게 히브리어로 31절에는 '보라! 심히 좋았다'라고 되어 있습니다. 하나님께서 그 하시는 일의 결과에 대해 매우 중요한 의미를 부여하실 때에 사용하는 단어라는 것을 알 수 있습니다. 이제 아브라함에게는 이미 이루어지지도 않은 일에 대해서 '보라'라는 말을 사용했습니다. 이것은 하나님께서 아브라함을 통하여 이루실 그 구속의 역사가 얼마나 확실하고 얼마나 놀라운 일인지를 알려 주기 위함입니다.

엘리에셀이라고 이름도 부르지 않았습니다. 그냥 '그 사람'[382]이라고 했습니다. 아브라함이 아들을 낳게 될 것이고 그 아들이 후사가 될 것이라고 말씀하셨습니다. 히브리어로는 강한 부정, 강한 금지를 나타내는 '로'를 사용했습니다. 엘리에셀은 결단코 너의 후사가 되지 않을 것이라는 의미입니다. 그러나, "네 몸에서 날 자가 네 후사가 되리라"는 말씀도 굉장히 강조되어 표현되어 있습니다. 하나님의 의지와 열심이 담겨 있습니다. 그렇게 하나님의 강력한 의지와 열심으로

---

[380] '참으로'(certainly), '확실히'(suerly)라는 뜻.
[381] 하나님이 가라사대 내가 온 지면의 씨 맺는 모든 채소와 씨 가진 열매 맺는 모든 나무를 너희에게 주노니 너희 식물이 되리라(창 1:29)
[382] 히브리어로는 '이'(this) זֶה

하시는 말씀을 들었을 때, 아브라함은 너무나도 강력하게 하나님을 믿고 확신하게 되었습니다.

그리고 아브라함을 이끌어 밖으로 나가 하늘의 별들을 바라보게 하셨습니다. 여기서 '이끌고'라는 단어도 히브리어로 보면 하나님께서 아브라함에게 확신을 주고 싶으셔서 하나님의 그 열심이 아브라함을 마치 손으로 끌어서 저 하늘을 바라보게 하시는 하나님의 의지와 열심을 알 수가 있습니다. 여호와께서 아브라함의 마음에 확신만 주신 것이 아니라 아브라함의 마음에 이미지를 확실하게 심어 주셨습니다. 늘 밤마다 보아 왔던 저 하늘의 별들이었습니다. 아브라함 시대에는 밤하늘에 얼마나 많은 별이 보였을까요? 아마 지금보다 훨씬 더 수많은 별이 반짝였을 것입니다. 하나님께서 아브라함의 마음에 하나님의 마음을 심어줄 수 있는 가장 확실한 이미지를 저 하늘의 별들로 심어주셨습니다. 이제는 저 밤하늘의 수많은 별이 아브라함의 별들이 되었습니다. 아브라함은 이제 저 하늘의 별들을 보면서 하나님을 신뢰하고 하나님의 약속을 확신하게 되었습니다.

그렇게 아브라함이 경험한 하나님은 갈대아 우르의 신들과는 완전히 틀린 것입니다. 인간이 빌면서 자극 정성을 바치고 종교심을 바쳐서 인간의 욕망을 이루어내는 그런 신이 아니라, 한 인간을 부르시고 설명하시고 확신을 주시고 믿음을 주시는 살아계시고 인격적인 신이셨습니다. 지금도 이 세상의 신들은 여호와와 같은 신이 없습니다! 앞으로도 없습니다. 아브라함에게 믿음을 강요하신 것이 아닙니다. '참된 신이란 어떤 존재인가?' 그것을 보여주셨기 때문입니다. 인간에게 종교적 열심과 종교적 희생을 강요하는 신이 아니라, 인간에게 다가오시고 부르시고 그 능력과 의지와 열심으로 설명하시고 확신을 주시면서 이끌어 인도해 가시는 인격적인 신이 참된 신이라는 것을 알려 주셨습니다. 그 참된 신이 바로 여호와 하나님이십니다. 그래서 아브라함은 여호와를 믿게 되었습니다. 그리고 여호와께서는 아브라함을 의롭다고 여겨주셨습니다. 6절에서 이렇게 말합니다.

> 아브람이 여호와를 믿으니 여호와께서 이를 그의 의로 여기시고(창 15:6)

아브라함은 여호와를 믿었습니다. 히브리어로 보면, '여호와 안에서 믿었다'고 말합니다. 이 말이 의미하는 바는 '아브라함이 여호와에 대하여 믿고 확신하게 되었다'는 뜻입니다.[383] 이것이 믿음입니다. 아브라함이 만들어 낸 믿음이 아닙니다. 여호와께서 아브라함을 어떻게 부르시고, 아브라함에게 어떻게 인격적으로 역사해 가셨는지 성경을 통해서 분명하게 살피지 않고 대충 자기 지식으로 생각하면 신앙의 도약이 일어나게 됩니다.
아브라함이 여호와를 믿은 그 믿음을 로마서와 히브리서에서 이렇게 말합니다.

> 1 믿음은 바라는 것들의 실상이요 보지 못하는 것들의 증거니 2 선진들이 이로써 증거를 얻었느니라 3 믿음으로 모든 세계가 하나님의 말씀으로 지어진 줄을 우리가 아나니 보이는 것은 나타난 것으로 말미암아 된 것이 아니니라(히 11:1-3)
> 우리가 소망으로 구원을 얻었으매 보이는 소망이 소망이 아니니 보는 것을 누가 바라리요 (롬 8:24)

아브라함의 믿음, 선진들의 믿음이란 지금 내 눈 앞에 보이는 것을 바라는 그런 것이 아니었습니다. 지금 눈앞에 돈이 안 보이지만 나중에는 돈을 벌어서 부자가 된다는 그런 것이 아닙니다. 그러면 무엇입니까? 예수님께서는 요한복음 8장에서 이렇게 말씀하셨습니다.

> 너희 조상 아브라함은 나의 때 볼 것을 즐거워하다가 보고 기뻐하였느니라(요 8:56)

아브라함이 보고 즐거워한 것은 '예수님의 때 볼 것'이라고 말씀하셨습니다. 그것은 예수 그리스도께서 십자가에 피 흘려 죽으심으로 자기 백성을 죄에서 구원하는 것을 말합니다. 아브라함은 그것을 보고 즐거워하였습니다. 그것이 나중에 22장에서 이삭의 번제물 사건에서 더 확실해집니다.384) 아브라함이 무엇을 보고 아브라함이 무엇을 즐거워했는지 알아야 합니다. 그래야 신앙에 도약이 일어나

---

383) J. B. Scott; BDB. "히필형에서 이 단어는 '확실하게 하다' 혹은 '~에 대해 확신하다', '보증되다'라는 의미를 지닌다. 이런 점에서, 히필 동사 변화에서의 이 단어는 '믿다'를 의미하며, 성경에서의 믿음은 '보증' assurance, '확실성' certainty으로서, 아는 믿음 있음직하고, 아마도 참되긴 하지만 확실치 않은 어떤 것으로 보는 현대의 개념과 대조되는 것임을 보여준다. 이로부터 이 단어는 '확립된 사람' 혹은 '굳혀진 사람' 즉 '충성된 자'(삼하 20:19, 시 12:1, 시 31:23)라는 수동적인 의미로 사용된 칼의 수동 분사형으로 나오는 것을 보게 된다." 참고로, believe는 단편적이고 피상적인 것, 일반적인 것을 믿는다는 뜻이며, believe in은 존재나 어떠한 사상적인 것을 믿는다는 뜻이다.
384) 매튜 풀, 청교도 성경주석, 박문재 역 (서울: 크리스챤다이제스트, 2015), 217. 〈너희는 아브라함이 너희의 조상인 것을 무척 자랑스러워한다. 너희 조상 아브라함은 내가 이 세상에 와서 십자가 위에서 죽게 될 것을 미리 보았고, 자신의 자손 안에서 땅의 모든 족속이 복을 받게 될 것이라고 하신 하나님의 약속이 나를 통해서 이루어지게 될 것임을 믿음의 눈으로 보았으며, 이삭을 하나님께 제물로 드렸다가 마치 "죽은 자 가운데서 도로 받은" 것처럼 다시 돌려받는 모형적인 체험을 통해서(히 11:19), 내가 십자가 위에서 죽었다가 다시 살아나게 될 것을 보았다. 아브라함은 하나님의 계시의 빛 안에서 그것을 보았다. 그는 내가 육체로 이 땅에 올 것을 보았고, 내가 죄인들을 위하여 십자가 위에서 죽을 것을 보았으며, 나의 복음이 온 세상에 전파되어, 땅의 모든 족속이 이 복음을 통해서 자신의 자손 안에 복을 받게 될 것을 보았다. 이렇게 아브라함은 하나님께서 자기에게 주신 약속이 장차 그대로 이루어지게 될 것을 믿음을 통해서 확실히 보고 알았기 때문에, 당시에는 그 약속이 이루어진 것이 아무것도 없었어도, 믿음으로 말미암아 기뻐하였다(히 11:1).〉

지 않습니다. 아브라함이 바라는 것이 인간의 욕망을 실현하는 것이 되면 도약이 일어납니다. 왜냐하면, 그 욕망은 인간이 바라는 대로 실현되지 않기 때문입니다. 하나님을 믿고 사는데도 자기가 바라는 대로 다 이루어지지 않기 때문에 자기가 바라는 하나님을 만들어 버립니다. 그렇게 만든 자기의 하나님께 자기 욕망을 만들어 내라고 합니다.

그러나, 아브라함은 여호와를 믿었습니다. 아브라함이 원하는 것을 이루어주기 때문에 믿은 신이 아니라 자기를 부르신 여호와가 어떤 분이시고 그 여호와가 어떤 일을 하실 것인지를 알게 되었기 때문에 여호와를 믿었습니다. 이것이 믿음입니다. 우리는 믿음을 우리가 원하는 것을 이루어 주는 신을 믿는 것이 믿음이라고 생각합니다. 성경은 그렇게 말하지 않습니다. 그것은 세상의 종교이지, 예수 그리스도의 구원과 언약으로 가는 기독교 신앙은 하나님 그분을 믿는 것이고 그분이 원하는 길로 가는 믿음입니다. 아브라함은 아브라함의 인생에서 우리는 우리의 인생에서 예수 그리스도의 구원과 언약에 신실하게 살아가는 것입니다.

여호와께서는 그렇게 여호와를 믿은 아브라함을 의로 여기셨습니다. 이것은 아브라함의 태도의 변화입니다.[385] 태도의 변화라고 해서 '에이, 그 정도 가지고 의롭다 하시다니'하고 생각할 일이 아닙니다. 이 태도의 변화라는 것은 아브라함을 부르신 여호와를 신뢰하겠다는 것이고 그 여호와의 약속에 즉각적인 반응을 보였다는 뜻입니다. 하나님의 말씀에 대해 주저하지 않았고 머뭇거리지 않았습니다. 그것이 더 온전하게 이루어지는 것이 22장에서 이삭의 번제 사건입니다. 아브라함은 신앙의 도약을 하지 않았습니다. 도약이 이루어지지 않은 것은 하나님의 부르심이 확실한 사실이고 하나님께서 지금도 아브라함에게 말씀하시고 역사하시기 때문이었습니다.

아브라함에게는 뻔한 현실입니다. 아브라함의 머리로는 하나님의 약속이 실현된

---

[385] W. J. 덤브렐, 언약과 창조, 최우성 역 (서울: 크리스챤서적, 1994), 86-87. 〈여호와께서 "이를 의로 여기시"란 구절의 정확한 의미가 무엇인가 하는 것이다. 이 문제는 간단히 해결될 수가 없는 것으로서 다음과 같은 설명이 주어져야 할 것이다. '여기다'(하사브)란 동사는 어떤 가정이라 견해를 나타낼 때는 쓰이지 않는 동사로서 구약 성경에서 두 가지 의미로 쓰인다. 첫 번째 의미는 어떤 사람에게 그와는 관련이 없는 그 어떤 다른 것을 전가하다란 뜻이다(욥 13:24, 19:11, 33:10, 41:27). 여기에 근거해서 살펴보면 아브라함이 실제로는 의롭지 않지만 그의 믿음으로 그가 의롭다고 여겨졌다는 것이 창세기 15:6의 뜻일 수 있다는 가능성이 남게 된다. 두 번째 경우에 있어서, 어떤 사람의 것으로 '여겨진다'고 할 때에 그것은 거의 그의 탓으로 돌려진다는 의미를 갖게 된다(레 7:18, 17:4; 민 18:27; 삼하 19:19; 시 32:2, 16:31; 잠 27:14). 민수기 25:8에는 비느하스의 열정적인 행위로 이스라엘에 염병이 그치는 사건이 언급되고 있는데, 이 비느하스 사건은 창세기 15:6과 의미상 극히 밀접한 관계를 유지하면서 그것이 그에게 의로 여겨졌던 것이다(시 106:31). 널리 인정되고 있다시피 시 106:31과 창세기 15:6의 차이점은 전자가 행위를 포함시키고 있는 반면 후자는 태도를 밝히고 있다는 것으로서 이 두 사건의 핵심은 이미 존재해 있는 관계에 걸맞는 태도를 이들이 채택하여 모범을 보였다는 데 있다.〉

다는 것은 이해 불가한 일입니다. 그런데 약속을 주시는 여호와를 믿었습니다. 그 약속대로 이루실 여호와를 믿었습니다. 왜냐하면, 여호와는 살아계시고 역사하시는 하나님이셨기 때문입니다. 저 갈대아 우르에 있는 수메르의 신들과는 완전히 달랐기 때문입니다. 하나님의 통치를 받는 민족을 이루고 그 하나님을 위하여 살아가는 복을 누리는 것이기 때문입니다.

아들을 죽여 인신제사를 바쳐서라도 인간의 욕망을 실현하는 것이 아니라 하나님과의 관계 속에서 하나님의 지배 속에 있는 복을 누리며 살아가는 약속이고 복이었기 때문입니다. 하늘도 땅도 그대로이고 세상도 변한 것이 없고 아브라함도 그대로입니다. 한 인간으로 살아가는 아브라함에게 생존에 필요한 것들, 그 생존을 더 강하게 하고 성장시켜서 더 큰 민족을 이루는 것도 외형상으로 볼 때에는 아무런 차이가 없어 보입니다.

그러면, 무엇이 변했습니까? 하늘, 땅, 세상, 사람들, 인간의 생존, 성장, 민족, 그 모든 것이 인간이 만들어내는 것이 아니라 여호와 하나님께서 복을 주시고 역사해 주셔서 그 여호와의 통치 아래에서 살아가는 것이 변화되었습니다. 여호와 안에 있는 하늘, 여호와 안에 있는 세상, 여호와 안에 있는 사람, 여호와 안에 있는 생존, 여호와 안에 있는 민족입니다. 그래야 의미가 있고 가치가 있고 거룩이 있고 경건이 있습니다.

아브라함에게 일어난 변화가 무엇입니까? 아브라함도 그대로고 세계도 그대로입니다. 여호와께서 아브라함을 부르시기 전에 아브라함이 보던 세계는 인간의 욕망을 이루어가는 세계였습니다. 그러나 여호와께서 아브라함을 부르시고 난 다음의 세계는 하나님의 구속의 드라마를 실현해 가는 세계였습니다. 생존을 위해 투쟁해야 하고 더 잘 먹고 더 잘 살기 위해 대답해 주지 않는 신, 말 없는 우상에게 종교적 열심을 바치고 성적인 타락이 일어나던 세상이었습니다. 그 성적인 타락이 일어날 때는 완전히 미친 세상이었습니다. 그 미친 것을 종교적 명목으로 정당화 시키고 살아가는 세상이었습니다. 그러나 여호와께서 아브라함을 부르셨을 때 하나님께서 이 세상을 창조하시고 하나님께서 이 세상에 구속의 드라마를 이루어 가실 것을 알게 되었습니다. 이제는 자신이 세상에 존재하는 이유도 이 세상을 살아가는 목적도 달라졌습니다.

아브라함의 믿음이라는 것이 다만 하나님께서 부르신 것으로만 믿음이고 아브라함이 살아가는 것은 갈대아 우르의 방식으로 사는 것이 아니었습니다. 아브라함이 부르심을 받은 것도 믿음과 언약의 영역에 속하는 것이고 살아가는 것도 믿음과 언약의 영역에 속한 것이었습니다. 믿음과 언약이 삶과 분리되면 실존주의 신앙이 됩니다. 그 신앙이 가장 멋있어 보입니다. 하나님 이름으로 세상을 개혁하고 변화시키고 하나님의 공의를 하수같이 흐르게 해야 한다고 말하기 때문입니다. 그러나 실제로는 기독교 신앙이 아닙니다. 아브라함처럼 하나님의 부르심과 약속, 구원과 언약으로 세상이 재해석되고 살아가는 삶의 목적이 변화되지 않으면 실존주의 신앙이 되는 것입니다. 인간 승리로 가는 겁니다. 그것이 바로 자기 의라는 것입니다.

성경적인 기독교 신앙과 실존주의 기독교의 차이를 분명하게 알아가야 합니다. 그것을 알기 위해 신약성경을 보겠습니다. 아브라함이 여호와를 믿어 의롭게 된 것은 대표적으로 로마서 4장 1-12절, 갈 3장 1-9절에 나옵니다.386) 로마서에서 이렇게 말합니다.

> 아브라함이 바랄 수 없는 중에 바라고 믿었으니 이는 네 후손이 이같으리라 하신 말씀대로 많은 민족의 조상이 되게 하심을 인함이라(롬 4:18)

지금 이 시대에는 이런 말씀이 사실상 의미가 없습니다. 바랄 것이 없는데 바라고 믿으라고 하면 사람들이 뭐라고 하느냐면, 그것을 자본주의라고 하고 그런 사람을 보수꼴통이라고 욕합니다. 지금 이 시대는 아주 기괴한 기독교를 가르치고 있습니다. 성경 지식도 박사이고 교리 지식도 박사입니다. 그러나 현실을 살아가는 일에 있어서는 투사입니다. 실존주의 투사입니다. 왜냐하면 현실에 있어

---

386) 1 그런즉 육신으로 우리 조상된 아브라함이 무엇을 얻었다 하리요 2 만일 아브라함이 행위로써 의롭다 하심을 얻었으면 자랑할 것이 있으려니와 하나님 앞에서는 없느니라 3 성경이 무엇을 말하느뇨 아브라함이 하나님을 믿으매 이것이 저에게 의로 여기신 바 되었느니라 4 일하는 자에게는 그 삯을 은혜로 여기지 아니하고 빚으로 여기거니와 5 일을 아니할지라도 경건치 아니한 자를 의롭다 하시는 이를 믿는 자에게는 그의 믿음을 의로 여기시나니 6 일한 것이 없이 하나님께 의로 여기심을 받는 사람의 행복에 대하여 다윗의 말한 바 7 그 불법을 사하심을 받고 그 죄를 가리우심을 받는 자는 복이 있고 8 주께서 그 죄를 인정치 아니하실 사람은 복이 있도다 함과 같으니라 9 그런즉 이 행복이 할례자에게냐 혹 무할례자에게도냐 대저 우리가 말하기를 아브라함에게는 그 믿음을 의로 여기셨다 하노라 10 그런즉 이를 어떻게 여기셨느뇨 할례시냐 무할례시냐 할례시가 아니라 무할례시니라 11 저가 할례의 표를 받은 것은 무할례시에 믿음으로 된 의를 인친 것이니 이는 무할례자로서 믿는 모든 자의 조상이 되어 저희로 의로 여기심을 얻게 하려 하심이라 12 또한 할례자의 조상이 되었나니 곧 할례 받을 자에게뿐 아니라 우리 조상 아브라함의 무할례시에 가졌던 믿음의 자취를 좇는 자들에게도니라(롬 4:1-12) 1 어리석도다 갈라디아 사람들아 예수 그리스도께서 십자가에 못 박히신 것이 너희 눈 앞에 밝히 보이거늘 누가 너희를 꾀더냐 2 내가 너희에게 다만 이것을 알려 하노니 너희가 성령을 받은 것은 율법의 행위로냐 듣고 믿음으로냐 3 너희가 이같이 어리석으냐 성령으로 시작하였다가 이제는 육체로 마치겠느냐 4 너희가 이같이 많은 괴로움을 헛되이 받았느냐 과연 헛되냐 5 너희에게 성령을 주시고 너희 가운데서 능력을 행하시는 이의 일이 율법의 행위에서냐 듣고 믿음에서냐 6 아브라함이 하나님을 믿으매 이것을 그에게 의로 정하셨다 함과 같으니라 7 그런즉 믿음으로 말미암은 자들은 아브라함의 아들인 줄 알지어다 8 또 하나님이 이방을 믿음으로 말미암아 의로 정하실 것을 성경이 미리 알고 먼저 아브라함에게 복음을 전하되 모든 이방이 너를 인하여 복을 받으리라 하였으니 9 그러므로 믿음으로 말미암은 자는 믿음이 있는 아브라함과 함께 복을 받느니라(갈 3:1-9)

서는 실존주의자들이기 때문입니다.

입으로는 예수, 십자가, 교리, 개혁주의를 외치면서 실제로 살아가는 일에 있어서는 이 불의한 세상을 그냥 보고 있어서는 안 된다고 투쟁하고 싸우라고 합니다. 문화변혁을 외치고 하나님의 나라를 부르짖고 하나님의 통치가 이 땅 가운데 실현되어야 한다고 말하면서 부조리와 싸우라고 말합니다. 그런데 참 어이없는 것은 자신들이 미워하는 대통령이나 정부가 부조리를 행하면 싸우라 하고 자신들이 지지하는 대통령이나 정부가 부조리를 행하면 지지를 합니다. 그것이 무슨 개혁주의이고 그것이 무슨 공의겠습니까? 어느 대통령이 들어선다고 해도 그 사람이 하나님의 나라를 세울 수 없습니다. 그 사람이 부조리를 척결하고 그 사람이 공의로운 이상사회를 만들지 못합니다. 왜 못 만들까요? 인간은 죄인이기 때문입니다. 어떤 인간도 죄인을 구원하지 못합니다. 오직 예수 그리스도만이 죄인을 구원하십니다.

지금 이 시대는 아브라함을 말하며 칭의를 말하지만 현실적으로는 투쟁하는 것이 믿음이라고 말하는 시대입니다. 그렇게 생각하는 사람들이 이 시대 기독교를 주름잡고 있습니다. 우리는 저물어가는 시대 속에 살고 있습니다. 시대의 빛은 꺼져가고 있습니다. 하나님께서 아브라함에게 주신 약속은 이 세상에서 잘 먹고 잘 살게 해주겠다는 것이 아니라 하나님의 구속의 드라마를 펼쳐 가시고 반드시 성취하시겠다는 약속이었습니다.

그 약속대로 예수 그리스도께서 오셔서 십자가에 피 흘려 죽으심으로 우리 죄를 사하시고 구원하여 주셨습니다. 우리의 의지와 열심을 바쳐 이 세상에 이상국가를 건설하려고 하면 실존주의 신앙으로 가게 되고 실존적 도약이 일어나게 됩니다. 그러나 우리는 그런 길로 가는 사람들이 아닙니다. 성도는 하나님의 구속의 드라마 속에 선택된 백성인 것을 알고 이 세상이 아니라 우리 주 예수 그리스도께서 허락하신 영원한 하나님의 나라를 소망하는 자들입니다. 하나님의 통치가 이루어지는 하나님의 나라는 인간의 혁명으로 이루어지는 나라가 아니라 예수 그리스도의 구원과 언약으로 이루어지는 나라입니다. 왜냐하면, 피 흘림이 없으면 죄 사함이 없기 때문입니다.[387]

혁명을 외치는 곳에 회개가 있는지 보십시오. 혁명을 외치는 곳에 인간이 죄인이라고 철저하게 엎드리는지 보십시오. 죄인이라 하면서 저 세상 사람들을 향해서 중생 없이 하나님의 공의를 이루려고 하는 사람들은 혼합주의자들입니다. 참

---

[387] 율법을 좇아 거의 모든 물건이 피로써 정결케 되나니 피흘림이 없은즉 사함이 없느니라(히 9:22)

된 성도는 하나님의 구속의 드라마 속에서 인생을 보고 세계를 살아가는 자들입니다. 그러려면 예수 그리스도의 복음을 전해야 합니다. 그 복음대로 살아야 합니다. 여호와를 믿은 아브라함을 의롭다고 하셨듯이, 예수 그리스도를 믿어 의롭다 함을 받은 주의 성도로서 그 언약에 배타적 충성을 다하여 거룩하게 경건하게 믿음으로 살아가는 주의 신실한 백성들이 다 되기를 바랍니다.

언 약 설 교(상)

자은이 정태홍
발행일 2018년 6월 12일
펴낸곳 RPTMINISTRIES
주소 경상남도 거창군 가조면 마상3길 22
전화 Tel. 010-4934-0675
등록번호 제547-2018-000002호
홈페이지 http://www.esesang91.com
ISBN 979-11-959419-8-8 04230 : ₩22,000
ISBN 979-11-959419-7-1 (세트) 04230
235.2-KDC6252-DDC23 CIP2018011946
저작권 ⓒ 정태홍